Rechtsvergleichung und Rechtsvereinheitlichung

herausgegeben von der

Gesellschaft für Rechtsvergleichung e.V.

86

ARTIBUS INGENUIS J·C·B·M· 1·8·0·1

Alexander Joost

Die übertragende Sanierung in der Eigenverwaltung

Mohr Siebeck

Alexander Joost, geboren 1991; Studium der Rechtswissenschaft an der Universität Bremen; 2016 Erste juristische Prüfung; 2018 LL.M. (University of California, Los Angeles); Wissenschaftlicher Mitarbeiter am Lehrstuhl für Bürgerliches Recht, Handels- und Gesellschaftsrecht, Rechtstheorie an der Bucerius Law School (Hamburg); 2021 Promotion; Rechtsreferendariat am OLG Celle.
orcid.org/0000-0002-3237-6227

Die Drucklegung wurde aus dem Programm „Arbeitskreis Wirtschaft und Recht" des Stifterverbandes für die Deutsche Wissenschaft gefördert.

ISBN 978-3-16-161604-4 / eISBN 978-3-16-161605-1
DOI 10.1628/978-3-16-161605-1

ISSN 1861-5449 / eISSN 2569-426X (Rechtsvergleichung und Rechtsvereinheitlichung)

Die Deutsche Nationalbibliothek verzeichnet diese Publikation in der Deutschen Nationalbibliographie; detaillierte bibliographische Daten sind über *http://dnb.dnb.de* abrufbar.

Das Buch wurde von epline in Böblingen aus der Times New Roman gesetzt, von Laupp & Göbel in Gomaringen auf alterungsbeständiges Werkdruckpapier gedruckt und dort gebunden.

Printed in Germany.

Vorwort

Diese Arbeit wurde im Herbsttrimester 2021 von der Bucerius Law School als Dissertation angenommen. Die mündliche Prüfung fand am 27. Oktober 2021 statt. Literatur und Rechtsprechung wurden im Wesentlichen bis Mai 2022 berücksichtigt.

Besonderer Dank gilt meinem Doktorvater Herrn Prof. Dr. Thilo Kuntz, LL.M. (University of Chicago). Ihm danke ich für die hervorragende Betreuung bei der Erstellung der Dissertation bei gleichzeitig größtmöglicher Gewährung wissenschaftlichen Freiraums; außerdem für die in jeder Hinsicht lehrreiche und prägende Zeit sowie die wissenschaftliche Förderung seit meinem Studium in Bremen bis zu meiner Tätigkeit als wissenschaftlicher Mitarbeiter an seinem Lehrstuhl an der Bucerius Law School.

Herrn Prof. Dr. Carsten Jungmann, LL.M. (Yale), M.Sc. (Leicester) danke ich für die sehr zügige Erstellung des Zweitgutachtens. Der Gesellschaft für Rechtsvergleichung e. V., vertreten durch Generalsekretär Prof. Dr. Martin Schmidt-Kessel, danke ich für die Aufnahme in diese Schriftenreihe. Außerdem hat das Programm „Arbeitskreis Wirtschaft und Recht“ des Stifterverbandes für die Deutsche Wissenschaft die Veröffentlichung in ganz erheblichem Umfang gefördert.

Weiterer Dank gilt allen Kolleginnen und Kollegen am Lehrstuhl Privatrecht II an der Bucerius Law School für die gemeinsamen Jahre, an die ich stets mit Freude zurückdenken werde. Besonders hervorheben möchte ich Lars Howe, Iris Kessler, Max Winterhalder, Christoph Rathert und Lukas Daub.

Meiner Freundin Eva-Maria Riedel danke ich von ganzem Herzen für Geduld, Unterstützung, Mut machen, Ausgleich und Ablenkung in allen Phasen der Entstehung dieser Arbeit sowie die Erinnerung daran, was wirklich wichtig ist.

Größter Dank gebührt meinen Eltern für ihre Unterstützung während meines Studiums, meines LL.M.-Aufenthalts in Los Angeles und meiner Zeit als Doktorand. Ohne ihren Rückhalt hätte ich es nicht geschafft. Ihnen ist diese Arbeit gewidmet.

Hamburg, im Juni 2022 *Alexander Joost*

Inhaltsverzeichnis

Einleitung

A. Untersuchungsanlass und Untersuchungsgegenstand

Die Bedeutung der Eigenverwaltung war seit Inkrafttreten der Insolvenzordnung für lange Zeit gering.[1] Mit dem ESUG[2] ist der Gesetzgeber tätig geworden, hat den Zugang zur Eigenverwaltung erleichtert und sie insgesamt attraktiver gemacht.[3] Jedenfalls für größere Unternehmen spielt sie seit einigen Jahren eine zunehmend größere Rolle.[4]

Regulatives Vorbild der Eigenverwaltung ist das US-amerikanische *Chapter 11*.[5] Beide Verfahren belassen dem Schuldner die Verwaltungs- und Verfügungsbefugnis und werden grundsätzlich mit der Restrukturierung des Rechtsträgers assoziiert. In den USA haben indessen Unternehmensverkäufe im Wege von Asset Deals (sogenannte *363 Sales*)[6] die Restrukturierungspraxis in den letzten Jahrzehnten revolutioniert.[7] Schuldner nehmen diese auch *Fire Sales*[8] genannten Verkäufe hierbei in einem frühen Verfahrensstadium vor, ohne

---

[1] *Kübler*, in: Kübler (Hrsg.), Handbuch Restrukturierung in der Insolvenz, 3. Aufl., 2018, § 1 Rn. 2; MünchKomm.-*Kern*, Vor §§ 270–285 InsO, Rn. 16; *Eidenmüller*, ZHR 175 (2011), 11, 24 ff.; *Vallender*, GmbHR 2012, 445 f.

[2] Gesetz zur weiteren Erleichterung der Sanierung von Unternehmen v. 07.12.2011, BGBl. I, S. 2582 ff.

[3] MünchKomm.-*Kern*, Vor §§ 270–285 InsO, Rn. 20 ff.; Jaeger-*Meller-Hannich*, § 270 InsO, Rn. 13; HK-*Brünkmans*, § 270 InsO, Rn. 5; *Uebele*, NZI 2018, 881; *Reus/Höfer/Harig*, NZI 2019, 57.

[4] *Kübler*, in: Kübler (Hrsg.), Handbuch Restrukturierung in der Insolvenz, 3. Aufl., 2018, § 1 Rn. 8; *Böhm*, Erfolgsfaktoren in der Eigenverwaltung, in: Heinrich (Hrsg.), Krise als Chance (2020), S. 99, 100 f.; *Uebele*, NZI 2018, 881; *Reus/Höfer/Harig*, NZI 2019, 57.

[5] MünchKomm.-*Kern*, Vor §§ 270–285 InsO, Rn. 10 f. Siehe auch *Funke*, in: FS Helmrich, 1994, S. 627, 629 f.; 635 f.

[6] Nach Section 363(b) des Title 11, Chapter 11 United States Code (U.S.C.).

[7] *Baird/Rasmussen*, 55 Stanford Law Review (2002), 751 („Corporate reorganizations have all but disappeared"); *Kuney*, 76 American Bankruptcy Law Journal (2002), 235, 236 f. („[…] drastic change from the original focus of Chapter 11: the plan process rather than quick sales"); *Glosband*, 7 The Journal of Private Equity (2004), 60; *Brege*, 92 Virginia Law Review (2006), 1639, 1640 („[…] Section 363(b) has shifted some of the focus in corporate bankruptcy away from reorganization toward these quicker methods of sale"); *Friedman*, 11 UC Davis Business Law Journal (2010), 181, 183; *Baird*, 87 Temple Law Review (2015), 975, 978 f.; *Skeel*, 24 Widener Law Journal (2015), 121, 125 („[…], sales became an increasingly routine strategy for resolving financial distress.").

[8] *LoPucki/Doherty*, 106 Michigan Law Review (2007), 1; *Eckbo/Thorburn*, Journal of Fi-

dass es zu einem (den Rechtsträger restrukturierenden) Insolvenzplan kommt, den *Chapter 11* eigentlich vorsieht. Das Unternehmen wechselt seinen Eigentümer; der Rechtsträger verbleibt in der Insolvenz und wird schließlich liquidiert. Prominente Verfahren in den USA wie die von *Chrysler*, *General Motors* sowie *Lehman Brothers* sind Verkäufe, die auf diese Weise und in kürzester Zeit abgewickelt wurden.[9] In jüngerer Zeit zeigen sich ähnliche Abläufe bei Unternehmen der kriselnden Kohleindustrie.[10]

In Deutschland erfreut sich der Asset Deal in Form der übertragenden Sanierung als Verwertungsinstrument im Regelverfahren seit langem großer Beliebtheit.[11] Die inzwischen größere Bedeutung der Eigenverwaltung legt nun nahe, die übertragende Sanierung in dieser Verfahrensart zu beleuchten.

Das US-amerikanische Pendant, den *363 Sale*, hierfür als Vergleichsgegenstand in den Fokus zu rücken, bietet sich insbesondere aus zweierlei Gründen an. Erstens hat sich die bereits erwähnte Vorbildrolle von *Chapter 11* bei der Entstehungsgeschichte des ESUG erneut gezeigt.[12] Die gesetzgeberischen und richterrechtlichen Entwicklungen in den USA dürfen deshalb nicht ignoriert werden, sondern bedürfen vielmehr einer genaueren Untersuchung. Diese ist auf die Frage gerichtet, welche Folgerungen aus den sich zeigenden Stärken und Schwächen des US-amerikanischen Insolvenzrechts für das deutsche Recht zu ziehen sind.

Zweitens betrifft diese Vorbildrolle nicht nur das kodifizierte Recht, sondern gleichermaßen in den USA erprobte Modelle, die über Investoren und internationale Wirtschaftskanzleien in vielgestaltiger Weise nach Deutschland gelangen. Der Einfluss des US-amerikanischen Rechts und dessen Gestaltungspraxis auf das Transaktionsgeschäft insbesondere in Europa ist unbestritten.[13]

---

nancial Economics 2008, 404; *Anderson/Ma*, 22 American Bankruptcy Institute Law Review (2014), 1.

[9] *Chrysler LLC* und einige Konzerntöchter stellten am 30. April 2009 Insolvenzantrag; am 31. Mai 2009 erlaubte das Insolvenzgericht des Southern District of New York (S. D. N. Y.) den Verkauf, siehe In re Chrysler LLC, 405 B. R. 84, 87 f. (Bankr. S. D. N. Y.). *Lehman Brothers Holdings Inc.* stellte am 15. September 2008 Insolvenzantrag; das Insolvenzgericht stimmte dem Verkauf am 20. September 2008 zu, siehe In re Lehman Bros. Holdings, Inc., 415 B. R. 77, 79 ff. (S. D. N. Y. 2009).

[10] *Macey/Salovaara*, 71 Stanford Law Review (2019), 879; *Dawson*, 41 Cardozo Law Review (2020), 2521.

[11] Siehe *Flöther*, ZIP 2012, 1833, 1834 („[E]verybody's darling" der insolvenzrechtlichen Restrukturierung"); *Undritz* in: Thierhoff/Müller (Hrsg.), Unternehmenssanierung (2022), Kapitel 10, Rn. 309 („Dominanz der ‚übertragenden Sanierung'"). Grundlegend zum Begriff der übertragenden Sanierung *Schmidt*, ZIP 1980, 328, 336 f.

[12] Siehe die Gesetzesbegründung zum ESUG, BT-Drucks. 17/5712, S. 18.

[13] Allgemein hierzu *Murray*, ZZPInt 9 (2004), 245, 249 ff.; *Merkt*, ZHR 171 (2007), 490; *Hentzen*, Hegemonie oder Symbiose: Zur Rezeption des US-amerikanischen Rechts in der Vertragspraxis des M&A-Geschäfts, in: Ebke u. a. (Hrsg.), Das deutsche Wirtschaftsrecht unter dem Einfluss des US-amerikanischen Rechts (2011), S. 101 ff.; *Kramer*, JZ 2017, 1, 6; *Vetter*, RabelsZ 82 (2018), 267, 284 f.; 289 ff.; *Hopt*, ZHR 186 (2022), 7, 10 f. Siehe auch

Der folgenden Untersuchung liegen somit zunächst die Beobachtungen aus den USA zugrunde, an die sich die Frage anschließt, welche Probleme und Risiken aus einer übertragenden Sanierung in der Eigenverwaltung resultieren können. Diese sollen vor dem Hintergrund der Interessen und Verhaltensanreize der am Verfahren Beteiligten anhand der geltenden Rechtslage rechtsvergleichend in den Blick genommen werden. Hierbei gilt es jeweils, aktuelle Entwicklungen sowohl in Deutschland als auch den USA zu berücksichtigen. Die Untersuchung beschränkt sich auf Unternehmen, die in der Rechtsform einer GmbH oder AG betrieben werden. Diese Einschränkung rechtfertigt sich insbesondere durch die vergleichsweise hohe Anzahl an Unternehmensinsolvenzen von Kapitalgesellschaften.[14]

B. Methodik

Im Hinblick auf den Untersuchungsgegenstand ist die rechtsvergleichende Perspektive zwingend. Die sogenannte funktionale Rechtsvergleichung ist hierbei bis heute die anerkannte Methode. Ihr liegt die Annahme zugrunde, dass jede Rechtsordnung die gleichen Probleme lösen will, dies aber mit unterschiedlichen Mitteln. Die rechtsvergleichende Ausgangsfrage muss danach funktional und losgelöst von Systembegriffen der eigenen Rechtsordnung gestellt werden.[15] Ein vielfach geäußerter Kritikpunkt an der funktionalen Rechtsvergleichung ist, dass der kulturelle Kontext des zu vergleichenden Rechts nicht hinreichend berücksichtigt werde.[16] Damit verbunden ist häufig eine generelle Kritik an der Methode, die sich weigere, von der Beobachterperspektive zu einer Insiderperspektive zu wechseln.[17]

Ähnliche Kritik erfährt der Begriff des Rechtstransplantats, d. h. die Bestrebung, im Wege des Rechtsvergleichs fremde Rechtsregeln oder Institute in die

Kuntz, Gestaltung von Kapitalgesellschaften zwischen Freiheit und Zwang (2016), S. 408 f. Zurückhaltender *Kötz*, in: FS Heldrich, 2005, S. 771, 777 ff. Zur internationalen Vertragspraxis als Objekt von Rezeption siehe *von Hein*, Rezeption (2008), S. 28.

[14] Im Jahr 2020 ist über das Vermögen von 6.235 Unternehmen in der Rechtsform einer AG bzw. KGaA, GmbH sowie UG ein Insolvenzverfahren eröffnet worden, dem stehen im gleichen Zeitraum 893 eröffnete Insolvenzverfahren über das Vermögen von Personengesellschaften (OHG, KG, GbR) gegenüber; Zahlen abgerufen unter https://www-genesis.destatis.de (zuletzt aufgerufen am 29.04.2022).

[15] Grundlegend *Zweigert/Kötz*, Rechtsvergleichung (1996), S. 31 ff.

[16] *Gerber*, 46 American Journal of Comparative Law (1998), 719, 722; *Husa*, RabelsZ 67 (2003), 419, 428: „Functionalism, as methodology, is quite insensitive for the cultural elements of law."

[17] *Frankenberg*, 26 Harvard International Law Journal (1985), 411, 421. Siehe hierzu *Michaels*, The Functional Method of Comparative Law, in: Reimann/Zimmermann, The Oxford Handbook of Comparative Law (2019), S. 345, 370. Zur Gefahr eines juristischen Ethnozentrismus *Demleitner*, 31 Arizona State Law Journal (1999), 737.

eigene Rechtsordnung zu übertragen.[18] Gegen die Übertragung von Rechtsregeln spreche, dass diese nicht aus ihrem kulturellen Kontext gerissen werden könnten.[19]

Da mit der übertragenden Sanierung ein Institut im geltenden Recht existiert, kann es bei dem Rechtsvergleich mit *363 Sales* nicht um einen bloßen *Legal Transplant* im Sinne eines „technischen Rechtsnormtransfers"[20] derselben gehen. Als Vergleichsobjekt dienen weniger Rechtsnormen, sondern vielmehr die geübte Praxis. Methodologisch betrachtet handelt es sich somit um einen „Transaktionsmodelltransfer", der nicht begrifflich-oberflächlich, sondern in funktioneller Rechtsvergleichung die „realen Regelungsprobleme und Regelungszwecke"[21] berücksichtigt. Gleichzeitig sollen in dieser Arbeit hierfür einzelne, insbesondere durch Gerichte entwickelte Elemente von Rechtsregeln in Bezug auf *363 Sales* einer Plausibilitätskontrolle unterzogen und auf ihre Übertragbarkeit in das deutsche Recht überprüft werden. Da es sich somit nicht um einen Rechtsvergleich im herkömmlichen Sinne handelt, ist es erforderlich, den *363 Sale* in einem übergeordneten Zusammenhang der dortigen (Insolvenz-)Rechtskultur zu untersuchen, um ihn dann dem deutschen insolvenzrechtlichen Verständnis gegenüberzustellen. Der Rechtsvergleich von *363 Sales* mit der übertragenden Sanierung in der Eigenverwaltung soll auf diese Weise dazu beitragen, den historischen und systematischen Kontext des US-amerikanischen Insolvenzrechts besser zu erfassen.

C. Gang der Untersuchung

Das erste Kapitel dieser Arbeit beginnt mit den soeben beschriebenen historischen und systematischen Grundlagen des Insolvenzrechts in Deutschland und den USA. Dies zugrunde gelegt und vor dem Hintergrund der herausgearbeiteten Unterschiede beider Rechtsordnungen erfolgt eine verfahrensrechtliche Gegenüberstellung der übertragenden Sanierung und *363 Sales*.

Das Kapitel schließt mit einer Interessenanalyse, welche die Verhaltensanreize der Beteiligten im Fall des Asset Deal in der Insolvenz in den Blick nimmt.

---

[18] Grundlegend zu dem Begriff des *Legal Transplant* sind die Arbeiten von *Kahn-Freund*, 37 The Modern Law Review (1974), 1, 5ff. sowie *Watson*, 92 The Law Quarterly Review (1974), 79. Siehe allgemein *Rehm*, RabelsZ 72 (2008), 1 mwN.

[19] *Legrand*, 4 Maastricht Journal of European and Comparative Law (1997), 111, 115f. Nach *Legrand* ist die Übertragung einer Rechtsregel daher generell unmöglich, da sich ihr kultureller Kontext nicht mitübertragen lasse und sich die übertragene Regel vielmehr ihrem „neuen" kulturellen Rahmen anpasse. Dass sich der kulturelle Zusammenhang nicht übertragen lässt, liegt auf der Hand; nicht aber die Schlussfolgerung, dass eine Übertragung von Rechtsregeln deshalb generell ausgeschlossen ist. Ebenso *Mattei/di Robilant*, 75 Tulane Law Review (2000), 1053, 1073: „absurd conclusion".

[20] Hierzu *Deipenbrock*, ZVglRWiss 107 (2008), 343, 344f.

[21] *Bydlinski*, Juristische Methodenlehre und Rechtsbegriff (1991), S. 386.

Das zweite Kapitel widmet sich der Überwachung des Schuldners in der Eigenverwaltung bzw. in *Chapter 11*. Vor dem Hintergrund der im ersten Kapitel herausgearbeiteten Ausgangslage wird es die Möglichkeiten der Einflussnahme der Gläubiger auf den Schuldner beleuchten. Die hierbei im Zusammenhang mit *363 Sales* in den USA auftretenden Missbrauchsgefahren eignen sich für einen Abgleich mit den Regelungen über die Gläubigerorgane im Fall der übertragenden Sanierung.

Von den Ergebnissen des ersten und zweiten Kapitels ausgehend wird das dritte Kapitel die Haftung bei der übertragenden Sanierung in der Eigenverwaltung untersuchen. Im Vordergrund steht hierbei die Haftung der Geschäftsleitung der schuldnerischen Gesellschaft. Insbesondere die jahrzehntelangen Erfahrungen im Umgang mit *363 Sales* in den USA lassen es zu, einzelne Rechtsregeln auf ihre Übertragbarkeit in das deutsche Recht zu überprüfen und auf diese Weise das Pflichtenprogramm der Geschäftsleitung zu konturieren.

Kapitel 1

Konzeptionelle Grundlagen und Interessenkonflikte

Für einen Vergleich der übertragenden Sanierung in der Eigenverwaltung mit dem US-amerikanischen *363 Sale* sind beide Institute in einen übergeordneten Zusammenhang zu stellen. Der Rechtsvergleich kann auf diese Weise nur nachvollzogen werden, nachdem die wesentlichen rechtskulturellen Unterschiede und Gemeinsamkeiten der Insolvenzrechte Deutschlands und der USA herausgearbeitet wurden. Die Untersuchung beginnt deshalb zunächst mit einer Darlegung dieser konzeptionellen Grundlagen der Ziele und Funktion des deutschen und US-amerikanischen Insolvenzrechts. Darauf aufbauend wird zu zeigen sein, dass sich mit dem Eintritt der Insolvenz die Interessenausrichtung der Geschäftsleitung in beiden Rechtsordnungen verschiebt, gewisse Unterschiede aufgrund der Anerkennung einer Vielzahl an Stakeholdern in den USA aber bleiben (A.). Hierauf folgt eine Gegenüberstellung des US-amerikanischen *363 Sales* mit der übertragenden Sanierung, die insbesondere im Hinblick auf verfahrensrechtliche Unterschiede für das Verständnis der Interessen der Beteiligten erforderlich ist (B.) Der Schwerpunkt dieses Kapitel zeigt sodann die Interessenkonflikte der am Insolvenzverfahren Beteiligten in der konkreten Situation einer übertragenden Sanierung in der Eigenverwaltung auf (C.), um den Grundstein zu legen für eine Überprüfung der Kontrolle und Überwachung des eigenverwaltenden Schuldners (Kapitel 2) sowie der Legitimität und Effektivität der bestehenden Haftungskonzepte (Kapitel 3).

A. Konzeptionelle Grundlagen

I. Ziele und Funktion des Insolvenzrechts

In einem ersten Schritt der Gegenüberstellung der beiden Institute – übertragende Sanierung und *363 Sale* – sind Gemeinsamkeiten und Unterschiede der Rahmenbedingungen beider Rechtsordnungen zu beleuchten. Um diesem Anspruch gerecht zu werden, ist eine Vergewisserung der Ziele und Funktionen beider Insolvenzrechte geboten, die auf unterschiedlichen (Insolvenz-)Rechtskulturen basieren. Hierfür sind zunächst die ökonomischen Grundannahmen von Insolvenzrecht in den Blick zu nehmen, auf denen das Insolvenzrecht beider Rechtsordnungen beruht (1.). Wesentliche Unterschiede ergeben sich indes im Hinblick auf die verfahrensrechtliche Ausrichtung. So lässt sich das US-amerikanische Insolvenzrecht im Gegensatz zur Insolvenzordnung, das wird diese Arbeit am konkreten Fall der übertragenden Sanierung in der Eigenverwaltung zeigen, insgesamt als schuldnerzentriert bezeichnen. Dieses Ergebnis lässt sich insbesondere anhand der historischen Entwicklung der Insolvenzrechte Deutschlands und den USA erklären. Denn für die Entwicklung der jeweiligen Rechtskultur ist Geschichte eine wesentliche Determinante.[1] Das Ergebnis der unterschiedlichen (Insolvenz-)Rechtskultur lässt sich deshalb erklären durch die historische Genese des Insolvenzrechts in Deutschland und den USA. Die historischen Hintergründe sollen aus diesem Grund – in gebotener Kürze – ebenfalls nachgezeichnet werden (2.).

1. Ökonomische Gemeinsamkeiten

Das Insolvenzrecht ist ein Instrument der Haftungsverwirklichung und kollektiviert im Wege eines Gesamtvollstreckungsverfahrens die Rechtsdurchsetzung.[2] Diesem Ergebnis liegt zunächst die ökonomische Erkenntnis des *Common Pool Problem* bzw. *Collective Action Problem* der Gläubiger zugrunde. Es beschreibt die Situation, in welcher das den Gläubigern zur Verfügung stehende Schuldnervermögen unzureichend ist, um alle Gläubiger vollständig zu befriedigen.[3] Die Gläubiger befinden sich in der Folge in einem *Prisoners' Dilemma*.[4] Mit dem *Prisoners' Dilemma* beschreibt die Spieltheorie die Situation, in der für die Spieler eine Verhaltensweise bzw. Entscheidung für sie die dominante Strategie darstellt, dieses individuell rationale Verhalten aber zu einem suboptimalen Gesamtergebnis führt. Im Fall der Krise des Schuldners ist ein schneller Zugriff auf das Schuldnervermögen für sämtliche Gläubiger die „dominante Strategie", da jeder Gläubiger versuchen will, den anderen Gläubigern mit der Vollstreckung zuvorzukommen.[5] Ohne Insolvenzrecht, d. h. unter Fortgeltung des der Einzelzwangsvollstreckung zugrunde liegenden Prioritätsprinzips, wäre die Folge ein Wettlauf der Gläubiger. Das Ergebnis würde in der Gesamtbetrachtung alle Gläubiger schlechter stellen.[6] Diese Aussagen gelten sowohl für das deut-

---

[1] Vgl. *Vallender*, NZI 2010, 838, 839. Siehe auch *Mankowski*, Rechtskultur (2016), S. 8 („Rechtskultur ist insoweit geronnene Geschichte."); *Seckelmann*, 43 Rechtstheorie (2012), 419, 426 f.

[2] *Eidenmüller*, Unternehmenssanierung zwischen Markt und Gesetz (1999), S. 24.

[3] Grundlegend für die heutige ökonomische Begriffsverwendung *Hardin*, 162 Science (1968), 1243. Für das Insolvenzrecht *Jackson*, The Logic and Limits of Bankruptcy Law (1986), S. 10 f. Siehe auch *Hax*, Zeitschrift für die gesamte Staatswissenschaft 141 (1985), 80, 84; *Eidenmüller*, ZIP 2016, 145, 150.

[4] *Eidenmüller*, Unternehmenssanierung zwischen Markt und Gesetz (1999), S. 19 ff.; *Eidenmüller*, ZIP 2016, 145, 150. Siehe allgemein *Baird/Gertner/Picker*, Game theory and the law (1994), S. 188 ff.

[5] Siehe auch *Schmidt*, Ökonomische Analyse des Insolvenzrechts (1980), S. 45.

[6] *Jackson*, The Logic and Limits of Bankruptcy Law (1986), S. 12; *Eidenmüller*, ZHR 160 (1996), 343, S. 20.

sche[7] als auch das US-amerikanische[8] Insolvenzrecht und werden als Grundannahme heute nicht mehr hinterfragt.[9]

Der Wechsel von der Einzelvollstreckung zum Gesamtvollstreckungsverfahren wird rechtsökonomisch damit gerechtfertigt, dass bei Vorliegen des *Common Pool Problem* den Gläubigern an einer Vereinbarung gelegen ist, welche im Sinne eines Pareto-Optimums die noch vorhandene Haftungsmasse am effektivsten verwertet. Nach dem von *Jackson* stammenden *Creditors' Bargain Model* ersetzt Insolvenzrecht eine solche Vereinbarung.[10] Notwendig ist ein gesetzliches Kollektivverfahren deshalb, da die Transaktionskosten einer Gläubigervereinbarung zu hoch wären und zudem Informationen über die maßgeblichen Parameter, zum Beispiel über den Fortführungswert des Unternehmens, ungleichmäßig verteilt sind (Informationsasymmetrie).[11] Ähnliche Erwägungen wie die von *Jackson* finden sich vereinzelt auch im Zusammenhang mit der Entstehung der Insolvenzordnung.[12] Mittelbar lassen sie sich aus § 1 InsO herauslesen, der die gemeinschaftliche (und bestmögliche)[13] Befriedigung der Gläubiger (*Par Conditio Creditorum*) des Schuldners vorgibt. Auch wenn der Wortlaut der Vorschrift nur eine sehr begrenzte Aussagekraft hat,[14] lässt sich ihm dennoch, vor allem im Vergleich zur Konkursordnung, die Gläubigerautonomie als zentrales Element entnehmen.[15]

---

[7] Siehe *Eidenmüller*, Unternehmenssanierung zwischen Markt und Gesetz (1999), S. 17 ff.; *Thole*, Gläubigerschutz durch Insolvenzrecht (2010), S. 52; *Paulus*, KTS 2000, 239 f.

[8] *Jackson*, The Logic and Limits of Bankruptcy Law (1986), S. 10 ff.; *Roe*, 7 Harvard Business Law Review (2017), 187, 191 f.

[9] *Jackson*, The Logic and Limits of Bankruptcy Law (1986), S. 11 („This role of bankruptcy law is largely unquestioned.") Siehe auch *Eidenmüller*, ZIP 2016, 145 sowie *Eidenmüller*, 92 American Bankruptcy Law Journal (2018), 53 zur Frage der Klassifizierung eines Verfahrens als Insolvenzverfahren im grenzüberschreitenden Kontext.

[10] Grundlegend *Jackson*, 91 Yale Law Journal (1982), 857, 860; *Jackson*, The Logic and Limits of Bankruptcy Law (1986), S. 29 ff. Siehe auch Baird/Jackson, 51 University of Chicago Law Review (1984), 97, 100 f.; Baird/Picker, 20 Journal of Legal Studies (1991), 311 ff.; Schwartz, 107 The Yale Law Journal (1998), 1807, 1809. Zur jüngeren Diskussion um die Theorie siehe *Casey*, 78 The University of Chicago Law Review (2011), 759, 762 ff.; Adler, 166 University of Pennsylvania Law Review (2018), 1853. Zuletzt *Casey*, 120 Columbia Law Review (2020), 1709, nach dem Insolvenzrecht eine weit darüber hinausgehende Rolle einnehme, die nicht auf die Lösung des ohnehin zu eng definierten *Collective Action Problem* beschränkt sei.

[11] *Eidenmüller*, Unternehmenssanierung zwischen Markt und Gesetz (1999), S. 21; *Thole*, Gläubigerschutz durch Insolvenzrecht (2010), S. 53 f. Siehe auch *Henckel*, KTS 1989, 477, 483.

[12] Siehe *Balz*, ZIP 1988, 1438.

[13] Die „bestmögliche" Befriedigung findet sich in § 1 InsO nicht als Verfahrensziel wieder, gilt gemeinhin aber als anerkannt, siehe hierzu BeckOK InsO (22. Edition)-*Madaus*, § 1, Rn. 5. Begrifflich findet sie sich auch in der Gesetzesbegründung wieder, siehe BT-Drucks. 12/2443, S. 72, 77. Siehe auch K. Schmidt-*Schmidt*, § 1 InsO, Rn. 3 („Dynamik der Verfahrenszwecke").

[14] Ähnlich *Landfermann*, in: FS Wimmer, 2017, S. 408, 411.

[15] Uhlenbruck-*Pape*, § 1 InsO, Rn. 4; Kübler/Prütting/Bork-*Prütting*, § 1 InsO (August 2011), Rn. 13 ff.; *Paulus*, NZI 2015, 1001. Relativierend im Vergleich zum englischen Recht siehe aber *Beissenhirtz*, in: FS Braun, 2007, 183 ff.

2. *Historische Genese*

a) *USA*

aa) *Equity Receivership und Unternehmensrestrukturierung*

Die Unternehmensinsolvenz ist in den USA auf *Chapter 11*, also auf Reorganisation ausgerichtet. Nur als ultima ratio findet die Liquidation nach *Chapter 7* statt.[16] *Chapter 11* liegt das Verständnis zugrunde, dass der *Going Concern*-Wert eines Unternehmens grundsätzlich höher ist als sein Zerschlagungswert.[17] Ziele und Funktion des US-amerikanischen Insolvenzrechts sind stark historisch geprägt und im Verlauf des 20. Jahrhunderts einem ständigen Wandel unterworfen gewesen. Diese historische Entwicklung mit all ihren Facetten soll hier nicht im Detail dargestellt werden.[18] Als wichtiges historisches Ereignis in den USA sind jedoch die Insolvenzen großer Eisenbahngesellschaften Ende des 19. bis Anfang des 20. Jahrhunderts zu nennen. Unter anderem der Konjunktureinbruch in den 1890er Jahren führte dazu, dass mehr als die Hälfte der US-amerikanischen Eisenbahngesellschaften insolvent wurden.[19] Deren Gläubiger ließen sich zuvor Sicherheiten an einzelnen Stationen und Gleisabschnitten bestellen. Die Verwertung dieser Sicherheiten durch nur einen oder wenige Gläubiger hätte zum einen das Eisenbahnnetz des Schuldners erheblich geschädigt, wenn nicht gar funktionsuntüchtig gemacht.[20] Zum anderen liegt der Zerschlagungswert einzelner Gleisabschnitte naturgemäß weit unter dem Fortführungswert innerhalb des Unternehmens.[21] Hinzu kommt, dass dem kostspieligen Auf-

---

[16] Vgl. *Tabb*, Law of Bankruptcy (2020), § 1.24, S. 93 f. Siehe auch *Baird*, Elements of Bankruptcy (2014), S. 18 f.

[17] *Tabb*, Law of Bankruptcy (2020), § 1.2, S. 7; *Braucher*, 23 Capital University Law Review (1994), 499, 509.

[18] Monographisch zur Geschichte des US-amerikanischen Insolvenzrechtsrechts siehe *Skeel*, Debt's Dominion (2004). Aus der Aufsatzliteratur siehe *Tabb*, 3 American Bankruptcy Institute Law Review (1995), 5; *Miller/Waisman*, 78 American Bankruptcy Law Journal (2004), 153, 155 ff.; *Roe*, 7 Harvard Business Law Review (2017), 187. Für einen Überblick in Bezug auf die Unternehmensrestrukturierung siehe *Altman/Hotchkiss/Wang*, Corporate Financial Distress, Restructuring, and Bankruptcy (2019), S. 39 ff.; *Paterson*, Corporate Reorganization Law and Forces of Change (2020), S. 23 ff. Aus dem deutschen Schrifttum siehe *Flessner*, Sanierung und Reorganisation (1982), S. 33 ff.; *Schatz*, Entwicklung und Zukunftsperspektive der Unternehmensrestrukturierung (2020), S. 2–47.

[19] *Skeel*, Debt's Dominion (2004), S. 51 f.; *Baird*, Elements of Bankruptcy (2014), S. 60; *Miller/Waisman*, 78 American Bankruptcy Law Journal (2004), 153, 160 f. Siehe auch *Martin*, 34 The Journal of Economic History (1974), 685, 688 f.

[20] Der (damalige) volkswirtschaftliche Wert der Eisenbahninfrastruktur für die USA kann gar nicht überschätzt werden, siehe *Baird*, Elements of Bankruptcy (2014), S. 59 f.; *Stern*, 90 Columbia Law Review (1990), 783, 784 („They could not be sold piecemeal without disastrous social consequences."); *Adams*, 73 Boston University Law Review (1993), 581, 585; *Roe*, 7 Harvard Business Law Review (2017), 187, 194.

[21] *Baird*, Elements of Bankruptcy (2014), S. 58 f.; *Adams*, 73 Boston University Law Review (1993), 581, 585.

bau eines Eisenbahnnetzes verhältnismäßig geringe Unterhaltungskosten der Eisenbahnunternehmung gegenüberstanden.[22] Der *Going Concern*-Wert dieser Unternehmen war somit erheblich höher als ihr Liquidationswert.[23] Obwohl die Verfassung der USA vorsieht, dass der Kongress Bundesinsolvenzgesetze erlassen kann,[24] war zum damaligen Zeitpunkt ein solches nicht existent. Das Insolvenzrecht der Einzelstaaten hat sich zum wiederholten Mal, hier aufgrund der staatenübergreifenden Eisenbahnnetzwerke, als wenig hilfreich erwiesen.[25] Der spätere *Bankruptcy Act of 1898* schloss Eisenbahninsolvenzen ausdrücklich aus.[26]

Das als Lösung hierauf, aber einigermaßen aus der Not geborene Institut des *Equity Receivership* sollte helfen, die Eisenbahngesellschaften durch Restrukturierung am Leben zu erhalten und gilt als einer der Vorläufer des heutigen *Chapter 11*.[27] Die Würdigung des *Going Concern Value* durch Insolvenzrecht sowie die Beteiligung des *Debtor* am Verfahren geht hierauf zurück.[28] Beim *Equity Receivership* ernannte ein durch Gläubigerantrag aufgerufenes (Bundes-)Gericht einen sogenannten *Receiver*, der die Kontrolle über das Vermögen des Schuldners übernahm.[29] Hiermit einher ging ein dem heutigen *Automatic Stay*[30] vergleichbarer Vollstreckungsstopp.[31] *Going concern sales* im Rahmen des *Equity Receivership* waren keine Seltenheit.[32] Erst die mit dem Börsenkrach von 1929 beginnende *Great Depression* und der in der Folge eingeführte, sanierungsfreundliche *Chandler Act of 1938*[33], der den *Bankruptcy Act of 1898* änderte und die Restrukturierung großer *Corporations* möglich machte, führ-

[22] *Roe*, 7 Harvard Business Law Review (2017), 187, 194.

[23] *Tufano*, 71 The Business History Review (1997), 1, 7 f.; *Roe*, 7 Harvard Business Law Review (2017), 187, 194.

[24] U. S. Constitution, Art. I, § 8, cl. 4: „The Congress shall have Power […] [t]o establish […] uniform Laws on the subject of Bankruptcies throughout the United States".

[25] *Skeel*, Debt's Dominion (2004), S. 55 („Both state regulators and state laws lost all of their power once the railroad tracks crossed state lines.") Siehe auch *Adams*, 73 Boston University Law Review (1993), 581, 585 mwN; *Tabb*, 3 American Bankruptcy Institute Law Review (1995), 5, 21; *Miller/Waisman*, 78 American Bankruptcy Law Journal (2004), 153, 161.

[26] *Skeel*, Debt's Dominion (2004), S. 54.; *Lubben*, 23 University of Pennsylvania Journal of Business Law (2020), 132, 139 f.

[27] *Skeel*, Debt's Dominion (2004), S. 56 ff.; *Baird*, Elements of Bankruptcy (2014), S. 61; *Adams*, 73 Boston University Law Review (1993), 581, 585. Ausführlich zum *Receivership* aus dem deutschen Schrifttum *Flessner*, Sanierung und Reorganisation (1982), S. 34 ff.

[28] *Miller/Waisman*, 78 American Bankruptcy Law Journal (2004), 153, 164 f.

[29] *Skeel*, Debt's Dominion (2004), S. 58; *Tabb*, 3 American Bankruptcy Institute Law Review (1995), 5, 22.

[30] Zum *Automatic Stay* siehe noch unten, B. I. 1. (S. 29).

[31] *Skeel*, Debt's Dominion (2004), S. 58; *Miller/Waisman*, 78 American Bankruptcy Law Journal (2004), 153, 162.

[32] *Skeel*, Debt's Dominion (2004), S. 57; 59; *Tabb*, 3 American Bankruptcy Institute Law Review (1995), 5, 22.

[33] Public Law No. 75-696, 52 Stat. 840 (1938), abrufbar unter https://fraser.stlouisfed.org/title/bankruptcy-act-1938-5855 (zuletzt aufgerufen am 29.04.2022).

ten schließlich dazu, dass das Institut des *Equity Receivership* seine Bedeutung verlor.[34]

Die historische Entwicklung macht somit deutlich, dass das US-amerikanische Insolvenzrecht äußere Faktoren wie ein allgemeines volkswirtschaftliches Interesse stark berücksichtigt. Im Zusammenhang mit *363 Sales* zeigen dies Entscheidungen, bei der sich Gerichte mit der Frage auseinanderzusetzen hatten, ob der Preis der einzige zu berücksichtigende Faktor innerhalb des Bieterprozesses sein kann. Im Fall der Insolvenz einer *Nonprofit Organization*, die ein Kinderkrankenhaus unterhielt, hielt es der *District Court* von New Jersey für geboten, zu berücksichtigen, ob der Bieter das Krankenhaus weiter betreiben würde und durch zukünftige Investitionen am Leben halten wird. *Public Health*-Gesichtspunkte müssten in diesem Fall höher gewichtet werden als die Gläubigerbefriedigung.[35] Die (historisch bedingte) Zielrichtung des US-amerikanischen Insolvenzrechts geht somit über die marktwirtschaftliche Koordinationsfunktion und Gläubigerbefriedigung weit hinaus und setzt die Fortführung des Unternehmens als eigenständiges Ziel daneben, auch wenn dies auf Kosten der Gläubiger erfolgt.[36]

bb) Schuldnerzentriertheit und Rescue Culture

Das US-amerikanische Insolvenzrecht stellt sich – bekanntermaßen[37] – als besonders schuldnerzentriert dar. Seit langem steht die Rehabilitierung des „honest but unfortunate debtor“[38] im Fokus. Die Schuldnerzentriertheit steht im Zusammenhang mit einer allgemeinen *Rescue Culture*.[39] Dies beruht auf der historischen Entwicklung des *Bankruptcy Law*, die stets eng verbunden gewesen ist mit der auf Kredit gründenden US-amerikanischen Wirtschaftsverfassung.[40] Eine „Rechtskultur der Toleranz“ entwickelte sich, die dazu anregen sollte, unternehmerische Risiken einzugehen – mit dem Ziel, so schnell wie möglich eine dynamische Marktwirtschaft aufzubauen.[41]

---

[34] *Tabb*, 3 American Bankruptcy Institute Law Review (1995), 5, 28; *Miller/Waisman*, 78 American Bankruptcy Law Journal (2004), 153, 167; *Hu/Westbrook*, 107 Columbia Law Review (2007), 1321, 1346.

[35] United Healthcare Sys., Inc., No. 97-1159, 1997 WL 176574, S. 5 f. (District Court New Jersey, Mar. 26, 1997).

[36] Kritisch deshalb *Heese*, Die Funktion des Insolvenzrechts (2018), S. 47.

[37] *Paulus*, RIW 2013, 577, 580 („Allgemeinwissen“); *Paulus*, NZI 2015, 1001 f.

[38] Local Loan Co. v. Hunt, 292 U. S. 234, 244 (1934).

[39] *Kilborn*, National Report for the United States, in: Faber u. a. (Hrsg.), Commencement of Insolvency Proceedings (2012), S. 753, 754 ff.

[40] Vgl. *Balleisen*, Navigating Failure (2001), S. 27. Siehe auch *Martin*, 28 Boston College International and Comparative Law Review (2005), 1, 10 („Where there is credit, there is also default, […].“).

[41] *Martin*, 28 Boston College International and Comparative Law Review (2005), 1, 10.

Im deutschen Schrifttum wird hingegen teilweise behauptet, die soeben beschriebene *Rescue Culture* beruhe auf dem in der *Declaration of Independence* garantierten Recht auf ein Streben nach Glück.[42] In der US-amerikanischen juristischen Literatur finden sich derartige Aussagen, soweit ersichtlich, nicht. Zwar unterscheiden sich die Erklärungen für die Entwicklung einer unternehmensinsolvenzrechtlichen *Rescue Culture* stark voneinander;[43] letztlich rekurrieren indes alle Meinungen auf volkswirtschaftlichen Erwägungen und nicht auf Erwägungen eines libertären Geistes zum Schutz des Individuums.[44] Dies steht in Einklang mit der Feststellung der vom *American Bankruptcy Institute* (ABI) eingesetzten *Commission to Study the Reform of Chapter 11* in ihrem Report zu Reformüberlegungen des *Chapter 11*: „A robust, effective, and efficient bankruptcy system rebuilds companies, preserves jobs, and facilitates economic growth with dynamic financial markets and lower costs of capital."[45]

Hervorzuheben ist, dass diese historisch gewachsene *Rescue Culture* wenig gemein hat mit dem viel zitierten *Fresh Start*, den das US-amerikanische Insolvenzrecht gewähren soll und deshalb häufig missverstanden wird.[46] *Fresh Start* bezieht sich in der Regel auf die Insolvenz von natürlichen Personen und deren Möglichkeit einer Restschuldbefreiung (*Discharge*).[47] Diese *Fresh Start Policy* findet indes zum einen auf Unternehmensinsolvenzen keine Anwendung. Zum anderen steht zu bezweifeln, ob sie „US-amerikanische Ideale" tatsächlich verkörpert. Richtig ist, dass es in den USA eine ältere Diskussion um die Restschuldbefreiung (*Discharge*) gibt.[48] So ist das Fehlen bzw. die Einschränkung von *Dischargeability* beispielsweise als „absolutely out of step with our

---

42 *Heese*, Die Funktion des Insolvenzrechts (2018), S. 23; *Heese*, JZ 2018, 179, 181 f. Vgl. auch *Stürner*, AcP 210 (2010), 105, 118. Auf religiöse Hintergründe (Puritanismus) hinweisend *Zipperer*, NJW 2016, 750, 751.

43 *Tabb*, Law of Bankruptcy (2020), § 10.3, S. 949 ff. Siehe auch *Hirsch*, 45 Hastings Law Journal (1994), 175, 202 ff. („The idea of the fresh start can be probed from half a hundred different pedagogical angles, including history, political theory, contract theory, natural law, libertarian philosophy [and its mirror image, paternalism], moral philosophy, distributive ethics, cultural anthropology, behavioral psychology, even cognition and sociobiology.")

44 *Hirsch*, 45 Hastings Law Journal (1994), 175, 207 („[…] functions to avoid the social costs of insolvency.")

45 ABI Report, Commission to Study the Reform of Chapter 11, S. 2 (abrufbar unter http://commission.abi.org/full-report, zuletzt aufgerufen am 29.04.2022).

46 Zuletzt *Schatz*, Entwicklung und Zukunftsperspektive der Unternehmensrestrukturierung (2020), S. 82 („zweite Chance" für Unternehmen).

47 *Jackson/Scott*, 75 Virginia Law Review (1989), 155, 156 bei Fn. 3; *Tabb*, 59 George Washington Law Review (1990), 56; *Adler*, 12 American Bankruptcy Institute Law Review (2004), 219 f.; *Jackson*, Bankruptcy's logic and limits in the 21st century: some thoughts on Chapter 11's evolution and future, in: Adler, Research Handbook on Corporate Bankruptcy Law (2020), S. 6, 8 („Using ‚fresh start' to describe bankruptcy policy for both individuals and firms is unfortunate in the confusion it engenders").

48 Siehe zum Ganzen *Jackson*, The Logic and Limits of Bankruptcy Law (1986), S. 225 ff. sowie *Balleisen*, Navigating Failure (2001), S. 165 ff.

conception of liberty“[49] bezeichnet worden. Allerdings zeigen sich in jüngerer Zeit Einschränkungen: Nach der letzten größeren Reform des *Bankruptcy Code* im Jahr 2005 (*Bankruptcy Abuse Prevention and Consumer Protection Act* – BAPCPA) ist eine vollständige Restschuldbefreiung beispielsweise nur noch bei einem Haushaltseinkommen möglich, das unter dem Median-Einkommen liegt.[50] Auch die historischen Fakten lassen zumindest den Schluss zu, dass sich der Geist der Gründungsväter wohl erst verspätet durchsetzen konnte, da in der ersten insolvenzrechtlichen Bundeskodifikation von 1800 die Möglichkeit des *Discharge* noch nicht vorhanden war.[51] Ein in diesem Sinne schuldnerfreundliches Insolvenzrecht entstand nach allgemeinem Verständnis erst mit dem *Bankruptcy Act of 1898*.[52]

Über diese terminologische Differenzierung zwischen *Fresh Start* und *Rescue Culture* hinaus sind mit Blick auf die Reichweite letzterer vielmehr weitere Einschränkungen aufzuzeigen. Ökonomische Studien belegen, dass eine „Insolvenzhistorie“ (*Bankruptcy Record*) von Kleinunternehmern zu einer Benachteiligung am Kreditmarkt im weiteren Sinne führt. Die Wahrscheinlichkeit, dass ein Bankkredit abgelehnt wird, ist für solche Unternehmen ungleich größer. Wird ein Kredit gewährt, liegt der Zinssatz mehr als ein Prozent höher als bei Unternehmen ohne Insolvenzhistorie.[53] Das gleiche gilt für Lieferantenkredite (*Trade Credit*), die im Falle einer Insolvenzhistorie häufig nicht gewährt werden.[54] Auch in Bezug auf Verbraucherinsolvenzen (*Consumer Bankruptcy*) zeigen aktuelle (US-amerikanische) psychologische Studien signifikante negative Auswirkungen von Verschuldung bzw. Insolvenz auf die geistige Gesundheit.[55]

---

[49] Uniform System of Bankruptcy: Joint Hearings on S. 3866 before the Subcommtties on S. 3866 of the Senate Committies on the Judiciary and the Subcommitties on Bankruptcy Legislation of House Committies on the Judiciary, 72nd Cong., 1st Sess., S. 546 (1932) (abrufbar unter https://hdl.handle.net/2027/osu.32437121790626, zuletzt aufgerufen am 29.04.2022).

[50] 11 U.S.C. § 707(b)(6). Siehe zum Lobbyeinfluss der Kreditkartenunternehmen diesbezüglich auch *Tabb*, Law of Bankruptcy (2020), § 1.9, S. 47. Zu den weiteren Einschränkungen des *Discharge* siehe *Tabb*, Law of Bankruptcy (2020), § 10.4, S. 952 ff.

[51] *Tabb*, 65 American Bankruptcy Law Journal (1991), 325, 344 ff. Siehe auch *Jackson*, 91 Yale Law Journal (1982), 857 mwN. Auch die Insolvenzgesetze der Einzelstaaten kannten noch kein *Discharge*, siehe *MacLachlan*, Handbook of the Law of Bankruptcy (1956), S. 22.

[52] Siehe *Hansen/Hansen*, 3 Journal of Institutional Economics (2007), 203, 204 f., die aber gleichzeitig zu dem Ergebnis kommen, dass der *Bankruptcy Act of 1898* zur damaligen Zeit nicht als *debtor-friendly* galt und seine Urheber ein schuldnerfreundliches Insolvenzrecht gar nicht vor Augen hatten, aaO und passim.

[53] Siehe *Mathur*, 37 Journal of Banking & Finance (2013), 4198 mit weiteren Nachweisen zu ähnlichen Studien in Bezug auf Verbraucherinsolvenzen (*Consumer Bankruptcies*).

[54] *Mathur*, 37 Journal of Banking & Finance (2013), 4198, 4199.

[55] Siehe etwa *Kidger/Gunnell/Jarvik/Overstreet/Hollingworth*, 41 Suicide and Life-Threatening Behavior (2011), 676 (Zusammenhang zwischen Selbstmordversuch und Insolvenz); *Addo*, 3 SSM – Population Health (2017), 326 (Auswirkungen der Verschuldung auf die Gesundheit erwachsener Frauen). Allgemeiner siehe auch *Sweet/Nandi/Adam/McDade*, 91 Social Science & Medicine (2013), 94 (Auswirkungen der privaten Verschuldung auf die geistige und körperliche Gesundheit bei 24- bis 32-jährigen).

Diese Arbeiten stehen in Einklang mit einer jüngeren (empirischen) Untersuchung, die der Frage nach Existenz und Reichweite des „Insolvenzstigmas“ nachgeht.[56] Untersucht wurden die Aussagen von US-amerikanischen Verbrauchern im Rahmen einer Studie des *National Opinion Research Center* der *University of Chicago*.[57] Diese kommt zu dem Ergebnis, dass seit Inkrafttreten des *Bankruptcy Code* im Jahr 1978 das Insolvenzstigma zugenommen hat.

Widersprüchlich erscheint in diesem Zusammenhang auch die Tatsache, dass es kaum Zugangshürden zum Verfahren nach *Chapter 11* gibt. Zum Beispiel müssen keine Insolvenzgründe wie (drohende) Zahlungsunfähigkeit oder Überschuldung vorliegen, wenn der Schuldner einen Antrag stellt. Die Missbrauchsanfälligkeit, etwa durch ein Ausnutzen des mit Antragstellung eintretenden Vollstreckungsstopps (*Automatic Stay*)[58], zieht eine bislang nicht beendete Diskussion nach sich.[59] Außerdem besteht für die Geschäftsleitung keinerlei Haftungsgefahr für den Fall, dass sie den Insolvenzantrag zu spät stellt.[60] Es passt nicht so recht zu einer *Rescue Culture*, wenn die Geschäftsleitung keinerlei Konsequenzen fürchten muss für den Fall, in dem ein Insolvenzverfahren erst eingeleitet wird, wenn es für eine Restrukturierung bereits viel zu spät ist. Den Befund, dass diese vermeintlich uneingeschränkte *Rescue Culture* des US-amerikanischen Insolvenzrechts nicht in letzter Konsequenz umgesetzt wird, gilt es für den weiteren Verlauf dieser Arbeit, insbesondere im Zusammenhang mit den sich stellenden Fragen der Geschäftsleiterhaftung,[61] zu berücksichtigen.

Im Ergebnis lässt sich also festhalten, dass die schuldnerfreundliche Insolvenzrechtskultur des *Chapter 11* weniger auf libertäre Vorstellungen der Gründungsväter eines freien Individuums zurückgeht, sondern ganz überwiegend geprägt ist durch die Entwicklung der freien Marktwirtschaft, die seit der Unabhängigkeit der Vereinigten Staaten von Amerika durch eine auf Kredit aufgebaute Wirtschaftsverfassung vorangetrieben wurde. Auch wenn Verbraucher- und Unternehmensinsolvenzen sich unter dem gleichen Dach des *Title 11*

---

[56] *Sousa*, 26 American Bankruptcy Institute Law Review (2018), 217.

[57] *Sousa*, 26 American Bankruptcy Institute Law Review (2018), 217, 231 ff.

[58] Zum *Automatic Stay* siehe noch unten, B. I. 1. (S. 29).

[59] Siehe etwa *Macey/Salovaara*, 71 Stanford Law Review (2019), 879. Siehe auch *Eidenmüller*, ZIP 2014, 1197.

[60] Siehe *Baird*, 11 International Review of Law and Economics (1991), 223, 229. Erst recht existiert keine Strafandrohung. Die Straftatbestände in Title 18 des U. S. Code, Chapter 9, §§ 151 ff. regeln keine Insolvenzverschleppung, sondern sind den §§ 283, 283a StGB vergleichbare Bankrottstraftaten, vgl. *Tiedemann*, in Leipziger Kommentar zum StGB, vor §§ 283 bis 283d, Rn. 221 ff.

[61] Etwa im Zusammenhang mit dem bewussten und von der Rechtsprechung weitgehend tolerierten Herbeiführen einer sogenannten *Melting Ice Cube*-Situation, in der das Unternehmen (vorgeblich) nur noch durch einen *363 Sale* gerettet werden kann, siehe hierzu Kapitel 1, C. IV. 2. a) (S. 55 f.) sowie Kapitel 3, B. II. 1. b) dd) (2) (a) (S. 234 f.).

(*U. S. Bankruptcy Code*) befinden, zeigt die historische Genese, dass sich beide nicht gleichförmig entwickelt haben.[62]

cc) Aktuelle Entwicklungen

Die Entwicklungen der letzten Jahre in der insolvenzrechtlichen Praxis in den USA zeigen, dass Gläubigerinteressen zumindest *de facto* eine größere Bedeutung haben. Dies äußert sich, wie noch zu zeigen sein wird,[63] in der zunehmenden Kontrollausübung auf das Insolvenzverfahren durch Gläubiger.[64]

Schwerwiegende Veränderungen könnte ein aktuelles Gesetzesvorhaben mit sich bringen, das unter anderem zum Ziel hat, dem Erhalt von Arbeitsplätzen im Falle einer Unternehmensinsolvenz Vorrang einzuräumen.[65] Der Gesetzesentwurf sieht vor, dass im Fall von zwei oder mehr Angeboten eines Unternehmenserwerbs (im Wege eines *363 Sale* oder im Rahmen eines *Plan*) das zuständige Insolvenzgericht dem Verkauf an denjenigen Bieter zustimmen soll, der unter anderem den Erhalt von Arbeitsplätzen gewährleistet.[66] Jenseits der oben dargestellten Fälle von *Nonprofit Organizations* haben Gerichte Arbeitnehmerinteressen bislang keinen derart deutlichen Vorrang eingeräumt,[67] so dass die oben herausgearbeitete Ausrichtung der grundsätzlichen Berücksichtigung anderer Erwägungen als lediglich der Haftungsverwirklichung erheblich erweitert würde, sollte das Gesetz in dieser Form verabschiedet werden.

Die hohen Kosten eines typischerweise langwierigen Verfahrens gelten bereits seit längerer Zeit als entscheidende Schwäche einer *Chapter 11*-Restrukturierung. Um diese zu reduzieren, führte der Kongress 2019 mit dem *Small Business Reorganization Act*[68] ein Verfahren in *Chapter 11* ein, das sogenannten *Small Business Debtor*[69] zur Verfügung steht, d. h. Schuldnern, deren Verbindlichkeiten eine bestimmte Höhe nicht überschreiten.[70] Im Unterschied zum regulären *Chapter 11*-Verfahren wird in der *Small Business Reorganization* zwingend ein *Trustee* (Insolvenzverwalter) bestellt.[71]

---

[62] Siehe *Lubben*, American Business Bankruptcy (2019), S. 2 („different heritage").

[63] Siehe unten C. IV. 5. (S. 72 ff.).

[64] *McCormack*, Corporate Rescue Law (2008), S. 111; *Rasmussen*, 166 University of Pennsylvania Law Review (2018), 1749, 1767 ff.

[65] Protecting Employees and Retirees in Business Bankruptcies Act of 2020, H. R.7370, 116th Cong. (2020), abrufbar unter: https://www.congress.gov/bill/116th-congress/house-bill/7370/text (zuletzt aufgerufen am 29.04.2022).

[66] AaO, § 203(2).

[67] *Silberglied*, 76 Business Lawyer (2021), 817, 825 f.

[68] Public Law No. 116-54, 133 Stat. 1079 (2019), abrufbar unter https://www.congress.gov/bill/116th-congress/house-bill/3311/text (zuletzt aufgerufen am 29.04.2022).

[69] Definiert in 11 U.S.C. § 101(51D).

[70] 11 U.S.C. §§ 1181 ff. Siehe zum Ganzen *Bradley*, 28 American Bankruptcy Institute Law Review (2020), 251.

[71] 11 U.S.C. § 1183. Während der SARS-CoV-2-Pandemie ist die Schwelle der Höhe der Verbindlichkeiten (vorübergehend) von $ 2.725.625 auf 7,5 Mio. angehoben worden, um mög-

b) Deutschland

Das deutsche Insolvenzrecht ist historisch geprägt von der Territorialisierung und der damit einhergehenden Rechtszersplitterung. Es unterlag einer Vielzahl von europäischen Einflüssen, die im Folgenden nur in groben Zügen nachgezeichnet werden.[72]

aa) Einfluss und Rezeption des römischen Rechts

Die Ursprünge des heutigen Insolvenzrechts gehen auf das römische Recht zurück.[73] Auf eine rechtsgeschichtliche Abhandlung soll auch an dieser Stelle wieder verzichtet werden – ein Detail gilt es aber wenigstens zu erwähnen. Mit dem Übergang zur Realexekution und der Einführung der *missio in bona debitoris* um etwa 100 Jahre v. Chr. bestand die Möglichkeit für die Gläubiger, ihre Forderungen bei einem von ihnen gewählten *magister bonorum* anzumelden, der sodann das Schuldnervermögen im Wege einer *venditio bonorum* als Ganzes an den Höchstbietenden veräußerte und den Erlös anschließend an die Gläubiger auskehrte.[74] Das antike Rom kannte also eine Art übertragende Sanierung; diese Tatsache ist soweit ersichtlich bislang kaum untersucht worden.[75]

Mit einem Gesamtvollstreckungsverfahren nach heutigem Verständnis hatte das römische Recht allerdings noch wenig gemein, da der römische Prozess weiterhin Urteilsvollstreckungsverfahren war.[76] Aus heutiger Sicht dennoch interessant ist die zurückhaltende Stellung des Gerichts und die Selbstbestimmung der Gläubiger, die das römische Vollstreckungsrecht kennzeichnen.[77]

Die Ursprünge des römischen Rechts haben das heutige deutsche Insolvenzrecht über zwei Rezeptionswellen beeinflusst, die auf das italienische Statutarrecht zurückgehen.[78] Dieses knüpfte an die römische Generalexekution an und wurde, wohl verursacht durch den Handel mit oberitalienischen Städten, auch von deutschen Städten und später auch durch Landesrechte teilweise rezi-

lichst vielen Schuldnern den Zugang zu dem Verfahren zu ermöglichen, siehe Coronavirus Aid, Relief, and Economic Security Act, S. 3548, 116th Cong., 2d Sess. (2020). Siehe hierzu *Bradley*, 28 American Bankruptcy Institute Law Review (2020), 251, 262. Diese Anpassung hat der Kongress am 27.03.2021 bis zum 27.03.2022 verlängert, siehe COVID-19 Bankruptcy Relief Extension Act of 2021 (Pub. L. No. 117-5 (H. R. 1651)).

72 Für einen Überblick siehe *Schatz*, Entwicklung und Zukunftsperspektive der Unternehmensrestrukturierung (2020), S. 49 ff.

73 *Baur/Stürner*, Insolvenzrecht (1990), Rn. 3.2 f.; *Endemann*, ZZP 12 (1888), 24, 26 ff.

74 *Endemann*, ZZP 12 (1888), 24, 28. Siehe weiter KölnKomm.-*Hess*, Vor § 1 InsO, Rn. 17; *Thole*, Gläubigerschutz durch Insolvenzrecht (2010), S. 62 bei Fn. 299; *Knütel*, in: FS Kreft, 2004, S. 3, 11 f.; *Uhlenbruck*, DZWiR 2007, 1, 2; *Becker*, KTS 2008, 3, 6 f.; *Zipperer*, in: FS Vallender, 2015, S. 843, 844.

75 *Thole*, JZ 2011, 765, 766.

76 *Baur/Stürner*, Insolvenzrecht (1990), Rn. 3.6; *Endemann*, ZZP 12 (1888), 24, 27.

77 Dies mit der Konkursordnung vergleichend *Endemann*, ZZP 12 (1888), 24, 31 f.

78 Zur Bedeutung des italienischen Statutarrechts für die Rechtsentwicklung in Deutschland *Baur/Stürner*, Insolvenzrecht (1990), Rn. 3.8.

piert.[79] Ein entscheidendes Merkmal dieses Statutarrechts ist die Abkehr von einem Urteilsvollstreckungsverfahren, so dass ein vollstreckbares Urteil gegen den Schuldner nicht mehr vorausgesetzt wurde.[80] Neben dem italienischen Statutarrecht war für den gemeinen deutschen Konkurs vor allem *Salgado de Somoza* – nicht: *Samoza*[81]– einflussreich, der anhand römischer, oberitalienischer und spanischer Quellen einen Konkursprozess erarbeitete.[82] Dieser zeichnete sich vor allem durch eine starke Stellung des Gerichts und ein langwieriges Verfahren aus.[83]

Die „zweite Rezeptionswelle“[84] des italienischen Statutarrechts betrifft die Rezeption des französischen Konkurses. Auch dieser war durch das italienische Statutarrecht beeinflusst und in der frühen Neuzeit vor allem durch Erlasse Ludwigs XIV. geprägt. Die preußische Konkursordnung von 1855, die maßgeblich den Inhalt der bis 1998 geltenden Konkursordnung bestimmte, geht im Wesentlichen auf das französische Konkursrecht zurück.[85]

Die Gerichtsmacht des unter anderem auf *Salgado de Somoza* zurückgehenden gemeinen Konkursrechts galt neben der Langwierigkeit des Verfahrens mit vielen Rechtsmitteln als entscheidende Schwäche. Für den französischen Konkurs war hingegen seit jeher die hervorgehobene Stellung der Gläubiger prägend. Beide Entwicklungslinien, die italienisch-statutarrechtliche und die gemeinrechtliche unter Einfluss von *Salgado de Somoza*, laufen in der Konkursordnung von 1877 zusammen.[86]

Das deutsche Insolvenzrecht ist somit von einer Vielzahl europäischer Konkursrechte beeinflusst, die sich auf die Rezeption des römischen Rechts zurückführen lässt. Die Gläubigerstellung nach französischem Vorbild kann als eine

---

[79] Siehe *Baur/Stürner*, Insolvenzrecht (1990), Rn. 3.7 ff.

[80] *Baur/Stürner*, Insolvenzrecht (1990), Rn. 3.7. Siehe auch *Keller*, Insolvenzrecht (2020), Rn. 32.

[81] In der deutschen Literatur hat sich (leider) die fehlerhafte Schreibweise *Samoza* durchgesetzt, siehe etwa *Baur/Stürner*, Insolvenzrecht (1990), Rn. 3.12; *Thoma*, Gläubigerautonomie (2019), S. 42; *Endemann*, ZZP 12 (1888), 24, 40; *Uhlenbruck*, DZWiR 2007, 1. Hierauf hinweisend *Forster*, Deutsches Konkursrecht – oberitalienisch, niederländisch, französisch, spanisch? Der Konkursprozess des gemeinen Rechts und das Werk Salgado de Somozas, in: Bauer/Welker, Europa und seine Regionen. 2000 Jahre Rechtsgeschichte (2007), S. 323, 332 sowie *Forster*, Konkurs als Verfahren (2009), S. 2.

[82] Labyrinthus creditorum concurrentium ad litem per debitorem commumen inter illos causatam (1651). Als Datum der Erstauflage wird häufig fehlerhaft 1646 angegeben, siehe hierzu *Forster*, Konkurs als Verfahren (2009), S. 297.

[83] Ausführlich *Forster*, Konkurs als Verfahren (2009), S. 307 ff. Siehe auch *Baur/Stürner*, Insolvenzrecht (1990), Rn. 3.12; *Endemann*, ZZP 12 (1888), 24, 40 ff. *Uhlenbruck*, DZWiR 2007, 1, 3.

[84] *Baur/Stürner*, Insolvenzrecht (1990), Rn. 3.8.

[85] In Teilen stellt es eine Übersetzung des französischen *Code de Commerce* dar, siehe hierzu *Baur/Stürner*, Insolvenzrecht (1990), Rn. 3.19 ff.; *Uhlenbruck*, in: FS Konkursordnung, 1977, S. 3, 11 f.; *Thieme*, in: FS Konkursordnung, 1977, S. 35, 44 ff.

[86] *Uhlenbruck*, DZWiR 2007, 1, 4. Siehe auch *Baur/Stürner*, Insolvenzrecht (1990), Rn. 3.21 f.

Art Vorläufer der Gläubigerautonomie gesehen werden, die sich in der Konkursordnung noch nicht völlig durchzusetzen vermochte, heute aber das deutsche Insolvenzverfahren maßgeblich prägt.[87]

bb) Wandel der Insolvenzpolitik seit der Insolvenzordnung

Die Insolvenzordnung, in Kraft getreten 1999, hat die Konkursordnung abgelöst und sollte zu einem „Wandel der Insolvenzkultur“[88] in Deutschland beitragen.[89] Im Gegensatz zur eher sanierungsfeindlichen Konkursordnung nennt die Insolvenzordnung in § 1 die Sanierung als mögliches Verfahrensziel („Erhalt des Unternehmens“) und führte den Insolvenzplan sowie die Eigenverwaltung ein.[90] Auch die Abschaffung der Möglichkeit einer eigenmächtigen Befriedigung der Gläubiger außerhalb des gerichtlichen Verfahrens (§ 127 Abs. 2 KO) fügt sich in diese Entwicklungslinie ein.[91] Die Insolvenzpraxis konnte diesen gesetzgeberischen Zielen indes zunächst nicht gerecht werden.[92] Insolvenzplan und Eigenverwaltung als Sanierungsinstrumente konnten sich nicht durchsetzen.[93] Um die „Sanierungsfreundlichkeit“ der Insolvenzordnung zu stärken, erließ der Gesetzgeber Ende 2011 das Gesetz zur weiteren Erleichterung der Sanierung von Unternehmen (ESUG).[94] Ausweisliches Ziel des ESUG war unter anderem, die Sanierung von Unternehmen zu fördern und Arbeitsplätze zu erhalten.[95] So wurde beispielsweise mit dem Schutzschirmverfahren (§ 270d InsO[96]) eine weitere Verfahrensmodifikation eingeführt, die nicht nur nach außen den „Makel der Insolvenz“ etwas abzuschwächen vermag, sondern auch die Akzeptanz des Insolvenzplanverfahrens verbessern und den Weg zum Insolvenzplan erleichtern sollte.[97] All dies darf jedoch nicht darüber hinwegtäuschen, dass diese jüngeren Entwicklungen keineswegs zu einer „Schuld-

---

[87] *Baur/Stürner*, Insolvenzrecht (1990), Rn. 3.28. Vgl. auch *Riedemann*, Zur Entwicklung des Konkursrechts (2004), S. 14 ff.; *Thoma*, Gläubigerautonomie (2019), S. 41 ff.

[88] *Thole*, JZ 2011, 765, 768.

[89] *Vallender*, NZI 2010, 838, 840. Siehe auch *Frege*, NZG 1999, 478 f., der die Stärkung der Gläubigerautonomie betont.

[90] *Bork*, Insolvenzrecht (2021), Rn. 16 f.; *Fritz-Aßmus/Tuchtfeldt*, ORDO 53 (2002), 259, 262 ff. Zu ersten Ansätzen einer Sanierungskultur seit dem ersten Weltkrieg siehe aber *Vallender*, NZI 2010, 838, 840.

[91] Siehe *Lwowski/Heyn*, WM 1998, 473.

[92] *Fritz-Aßmus/Tuchtfeldt*, ORDO 53 (2002), 259, 264 ff.

[93] MünchKomm.-*Kern*, Vor §§ 270–285 InsO, Rn. 16 ff. mwN.

[94] Siehe *Balz*, Restrukturierung in Perspektive, in: Ebke u. a. (Hrsg.), Insolvenzrecht 2.020 (2014), S. 87, 92 („Abkehr von der exekutorischen bloßen Haftungsverwirklichung.“); *Bork*, Insolvenzrecht (2021), Rn. 17.

[95] Gesetzesbegründung zum ESUG, BT-Drucks. 17/5712, S. 17 („Die Fortführung von sanierungsfähigen Unternehmen soll erleichtert und damit der Erhalt von Arbeitsplätzen ermöglicht werden.“)

[96] § 270b InsO a. F.

[97] *Hölzle*, ZIP 2012, 158. Siehe auch die Gesetzesbegründung, BT-Drucks. 17/5712, S. 40. Zum Schutzschirmverfahren nach § 270d InsO siehe noch unten, B. I. 2. b) (S. 33 ff.).

nerzentriertheit“ des deutschen Insolvenzverfahrens, etwa nach US-amerikanischem Vorbild, geführt haben.[98] Das zeigt sich zuvörderst an den in jüngster Zeit vorgenommenen Änderungen des Gesetzgebers hinsichtlich der formellen und materiellen Voraussetzungen für die Eigenverwaltung im Rahmen des SanInsFoG[99]. Beispielhaft erwähnt sei an dieser Stelle die neu eingeführte Eigenverwaltungsplanung (§ 276a Abs. 1 InsO), die der Schuldner vorzulegen hat und zur Verhinderung von Nachteilen für die Gläubiger führen soll.[100]

Auch die (verfahrensmäßige[101]) Stellung der Gläubiger in Deutschland ist weiterhin ungleich stärker als die der Gläubiger eines *Debtor* in *Chapter 11*. § 157 S. 1 InsO etwa garantiert die autonome Entscheidungsmacht der Gläubiger über den Fortgang des Verfahrens nach dem Berichtstermin des § 156 InsO und ist somit Ausdruck der Gläubigerautonomie.[102] Auch im Hinblick auf die Eigenverwaltung im Besonderen haben die Gläubiger umfangreiche Kompetenzen. Beispielsweise muss das Insolvenzgericht die Eigenverwaltung gemäß § 271 InsO anordnen bzw. gemäß § 272 Abs. 1 InsO aufheben, wenn die Gläubigerversammlung dies beantragt. Ebenso muss auf Antrag der Gläubigerversammlung angeordnet werden, dass der Schuldner Rechtsgeschäfte nur mit Zustimmung des Sachwalters vornehmen kann, § 277 InsO. Mit dem ESUG hat der Gesetzgeber neben der Förderung von Sanierungsmöglichkeiten gleichermaßen die weitere Stärkung der Gläubigerautonomie in den Blick genommen.[103] Die Einführung von § 21 Abs. 2 Nr. 1a InsO bietet nun eine gesetzliche Grundlage für einen vorläufigen Gläubigerausschuss, um den Einfluss der Gläubiger in der entscheidenden Phase des vorläufigen Insolvenzverfahrens zu stärken.[104]

cc) Verstärkte Sanierungszielsetzung und europarechtliche Determinanten

Die aktuelle Diskussion, auch in Gang gebracht durch den europäischen Gesetzgeber, ist getragen durch eine allgemeine Entwicklung des Insolvenzverfahrens als Restrukturierungsmittel sowie die größere Bedeutung von außer-

---

[98] Siehe *Flöther*, ZIP 2012, 1833, 1840 f., nach dem auch das ESUG nichts daran ändere, dass die Zerschlagung von Unternehmen weiterhin den Regelfall darstellen werde.

[99] Sanierungs- und Insolvenzrechtsfortentwicklungsgesetz v. 22.12.2020, BGBl. I, S. 3256 ff. Zu beachten ist aber, dass nach § 5 Abs. 1 COVInsAG die bis zum 31.12.2020 geltenden Regelungen der §§ 270–285 InsO bis zum 31.12.2021 für solche Unternehmen fortgelten, deren Insolvenz auf den Auswirkungen der COVID-19-Pandemie beruht.

[100] Siehe auch *Blankenburg*, ZInsO 2021, 753, 769, nach dem das SanInsFoG die Voraussetzungen der Eigenverwaltung erheblich verschärft habe.

[101] Zur faktischen Macht der Gläubiger in den USA siehe unten, C. IV. 5. (S. 72 ff.).

[102] MünchKomm.-*Janssen*, § 157 InsO, Rn. 1; K. Schmidt-*Jungmann*, § 157 InsO, Rn. 4; *Landfermann*, in: FS Wimmer, 2017, S. 408, 414; *Pape*, WM 2003, 313, 314 f.

[103] Vgl. BT-Drucks. 17/7511, S. 17 f.; siehe auch *Schaal*, Die Haftung der Geschäftsführungsorgane einer insolvenzrechtlich eigenverwaltenden GmbH oder AG (2017), S. 18 f.

[104] Siehe hierzu Uhlenbruck-*Vallender*, § 21 InsO, Rn. 16a.

gerichtlichen Sanierungsinstrumenten.[105] Die im Juni 2019 in Kraft getretene Restrukturierungsrichtlinie[106] hat es sich unter anderem zum Ziel gesetzt, den unnötigen Verlust von Arbeitskräften zu verhindern und negative Auswirkungen auf den Finanzmarkt durch notleidende Kredite abzumildern.[107] Die Umsetzung in nationales Recht erfolgte mitten in der SARS-CoV-2-Pandemie mit Inkrafttreten des SanInsFoG zum 1. Januar 2021. Das SanInsFoG enthält in Artikel 1 das Unternehmensstabilisierungs- und restrukturierungsgesetz – StaRUG –, welches die Restrukturierungsrichtlinie umsetzt. Die Möglichkeit von Asset Deals als Restrukturierungsalternative wird von der zugrunde liegenden Richtlinie vernachlässigt und nur am Rande erwähnt;[108] im StaRUG findet sie sich ebenso wenig wieder. Auch aus diesem Grund wird der Restrukturierungsrahmen im weiteren Verlauf dieser Arbeit nicht von Bedeutung sein.

Ob durch diese supranationalen Entwicklungen generell ein Wandel der hiesigen Insolvenzkultur herbeigeführt wird, bleibt abzuwarten. *De lege lata* ist die Funktion des deutschen Insolvenzverfahrens nach wie vor, in erster Linie als Haftungsverwirklichungsinstrument und Kreditschutzeinrichtung zu dienen; Primat ist weiterhin das Gläubigerinteresse.[109] Das Ziel der bestmöglichen Gläubigerbefriedigung muss jedoch nicht im Widerspruch stehen mit dem Erhalt und der Sanierung des Unternehmens.[110] Wenn der Fortführungswert eines Unternehmens höher ist als der Liquidationswert und sich dieser Fortführungswert am besten durch eine übertragende Sanierung realisieren lässt, ist diese grundsätzlich der Liquidation vorzuziehen.[111] Es obliegt primär der Entscheidung der Gläubiger, für welche Verwertungsalternative sie sich entscheiden (§ 157 InsO). Es kann insbesondere in ihrem Interesse liegen, das Unternehmen im Wege der übertragenden Sanierung zu erhalten, wenn hierbei ein künftiger Arbeitgeber, Lieferant o. Ä. erhalten bleibt.[112]

---

105 Allgemein zu dieser (internationalen) Entwicklung siehe etwa *Paulus*, ZGR 2005, 309; *Thole*, JZ 2011, 765, 768 ff.; *Paulus*, RIW 2013, 577; *Eidenmüller*, KTS 2014, 401.

106 Richtlinie (EU) 2019/1023 des Europäischen Parlaments und des Rates vom 20. Juni 2019 über präventive Restrukturierungsrahmen, über Entschuldung und über Tätigkeitsverbote sowie über Maßnahmen zur Steigerung der Effizienz von Restrukturierungs-, Insolvenz- und Entschuldungsverfahren und zur Änderung der Richtlinie (EU) 2017/1132 (Richtlinie über Restrukturierung und Insolvenz). Monographisch zur Richtlinie *Eckelt*, Der präventive Restrukturierungsrahmen (2020).

107 Erwägungsgrund 3 der Richtlinie. Kritisch gegenüber einer unbedingten Fortführung von nicht sanierungswürdigen Unternehmen siehe statt vieler *Eidenmüller*, KTS 2014, 401, 411 f.; *Korch*, ZHR 182 (2018), 440, 472 f.

108 Kritisch daher auch *Eidenmüller*, 18 European Business Organization Law Review (2017), 273, 288 f.

109 *Heese*, Die Funktion des Insolvenzrechts (2018), S. 16; *Thole*, JZ 2011, 765, 771; aA aber *Flessner*, Sanierung und Reorganisation (1982), S. 194 ff. sowie *Paulus*, NZI 2015, 1001.

110 Ähnlich *Hübler*, Die Eigenverwaltung des Schuldners (2013), S. 37 f.

111 Bereits *Buchanan*, The Economics of Corporate Enterprise (1940), S. 371 ff. Siehe weiter *Hax*, Zeitschrift für die gesamte Staatswissenschaft 141 (1985), 80, 81; *Eidenmüller*, ZHR 160 (1996), 343, 362.

112 Ebenso *Hübler*, Die Eigenverwaltung des Schuldners (2013), S. 40; *Henckel*, KTS

Festhalten lässt sich somit, dass es zentrale Funktion des deutschen Insolvenzrechts ist, die Interessen der Gläubiger als wirtschaftlich Betroffene des Verfahrens und damit die Gläubigerautonomie zu sichern. Ausfluss der Gläubigerautonomie ist es aber auch, dass die Gläubiger darüber zu befinden haben, wie die „bestmögliche" Befriedigung im Einzelfall zu erlangen ist.

3. *Verhältnis zur Marktwirtschaft*

Die im deutschen Recht vorherrschende ordnungspolitische Perspektive sieht in Insolvenzen vor allem einen Reallokationsprozess. Der Marktaustritt erfolgloser Unternehmen führt (idealerweise) zu einer Allokationseffizienz, indem er durch Ressourcensteuerung Rationalisierungseffekte realisiert.[113] Das US-amerikanische Recht hingegen greift in diesen Marktmechanismus bewusst ein, indem es der Sanierung von Unternehmen einen höheren Stellenwert einräumt.[114] Einige US-amerikanische Literaturstimmen kritisieren dieses Ergebnis indes seit langem. Insbesondere *Jackson* und andere ihm folgende Stimmen sehen die optimale Gläubigerbefriedigung im Sinne der *Creditors' Bargain Theory* als das einzige Ziel von *Chapter 11* an.[115] Diesen sogenannten *Proceduralists* stehen die *Traditionalists* gegenüber,[116] deren Ansatz der Überzeugung entspringt, dass dem Insolvenzrecht die besondere Rolle zufällt, die Interessen einer Vielzahl von direkt und indirekt Beteiligten möglichst in Einklang zu bringen.[117] Der vorhergehende Abriss zur historischen Genese macht deutlich, dass

---

1989, 477, 484; *Buchalik*, ZInsO 2015, 484, 488. Auf diesen Faktor ebenfalls hinweisend siehe *Flessner*, Sanierung und Reorganisation (1982), S. 195. Siehe auch *Paulus*, NZI 2015, 1001, 1004 („Priorisierung des Unternehmenserhalts") sowie *Paulus*, JZ 2009, 1148, 1152 unter Hinweis auf Unternehmen des tertiären Wirtschaftssektors, bei welchen eine Versilberung der Vermögenswerte im Wege der Liquidation häufig wenig ertragreich sei. Siehe auch *Uhlenbruck*, WM 1999, 1197, 1198.

[113] *Gröner*, ORDO 35 (1984), 247, 249 ff.; *Fritz-Aßmus/Tuchtfeldt*, ORDO 53 (2002), 259, 269 ff.

[114] Siehe bereits *Blum*, 17 University of Chicago Law Review (1950), 565, 565 ff. Vgl. auch *Flessner*, Sanierung und Reorganisation (1982), S. 140 f.; *Korch*, ZHR 182 (2018), 440, 447 ff.

[115] Pointiert *Jackson*, The Logic and Limits of Bankruptcy Law (1986), S. 210: „These policies should not be bankruptcy policies". Siehe weiter *Jackson*, 91 Yale Law Journal (1982), 857; *Baird*, 50 Law and Contemporary Problems (1987), 173, 184 ff.; *Schwartz*, 107 The Yale Law Journal (1998), 1807, 1812 ff.; *Mooney*, 61 Washington and Lee Law Review (2004), 931.

[116] Die Einordnung in diese zwei Lager geht im Wesentlichen zurück auf *Baird*, 108 Yale Law Journal (1998), 573, 576 ff. Für einen Überblick aus rechtsvergleichender Perspektive siehe *Paterson*, Corporate Reorganization Law and Forces of Change (2020), S. 2 ff.

[117] Siehe etwa *Warren*, 54 University of Chicago Law Review (1987), 775, 787: „[T]he revival of an otherwise failing business also serves the distributional interests of many who are not technically ‚creditors' but who have an interest in a business's continued existence"; *Korobkin*, 91 Columbia Law Review (1991), 717, 762: „Bankruptcy law is a response to the problem of financial distress – not only as an economic, but as a moral, political, personal, and social problem that affects its participants." Siehe weiter *Gross*, Failure and Forgiveness (1997), S. 193 ff.; *Warren*, 92 Michigan Law Review (1993), 336; *Bufford*, 72 Washington Uni-

sich dieses Verständnis inzwischen durchgesetzt haben könnte. Dies zeigt die Berücksichtigung außenstehender Interessen aus volkswirtschaftlichen Gründen durch die Gesetzgebung, welche in Ansätzen Widerhall in der Rechtsprechung findet.[118] Dennoch ist die Debatte in den USA nicht beendet.[119]

4. *Zwischenergebnis: Schuldnerorientierung versus Gläubigerorientierung*

Die ökonomischen Annahmen stellen im Wesentlichen in beiden Rechtsordnungen die Grundlage des Insolvenzrechts dar. Dies darf jedoch nicht darüber hinwegtäuschen, dass die Betrachtung der historischen Genese deutliche Unterschiede hervorbringt. Ziele und Funktion des US-amerikanischen und des deutschen Insolvenzrechts divergieren. Spätestens seit Anfang des 20. Jahrhunderts hat sich in den USA endgültig der Sanierungsgedanke durchgesetzt, der in seiner Konsequenz zu einer starken Stellung des Schuldners geführt hat.[120]

Der durch die Insolvenzordnung beabsichtigte Wandel der deutschen Insolvenzkultur hat sich bis heute nur in Grenzen vollziehen können. Dies ist zurückzuführen auf den hervorgehobenen Gedanken der Haftungsverwirklichung, die sich in einer historisch gewachsenen, starken Gläubigerstellung äußert. Die jüngeren europarechtlichen Einflüsse stellen eine deutliche Zäsur dar und sind mit der Funktion von Insolvenzrecht nach deutschem Verständnis nur schwer in Einklang zu bringen.[121]

II. Bankruptcy Governance

1. *Vorüberlegungen*

Sowohl in der Eigenverwaltung als auch in *Chapter 11* bleibt die Geschäftsleitung im Amt und übt die Unternehmensführung in der Insolvenz weiter aus. Problematisch hieran ist, dass sie eigentlich von den allgemeinen Regeln der *Corporate Governance*[122] geprägt ist. Im Fall der existenzbedrohenden Krise

versity Law Quarterly (1994), 829, 836 ff.; *Gross*, 72 Washington University Law Quarterly (1994), 1031.

[118] Siehe Bank of Am. Nat. Tr. & Sav. Ass'n v. 203 N. LaSalle St. P'ship, 526 U. S. 434, 453 (1999): „[…] reconcile the two recognized policies underlying Chapter 11, of preserving going concerns and maximizing property available to satisfy creditors […]".

[119] Siehe aus jüngerer Zeit *Jacoby*, 166 University of Pennsylvania Law Review (2018), 1715; *Casey*, 120 Columbia Law Review (2020), 1709, 1725 ff.

[120] Ebenso *Flessner*, Sanierung und Reorganisation (1982), S. 139 („Abwehr der Gläubiger").

[121] So im Ergebnis auch *Korch*, ZHR 182 (2018), 440, 479.

[122] Hierunter wird überwiegend die Gesamtheit aller Regeln betreffend die Führung, Überwachung und Verantwortlichkeit des Unternehmens verstanden, vgl. GroßKommAktG-*Kort*, Vor § 76, Rn. 35 ff.; *Leyens*, Corporate Governance: Grundsatzfragen und Forschungsperspektiven, in: Allmendinger u. a., Corporate Governance nach der Finanz- und Wirtschaftskrise (2011), S. 3, 4; *Eidenmüller*, ZHR 175 (2011), 11, 14. Siehe auch *Hüffer/Koch*, § 76 AktG, Rn. 37 ff.; *Armour/Enriques/Hansmann/Kraakman*, The Basic Governance Structure: The In-

stellt sich nun aber vor dem Hintergrund der oben beschriebenen ökonomischen Prämissen die Frage, wie die Führung bzw. Kontrolle des Unternehmens auszugestalten sind. Die gesellschaftsrechtliche *Corporate Governance* verändert sich zu *Bankruptcy Governance*.[123] Ein wesentlicher Teil des Forschungsfeldes der *Corporate Governance* hat die (begrifflich) den Wirtschaftswissenschaften entnommenen Prinzipal-Agenten-Konflikte zum Inhalt und damit insbesondere das Konfliktpotenzial der Verhältnisse unterschiedlicher Beteiligter. Bei einem Unternehmen in Insolvenz(-nähe) verschieben sich durch den Kontrollwechsel nicht nur diese Verhältnisse, sondern auch die Interessenausrichtung in Bezug auf das Pflichtenprogramm der Geschäftsleitung. Zu welchem Zeitpunkt der Übergang zur *Bankruptcy Governance* stattfindet, ist sowohl in Deutschland als auch den USA vieldiskutiertes Thema.[124] Dies soll hier jedoch nicht vertieft werden, da jedenfalls spätestens mit Eröffnung des Insolvenzverfahrens dieser Zeitpunkt eingetreten ist und sich die Frage nach der übertragenden Sanierung erst dann stellt.[125] Die Grundproblematik des *Shift of Duty* wird dennoch anhand des derzeitigen Diskussionsstandes in beiden Ländern in gebotener Kürze nachgezeichnet, um die Grundlage für die Folgefragen der Interessen bzw. Anreize der Beteiligten zu schaffen.

2. *Sorgfalts- und Treuepflichten in Deutschland*

Zuvorderst steht die Erkenntnis, dass die Geschäftsleitung nicht „Diener zweier Herren" sein kann. Eine schuldnerfreundliche Sanierung wird zumindest potenziell mit Gläubigerinteressen in Konflikt geraten.[126] Deshalb stellt sich die Frage, welchen Interessen die Geschäftsleitung im Krisenfall den Vorrang einzuräumen hat.

Im Fall des eröffneten Insolvenzverfahrens ist die schuldnerische Gesellschaft den insolvenzrechtlichen Vorschriften und damit § 1 InsO unterworfen, wonach Zweck des Verfahrens die bestmögliche und gleichmäßige Befriedigung der Gläubiger ist.[127] Anerkannt ist deshalb, dass die Geschäftsleitung des eigenverwaltenden Schuldners dem Insolvenzzweck verpflichtet ist.[128] Der Ge-

---

terests of Shareholders as a Class, in: Armour u. a. (Hrsg.), The Anatomy of Corporate Law (2017), S. 49 ff.

[123] Begriff nach *Hu/Westbrook*, 107 Columbia Law Review (2007), 1321, 1345 ff. und passim; siehe auch *Schillig*, 7 ECFR (2010), 116, 118 ff.; *Eidenmüller*, ZHR 175 (2011), 11, 14 f.

[124] *Spindler*, JZ 2006, 839, 846 f.; *Eidenmüller*, ZHR 175 (2011), 11, 15. Siehe auch *Roth*, Unternehmerisches Ermessen und Haftung des Vorstands (2001), S. 162 ff. Zuletzt insbesondere im Zusammenhang mit den Geschäftsleiterpflichten bei drohender Zahlungsfähigkeit, siehe hierzu *Bitter*, ZIP 2021, 321; *Guntermann*, WM 2021, 214; *Jungmann*, ZRI 2021, 209; *Kuntz*, ZIP 2021, 597.

[125] Zum Zeitpunkt der übertragenden Sanierung siehe noch unten, B. II. 1. a) bb) (S. 38).

[126] *Thole*, in: FS Graf-Schlicker, 2018, S. 395 f. (in Bezug auf den Insolvenzverwalter).

[127] *Hölzle*, ZIP 2013, 1846, 1847; *Eidenmüller*, NJW 2014, 17, 18.

[128] *König*, Die Haftung bei der Eigenverwaltung (2015), S. 44; *Schaal*, Die Haftung der

sellschaftszweck wird durch den Insolvenzzweck überlagert bzw. nach ganz herrschender Meinung verdrängt.[129] Die Verpflichtung des eigenverwaltenden Schuldners auf das Gläubigerinteresse findet sich inzwischen ausdrücklich in § 270e Abs. 1 Nr. 1 InsO wieder.

Nach wie vor nicht abschließend beantwortet und in den Einzelheiten heftig umstritten ist aber die Frage, ob und welche Vorwirkungen diese insolvenzrechtliche Pflichtenbindung an das Gläubigerinteresse bereits vor dem Zeitpunkt des eröffneten Verfahrens oder gar vor dem Zeitpunkt des Eintritts der Insolvenzantragspflicht (§ 15a InsO) entfaltet.[130] Durchgesetzt haben dürfte sich inzwischen das Verständnis, dass jedenfalls ab dem Eintritt materieller Insolvenz und der damit einhergehenden Insolvenzantragspflicht eine Veränderung der Interessenbindung stattfindet.[131] Ob allerdings ein *ausschließliches* oder nur ein *vorrangiges* Gläubigerinteresse anzunehmen ist, bleibt weiterhin unklar. Im Detail variieren die Formulierungen. So ist beispielsweise die Rede von einer Geschäftsleitung „allein im Interesse der Gläubiger"[132], aber auch von einem Pflichtenmaßstab, der „nicht allein aus dem Gesellschaftszweck, sondern aus dem Gläubigerinteresse"[133] folge, bzw. davon, dass die Gläubigerinteressen „besonders zu berücksichtigen"[134] seien.

Vor diesem Zeitpunkt der Antragspflicht zeigt sich im Schrifttum ein noch diffuseres Bild. Nach Ansicht einiger sei im Fall einer existenzbedrohlichen Krise von einer Gleichwertigkeit der Gesellschafter- und Gläubigerinteressen auszugehen.[135] Andere Stimmen verneinen eine an den Gläubigerinteressen ausgerichtete Pflichtenbindung in diesem Krisenstadium gänzlich. Danach komme es erst in der Insolvenz zu einem *Shift of Duty*.[136]

Geschäftsführungsorgane einer insolvenzrechtlich eigenverwaltenden GmbH oder AG (2017), S. 91; *Derksen*, Die Unternehmenssanierung (2017), S. 200; *Undritz*, in: Kübler (Hrsg.), Handbuch Restrukturierung in der Insolvenz, 2. Aufl., 2015, § 2 Rn. 3; *Vallender*, WM 1998, 2129, 2135; *Klöhn*, NZG 2013, 81, 82; *Thole/Brünkmans*, ZIP 2013, 1097, 1098; *Haas*, in: FS Stürner, 2013, S. 749, 760 ff.; *Haas*, ZHR 178 (2014), 603, 607; *Bachmann*, ZIP 2015, 101, 106; *Kübler/Rendels*, ZIP 2018, 1369, 1370. Siehe auch BGHZ 218, 290, 296 (Tz. 20).

[129] Guter Überblick zu dem Streitstand „Verdrängung versus Überlagerung" bei *König*, Die Haftung bei der Eigenverwaltung (2015), S. 40 ff.

[130] Siehe zum Meinungsstand *Mohaupt*, Geschäftsleiterpflichten in der Unternehmenskrise (2017), S. 267 ff.

[131] *Mohaupt*, Geschäftsleiterpflichten in der Unternehmenskrise (2017), S. 267 mwN, *Guntermann*, WM 2021, 214, 215; *Jungmann*, ZRI 2021, 209, 211; *Kuntz*, ZIP 2021, 597, 601.

[132] *Klöhn*, ZGR 2008, 110, 155.

[133] *Gehrlein*, NZG 2020, 801, 804.

[134] *Kühl*, Unternehmerisches Ermessen in der Insolvenz (2020), S. 58.

[135] *Roth*, Unternehmerisches Ermessen und Haftung des Vorstands (2001), S. 218. Noch weitergehend für die GmbH *Hölzle*, ZIP 2013, 1846, 1850 (auch bei der keine Insolvenzantragspflicht auslösenden bilanziellen Überschuldung sei ein „kompetenzverschiebende[r] Perspektivwechsel" vorzunehmen, so dass eine „vorrangige Bindung des Geschäftsführers an die Gläubiger- vor den Gesellschafterinteressen" eintrete).

[136] *Klöhn*, ZGR 2008, 110, 149 ff.; zustimmend *Korch*, ZGR 2019, 1050, 1057. Siehe auch *Veil*, ZGR 2006, 374, 380; *Seibt*, ZIP 2013, 1597, 1599; *Müller*, ZGR 2018, 56, 84; *Gunter-*

Wie bereits angedeutet, ist für diese Untersuchung die Rechtslage im eröffneten Insolvenzverfahren bedeutsam. Festhalten lässt sich, dass die Sorgfalts- und Treuepflichten der Geschäftsleitung somit fortgelten, nun jedoch gegenüber den Gläubigern.

Hieran knüpft das Folgeproblem der Kollision von Eigeninteressen der Geschäftsleitung mit den Interessen der Gläubiger. Außerhalb der Insolvenz muss die Geschäftsleitung bei einer Kollision von Eigeninteressen mit Interessen der Gesellschaft letzteren den Vorrang geben.[137] Hieraus lässt sich folgern, dass gleiches im Fall der Insolvenz und einer Kollision von Eigeninteressen der Geschäftsleitung mit Gläubigerinteressen gelten muss.[138]

Im Fall der übertragenden Sanierung ist die Geschäftsleitung verpflichtet, im Sinne der Gläubiger die Erzielung des höchstmöglichen Kaufpreises anzustreben. Konfliktträchtig sind somit die Fälle, in denen die Geschäftsleitung gleichzeitig auf Seiten des Erwerbers steht und damit ein Interesse der Geschäftsleitung an einem möglichst niedrigen Kaufpreis besteht. Auch kommt eine übertragende Sanierung deshalb nur dann in Betracht, wenn der Fortführungswert des Unternehmens höher erscheint als der Zerschlagungswert.[139]

3. *Sorgfalts- und Treuepflichten in den USA*

Wenig geradlinig stellt sich auch die Entwicklung der Diskussion in den USA dar. Die Frage, an wessen Interessen das Geschäftsleiterhandeln ausgerichtet werden muss, wird vom *U. S. Bankruptcy Code* nicht beantwortet. Antworten auf Fragen der *Corporate Governance* liegen deshalb grundsätzlich nach wie vor im Gesellschaftsrecht der Einzelstaaten.[140] Die Frage der Interessenausrichtung war lange umstritten und ist auch bis heute nicht völlig geklärt. Nach einigen Stimmen im US-amerikanischen Schrifttum ändert die Insolvenz nichts daran, dass die Geschäftsleitung im Interesse der Gesellschafter (*Shareholder Primacy*) handeln muss.[141] Kontrovers diskutiert wird bis heute die prominente

---

mann, WM 2021, 214, 215. Gegen eine prinzipielle Pflichtenverschiebung auch *Kuntz*, ZIP 2021, 597, 602.

[137] Siehe *Kumpan*, KTS 2010, 169, 179 zur funktionalen Vergleichbarkeit der Treuepflichten von Geschäftsleitung und Insolvenzverwalter.

[138] Ebenso *König*, Die Haftung bei der Eigenverwaltung (2015), S. 44; *Jacoby*, in: FS Vallender, 2015, S. 261, 271 f. Vgl. auch *Haas*, in: Gottwald, InsO-HdB, § 84, Rn. 3.

[139] *Schmidt*, Die übertragende Sanierung – Bestandsaufnahmen und Ausblicke an der Schwelle der Insolvenzrechtsreform, in: Leipold, Insolvenzrecht im Umbruch (1991), S. 67, 75.

[140] Siehe *Chou*, 65 American Bankruptcy Law Journal (1991), 559, 575: „[…] [N]o clear congressional mandate as to whether corporate democracy continues, or is suspended, once a debtor files a petition for chapter 11 relief." Siehe auch *Bogart*, 68 American Bankruptcy Law Journal (1994), 155, 158 („Chapter 11 does not provide a true framework for corporate governance where the debtor remains in possession."), der jedoch vorschlägt, auf den *Debtor-in-Possession* das (strengere) Pflichtenprogramm des *Trustee* zu übertragen.

[141] Siehe etwa *Gerber*, 53 Brooklyn Law Review (1987), 295, 343 f.; *Budnitz*, 58 George

Entscheidung *In re Johns*-Manville. Dort stellte der *U. S. Court of Appeals* des *2nd Circuit* im Zusammenhang mit der Frage, ob die Gesellschafter ein *Shareholder Meeting* verlangen konnten, um einzelne *Directors* des *Board* zu ersetzen, dass die Gesellschafter „no longer [...] real parties in interest" seien.[142] Auch wenn es in dieser Entscheidung nicht um *Fiduciary Duties* als solche ging, macht das Gericht deutlich, dass die Gläubiger die Gesellschafter als zentrale Interessenträger in der Insolvenz ablösen. Diese Ansicht ist früh auf erheblichen Widerstand gestoßen; im Schrifttum setzte sich mehrheitlich die Ansicht durch, der *Debtor-in-Possession* sei *Fiduciary* einer Vielzahl von Beteiligten und müsse deshalb die Interessen sowohl der Gesellschafter als auch der Gläubiger berücksichtigen.[143] Wenig zur Klarstellung beigetragen hat der *U. S. Supreme Court* im Jahr 1986 in seiner *Weintraub*-Entscheidung: Die Insolvenz führe zu einer fundamentalen Änderung der Natur der verbandsrechtlichen Verhältnisse und die Gesellschafterinteressen träten hinter die Interessen der Gläubiger zurück – jedenfalls dann, wenn feststehe, dass die Insolvenzmasse nicht groß genug sei, um irgendwelche Gesellschafterforderungen bedienen zu können.[144] Schließlich war es der *Delaware Supreme Court*, der dem herrschenden Verständnis der Literatur mit seiner *Gheewalla*-Entscheidung zum Durchbruch verhalf.[145] Zum Zeitpunkt der Insolvenz[146] nähmen die Gläubiger der Gesellschaft die Stellung der Gesellschafter als Residualgläubiger ein.[147] Hieraus folge aber nicht, dass die *Directors* unmittelbar den Gläubigern gegenüber zur Einhaltung von Treuepflichten (*Fiduciary Duties of Loyalty and Care*) verpflichtet seien.[148] Etwas deutlicher und anknüpfend an *Gheewalla* wird dies in der *Quadrant*-Entscheidung wiederholt. Mit dem Eintritt der materiellen Insol-

Washington Law Review (1990), 1214, 1233 f.; *Miller*, 23 Seton Hall Law Review (1993), 1467, 1485 ff.; *Lipson*, UCLA Law Review 2002, 1189.

[142] In re Johns-Manville, 801 F.2d 60, 65 (2d Cir. 1986) bei Fn. 6.

[143] *Bienenstock*, 61 Cincinatti Law Review (1992), 543 bei Fn. 2; *Frost*, 34 Arizona Law Review (1992), 89, 110; 119; *LoPucki/Whitford*, 141 University of Pennsylvania Law Review (1993), 669, 708 f.; *Shaffer*, 8 American Bankruptcy Institute Law Review (2000), 479, 511 ff.; *Chaver/Fried*, 55 Vanderbilt Law Review (2002), 1813; *Rose*, 23 Emory Bankruptcy Developments Journal (2006), 249, 255. Aus jüngerer Zeit siehe *Adeyemo*, Purchases of Financially Troubled Companies or Their Assets, in: Adeyemo/Zahralddin-Aravena (Hrsg.), Reorganizing Failing Businesses (2017), Kapitel 12, S. 15.

[144] Commodity Futures Trading Com'n v. Weintraub, 471 U. S. 343 (1985), 355.

[145] North American Catholic Educational Programming Foundation, Inc. v. Gheewalla, 930 A.2d 92 (Del. 2007).

[146] In Delaware wird Insolvenz ebenso wie in Deutschland definiert, vgl. Title 6, Chapter 13 Delaware Code, § 1302(a) – (b).

[147] North American Catholic Educational Programming Foundation, Inc. v. Gheewalla, 930 A.2d 92, 101 (Del. 2007).

[148] „Recognizing that directors of an insolvent corporation owe direct fiduciary duties to creditors, would create uncertainty for directors who have a fiduciary duty to exercise their business judgment in the best interest of the insolvent corporation.", North American Catholic Educational Programming Foundation, Inc. v. Gheewalla, 930 A.2d 92, 103 (Del. 2007).

venz entstehe zwar eine Verschiebung; diese habe jedoch nur Auswirkung auf das prozessuale *Standing*[149].[150] Ähnliche Aussagen finden sich in der gesellschaftsrechtlichen Rechtsprechung Floridas wieder: Das Insolvenzrecht füge den bestehenden Pflichten lediglich weitere zu berücksichtigende Interessenträger hinzu.[151] Die Geschäftsleitung einer *Corporation* hat somit, die Interessen einer Vielzahl von Beteiligten zu berücksichtigen. In dieser Hinsicht unterscheidet sich die Rechtslage von derjenigen in Deutschland, wo die Geschäftsleitung ab dem Eintritt der materiellen Insolvenz den Gläubigerinteressen jedenfalls grundsätzlichen Vorrang einzuräumen hat.[152] Auch wenn die Diskussion in den USA noch nicht beendet scheint, lässt sich festhalten, dass trotz des Eintritts der Gläubiger in die Stellung der Gesellschafter die Geschäftsleitung weiterhin sowohl Gläubiger- als auch Gesellschafterinteressen berücksichtigen muss.[153]

III. Zwischenergebnis

Die ökonomischen Prämissen der Verschiebung der Interessenausrichtung zu einer *Bankruptcy Governance* gelten sowohl für das deutsche als auch das US-amerikanische Recht. Differenzen ergeben sich aus der unterschiedlich stark ausgeprägten Rolle der Gläubiger im Verfahren, was sich zum Teil durch rechtskulturelle Unterschiede erklären lässt, die vor allem historisch bedingt sind. Zum einen steht in den USA der Schutz des *Going Concern Value* im Vordergrund, zum anderen werden externe Stakeholder-Interessen auch in der Insolvenz berücksichtigt.

Festhalten lässt sich also, dass an die eigenverwaltende Geschäftsleitung im Fall des Asset Sale[154] in den USA insofern erhöhte Anforderungen gestellt werden, als sie eine Vielzahl von Interessen berücksichtigen muss, während in Deutschland grundsätzlich das Gläubigerinteresse Anknüpfungspunkt ist.

---

149 Hierbei handelt es sich um das entscheidende prozessrechtliche Detail. Nach der *Gheewalla*- sowie *Quadrant*-Rechtsprechung können Gläubiger ab Eintritt der materiellen Insolvenz Schadensersatzansprüche gegen die Geschäftsleitung nur im Wege eines *Derivative Claim*, d. h. im Namen der Gesellschaft geltend machen und sich nicht etwa auf einen *Direct Claim* stützen. Der wesentliche Unterschied ist, dass der betroffene Gläubiger durch den *Derivative Claim* nur anteilig befriedigt wird, im Falle eines *Direct Claim* gegen einen *Director* dagegen in voller Höhe. Außerdem besteht bei einem *Direct Claim* die Möglichkeit für die Gläubiger, den Anspruch auf solche Personen auszudehnen, die bei der Treuepflichtverletzung unterstützend mitgewirkt haben. Siehe zum Ganzen *Klöhn*, RIW 2008, 37, 42 f. und passim.

150 Quadrant Structured Products Co., Ltd. v. Vertin, 102 A.3d 155, 176.

151 In re Fundamental Long Term Care, Inc., 507 B. R. 359, 376 (Bankr. M. D. Florida 2014): „[…] [I]t simply adds beneficiaries of that duty (creditors in addition to shareholders)."

152 Siehe oben, A. II. 2. (S. 24 ff.).

153 Siehe auch *Phinney/Walsh*, 11 Pratt's Journal of Bankruptcy Law (2015), 154, 156.

154 Siehe auch *Dunne*, 52 The Business Lawyer (1997), 1333, 1343 bei Fn. 49, der darauf hinweist, dass diese Erwägungen im Falle eines Share Deal freilich nicht gelten, da ein solcher die Anteilseigner bevorzugen würde.

B. Die übertragende Sanierung in Deutschland und *363 Sales* in den USA

Im Folgenden werden die (für die Zwecke der Arbeit relevanten) verfahrensrechtlichen Grundlagen von *Chapter 11* und Eigenverwaltung (I.) sowie die Abläufe von *363 Sales* und übertragender Sanierung (II.) dargelegt und vor dem Hintergrund der zuvor herausgearbeiteten rechtskulturellen Unterschiede gegenübergestellt.

I. US-amerikanischer Debtor-in-Possession *und deutsche Eigenverwaltung*

1. Chapter 11

Der Schuldner behält in *Chapter 11* die Verwaltungs- und Verfügungsbefugnis. Dies folgt aus der Definition des 11 U.S.C. § 1101(1), der klarstellt, dass der Schuldner grundsätzlich *Debtor-in-Possession* ist. Hierbei hat der Schuldner eine Doppelrolle inne: Auf der einen Seite ist er *Debtor-in-Possession*, auf der anderen Seite übernimmt er die Aufgaben eines *Trustee* und ist damit eine Art Treuhänder der Insolvenzmasse (*Fiduciary Representative of the Estate*) und den Interessen der Gläubiger verpflichtet.[155] Eigentliche Aufgabe des *Debtor-in-Possession* ist nun, einen Insolvenzplan (*Plan of Reorganization*) aufzustellen. Hierfür gesteht das Gesetz dem Schuldner einen Zeitraum von 120 Tagen zu, in dem nur er einen Insolvenzplan vorschlagen kann, und einen Zeitraum von weiteren 180 Tagen, um die stimmberechtigten Parteien zur Zustimmung zu bewegen (11 U.S.C. § 1121) – die sogenannte *Exclusivity Period*. Das Insolvenzgericht kann von der gesetzlichen Grundregel jedoch abweichen und diese Fristen verlängern oder verkürzen.[156] Die *Exclusivity Period* für die Erstellung eines Insolvenzplans ist für diese Arbeit insofern von weniger Bedeutung, als die hier interessierenden *363 Sales* außerhalb eines Plans vorgenommen werden.[157] Hervorzuheben ist nichtsdestoweniger, dass der Schuldner während der *Exclusivity Period* eine erhebliche Machtposition innehat, da während dieses Zeitraums die Gläubiger keinen konkurrierenden Plan vorschlagen können und *363 Sales* typischerweise in diesem Zeitraum kurz nach Verfahrensbeginn vorgenommen werden. In der Praxis wird darüber hinaus beobachtet, dass die Insolvenzgerichte die *Exclusivity Period* üblicherweise mehrfach verlängern.[158]

---

[155] *Tabb*, Law of Bankruptcy (2020), § 11.5, S. 1049.

[156] 11 U.S.C. § 1121(d)(1).

[157] Zu Unternehmensverkäufen im Wege eines *Plan* siehe *Perzborn*, Der „363 Sale“ (2013), S. 71 ff.

[158] *Tabb*, Law of Bankruptcy (2020), § 11.16, S. 1098.

Besonders bedeutsam für *Chapter 11* im Allgemeinen ist der bereits erwähnte *Automatic Stay*, 11 U.S.C. § 362(a). Bei ihm handelt es sich um einen mit Antragstellung automatisch einsetzenden Vollstreckungsstopp allen Gläubigern gegenüber. Er dient sowohl der Gläubigergleichbehandlung als auch dem Schuldnerschutz.[159] § 362(a) enthält acht Unterabsätze, die Handlungen gegenüber dem Schuldner sowie gegenüber der Insolvenzmasse (*Estate*) verbieten und von den Gerichten typischerweise weit ausgelegt werden.[160] Neben Zwangsvollstreckungsmaßnahmen gegenüber dem Schuldner sind über den sogenannten *Catch All*-Unterabsatz auch sämtliche informelle Handlungen umfasst.[161] Nur in Ausnahmefällen können gesicherte Gläubiger die Zwangsvollstreckung betreiben, wenn sie *Relief from the Stay* beantragen, 11 U.S.C. § 362(d). Der *Automatic Stay* kann danach aufgehoben werden, wenn ein wichtiger Grund (*Cause*) vorliegt; insbesondere dann, wenn die Interessen des betreffenden Sicherungsgläubigers nicht ausreichend geschützt sind (*Lack of Adequate Protection*), § 362(d)(1). Zweck des Instituts der *Adequate Protection* ist es sicherzustellen, dass der Wert des besicherten Gegenstandes nicht durch den *Automatic Stay* gefährdet wird.[162] Dies bringt letztlich 11 U.S.C. § 361 zum Ausdruck, der den Begriff zwar nicht definiert, allerdings anordnet, dass im Falle eines Wertverlusts der Sicherheit der Schuldner verpflichtet ist, an den betreffenden Gläubiger Ausgleichszahlungen zu leisten.[163]

2. *Eigenverwaltung*

a) *Allgemeines*

Die Durchführung des Insolvenzverfahrens in Eigenverwaltung nach den §§ 270 ff. InsO führt dazu, dass die Verwaltungs- und Verfügungsbefugnis des Schuldners nicht auf einen Insolvenzverwalter übergeht (§ 80 Abs. 1 InsO), sondern dem Schuldner zusteht. Diesem wird lediglich ein Sachwalter zur Seite gestellt.[164] Die Geschäftsleitung bleibt weiter im Amt; der Aufsichtsrat und die Gesellschafter-/Hauptversammlung verlieren ihre Kontrollrechte an die Gläubigerversammlung und den Sachwalter (§ 276a Abs. 1 InsO).[165] Für die Eigenverwaltung gelten gemäß § 270 Abs. 1 S. 2 InsO die allgemeinen Vorschriften. Damit handelt es sich bei der Eigenverwaltung – wie bereits erwähnt – nicht um ein selbstständiges Verfahren. Voraussetzung ist wie beim Regelverfahren, dass ein Insolvenzgrund nach den §§ 17–19 InsO vorliegt. Gerade hier liegt ein of-

---

[159] *Tabb*, Law of Bankruptcy (2020), § 3.1, S. 236; *Baird*, Elements of Bankruptcy (2014), S. 195.

[160] *Tabb*, Law of Bankruptcy (2020), § 3.3, S. 245.

[161] *Tabb*, Law of Bankruptcy (2020), § 3.8, S. 263 ff.

[162] *Tabb*, Law of Bankruptcy (2020), § 3.18, S. 289 f.

[163] Siehe auch *Baird*, Elements of Bankruptcy (2014), S. 204 f.

[164] Zum Sachwalter sogleich B. I. 3. (S. 34 f.). und unten, Kapitel 2, C. (S. 172 ff.).

[165] Hierzu Kapitel 2, A. (S. 82 ff.).

fensichtlicher Unterschied zum US-amerikanischen Recht, welches das Vorliegen eines Insolvenzgrundes für die Einleitung des Verfahrens nach *Chapter 11* nicht erfordert und einen Schuldnerantrag somit erheblich vereinfacht.

Die Eigenverwaltung wird nur auf Antrag des Schuldners angeordnet. Seit Inkrafttreten des SanInsFoG hat der Schuldner gemäß § 270a Abs. 1 InsO dem Antrag auf Anordnung der Eigenverwaltung eine Eigenverwaltungsplanung beizufügen.[166] Diese umfasst einen Finanzplan für einen Zeitraum von sechs Monaten, ein Konzept für die Durchführung des Insolvenzverfahrens und eine Darstellung des Stands der Verhandlungen mit allen Stakeholdern, eine Darstellung der insolvenzspezifischen Vorkehrungen sowie einen Vergleich der Kosten zu einem Regelverfahren.

Plant die Geschäftsleitung eine übertragende Sanierung, hat sie dies im Konzept für die Durchführung des Verfahrens darzulegen.[167]

Das Gericht ordnet die Eigenverwaltung nur an, wenn die Eigenverwaltungsplanung vollständig und schlüssig ist und keine Umstände bekannt sind, aus denen sich ergibt, dass diese in wesentlichen Punkten auf unzutreffenden Tatsachen beruht (§ 270f Abs. 1 InsO i. V. m. § 270b Abs. 1 InsO).

Die Vorgängerregelung enthielt lediglich die sogenannte Nachteilsprognose, nach welcher die Eigenverwaltung nur angeordnet werden konnte, wenn keine Umstände bekannt sind, die erwarten lassen, dass die Anordnung zu Nachteilen für die Gläubiger führen wird (§ 270 Abs. 2 InsO a. F.).[168] Die an die Stelle der Nachteilsprognose getretene Eigenverwaltungsplanung setzt die Ergebnisse der ESUG-Evaluierung um, die klare Regelungen für die Anordnungsvoraussetzungen gefordert hat.[169] Allerdings enthalten andere Vorschriften der Eigenverwaltung den Nachteilsbegriff weiterhin.[170] Eine Legaldefinition existiert bis heute nicht. Die Literatur nimmt überwiegend an, dass er weit auszulegen sei und ein Nachteil dann vorliege, wenn die Interessen der Gläubiger gefährdet sind.[171] Hierbei sei ein Vergleich mit dem Regelverfahren anzustellen. War im

---

166 Hierzu allgemein *Bernsau/Weniger*, BB 2020, 2571, 2572 f.; *Proske*, ZRI 2020, 641, 643 f.; *Frind*, ZIP 2021, 171; *Harig/Höfer/Reus*, NZI 2021, 993, 994 ff.; *Sämisch*, ZInsO 2022, 438, 439 ff.

167 RegE SanInsFoG, BT-Drucks. 19/24171, S. 204.

168 Diese Nachteilsregelung wurde durch das ESUG im Vergleich zur Vorgängerregelung dahingehend geändert, dass Unklarheiten über mögliche Nachteile nun nicht mehr zu Lasten des Schuldners gehen, um die Aussichten des Schuldners auf ein Verfahren in Eigenverwaltung zu erhöhen, siehe RegE ESUG, BT-Drucks. 17/5712, S. 38. Erforderlich war, dass nach den Umständen zu erwarten ist, dass die Anordnung nicht zu einer Verzögerung des Verfahrens oder zu sonstigen Nachteilen für die Gläubiger führen wird", § 270 Abs. 2 Nr. 3 InsO a. F. Ausführlich hierzu *Henkel*, ZIP 2015, 562, 563 ff.

169 Evaluierung des Gesetzes zur weiteren Erleichterung der Sanierung von Unternehmen (ESUG), abrufbar unter https://www.bmj.de/SharedDocs/Downloads/DE/News/Artikel/101018_Gesamtbericht_Evaluierung_ESUG.html (zuletzt aufgerufen am 29.04.2022), S. 79 f.

170 Beispielsweise §§ 270e Abs. 2 S. 1, 272 Abs. 1 Nr. 4, 274 Abs. 3 S. 1 InsO.

171 MünchKomm.-*Kern*, § 270 InsO, Rn. 47; *Hölzle*, ZIP 2012, 158, 159 f.; *Henkel*, ZIP

Falle der Anordnung der Eigenverwaltung im Vergleich zum Regelverfahren eine Schlechterstellung der Gläubiger zu erwarten, läge ein Nachteil vor.[172] Nach *Hölzle* sind die Interessen der Gläubiger etwa dann gefährdet, wenn es innerhalb der Geschäftsleitung des betreffenden Schuldners an einer „im insolvenzrechtlichen Sinne geschäftskundigen Person" fehle.[173] Hiernach müsste stets ein sogenannter *Chief Restructuring Officer* (CRO) in die Geschäftsleitung bestellt werden.[174] Auch wenn dem in dieser Allgemeinheit nicht gefolgt werden kann, ist es wohl Konsens, dass der eigenverwaltende Schuldner über insolvenzrechtliche Kompetenz verfügen muss; schon allein, um allgemeine verfahrensrechtliche Aufgaben erfüllen zu können.[175] Diese Kompetenz muss indes nicht beim Schuldner bzw. dessen Geschäftsleitung persönlich vorliegen. Ausreichend ist es, wenn sie unternehmensintern oder durch externe Berater vorhanden ist.[176] Ob es wirklich erforderlich ist, einen CRO in die Geschäftsleitung zu bestellen, hängt dann von den Gegebenheiten im Einzelfall ab, etwa der Unternehmensgröße.[177] Das Amtsgericht Hamburg hat dem Umstand fehlender Kenntnisse der Geschäftsführung jedenfalls im Zusammenhang mit weiteren Faktoren entsprechende Bedeutung beigemessen und im Ergebnis den Antrag auf Eigenverwaltung abgelehnt.[178] Nach Mitteilung des vorläufigen Insolvenzverwalters habe die Geschäftsführung der Schuldnerin versucht, eine übertragende Sanierung auf eine Auffanggesellschaft zu planen, deren Anteilseigner die Geschäftsführung selbst war und die gleichzeitig Hauptgläubigerin der Schuldnerin war.[179] Die Entscheidung des Amtsgerichts Hamburg zeigt deutlich, dass vor allem bei einer Vielzahl von Faktoren ein „Nachteil" im Sinne von § 270 Abs. 2 InsO a. F. vorliegen kann. Die ausführliche Aufzählung dieser Faktoren und die Begründung im Einzelnen durch das Gericht haben schon in Bezug auf die Vorgängerregelung belegt, dass Zweifel an der Geeignetheit der Eigenverwaltung nicht ausreichend sind, um diese abzulehnen bzw. wieder aufzuheben. Gelingt es der Geschäftsleitung – um den Fall des Amtsgerichts Ham-

---

2015, 562, 563 f. Kritisch *Madaus*, KTS 2015, 115, 120 f. („diffuse und an einer unüberschaubaren Vielzahl von Faktoren abhängige Nachteilsprüfung").

[172] Uhlenbruck-*Zipperer*, § 270 InsO, Rn. 46; Nerlich/Römermann-*Riggert*, § 270 InsO, Rn. 20.

[173] *Hölzle*, ZIP 2018, 1669, 1674 f.; ähnlich auch MünchKomm.-*Kern*, § 270 InsO, Rn. 64.

[174] *Hölzle*, ZIP 2018, 1669, 1675. Ähnlich *Berner/Köster/Lambrecht*, NZI 2018, 425, 426; *Brinkmann*, in: FS Kayser, 2019, S. 99, 104 ff. AA *Schulte-Kaubrügger*, ZIP 2019, 345, 348. Kritisch auch *Hammes*, NZI 2017, 233.

[175] BGHZ 211, 225, 249 (Tz. 81); BGH ZIP 2016, 1981, 1987; MünchKomm.-*Kern*, § 270 InsO, Rn. 64 ff.; Uhlenbruck-*Zipperer*, § 270 InsO, Rn. 50; *Henkel*, ZIP 2015, 562, 564; *Brinkmann*, in: FS Kayser, 2019, S. 99, 102; *Schädlich*, NWB 2020, 3111, 3116 f.

[176] MünchKomm.-*Kern*, § 270 InsO, Rn. 70; *Vallender*, DB 2015, 231, 232.

[177] Vgl. *Neußner*, in: Kübler (Hrsg.), Handbuch Restrukturierung in der Insolvenz, 3. Aufl., 2018, § 6 Rn. 65 ff.

[178] AG Hamburg, Beschluss v. 28.02.2014 – 67 c IN 1/14, NZI 2014, 566 ff.

[179] AG Hamburg, Beschluss v. 28.02.2014 – 67 c IN 1/14, NZI 2014, 566, 567.

burg wieder aufzugreifen – durch Bestellung eines CRO, die Zweifel an insolvenzrechtlicher Kompetenz aus dem Weg zu räumen, dann reicht die Planung eines Management Buyout für sich genommen nicht aus, um die Eigenverwaltung abzulehnen.

b) Eröffnungsverfahren in Eigenverwaltung

Das ESUG hat die Eigenverwaltung durch zwei Eröffnungsverfahren in Eigenverwaltung erweitert.[180] Seit Inkrafttreten des SanInsFoG ist die vorläufige Eigenverwaltung in den §§ 270b–270d InsO geregelt. Nach § 270b Abs. 1 S. 1 InsO bestellt das Gericht für den Zeitraum zwischen Insolvenzantragstellung und der Entscheidung über den Eröffnungsantrag einen vorläufigen Sachwalter, wenn die Eigenverwaltungsplanung des Schuldners vollständig und schlüssig ist und keine Umstände bekannt sind, aus denen sich ergibt, dass die Eigenverwaltungsplanung in wesentlichen Punkten auf unzutreffenden Tatsachen beruht. Im Falle von behebbaren Mängeln der Eigenverwaltungsplanung kann das Gericht gemäß § 270b Abs. 1 S. 2 InsO die vorläufige Eigenverwaltung einstweilen anordnen und dem Schuldner eine Frist von bis zu 20 Tagen auferlegen, um diese Mängel zu beheben.

Eine besondere Art der vorläufigen Eigenverwaltung ist das sogenannte Schutzschirmverfahren nach § 270d InsO. Bei diesem handelt es sich um ein Eröffnungsverfahren, das nur auf Antrag des Schuldners bei Vorliegen der Insolvenzgründe der drohenden Zahlungsunfähigkeit oder Überschuldung eröffnet wird. Gleichzeitig muss die Eigenverwaltung beantragt werden und die angestrebte Sanierung darf nicht offensichtlich aussichtslos sein. Es ist auf eine Sanierung durch Insolvenzplan gerichtet, den der Schuldner im Rahmen einer Frist von höchstens drei Monaten vorschlagen muss, § 270d Abs. 1 S. 1, 2 InsO. Zusammen mit diesem Eigenverwaltungsantrag muss der Schuldner gemäß § 270d Abs. 1 InsO eine Bescheinigung durch eine fachkundige Stelle vorlegen, aus der sich das Vorliegen der Voraussetzungen ergibt.[181] Zentrale Merkmale des Verfahrens nach § 270d InsO sind, dass dem Schuldner ein Vorschlagsrecht für den vorläufigen Sachwalter (§ 270d Abs. 2 S. 2 InsO) und die Möglichkeit des Vollstreckungsschutzes (§ 270d Abs. 3 InsO) gegeben wird. Wird letzter vom Schuldner beantragt, ist das Gericht verpflichtet, Maßnahmen der Zwangsvollstreckung gegen den Schuldner zu untersagen oder einzustellen. Das Schutzschirmverfahren ist somit insbesondere mit der *Exclusivity Period* des *Chapter 11* vergleichbar. In beiden Verfahren erhält der Schuldner die Möglichkeit, einen Plan vorzulegen. Der allgemeine Vollstreckungsschutz des *Automatic Stay* in *Chapter 11* greift jedoch ohne weiteren Antrag des Schuldners, während

---

[180] §§ 270a und 270b InsO a. F.

[181] Kritisch insbesondere in Bezug auf die Anforderungen an die Person des Ausstellers der Bescheinigung *Hölzle*, ZIP 2012, 158, 160 ff.

das Gericht beim Schuldner in Eigenverwaltung zur Anordnung der Einstellung der Zwangsvollstreckung nur verpflichtet ist, wenn der Schuldner dies beantragt (§ 270d Abs. 3 InsO). Der Vollstreckungsschutz im Schutzschirmverfahren bezieht sich im Gegensatz zum *Automatic Stay* des *Chapter 11* auch nur auf bewegliche Gegenstände (§ 21 Abs. 2 S. 1 Nr. 3 InsO).[182] *Chapter 11* reicht mit dem *Automatic Stay* somit sehr viel weiter als das Schutzschirmverfahren und bringt die Schuldnerzentriertheit von *Chapter 11* sehr deutlich zum Ausdruck.

In der (durch Beobachtungen in der Praxis geprägten) insolvenzrechtlichen Literatur wird insbesondere hinsichtlich des Schutzschirmverfahrens der sogenannte „Dual Track-Prozess" diskutiert. Dabei geht es um die Frage, ob der eigenverwaltende Schuldner neben der Herausarbeitung eines Insolvenzplans gleichzeitig einen M&A-Prozess vorantreiben soll. Die Verkaufsbemühungen sollen den Unternehmenswert durch eine Art Markttest feststellen und damit die Frage beantworten, ob die Sanierung qua Insolvenzplan wirklich die bessere Befriedigung für die Gläubiger in Aussicht stellt.[183] Damit ist freilich nur die Frage beantwortet, ob eine übertragende Sanierung überhaupt (d. h. anstelle eines Insolvenzplans) in Betracht kommt. Ob ein Schuldner zur Einleitung eines M&A-Prozesses auch gegen seinen Willen verpflichtet werden kann, ist wiederum eine andere Frage.[184] Ähnlich wie in den USA ist somit ein Asset Deal sowohl vor Verabschiedung eines Plans während des dreimonatigen Moratoriums des § 270d InsO als auch im Rahmen eines folgenden Insolvenzplans denkbar.[185]

3. *Chapter 11 Examiner und Sachwalter*[186]

In der Eigenverwaltung ist gemäß § 270f Abs. 2 S. 1 InsO zwingend ein Sachwalter zu bestellen. Aufgabe des Sachwalters ist es in erster Linie, den Schuldner zu überwachen (§ 274 Abs. 2 InsO).[187] Nur dieser kann einen Gesamtschaden (§ 92 InsO) geltend machen und das Anfechtungsrecht (§§ 129 ff. InsO) ausüben, § 280 InsO. Anmeldungen von Insolvenzforderungen zur Tabelle werden von ihm entgegengenommen, § 270f Abs. 2 S. 2 InsO; ebenso werden Haf-

---

182 Siehe Uhlenbruck-*Zipperer*, § 270b InsO, Rn. 65.

183 Siehe *Fröhlich/Eckhardt*, ZInsO 2015, 925.

184 Diese Frage muss hier nicht zuletzt aus Raumgründen unbeantwortet bleiben. Siehe hierzu *Buchalik/Schröder*, ZInsO 2016, 189; *Thole*, in: FS Graf-Schlicker, 2018, S. 395, 401 ff. Siehe aber im Zusammenhang mit der Haftung der Geschäftsleitung Kapitel 3, B. II. 1. a) cc) (S. 218 f.).

185 AA wohl *Mönning*, in: FS Kübler, 2015, S. 431, 439, nach dem im Schutzschirmverfahren die Reorganisation immer das angestrebte Verfahrensziel sei. Siehe auch *Undritz*, in: Kübler (Hrsg.), Handbuch Restrukturierung in der Insolvenz, 3. Aufl., 2018, § 2 Rn. 31, der darauf hinweist, dass eine übertragende Sanierung in Verbindung mit einem Insolvenzplan in der Regel kostspieliger und langwieriger sein wird.

186 Ausführlich zu beiden noch in Kapitel 2, C. (S. 172 ff.).

187 K. Schmidt-*Undritz*, § 274 InsO, Rn. 2.

tungsansprüche gegen Organe des Schuldners von ihm geltend gemacht. Des Weiteren stehen ihm Mitwirkungsbefugnisse, unter anderem bei der Begründung von Verbindlichkeiten zu, § 275 Abs. 1 InsO.[188]

Im Vergleich zum deutschen Sachwalter ist die Rechtsposition des US-amerikanischen Äquivalents, des *Examiners*, sehr viel schwächer ausgestaltet.[189] Er wird nur auf Antrag einer *Party in Interest* eingesetzt (11 U.S.C. § 1104(c)), wenn etwa Betrug, Untreue, Inkompetenz oder grobes Missmanagement auf Seiten der Geschäftsleitung des Schuldners im Raum steht.[190] Seine Rechte und Aufgaben sind begrenzt. Zum einen soll er – jedenfalls nach der Vorstellung des *Congress* bei Verabschiedung des *Bankruptcy Code* 1978 – eben solches „betrügerisches" Verhalten bzw. grobes Missmanagement des Schuldners während des Verfahrens aufdecken.[191] Zum anderen besteht zumindest die Möglichkeit, dass ein bestellter *Examiner* je nach Einzelfall weitere Aufgaben übernimmt.[192] In der Praxis wird jedoch häufig schon gar kein *Examiner* bestellt, geschweige denn wird dessen Kontrollpotenzial vollumfänglich ausgeschöpft.[193] Begründet wird dies unter anderem mit der starken Stellung des Gläubigerausschusses bzw. der Gläubigerversammlung (*Creditors' Committee*). Wenn diese(r) bereits eine gewisse Kontrolle des Schuldners übernimmt, wird die Bestellung eines *Examiners* von den Beteiligten als redundante Maßnahme und damit als unnötig und kostspielig wahrgenommen.[194]

4. Zwischenergebnis

Der Schuldner in Eigenverwaltung sowie der *Debtor* in *Chapter 11* bleiben verwaltungs- und verfügungsbefugt. Auffälligster Unterschied der beiden Verfahren ist, dass *Chapter 11* das Vorliegen eines Insolvenzgrundes nicht erfordert und auf diese Weise einen erleichterten Zugang zum Verfahren ermöglicht. Vor allem kommt die Schuldnerzentriertheit des US-amerikanischen Rechts aber durch den *Automatic Stay* zum Ausdruck, der einen Vollstreckungsschutz bewirkt, dessen Reichweite weit über denjenigen des Schutzschirmverfahrens (§ 270d InsO) hinausgeht.

---

188 Zur Begründung von Masseverbindlichkeiten, insbesondere Sanierungskrediten noch unten C. IV. 5.

189 Siehe ausführlich *Korch*, 34 Emory Bankruptcy Developments Journal (2018), 411, 433 ff.

190 11 U.S.C. § 1104(c)(1) („[…] an investigation of any allegations of fraud, dishonesty, incompetence, misconduct, mismanagement, or irregularity in the management of the affairs of the debtor […]").

191 Siehe *Lipson/Marotta*, 90 American Bankruptcy Law Journal (2016), 1, 5.

192 11 U.S.C. § 1106(b). Siehe auch *Tabb*, Law of Bankruptcy (2020), § 11.8, S. 1059 ff.

193 *Lipson/Marotta*, 90 American Bankruptcy Law Journal (2016), 1, 5.

194 Siehe *Lipson/Marotta*, 90 American Bankruptcy Law Journal (2016), 1, 5 f. Siehe hierzu noch Kapitel 2, C. (S. 172 ff.).

In Deutschland ist dem Schuldner zwingend ein Sachwalter zur Seite gestellt. Das US-amerikanische Pendant, der *Examiner*, wird hingegen nur auf Antrag und verhältnismäßig selten bestellt.

II. Übertragende Sanierung und 363 Sale

Der folgende Abschnitt stellt den allgemeinen Verfahrensablauf der übertragenden Sanierung demjenigen des *363 Sale* gegenüber (1.). Die erläuterten Unterschiede zwischen dem deutschen und dem US-amerikanischen Insolvenzrecht lassen sich an den konkreten Beispielen des lastenfreien Erwerbs (2.) und des sogenannten *Credit Bidding* (3.) noch verdeutlichen.

1. Das Verfahren im Allgemeinen

a) Deutschland

aa) Begriff und Verfahrensablauf der übertragenden Sanierung

Der auf *Karsten Schmidt*[195] zurückgehende Begriff der übertragenden Sanierung ist nach wie vor nicht definiert und findet in der Insolvenzordnung keine Erwähnung. Begrifflich entspricht sie dem Asset Deal in der Insolvenz. Beim Asset Deal werden im Gegensatz zum Share Deal nicht die Anteile am Unternehmensträger übertragen, sondern nur die einzelnen Vermögensgegenstände des Rechtsträgers. Unternehmen und Unternehmensträger werden bei der übertragenden Sanierung somit voneinander getrennt.[196] Die (betriebsnotwendigen) Aktiva eines Unternehmens werden aus der Gesellschaft herausgelöst und auf einen neuen Rechtsträger übertragen,[197] mit dem Ziel, das Unternehmen bzw. Teile von diesem zu erhalten und zu sanieren.[198] Die Passiva verbleiben beim insolventen Unternehmensträger, der sodann liquidiert wird. Diese „Restabwicklung" kann entweder in der Eigenverwaltung vorgenommen werden oder nach einer Überleitung in das Regelverfahren durch den vormaligen Sachwalter als Insolvenzverwalter.[199] Die Assets können entweder direkt auf eine Gesellschaft des Erwerbers oder eine Auffanggesellschaft übertragen wer-

[195] *Schmidt*, ZIP 1980, 328, 336.

[196] *Undritz* in: Thierhoff/Müller (Hrsg.), Unternehmenssanierung (2022), Kapitel 10, Rn. 312 f.; *Wellensiek*, NZI 2002, 233, 234; *Hagebusch/Oberle*, NZI 2006, 618, 619; *Schröder/Hiort*, Corporate Finance Law 2010, 109; *Biehl/Jost*, BB 2021, 2118 ff.

[197] Die Übertragung der Betriebsteile erfolgt entweder direkt an den Erwerber oder eine zuvor gegründete Betriebsübernahmegesellschaft, siehe *Buchta*, Kapitel 14. Unternehmenskauf in Krise und Insolvenz, in: Hölters (Hrsg.), Handbuch Unternehmenskauf (2015), Rn. 14.133 ff.

[198] *Beck*, § 1, in: Beck/Depré (Hrsg.), Praxis der Insolvenz (2017), Rn. 14; Uhlenbruck-*Zipperer*, § 157 InsO, Rn. 7; *Wellensiek*, NZI 2002, 233, 234 f.; *Vallender*, GmbHR 2004, 543; *Undritz*, ZGR 2010, 201, 205.

[199] Siehe hierzu *Kebekus/Georg*, in: FS Graf-Schlicker, 2018, S. 297, 305 f.

den. In letzterem Fall werden sodann die Anteile an der Auffanggesellschaft an den Erwerber übertragen. Nichtsdestoweniger handelt es sich auch bei Nutzung einer Auffanggesellschaft um eine Form der übertragenden Sanierung.[200] Die Vorteile gegenüber dem Share Deal liegen damit auf der Hand: Die Gefahr, Verbindlichkeiten und unerkannte Risiken zu erwerben, wird umgangen.[201] Aus dem Erlös der übertragenden Sanierung werden schließlich die Gläubiger befriedigt.[202] Diese erhalten den Verwertungserlös in Höhe der durch das Absonderungsrecht gesicherten Forderung.[203] Damit ist die übertragende Sanierung eine Verwertung im Sinne des § 159 InsO.[204] Absonderungsrechte betreffend ist zunächst nach allgemeinen Grundsätzen zwischen solchen an beweglichen, unbeweglichen sowie sonstigen Gegenständen zu unterscheiden. Mobiliarsicherheiten kann der Schuldner gemäß §§ 282 Abs. 1 S. 1, 166 Abs. 1 InsO freihändig verwerten, wenn er im Besitz des Gegenstandes ist. Das Absonderungsrecht setzt sich am Erlös fort, § 170 Abs. 1 S. 2 InsO.[205] Bei unbeweglichen Gegenständen ist neben der Zwangsversteigerung und der Zwangsverwaltung (§§ 282 Abs. 1 S. 1, 165 InsO) auch die freihändige Veräußerung möglich. Für den Fall der übertragenden Sanierung sind in Bezug auf Immobilien zwei Konstellationen denkbar: Entweder erwirbt der Käufer die Immobilie bei gleichzeitiger „Übernahme" des Grundpfandrechts (§ 418 Abs. 1 S. 3 BGB) unter Anrechnung auf den Gesamtkaufpreis oder er erwirbt den Gegenstand lastenfrei. Bei mit Absonderungsrechten belasteten unbeweglichen Gegenständen findet allerdings im Fall der freihändigen Verwertung keine dingliche Surrogation statt, so dass sich das Absonderungsrecht nicht am Erlös fortsetzt.[206] Ein lastenfreier Erwerb ist deshalb nur möglich, wenn der Schuldner mit den Absonderungsberechtigten eine Verwertungsvereinbarung schließt.[207] In diesem Fall wird jedoch keine Absonderung im eigentlichen Sinn vorgenommen; vielmehr verzichtet der be-

---

200 *Madaus/Geiwitz*, § 2. Sanierungsoptionen im Insolvenzrecht, in: Paulus/Knecht (Hrsg.), Gerichtliche Sanierung (2018), Rn. 87.Vgl. hierzu auch *Undritz* in: Thierhoff/Müller (Hrsg.), Unternehmenssanierung (2022), Kapitel 10, Rn. 318 f.

201 *Bitter/Rauhut*, KSI 2007, 197.

202 *Hagebusch/Oberle*, NZI 2006, 618, 619. Wie bereits oben erwähnt entfällt im Unterschied zum Regelverfahren in der Eigenverwaltung gemäß § 282 Abs. 2 S. 2 InsO die Kostenbeteiligung der Gläubiger von 9 Prozent des Erlöses (Feststellungs- und Verwertungskosten, § 171 InsO).

203 *Schmidt*, in: Buth/Hermanns (Hrsg.), Restrukturierung, Sanierung, Insolvenz, 4. Aufl., 2014, § 33 Rn. 43; *Vallender*, GmbHR 2004, 642, 648.

204 Siehe Uhlenbruck-*Zipperer*, § 159 InsO, Rn. 47.

205 BGHZ 170, 196, 205 (Tz. 19); MünchKomm.-*Kern*, § 170 InsO, Rn. 31. Vgl. auch *Vallender*, GmbHR 2004, 642, 648; *Ganter*, NZI 2008, 583, 587 f. AA aber *Mitlehner*, ZIP 2015, 60, 63 (keine dingliche Surrogation, sondern Masseforderung des Absonderungsberechtigten auf Zahlung aus dem Verwertungserlös nach §§ 50 Abs. 1, 170 Abs. 1 S. 2 InsO).

206 *Mitlehner*, ZIP 2012, 649, 652.

207 MünchKomm.-*Janssen*, § 159 InsO, Rn. 11; *Wimmer-Amend/Gerloff*, § 3. Die Beteiligten und ihre Rolle in der Sanierung im Insolvenzverfahren, in: Paulus/Knecht (Hrsg.), Gerichtliche Sanierung (2018), § 3, Rn. 578. Siehe hierzu sogleich, B. II. 2. b) (S. 42 f.).

treffende Absonderungsberechtigte hierbei auf sein Absonderungsrecht Zug um Zug gegen eine Ausgleichszahlung. Diese Ausgleichszahlung ist Masseverbindlichkeit nach § 55 Abs. 1 Nr. 1 InsO.[208]

Bislang ungeklärt ist, ob eine Verwertung von verpfändeten sonstigen Gegenständen, zum Beispiel Unternehmensbeteiligungen oder Immaterialgüterrechten, möglich ist. Einer von der wohl überwiegenden Ansicht im Schrifttum[209] geforderten Analogie von § 166 Abs. 2 InsO wird teilweise entgegengehalten, dass es an einer planwidrigen Regelungslücke fehle; der Gesetzgeber habe in den §§ 165, 166 InsO den Verwertungsrahmen abschließend geregelt.[210] Es liegt auf der Hand, dass bestimmte Markenrechte, Lizenzen, usw. von erheblicher Bedeutung für die Unternehmensfortführung sein können und die übertragende Sanierung für Erwerber nur dann attraktiv ist, wenn gewährleistet ist, dass diese Gegenstände auf ihn übergehen. Um einen rechtssicheren Erwerb durch den Käufer des Unternehmens sicherzustellen, enthalten Kaufverträge deshalb häufig die Zustimmung des Pfandrechtsinhabers zu der Übertragung des Gegenstands.[211]

Zu beachten ist außerdem, dass sich nur solche Unternehmen für eine übertragende Sanierung eignen, deren Vermögenswerte nicht an den Rechtsträger gebunden sind. Ist ein Unternehmen beispielsweise auf die Nutzung von Urheberrechten oder öffentlich-rechtlichen Genehmigungen angewiesen, kann dies ein entscheidendes Hindernis für die übertragende Sanierung darstellen.[212]

bb) Zeitpunkt der Übertragung und Aufsicht der Gläubiger

Wie im Regelverfahren kommt eine übertragende Sanierung zunächst sowohl vor als auch nach dem Berichtstermin in Betracht, § 158 InsO. Ob eine Veräußerung des Unternehmens auch im Eröffnungsverfahren zulässig ist, ist schon für das Regelverfahren umstritten, wird von der herrschenden Meinung allerdings abgelehnt.[213] Jedenfalls aufgrund der gravierenden praktischen Nachteile eines Erwerbs im Eröffnungsverfahren (etwa der Geltung der Nachfolgehaftung des

[208] *Mitlehner*, ZIP 2015, 60, 62.

[209] Siehe nur Uhlenbruck-*Brinkmann*, § 166 InsO, Rn. 37; K. Schmidt-*Sinz*, § 166 InsO, Rn. 37; *Hirte*, in: FS Fischer, 2008, S. 239, 249 ff.; *Bitter/Alles*, KTS 2013, 113, 138 ff.

[210] Die Interessen des Schuldners/Sicherungsgebers seien zudem durch die Regelungen im Zwangsvollstreckungsrecht hinreichend berücksichtigt, siehe *Lwowski/Tetzlaff*, in: FS Ganter, 2010, S. 281, 289. Im Ergebnis ebenso MünchKomm.-*Kern*, § 166 InsO, Rn. 103; *Ganter*, in: FS Wellensiek, 2011, S. 399, 406 f.

[211] Siehe *Ganter*, in: FS Wellensiek, 2011, S. 400; 407.

[212] Siehe hierzu *Bitter/Laspeyres*, ZIP 2010, 1157 passim.

[213] BGHZ 146, 165, 172 f.; BGHZ 154, 72, 79; *Heckschen*, § 4. Gesellschaftsrecht, in: Reul u. a. (Hrsg.), Insolvenzrecht in der Gestaltungspraxis (2018), Rn. 1409 f.; *Schmerbach/Staufenbiel*, ZInsO 2009, 458, 460; *Morshäuser/Falkner*, NZG 2010, 881, 882. Differenzierend Uhlenbruck-*Zipperer*, § 157 InsO, Rn. 8 (Veräußerung im Eröffnungsverfahren ausnahmsweise möglich, wenn ein Aufschub die Masse schädigen würde oder eine günstige Veräußerungsgelegenheit im eröffneten Verfahren nicht mehr gegeben wäre).

§ 25 HGB[214]) dürfte die Übertragung im Eröffnungsverfahren daher von geringerer praktischer Relevanz sein und wird deshalb für die Zwecke dieser Arbeit ausgeklammert.

Im Falle der Eigenverwaltung erscheint die Übertragung vor dem Berichtstermin als besonders problematisch. Wenn vor dem Berichtstermin noch kein Gläubigerausschuss (sogenannter Interimsausschuss) existiert, findet die Unternehmensveräußerung ohne Beteiligung der Gläubiger statt.[215] Die Veräußerung ist im Außenverhältnis dann aufgrund entsprechender Anwendung des § 164 InsO wirksam.[216] Eine andere Frage ist es, ob hierdurch eine Pflichtverletzung im Sinne des § 60 Abs. 1 S. 1 InsO begründet wird.[217]

b) USA

In *Chapter 11* bestehen außerhalb des *Plan* zwei Möglichkeiten, Assets (*Property*) zu verkaufen; erstens „in the ordinary course of business“[218] und zweitens „other than in the ordinary course of business“[219] Ob der Verkauf von Assets „in the ordinary course of business“ ist, wird anhand der *Vertical Dimension Test* und *Horizontal Dimension Test* beurteilt.[220] Maßgeblich ist hierbei zum einen, ob der Verkauf eines Gegenstandes vom konkreten Unternehmen als „Alltagsgeschäft“ betrachtet werden kann, zum anderen, ob die konkrete Transaktion auch branchenüblich ist. Der Verkauf eines Unternehmens ist regelmäßig kein Alltagsgeschäft und damit stets „outside the ordinary course of business“.[221]

Der Verkauf von Assets „outside the ordinary business“ (11 U.S.C. § 363(b)) ist in *Chapter 3*, einer Art „allgemeinen Teil“ des *U. S. Bankruptcy Code* geregelt und für die Verfahren im „besonderen Teil“ somit anwendbar. Über 11 U.S.C. § 1107(a) wird der Schuldner (*Debtor*) ermächtigt, die Befugnisse des

[214] *Stengel/Sax*, M&A-Transaktionen in der Insolvenz, in: Theiselmann (Hrsg.), Praxishandbuch des Restrukturierungsrechts (2020), Rn. 30; *Undritz* in: Thierhoff/Müller (Hrsg.), Unternehmenssanierung (2022), Kapitel 10, Rn. 390.

[215] Siehe Uhlenbruck-*Zipperer*, § 158 InsO, Rn. 2. Hierzu im Besonderen und zur Gläubigeraufsicht im Allgemeinen siehe Kapitel 2.

[216] BGH ZIP 1995, 290, 291; Uhlenbruck-*Zipperer*, § 158 InsO, Rn. 2; KölnKomm.-*Frege*, § 158 InsO, Rn. 2; *Undritz* in: Thierhoff/Müller (Hrsg.), Unternehmenssanierung (2022), Kapitel 10, Rn. 401.

[217] Zur Haftung siehe noch Kapitel 3.

[218] 11 U.S.C. § 363(c)(1).

[219] 11 U.S.C. § 363(b)(1). Literatur und Rechtsprechung verwenden abweichend vom Wortlaut der gesetzlichen Regelung durchgängig den Begriff „outside the ordinary course of business“. Siehe aus dem Schrifttum statt aller *Kling*, 17 Stanford Journal of Law, Business & Finance (2012), 258, 271. Aus der Rechtsprechung In re Lionel Corp., 722 F.2d 1063, 1066 (2d Cir. 1983). Der Begriff „outside the ordinary course of business“ wird im Folgenden beibehalten.

[220] Siehe *Cousins*, 27 Delaware Journal of Corporate Law (2002), 835, 841 f.; *Adeyemo*, Purchases of Financially Troubled Companies or Their Assets, in: Adeyemo/Zahralddin-Aravena (Hrsg.), Reorganizing Failing Businesses (2017), S. 12–6.

[221] *Rose*, 23 Emory Bankruptcy Developments Journal (2006), 249, 259.

Trustee – und somit auch einen *363 Sale* – selbst auszuüben. In der Regel findet ein Verkauf jedoch außerhalb des nach 11 U.S.C. §§ 1121 ff. eigentlich vorgesehenen Insolvenzplans statt. Dieser sieht neben einer Gläubigerabstimmung eine Bekanntmachung vor, der weitere Gläubigeranhörungen folgen können. Ein *Debtor-in-Possession* kann somit noch vor der gerichtlichen Bestätigung eines solchen Insolvenzplans und damit letztlich unter Umgehung dieser Schutzmechanismen sein Unternehmen verkaufen, wodurch die hohe Geschwindigkeit solcher Verkäufe erzielt wird.[222] Hierbei werden alle werthaltigen Assets auf die Erwerber- bzw. Auffanggesellschaft übertragen, die das Unternehmen unmittelbar fortführt.[223] Dem *Debtor* wird lediglich auferlegt, die Gläubiger zu benachrichtigen und die Zustimmung des Insolvenzgerichts einzuholen („after notice and a hearing").[224]

Nach Durchführung des *363 Sale* kann der *Debtor* das Verfahren auf unterschiedliche Weise beenden. Es besteht erstens die Möglichkeit, im Wege eines *Plan* (11 U.S.C. §§ 1123 ff.) die Erlösverteilung zu regeln.[225] Zweitens kann das Verfahren in *Chapter 7* übergeleitet werden, in welchem ein *Trustee* bestellt wird, der die Verteilung vornimmt.[226] Als dritte Möglichkeit kann das Verfahren aufgehoben werden (*Dismissal*). Größerer Beliebtheit erfreut sich seit einiger Zeit allerdings der sogenannter *Structured Dismissal* als vierte Variante. Dieser ist ein Produkt der US-amerikanischen Insolvenzpraxis und im *Bankruptcy Code* nicht geregelt. Hierbei wird das Verfahren unter gleichzeitiger Anerkennung einer zuvor festgelegten Verteilung aufgehoben.[227]

2. *Lastenfreier Erwerb*

Der unkomplizierte Verfahrensablauf eines *363 Sale* in den USA zeigt sich im Detail auch am Beispiel des lastenfreien Erwerbs von gesicherten Gegenständen (a)), der sich in Deutschland als aufwändiger erweist (b)).

---

222 *Brege*, 92 Virginia Law Review (2006), 1639, 1643; *Kling*, 17 Stanford Journal of Law, Business & Finance (2012), 258, 262; *Porcelli*, 24 American Bankruptcy Institute Law Review (2016), 497, 503.

223 In Matter of Motors Liquidation Co., 829 F.3d 135 (2d Cir. 2016): „[I]n a § 363 sale of substantially all assets, the debtor does not truly ‚reorganize.' Instead, it sells its primary assets to a successor corporation, which immediately takes over the business."

224 11 U.S.C. § 363(b)(1). Hierzu noch unten, Kapitel 2, B. II. 3. c) bb) (S. 126 f.).

225 *Klee/Levin*, 21 Norton Journal of Bankruptcy Law and Practice (2012), 465, 482.

226 *Klee/Levin*, 21 Norton Journal of Bankruptcy Law and Practice (2012), 465, 482.

227 Siehe *Webb*, 33 Emory Bankruptcy Developments Journal (2016), 355, 362 ff.; *Haugen/McCormick/Keane*, American Bankruptcy Institute Journal (2017), 71; *Skeel/Triantis*, 166 University of Pennsylvania Law Review (2018), 1777, 1804. Im Rahmen von *Structured Dismissals* lassen insbesondere gesicherte Gläubiger festlegen, dass ein Teil des Erlöses an ungesicherte Gläubiger ausgezahlt wird, wenn diese einem Asset Deal nicht widersprechen; siehe zu diesem Phänomen des sogenannten *Gifting* noch unten, Kapitel 2, B. V. (S. 150 ff.).

a) USA

Ebenso wie bei einem Verkauf im Rahmen eines *Plan* ist auch bei *363 Sales* ein lastenfreier Erwerb möglich, so dass der Käufer die Assets „*free and clear of any interest in such property*" erwerben kann, wenn eine der fünf in 11 U.S.C. § 363(f) genannten Voraussetzungen erfüllt ist.[228]

So ist ein lastenfreier Erwerb möglich, wenn er auch außerhalb der Insolvenz möglich wäre (§ 363 (f)(1));[229] wenn der betroffene Gläubiger zustimmt (§ 363 (f)(2));[230] wenn der Kaufpreis für den entsprechenden Gegenstand über dem Wert aller den Gegenstand belastenden Rechte liegt (§ 363(f)(3)); wenn das in Rede stehende Recht bestritten ist (§ 363 (f)(4)); und wenn der betroffene Gläubiger verpflichtet werden kann, „in a legal or equitable proceeding", Befriedigung in Geld als Entschädigung entgegenzunehmen (§ 363(f)(5)[231].

Uneinigkeit besteht insbesondere darüber, ob der in 11 U.S.C. § 363(f)(3) genannte Wert den Nennwert (*Face Value*) der besicherten Forderungen oder den Marktwert (*Economic Value*) des Sicherungsgegenstands impliziert.[232] Die *Minority* der Gerichte legt die Vorschrift so aus, dass der Kaufpreis nur den Marktwert der Sicherungsgegenstände übersteigen muss.[233] Das wird von Teilen der US-amerikanischen Literatur kritisiert, denn der Kaufpreis bestimmt in der Regel ja gerade den Marktwert.[234] Auf diese bleibt in einigen *Circuits* die Möglichkeit bestehen, dass Assets unter Wert verkauft werden und der Käufer diese lastenfrei erwirbt.

Das Sicherungsrecht (*Lien*) setzt sich in jedem Fall nach der Veräußerung am Erlös fort; dieser wird dem betreffenden Gläubiger sodann nach Abzug der Verkaufskosten ausgezahlt.[235]

---

[228] Siehe hierzu *Tabb*, Law of Bankruptcy (2020), § 5.17, S. 450 ff.; *Kuney*, 76 American Bankruptcy Law Journal (2002), 235 ff.; *Rosen*, 109 Michigan Law Review (2011), 1529, 1538 f. und passim in Bezug auf Section 363(f)(3).

[229] Etwa nach dem Uniform Commercial Code (U. C. C.), § 9–320.

[230] Ausreichend ist hierfür, dass der betreffende Gläubiger nach entsprechender Mitteilung die Zustimmung nicht verweigert, siehe FutureSource LLC v. Reuters Ltd., 312 F.3d 281, 285 (7th Cir. 2002): „[…] [L]ack of objection (provided of course there is notice) counts as consent."

[231] Diese letzte Möglichkeit des lastenfreien Erwerbs hat wegen des weiten Wortlauts einen entsprechend weiten Anwendungsbereich. Die konkrete Reichweite von § 363(f)(5) ist auch deshalb unklar, siehe *Kuney*, 76 American Bankruptcy Law Journal (2002), 235, 251 ff.

[232] Siehe *Rosen*, 109 Michigan Law Review (2011), 1529, 1540 ff. mwN.

[233] Vgl. In re Beker Indus. Corp., 63 B. R. 474, 475 ff. (Bankr. S. D. N. Y. 1986); In re Collins, 180 B. R. 447, 450 ff. (Bankr. E. D. Va. 1995).

[234] *Erens/Hall*, 18 American Bankruptcy Institute Law Review (2010), 535, 544. Siehe auch *Rosen*, 109 Michigan Law Review (2011), 1529, 1540 ff.; *Kling*, 17 Stanford Journal of Law, Business & Finance (2012), 258, 288 ff.

[235] In re Colling, 180 B. R. 447, 452 (Bankr. ED Va. 1995). Siehe auch *Tabb*, Law of Bankruptcy (2020), § 7.28, S. 732; *Friedman/Georgelos/Murphy*, 35 Uniform Commercial Code Law Journal (2002), 69, 79.

b) Deutschland

Häufig sind gerade die für eine Fortführung des Unternehmens unentbehrlichen Gegenstände belastet. Im Fall der mit Aussonderungsrechten gemäß § 47 InsO belasteten Gegenständen (z. B. durch Leasinggeber), können diese nicht im Wege des Asset Deal erworben werden. Der Erwerber wird deshalb mit den Aussonderungsberechtigten eine Einigung über die Nutzung dieser Gegenstände treffen müssen.[236]

Ebenso wichtig ist die Kommunikation mit den Absonderungsberechtigten (§§ 49 ff. InsO). Gemäß § 168 Abs. 1 S. 1 InsO ist der Schuldner verpflichtet, den Absonderungsberechtigten seine Veräußerungsabsicht und die Art der Veräußerung mitzuteilen. Diese können sodann gemäß § 168 Abs. 1 S. 2 InsO den Schuldner binnen einer Woche auf eine „günstigere Verwertungsmöglichkeit" hinweisen, etwa weil ein höherer Preis erzielt werden kann.[237] Aus diesem Hinweisrecht ergibt sich zum einen, dass der Schuldner bei der übertragenden Sanierung den zu veräußernden Gegenständen jeweils Einzelwerte zuordnen muss, obwohl für den Unternehmenskauf ein Gesamtpreis gebildet wurde.[238] Dieser Gesamtpreis ist im Wege eines betriebswirtschaftlichen Bewertungsverfahrens entstanden und hat mit den Substanzwerten einzelner Gegenstände nichts mehr gemein. Zum anderen ist der Schuldner nicht verpflichtet, die vom Gläubiger angezeigte Möglichkeit auch wahrzunehmen, muss ihm jedoch gemäß § 168 Abs. 2 InsO den Betrag aus der Masse zahlen, den der Gläubiger durch die alternative Verwertungsmöglichkeit erhalten hätte.[239] Da sich bei beweglichen Gegenständen nach der freihändigen Verwertung das Absonderungsrecht im Wege der Surrogation am Erlös fortsetzt, erhält der Erwerber den betreffenden Gegenstand lastenfrei.[240]

Bei unbeweglichen Gegenständen können absonderungsberechtigte Gläubiger grundsätzlich die Zwangsversteigerung oder Zwangsverwaltung betreiben (§ 49 InsO). Der Schuldner kann die Verwertung durch den Gläubiger wiederum durch einen Antrag auf einstweilige Einstellung verhindern, um den Gegenstand für eine übertragende Sanierung in der Masse zu halten, § 30d Abs. 1 S. 1 Nr. 2 ZVG.[241] In diesem Fall hat er dem Gläubiger allerdings die laufenden Zinsen aus der Masse zu zahlen (§ 30e ZVG).[242] Soll eine lastenfreie Veräußerung

---

236 *Fröhlich/Bächstädt*, § 22, in: Buth/Hermanns (Hrsg.), Restrukturierung, Sanierung, Insolvenz (2014), Rn. 39.

237 MünchKomm.-*Kern*, § 168 InsO, Rn. 27; HK-*Landfermann*, § 168 InsO, Rn. 7.

238 Siehe KölnKomm.-*Hess*, § 168 InsO, Rn. 151. Vgl. auch MünchKomm.-*Kern*, § 168 InsO, Rn. 22; 74; *Mönning*, in: FS Uhlenbruck, 2000, S. 239, 245.

239 MünchKomm.-*Kern*, § 168 InsO, Rn. 74. Zur Frage einer sich hieraus ergebenden Haftung des Schuldners bzw. seiner Geschäftsleitung siehe unten, Kapitel 3.

240 Jaeger-*Eckardt*, § 166 InsO, Rn. 249; MünchKomm.-*Kern*, § 166 InsO, Rn. 46; HK-*Hölzle*, § 166 InsO, Rn. 29.

241 MünchKomm.-*Kern*, § 282 InsO, Rn. 18.

242 MünchKomm.-*Ganter*, § 49 InsO, Rn. 90.

besicherter (unbeweglicher) Gegenstände erfolgen, setzt dies eine Löschungsbewilligung nach §§ 875, 876 BGB des jeweiligen Berechtigten voraus.[243] Es ist somit Aufgabe des Schuldners, auf eine Vereinbarung hinzuarbeiten, bei welcher die absonderungsberechtigten Gläubiger Zug um Zug gegen eine Ausgleichszahlung auf ihr Absonderungsrecht verzichten. Auf diese Weise erwerben die absonderungsberechtigten Gläubiger eine Masseforderung im Sinne des § 55 Abs. 1 Nr. 1 InsO und der Schuldner ist in der Lage, die betreffenden Gegenstände lastenfrei zu verwerten.[244]

Hierin ist ein entscheidender Unterschied zu den Regelungen von *363 Sales* zu sehen. Gesicherte Gläubiger haben im deutschen Insolvenzrecht weitaus größere Beteiligungsrechte und damit eine bessere Verhandlungsposition. 11 U.S.C. § 363(f) soll im Gegensatz hierzu Verfahrensökonomie gewährleisten.[245] Jedenfalls aus verfahrensrechtlicher Perspektive ist die Ausgangsposition gesicherter Gläubiger in den USA in dieser Hinsicht schlechter, da diese ihr Sicherungsrecht verlieren, sobald nur eine der fünf in 11 U.S.C. § 363(f) genannten Voraussetzungen erfüllt ist. Die umfassende Möglichkeit des *Credit Bidding* (hierzu sogleich) relativiert dies allerdings.

3. *Credit Bidding*

Eine weitere Besonderheit im US-amerikanischen Recht ist die Möglichkeit des *Credit Bidding* nach 11 U.S.C. § 363(k).[246] Hierbei schalten sich gesicherte Gläubiger in das Bieterverfahren ein und rechnen mit ihren Forderungen auf („[…] holder may offset such claim against the purchase price of such property.")[247] Zweck der Regelung ist unter anderem, dass gesicherte Gläubiger davor geschützt werden, dass der die Forderung besichernde Gegenstand in einer Auktion unter Wert verkauft wird.[248] Kritisiert wird hieran jedoch, dass *Credit Bidding* letztlich zu dem gegenteiligen Effekt führt und externe Dritte gänzlich vom Bieterverfahren ausgeschlossen werden. Potenzielle Bieter könnten sich im Vergleich zu gesicherten Gläubigern einer weiteren Informationsasymmetrie ausgesetzt sehen, da gesicherte Gläubiger über Insiderwissen hinsichtlich des „wahren" Unternehmenswertes verfügen.[249]

---

[243] Siehe *Jungmann*, Grundpfandgläubiger und Unternehmensinsolvenz (2004), Rn. 148.

[244] Vgl. *Mitlehner*, ZIP 2015, 60, 62.

[245] Vgl. *Rosen*, 109 Michigan Law Review (2011), 1529, 1539.

[246] Siehe *Tabb*, Law of Bankruptcy (2020), § 5.17, S. 460 ff.; *Kling*, 17 Stanford Journal of Law, Business & Finance (2012), 258, 276 ff. Siehe auch *Perzborn*, Der „363 Sale" (2013), S. 151 ff.

[247] 11 U.S.C. § 363(k).

[248] *Tabb*, Law of Bankruptcy (2020), § 5.17, S. 461; *Kling*, 17 Stanford Journal of Law, Business & Finance (2012), 258, 277. Nebeneffekt ist die Reduzierung von Transaktionskosten, siehe *Buccola/Keller*, 18 George Mason Law Review (2010), 99, 102.

[249] *Buccola/Keller*, 18 George Mason Law Review (2010), 99, 120; *Kling*, 17 Stanford

Problematisch hieran ist darüber hinaus, dass Gläubiger im Wege des *Credit Bidding* auch mit dem ungesicherten Teil ihrer Forderung aufrechnen können.[250] Das widerspricht dem Grundsatz, dass nach 11 U.S.C. § 506(a) die Forderung eines gesicherten Gläubigers in einen gesicherten und einen ungesicherten Teil getrennt wird (*Bifurcation*), wenn die Forderung den Wert der Sicherung („value of such creditor's interest") übersteigt. Der *U. S. Court of Appeals* des *Third Circuit* hielt hierzu in einer Entscheidung von 2006 fest, es sei unsinnig, für das *Credit Bidding* den Wert der Sicherung als Grenze anzusetzen.[251] Denn das Auktionsverfahren bestimme gerade den Wert der zu versteigernden Sache. Biete ein gesicherter Gläubiger einen bestimmten Betrag und ist dies gleichzeitigt das Höchstgebot, bestimme dieser Betrag entsprechend den Wert der Sache.[252]

11 U.S.C. § 363(k) gibt dem Insolvenzgericht die Möglichkeit, *Credit Bidding* zu untersagen, wenn ein wichtiger Grund (*for Cause*) vorliegt. Eine Definition des wichtigen Grundes ist der Rechtsprechung überlassen.[253] Untersagt wurde ein Verkauf im Wege des *Credit Bidding* etwa, weil andere gesicherte Gläubiger nicht informiert wurden und sich gleichzeitig aus der Tatsache, dass mehrere Gläubiger an demselben Gegenstand Sicherheiten bestellt haben, die Rangfrage stellte.[254]

Auch im deutschen Recht besteht für absonderungsberechtigte Gläubiger gemäß § 168 Abs. 1, Abs. 3 S. 1 InsO die Möglichkeit, bei beweglichen Gegenständen den betreffenden Gegenstand selbst zu übernehmen (sogenannter Selbsteintritt);[255] bei unbeweglichen Gegenständen gilt § 114a ZVG. Auf diese Weise verpflichtet sich ein Gläubiger zur Kaufpreiszahlung und kann sodann mit seinem Anspruch auf Auskehrung des Veräußerungserlöses (§ 170 Abs. 1 S. 2 InsO) bis zum Nennwert seiner Forderung aufrechnen.[256] Im Fall der Eigenverwaltung entfällt auch die Einschränkung durch die Feststellungs- und Verwertungskosten mit der Maßgabe, dass gemäß § 282 Abs. 1 S. 2, 3 InsO erstere entfallen und als Kosten der Verwertung lediglich die tatsächlich entstandenen angesetzt werden.

Im Ergebnis gleicht das *Credit Bidding* der Übernahme durch den absonderungsberechtigten Gläubiger nach § 168 Abs. 3 S. 1 InsO. Beiden Instituten

---

Journal of Law, Business & Finance (2012), 258, 280. Ähnlich *Roe/Skeel*, 108 Michigan Law Review (2010), 728, 748.

[250] Siehe *Kling*, 17 Stanford Journal of Law, Business & Finance (2012), 258, 276 ff.

[251] In re SubMicron Systems Corp., 432 F.3d 448, 460 (3d Cir. 2006).

[252] Ebd. Siehe auch *Resnick*, 63 Hastings Law Journal (2012), 323, 331.

[253] Siehe zum Ganzen *Resnick*, 63 Hastings Law Journal (2012), 323; *Harms*, 12 Hastings Business Law Journal (2015), 241.

[254] In re Takeout Taxi Holdings, Inc., 307 B. R. 525, 534 ff. (Bankr. E. D. Va. 2004).

[255] Durch Hinweis auf eine günstigere Möglichkeit der Verwertung, die darin bestehen kann, dass der Gläubiger den Gegenstand selbst übernimmt.

[256] Ausführlich *Haas/Scholl*, NZI 2002, 642, 644 f. Siehe auch *Paulus/Palenker*, WM 2020, 1181, 1184.

ist gemein, dass auf diese Weise das Risiko einer Unterbewertung des Sicherheitsguts reduziert werden kann. Nebeneffekt ist zudem eine Reduzierung der Transaktionskosten, insbesondere für den Erwerber respektive Absonderungsberechtigten, der für den Erwerb nicht erst Kapital aufbringen muss, sondern aufrechnen (*offset*) kann.[257]

III. Zwischenergebnis

Die Unterschiede zwischen US-amerikanischem und deutschem Recht zeigen sich im Allgemeinen bereits hinsichtlich des Verfahrens. Einen dem *Automatic Stay* vergleichbaren Vollstreckungsstopp kennt das deutsche Insolvenzrecht nicht. Das Fehlen von Insolvenzgründen als Voraussetzung für die Verfahrenseinleitung sowie die *Exclusivity Period*, die es dem Schuldner ermöglicht, ohne Einfluss von außen eine Sanierung vorzubereiten, belegen die Schuldnerzentriertheit von *Chapter 11*. Im Hinblick auf die übertragende Sanierung bzw. *363 Sales* im Besonderen bringt die Möglichkeit des lastenfreien Erwerbs nach 11 U.S.C. § 363(f) diese Schuldnerzentriertheit des US-amerikanischen Rechts besonders deutlich zum Ausdruck. In der Eigenverwaltung ist der Schuldner hingegen gehalten, insbesondere bei Absonderungsrechten an unbeweglichen Gegenständen, auf eine kooperative Interaktion mit den gesicherten Gläubigern hinzuwirken.

C. Die Interessen der Beteiligten

Die Konstellation der übertragenden Sanierung, durchgeführt durch die Geschäftsleitung selbst, birgt aufgrund der Vielzahl der Beteiligten und ihren Partikularinteressen das Risiko der Entstehung von Interessenkonflikten. „Interesse“ soll im hiesigen Zusammenhang verstanden werden als das (bewusste) Begehren materieller Güter.[258] Unter dem Begriff des Interessenkonflikts wird hier die Konstellation verstanden, die auftritt, wenn die Ziele von unterschiedlichen Interessenträgern konträr sind oder werden können.

Hierfür werden im Folgenden zunächst die Interessen der Geschäftsleitung (I.) und der Gesellschafter (II.) beleuchtet sowie das Verhältnis der Geschäftsleitung zum Unternehmensträger dargestellt (III.). Anschließend gilt es, die Interessenlage der Gläubiger im Fall der übertragenden Sanierung herauszuarbeiten (IV.).

---

[257] Siehe zu diesem Aspekt *Buccola/Keller*, 18 George Mason Law Review (2010), 99, 121 f.

[258] Siehe allgemein zu einer Begriffsdefinition *Kumpan*, Der Interessenkonflikt im deutschen Privatrecht (2014), S. 14 ff.

I. Interessen der Geschäftsleitung

Zur Systematisierung der Interessen der Geschäftsleitung sind in einem ersten Schritt deren Verhaltensanreize im Fall der übertragenden Sanierung in den Blick zu nehmen (1.). Diese Verhaltensanreize gilt es in einem zweiten Schritt im Rahmen der Agenturtheorie insolvenzspezifisch einzuordnen (2.).

1. Verhaltensanreize

In der juristischen Literatur ist weitgehend die Theorie akzeptiert, dass sich die Anreize der Geschäftsleitung mit der Insolvenz(-nähe) verändern. Danach neigen die Leitungsorgane einer Gesellschaft in Insolvenznähe in der Regel zu einem besonders risikofreudigen Verhalten, da sie nichts mehr zu verlieren haben.[259] Einschränkend ist an dieser Stelle allerdings zu erwähnen, dass jüngere empirische Studien darauf hindeuten, dass Unternehmen in der Krise (*Financial Distress*) ihre Risiken sogar senken.[260] Die Gefahren der Eigenverwaltung im Fall der übertragenden Sanierung dürften allerdings weniger aus einem *Gambling for Resurrection* im herkömmlichen Sinne resultieren, sondern eher im eigennützigen Handeln der Geschäftsleitung bestehen.[261] Denn hierbei handelt es sich vielmehr um ein spezifisches Konfliktpotenzial: Das im Amt befindliche Management sieht vor allem die Chance, seine Position zu bewahren, und steht damit praktisch nicht mehr auf Seiten der Gesellschaft bzw. ihrer Gläubiger, sondern auf Seiten des Erwerbers. Empirische Untersuchungen aus den USA beweisen, dass für die Geschäftsleitung grundsätzlich die Gefahr besteht, nach dem Erwerb vom Erwerber ausgetauscht zu werden.[262] Ziel der Geschäftsleitung kann also nur sein, ihren Verbleib mit dem Erwerber auszuhandeln. In einer Studie aus dem Jahr 2007 zeigen *LoPucki* und *Doherty* Fälle auf,

---

[259] *Schmidt*, Ökonomische Analyse des Insolvenzrechts (1980), S. 27; *Thole*, Gläubigerschutz durch Insolvenzrecht (2010), S. 14 f.; *Davies*, Director' Creditor-Regarding Duties in Respect of Trading Decisions Taken in the Vicinity of Insolvency, in: Eidenmüller/Schön (Hrsg.), The Law and Economics of Creditor Protection (2008), S. 303, 308 f.; *Eidenmüller*, Trading in Times of Crisis: Formal Insolvency Proceedings, Workouts and the Incentives for Shareholders/Managers, in: Eidenmüller/Schön (Hrsg.), The Law and Economics of Creditor Protection (2008), S. 241; *Schillig*, 7 ECFR (2010), 116, 119; *Eidenmüller*, ZHR 175 (2011), 11, 17.

[260] Siehe *Rauh*, The Review of Financial Studies 2009, 2687 (kein *Risk Shifting* bei US-Pensionsplänen im Fall zunehmender finanzieller Schwierigkeiten); *Gilje*, 29 The Review of Financial Studies (2016), 2925 (Reduzierung von Investitionsrisiken bei Unternehmen der Öl- und Gasindustrie im Fall von *Distress* oder erhöhter Fremdkapitalquote); *Aretz/Banerjee/Pryshchepa*, 23 Review of Finance (2019), 1115 (kein *Risk Shifting* bei Unternehmen, die aufgrund der Folgen von Hurrikanen in finanzielle Schwierigkeiten gerieten). Zum Ganzen *Kuntz*, ZIP 2021, 597, 599 f. mwN.

[261] Vgl. *Klein/Thiele*, ZInsO 2013, 2233, 2235; *Hofmann*, ZIP 2018, 1429, 1432 f. Siehe hierzu den Ansatz von *Kuntz*, ZIP 2021, 597, 604 f., bei Unternehmen in der Krise eine Missbrauchskontrolle durch eine Modifikation der Treuepflichten zu etablieren.

[262] *LoPucki/Whitford*, 141 University of Pennsylvania Law Review (1993), 669, 685; 724.

in denen es CEOs gelungen ist, den Erwerber von der Weiterbeschäftigung entweder als CEO oder in beratender Tätigkeit zu überzeugen.[263] In einigen Fällen erhielten CEOs nach dem Erwerb Anteile in Höhe von 5 bis 10 Prozent an der Neugesellschaft.[264] Auch aus diesem Grund muss der Prinzipal (die Gläubiger) von einem erhöhten Grad von Opportunismus seitens der Geschäftsleitung ausgehen, wenn diese einen schnellen Verkauf zu einem für den Erwerber günstigen Preis anstrebt.

Der Interessengegensatz tritt im Falle des Management Buyout am deutlichsten zu Tage.[265] Bei diesem erwirbt die bisherige Geschäftsleitung das Unternehmen über eine eigens hierfür gegründete Gesellschaft („NewCo"), deren Anteile das Management des Schuldners hält. Im Fall des Asset Deal überträgt der Schuldner die einzelnen Vermögensbestandteile auf die NewCo.[266]

Diese Verhaltensanreize der Geschäftsleitung stehen wie gesehen daher nicht im Zusammenhang mit einer besonderen Risikoneigung im Sinne eines *Gambling for Resurrection*, sondern beruhen auf den ihnen zugrunde liegenden Interessenkonflikten.[267]

Das Interesse der Geschäftsleitung des eigenverwaltenden Schuldners kann im Ergebnis somit auf unterschiedliche Weise mit den Interessen der anderen Beteiligten konfligieren.

2. *Prinzipal-Agenten-Problem und Informationsasymmetrie*

Die Prinzipal-Agent-Theorie beschreibt und analysiert das Verhalten zweier Personen im Rahmen einer Vertrags- bzw. Auftragsbeziehung, bei der eine Person (der Agent) vom Prinzipal beauftragt wird, eine bestimmte Tätigkeit auszuführen.[268] Kennzeichnend für diese Beziehung ist die Informationsasymmetrie zwischen Prinzipal und Agent. Eine der grundlegenden Annahmen der *Agency*-Theorie ist, dass beide Personen rational und unter Zugrundelegung des Verhaltensmodells des *homo oeconomicus*[269] handeln.[270] Der Prinzipal kann eine hierdurch entstehende Neigung zu Opportunismus des Agenten verhindern, indem er ein Anreiz- und Überwachungssystem einsetzt. Dieses ist wiederum mit Kosten verbunden (*Agency Costs*).[271]

---

263 *LoPucki/Doherty*, 106 Michigan Law Review (2007), 1, 32 f.

264 *LoPucki*, Courting Failure (2006), S. 174.

265 Allgemein zu diesem Interessenkonflikt *Kuntz*, Informationsweitergabe (2009), S. 17 ff.

266 *Ebke*, ZHR 155 (1991), 132, 134 f.

267 Siehe *Kuntz*, ZIP 2021, 597.

268 Grundlegend *Jensen/Meckling*, 3 Journal of Financial Economics (1976), 305, 308. Siehe auch *Richter/Furubotn*, Neue Institutionenökonomik (2010), S. 173 ff.

269 Für einen Überblick zu diesem Verhaltensmodell siehe *Towfigh*, in: Towfigh/Petersen (Hrsg.), Ökonomische Methoden im Recht (2017), § 2 Rn. 69 ff.

270 *Arrow*, The Economics of Agency, in: Pratt/Zeckhauser (Hrsg.), Principals and Agents (1985), S. 37, 38.

271 *Jensen/Meckling*, 3 Journal of Financial Economics (1976), 305, 308.

Außerhalb der Insolvenz nimmt die (externe) Geschäftsleitung einer Gesellschaft als Agent im Auftrag der Gesellschafter als Prinzipale die Führung der Geschäfte wahr.[272] Im Regelverfahren löst der Insolvenzverwalter die Geschäftsleitung als Agent ab.[273] In der Eigenverwaltung hingegen wird diese Rolle von der Geschäftsleitung übernommen: Zwar ist gesetzestechnisch nicht die Geschäftsleitung, sondern die Gesellschaft eigenverwaltende Schuldnerin. Die Geschäftsleitung bleibt im Amt und handelt für die Gesellschaft, nicht an ihrer Stelle. Agenturtheoretisch ergibt sich die Rolle der Geschäftsleitung als Agent indes aus der Stellung der Gläubiger als Residualberechtigte.[274] Diese nehmen in der Insolvenz die Rolle des Prinzipals wahr.[275] Aus diesem Grund ist es die Geschäftsleitung, die anstelle des Insolvenzverwalters die Rolle des Agenten im Verhältnis zu den Gläubigern übernimmt.[276]

§ 276a Abs. 1 InsO entspricht diesem Ergebnis, indem er den verbandsrechtlichen Aufsichtsorganen die Möglichkeit der Einflussnahme nimmt.[277] Zweck des § 276a Abs. 1 InsO ist es, einen Gleichlauf mit dem Regelverfahren herzustellen und den Schuldner dem Insolvenzverwalter weitgehend gleichzustellen.[278] Zwar treffen den eigenverwaltenden Schuldner die insolvenzspezifischen Pflichten, letztlich muss diesen aber die Geschäftsleitung als Organ nachkommen. Aus diesem Grund wird hier von einer treuhänderischen Stellung der Geschäftsleitung gegenüber allen Gläubigern ausgegangen. Die Gläubiger tragen die Folgen der Handlungen der Geschäftsleitung; sie treffen somit die externen Effekte, denn die Aussichten ihrer Befriedigung hängen unmittelbar von den Handlungen des Schuldners ab. Ebenso bestehen sowohl eine Auftrags- als auch eine Vertragsbeziehung zwischen den Gläubigern und der Geschäftsleitung. Erstere ergibt sich aus dem Gesetz: Durch die Gläubigerorgane (Gläubigerversammlung und -ausschuss) entscheiden die Gläubiger über die Masseverwertung sowie die Gestaltung des Verfahrens im Allgemeinen, die vom eigenverwaltenden Schuldner bzw. dessen Geschäftsleitung ausgeführt wird. Sie verfügen somit über delegierbare Kompetenzen in Bezug auf

---

[272] *Armour/Hansmann/Kraakman*, Agency Problems and Legal Strategies, in: Armour u. a. (Hrsg.), The Anatomy of Corporate Law (2017), S. 29 ff.

[273] *Littkemann/Madrian*, Die Rolle des Insolvenzverwalters aus der Perspektive des Prinzipal-Agenten-Ansatzes, in: Beck/Möhlmann (Hrsg.), Sanierung und Abwicklung in der Insolvenz (2000), S. 85 f.

[274] Hierzu noch unten, C. II. (S. 50 ff.).

[275] *Littkemann/Madrian*, Die Rolle des Insolvenzverwalters aus der Perspektive des Prinzipal-Agenten-Ansatzes, in: Beck/Möhlmann (Hrsg.), Sanierung und Abwicklung in der Insolvenz (2000), S. 86 ff.

[276] Vgl. auch *Praß*, Interessenskonflikte der Amtswalter im Gesellschaftsinsolvenzverfahren (2018), S. 61: Die Gesellschaft sei lediglich „korporativer Mantel" und habe „im insolvenzrechtlichen Bereich im Übrigen keinerlei Funktion mehr".

[277] Hierzu noch Kapitel 2, A. V. (S. 94 ff.).

[278] Siehe die Gesetzesbegründung zum ESUG, BT-Dr 17/5712, S. 42.

grundlegende Entscheidungen des Verfahrens.[279] Die „Vertragsbeziehung" im Sinne der Agenturtheorie setzt voraus, dass die Gläubiger (der Prinzipal) die Geschäftsleitung des eigenverwaltenden Schuldners (den Agenten) selbst auswählen können.[280] Im Gegensatz zur Situation im Regelverfahren lässt sich dies im Fall der Eigenverwaltung nicht unmittelbar anhand des Insolvenzverfahrens erklären. Im Regelverfahren wird der Insolvenzverwalter als Agent zunächst vom Insolvenzgericht ernannt (§ 27 Abs. 1 S. 1 InsO). In § 56a InsO sieht das Gesetz jedoch bereits die Gläubigerbeteiligung bei der Verwalterbestellung vor; spätestens in der ersten Gläubigerversammlung können sie den bestellten Verwalter gemäß § 57 S. 1 InsO abwählen. In der Eigenverwaltung hingegen, in der die Geschäftsleitung des Schuldners die meisten Aufgaben des Insolvenzverwalters übernimmt, besteht keine solche (verfahrensrechtliche) Einflussmöglichkeit der Gläubiger. Zwar kann die Eigenverwaltung durch entsprechenden Antrag beendet werden, „abwählen" lässt sich die Geschäftsleitung durch die Gläubiger indes nicht. Die Vertragsbeziehung im Sinne der Agenturtheorie zwischen Prinzipal (Gläubiger) und Agenten (Geschäftsleitung) beruht daher zum einen auf der vorinsolvenzlichen Beziehung der Gläubiger mit dem Schuldner, welche die Gläubiger jeweils individuell mit dem Schuldner eingegangen sind. Zum anderen auf der Tatsache, dass die Geschäftsleitung gemäß § 1 InsO die Interessen der Gläubiger vorrangig berücksichtigen muss.

Zwischen der Geschäftsleitung als Agent und Gläubigern als Prinzipalen besteht typischerweise eine Informationsasymmetrie.[281] Die Geschäftsleitung ist aufgrund ihrer fachbezogenen Kenntnisse besser über das Unternehmen und dessen Eigenschaften informiert als die Gläubiger des Schuldners. Wie in jeder Prinzipal-Agenten-Beziehung führt dies zu dem Anreiz der Geschäftsleitung, diese zu ihrem eigenen Vorteil auszunutzen und den Interessen des Prinzipals zuwiderzuhandeln, da letzter nicht in der Lage ist, den Agenten umfassend zu überwachen (*Hidden Action*-Problem).[282] *Hidden Action* ist eine Unterform des sogenannten *Moral Hazard*, also des Risikos der Unsicherheit über das Verhalten des Agenten, das der Prinzipal eingeht.[283] Es tritt vor allem dann auf, wenn äußere Faktoren ebenfalls auf das Ergebnis (hier etwa den Kaufpreis bei der übertragenden Sanierung) einwirken und der Prinzipal deshalb das Ergeb-

---

279 *Littkemann/Madrian*, Die Rolle des Insolvenzverwalters aus der Perspektive des Prinzipal-Agenten-Ansatzes, in: Beck/Möhlmann (Hrsg.), Sanierung und Abwicklung in der Insolvenz (2000), S. 87 f.

280 Vgl. für den Fall im Regelverfahren mit Insolvenzverwalter *Littkemann/Madrian*, Die Rolle des Insolvenzverwalters aus der Perspektive des Prinzipal-Agenten-Ansatzes, in: Beck/Möhlmann (Hrsg.), Sanierung und Abwicklung in der Insolvenz (2000), S. 88.

281 *Körner*, ZfB 2007, 1111, 1123.

282 Siehe *Arrow*, The Economics of Agency, in: Pratt/Zeckhauser (Hrsg.), Principals and Agents (1985), S. 37, 38 f.

283 *Richter/Furubotn*, Neue Institutionenökonomik (2010), S. 174.

nis nicht eindeutig auf das Handeln des Agenten zurückführen kann.[284] Die Geschäftsleitung ist naturgemäß nicht in der Lage, alle Parameter zu beeinflussen. Äußere Einflüsse (Bieterverfahren, Entwicklungen im Markt usw.) wirken auf das Ergebnis (den Kaufpreis) ebenso ein, so dass opportunistisches Verhalten der Geschäftsleitung unter Umständen nur schwer aufzudecken ist. Zur Verhinderung des *Moral Hazard* ist eine umfangreiche Verhaltenskontrolle des eigenverwaltenden Schuldners bzw. dessen Geschäftsleitung erforderlich.[285] Insbesondere das Problem der Informationsasymmetrie versucht die Insolvenzordnung durch umfangreiche Informationspflichten des eigenverwaltenden Schuldners zu reduzieren.[286] Verschärft wird dieses Problem durch die Tatsache, dass die Geschäftsleitung gleichzeitig auch als Stakeholder anzusehen ist; die Insolvenz ändert hieran nichts. Da sich die Geschäftsleitung insofern allerdings in einer Doppelrolle befindet, dürfte es eher realitätsfern sein, gerade im Fall von Interessenkonflikten von einem altruistischen Managementverhalten auszugehen[287].

II. Interessen der Gesellschafter

Mit Eröffnung des Insolvenzverfahrens verschiebt sich die Rolle der Gesellschafter: Ihre Residualberechtigung ist stark eingeschränkt und „die Gesellschafterposition [ist] ökonomisch wertlos“[288]. Diese Aussage mag man kritisieren, denn die Möglichkeit der Rechtsträgersanierung zeigt gerade, dass eine „Wiederaufwertung“ der Gesellschafterposition denkbar ist.[289] Gültigkeit besitzt die Aussage jedenfalls dennoch für die Zeit der Insolvenz.[290] Die häufig anzutreffende englische Formulierung, die Anteile seien „under water“ ist insofern vielleicht passender. Im Fall der übertragenden Sanierung ist jeder Wert einer Anteilsbeteiligung am Unternehmensträger verloren, da dieser in der Folge liquidiert wird. Eine Herausgabe des Überschusses an die Gesellschafter (§ 199 S. 2 InsO) erfolgt in Deutschland an letzter Stelle und kommt praktisch nicht vor.[291] Auch ein Anspruch auf eine Beteiligung am neuen Rechtsträger be-

---

[284] *Arrow*, The Economics of Agency, in: Pratt/Zeckhauser (Hrsg.), Principals and Agents (1985), S. 37; *Franke/Hax*, Finanzwirtschaft (2004), S. 425.

[285] *Körner*, Unternehmens-Turnaround (2006), S. 182.

[286] Siehe hierzu im Rahmen der Aufgaben der Gläubigerorgane Kapitel 2, B. II. (S. 108 ff.).

[287] Vgl. *Madrian*, Interessengruppenorientierte Unternehmensführung (1998), S. 175.

[288] *Eidenmüller*, ZGR 2001, 680, 688. Siehe auch *Easterbrook/Fischel*, 26 The Journal of Law & Economics (1983), 395, 404 („the shareholders' residual claim goes under water“); *Schillig*, 7 ECFR (2010), 116, 118 ff.

[289] Siehe *Praß*, Interessenskonflikte der Amtswalter im Gesellschaftsinsolvenzverfahren (2018), S. 76.

[290] Siehe *Thole*, Gesellschaftsrechtliche Maßnahmen in der Insolvenz (2020), Rn. 226.

[291] MünchKomm.-*Kebekus/Schwarzer*, § 199 InsO, Rn. 1; Uhlenbruck-*Wegener*, § 199 InsO, Rn. 1.

steht nicht.[292] In den USA ist die Rechtslage ähnlich. Die in 11 U.S.C. § 1129(b)(2) zum Ausdruck kommende (aber auch außerhalb des *Chapter 11* geltende) *Absolute Priority Rule* sieht im Unterabschnitt (B)(ii) vor, dass *Junior Claims* nicht vor *Senior Claims* befriedigt werden dürfen. Vor der vollständigen Befriedigung der ranghöheren ungesicherten Gläubiger dürfen Anteilseigner nichts erhalten.[293]

Auch wenn die Gesellschafter Residualberechtigte bleiben,[294] hat sich sowohl in den USA[295] als auch in Deutschland[296] das Verständnis durchgesetzt, dass es nun die Gläubiger sind, welche die richtigen Anreize haben, um Entscheidungsbefugnisse auszuüben. Hintergrund dieses weitgehend anerkannten Verständnisses ist die Überlegung, dass die Inhaber der Residualforderungen die aus ökonomischer Sicht richtigen Anreize zur Unternehmensüberwachung, gerichtet auf die Maximierung des im Unternehmen gebundenen Vermögens, haben.[297] Residualgläubiger sind die größten Nutznießer von Grenzerträgen; im Verlustfall tragen sie spiegelbildlich das größte Risiko.[298] Konsequenz des wirtschaftlichen Verlusts der Unternehmerstellung bei dem Schuldner ist für die Gesellschafter sowohl in Deutschland als auch in den USA, dass sie verfahrensrechtlich im Zusammenhang mit der Verwertung bzw. der übertragenden Sanierung übergangen werden. Für die übertragende Sanierung ist gemäß § 276 S. 2 i. V. m. § 160 Abs. 2 Nr. 1 InsO die Zustimmung des Gläubigerausschusses bzw. der Gläubigerversammlung Voraussetzung.[299] Ein Mitwirken der Gesellschafter ist nicht vorgesehen.[300]

---

292 Vgl. *Bitter*, ZGR 2010, 147, 191.

293 Siehe *Baird*, Elements of Bankruptcy (2014), S. 70.

294 Siehe hierzu auch *Deckers*, Die Mitgliedschaft in der Insolvenz (2019), S. 195 ff. mwN.

295 North American Catholic Educational Programming Foundation, Inc. v. Gheewalla, 930 A.2d 92 (Del. 2007); *Easterbrook/Fischel*, 26 The Journal of Law & Economics (1983), 395, 403 f.; *Baird/Jackson*, 55 The University of Chicago Law Review (1988), 738 ff.; *Skeel*, 78 Virginia Law Review (1992), 461, 485 ff.; *Adams*, 73 Boston University Law Review (1993), 581, 611 f.; *Lin*, 46 Vanderbilt Law Review (1993), 1485, 1489 ff.; *Dunne*, 52 The Business Lawyer (1997), 1333, 1344.

296 *Schmidt*, Ökonomische Analyse des Insolvenzrechts (1980), S. 63 f.; *Eidenmüller*, Unternehmenssanierung zwischen Markt und Gesetz (1999), S. 18. Siehe auch *Becker*, Insolvenzverwalterhaftung bei Unternehmensfortführung (2016), S. 13 ff.; MünchKomm.-*Klöhn*, § 276a InsO, Rn. 8 sowie *Seibel*, Der Geschäftsführer in der Insolvenz der Gesellschaft (2012), S. 73 f., die darauf hinweist, dass hieraus noch keine abschließende Zuweisung von Handlungsrechten erfolgen könne, da sich während des Verfahrens Änderungen der Insolvenzmasse ergäben und die Interessen der Gläubiger nicht homogen seien.

297 *Easterbrook/Fischel*, 26 The Journal of Law & Economics (1983), 395, 403 f.; *Baird/Jackson*, 55 The University of Chicago Law Review (1988), 738, 760 ff.

298 *Jensen/Meckling*, 3 Journal of Financial Economics (1976), 305, 334; *Frost*, 34 Arizona Law Review (1992), 89, 103; *Easterbrook/Fischel*, 26 The Journal of Law & Economics (1983), 395, 403 f.; *LoPucki/Whitford*, 141 University of Pennsylvania Law Review (1993), 669, 683 ff.; 768 ff.

299 *Ballmann/Erker*, in: FS Beck, 2016, S. 13, 19.

300 Ein Mitwirken der Gesellschafter kommt nur dann in Betracht, wenn diese zugleich

Dies alles hat zur Folge, dass mit dem Zeitpunkt der Insolvenz die Anteilseigner stets ein größeres Interesse an der Eingehung exzessiver Risiken haben. Aufgrund der beschränkten Haftung sind weitere Verluste für sie ohne Folge; im Vordergrund steht somit die Gewinnchance.[301] Die Gesellschafter neigen aus diesen Gründen dazu, schon die Insolvenzantragsstellung nicht zu unterstützen. Hierin kann der erste (potenzielle) Interessenkonflikt zwischen Gesellschafterkreis und Geschäftsleitung gesehen werden, wenn die Geschäftsleitung aufgrund vorliegender Insolvenzgründe zur Antragstellung verpflichtet ist (§ 15a InsO). Nach Antragstellung haben die Anteilseigner regelmäßig einen Anreiz, auf eine Sanierung des Unternehmensträgers, also eine Restrukturierung hinzuwirken und die damit verbundene Aufwertung der ansonsten wertlosen Anteile zu erreichen.[302] Dies gilt auch dann, wenn das Risiko des Fehlschlags einer Sanierung des Unternehmensträgers hoch ist, weil sie nichts mehr zu verlieren haben.[303] Da eine übertragende Sanierung den Verlust der Gesellschafterposition endgültig besiegeln würde, haben die Anteilseigner somit ein Interesse, diese zu verhindern. Blockademöglichkeiten der Gesellschafter bestehen insbesondere dann, wenn sich – wie oben (B. II. 1. a) aa)) bereits erwähnt – eine übertragende Sanierung als schwierig umsetzbar herausstellt, da der wesentliche Unternehmenswert aufgrund bestimmten Vertragsverhältnissen oder öffentlich-rechtlichen Genehmigungen mit den Anteilen verknüpft ist.[304]

III. Das Verhältnis der Geschäftsleitung zum Unternehmen bzw. Unternehmensträger

Das Interesse der Gesellschaft ist in der Insolvenz grundsätzlich nicht mehr verschieden von dem der Gesellschafter.[305] Umso mehr gilt dies im Fall der übertragenden Sanierung, die zur Liquidation des alten Rechtsträgers führt – sowohl in Deutschland als auch in den USA. Zwar ist das *Chapter 11* seiner grundlegenden Konzeption nach auf die Sanierung des Rechtsträgers ausgerichtet. Durch die vermehrt erfolgenden *363 Sales* gleicht die Ausgangslage derjenigen der übertragenden Sanierung in Deutschland, denn der Rechtsträger wird auch in den USA nach Übertragung der Assets liquidiert.

Gläubiger sind, beispielsweise aufgrund eines Gesellschafterdarlehens gemäß § 39 Abs. 1 S. 1 Nr. 5 InsO.

[301] *Jackson*, The Logic and Limits of Bankruptcy Law (1986), S. 205; *Jensen/Meckling*, 3 Journal of Financial Economics (1976), 305, 334; *LoPucki/Whitford*, 141 University of Pennsylvania Law Review (1993), 669, 683 f.

[302] *Kebekus/Georg*, in: FS Graf-Schlicker, 2018, S. 297, 298.

[303] *Jackson*, The Logic and Limits of Bankruptcy Law (1986), S. 189; *Lin*, 46 Vanderbilt Law Review (1993), 1485, 1489 ff.

[304] *Bitter*, ZGR 2010, 147, 150.

[305] Siehe bereits RG, Urteil v. 19.05.1897, I 16/97 (RGZ 39, 62, 65).

Der eigenverwaltende Insolvenzschuldner sieht sich einer Vielzahl divergierender Interessen ausgesetzt. Insbesondere ist es Aufgabe des Schuldners, die Interessen aller Insolvenzgläubiger und Absonderungsberechtigten zu wahren.[306] Das Unternehmensinteresse, unabhängig davon, wie man es definiert,[307] findet indes keine Berücksichtigung mehr.[308]

Die Möglichkeit eines Interessenkonflikts drängt sich jedoch auf, wenn ein Geschäftsleiter gleichzeitig Gesellschafter ist. Die oben (C. II.) dargestellten Interessen und Anreize können somit auch in der Person eines Geschäftsleiters vorliegen. Das vielleicht anschaulichste Beispiel ist die Situation bei einem Familienunternehmen, bei der menschlich nachvollziehbare Gründe für ein gesteigertes Interesse am Erhalt des *status quo* bestehen.[309]

IV. Die Gläubiger

1. Vorüberlegungen

Vor dem Zeitpunkt der Insolvenz sind die Anteilseigner Residualgläubiger.[310] Diese Position wird ab dem Zeitpunkt, zu dem deutlich wird, dass nicht genug Vermögen zur Verfügung steht, um alle Gläubiger vollständig zu befriedigen, von den (Insolvenz-)Gläubigern eingenommen.[311] Dieses Konzept ist nur schlüssig, wenn es gelingt, die Gläubiger überhaupt zu identifizieren.[312] Das kann sich mitunter als Problem herausstellen; die Grenze zwischen der Stellung als Anteilseigner und der als Gläubiger ist nicht immer leicht zu ziehen.[313] Die Realität der *Corporate Finance* und hergebrachte juristische Grundsätze kommen nur schwer überein. So berücksichtigen beispielsweise die *IFRS*[314] bei der Abgrenzung von Eigen- und Fremdkapital nicht die Nachrangigkeit in der Insolvenz, sondern das Fehlen einer Rückzahlungsverpflichtung.[315] Hy-

---

306 Vgl. *Kumpan*, KTS 2010, 169, 171.

307 Setzte man das Unternehmensinteresse mit dem Gesellschaftszweck gleich, ergibt sich dies bereits daraus, dass der Insolvenzzweck nach herrschender Meinung den Gesellschaftszweck verdrängt (siehe hierzu *Kessler*, Die Aktiengesellschaft in der Eigenverwaltung [2006], S. 111 ff.). Aber auch unter Zugrundelegung einer interessenpluralistischen Zielkonzeption muss das Unternehmensinteresse in der Insolvenz den Interessen der Gläubiger weichen, vgl. *Becker*, Insolvenzverwalterhaftung bei Unternehmensfortführung (2016), S. 20 ff. Allgemein zu Diskurs und Geschichte des Begriffs des Unternehmensinteresses siehe etwa GroßKommAktG-*Kort*, § 76, Rn. 52 ff. mwN; *Fleischer*, ZGR 2018, 703.

308 Ähnlich *Praß*, Interessenskonflikte der Amtswalter im Gesellschaftsinsolvenzverfahren (2018), S. 77 f.

309 *Klein/Thiele*, ZInsO 2013, 2233, 2242.

310 Siehe oben, C. II. (S. 50 f.).

311 *Jackson*, The Logic and Limits of Bankruptcy Law (1986), S. 167; *Frost*, 34 Arizona Law Review (1992), 89, 111.

312 *Frost*, 34 Arizona Law Review (1992), 89, 112.

313 *Hirte*, ZGR 2010, 224, 235. Siehe auch *Majic*, Covenants und Insolvenz (2013), S. 4 ff.

314 International Financial Reporting Standards.

315 *Kraft*, ZGR 2008, 324, 328 und passim.

bride Finanzierungsformen und vertragliche Gestaltung führen zu einer Vielzahl unterschiedlicher Gläubiger(-gruppen). Es soll deshalb hier der Versuch unternommen werden, die Interessenausrichtung der Gläubiger herauszuarbeiten. Es erscheint sachgerecht, die Gläubiger im Sinne der Insolvenzordnung in gesicherte Gläubiger (§§ 49 ff. InsO), Massegläubiger (§ 53 InsO), ungesicherte Gläubiger (§ 38 InsO), sowie Nachranggläubiger (§ 39 InsO) zu unterteilen (2.), wobei zu zeigen sein wird, dass diese vereinfachte Unterscheidung nicht die komplexe Interessenvielfalt der Beteiligten wiedergibt. Dies bringt etwa die Bildung von Gläubigerkoalitionen in *Chapter 11*-Verfahren zum Ausdruck (3.). Eine sich einer verfahrensmäßigen Kategorisierung entziehende Gruppe ist die der *Distressed Debt Investors*. Bei ihnen handelt es sich typischerweise um Finanzinstitutionen wie Investmentbanken oder Hedge Funds, die am Sekundärmarkt mit Forderungen gegen den Schuldner handeln. Die Forderungen werden dabei (regelmäßig) unter dem Nennwert erworben.[316] Die Einordnung von *Distressed Debt Investors* ist deshalb schwierig, weil ihre Interessenausrichtung von der jeweiligen Investmentstrategie abhängt.[317] Sollen die erworbenen Forderungen möglichst schnell weiterveräußert oder lediglich die erwartete Quote abgewartet werden, ist die Ausgangslage naturgemäß eine andere, als wenn der betreffende Investor eine längerfristige Strategie verfolgt und die Forderungen etwa im Wege eines *Debt Equity Swap* in Anteile „tauscht“.[318] Unter anderem diese Überlegungen müssen bei der verfahrensrechtlichen Einteilung der Gläubiger Beachtung finden.

2. Gläubigergruppen

Hinsichtlich der Gläubigergesamtheit besteht grundsätzlich, insbesondere aber im Fall der Situation der übertragenden Sanierung, eine komplizierte Gemengelage.

Bei den Gläubigern handelt es sich, wie bereits angedeutet, nicht um eine homogene Gruppe mit gleichgerichteten Interessen.[319] Zum einen haben die Gläubiger unterschiedliche Rechtspositionen. Der verfahrensrechtliche Unterschied liegt aufgrund der vorrangigen Befriedigung absonderungsberechtigter Gläubiger bereits auf der Hand. Zum anderen ist die Kapitalstruktur mittelgroßer bis großer Gesellschaften komplexer, als sie es noch vor wenigen Jahrzehnten ge-

---

316 *Harner/Harner/Martin/Singer*, Distressed Debt Investing, in: Baker/Filbeck (Hrsg.), Alternative Investments (2013), S. 303, 304.

317 Siehe allgemein *Harner/Harner/Martin/Singer*, Distressed Debt Investing, in: Baker/Filbeck (Hrsg.), Alternative Investments (2013), S. 303, 306 ff.; *Altman/Hotchkiss/Wang*, Corporate Financial Distress, Restructuring, and Bankruptcy (2019), S. 268 ff.

318 Vgl. *Lipson*, 89 Boston University Law Review (2009), 1612, 1645. Siehe auch *Miller*, 81 American Bankruptcy Law Journal (2007), 375, 390; *Athanas/Warren/Khatchatourian*, 26 American Bankruptcy Institute Law Review (2018), 93, 99 ff.

319 *Henckel*, KTS 1989, 477, 483 ff.

wesen ist.[320] Hieraus ergeben sich institutionelle Unterschiede, die wiederum zu divergierenden Interessen führen.

a) Die gesicherten Gläubiger

Inhaber eines Absonderungsrechts (§§ 49 ff. InsO) erhalten eine Vorzugsbefriedigung aus der Masse. Dieses Absonderungsrecht beruht auf einer Sicherheit, die dem Gläubiger ein Verwertungsrecht bietet. Funktional sind Absonderungsberechtigte daher mit *Secured Creditors* des US-amerikanischen Insolvenzrechts vergleichbar. Aus diesem Grund wird im Folgenden allgemein von gesicherten Gläubigern gesprochen.

Die Verwertungsbefugnis regeln die §§ 49, 165 ff. InsO (siehe oben, B. II. 1. a) aa)). Bis zur Höhe der gesicherten Forderung steht den Absonderungsberechtigten der volle Erlös aus der Verwertung des jeweiligen Gegenstands zu.[321]

Auch nach US-amerikanischem Insolvenzrecht werden gesicherte Gläubiger bevorzugt behandelt. Ungesicherte Gläubiger erhalten nur dann etwas, wenn gesicherte Gläubiger – bis zur Höhe des Wertes des besicherten Gegenstandes (11 U.S.C. § 506(a)) – vollständig befriedigt wurden.[322]

Insofern unterscheidet sich das deutsche Recht also nicht vom US-amerikanischen Insolvenzrecht.

Ein schneller Verkauf bedeutet für gesicherte Gläubiger somit sowohl in Deutschland als auch den USA eine zeitnahe Befriedigung. Allein aufgrund des zeitlichen Faktors dürften sich gesicherte Gläubiger wiederum für eine schnelle übertragende Sanierung aussprechen. Die Alternative, eine Restrukturierung des Rechtsträgers, ist zeitaufwändiger und verspricht keine letzte Sicherheit; sie muss zudem nicht zwingend vorsehen, dass die gesicherten Gläubiger bevorzugt behandelt werden.

Neben dem Faktor Zeit hat ein Verkauf für gesicherte Gläubiger in der Regel einen höheren Erwartungswert als eine Restrukturierung, was folgendes Beispiel[323] veranschaulicht:

Angenommen, ein gesicherter Gläubiger hat eine (ausreichend gesicherte) Forderung in Höhe von 100 und eine übertragende Sanierung brächte 100 ein. Eine Restrukturierung als Alternative brächte entweder 200 oder 50 ein (jeweils

320 *Lipson*, 84 Southern California Law Review (2011), 1035, 1038; *Baird/Rasmussen*, 119 The Yale Law Journal (2010), 648, 651 f.; *Hirte*, ZGR 2010, 224, 235 ff.; *Paterson*, 36 Oxford Journal of Legal Studies (2016), 697, 707; *Skeel*, 131 Yale Law Journal Forum (2021), 315, 317; 322 ff. Siehe auch *Miller*, 81 American Bankruptcy Law Journal (2007), 375, 394 f. sowie *Wilkerson*, 86 American Bankruptcy Law Journal (2012), 591, 606 mit Hinweis auf Hedge Fonds; *Wang*, Loan-to-Own (2022), S. 9 („zunehmend heterogenes und vielschichtiges Kollektiv von Gläubigerinteressen").

321 *Bork*, Insolvenzrecht (2021), Rn. 293.

322 *Tabb*, Law of Bankruptcy (2020), § 7.27, S. 725 f.

323 Nach *Kling*, 17 Stanford Journal of Law, Business & Finance (2012), 258, 268 f.

mit 50-prozentiger Wahrscheinlichkeit).[324] Der Erwartungswert einer Restrukturierung beträgt somit 125 ([0,5 × 200] + [0,5 × 50]) und fällt damit höher aus als der Erlös einer übertragenden Sanierung. Für gesicherte Gläubiger ist der Erwartungswert einer Restrukturierung jedoch ein anderer. Von einem Wert, der über dem Wert ihrer (gesicherten) Forderung liegt, profitieren sie nicht. Gesicherte Gläubiger erwartet im Falle der Restrukturierung jeweils eine 50-prozentige Wahrscheinlichkeit, 100 zu erlangen, mithin in voller Höhe befriedigt zu werden, oder lediglich 50 zu erlangen. Ihr Erwartungswert einer Restrukturierung beträgt somit 75 ([0.5 × 100] + [0,5 × 50]).

Auch wenn eine Restrukturierung demnach insgesamt einen höheren Erwartungswert hat als eine übertragende Sanierung, werden gesicherte Gläubiger somit grundsätzlich einen schnellen Verkauf bevorzugen, da dieser einen sofortigen Erlös bringt, eine verzögerte Restrukturierung hingegen risikobehaftet ist und höhere Kosten verursacht, je länger sie andauert.[325]

Schnelle Unternehmensveräußerungen werden in den USA häufig damit gerechtfertigt, dass das Unternehmen in der Insolvenz ein „Melting Ice Cube" sei: Je länger sich ein Unternehmen in der Insolvenz(nähe) befindet, desto schneller verliert es an Wert.[326] Dies hat beispielsweise der Verkauf von *Chrysler* an *Fiat* gezeigt. In der *Chrysler*-Insolvenz stellte der *Bankruptcy Court* des *2nd Circuit* fest, dass *Chrysler* jeden Tag eine Million Dollar verliere, während es sich in Chapter 11 befand.[327] Der „Melting Ice Cube" ist deshalb ein beliebtes Argument geworden, Druck auf die Insolvenzgerichte auszuüben, um einen schnellen Verkauf voranzutreiben.[328]

b) Massegläubiger

Masseverbindlichkeiten werden gemäß § 53 InsO in der von § 209 InsO vorgegebenen Rangfolge vorweg berichtigt. Hierzu gehören auch die sogenannten

---

324 Angenommen wird auch, dass sämtliche administrativen Kosten hier bereits berücksichtigt sind.

325 Siehe auch *Adeyemo*, Purchases of Financially Troubled Companies or Their Assets, in: Adeyemo/Zahralddin-Aravena (Hrsg.), Reorganizing Failing Businesses (2017), S. 12-1 f.; *Nocilla*, 26 International Insolvency Review (2017), 60, 75.

326 *Jacoby/Janger*, 123 The Yale Law Journal (2014), 862, 865.

327 In re Chrysler LLC, Case No. 09-50002, 2009 WL 5131534, S. 7 (Bankr. S. D. N. Y. June 1, 2009).

328 Siehe die Studie von *LoPucki/Doherty*, 106 Michigan Law Review (2007), 1, 30 f., in der bei 16 von 30 untersuchten Insolvenzen das *Melting Ice Cube*-Argument vorgebracht wurde. Siehe auch *Ball/Kane*, ALI-ABA Business Law Course Materials Journal (April 2003), 23, 26 („The most common justifications for a Section 363 Sale, which is typically much faster than a Plan Sale, are that the value of the assets involved will rapidly deteriorate […]"); *Raykin*, 29 Emory Bankruptcy Developments Journal (2012), 91, 95 f. (zur Insolvenz von *Lehman Brothers*); *Jacoby/Janger*, 123 The Yale Law Journal (2014), 862; *Ayotte/Casey/Skeel*, 112 Northwestern University Law Review (2017), 255, 304. Siehe hierzu noch unten, Kapitel 3, B. II. 1. b) dd) (2) (a) (S. 234).

gewillkürten Masseverbindlichkeiten, die nach Verfahrenseröffnung begründet werden. Sie werden aus der „Sollmasse" berichtigt; aus diesem Grund genießen Aus- und Absonderungsberechtigte Vorrang vor den Massegläubigern.[329] Das US-amerikanische Insolvenzrecht regelt in 11 U.S.C. § 507(a) die *Priorities*, d. h. die Reihenfolge der zuerst zu berichtigenden Forderungen (*Claims*). Diese *Priorities* können wiederum durch sogenannte *Super Priorities* „übersprungen" werden (11 U.S.C. § 507(b)), etwa wenn einem Darlehensgeber ein Anreiz gegeben werden soll, dem Schuldner Finanzierungshilfe zu geben.[330]

Die Interessen von Massegläubigern ähneln denen gesicherter Gläubiger.[331] Massegläubiger profitieren von einem höheren Erwartungswert einer Restrukturierung nicht, da ihre Forderungen ebenso berichtigt werden wie bei einem schnellen Verkauf.[332]

c) Die ungesicherten Gläubiger

Für ungesicherte Gläubiger stellt sich die Situation anders dar. Sie stehen grundsätzlich sowohl in Deutschland[333] als auch in den USA[334] im Rang hinter den gesicherten Gläubigern.[335] Hinter dem Begriff des ungesicherten Gläubigers verbirgt sich gleichermaßen wie bei dem des gesicherten Gläubigers eine Bandbreite unterschiedlicher Ränge und potenziell konfligierender Interessen.[336] Wie oben (A. I. 2. b) cc)) bereits angedeutet, können einzelne Gläubiger ein Interesse daran haben, den Geschäftskontakt mit dem schuldnerischen Unternehmen aufrecht zu erhalten. Anders als der typische Darlehensgeber sind sie auch an dem Fortführungswert des Unternehmens interessiert; der Erhalt des Unternehmens hat für sie eine gehobene Bedeutung. Dass ungesicherte Gläubiger grundsätzlich ein Interesse an einer Restrukturierung des Schuldners haben, zeigen empirische Untersuchungen aus den USA, die belegen, dass ungesicherte Gläubiger im Fall der Restrukturierung grundsätzlich mehr erhalten als infolge von *363 Sales*.[337] Selbstverständlich bleibt dabei noch die Frage unbeantwortet, ob im konkreten Einzelfall eines Asset Sale eine Reorganisation mehr eingebracht

---

329 MünchKomm.-*Hefermehl*, § 53 InsO, Rn. 12.

330 Hierzu noch unten, C. IV. 5. (S. 72 ff.).

331 *Kling*, 17 Stanford Journal of Law, Business & Finance (2012), 258, 270.

332 Siehe *LoPucki/Doherty*, 106 Michigan Law Review (2007), 1, 37; vgl. auch *Skeel*, 25 Cardozo Law Review (2004), 1905, 1924.

333 § 196 InsO.

334 11 U.S.C. § 726.

335 Insbesondere in Bezug auf das US-amerikanische Recht muss jedoch streng zwischen *Chapter 7* (Liquidation) und restrukturierendem Insolvenzplan in *Chapter 11* unterschieden werden, siehe *Tabb*, Law of Bankruptcy (2020), § 7.26, S. 721. Auch in Deutschland ist eine abweichende Berichtigung von Forderungen der Insolvenzgläubiger im darstellenden Teil des Insolvenzplans natürlich möglich, siehe *Bork*, Insolvenzrecht (2021), Rn. 381.

336 *Frost*, 34 Arizona Law Review (1992), 89, 117.

337 *Harner/Marincic*, 64 Vanderbilt Law Review (2011), 749, 786 ff. Siehe auch *Wilkerson*, 86 American Bankruptcy Law Journal (2012), 591, 598 ff.

hätte. Dennoch lässt sich festhalten, dass ein schneller Verkauf äußerst selten im Interesse ungesicherter Gläubiger liegen wird.[338] Solange eine Restchance auf eine Reorganisation besteht, die den Unternehmensträger am Leben hält, werden ungesicherte Gläubiger gegen eine übertragende Sanierung stimmen.

Wie bereits festgestellt, ist es Aufgabe des eigenverwaltenden Schuldners, die Interessen sowohl der Insolvenzgläubiger als auch der absonderungsberechtigten Gläubiger zu beachten.[339] Insolvenzgläubiger haben naturgemäß unter anderem ein Interesse daran, dass Absonderungsrechte zurückgedrängt werden, um die Masse nicht zu verkleinern.[340] Zwischen ungesicherten und gesicherten Gläubigern besteht somit ein Interessenkonflikt. Gesicherte (ranghöhere) Gläubiger stehen jeder etwaigen Erhöhung des *Going Concern Value* indifferent gegenüber. Etwaige Verluste aufgrund eines in die Länge gezogenen Verfahrens hingegen können sie treffen und deshalb werden sie eine Restrukturierung im Zweifelsfall ablehnen.[341]

d) Nachrangige Gläubiger

Die Interessen nachrangiger Gläubiger richten sich insbesondere nach deren verfahrensrechtlicher Position. Der Übersichtlichkeit halber sind zunächst diese verfahrensrechtlichen Grundlagen in Deutschland (aa)) und den USA (bb)) gegenüberzustellen, um vor diesem Hintergrund sodann die Spezialfälle der *Covenant*-geschützten Gläubigern (cc)) und des Hybridkapitals (dd)) zu beleuchten.

aa) Deutschland

Gesellschafterdarlehen sowie Forderungen aus Rechtshandlungen, die einem solchen Darlehen wirtschaftlich entsprechen, unterliegen gemäß § 39 Abs. 1 S. 1 Nr. 5 InsO dem Nachrang. Die Befriedigung erfolgt erst, nachdem alle Insolvenzgläubiger (§ 38 InsO) sowie alle in § 39 Abs. 1 S. 1 Nr. 1–4 InsO genannten Gläubiger befriedigt wurden. Vor Inkrafttreten des MoMiG, d. h. nach dem sogenannten Eigenkapitalersatzrecht (§ 32a GmbHG a. F.) war Voraussetzung der Umqualifizierung von Gesellschafter-Fremdkapital in Quasi-Eigenkapital die Ausgabe oder Verlängerung („Stehenlassen“) eines Darlehens in der Krise.[342] Der Nachrang bzw. die Umqualifizierung wurden vorrangig mit dem Konzept der Finanzierungsfolgenverantwortung begründet.[343] Entscheidend ist hier die (auch mit dem Normzweck verbundene) Frage, ob auch Drit-

[338] Ähnlich *Henneberg*, Gläubigerrechte in der Unternehmenssanierung (2019), S. 12 f.
[339] Siehe oben, C. III. (S. 52 f.).
[340] Siehe *Muscheler/Bloch*, ZIP 2000, 1474, 1478.
[341] *Adams*, 73 Boston University Law Review (1993), 581, 599; *LoPucki/Doherty*, 106 Michigan Law Review (2007), 1, 37.
[342] Siehe statt aller Scholz-*Schmidt*, § 32b a. F. GmbHG, Rn. 2.
[343] Grundlegend BGHZ 90, 381, 389; siehe auch BGHZ 127, 336, 344 f.

te, also Nicht-Gesellschafter dem Nachrang unterliegen können. Gemäß § 32a Abs. 3 GmbHG a. F. bestand auch nach altem Recht bereits die Möglichkeit, Fremdkapitalgeber unter bestimmten Voraussetzungen als nachrangige Eigenkapitalgeber zu behandeln. Atypischen stillen Gesellschaftern oder atypischen Pfandrechtsgläubigern attestierte der BGH, sie ließen sich „durch weitergehende Nebenabreden eine Position einräumen [...], die nach ihrer konkreten Ausgestaltung im wirtschaftlichen Ergebnis der Stellung eines Gesellschafters gleich oder doch jedenfalls nahekommt".[344] Ob Darlehensforderungen *Covenant*-geschützter Gläubiger nach Eigenkapitalersatzrecht ebenfalls umzuqualifizieren waren, ist vom BGH nicht entschieden worden und war in der Literatur heftig umstritten.[345] Das Problem geht folglich auf die grundlegende Frage der Rechtfertigung des Nachrangs eigenkapitalersetzender Darlehen zurück.[346] Mit dem MoMiG ging ein Perspektivenwechsel einher.[347] Das Tatbestandsmerkmal der Krise der Gesellschaft findet sich in § 39 Abs. 1 S. 1 Nr. 5 InsO nicht wieder. Daher ist nun unerheblich, zu welchem Zeitpunkt ein Darlehen gewährt (oder „stehengelassen") wurde.[348] Die Frage nach der Legitimation und damit dem Normzweck des § 39 Abs. 1 S. 1 Nr. 5 InsO ist jedoch weiterhin umstritten.[349] Überwiegend wird angenommen, dass Legitimationsgrundlage des Nachrangs von Gesellschafterdarlehen nicht mehr das Konzept der Finanzierungsfolgenverantwortung ist, sondern sich die *ratio legis* der Subordination grundsätzlich verändert hat.[350] Die Meinungen im Schrifttum betreffend die Frage des nunmehr geltenden Zwecks des Nachrangs von Gesellschafterdarlehen gehen allerdings auseinander.[351] Zum Teil wird das Prinzip der Haftungsbeschränkung in den Vordergrund gerückt. Die missbräuchliche Ausnutzung der beschränkten Haftung müsse unterbunden werden.[352] Insbesondere von *Eidenmüller*[353],

---

[344] BGHZ 119, 191, 195. Zur Diskussion zum alten Recht vor dem MoMiG siehe ausführlich *Majic*, Covenants und Insolvenz (2013), S. 38 ff.

[345] Ausführliche Darstellung des Meinungsstands in Bezug auf den personellen Anwendungsbereich von § 39 Abs. 1 S. 1 Nr. 5 InsO im Allgemeinen siehe etwa *Witt*, Die nachrangige Behandlung von Krediten gesellschaftsfremder Dritter (2018), S. 76 ff.

[346] Überblick zur Diskussion zum alten Recht bei *Majic*, Covenants und Insolvenz (2013), S. 45 ff.

[347] *Habersack*, ZIP 2007, 2145, 2147; *Breidenstein*, ZInsO 2010, 273, 275.

[348] *Habersack*, ZIP 2007, 2385, 2386.

[349] Der Streit kann schon allein aus Raumgründen hier nicht ausführlich wiedergegeben werden. Für einen Überblick siehe MünchKomm.-*Behme*, § 39 InsO, Rn. 42 ff.; Uhlenbruck-*Hirte*, § 39 InsO, Rn. 32 ff.

[350] AA und festhaltend am Merkmal der Krise, die nun unwiderruflich vermutet werde, siehe *Bork*, ZGR 2007, 250, 257; *Altmeppen*, NJW 2008, 3601, 3602 f.; *Altmeppen*, ZIP 2019, 1985, 1987 f. Ähnlich *Hirte*, WM 2008, 1429, 1430.

[351] Zusammenfassung des Meinungsstandes bei *Majic*, Covenants und Insolvenz (2013), S. 71 ff.

[352] *Habersack*, ZIP 2007, 2145, 2147.

[353] *Eidenmüller*, in: FS Canaris, 2007, S. 49, 61 ff. sowie *Eidenmüller*, ZGR 2007, 168, 192 f.

Cahn[354] und *Noack*[355] wird unter anderem die Insiderstellung und „Doppelrolle“ der Gesellschafter als Fremdkapitalgeber und die damit einhergehende Gläubigerbeeinträchtigung als Legitimation der Subordination genannt.[356] Unklar ist hingegen, ob eine Beteiligung am wirtschaftlichen Erfolg des Kreditnehmers vorliegen muss.[357] Dies ist bei Fremdkapitalgebern typischerweise nicht der Fall, ihnen steht nur eine Festverzinsung zu; es fehlt an der Teilhabe am Erfolg oder Misserfolg.[358] Geht man von diesem Erfordernis aus, ist ein nicht an der Gesellschaft beteiligter Dritter vom Nachrang des § 39 Abs. 1 S. 1 Nr. 5 InsO somit nicht erfasst. Im Ergebnis ist zunächst festzuhalten, dass eine Subordination von Forderungen Dritter nicht völlig ausgeschlossen ist. Sieht man den Zweck des Nachrangs darin, der Einflussnahme auf die Geschäftsleitung (Steuerung des Insolvenzrisikos) zu begegnen, kommt es im Konkreten auf den Grad dieser Einflussnahme an.[359]

bb) USA

In den USA kann sich ein Nachrang von Forderungen aus Gesellschafterdarlehen über die Institute der *Equitable Subordination* sowie *Recharacterization* ergeben.[360] *Equitable Subordination* führt die Nachrangigkeit der Forderung herbei; *Recharacterization* ignoriert die Forderung völlig und behandelt das Gesellschafterdarlehen wie Eigenkapital. Beide Institute gehen auf Billigkeitsrechtsprechung (*Equity*[361]) zurück. Mit dem *Bankruptcy Code* von 1978 (11 U.S.C. § 510(c)) wurde eine gesetzliche Grundlage für die *Equitable Subordination* geschaffen, die letztlich das Institut der Rechtsprechung kodifiziert hat.[362] Die Grundlage für *Recharacterization* wird in 11 U.S.C. § 502 gesehen. Nach dieser Vorschrift wird Forderungen die Wirksamkeit aberkannt; sie werden nicht zum Insolvenzverfahren zugelassen.

---

354 *Cahn*, AG 2005, 217, 222.

355 *Noack*, DB 2007, 1395, 1398.

356 Siehe auch *Servatius*, Gläubigereinfluss durch Covenants (2008), S. 487 ff.; *Bayer/Graff*, DStR 2006, 1654, 1655; *Breidenstein*, ZInsO 2010, 273, 275.

357 Dafür etwa *Habersack*, ZIP 2007, 2145, 2148 f.; siehe auch *Lengersdorf*, Der Nachrang von Gesellschafterdarlehen in der Insolvenz (2019), S. 116 f.

358 Vgl. *Servatius*, Gläubigereinfluss durch Covenants (2008), S. 492; *Cahn*, AG 2005, 217, 222.

359 Hierzu sogleich hinsichtlich *Covenant*-geschützter Gläubiger, C. IV. 2. d) cc) (S. 63 ff.).

360 Monographisch hierzu *Braunschweig*, Gesellschafterdarlehen (2012), S. 135 ff.; *Witt*, Die nachrangige Behandlung von Krediten gesellschaftsfremder Dritter (2018), S. 83 ff.

361 Für eine kurze (historische) Einführung siehe *Zweigert/Kötz*, Rechtsvergleichung (1996), S. 184 ff.

362 Vgl. *Tabb*, Law of Bankruptcy (2020), § 7.23, S. 714.

(1) Equitable Subordination

11 U.S.C. § 510(c) setzt *Equitable Subordination* voraus, nennt aber keine Tatbestandsmerkmale. Die Intention des US-amerikanischen Gesetzgebers ist es gewesen, der bestehenden Rechtsprechung zu folgen und die weitere Entwicklung dieser zu überlassen.[363] *Equitable Subordination* geht auf eine Entscheidung des *U. S. Supreme Court* von 1939[364] zurück und findet seitdem als sogenannte *Deep Rock Doctrine* Anwendung. In der Regel rekurriert die insolvenzrechtliche Rechtsprechung mittlerweile auf die *Mobile Steel*-Entscheidung des Berufungsgerichts des *5th Circuit* aus dem Jahr 1977,[365] welche die Anforderungen zuvor ergangener Entscheidungen zusammenfasst. Die Voraussetzungen für die Subordination sind hiernach zum einen Missverhalten (*Inequitable Conduct*) des betreffenden Gläubigers, das zu einem Schaden (*Injury*) der anderen Gläubiger oder einem unfairen Vorteil (*Unfair Advantage*) des Gläubigers geführt hat. Zum anderen darf eine Subordination nicht im Widerspruch zu sonstigen Vorschriften des *Bankruptcy Code* stehen.[366] In Bezug auf das Missverhalten sind die drei Fallgruppen (1) *Fraud, Illegality or Breach of Fiduciary Duties*; (2) *Undercapitalization* sowie (3) *A Claimant's Use of the Debtor as a mere Instrumentality or Alter Ego* anerkannt.[367] Eine *Equitable Subordination* findet insbesondere im Fall von Forderungen Dritter äußerst selten statt, da häufig schon *Inequitable Conduct* nicht nachgewiesen werden kann.[368]

(2) Recharacterization

Das Institut der *Recharacterization* unterwirft eine Forderung nicht nur einem Nachrang, sondern qualifiziert sie zu Eigenkapital um. Im Unterschied zu *Equitable Subordination* wird die Forderung somit nicht nur nachrangig befriedigt, sondern erst wenn alle, auch die nachrangigen Gläubiger, befriedigt wurden. Anders als *Equitable Subordination* fand *Recharacterization* im *Bankruptcy Code* keine Kodifizierung. Dies hat zu einer inkonsistenten Anwendung des Instituts durch die Gerichte der verschiedenen *Circuits* geführt.[369] Anerkannt ist,

---

363 Siehe *Tabb*, Law of Bankruptcy (2020), § 7.23, S. 714; *Nozemack*, 56 Washington and Lee Law Review (1999), 689, 703.

364 Taylor v. Standard Gas & Electric Co., 306 U. S. 307 (1939).

365 In re Mobile Steel Co., 563 F.2d 692 (5th Cir. 1977).

366 In re Mobile Steel Co., 563 F.2d 692, 700 (5th Cir. 1977).

367 In re Clark Pipe & Supply Co., 893 F.2d 693, 699 (5th Cir. 1990). Siehe hierzu *Nozemack*, 56 Washington and Lee Law Review (1999), 689, 698 ff.

368 *Tabb*, Law of Bankruptcy (2020), § 7.23, S. 715 ff.

369 *Nozemack*, 56 Washington and Lee Law Review (1999), 689, 707 („No clear test exists for determining whether a court should recharacterize a transaction."); *McMahon*, 34 Emory Bankruptcy Developments Journal (2018), 603, 605 („[…] unpredictable and its application varies greatly across circuits […]"). Aus diesem Grund wird *Recharacterization* von einigen Gerichten sogar gänzlich abgelehnt, siehe z. B. In re Pacific Express, Inc., 69 B. R. 112, 115 (9th Cir. BAP 1986).

dass ein Missverhalten (*Inequitable Conduct*) des betreffenden Gläubigers nicht erforderlich ist.[370] Typischerweise geht es bei den Anforderungen an eine *Recharacterization* um Indizien, die nahelegen, dass die Beteiligten wirtschaftlich betrachtet Eigenkapital zuführen wollten.[371] Ist beispielsweise überhaupt kein Zins vereinbart, fehlt es an einer Fälligkeitsvereinbarung, oder ist die Rückzahlung an den wirtschaftlichen Erfolg der Gesellschaft geknüpft, können diese Umstände für eine Gesamtschau herangezogen werden.[372] Die Insolvenzgerichte räumen sich selbst zwar großen Spielraum bei dieser Beurteilung ein. Nicht zuletzt aufgrund der besonders einschneidenden Rechtsfolgen findet *Recharacterization* jedoch nur in Ausnahmefällen Anwendung.[373]

(3) Lender Liability

Nur in wenigen Fällen nehmen die US-amerikanischen Insolvenzgerichte eine *Equitable Subordination* vor; noch seltener in Fällen, in denen es sich bei dem betreffenden Gläubiger um einen Dritten (*Noninsider Creditor*) handelt.[374] Erforderlich für die Subordination von Forderungen Dritter ist die Ausübung von Kontrolle über den Schuldner auf eine solche Weise, dass der Gläubiger den Schuldner als Mittel zur Interessenverfolgung (*Use of the Debtor as a mere Instrumentality*) benutzt.[375] Eigeninteressen des kreditgebenden Gläubigers werden allerdings durchaus anerkannt.[376] Die Subordination von Forderungen Dritter droht in den USA somit nur in extremen Missbrauchsfällen. Ähnliches gilt für die *Recharacterization*. Bei dieser gilt für die Anwendung auf Dritte, dass sich die Gesellschaft zum Zeitpunkt der Valutierung des Darlehens bereits in erheblichen finanziellen Schwierigkeiten befunden haben muss und deshalb mit einer Rückzahlung des Darlehens nicht mehr gerechnet werden konnte, wofür die Unterkapitalisierung der Gesellschaft allein aber grundsätzlich nicht ausreichend ist.[377] Im Unterschied zur *Equitable Subordination* kommt es bei *Recharacterization* nicht auf ein zu missbilligendes Gläubigerverhalten an, sondern auf die objektive Ausgestaltung der Kapitalzuführung. Relevant sind deshalb unter anderem Konzernsachverhalte.[378]

---

[370] In re Dornier Aviation, Inc., 453 F.3d 225, 232 (4th Cir. 2006). Siehe auch *Litovitz*, 10 Seton Hall Circuit Review (2014), 307, 326.

[371] Die sogenannten *Roth Steel factors*, siehe Roth Steel Tube Co. v. C. I. R., 800 F.2d 625, 630. Siehe auch In re Cold Harbor Assocs., 204 B. R. 904, 915 (Bankr.E. D.Va.1997).

[372] Siehe In re AutoStyle Plastics Inc., 269 F.3d 726, 750 (6th Cir. 2001).

[373] Siehe zum Ganzen *Braunschweig*, Gesellschafterdarlehen (2012), S. 90 ff.

[374] Siehe *Tabb*, Law of Bankruptcy (2020), § 7.23, S. 715.

[375] Siehe etwa In re Clark Pipe and Supply, Inc., 893 F.2d 693 (5th Cir. 1990).

[376] In re W. T. Grant, 699 F.2d 599, 609 f. (2d Cir.1983); In re Clark Pipe and Supply, Inc., 893 F.2d 693, 702 (5th Cir. 1990). Siehe hierzu *Chaitman*, 39 The Business Lawyer (1984), 1561, 1565 ff.

[377] In re Gluth Bros Construction Inc., 424 B. R. 379, 395 f. (Bankr. ND IL 2009).

[378] Siehe zum Beispiel In re Dornier Aviation, Inc., 453 F.3d 225 (4th Cir. 2006).

cc) Covenant-geschützte Gläubiger

Einer gesonderten Betrachtung bedürfen *Covenant*-geschützte Gläubiger. Auch diese haben in den wohl häufigsten Fällen weitere Sicherheiten bestellt. Allerdings steht bei ihnen die Frage eines möglichen Nachrangs im Raum, weshalb ihre Interessenausrichtung isoliert untersucht werden muss. Bei *Covenants* handelt es sich um Nebenabreden zu einem Kreditvertrag, die dem Kreditgeber als Sicherungs- und Überwachungs- bzw. Kontrollinstrument dienen.[379] *Covenant*-geschützte Gläubiger werden deshalb zum Teil als „atypisch besicherte"[380] Gläubiger bezeichnet. Funktionell überschneiden sich *Covenants* und typische Kreditsicherheiten zwar;[381] nichtsdestoweniger bieten *Covenants* kein Absonderungsrecht. Einer der Hauptgründe für die Vereinbarung von *Covenants* ist die Verringerung des auf Seiten des Kreditgebers bestehenden Informationsdefizits.[382] Je nach Ausgestaltung verschaffen *Covenants* dem Kreditgeber mit Hilfe von Informationsrechten eine erhebliche Machtposition. Beispiele sind etwa die Verpflichtung des Kreditnehmers zu einem bestimmten Verhalten oder die Einhaltung bestimmter Tatsachen (beispielsweise finanzieller Kennzahlen – sogenannte *Financial Covenants*). Insbesondere im Fall sogenannter *Negative Covenants*[383], die dem Kreditnehmer bestimmte Verhaltenspflichten auferlegen, ist zu klären, ob sie eine eigenkapitalähnliche Beteiligung am Unternehmenserfolg darstellen und damit der *Covenant*-besicherte Kreditgeber unter Umständen nicht mehr die gleichen Anreize bzw. Interessen wie andere Sicherungsgläubiger hat.

Formell handelt es sich bei *Covenant*-geschützten Gläubigern um Fremdkapitalgeber. Insbesondere im Fall von *Negative Covenants*, die dem Darlehensnehmer bestimmte Verhaltens- bzw. Unterlassungspflichten auferlegen, kommt aufgrund von Einflussmöglichkeiten seitens der Kreditgeber deren Rolle derjenigen von Anteilseignern bzw. Eigenkapitalgebern allerdings sehr

---

379 Siehe *Smith/Warner*, 7 Journal of Financial Economics (1979), 117, 125 ff. und *Bratton*, 7 EBOR (2006), 39, 49 ff. für einen Überblick. Aus dem deutschen Schrifttum siehe etwa *Fleischer*, ZIP 1998, 313; *Weitnauer*, ZIP 2005, 1443, 1444; *Renner/Schmidt*, ZHR 180 (2016), 522, 525. Ausführlich *Servatius*, Gläubigereinfluss durch Covenants (2008), S. 33 ff. Zur Funktion, den *Moral Hazard* auf Seiten des Kreditnehmers zu reduzieren, siehe *Tung*, 37 Yale Journal on Regulation (2020), 651, 663 f., auch wenn diese Gefahr im Zusammenhang mit *DIP Financing*-Verträgen geringer ausfällt, aaO, 666.

380 Siehe etwa *Merkel/Richrath*, in: Schimansky u. a. (Hrsg.), Bankrechts-Handbuch, 5 Aufl., 2017, § 98 Rn. 174 ff. Siehe auch *Servatius*, Gläubigereinfluss durch Covenants (2008), S. 63.

381 Vgl. *Thießen*, ZBB 1996, 19, 20 f.

382 *Servatius*, Gläubigereinfluss durch Covenants (2008), S. 51 ff.; *Majic*, Covenants und Insolvenz (2013), S. 10 ff.

383 Auch „corporate covenants" oder „non-financial covenants" genannt. Zum Begriff siehe *Majic*, Covenants und Insolvenz (2013), S. 23 ff.; *Matri*, Covenants and Third-Party Creditors. Empirical and Law & Economics Insights Into a Common Pool Problem (2017), S. 36 ff.; *Weitnauer*, ZIP 2005, 1443, 1445; *Renner/Schmidt*, ZHR 180 (2016), 522, 526 ff.

nahe.[384] Typische *Negative Covenants* enthalten etwa die Verpflichtung des Kreditnehmers, die Veräußerung von Vermögensgegenständen außerhalb des gewöhnlichen Geschäftsbetriebs zu unterlassen.[385] Insolvenzrechtlich besteht zwischen Dritten und Gesellschaftern als Fremdkapitalgebern der wesentliche Unterschied darin, dass Gesellschafter gemäß § 39 Abs. 1 S. 1 Nr. 5 InsO dem Nachrang unterliegen und damit regelmäßig leer ausgehen; dieser Finanzierungsbeitrag ist somit verloren. Außerdem können nach § 39 Abs. 1 S. 1 Nr. 5 InsO nachrangige Gläubiger sich in der Regel nicht abgesondert befriedigen,[386] wenn die betreffende Sicherheit innerhalb von zehn Jahren vor Antragstellung bestellt wurde (§ 135 Abs. 1 Nr. 1 InsO). Dies gilt nach dem BGH selbst bei anfänglicher Besicherung: § 142 InsO, der sonst bei einer Sicherheitenbestellung Zug-um-Zug gegen Darlehensgewährung die Anfechtung ausschließt, sei als Ausnahmeregelung nicht auf für Gesellschafterdarlehen bestellte Sicherheiten anwendbar.[387] Die Einstufung als einem Gesellschafterdarlehen „wirtschaftlich entsprechen[d]" im Sinne des § 39 Abs. 1 S. 1 Nr. 5 InsO zieht somit erhebliche Konsequenzen nach sich. Im Fall der Einstufung als Insolvenzgläubiger im Sinne des § 38 InsO hingegen können Gläubiger wenigstens eine quotale Befriedigung erwarten.

Reine Informationspflichten und typische *Financial Covenants*, die den Kreditnehmer zur Einhaltung von finanziellen Kennzahlen verpflichten, können die Rückstufung zwar nicht rechtfertigen.[388] Bei *Covenants*, durch die Kreditgeber unmittelbar und gesellschafterähnlich tatsächlich auf den Kreditnehmer Einfluss nehmen (Steuerung des Insolvenzrisikos), ist eine Subordination hingegen denkbar.[389] Das zeigt ein Vergleich mit der Stellung der Insolvenzgläubiger nach § 38 InsO. Betrachtet man diese als diejenigen Gläubiger, die auf das unternehmerische Handeln des Schuldners vertraut haben, dann scheint es schwer zu rechtfertigen, diesen Gläubigern solche gleichzustellen, die selbst unternehmerisch Einfluss auf den Schuldner ausüben.[390] Die komplexe Ausgestaltung von *Covenants* durch die Kreditpraxis verbietet jedenfalls ohnehin bereits eine schematische Betrachtungsweise.[391] An dieser Stelle sei deshalb nur auf die Ge-

[384] Vgl. *Hirte*, ZGR 2010, 224, 235.

[385] *Kästle*, Rechtsfragen der Verwendung von Covenants in Kreditverträgen (2003), S. 58; *Servatius*, Gläubigereinfluss durch Covenants (2008), S. 42.

[386] KölnKomm.-*Hess*, § 39 InsO, Rn. 114 f.

[387] BGHZ 221, 100, 121 f. (Rn. 53). Kritisch hierzu *Bitter*, ZIP 2019, 737.

[388] Ebenso *Kampshoff*, GmbHR 2010, 897, 901 f.

[389] *Servatius*, Gläubigereinfluss durch Covenants (2008), S. 538 ff.; *Majic*, Covenants und Insolvenz (2013), S. 102 ff.; *Lengersdorf*, Der Nachrang von Gesellschafterdarlehen in der Insolvenz (2019), S. 116 ff.; *Breidenstein*, ZInsO 2010, 273, 280 ff.; *Kampshoff*, GmbHR 2010, 897, 902. AA Uhlenbruck-*Hirte*, § 39 InsO, Rn. 41; *Habersack*, ZIP 2007, 2145, 2148 f.; *Krolop*, GmbHR 2009, 397, 400 f.; wohl auch Kübler/Prütting/Bork-*Preuß*, § 39 InsO (Mai 2021), Rn. 89 („Die Einflussnahmemöglichkeit ist kein zu verselbstständigendes Kriterium").

[390] *Servatius*, Gläubigereinfluss durch Covenants (2008), S. 539.

[391] Siehe *Bochmann*, Covenants und die Verfassung der Aktiengesellschaft (2012), S. 5

fahr hingewiesen, die allzu weitgehende *Covenants* nach sich ziehen können, wenn sie gesellschaftsrechtlichen Einfluss ermöglichen und dieser tatsächlich ausgeübt wird.[392]

Für den Fall, dass ein *Covenant*-geschützter Gläubiger dem Nachrang des § 39 Abs. 1 S. 1 Nr. 5 InsO unterliegt, verschiebt sich seine Interessenausrichtung. Eine übertragende Sanierung hat für diesen Gläubiger den Erwartungswert 0.

Auf *Covenant*-geschützte Gläubiger wird erneut bei der Untersuchung des US-amerikanischen *DIP Financing*, mithin der Kreditfinanzierung während der Insolvenz durch Masseverbindlichkeiten, einzugehen sein.[393]

dd) Hybridkapital

Unter Hybrid- oder Mezzaninekapital[394] werden Finanzierungsformen verstanden, die gleichzeitig Merkmale von Fremd- und Eigenkapital aufweisen.[395] Die verschiedenen Ausprägungen sind vielseitig.[396] Gemeinsam ist allen die Verlust- und Erfolgspartizipation des Hybridkapitalgebers. Die Erfolgspartizipation etwa durch einen erfolgsabhängigen Zins, einen sogenannten *Equity Kicker* (Recht, zu einem späteren Zeitpunkt Anteile zu erwerben) oder die Teilnahme am Liquidationsüberschuss; die Verlustpartizipation etwa im Fall der Kapitalherabsetzung durch Herabsetzung des Hybridkapitals in gleichem Verhältnis oder durch Subordination des Hybridkapitals gegenüber anderen Fremdkapitals.[397] Neben der Verlust- und Erfolgspartizipation sind Teilhaberechte üblich, typischerweise durch die soeben besprochenen *Covenants* gewährleistet.[398]

Mit der Möglichkeit der Erfolgspartizipation geht eine Risikobereitschaft einher, die im Vergleich zu anderen Fremdkapitalgebern erhöht ist.[399] Je nach Ausgestaltung der Hybridfinanzierung, das heißt je nachdem, ob der Schwer-

(„unermessliche Vielfalt der Konstruktion und Kombination von Covenants"). Ausführlich *Servatius*, Gläubigereinfluss durch Covenants (2008), S. 538 ff.

392 Auf die tatsächliche Ausübung als Voraussetzung hinweisend etwa *Majic*, Covenants und Insolvenz (2013), S. 102 ff.; *Breidenstein*, ZInsO 2010, 273, 281: Die rein schuldrechtliche Möglichkeit der Einwirkungsmöglichkeit könne nicht für die Subordination ausreichen. In eine ähnliche Richtung deutet aus jüngerer Zeit BGHZ 226, 125, 140 ff., wonach für die Annahme eines gesellschaftergleichen Einflusses eine rechtlich begründete Stellung der Banken, die Geschäftsleitung zu beeinflussen, erforderlich sei, aaO, Tz. 46.

393 Siehe unten, C. IV. 5. (S. 72 ff.).

394 „Mezzanine" stammt von einem Begriff der Architektur (Renaissance und Barock) und meint ein Zwischengeschoss inmitten zweier Etagen eines Gebäudes, vgl. *Berger*, ZBB 2008, 92. Da es in einer Bilanz kein „Zwischengeschoss" inmitten Eigen- und Fremdkapitals gibt, erscheint die Bezeichnung als „Hybridkapital" begrifflich sinnvoller.

395 *Schrell/Kirchner*, BKR 2003, 13, 14; *Hofert/Arends*, ZIP 2005, 1297; *Berger*, ZBB 2008, 92.

396 Siehe für einen Überblick *Hofert/Arends*, ZIP 2005, 1297.

397 Siehe zum Ganzen *Laspeyres*, Hybridkapital (2013), S. 54 ff.

398 *Laspeyres*, Hybridkapital (2013), S. 60 ff.

399 *Laspeyres*, Hybridkapital (2013), S. 166 ff.; 178 ff.

punkt der Finanzierung auf der Eigen- oder der Fremdkapitalfinanzierung liegt, unterscheiden sich die Interessen des Hybridkapitalgebers. Im Fall der Subordination, wenn der Hybridkapitalgeber also hinter die anderen Drittgläubiger zurücktritt, hat eine übertragende Sanierung typischerweise den Erwartungswert 0. Eine Erfolgspartizipation ist nur noch bei einer Restrukturierung denkbar. Hybridkapitalgeber werden in der Regel somit über die Gläubigerversammlung bzw. den Gläubigerausschuss eine übertragende Sanierung verhindern wollen.

ee) Ergebnis

Die nach § 39 Abs. 1 S. 1 Nr. 5 InsO nachrangigen Gläubiger profitieren nicht von einer übertragenden Sanierung und werden stets für eine Restrukturierung votieren. Eine mögliche Sicherheitenbestellung ändert hieran nichts, da eine abgesonderte Befriedigung nicht möglich ist. Für *Covenant*-geschützte Gläubiger besteht vor dem Hintergrund der BGH-Rechtsprechung zum atypischen Pfandgläubiger ein Restrisiko, subordiniert zu werden. Hybridkapitalgeber werden wie nachrangige Gläubiger die übertragende Sanierung regelmäßig ablehnen. Die mit dem Nachrang des § 39 InsO vergleichbaren US-amerikanischen Äquivalente *Subordination* bzw. *Recharacterization* werden noch restriktiver angewendet. Das hat zur Folge, dass Gesellschafterdarlehen in der Insolvenz, anders als in Deutschland, grundsätzlich mit (ungesicherten) Forderungen anderer Gläubiger konkurrieren. *Covenant*-geschützte Gläubiger müssen in den USA in der Regel nicht befürchten, subordiniert zu werden.

3. Gläubigerkoalitionen

a) Allgemeines

In *Chapter 11* kommt es häufig vor, dass sich Gläubiger in Kleinstgruppen zersplittern – mit teils gegensätzlichen Interessen – und „Gläubigerkoalitionen" bilden.[400] Auch bestehen auf Seiten der Geldkreditgläubiger häufig sogenannte *Intercreditor Agreements*, die auf schuldrechtlicher Ebene[401] die Rangfolge der Befriedigung aus gewährten Darlehen regeln.[402] Die Standardisierung die-

---

[400] *Harner*, 16 American Bankruptcy Institute Law Review (2008), 69, 93 f.; *Baird/Rasmussen*, 119 The Yale Law Journal (2010), 648, 651 f.; 687 ff.

[401] D. h. *inter partes* und ohne Auswirkungen auf eine etwaige insolvenzrechtliche Rangfolge. Insbesondere handelt es sich nicht um eine Vereinbarung i. S. d. § 39 Abs. 2 InsO, da die *Junior Lenders* mit ihren Forderungen nur hinter die *Senior Lenders* und nicht etwa hinter alle Gläubiger zurücktreten wollen, siehe *Diem/Jahn*, Akquisitionsfinanzierungen (2019), § 40, Rn. 30 f.; *Reul*, Intercreditor Agreements (2015), S. 134 ff.; *Sutter/Fiedler*, ZInsO 2011, 552, 553. Ähnliches gilt für die USA, wo 11 U.S.C. § 510 (a) zwar vorsieht, dass ein *Subordination Agreement* auch in der Insolvenz durchsetzbar ist. Ein *Intercreditor Agreement* ist damit jedoch nicht gleichzusetzen, siehe *Tabb*, Law of Bankruptcy (2020), § 7.24, S. 717 f. sowie *Ayotte/Casey/Skeel*, 112 Northwestern University Law Review (2017), 255, 264.

[402] *Diem/Jahn*, Akquisitionsfinanzierungen (2019), § 40, Rn. 17 ff.; *Roe/Tung*, Bankruptcy

ser Vereinbarungen durch die *Loan Market Association* (LMA) sowie die US-amerikanische *American Bar Association* (ABA) reduziert hierbei die Transaktionskosten.[403]

Grundprinzip einer solchen Gläubigervereinbarung ist die Regelung der Rangverhältnisse unterschiedlicher Gläubigergruppen.[404] Die Rangfolge wird typischerweise zunächst zwischen den gesicherten Gläubigern geregelt; innerhalb der Gruppe der ungesicherten Gläubiger besteht keine weitere Regelung der Rangfolge.[405] Häufig wird vereinbart, dass *Senior Lenders* gegenüber *Junior Lenders* vorrangig befriedigt werden. *Intercreditor Agreements* ziehen in zweierlei Hinsicht Konsequenzen nach sich, und zwar im Außenverhältnis einerseits und im Innenverhältnis andererseits. Im Außenverhältnis führen sie dazu, dass Beteiligte des Insolvenzverfahrens versuchen, Dritten negative Externalitäten aufzuerlegen, d. h. Verluste auf andere Insolvenzgläubiger zu verschieben.[406] Im Innenverhältnis, also dem Verhältnis der an einem *Intercreditor Agreement* Beteiligten untereinander, entstehen Interessenkonflikte zwischen *Senior Lenders* und *Junior Lenders* einerseits sowie andererseits innerhalb der Gruppe der *Senior Lenders* (dazu sogleich). In den USA lässt sich etwa beobachten, dass *Junior Lenders* dazu neigen, einen Verkauf zu blockieren, da bei einer Restrukturierung im Gegensatz zu einem Verkauf eine höhere Wahrscheinlichkeit einer zumindest teilweisen Befriedigung besteht. *Senior Lenders* hingegen neigen grundsätzlich dazu, einen schnellen Verkauf zu fördern, da ein Verkauf regelmäßig zu einer vollständigen Befriedigung führt und bei einer Reorganisation eine nur teilweise Befriedigung droht.[407] Gesicherte Gläubiger bzw. *Senior Lenders* werden somit in der Regel Druck auf den eigenverwaltenden Schuldner ausüben, einen schnellen Verkauf voranzutreiben.[408] Die Situation der *Junior Lenders* ähnelt derjenigen der ungesicherten Gläubiger.[409]

---

and Corporate Reorganization (2016), S. 38 f.; *Baird/Rasmussen*, 119 The Yale Law Journal (2010), 648, 673.

403 Vgl. *Plank/Prusko*, Die Intercreditor Vereinbarung als Instrument der internationalen Restrukturierung, in: Knecht u. a., Handbuch Unternehmensrestrukturierung (2018), S. 2063, 2068.

404 *Diem/Jahn*, Akquisitionsfinanzierungen (2019), § 40, Rn. 17; *Reul*, Intercreditor Agreements (2015), S. 63.

405 *Reul*, Intercreditor Agreements (2015), S. 156.

406 Siehe *Ayotte/Casey/Skeel*, 112 Northwestern University Law Review (2017), 255, 261 sowie das Beispiel ab S. 278 ff.

407 *Brege*, 92 Virginia Law Review (2006), 1639, 1670 f.; *Harner*, 16 American Bankruptcy Institute Law Review (2008), 69, 93 f. (mit den Beispielen der Restrukturierungsverfahren von American Remanufacturers, Inc. und FiberMark, Inc.); *Hynes*, 6 Virginia Law and Business Review (2011), 183, 199; *Kling*, 17 Stanford Journal of Law, Business & Finance (2012), 258, 268 f.; *Dick*, 96 Washington Law Review (2021), 1333, 1343 f.

408 Siehe *Adams*, 73 Boston University Law Review (1993), 581, 598 f. zum ähnlichen Verhältnis von Liquidation und Restrukturierung.

409 *White*, 12 American Bankruptcy Institute Law Review (2004), 139, 161; *Kling*, 17

Aufgrund der Heterogenität der Gläubigerinteressen verkompliziert sich der Agency-Konflikt zwischen den Gläubigern und der Geschäftsleitung. Die Geschäftsleitung ist Agent einer Vielzahl von Interessengruppen („multiple agent"[410]). Hinzu kommt, dass die ökonomische Macht dieser Gläubigergruppen asymmetrisch verteilt ist, ihr Einfluss auf die Geschäftsleitung bzw. den Verlauf des Insolvenzverfahrens folglich unterschiedlich groß ist. Es ist anzunehmen, dass die Geschäftsleitung die Interessen der einzelnen Gläubigergruppen auch vor dem Hintergrund ihrer ökonomischen Macht berücksichtigt.[411] Das oben beschriebene Problem der Informationsasymmetrie besteht beim gruppenübergreifenden Agency-Konflikt umso mehr, denn die Geschäftsleitung wird, das Fehlen einer übergreifenden Gläubigerorganisation vorausgesetzt, über ein Insiderwissen auch hinsichtlich aller Gläubiger verfügen. Dieses Insiderwissen ist in diesem Fall nicht auf Experten- oder Fachwissen zurückzuführen, sondern lediglich der Tatsache geschuldet, dass beim Schuldner „die Fäden zusammenlaufen". Dieser Aspekt der Informationsasymmetrie kann zu weiteren Möglichkeiten der Geschäftsleitung führen, ihren Handlungsspielraum zu vergrößern.[412]

b) Senior Lenders mit Second Lien-Besicherung

Einschränkend muss hierbei jedoch festgehalten werden, dass Senior-Kredite auch sogenannte *Second Lien*-Kredite umfassen können, die hinsichtlich der Verteilung von Verwertungserlösen nachrangig gestellt sind.[413] Die dingliche Nachrangigkeit ist somit von der Nachrangigkeit der Darlehensforderung zu unterscheiden; diese Unterscheidung beansprucht sowohl im deutschen als auch im US-amerikanischen Recht Geltung.[414] Eben dieser (dingliche) Nachrang stellt hinsichtlich des Absonderungsrechts in der Insolvenz aber gerade den entscheidenden Unterschied dar; vorrangige Absonderungsrechte werden voll befriedigt, bevor aus einem nachrangigen Absonderungsrecht Befriedigung verlangt werden kann.[415] Besteht aufgrund des ranghöheren Absonderungsrechts keine Aussicht auf Befriedigung, werden deshalb auch *Second Lien*-besicherte *Senior Lenders* eine übertragende Sanierung ablehnen wollen. Diese Interessenlage spiegelt sich in *Intercreditor Agreements*-Musterverträgen wider. Sowohl der Mustervertrag der LMA als auch derjenige der ABA sehen vor,

---

Stanford Journal of Law, Business & Finance (2012), 258, 269. Siehe auch das Beispiel bei *Ayotte/Casey/Skeel*, 112 Northwestern University Law Review (2017), 255, 276.

[410] *Madrian*, Interessengruppenorientierte Unternehmensführung (1998), S. 175.

[411] *Madrian*, Interessengruppenorientierte Unternehmensführung (1998), S. 172 f.

[412] Siehe zum Ganzen *Madrian*, Interessengruppenorientierte Unternehmensführung (1998), S. 179 ff.

[413] *Diem/Jahn*, Akquisitionsfinanzierungen (2019), § 40, Rn. 22.

[414] Zum US-amerikanischen Recht siehe *Dobbs*, 4 DePaul Business & Commercial Law Journal (2006), 189; *Chamblee*, 12 North Carolina Banking Institute (2008), 1, 4.

[415] BGHZ 60, 267, 268 f.; MünchKomm.-*Ganter*, Vor §§ 49 bis 52 InsO, Rn. 73.

dass ein Verkauf des Unternehmens auch entgegen dem Willen der *Second Lien Creditors* zulässig ist, indem der Sicherheitentreuhänder bevollmächtigt wird, im Namen der betreffenden nachrangig gesicherten Gläubiger die Sicherheitenfreigabe vorzunehmen.[416]

Die Sachverhalte zweier US-amerikanischer Entscheidungen bringen den zwischen Gläubigern potenziell entstehenden Interessenkonflikt gut zum Ausdruck und werden deshalb in Kürze hier nachgezeichnet.

aa) Boston Generating

Nach vorangegangenen (außergerichtlichen) Restrukturierungsversuchen stellte der Stromgroßhändler *Boston Generating* im August 2010 einen Insolvenzantrag (*Chapter 11*), um im Wege eines *363 Sales* sämtliche Assets an *Constellation Holdings* zu veräußern.[417] Die Verbindlichkeiten der *Boston Generating* betrugen $ 2 Milliarden und setzten sich zusammen aus $ 1,13 Milliarden an ausstehenden Krediten der *First Lien Lenders*, $ 350 Millionen an ausstehenden Krediten der *Second Lien Lenders* sowie $ 422 Millionen an ungesicherten Forderungen.[418] Der Kaufpreis des *363 Sale* betrug $ 1,1 Milliarden, so dass die *First Lien Lenders* fast vollständig befriedigt würden; die *Second Lien Lenders* sowie die ungesicherten Gläubiger überhaupt nicht. Das *Intercreditor Agreement* zwischen den *Secured Lenders* gestand den *First Lien Lenders* unter anderem das Recht zu, unabhängig von einer Zustimmung der *Second Lien Lenders* über das Vorgehen hinsichtlich einer Veräußerung der besicherten Assets (des *Collateral*) zu befinden.[419] Unter anderem der *Agent* der *Second Lien Lenders* erhob Widerspruch gegen den Verkauf. Das New Yorker Insolvenzgericht entschied, dass sich ein Verzicht auf eine Stimmausübung im Insolvenzverfahren über jeden Zweifel hinaus aus der betreffenden Klausel des *Intercreditor Agreements* ergeben müsse.[420] Dies sei im konkreten Fall, vor allem im Vergleich mit dem *Model Intercreditor Agreement* der ABA, von dem die Parteien abwichen, nicht gegeben. Die vom *Agent* der *Second Lien Lenders* vorgebrachten *Objections* zum *363 Sale* wurden zugelassen.[421]

---

[416] Ziff. 14 des LMA Intercreditor Agreement bzw. *Report of the Model First Lien/Second Lien Intercreditor Agreement Task Force*, Ziff. 1.10, veröffentlicht in 65 The Business Lawyer (May 2010), 809.

[417] In re Boston Generating, LLC, 440 B. R. 302 (Bankr. S. D. N. Y. 2010), 310.

[418] In re Boston Generating, LLC, 440 B. R. 302 (Bankr. S. D. N. Y. 2010), 308 f.

[419] „[…] [T]he exclusive right to enforce rights, exercise remedies … and make determinations regarding the release, sale, disposition or restrictions with respect to the Collateral without any consultation with or the consent of the Second Lien Collateral Agent or any Second Lien Secured Party […]“, In re Boston Generating, LLC, 440 B. R. 302 (Bankr. S. D. N. Y. 2010), 316.

[420] „[…] [C]lear beyond peradventure […]“, In re Boston Generating, LLC, 440 B. R. 302 (Bankr. S. D. N. Y. 2010), 319.

[421] Allerdings im Ergebnis dennoch ohne Erfolg, der Verkauf wurde zugelassen, In re Boston Generating, LLC, 440 B. R. 302 (Bankr. S. D. N. Y. 2010), 335 f.

bb) RadioShack

Ungleich komplizierter stellt sich der Sachverhalt dar, welcher der *Radio-Shack*-Entscheidung[422] von 2016 zugrunde liegt. Im Wesentlichen bestanden zwei Gruppen von gesicherten Gläubigern, die *ABL*-Gruppe sowie die *SCP*-Gruppe.[423] Die *ABL*-Gruppe war *First Lien Lender* in Bezug auf das Umlaufvermögen (hauptsächlich Forderungen und Inventar) sowie *Second Lien Lender* in Bezug auf das Anlagevermögen (insbesondere Immaterialgüter) von *RadioShack*. Die *SCP*-Gruppe war *First Lien Lender* auf eben dieses Anlagevermögen und *Second Lien Lender* bezüglich des Umlaufvermögens. Beide Gläubigergruppen bestanden aus mehreren Beteiligten, deren Verhältnisse wiederum in *Agreements Among Lenders* (AALs) geregelt waren. Einer der Gläubiger der *ABL*-Gruppe (*Standard General*) schlug einen *363 Sale* von *Radio-Shack* vor. Pikant an diesem Vorschlag war, dass er die Übernahme einer großen Anzahl von *RadioShack*-Geschäften durch *Standard General* selbst vorsah, die dieser im Wege des *Credit Bidding*[424] erwerben würde.[425] Der *Agent* der *SCP*-Gruppe bat das Insolvenzgericht, den Verkauf nicht zuzulassen.[426] Die Situation wurde dadurch noch komplexer, dass sich ein Gläubiger der *ABL*-Gruppe auf diese Seite schlug und vortrug, dass sich die gesamte *ABL*-Gruppe gegenüber der *SCP*-Gruppe aufgrund des *Intercreditor Agreements* haftbar machen könne.[427]

Der *Bankruptcy Court* des *District of Delaware* bewilligte den Verkauf der wesentlichen Assets an *Standard General* und erlaubte das *Credit Bidding*.[428]

---

[422] In re RadioShack Corporation, 550 B. R. 700 (Bankr. D. Del. 2016).

[423] In re RadioShack Corporation, 550 B. R. 700 (Bankr. D. Del. 2016), 704 ff.

[424] Zum *Credit Bidding* siehe oben, B. II. 3. (S. 43 f.).

[425] Siehe Debtors' Combined Motion for Entry of Orders: (I) Establishing Bidding and Sale Procedures; (II) Approving the Sale of Assets; and (III) Granting Related Relief Radio-Shack Corporation, 550 B. R. 700 (2015 WL 757012), Rn. 11.

[426] Objection of Salus Capital Partners, LLC to Debtors' Sale Motion (2015 WL 13545660), In re RadioShack Corporation, 550 B. R. 700.

[427] Siehe Joint Objection of the Administrative Agent for the Debtor-in-Possession Credit Facility and The First Out Abl Lenders to the Debtors' Motion for Entry of Order Authorizing and Approving Stipulation (I) Incorporating and Extending the Terms of the Final Dip Order, (II) Authorizing and Approving Continued Use of Cash Collateral, (III) Granting Further Adequate Protection, (IV) Modifying the Automatic Stay, and (V) Granting Related Relief (2015 WL 12565689), In re RadioShack Corporation, 550 B. R. 700.

[428] Order Authorizing (I) The Sale of Certain Assets of The Debtors Free and Clear of All Claims, Liens, Liabilities, Rights, Interests And Encumbrances; (II) The Debtors to Enter Into and Perform Their Obligations under the Asset Purchase Agreement and Certain Ancillary Agreements; (III) The Debtors to Assume and Assign Certain Executory Contracts and Unexpired Leases; and (IV) Granting Related Relief, Case No. 15-10197 (BLS), Docket-No. 1672 (abrufbar über *Pacer*).

c) Ergebnis

Wenn alle Gläubiger(-gruppen) nur ihre Partikularinteressen verfolgen, führt dies zu dem Problem, dass durch obstruktives Verhalten (beispielsweise der *Junior Lenders* oder *Second Lien*-Kreditgeber) ein suboptimaler Zustand entsteht und ein Scheitern der Sanierung droht (Kollektivhandlungsproblem). Es besteht somit eigentlich ein gemeinsames, übergreifendes Interesse aller Gläubiger, dieses Ergebnis zu verhindern, indem die ihnen zur Verfügung stehende Haftungsmasse vergrößert wird.[429] Aufgrund der unterschiedlichen Erwartungswerte (siehe oben) äußert sich dies jedoch nicht im (individuell wiederum rationalen) Verhalten der Gläubiger.

4. Das Verhältnis der Gläubiger zur Geschäftsleitung

Für die Gläubiger entstehen eine Reihe von Risiken, wenn anstelle eines Insolvenzverwalters der Schuldner selbst die Masse verwaltet. Ein Verkauf des schuldnerischen Unternehmens unter Wert ist entweder denkbar, wenn die Geschäftsleitung mittelbar auf Erwerberseite steht, weil ihr vom Erwerber die Amtserhaltung in Aussicht gestellt wurde.[430] Oder die Geschäftsleitung steht im Falle eines Management Buyout sogar unmittelbar auf Erwerberseite. Die mittelbare oder unmittelbare Beteiligung der Geschäftsleitung an der Veräußerung auf Erwerberseite ist problematisch, da die Geschäftsleitung typischerweise über einen Wissensvorsprung gegenüber allen anderen Beteiligten verfügt.[431] Die §§ 162, 163 InsO versuchen diesen Konflikt zu lösen und die Gläubiger vor einem Verkauf des Unternehmens unter Wert zu bewahren.[432] Das Problem der Informationsasymmetrie wird durch die bereits angesprochene „gruppenübergreifende Agency-Problematik" verschärft.[433] In diesem Abschnitt wurde herausgearbeitet, dass sich die Geschäftsleitung typischerweise einer heterogenen Gläubigergemeinschaft gegenübersieht. Gelingt es der Geschäftsleitung, die Mehrheit der Gläubiger auf ihre Seite zu ziehen, kann sie auf diese Weise zum eigentlichen „Gewinner" des Insolvenzverfahrens aufsteigen.[434] Die Insol-

---

[429] *Eidenmüller*, Unternehmenssanierung zwischen Markt und Gesetz (1999), S. 599 ff.; siehe auch *Eidenmüller*, ZHR 169 (2005), 528, 555 f. Zu einem möglichen *Inter-Creditor Conflict*, der durch den Informationsvorsprung des *DIP Financer* hervorgerufen wird siehe *Eidenmüller*, Trading in Times of Crisis: Formal Insolvency Proceedings, Workouts and the Incentives for Shareholders/Managers, in: Eidenmüller/Schön (Hrsg.), The Law and Economics of Creditor Protection (2008), S. 241, 249.

[430] *LoPucki*, Courting Failure (2006), S. 174; *Rose*, 23 Emory Bankruptcy Developments Journal (2006), 249, 277; *Kling*, 17 Stanford Journal of Law, Business & Finance (2012), 258, 279.

[431] *Beisel*, § 13. Management Buy-Out, in: Beisel/Klumpp (Hrsg.), Unternehmenskauf (2016), Rn. 15.

[432] Hierzu Kapitel 2, B. III. 2. (S. 131 ff.).

[433] Siehe oben, C. I. 2. (S. 47 ff.).

[434] Vgl. *Littkemann/Madrian*, Die Rolle des Insolvenzverwalters aus der Perspektive des

venzordnung bietet der Geschäftsleitung hierfür weite Handlungsspielräume, etwa bezüglich der insolvenzrechtlichen Rechnungslegung über Bewertungsfragen.[435] Die Prinzipale werden den Agenten somit nur schwer effektiv überwachen können, solange ihre Vorstellungen über den Verfahrensgang zuwiderlaufen. Im Verhältnis zur Geschäftsleitung geht es den Gläubigern also in erster Linie darum, den Informationsvorsprung der Geschäftsleitung zu verkürzen und gleichzeitig eine effektive Kontrolle zu gewährleisten.

5. DIP Financing und Sanierungskredit

Neben die bereits genannten Beteiligten treten im Insolvenzfall Neugläubiger, die eine für die Fortführung des Unternehmens notwendige Krisenfinanzierung bereitstellen. Im Folgenden wird mit Blick auf das US-amerikanische *DIP Financing* zu zeigen sein, ob und wie diese Kreditgeber auf den eigenverwaltenden Schuldner Einfluss nehmen und über den Fortgang des Verfahrens bestimmen.

a) DIP Financing

aa) Allgemeines

In den USA zeigt sich seit den 1990er Jahren verstärkt das Phänomen der Kontrollausübung durch das sogenannte *DIP Financing*.[436] Bei einem *DIP Financer* handelt es sich um einen Kreditgeber, der einen Sanierungskredit in Form eines Massedarlehens ausgibt. Die Forderung aus diesem Kredit ist dann vorrangig neben den Kosten des Insolvenzverfahrens (*Administrative Priority*) zu befriedigen, 11 U.S.C. § 364(a). Die Zustimmung des Insolvenzgerichts ist gemäß 11 U.S.C. § 364(b) dann erforderlich, wenn dieser Kredit „outside the ordinary course of business" ausgegeben wird.[437] 11 U.S.C. § 364(b) stellt jedoch nur die Grundform dieses Kredits dar. Wichtig ist hierbei, dass *Administrative Claims* im Rang noch hinter den gesicherten Gläubigern stehen.[438] Üblicherweise lassen sich Kreditgeber deshalb *Superpriority* und *Non-Priming*

Prinzipal-Agenten-Ansatzes, in: Beck/Möhlmann (Hrsg.), Sanierung und Abwicklung in der Insolvenz (2000), S. 99 f. zum Insolvenzverwalter.

435 Siehe hierzu etwa KölnKomm.-*Schöpfer*, § 155 InsO, Rn. 36 ff.

436 *Kuney*, 21 Emory Bankruptcy Developments Journal (2004), 19, 46 ff.; *Skeel*, 152 University of Pennsylvania Law Review (2003), 917, 918; *Skeel*, 25 Cardozo Law Review (2004), 1905, 1916. Die Nutzung von *DIP Financing* im Allgemeinen hat sich in den 1990er Jahren erheblich gesteigert, siehe *Chatterjee/Dhillon/Ramírez*, 28 Journal of Banking & Finance (2004), 3097, 3101 sowie *Dahiya/John/Puric/Ramírez*, 69 Journal of Financial Economics (2003), 259, 265; siehe auch *Tung*, 37 Yale Journal on Regulation (2020), 651, 655.

437 Wird ein Kredit „in the ordinary course of business" ausgegeben, ist die Zustimmung nicht erforderlich, 11 U.S.C. § 364(a).

438 Siehe In re Foremost Mfg. Co., 137 F.3d 919, 923 (6th Cir. 1998) („[T]he general rule in bankruptcy is that administrative expenses are paid only after secured creditors are.")

Liens, d. h. einen über den *Administrative Expenses* liegenden Rang zusichern sowie Sicherheiten an bisher nicht besicherten Gegenständen oder zweitrangige Sicherheiten bestellen.[439] Voraussetzung hierfür ist, dass der *Debtor* darlegt, dass ein Sanierungskredit ohne Sicherheitenbestellung nicht zu erlangen war.[440] Schließlich besteht in Ausnahmefällen[441] die Möglichkeit, dass zugunsten des *DIP Financer* Sicherheiten an bereits besicherten Gegenständen bestellt werden, die entweder in gleichem oder sogar höherem Rang („senior or equal lien") als die bereits bestehenden Sicherheiten stehen.[442] An diese Möglichkeit sind höhere Anforderungen gestellt: Der *Debtor* muss darlegen, dass ein Kredit nur auf diese Weise erlangt werden kann und dass die betroffenen Inhaber der bereits bestehenden Sicherheiten einen angemessenen Ausgleich (*Adequate Protection*) erhalten.[443]

Eine weitere von *DIP Financers* häufig verwendete Methode ist *Cross-Collateralization*. Hierbei lässt sich ein Kreditgeber, der dem Schuldner bereits vor der Insolvenz einen Kredit ausgegeben hat, nicht nur seinen Massekredit besichern, sondern auch die Forderungen, die vor dem Insolvenzverfahren entstanden sind und damit eigentlich im Rang einer Insolvenzforderung (*Prepetition Claim*) standen.[444] Zuvor unbesicherte Gegenstände, die auch den ungesicherten Gläubigern im Wege einer Veräußerung und der folgenden *pro rata*-Befriedigung zur Verfügung gestanden hätten, werden nun von Sanierungskreditgebern „beschlagnahmt".[445] Da diese Methode somit alle anderen ungesicherten Gläubiger erheblich benachteiligt,[446] ist sie nicht unumstritten und wird nicht von allen *Circuits* gleich beurteilt.[447] Befürworter betonen, dass *Cross-Collateralization* die Suche nach Kreditgebern vereinfache und somit dem Restrukturierungsgedanken des *Chapter 11* Rechnung trage.[448] Aufgrund der bestehen-

---

439 *Shich*, 90 American Bankruptcy Law Journal (2016), 129, 136.

440 11 U.S.C. § 364(c).

441 *Kuney*, 21 Emory Bankruptcy Developments Journal (2004), 19, 49 f. Siehe auch *Ayotte/Morrison*, 1 Journal of Legal Analysis (2009), 511, 525, die in ihrer Studie zu dem Ergebnis kommen, dass in 80 Prozent der Fälle eines *Priming Lien* die bestehenden Sicherheiten schon zugunsten desselben Kreditgebers bestellt wurden. Aus jüngerer Zeit, mit beinahe identischem Ergebnis *Tung*, 37 Yale Journal on Regulation (2020), 651, 658.

442 11 U.S.C. § 364(d).

443 11 U.S.C. § 364(d)(1)(A), (B).

444 Siehe hierzu *Tabb*, Law of Bankruptcy (2020), § 11.11, S. 1070.

445 *Bucki*, 2005 Columbia Business Law Review (2005), 357, 363.

446 Siehe *Bebchuk/Fried*, 105 The Yale Law Journal (1996), 857, 891 ff.; *Dahiya/Ray*, 34 Emory Bankruptcy Developments Journal (2017), 57, 61; *Tung*, 37 Yale Journal on Regulation (2020), 651, 668 f.

447 Zwei wichtige *Court of Appeal*-Entscheidungen haben *Cross-Collateralization* als unzulässig beurteilt, siehe In re Texlon Corp., 596 F.2d 1092 (2d Circ. 1979) sowie In re Saybrook Mfg. Co., 963 F.2d 1490 (11th Cir. 1992). Zum Ganzen siehe *Burnett/Jacobs*, 9 Bankruptcy Developments Journal (1993), 503; *Jordan*, 40 Wayne Law Review (1993), 219; *Bucki*, 2005 Columbia Business Law Review (2005), 357, 360 ff.

448 So etwa *Jordan*, 40 Wayne Law Review (1993), 219, 231 ff.

den Rechtsunsicherheit des *Cross-Collateralization* entwickelte sich mit dem *Roll-Up* ein weiteres Konzept, um Massekreditgeber mit ihren vor Eröffnung des Insolvenzverfahrens entstandenen Forderungen zu bevorzugen. Beim *Roll-Up* vereinbaren Schuldner und Kreditgeber, dass der Schuldner einen Teil des neu ausgegebenen Massekredits dafür nutzt, das „alte" Darlehen des Kreditgebers zurückzuzahlen, letztlich also eine Insolvenzforderung in voller Höhe zu tilgen.[449]

bb) Kontrollausübung durch DIP Financing

Für die Zwecke dieser Arbeit wichtiger sind die Möglichkeiten der faktischen Kontrolle und Einflussnahme US-amerikanischer Sanierungskreditgeber auf den Schuldner. Zum Teil wird unterschieden zwischen dem sogenannten *Loan Oriented DIP Financing* und dem *Loan and Control DIP Financing*. Während bei ersterem der eigentliche Sanierungskredit im Vordergrund steht und Kontrollmöglichkeiten des Kreditgebers üblicherweise „nur" in Form von *Covenants* bestehen, geht es bei letzterem um den tatsächlichen Übergang der Kontrolle auf den Kreditgeber, entweder in Form eines Unternehmenskaufs oder als *Debt Equity Swap* im Rahmen eines Insolvenzplans.[450] Empirische Untersuchungen der US-amerikanischen ökonomischen Literatur zeigen einen direkten Einfluss gesicherter Gläubiger auf die *Corporate Governance* von Insolvenzschuldnern durch die Ausgabe solcher Massekredite.[451] Insbesondere beim *Loan and Control* (auch *Loan to Own* genannten) *DIP Financing* bestehen Banken mitunter auf der Auswechslung des Managements oder wenigstens der Einsetzung eines *Chief Restructuring Officer* (CRO) als Voraussetzung für das Ausreichen eines Sanierungskredits.[452] *Negative Covenants* in *DIP Financing*-Verträgen legen dem *Debtor* bestimmte Verhaltens- bzw. Unterlassungs-

---

[449] Siehe *White*, 12 American Bankruptcy Institute Law Review (2004), 139, 180 ff.; *Klee/Levin*, 21 Norton Journal of Bankruptcy Law and Practice (2012), 465, 474 f.; *Roe/Tung*, 99 Virginia Law Review (2013), 1235, 1250 ff.; *Tung*, 37 Yale Journal on Regulation (2020), 651, 668 ff.

[450] *Skeel*, 25 Cardozo Law Review (2004), 1905, 1907. Ähnlich *Li/Wang*, 39 Journal of Corporate Finance (2016), 121. Aus deutscher Sicht siehe *Chapeaurouge/Hafner*, Loan-to-Control als Strukturalternative des Praxisgebietes Distressed Mergers and Acquisitions. Zugleich ein Beitrag zum Debt Aktivismus in Deutschland, in: Knecht u. a. (Hrsg.), Handbuch Unternehmensrestrukturierung (2018), S. 845, 851 f. und passim.

[451] *Roberts/Sufi*, 64 The Journal of Finance (2009), 1657; *Li/Wang*, 39 Journal of Corporate Finance (2016), 121. Siehe auch *Jacoby/Janger*, 123 The Yale Law Journal (2014), 862, 902 f.

[452] *Skeel*, 25 Cardozo Law Review (2004), 1905, 1917; *Bucki*, 2005 Columbia Business Law Review (2005), 357, 392 f.; *Skeel*, 87 Temple Law Review (2015), 1015, 1024; *Li/Wang*, 39 Journal of Corporate Finance (2016), 121, 133. Siehe auch *Lipson*, 84 Southern California Law Review (2011), 1035, 1040; *Klee/Levin*, 21 Norton Journal of Bankruptcy Law and Practice (2012), 465, 477 f. Die Einsetzung eines CRO oder Auswechslung der Geschäftsleitung nach Kontrollübernahme ist darüber hinaus ein bei Gläubigern beliebtes Drohmittel, siehe *Skeel*, 152 University of Pennsylvania Law Review (2003), 917, 931.

pflichten auf. Beispielsweise ist es dem *Debtor* untersagt, Investitionen ab einer bestimmten Höhe zu tätigen oder einzelne Assets außerhalb des gewöhnlichen Geschäftsbetriebs zu veräußern.[453] Die Verletzung dieser *Covenants* führt (wie üblicherweise auch außerhalb der Insolvenz) zum Eintritt eines *Event of Default* und damit entweder zu einem außerordentlichen Kündigungsrecht des Kredits durch den Kreditgeber oder gar einer automatischen, vollständigen Fälligstellung des Kredits. Diese Folgen werden beim *DIP Financing* durch den „relief from the stay"[454] verschärft. Hierbei werden die sich aus dem *Event of Default* ergebenden Rechte des Kreditgebers vom *Automatic Stay* ausgenommen, so dass dieser die Zwangsvollstreckung in durch ihn belastete Sicherungsgegenstände betreiben kann.[455] Einige *DIP Financing*-Verträge sehen vor, dass ein *Event of Default* eintritt, wenn der *Debtor* nicht im Rahmen einer bestimmten Frist einen *363 Sale* durchführt.[456] Im Fall der Insolvenz des Elektronikhändlers *Circuit City*[457] etwa sah das *DIP Credit Agreement* vor, dass *Circuit City* innerhalb von drei Monaten einen *363 Sale* durchgeführt haben muss, dem sich sodann innerhalb eines Monats ein *Plan* anschließen sollte, der die Verteilung der Erlöse regelt.[458] Das gleiche Schicksal traf das Mietwagenunternehmen *Budget*, das mit *Credit Suisse First Boston* vereinbarte, das Unternehmen innerhalb von nur 50 Tagen zu verkaufen.[459] Eine ähnliche Regelung enthielt auch der *DIP Financing*-Vertrag zwischen *Chrysler* und dem *United States Treasury*.[460]

[453] *Kuney*, 21 Emory Bankruptcy Developments Journal (2004), 19, 52 ff.; *Chatterjee/Dhillon/Ramírez*, 28 Journal of Banking & Finance (2004), 3097, 3107 f.

[454] Siehe oben, B. I. 1.

[455] *Kuney*, 21 Emory Bankruptcy Developments Journal (2004), 19, 56.

[456] *Baird/Rasmussen*, 55 Stanford Law Review (2002), 751, 784 f.; *Kuney*, 21 Emory Bankruptcy Developments Journal (2004), 19, 108; *Baird/Rasmussen*, 154 University of Pennsylvania Law Review (2006), 1209, 1239; *LoPucki/Doherty*, 106 Michigan Law Review (2007), 1, 37. Siehe auch *Klee/Levin*, 21 Norton Journal of Bankruptcy Law and Practice (2012), 465, 473 f.; *Tung*, 37 Yale Journal on Regulation (2020), 651, 672.

[457] In re Circuit City Stores, Inc., No. 08-35653 (Bankr. E. D. Va. 2008).

[458] Siehe Section 5.18 („Bankruptcy Related Affirmative Covenants") des *Senior Secured, Super-Priority, Debtor-In-Possession Credit Agreement*: „[…] (d) By no later than the Lease Assumption Reserve Commencement Date, the Domestic Borrowers shall have prepared and distributed informational packages soliciting bids from potentially interested parties for the sale of their assets. Prior to the Lease Assumption Reserve Commencement Date, the Domestic Borrowers (i) shall have entered into a stalking horse bid (on an equity basis) on terms reasonably acceptable to the Administrative Agent with respect to the sale of their assets, which shall be conducted pursuant to bidding procedures and agency documents, each in form and substance reasonably acceptable to Administrative Agent and the Required Lenders, and (ii) filed a motion seeking the approval of a sales procedures order in connection with such stalking horse bid and bidding procedures, in form and substance reasonably acceptable to the Administrative Agent and the Required Lenders […]", abrufbar unter http://bankrupt.com/misc/Executed_DIP_Agreement-Redlined.pdf (zuletzt aufgerufen am 29.04.2022).

[459] Siehe hierzu *LoPucki/Doherty*, 106 Michigan Law Review (2007), 1, 37; *Kirshner*, University of Pennsylvania Journal of Business Law (2014), 527, 539.

[460] In re Chrysler LLC, 576 F.3d 108, 112 (2d Cir. 2009). Siehe auch *Lubben*, 83 American Bankruptcy Law Journal (2009), 531, 536 f.

Covenants in US-amerikanischen *Chapter 11*-Sanierungskreditverträgen führen somit zu einer erheblichen Kontrollmacht dieser Kreditgeber über den *Debtor*.[461] Folge dieser strengen *Covenants* können für die Gläubiger insgesamt ineffiziente Ergebnisse sein.[462] Insbesondere die Konstellation einer Kombination hieraus mit einem *Intercreditor Agreement*, das Gläubigergruppen mit eigentlich divergierender Interessenausrichtung bindet, führt zu erheblichem Konfliktpotenzial.

b) Die Begründung von Masseverbindlichkeiten in der Eigenverwaltung

aa) Allgemeines

In Deutschland wird typischerweise zwischen dem echten und unechten Massekredit unterschieden.[463] Da nur der echte Massekredit tatsächlich Liquidität zuführt, soll lediglich dieser hier betrachtet werden.

Verfahrenstechnisch war im deutschen Recht bis zur jüngsten Änderung durch das SanInsFoG zunächst zwischen dem vorläufigen Eigenverwaltungsverfahren nach § 270a InsO a. F., dem Schutzschirmverfahren nach § 270b InsO a. F. und der eröffneten Eigenverwaltung zu unterscheiden.[464] Mit Inkrafttreten des SanInsFoG hat der Gesetzgeber die beiden Varianten der vorläufigen Eigenverwaltung in § 270c InsO angenähert. Gemäß § 270c Abs. 4 InsO hat das Gericht auf Antrag des Schuldners anzuordnen, dass der Schuldner Masseverbindlichkeiten begründen kann.[465]

In der eröffneten Eigenverwaltung soll der eigenverwaltende Schuldner Verbindlichkeiten, die nicht zum gewöhnlichen Geschäftsbetrieb gehören, nur mit Zustimmung des Sachwalters eingehen, § 275 Abs. 1 S. 1 InsO, was bei einem Sanierungskredit gegeben ist[466]. Darüber hinaus muss er die Zustimmung des Gläubigerausschusses bzw. der Gläubigerversammlung gemäß §§ 276 S. 2, 160 Abs. 2 Nr. 2 InsO einholen, wenn der Sanierungskredit die Insolvenzmasse er-

---

[461] *McCormack*, Corporate Rescue Law (2008), S. 102 f.; *Kuney*, 21 Emory Bankruptcy Developments Journal (2004), 19, 56; *Ayotte/Morrison*, 1 Journal of Legal Analysis (2009), 511, 538.

[462] *Bucki*, 2005 Columbia Business Law Review (2005), 357, 394.

[463] Siehe *Warneke/Braun*, in: Kübler (Hrsg.), Handbuch Restrukturierung in der Insolvenz, 3. Aufl., 2018, § 4 Rn. 5; 32 ff.

[464] Ob der Schuldner im vorläufigen Eigenverwaltungsverfahren nach § 270a InsO a. F. originär Masseverbindlichkeiten begründen konnte, war lange unklar und in der Literatur umstritten, siehe hierzu ausführlich *Schulz*, Sanierungsgeschäftsführung in Krise und Eigenverwaltung (2017), S. 107 ff. Nach einer Entscheidung des IX. Zivilsenats des BGH Ende 2018 konnte der Schuldner in der vorläufigen Eigenverwaltung nach § 270a InsO a. F. nur insoweit Masseverbindlichkeiten begründen, als er vom Insolvenzgericht hierzu ermächtigt worden ist, siehe BGH, Urteil v. 22.11.2018, IX ZR 167/16, ZIP 2018, 2488.

[465] Siehe BeckOK InsO (22. Edition)-*Ellers*, § 270c, Rn. 4 f.

[466] Uhlenbruck-*Zipperer*, § 275 InsO, Rn. 3; K. Schmidt-*Undritz*, § 275 InsO, Rn. 3.

heblich belasten würde.[467] Von der Erheblichkeit kann in der Regel ausgegangen werden, wenn das Darlehen der Verlustfinanzierung dient oder Sicherheiten bestellt werden und hierdurch das Anlage- und Umlaufvermögen „blockiert" wird.[468]

bb) Kontrollausübung durch Sanierungskredite

Eine Kontrollausübung durch Vereinbarungen in Sanierungskrediten ist auch der deutschen Praxis nicht fremd. Diskutiert werden insbesondere sogenannte *Change of Control*-Klauseln, die eine Fortführungsfinanzierung von der Bestellung einer bestimmten Person zum Sachwalter abhängig machen.[469] Das AG Stendal hielt eine solche Klausel für rechtswidrig, da die durch § 56 InsO geforderte Unabhängigkeit des Sachwalters missachtet werde.[470] Darüber hinaus lassen sich die Erwägungen zur Interessenlage beim *DIP Financing*, insbesondere im Zusammenhang mit den dort verwendeten *Covenants* auf das deutsche Recht übertragen.[471]

c) DIP Financing und Sanierungskredit in Eigenverwaltung im Vergleich

Die Insolvenzordnung privilegiert Sanierungskreditgeber lediglich durch § 55 Abs. 2, indem der Rückzahlungsanspruch zur Masseverbindlichkeit erhoben wird.[472] Die Anreizwirkung hiervon ist jedoch gering, da gemäß § 209 Abs. 1 InsO die Kosten des Verfahrens sowie Masseverbindlichkeiten, die nach der Anzeige der Masseunzulänglichkeit begründet worden sind, vorgehen.[473] Die Möglichkeit, im Rahmen eines Massekredits vorrangige Sicherheiten zu bestellen, besteht nicht.[474]

Das *DIP Financing* in *Chapter 11* geht somit über die Möglichkeiten des Sanierungskredits in der Eigenverwaltung weit hinaus. Die Unternehmensfortführung ist ohne ausreichende Liquidität nicht zu gewährleisten,[475] was den oh-

[467] *Grotebrune*, Die Haftung der schuldnerischen GmbH/AG und ihrer Geschäftsführungsorgane in der (vorläufigen) Eigenverwaltung (2018), S. 135 f.

[468] MünchKomm.-*Janssen*, § 160 InsO, Rn. 21; Uhlenbruck-*Zipperer*, § 160 InsO, Rn. 26; HK-*Ries*, § 160 InsO, Rn. 9.

[469] Siehe hierzu noch unten, Kapitel 2, B. II. 1. b) (S. 110 ff.).

[470] AG Stendal, Beschl. v. 01.10.2012 – 7 IN 164/12, ZIP 2012, 1875, 2031.

[471] Für einen Überblick siehe *Knecht/Haghani*, § 18. Bilanzielle Restrukturierung und Financial Covenants, in: Buth/Hermanns (Hrsg.), Restrukturierung, Sanierung, Insolvenz (2014), Rn. 71 ff. Siehe auch *Marotzke*, KTS 2014, 113, 124 f., der die „Dominanz der Bankenseite" insbesondere im vorläufigen Verfahren kritisiert. Zu der Frage der Haftung von Kreditgebern aufgrund faktischer Organschaft siehe noch Kapitel 3, B. I. 3. (S. 208 f.).

[472] Siehe *Undritz*, in: Kübler (Hrsg.), Handbuch Restrukturierung in der Insolvenz, 3. Aufl., 2018, § 2 Rn. 37.

[473] Ebenso *Knof*, ZInsO 2010, 1999, 2004.

[474] Überlegungen *de lege ferenda* bei *Parzinger*, ZIP 2019, 1748, 1757 ff.

[475] *Undritz*, in: Kübler (Hrsg.), Handbuch Restrukturierung in der Insolvenz, 3. Aufl., 2018, § 2 Rn. 34.

nehin bereits bestehenden Zeitdruck im Verfahren noch verstärkt. Die Erfahrungen aus den USA zeigen, dass erhöhter Zeitdruck zu voreiligen Verkäufen und nicht marktgerechten Preisen führen kann.

6. Zusammenfassung von IV.

Gesicherte Gläubiger werden eine schnelle übertragende Sanierung einer langwierigeren Restrukturierung durch Insolvenzplan typischerweise vorziehen. Das ergibt sich zum einen aus dem in der Regel für sie höheren Erwartungswert der übertragenden Sanierung. Zum anderen besteht die Möglichkeit, dass gesicherte Gläubiger selbst als potenzielle Erwerber auftreten, um eine Art „verbilligten Debt-Equity-Swap" herbeizuführen. Zu beachten ist die Möglichkeit bzw. das Risiko der Umqualifizierung zur Nachrangforderung im Falle gesteigerten unternehmerischen Einflusses aufgrund von *Covenants* in Kreditverträgen. Ungesicherte Insolvenz- und Nachranggläubiger werden in der Regel stets auf eine Restrukturierung hoffen, da sie eine Restchance für eine Befriedigungsquote jenseits der sonst üblichen 3–5 Prozent und somit den höheren Erwartungswert bietet. Durch die Bildung von Gläubigerkoalitionen verkompliziert sich die „Interessenverteilung".

D. Zusammenfassung

Das vorstehende Kapitel hat zunächst die Unterschiede und Gemeinsamkeiten von Zielen und Funktion des deutschen und US-amerikanischen Insolvenzrechts vor dem jeweiligen rechtskulturellen Hintergrund herausgearbeitet.[476] Während in Deutschland Haftungsverwirklichung und Gleichbehandlung der Gläubiger im Vordergrund stehen, dient das US-amerikanische Insolvenzrecht in erster Linie der Schuldnerrehabilitierung; erst an zweiter Stelle stehen die Interessen der Gläubiger. Außenstehende Interessen werden vom US-amerikanischen Insolvenzrecht stärker berücksichtigt.

Diese Unterschiede kommen in verfahrensrechtlichen Details entsprechend zum Ausdruck.[477] Die wesentlichen Verfahrensunterschiede bei der übertragenden Sanierung (bzw. dem *363 Sale*) liegen etwa im ausgeprägten Vollstreckungsstopp des *Automatic Stay*, der in dieser Rigidität in der Insolvenzordnung kein Pendant findet. Der zur Überwachung des Schuldners eingesetzte *Examiner*, sofern er überhaupt bestellt wird, hat erheblich weniger Befugnisse als der Sachwalter. Auch die Übertragung des schuldnerischen Unternehmens erweist sich, insbesondere hinsichtlich der lastenfreien Übertragung von Gegenständen und der generell fehlenden Beteiligung der Gläubiger, in den USA

---

[476] A. (S. 7ff.).
[477] B. (S. 29ff.).

als für den Schuldner weitaus unkomplizierter, während in Deutschland erhebliche Verwertungsbeschränkungen bestehen.

Die Interessen der Beteiligten unterscheiden sich stark voneinander.[478] In Bezug auf die Geschäftsleitung resultieren die Gefahren der Eigenverwaltung im Fall der übertragenden Sanierung weniger aus einem *Gambling for Resurrection* im herkömmlichen Sinne, sondern bestehen im eigennützigen Handeln der Geschäftsleitung. Empirische Studien belegen, dass sie vor allem die Chance sieht, ihre Position zu bewahren, und damit praktisch nicht mehr auf Seiten der Gesellschaft bzw. ihrer Gläubiger, sondern auf Seiten des Erwerbers steht.

Auf Seiten der Gläubiger haben im Ergebnis nur gesicherte Gläubiger sowie *DIP Financer* bzw. Massekreditgeber ein Interesse an einer übertragenden Sanierung. Alle anderen Gläubiger werden in der Regel eine Restrukturierung befürworten, da nur diese für sie noch einen Erwartungswert von mehr als 0 verspricht. Die Geschäftsleitung ist also verschiedenen Einflüssen ausgesetzt und Wahrer unterschiedlicher Interessen.

Covenant-geschützte Gläubiger üben signifikanten Einfluss auf die Fortführung des Unternehmens aus. Es besteht unter engen Voraussetzungen ein Restrisiko, dass *Covenants* zu einer Subordination der Darlehensrückzahlungsforderung führen; hierdurch würde sich die Interessenlage wiederum verändern. Das Maß an Kontrolle, das *DIP Financer* in den USA ausüben, gibt es in dieser Form in Deutschland nicht.

---

[478] C. (S. 45 ff.).

Kapitel 2

Die Überwachung und Kontrolle des Schuldners und seiner Geschäftsleitung

Das erste Kapitel hat die strukturellen Unterschiede der Insolvenzrechte Deutschlands und der USA herausgearbeitet und aufgezeigt, dass sich diese am Beispiel des Asset Deal aus der Insolvenz schon verfahrensmäßig widerspiegeln. An die vorgenommene rechtsordnungsübergreifende Interessenanalyse ist nun die rechtsvergleichende Untersuchung der Kontrolle des Schuldners bei Asset Deals anzuknüpfen, um die Frage zu beantworten, ob sich diese strukturellen Unterschiede auch hier manifestieren.

Da der Schuldner in Eigenverwaltung/*Chapter 11* selbst die Aufgaben eines Insolvenzverwalters wahrnimmt, spielt dessen Kontrolle eine entscheidende Rolle. Die Gläubiger haben aus diesem Grund ein im Vergleich zum Verfahren mit Insolvenzverwalter (Regelverfahren/*Chapter 7*) noch gesteigertes Interesse an umfassender Kontrolle des Schuldners. Aufgrund der Informationsasymmetrie zwischen Schuldner und Gläubigern ist eine lückenlose Überwachung des Schuldners erforderlich.[1] Auch die Beteiligung der Gläubiger hat damit im Vergleich zum Regelverfahren eine hervorgehobene Bedeutung.[2] Außerhalb der Insolvenz nehmen Aufsichtsrat und Gesellschafter- bzw. Hauptversammlung diese Überwachungsaufgabe wahr. Die folgende Darstellung wird deshalb zunächst die Rolle gesellschaftsrechtlicher Aufsichtsorgane in der Eigenverwaltung untersuchen (A.). Der rechtsvergleichende Blick in das US-amerikanische Gesellschaftsrecht und die dortige Rolle des *Board* der *Corporation* in *Chapter 11* kontrastiert die Untersuchung zum deutschen Recht. Die sich dort gleichermaßen stellende Frage nach den Einflussmöglichkeiten der Gesellschaftsorgane in der Insolvenz ist vor dem Hintergrund der im ersten Kapitel herausgearbeiteten ökonomischen Gemeinsamkeiten und rechtskulturellen Unterschiede beider Rechtsordnungen näher zu beleuchten.

Abschnitt B widmet sich sodann den Gläubigerorganen. Neben dem Sachwalter übernehmen im Insolvenzverfahren Gläubigerversammlung und Gläu-

---

[1] Siehe Kapitel 1, C. I. 2. (S. 47 ff.).

[2] MünchKomm.-*Ehricke/Ahrens*, § 74 InsO, Rn. 6; *Harbrecht*, in: FS Beck, 2016, S. 255, 260. Siehe auch *Hammes*, Der Gläubigerausschuss in der Eigenverwaltung (2019), S. 3 f.; *Vallender*, WM 2002, 2040, 2048; *Ampferl*, in: Kübler (Hrsg.), Handbuch Restrukturierung in der Insolvenz, 3. Aufl., 2018, § 14 Rn. 6 (für den Gläubigerausschuss). Allgemeiner auch MünchKomm.-*Kern*, Vor §§ 270–285 InsO, Rn. 81 ff.

bigerausschuss die Kontrolle des eigenverwaltenden Schuldners. Im Fall der übertragenden Sanierung ist deren Mitwirkung erforderlich.[3] In diesem Zusammenhang treten die Gefahren von Unterwertveräußerungen im Allgemeinen und Verkäufen an Insider im Besonderen hervor, deren Beurteilung der deutsche Gesetzgeber den Gläubigerorganen überantwortet hat. Insbesondere Insiderveräußerungen an Gläubiger ziehen die Frage nach sich, ob und inwiefern diese Insider am Willensbildungsprozess der Gläubiger beteiligt sein dürfen. Diese Gefahren von Insider- bzw. Unterwertveräußerungen sind in den USA wohlbekannt; aus diesem Grund ist an dieser Stelle das *Creditors' Committee* rechtsvergleichend in den Blick zu nehmen.

Funktional sind die Organe der Gläubiger in der Insolvenz mit den verbandsrechtlichen Aufsichtsorganen vergleichbar.[4] Aus dieser Vergleichbarkeit ergibt sich (jedenfalls aus deutscher Sicht) die Frage, inwiefern verbandsrechtliche Vorschriften oder zumindest allgemeine Rechtsgedanken auf die Gläubigerorgane (analog) angewendet werden können. Dabei geht es vor allem um die Frage, ob einzelne Gläubiger von der Abstimmung in Gläubigerversammlung oder -ausschuss über eine übertragende Sanierung ausgeschlossen werden können, wenn sie aufgrund von Eigeninteressen unzulässige Sondervorteile auf Kosten der Gläubigergesamtheit erlangen wollen. Daneben tritt das bis heute kontrovers diskutierte (US-amerikanische) Phänomen des *Gifting*, das auch aus deutsch-rechtlicher Perspektive in den Blick zu nehmen ist (B.).

Schließlich sind die Regelungen zu Sachwalter und *Examiner* insbesondere vor dem Hintergrund ihrer Überwachungs- und Kontrollmöglichkeiten zu untersuchen (C.).

A. Die gesellschaftsrechtlichen Aufsichtsorgane

I. Vorüberlegungen

Grundlage der Überlegungen zu der gesellschaftsrechtlichen Überwachung der Geschäftsleitung sowohl in Deutschland als auch den USA ist der insbesondere durch die Trennung von Eigentum und Kontrolle verursachte Prinzipal-Agenten-Konflikt zwischen den Anteilseignern als Prinzipal und der Geschäftsleitung als Agent.[5] Vor allem bei Publikumsgesellschaften sind die Koordinie-

---

[3] Ausführlich unten, B. III. (S. 129 ff.).

[4] Siehe *Hegmanns*, Der Gläubigerausschuß (1986), S. 52 ff.; *Kumpan*, Der Interessenkonflikt im deutschen Privatrecht (2014), S. 223; *Thoma*, Gläubigerautonomie (2019), S. 102 ff.; *Vallender*, WM 2002, 2040, 2044. Vgl. auch *Heeseler/Neu*, NZI 2012, 440, 441.

[5] *Jensen/Meckling*, 3 Journal of Financial Economics (1976), 305; *Fama/Jensen*, 26 Journal of Law & Economics (1983), 301. Zum Prinzipal-Agenten-Problem in Bezug auf das Verhältnis zwischen Gläubigern und Geschäftsleitung siehe bereits oben, Kapitel 1, C. I. 2. (S. 47 ff.).

rungskosten für eine effektive Kontrolle so hoch, dass sie außer Verhältnis zu dem hierdurch erreichbaren Vorteil stehen. Um die durch die Überwachung des Agenten (der Geschäftsleitung) verursachten *Agency Costs* zu reduzieren, wird ein Kontrollorgan als Intermediär installiert.[6] Dieses nimmt am Entscheidungsprozess der Geschäftsleitung teil. Nach *Fama* und *Jensen* gliedert sich dieser Entscheidungsprozess in die Schritte Vorschlag, Genehmigung, Ausführung und Kontrolle.[7] „Überwachung" (*Decision Control*) schließt hierbei die Teilnahme des Kontrollorgans bei den Schritten der Genehmigung und Kontrolle mit ein.[8]

Von diesen Grundlagen abgesehen, haben die Strukturen der *Corporate Governance* in Deutschland und den USA deutliche Unterschiede, insbesondere das Modell der Überwachung betreffend: Das „Two-Tier"-Modell Deutschlands sieht eine klare Trennung zwischen Geschäftsleitung (Vorstand bzw. Geschäftsführung) und Überwachung (Aufsichtsrat bzw. Gesellschafterversammlung) vor.[9] Der *Board of Directors* hingegen vereint beide Funktionen in einem Organ (angelsächsisches „One-Tier"-Modell).[10] Schon seit längerem wird indes eine funktionale Konvergenz der beiden Modelle (in beide Richtungen) beobachtet.[11] Auch die rechtsökonomischen Erwägungen zur *Corporate Governance*

---

[6] *Auge-Dickhut*, Der Aufsichtsrat als Intermediär (1999), S. 25 ff.; *Leyens*, Information des Aufsichtsrats (2006), S. 19 ff.; *Lieder*, Der Aufsichtsrat im Wandel der Zeit (2006), S. 629 ff.; *Kräkel*, Organisation und Management (2015), S. 86 ff.; *Müller-Michaels/Wingerter*, AG 2010, 903; *Wackerbarth*, ZGR 2005, 686, 711. Ähnlich *Bainbridge/Henderson*, Outsourcing the Board (2018), S. 42.

[7] *Initiation, Ratification, Implementation* sowie *Monitoring*, siehe *Fama/Jensen*, 26 Journal of Law & Economics (1983), 301, 303.

[8] *Fama/Jensen*, 26 Journal of Law & Economics (1983), 301, 303 f.

[9] GroßKommAktG-*Hopt/Roth*, § 95, Rn. 3 ff.; MünchKomm.-*Habersack*, Vor §§ 95–116 AktG, Rn. 1. Zu den historischen Gründen siehe *Schiessl*, ZHR 167 (2003), 235, 237 ff.; *Hopt*, ZGR 2019, 507, 510 f. Ausführlich in größerem Zusammenhang sowie zu Geschichte und Einfluss der Mitbestimmung siehe *Kuntz*, German corporate law in the 20th century, in: Wells (Hrsg.), Research Handbook on the History of Corporate and Company Law (2018), S. 205, 218 ff. und passim.

[10] Für einen Überblick siehe *Armour/Enriques/Hansmann/Kraakman*, The Basic Governance Structure: The Interests of Shareholders as a Class, in: Armour u. a. (Hrsg.), The Anatomy of Corporate Law (2017), S. 50 f. Aus ökonomischer Perspektive *Kräkel*, Organisation und Management (2015), S. 289 ff. Zu den (teilweise historisch zu erklärenden) Gründen für die unterschiedlichen Modelle siehe *Hopt*, ZHR 175 (2011), 444, 466 ff.; aus wirtschaftswissenschaftlicher Sicht siehe *Moerland*, 26 Journal of Economic Behavior & Organization (1995), 17, 25 und passim. Jeweils zu Vor- und Nachteilen des zwei- und eingliedrigen Verwaltungsmodells siehe *Lieder*, Der Aufsichtsrat im Wandel der Zeit (2006), S. 636 ff.; *Schiessl*, ZHR 167 (2003), 235, 241 ff.; *Brändle/Noll*, 5 German Law Journal (2004), 1349, 1352 ff.; *Bachmann*, in: FS Hopt, 2010, S. 337, 340 f. Welches Modell das effizientere ist, lässt sich empirisch indes nicht belegen, siehe *Jungmann*, 3 European Company and Financial Law Review (2006), 426.

[11] *Auge-Dickhut*, Der Aufsichtsrat als Intermediär (1999), S. 26 f.; *von Hein*, Rezeption (2008), S. 42 f.; *Windbichler*, ZGR 1985, 50; *Escher-Weingart*, ZVglRWiss 99 (2000), 387, 395 f.; *Hansmann/Kraakman*, 89 Georgetown Law Journal (2000), 439, 455 f.; *Hopt*, ZGR

haben in Bezug auf die *Bankruptcy Governance*[12] in beiden Rechtsordnungen gleichermaßen Gültigkeit. Danach verschiebt sich im Insolvenzfall das Interessengefüge.[13]

In den folgenden Abschnitten folgt eine Analyse, wie das deutsche bzw. US-amerikanische Recht hierauf reagiert. Aufbauend auf den Ergebnissen des Vergleichs der Insolvenzrechtskultur beider Rechtsordnungen[14] steht im Zentrum der Untersuchung die Frage, welche Mittel den Gesellschaftern als vormalige Residualgläubiger verbleiben (sollten), um ihre Interessen auch in der (vorläufigen) Eigenverwaltung/*Chapter 11* durchzusetzen.[15] Der Vergleich zeigt deutliche Unterschiede hinsichtlich der Berücksichtigung von Gesellschafterinteressen sowie der Möglichkeiten der Einflussnahme der schuldnerischen Überwachungsorgane.

In einem ersten Schritt sind die Grundlagen der gesellschaftsrechtlichen Einflussnahme auf die Geschäftsleitung in der Insolvenz zu betrachten (II.). Die Interessenanalyse hat gezeigt, dass Gesellschafter eine übertragende Sanierung in der Regel verhindern wollen.[16] Aus diesem Grund ist insbesondere auf den Fall der Unternehmensveräußerung einzugehen, der außerhalb der Insolvenz durch § 179a AktG sowie die Rechtsprechung des BGH in Sachen *Holzmüller* und *Gelatine* bestimmt wird (III.). Zentrale Vorschrift in Bezug auf die Überwachungsorgane der schuldnerischen Gesellschaft in der Eigenverwaltung ist seit dem ESUG § 276a InsO. Der zeitliche Anwendungsbereich der Vorschrift war lange nicht geklärt (IV.); der sachliche ist es bis heute nicht (V.). In dieser Hinsicht soll die Vorschrift einer genaueren Untersuchung unterzogen werden in Bezug auf Fragen, die sich im Zusammenhang mit der übertragenden Sanierung stellen.

II. Grundlagen der gesellschaftsrechtlichen Einflussnahme auf die Geschäftsleitung in der Insolvenz

Die Überwachung der Geschäftsleitung übernimmt außerhalb der Insolvenz bei der (nicht mitbestimmten) GmbH die Gesellschafterversammlung,[17] bei der AG der Aufsichtsrat, §§ 46 Nr. 6 GmbHG, 111 Abs. 1 AktG. Diese Kontrolle ist sowohl vergangenheitsbezogen als auch zukunftsgerichtet.[18] Die Gesell-

---

2000, 779, 783 ff.; *von Hein*, ZHR 166 (2002), 464, 494 f.; *Lieder*, 11 German Law Journal (2010), 115; *Hopt*, ZHR 175 (2011), 444, 468 ff.; *Hopt*, ZGR 2019, 507, 515 ff.

[12] Zu diesem Begriff siehe oben, Kapitel 1, A. II. (S. 23 ff.).

[13] Siehe oben, Kapitel 1, C. (S. 45 ff.).

[14] Kapitel 1, A. I. (S. 7 ff.).

[15] Das Interesse der Gesellschafter ist darauf gerichtet, mindestens die Liquidation zu vermeiden und eine übertragende Sanierung zu verhindern, siehe Kapitel 1, C. I. 2. (S. 47 ff.).

[16] Siehe oben, Kapitel 1, C. II. (S. 50 ff.).

[17] Vom fakultativen Aufsichtsrat bei der GmbH (§ 52 Abs. 1 GmbHG) abgesehen.

[18] BGHZ 114, 127, 129 f.; MünchKomm.-*Habersack*, Vor §§ 95–116 AktG, Rn. 2; *Goette*, in: FS 50 Jahre BGH, 2000, S. 123, 128; *Hopt*, ZGR 2019, 507, 523.

schafterversammlung der GmbH ist hierbei ohnehin „omnipotent“.[19] Auch dem Aufsichtsrat der AG stehen zum Zweck der Überwachung eine Reihe von Instrumenten zur Verfügung. Darunter sind insbesondere die Informationsrechte (§ 90 AktG) sowie die Einsichts- und Prüfungsrechte nach § 111 Abs. 2 AktG zu nennen. Um das Geschäftsführungsverbot des Aufsichtsrats (§ 111 Abs. 4 S. 1 AktG) zu relativieren und die genannte zukunftsgerichtete Kontrolle zu ermöglichen, hat die Satzung oder der Aufsichtsrat gemäß § 111 Abs. 4 S. 2 AktG zu bestimmen, dass bestimmte Arten von Geschäften nur mit seiner Zustimmung vorgenommen werden dürfen.[20] Weitere, wesentliche Aufgaben des Aufsichtsrats sind die Bestellung und Abberufung von Vorstandsmitgliedern (§ 84 AktG) sowie die Einberufung der Hauptversammlung, wenn das Wohl der Gesellschaft es fordert (§ 111 Abs. 3 AktG).

Seit Inkrafttreten der InsO war umstritten, ob und inwieweit die Geschäftsleitung in der Eigenverwaltung verbandsrechtlichen Bindungen unterliegt. Die Vorschriften zur Eigenverwaltung (§§ 270 ff. InsO) enthielten zunächst gar keine Regelung der schuldnerischen Organisationsstruktur. Die Frage geht auch auf die Unterscheidung zwischen Verdrängungs-, Schuldner- und Überschneidungsbereich zurück.[21] Im Verdrängungsbereich, der die Verwaltung und Verwertung der Insolvenzmasse umfasst, sind die Organe der insolventen Gesellschaft nicht mehr zuständig (§ 80 InsO).[22] Nur im Schuldnerbereich, der solche Maßnahmen umfasst, die das insolvenzfreie Vermögen der Gesellschaft betreffen, verbleibt eine Zuständigkeit der Gesellschaftsorgane.[23] Da es in der Eigenverwaltung einen Verdrängungsbereich wie in der Fremdverwaltung jedoch nicht gibt, war umstritten, ob die Aufsichtsorgane der Gesellschaft weiter Einfluss üben können. Nach einer Ansicht war dies der Fall, so dass bei der GmbH etwa die Gesellschafterversammlung der Geschäftsführung gemäß § 46 Nr. 5 GmbHG auch in der Eigenverwaltung bindende Weisungen erteilen konnte.[24] Nach anderer Meinung trat das Gesellschaftsrecht in der Eigenverwaltung zurück. Maßgeblich sei, dass der eigenverwaltende Schuldner sich wegen § 1 InsO nunmehr ausschließlich an den Interessen der Gläubiger zu orientieren

---

[19] MünchKomm.-*Liebscher*, § 46 GmbHG, Rn. 189. Zur Gesellschafterversammlung als „oberstes Organ“ in Abgrenzung zur AG siehe auch GroßKommGmbHG-*Hüffer/Schäfer*, § 45, Rn. 19.

[20] MünchKomm.-*Habersack*, § 111 AktG, Rn. 114. Hierzu und zu den Grenzen der Zustimmungsvorbehalte siehe *Fleischer*, BB 2013, 835; *Grunewald*, ZIP 2016, 2009.

[21] Grundlegend *Weber*, KTS 1970, 73. Siehe auch *Kessler*, Die Aktiengesellschaft in der Eigenverwaltung (2006), S. 101 ff.; 282 ff.

[22] *Weber*, KTS 1970, 73, 77; Jaeger-*Windel*, § 80 InsO, Rn. 76 ff.; MünchKomm.-*Vuia*, § 80 InsO, Rn. 112 ff.

[23] *Weber*, KTS 1970, 73, 79 f.; *Kessler*, Die Aktiengesellschaft in der Eigenverwaltung (2006), S. 103 ff.; MünchKomm.-*Koch*, § 264 AktG, Rn. 62 ff.

[24] *Hofmann*, Die Eigenverwaltung in der Insolvenz (2006), S. 169 ff.; *Finke*, Kollision von Gesellschaftsrecht und Insolvenzrecht (2011), S. 168 ff.; *Ringstmeier/Homann*, NZI 2002, 406.

habe.[25] Wie im Regelverfahren führe dies somit dazu, dass die Vermögensinteressen der Gesellschafter nicht mehr beachtlich seien.[26]

§ 276a Abs. 1 S. 1 InsO sieht nun vor, dass die gesellschaftsrechtlichen Aufsichtsorgane keinen Einfluss auf die Geschäftsführung des Schuldners haben. Grundgedanke der Vorschrift ist, dass deren Einflussmöglichkeiten nicht weiter reichen sollen als im Parallelfall des Regelverfahrens mit Insolvenzverwalter.[27] In der Eigenverwaltung bleibt somit eine Einflussnahme durch die gesellschaftsrechtlichen Aufsichtsorgane in Bezug auf den Verdrängungsbereich außer Betracht; dies wird durch § 276a Abs. 1 InsO nur bestätigt.[28]

§ 276a Abs. 1 InsO stellt darüber hinaus klar, dass nicht nur Überwachungsaufgaben der Aufsichtsorgane umfasst sind, sondern auch Geschäftsführungskompetenzen. Vor allem für die GmbH, bei der die Gesellschafterversammlung nach § 37 Abs. 1 GmbHG einzelne Geschäftsführungsmaßnahmen per Beschluss treffen kann, gilt somit, dass nicht nur Überwachungs- und Kontrollkompetenzen suspendiert sind.[29]

Gänzlich anders stellt sich die Situation in den USA dar. Im Gegensatz zur „dualistischen Spitzenverfassung" bestehend aus Vorstand und Aufsichtsrat gilt im angelsächsischen Recht und damit auch im Recht der US-amerikanischen Einzelstaaten, wie bereits oben erwähnt,[30] das monistische *Board*-System.[31] Der *Board of Directors* ist das geschäftsführende Organ der *Corporation*. Zentrale Vorschrift im Recht Delawares ist § 141(a) DGCL:

„The business and affairs of every corporation organized under this chapter shall be managed by or under the direction of a board of directors, […]".

In der Praxis delegieren die *Directors* das operative Geschäft („day to day business") indes typischerweise auf *Corporate Officers* (§ 142 DGCL).[32] Beim

---

[25] *Huhn*, Die Eigenverwaltung im Insolvenzverfahren (2003), S. 218 ff.; *Prütting/Huhn*, ZIP 2002, 777, 779 (und passim) mwN; *Uhlenbruck*, in: FS Metzeler, 2003, S. 85, 95 ff.

[26] *Maesch*, Corporate Governance in der insolventen Aktiengesellschaft (2005), S. 215 ff., allerdings danach differenzierend, ob Überschuldung oder drohende Zahlungsunfähigkeit vorliegt.

[27] Begr. zum RegE ESUG, BT-Drucks. 17/5712, S. 42. Siehe auch MünchKomm.-*Klöhn*, § 276a InsO, Rn. 4 f.; *Haas*, in: FS Kübler, 2015, S. 203, 205.

[28] Ebenso MünchKomm.-*Spindler*, § 76 AktG, Rn. 62; *Thole*, Gesellschaftsrechtliche Maßnahmen in der Insolvenz (2020), Rn. 168. Zweifelnd *Hirte/Knof/Mock*, DB 2011, 693, 697.

[29] HambKomm.-*Fiebig*, § 276a InsO, Rn. 5; Gottwald, InsO-HdB-*Haas/Kolmann/Kurz*, § 90, Rn. 348.

[30] Siehe oben, A. I. (S. 82 ff.).

[31] Für einen rechtsvergleichenden Überblick siehe *Armour/Enriques/Hansmann/Kraakman*, The Basic Governance Structure: The Interests of Shareholders as a Class, in: Armour u. a. (Hrsg.), The Anatomy of Corporate Law (2017), S. 50 f.

[32] *Gevurtz*, Corporation Law (2010), S. 179 ff.; 190; *Cox/Hazen*, Corporations (2020), § 9:1; *Johnson/Millon*, 46 William and Mary Law Review (2005), 1597, 1607; *Johnson/Ricca*, 67 Business Lawyer (2011), 75, 77 ff. Zur generellen Kritik an dem Modell siehe *Mace*, 32

Board verbleiben insbesondere die Aufgaben, die langfristige Unternehmensstrategie auszuarbeiten sowie die *Officers* zu überwachen und vereinzelt zu unterstützen.[33]

Die Möglichkeiten der Einflussnahme von Gesellschaftern einer *Corporation* sind im Vergleich zur deutschen AG (geschweige denn zur GmbH) auf wenige Fälle begrenzt.[34] Die Zustimmung einer einfachen Mehrheit der *Shareholder* ist unter anderem erforderlich für die Änderung der *By-Laws* oder der Satzung (*Certificate of Incorporation*)[35] sowie für einen *Merger*[36] oder die Veräußerung des gesamten oder wesentlichen Teils des Gesellschaftsvermögens[37].

Die interne Überwachung der Geschäftsleitung übernehmen typischerweise sogenannte *Outside Directors* oder *Independent Directors*;[38] möglich ist indessen auch die Übertragung von Überwachungsaufgaben auf gesonderte Ausschüsse („monitoring audit committees"), die ebenfalls von *Outside Directors* besetzt sind.[39] Diese Vorgaben des (einzelstaatlichen) Gesellschaftsrechts gelten in *Chapter 11* grundsätzlich fort.[40] Eine generelle Suspendierung der Kompetenzen der Gesellschafterorgane im Sinne des § 276a Abs. 1 InsO kennt das US-amerikanische Insolvenzrecht somit nicht.[41]

Von diesen Grundlagen ausgehend, sind im Folgenden die besondere Situation der Veräußerung des Unternehmens und die Einflussmöglichkeiten der Gesellschafter hierauf in den Blick zu nehmen.

Rutgers Law Review (1979), 293 ff.; *Eisenberg*, 19 Cardozo Law Review (1997), 237 ff. sowie aus jüngerer Zeit *Bainbridge/Henderson*, Outsourcing the Board (2018), S. 30 ff. und passim. Zu dem Problem einer fehlenden Definition und nur sporadischer Legislatur zu *Corporate Officers* siehe *Shaner*, 54 University of Richmond Law Review (2019), 527.

[33] *Mace*, 32 Rutgers Law Review (1979), 293 f.; *Johnson/Daily/Ellstrand*, 22 Journal of Management (1996), 409, 411 f.; *Bainbridge*, 97 Northwestern University Law Review (2003), 547, 599 f. Ausführlich zum Aufgabenkatalog des *Board* siehe *Bainbridge/Henderson*, Outsourcing the Board (2018), S. 32 ff. Zur Leitungsautonomie des *Board* siehe *Kuntz*, RIW 2016, 97 ff. Zu dem Problem, dass der *Board* bei der Überwachung des CEO auf Informationen angewiesen ist, die es vom CEO selbst erhält, siehe *Greenwood*, 13 Brooklyn Journal of Corporate, Financial & Commercial Law (2018), 99, 120.

[34] Für einen Überblick siehe Balotti/Finkelstein-*Rohrbacher*, Rn. § 4.1.

[35] § 242 DGCL.

[36] §§ 251–258 DGCL.

[37] §§ 271 DGCL.

[38] Aus rechtsvergleichender Perspektive hierzu *Kumpan*, The Independent Director in Delaware and German Corporate Law, in: Laby/Russel (Hrsg.), Fiduciary Obligations in Business, S. 221 ff.

[39] Balotti/Finkelstein-*Rohrbacher*, Rn. § 4.10; *Gordon*, 59 Stanford Law Review (2006), 1465, 1490 ff.

[40] *Tabb*, Law of Bankruptcy (2020), § 11.6, S. 1053; *Adams*, 73 Boston University Law Review (1993), 581, 594 f.

[41] Siehe aber zu den Fragen in Bezug auf die Bestellung und Abberufung der Geschäftsleitung in *Chapter 11* unten, A. V. 2. b) (S. 98 ff.).

III. § 179a AktG sowie Holzmüller und Gelatine

§ 179a AktG sowie die richterrechtlichen Grundsätze der Entscheidungen *Holzmüller* und *Gelatine* begründen einen materiellen Schutz der Rechte und Vermögensinteressen der Aktionäre für den Fall der Veräußerung des Unternehmens durch Einzelrechtsnachfolge. Diese sind in einem ersten Schritt kurz nachzuzeichnen (1.), um sodann deren Anwendbarkeit in der Eigenverwaltung zu überprüfen (2.).

1. Gesellschaftsrechtliche Grundlagen

a) § 179a AktG

Nach § 179a AktG bedarf es bei einem Vertrag, durch den sich eine Aktiengesellschaft zur Übertragung des ganzen Gesellschaftsvermögens verpflichtet, ohne dass die Übertragung unter das Umwandlungsgesetz fällt, eines Beschlusses der Hauptversammlung mit qualifizierter Mehrheit. Der Unternehmenskaufvertrag bedarf für seine Wirksamkeit dieses Hauptversammlungsbeschlusses und ist ohne ihn schwebend unwirksam (§ 177 BGB).[42]

In der Lehre war anerkannt, dass § 179a AktG die rechtsformübergreifende Wertung enthielt, strukturändernde Grundlagenentscheidungen dem Zuständigkeitsbereich der Gesellschafter zuzuordnen und die Vorschrift deshalb für die GmbH analoge Anwendung findet.[43] Der analogen Anwendung hat der BGH 2019 eine Absage erteilt. Die Einflussmöglichkeiten von Gesellschaftern einer GmbH auf die Geschäftsführung seien wesentlich stärker ausgeprägt als diejenigen der Aktionäre und die systemfremde Beschränkung der Vertretungsmacht des Geschäftsführers mit Außenwirkung daher nicht gerechtfertigt.[44] § 179a AktG findet somit keine Anwendung auf die GmbH. Die mit § 179a AktG verbundenen Fragestellungen beschränken sich hier deshalb auf die Aktiengesellschaft.

b) Holzmüller und Gelatine

Nach den vom BGH aufgestellten Grundsätzen in der *Holzmüller*- und *Gelatine*-Rechtsprechung besteht eine ungeschriebene Zuständigkeit der Hauptversammlung in Fällen der Unternehmens(-teil)veräußerung.[45] In der *Holzmüller*-Entscheidung übertrug der Vorstand einer AG den Seehafenbetrieb, das wertvollste

---

[42] BGHZ 169, 221, 228 = ZIP 2006, 2167, 2170; BGHZ 220, 354, 358 f. = ZIP 2019, 701, 702.

[43] KölnKomm.-*Zetzsche*, § 179a AktG, Rn. 23; MünchKomm.-*Harbarth*, § 53 GmbHG, Rn. 229 mwN; *Bayer/Lieder/Hoffmann*, AG 2017, 717, 718; *Barthen/Staab*, ZInsO 2018, 833, 836; *Werner*, GmbHR 2018, 888, 889.

[44] BGHZ 220, 354, 361 = ZIP 2019, 701, 703.

[45] BGHZ 83, 122 (Holzmüller) und BGHZ 159, 30 (Gelatine I).

Asset der Gesellschaft, auf eine von der AG beherrschte KGaA.[46] Die Voraussetzungen von § 179a AktG[47] waren nicht erfüllt, da nicht das ganze Gesellschaftsvermögen übertragen wurde. Der BGH entschied, dass bei einer Maßnahme des Vorstands, die formal vom Wortlaut der Satzung zwar noch gedeckt ist, aber „so tief in die Mitgliedsrechte der Aktionäre und deren im Anteilseigentum verkörpertes Vermögensinteresse"[48] eingreift, die Zustimmung der Hauptversammlung erforderlich sei. Im zugrunde liegenden Fall „spielte sich [die Abspaltung des Seehafenbetriebs] im Kernbereich der Unternehmenstätigkeit ab […] und änderte die Unternehmensstruktur von Grund auf."[49] In der *Gelatine I*-Entscheidung konkretisierte der BGH diese Grundsätze, indem er festhielt, eine ungeschriebene Kompetenz der Hauptversammlung sei nur in engen Grenzen anzuerkennen. Eine Mitwirkung der Hauptversammlung komme nur dann in Betracht, wenn die betreffende Geschäftsführungsmaßnahme „an die Kernkompetenz der Hauptversammlung, über die Verfassung der Gesellschaft zu bestimmen", rühre.[50]

Anders als im Falle des § 179a AktG wird bei *Holzmüller/Gelatine*-Maßnahmen der schuldrechtliche Vertrag nicht schwebend unwirksam.[51] Vielmehr bleibt die Vertretungsmacht des Vorstands bestehen, so dass der Unternehmenskaufvertrag (von kollusivem Verhalten abgesehen) wirksam bleibt.[52]

2. Anwendung in der Eigenverwaltung vor und nach dem ESUG

Die Frage, ob § 179a AktG oder die *Holzmüller/Gelatine*-Grundsätze in der Eigenverwaltung Anwendung finden, ist von entscheidender Bedeutung für die Tauglichkeit der Eigenverwaltung in Bezug auf eine übertragende Sanierung.[53] In Bezug auf das Regelverfahren wird überwiegend angenommen, dass weder § 179a AktG noch die *Holzmüller/Gelatine*-Grundsätze Anwendung finden. Nach *Noack* besteht schon allein aufgrund der durch das Insolvenzverfahren veränderten Zwecksetzung kein Erfordernis eines Zustimmungsbeschlusses der Hauptversammlung.[54] Überdies sei schlicht kein Vermögen mehr vorhanden, das an die Gesellschafter ausgekehrt werden könnte, so dass ein Interesse der Gesellschafter an einer Mitwirkung nicht bestehe.[55] Andere argumentieren an-

---

[46] BGHZ 83, 122, 124. Zu den Hintergründen siehe auch *Fleischer/Heinrich*, § 10 – Holzmüller, in: Fleischer/Thiessen (Hrsg.), Gesellschaftsrechts-Geschichten (2018), S. 345 ff.

[47] § 361 AktG a. F.

[48] BGHZ 83, 122, 131 (Holzmüller).

[49] BGHZ 83, 122, 131 f. (Holzmüller).

[50] BGHZ 159, 30, 44 (Gelatine I).

[51] *Bayer/Lieder/Hoffmann*, AG 2017, 717.

[52] *Bayer/Lieder/Hoffmann*, AG 2017, 717; *Barthen/Staab*, ZInsO 2018, 833, 835.

[53] Ebenso *Schmidt*, AG 2006, 597, 603; *Barthen/Staab*, ZInsO 2018, 833, 838.

[54] *Noack*, ZIP 2002, 1873, 1878 f.

[55] *Noack*, ZIP 2002, 1873, 1878 f. Ähnlich K. Schmidt-*Undritz*, § 270 InsO, Rn. 19; MüKo § 179a AktG Rn. 13; KölnKomm.-*Zetzsche*, § 179a AktG, Rn. 26; *Brocker/Schulenburg*, BB

hand des Grundgedankens des nun geltenden § 276a InsO.[56] Danach sei ein Gleichlauf zwischen Regelverfahren und Eigenverwaltung herzustellen, so dass weder § 179a AktG noch die *Holzmüller-/Gelatine*-Grundsätze in der Eigenverwaltung Anwendung finden könnten.[57]

Dieses Argument kann jedoch nur dann zulässig sein, wenn man voraussetzt, dass § 179a AktG auch im Regelverfahren niemals Anwendung finden könnte. Das lässt sich bezweifeln, etwa in Fällen, in denen die Gesellschafter nicht „out of the money" sind.[58] Sie verlieren ihre Stellung als Residualgläubiger nicht, wenn eine Schlussverteilung nach § 199 InsO noch absehbar ist.[59] Denkbar ist hierbei die Konstellation eines „strategischen Insolvenzantrags"[60], d. h. eines Insolvenzantrags durch die Geschäftsleitung vor Eintritt der materiellen Insolvenz und der damit einhergehenden Antragspflicht, um einen Management Buyout entgegen dem Willen der Gesellschafter durchzuführen. Hier könnten § 179a AktG bzw. die *Holzmüller-/Gelatine*-Grundsätze eine zusätzliche Missbrauchskontrolle darstellen. Bei nur drohender Zahlungsunfähigkeit (§ 18 InsO) ist § 179a AktG somit sowohl im Regelverfahren als auch in der Eigenverwaltung anzuwenden, wenn also noch keine materielle Insolvenz vorliegt.[61] Hierdurch wird Missbrauch durch strategische Insolvenzantragstellungen vermieden.

3. Zwischenergebnis

Befindet sich die Gesellschaft in der Krise, ist zwischen der drohenden Zahlungsunfähigkeit und dem Eintritt materieller Insolvenz zu differenzieren. Ist noch keine materielle Insolvenz gegeben, finden § 179a AktG sowie die *Holzmüller-/Gelatine*-Grundsätze auch in der Eigenverwaltung weiterhin Anwendung.

Da bei Vorliegen materieller Insolvenz (Überschuldung und/oder Zahlungsunfähigkeit) hingegen ein Aktionärsschutz nicht erreicht werden kann, fehlt es an der teleologischen Grundlage für die Anwendbarkeit sowohl der *Holzmüller-/Gelatine*-Grundsätze als auch des § 179a AktG. An diesem Befund ändert sich auch im Fall der Eigenverwaltung jedenfalls dann nichts, wenn sie auf eine

---

2015, 1993, 1997. Siehe ferner *Schmidt*, AG 2006, 597, 603 f. (Differenzierung zwischen „Versilberung" des Vermögens und Restrukturierung). AA (Fortgeltung von § 179a AktG) *Kessler*, Die Aktiengesellschaft in der Eigenverwaltung (2006), S. 221 ff.

[56] Zu § 276a InsO siehe unten, A. V. (S. 94 ff.).

[57] MünchKomm.-*Klöhn*, § 276a InsO, Rn. 28; *Barthen/Staab*, ZInsO 2018, 833, 840 f.

[58] Siehe bereits *Maesch*, Corporate Governance in der insolventen Aktiengesellschaft (2005), S. 214 ff.

[59] Siehe hierzu oben, Kapitel 1, C. II. (S. 50 ff.).

[60] Zum Begriff siehe *Eidenmüller*, ZIP 2014, 1197, 1198. Monographisch *Bulgrin*, Die strategische Insolvenz (2016).

[61] Ebenso KölnKomm.-*Zetzsche*, § 179a AktG, Rn. 26.

übertragende Sanierung und nicht auf die Restrukturierung des Rechtsträgers gerichtet ist.

IV. Zeitlicher Anwendungsbereich von § 276a InsO

Zur Lösung des im ersten Kapitel[62] beschriebenen Anreizproblems auf Seiten der Gesellschafter sieht § 276a InsO vor, dass diesen auf organisationsrechtlicher Ebene die Mitwirkungsbefugnisse entzogen werden. Lange war ungeklärt, ob die Vorschrift im Eröffnungsverfahren Anwendung findet. Auch wenn die praktische Relevanz einer übertragenden Sanierung im Eröffnungsverfahren gering sein dürfte (siehe oben, Kapitel 1, B. II. 1. a) bb)), werden dennoch in diesem Verfahrensstadium bereits entscheidende Weichenstellungen vorgenommen, die den Fortgang des Verfahrens determinieren.[63] Hierzu gehören etwa die Vorbereitung des Bieterprozesses. Die Einflussnahme der verbandsrechtlichen Aufsichtsorgane spielt demnach – trotz Nichtgeltung von § 179a AktG und der *Holzmüller/Gelatine*-Grundsätze – auch in diesem Verfahrensstadium in jedem Fall eine große Rolle.[64] Damit ist die Frage der Einflussnahme der Gesellschafter auf die Geschäftsleitung im Eröffnungsverfahren auch entscheidend für die Bestimmung des Pflichtenprogramms von Vorstand bzw. Geschäftsführung. Der Meinungsstreit über die Frage der Anwendbarkeit von § 276a InsO soll deshalb hier in gebotener Kürze nachgezeichnet werden (1.). Im Anschluss daran ist zu zeigen, weshalb die Entscheidung des Gesetzgebers für die Anwendbarkeit im Eröffnungsverfahren entgegen der bislang herrschenden Meinung im Schrifttum zu befürworten ist (2.).

1. Meinungsstreit und gesetzgeberische Entscheidung

Von der Rechtsprechung ist nicht entschieden worden, ob § 276a Abs. 1 InsO in der vorläufigen Eigenverwaltung Anwendung findet. Die Literatur hat dies unterschiedlich beurteilt. Überwiegend wurde die Ansicht vertreten, dass § 276a Abs. 1 InsO erst ab Eröffnung der Eigenverwaltung Anwendung findet. Vertreter dieser Ansicht begründeten dies vor allem mit dem gesetzessystematischen Argument, die Vorschriften zum Eröffnungsverfahren in Eigenverwaltung würden nur auf die §§ 274, 275 InsO und eben nicht auf § 276a InsO verweisen.[65]

---

[62] Kapitel 1, C. II. (S. 50 ff.).

[63] Siehe *Bierbach*, in: Kübler (Hrsg.), Handbuch Restrukturierung in der Insolvenz, 3. Aufl., 2018, § 11 Rn. 175.

[64] Ähnlich *Brinkmann*, DB 2012, 1369 bei Fn. 50.

[65] MünchKomm.-*Klöhn*, § 276a InsO, Rn. 18; Kübler/Prütting/Bork-*Pape*, § 276a InsO (Juli 2012), Rn. 6; FK-*Foltis*, § 276a InsO, Rn. 5; Uhlenbruck-*Zipperer*, § 276a InsO, Rn. 4; *Klöhn*, NZG 2013, 81, 84; *Gehrlein*, ZInsO 2017, 849, 858; *Uebele*, NZI 2018, 881, 888 aE. Zuvor (5. Aufl. 2020) auch *Graf-Schlicker*, § 276a InsO, Rn. 6.

Zudem spreche § 276a Abs. 1 S. 2 InsO[66] vom Sachwalter und nicht von einem vorläufigen Sachwalter.[67] Darüber hinaus sei eine Anwendung im Eröffnungsverfahren und der damit einhergehende Eingriff in Gesellschafterrechte schon deshalb nicht gerechtfertigt, da in diesem Verfahrensstadium erst geprüft werde, ob überhaupt ein Insolvenzgrund vorliegt. Für einen so weitreichenden Eingriff in die Rechte der Aufsichtsorgane gebe es deshalb zu diesem Zeitpunkt keine Legitimation.[68] Außerdem ließe sich der Gesetzesbegründung, die einen Gleichlauf mit dem Regelverfahren wünscht, entnehmen, dass die Anwendung von § 276a InsO im Eröffnungserfahren nicht gewollt war. Ein derartiger Eingriff in das verbandsrechtliche Gefüge des Schuldners folge im Regelverfahren nicht, so dass auch in der Eigenverwaltung nur Maßnahmen nach § 21 Abs. 1 S. 1 InsO in Betracht kommen.[69]

Nach der Gegenansicht fand § 276a Abs. 1 InsO im Eröffnungsverfahren (analoge) Anwendung.[70] Bereits im Eröffnungsverfahren seien nur noch die Interessen der Gläubiger maßgeblich, was sich auch aus der Wertung des § 64 S. 1 GmbHG a. F.[71] ergebe.[72] Die von der Gesetzesbegründung angeführte Gefahr, der Einfluss von Gesellschaftern könne sich hemmend und blockierend auf die Unternehmensfortführung auswirken, bestünde erst Recht im Eröffnungsverfahren.[73]

Mit Inkrafttreten des SanInsFoG hat sich der Gesetzgeber mit § 276a Abs. 3 InsO entgegen der wohl herrschenden Meinung in der Literatur für eine Anwendung im Eröffnungsverfahren entschieden.[74]

---

[66] § 276a S. 2 InsO a. F.

[67] MünchKomm.-*Klöhn*, § 276a InsO, Rn. 18; *Zipperer*, ZIP 2012, 1492, 1493; *Klöhn*, NZG 2013, 81, 84.

[68] MünchKomm.-*Klöhn*, § 276a InsO, Rn. 18; HK-*Brünkmans*, § 276a InsO, Rn. 22; Kübler/Prütting/Bork-*Pape*, § 276a InsO (Juli 2012), Rn. 6; *Gehrlein*, ZInsO 2017, 849, 858. Im Ergebnis auch *Hedaiat-Rad*, Der Sachwalter in der Eigenverwaltung (2018), S. 34; K. Schmidt-*Undritz*, § 276a InsO, Rn. 3; *Jacoby*, in: FS Vallender, 2015, S. 261, 272; *Kebekus/Georg*, in: FS Graf-Schlicker, 2018, S. 302 f.

[69] *Bierbach*, in: Kübler (Hrsg.), Handbuch Restrukturierung in der Insolvenz, 3. Aufl., 2018, § 11 Rn. 174.

[70] *König*, Die Haftung bei der Eigenverwaltung (2015), S. 313 f.; *Cadmus*, Die Haftung der GmbH und ihres Geschäftsführers in der Eigenverwaltung (2016), S. 56 ff.; *Brinkmann*, DB 2012, 1369 bei Fn. 50; *Haas*, in: FS Stürner, 2013, S. 749, 764 ff.; *Ströhmann/Längsfeld*, NZI 2013, 271, 274 (direkte Anwendung im Eröffnungsverfahren).

[71] Nun rechtsformübergreifend geregelt in § 15b Abs. 1 InsO.

[72] *Haas*, in: FS Stürner, 2013, S. 749, 766; *Haas*, ZHR 178 (2014), 603, 622; *Haas*, in: FS Kübler, 2015, S. 203, 215 f. Ähnlich *Thole*, Gesellschaftsrechtliche Maßnahmen in der Insolvenz (2015), Rn. 202.

[73] *Haas*, in: FS Stürner, 2013, S. 749, 765; ähnlich Jaeger-*Meller-Hannich*, § 276a InsO, Rn. 29. Siehe auch *Hölzle*, ZIP 2012, 2427, 2429 wegen der Vorwirkungen des Verdrängungsbereichs im Fall des Verfahrens nach § 270b InsO.

[74] Ohne weitere Begründung, siehe RegE SanInsFoG, BT Drucks. 19/24181, S. 209.

2. Stellungnahme

Die Möglichkeit der direkten Anwendbarkeit von § 276a InsO auf das Eröffnungsverfahren erschien angesichts der Gesetzessystematik nicht möglich. Allerdings sprechen eine Reihe von Argumenten dafür, den Einfluss der gesellschaftsrechtlichen Aufsichtsorgane bereits im Eröffnungsverfahren zu unterbinden.

Zum einen ist die Überwachung des Schuldners im Eröffnungsverfahren durch die Gesellschafter nicht angemessen. Zwar ist in diesem frühen Stadium die Überwachung unter Umständen problematisch, da noch keine Gläubigerversammlung einberufen ist. Ist kein vorläufiger Gläubigerausschuss bestellt, etwa weil die Größenkriterien (§ 22a Abs. 1 InsO) nicht erreicht sind, findet seitens der Gläubiger zu diesem Zeitpunkt noch keine Überwachung statt.[75] Der Schuldner wird jedoch durch den vorläufigen Sachwalter überwacht, so dass die gesellschaftsrechtliche Überwachung ersetzt wird und nicht mehr erforderlich ist.

Zum anderen wäre die Einflussnahme der Gesellschafter in vielen Fällen sogar gefährlich, laufen die Interessen der Gesellschafter doch typischerweise mit denen anderer Gläubigergruppen konträr.[76] Wie oben dargelegt, werden Gesellschafter in der Regel eine übertragende Sanierung unbedingt verhindern wollen und die Rettung in der Sanierung des Rechtsträgers suchen.[77] Ein Beispiel für obstruierendes Verhalten wäre die Blockade der Vorbereitung eines transparenten Bieterprozesses während des Eröffnungsverfahrens. Es ist dabei zwar richtig, dass es in solchen Fällen auf die Anwendbarkeit von § 276a Abs. 1 InsO nicht mehr ankommt, weil auch die gesellschaftsrechtlichen Aufsichtsorgane dem Insolvenzzweck des § 1 InsO verpflichtet sind und ihren Weisungen im Fall der Insolvenzzweckwidrigkeit nicht Folge geleistet werden müsste.[78] Die Insolvenzzweckwidrigkeit (rechtssicher) festzustellen, dürfte allerdings erhebliche Zeit in Anspruch nehmen und stellt daher eine eher unpraktikable Vorgehensweise dar.[79]

Der Einfluss der Gesellschafter auf den Schuldner im Eröffnungsverfahren wäre überdies auch nicht sachgerecht, denn bereits zu diesem Zeitpunkt sind nur noch die Interessen der Gläubiger maßgeblich.[80] Systematisch und

[75] Vgl. *Spliedt*, in: FS Vallender, 2015, S. 613, 617.

[76] Siehe Kapitel 1, C. (S. 45 ff.).

[77] Kapitel 1, C. II. (S. 50 ff.).

[78] *Thole*, Gesellschaftsrechtliche Maßnahmen in der Insolvenz (2020) Rn. 202 ff. AA wohl *Gehrlein*, ZInsO 2017, 849, 851.

[79] Ebenso *Schulz*, Sanierungsgeschäftsführung in Krise und Eigenverwaltung (2017), S. 189 f.

[80] *Thole*, Gesellschaftsrechtliche Maßnahmen in der Insolvenz (2020), Rn. 202. Diesen Punkt betonend auch *Cadmus*, Die Haftung der GmbH und ihres Geschäftsführers in der Eigenverwaltung (2016), S. 64 f. sowie *Hammes*, Der Gläubigerausschuss in der Eigenverwaltung (2019), S. 302 f. Siehe auch *Brinkmann*, DB 2012, 1369 bei Fn. 50. AA jedenfalls in

in einem größeren Zusammenhang betrachtet, wäre der Einfluss durch die Gesellschafter deshalb auch widersprüchlich. Die Insolvenzanfechtung (§§ 129 ff. InsO) und die Zahlungsverbote nach Eintritt der Insolvenz (§§ 64 GmbHG, 92 Abs. 2 AktG) etwa zeigen, dass dem Gläubigerschutz bereits vor Verfahrenseröffnung zur Geltung zu verhelfen ist.[81] Es würde diesen Schutz der Gläubigerinteressen unterlaufen, würde man den Einfluss der Gesellschafter in diesem Verfahrensstadium zulassen, d. h. § 276a Abs. 1 InsO nicht anwenden.

Darüber hinaus strebte der Gesetzgeber bereits im Rahmen des ESUG, ausweislich der Gesetzesbegründung,[82] einen Gleichlauf von Eigenverwaltung und Regelverfahren in Bezug auf die Organisationsstruktur der Gesellschaft an. Im Regelverfahren wären die gesellschaftsrechtlichen Aufsichtsorgane im Fall der Anordnung eines „starken" vorläufigen Insolvenzverwalters ebenfalls nur noch im Schuldnerbereich zuständig. Wenn man unterstellt, dass die Vorschriften zum vorläufigen Eigenverwaltungsverfahren das Pendant zum Eröffnungsverfahren mit einem starken vorläufigen Insolvenzverwalter darstellen, dann ist nicht einzusehen, weshalb die gesellschaftsrechtlichen Aufsichtsorgane im Fall der Eigenverwaltung weitergehende Befugnisse haben sollen als im Regelverfahren.[83]

Im Ergebnis sprechen deshalb die besseren Gründe für die Anwendung von § 276a Abs. 1 InsO im vorläufigen Verfahren.[84] Die Entscheidung des Gesetzgebers ist daher zu begrüßen.

V. Sachlicher Anwendungsbereich von § 276a InsO

Unmittelbar an diese Erwägungen zur Begründung der Anwendung von § 276a InsO im Eröffnungsverfahren schließt sich die Frage an, ob und inwiefern die Gesellschafter dennoch Einfluss auf die Geschäftsleitung der Gesellschaft in Eigenverwaltung nehmen können, um eine übertragende Sanierung zu verhindern.

Wie der insolvenzfreie Bereich, in dem § 276a InsO keine Anwendung findet, einzugrenzen ist, ist nicht zweifelsfrei geklärt. Welche Maßnahmen als masseneutral zu bewerten oder doch dem Verdrängungsbereich zuzuordnen sind, be-

---

Bezug auf das Schutzschirmverfahren aufgrund der Rechtsträgersanierung *Wunder*, Die Kompetenzen innerhalb der GmbH bei der Sanierung im Schutzschirmverfahren (2019), S. 115 ff.; ähnlich auch *Mönning*, in: FS Kübler, 2015, S. 431, 437.

[81] Ebenso *Cadmus*, Die Haftung der GmbH und ihres Geschäftsführers in der Eigenverwaltung (2016), S. 65; ähnlich auch *König*, Die Haftung bei der Eigenverwaltung (2015), S. 314.

[82] Begründung des RegE ESUG, BT-Drs. 17/5712, S. 42.

[83] Ebenso *Haas*, ZHR 178 (2014), 603, 621 f. Ähnlich *Ströhmann/Längsfeld*, NZI 2013, 271, 274.

[84] Im Ergebnis ebenso *König*, Die Haftung bei der Eigenverwaltung (2015), S. 313 f.; *Hammes*, NZI 2017, 233, 238. Siehe auch K. Schmidt-*Undritz*, § 276a InsO, Rn. 3, der die Anwendbarkeit im Eröffnungsverfahren *de lege ferenda* forderte.

darf hierbei einer differenzierten Betrachtung. Unklar ist bereits, was unter dem Begriff der Einflussnahme zu verstehen ist (1.). Im Zentrum der Untersuchung zum sachlichen Anwendungsbereich des § 276a Abs. 1 InsO steht sodann eine Entscheidung des OLG München von 2018, die eine aus Gesellschaftersicht großzügige Abgrenzung vorgenommen hat. In dem zugrunde liegenden Sachverhalt wollte eine Aktionärsminderheit per gerichtlicher Entscheidung eine Hauptversammlung gemäß § 122 Abs. 1, 3 AktG einberufen. Auf dieser sollte unter anderem die Abberufung von Aufsichtsratsmitgliedern (2.), der Vertrauensentzug gegenüber einem Vorstandsmitglied (3.), sowie die Einsetzung eines Sonderprüfers (4.) beschlossen werden.[85] Das OLG München entschied vollumfänglich zugunsten der Antragsteller.[86]

1. Einflussnahme auf die Geschäftsführung

Adressat der Einflussnahme im Sinne von § 276a InsO ist das jeweilige Geschäftsführungsorgan, also der Geschäftsführer bei der GmbH und der Vorstand bei der AG. Wie im GmbH- und Aktienrecht wird der Begriff der Geschäftsführung weit verstanden.[87] Umfasst ist jede von Geschäftsführer oder Vorstand für die Gesellschaft wahrgenommene Tätigkeit tatsächlicher oder rechtsgeschäftlicher Natur.[88] Weniger Einigkeit besteht im Hinblick auf den Begriff der Einflussnahme. Nach herrschender Meinung ist jedenfalls ein direkter Einfluss unzulässig, etwa in Form von an die Geschäftsleitung gerichteten Weisungen von Aufsichtsrat oder Gesellschafterversammlung.[89] Ob allerdings auch eine indirekte Einflussnahme, etwa durch die Ausübung von Einsichts- und Informationsrechten (z. B. §§ 90, 111 Abs. 2 AktG, § 51a GmbHG) vom Anwendungsbereich des § 276a InsO umfasst sein soll, ist umstritten. Nach einer Ansicht ergibt sich die Unzulässigkeit der Ausübung dieser mittelbaren Einflussnahme bereits aus der Tatsache, dass die betreffenden Einsichts- und Informationsrechte den Gesellschaftern gerade im Hinblick auf ihre verbandsrechtliche Stellung eingeräumt wurden. Die Aufgabenverteilung in der Insolvenz sei nun verändert; der Inhalt dieser Rechte habe diesem „Funktionswandel" Rechnung zu tragen.[90] Insbesondere *Klöhn* und *Thole* hingegen unterscheiden danach, ob die Insolvenzmasse betroffen ist, d. h. ob die in Rede stehende Maßnahme im Fall des Regelverfahrens dem Verdrängungsbereich oder dem Schuldnerbereich

---

[85] OLG München, Beschluss v. 14.05.2018, 31 Wx 122/18, ZIP 2018, 1038.

[86] Ebd.

[87] Siehe MünchKomm.-*Klöhn*, § 276a InsO, Rn. 26.

[88] Für die AG siehe GroßKommAktG-*Kort*, § 77, Rn. 3. Für die GmbH siehe MünchKomm.-*Stephan/Tieves*, § 35 GmbHG, Rn. 79 ff.

[89] *Hirte/Knof/Mock*, Das neue Insolvenzrecht nach dem ESUG (2012), S. 64; *Hölzle*, Praxisleitfaden ESUG (2014), S. 272 f.; MünchKomm.-*Klöhn*, § 276a InsO, Rn. 38; HK-*Brünkmans*, § 276a InsO, Rn. 6; *Zipperer*, ZIP 2012, 1492, 1494; *Haas*, in: FS Stürner, 2013, S. 749, 759; *Klöhn*, NZG 2013, 81, 85 f.; *Haas*, in: FS Kübler, 2015, S. 203, 210.

[90] *Haas*, in: FS Stürner, 2013, S. 749, 759 f.; *Haas*, in: FS Kübler, 2015, S. 203, 210.

zuzuordnen wäre.[91] Es komme somit weniger auf die Frage an, ob es sich um direkte oder mittelbare Einflussnahme handelt, sondern welche Folgen die betreffende Maßnahme nach sich zieht.

Diese Differenzierung erscheint insbesondere vor dem Hintergrund des Regelungszwecks angemessen. Nach der Gesetzesbegründung soll § 276a InsO das zuvor ungeklärte Verhältnis der Geschäftsleitung zu den gesellschaftsrechtlichen und insolvenzrechtlichen Aufsichtsorganen ordnen. Damit die Geschäftsleitung in der Eigenverwaltung ihrer Aufgabe nachkommen kann, die Geschäfte im Sinne der Gläubiger zu führen, wäre eine Überwachung durch gesellschaftsrechtliche Aufsichtsorgane nur hinderlich.[92] In der Eigenverwaltung obliegt diese Überwachung dem Sachwalter, dem Gläubigerausschuss und der Gläubigerversammlung.[93] Im insolvenzfreien Bereich, wenn die Insolvenzmasse also nicht betroffen ist, können die gesellschaftsrechtlichen Organe ihre Kompetenzen weiter ausüben.

2. Bestellung und Abberufung von Mitgliedern der Geschäftsleitung

In dem der Entscheidung des OLG München zugrunde liegenden Fall ging es um die Abberufung von Aufsichtsratsmitgliedern einer AG. Da der Aufsichtsrat jedoch selbst ein Überwachungsorgan ist und keine Geschäftsführungsaufgaben wahrnimmt,[94] ist § 276a Abs. 1 InsO gar nicht betroffen.[95] Auch im Regelverfahren ist die Bestellung oder Abberufung von Mitgliedern des Aufsichtsrats jederzeit möglich.[96] Die Abbestellung von Mitgliedern des Aufsichtsrats dürfte in der Regel allerdings wenig zielführend sein, weil dem Aufsichtsrat wegen § 276a InsO selbst die Hände gebunden sind.[97]

Praktisch relevanter ist daher die Frage nach der Bestellung und Abberufung von Mitgliedern des Vorstands bzw. der Geschäftsführung, die der folgende Abschnitt rechtsvergleichend in den Blick nimmt.

a) Begrenzung der Einflussmöglichkeiten durch die Gesellschafter in Deutschland

Der Aufsichtsrat einer AG kann die Bestellung zum Vorstandsmitglied aus wichtigem Grund widerrufen, § 84 Abs. 3 S. 1 AktG. Der Geschäftsführer einer

---

[91] Siehe *Thole*, Gesellschaftsrechtliche Maßnahmen in der Insolvenz (2020), Rn. 162 sowie *Klöhn*, NZG 2013, 81, 86. Im Ergebnis ebenso Uhlenbruck-*Zipperer*, § 276a InsO, Rn. 8; *Bierbach*, in: Kübler (Hrsg.), Handbuch Restrukturierung in der Insolvenz, 3. Aufl., 2018, § 11 Rn. 171; *Pentz*, in: FS Vetter, 2019, S. 541, 552.

[92] Begründung des RegE ESUG, BT-Drs. 17/5712, S. 42.

[93] Ebd.

[94] § 111 Abs. 1, 4 S. 1 AktG.

[95] Jaeger-*Meller-Hannich*, § 276a InsO, Rn. 23; 32.

[96] KG, Beschl. V. 12.03.2020, 22 W 73/19, ZIP 2020, 1174, 1175.

[97] Siehe *Thole*, Gesellschaftsrechtliche Maßnahmen in der Insolvenz (2015), Rn. 189 f.

GmbH kann jederzeit gemäß § 38 Abs. 1 GmbHG durch die Gesellschafterversammlung (§ 46 Nr. 5 GmbHG) abberufen werden, wenn der Gesellschaftsvertrag nicht wichtige Gründe voraussetzt (§ 38 Abs. 2 GmbHG). Die Bestellung und Abberufung von Mitgliedern der Geschäftsleitung ist dem Schuldnerbereich zuzuordnen und wäre von § 276a Abs. 1 S. 1 InsO somit nicht erfasst.[98] Die Eigenverwaltung schränkt diese Gesellschafterrechte jedoch gemäß § 276a Abs. 1 S. 2 InsO ein. Zurückzuführen ist dies auf die Tatsache, dass die Zusammensetzung der Geschäftsleitung bei der Eigenverwaltung einen besonders sensiblen Bereich darstellt: Die Konzeption der Eigenverwaltung setzt das Vertrauen der Gläubiger voraus.[99] Könnten die Gesellschafter die Geschäftsleitung willkürlich auswechseln, kann dies das Vertrauen leicht zerrütten. § 276a Abs. 1 S. 2 InsO ist daher als Antwort auf dieses Problem widerstreitender Interessen zu sehen, indem er die Zustimmung des Sachwalters als Wirksamkeitserfordernis verlangt. Diesem steht bei der Ausübung der Zustimmungskompetenz ein Ermessensspielraum zu.[100] Er hat die Zustimmung allerdings gemäß § 276a Abs. 1 S. 3 InsO zu erteilen, wenn die Bestellung oder Abberufung nicht zu Nachteilen für die Gläubiger führt.[101] Umstritten ist, wer hierbei die Beweislast trägt.[102] Überwiegend wird gefordert, dass der Sachwalter in die Lage versetzt werden muss, von dem auf gesellschaftsrechtlicher Ebene entscheidenden Organ eine Begründung fordern zu können.[103] Aus diesem Grund erscheint es folgerichtig und praktikabel, die Beweislast für das Nichtvorliegen von Nachteilen dem Gesellschaftsorgan aufzuerlegen.[104]

Im Zustimmungserfordernis des Sachwalters ist ein entscheidender Schutzmechanismus zu sehen, wenn etwa die Gesellschafter eine übertragende Sanierung verhindern wollen, indem sie die Geschäftsleitung abberufen. Um in der Eigenverwaltung der Geschäftsleitung eine ähnliche Unabhängigkeit zu gewährleisten wie im Regelverfahren mit Insolvenzverwalter, schränkt § 276a S. 2, 3 InsO dieses genuin den Gesellschaftern zustehende Recht somit konsequenterweise ein und bringt damit auch das Spannungsfeld des Interessen-

[98] Str., wie hier BGH, Beschluss v. 11.01.2007, IX ZB 271/04, ZIP 2007, 438, 440, Rn. 21; MünchKomm.-*Klöhn*, § 276a InsO, Rn. 49; Uhlenbruck-*Zipperer*, § 276a InsO, Rn. 10; HK-*Brünkmans*, § 276a InsO, Rn. 19; *Pentz*, in: FS Vetter, 2019, S. 541, 556. AA *Haas*, in: FS Kübler, 2015, S. 203, 210 („Mischbereich").

[99] Siehe auch AG Köln, Beschluss v. 01.06.2012, 73 IN 125/12, ZInsO 2013, 353, 354. Ähnlich HK-*Brünkmans*, § 276a InsO, Rn. 16.

[100] Kübler/Prütting/Bork-*Pape*, § 276a InsO (Juli 2012), Rn. 33; Uhlenbruck-*Zipperer*, § 276a InsO, Rn. 11.

[101] Siehe zum Nachteilsbegriff oben, Kapitel 1, B. I. 2. a) (S. 30 ff.).

[102] Siehe K. Schmidt-*Undritz*, § 276a InsO, Rn. 6 mwN.

[103] HK-*Brünkmans*, § 276a InsO, Rn. 18; Kübler/Prütting/Bork-*Pape*, § 276a InsO (Juli 2012), Rn. 31; Uhlenbruck-*Zipperer*, § 276a InsO, Rn. 11; *Minuth*, in: Kübler (Hrsg.), Handbuch Restrukturierung in der Insolvenz, 3. Aufl., 2018, § 12 Rn. 67.

[104] AA Jaeger-*Meller-Hannich*, § 280 InsO, Rn. 34; FK-*Foltis*, § 276a InsO, Rn. 12.

gegensatzes zwischen Gläubigern und Gesellschaftern zum Ausdruck.[105] Zugleich zeigt die Regelung deutlich, dass die Möglichkeiten der Einflussnahme der Gesellschafter auf ihre Gesellschaft in der Insolvenz stark begrenzt sind.[106]

b) Störpotenzial durch Abwahl der Geschäftsleitung in den USA

Die Rechtslage in den USA unterscheidet sich hiervon erheblich. Die Mitglieder des *Board* zu wählen (und damit auch abzuberufen), ist das zentrale Recht der Gesellschafter einer *Corporation*.[107] Das Gesellschaftsrecht in Delaware sieht (bei Fehlen einer anderweiten Regelung in der Satzung oder den *By-Laws*) eine jährliche Wahl des *Board* durch eine einfache Mehrheit im *Meeting of Stockholders* vor.[108] Das *Stockholders' Meeting* wird vom *Board* einberufen.[109] Das Gesellschaftsrecht in New York[110] sowie der *Model Business Corporation Act*[111] sehen vor, dass Gesellschafter, die gemeinsam mindestens 10 Prozent der Anteile halten, ein *Special Meeting* erzwingen können, wenn sich der *Board* weigert, ein *Stockholders' Meeting* einzuberufen. In Delaware besteht ohne entsprechende Regelung in den *By-Laws* diese Möglichkeit nicht.[112]

Auch im Falle der Insolvenz bleibt das Recht zur Wahl der Mitglieder des *Board* grundsätzlich bestehen.[113] Im Gegensatz zum deutschen Recht besteht kein Zustimmungserfordernis im Sinne des § 276a Abs. 1 S. 2 InsO. Die Rechtsprechung der US-amerikanischen Insolvenzgerichte entwickelte mit der Zeit jedoch Ausnahmen, wann die Auswechslung der Geschäftsleitung den Grundsätzen des *Chapter 11* zuwiderlaufen oder das Restrukturierungsverfahren im Allgemeinen gefährden würde. Die hierfür entwickelten Fallgruppen, der *Clear Abuse Test* und der *Balancing Test* sind bislang nicht kodifiziert worden, weshalb nach wie vor Unklarheit darüber besteht, wann die Auswechslung der Geschäftsleitung durch die *stockholder* zulässig ist.

---

[105] Vgl. Begründung des RegE ESUG, BT-Drs. 17/5712, S. 42 (Verhinderung eines „missbräuchlichen Austausch[s] der Geschäftsleitung").

[106] Ähnlich *Schulz*, Sanierungsgeschäftsführung in Krise und Eigenverwaltung (2017), S. 172.

[107] Grundlegend Bruun v. Cook, 280 Mich. 484, 495 f. (1937). Siehe auch *Chou*, 65 American Bankruptcy Law Journal (1991), 559, 561. Diese Aussage wird außerhalb des Insolvenzverfahrens durch die Theorie der *Separation of Ownership and Control* etwas relativiert. Im Insolvenzverfahren gilt die Aussage indes wieder umso mehr, siehe *Budnitz*, 58 George Washington Law Review (1990), 1214, 1230 f.

[108] §§ 211(b), 216(3) DGCL.

[109] § 211(a) DGCL.

[110] § 603 NYBCL.

[111] § 7.02(a)(2) MBCA.

[112] Siehe § 211(d) DGCL.

[113] Grundlegend In re Bush Terminal Co., 78 F.2d 662, 664 (2d Cir. 1935). Siehe hierzu *Hennigan*, 21 Norton Journal of Bankruptcy Law and Practice (2018), 255, 257 f.

aa) Clear Abuse Test

Die erste entwickelte Fallgruppe geht auf eine lange Rechtsprechungslinie zurück, die ihren Beginn noch vor dem heutigen *Bankruptcy Code* zu Zeiten des *Bankruptcy Act of 1938* hat. Zum ersten Mal ausdrücklich Erwähnung findet der *Clear Abuse Test* in *In re J. P. Linahan, Inc.*[114] Dort versuchte die Mehrheitsgesellschafterin der *Corporation* ein *Special Meeting* zu erzwingen, um die *Directors* abzuberufen und eine neue Geschäftsleitung ins Amt zu wählen. Sie war der Meinung, dass die Geschäftsleitung mit dem Insolvenzantrag nicht zum Wohle der Gesellschaft gehandelt hat. Nach Ansicht des *United States Court of Appeals* des *2nd Circuit* ist es das elementare Recht der Gesellschafter, auch in der Insolvenz von *Directors* ihrer Wahl repräsentiert zu werden, es sei denn, dieses Recht wird eindeutig missbraucht.[115] Im konkreten Fall verneinte das Gericht sodann das Vorliegen von *Clear Abuse*. Allerdings stellte es auch keine konkreten Voraussetzungen hierfür auf, sondern beließ es bei der vagen Formulierung, dass *Clear Abuse* vorliegen könne, wenn kein „honest and efficient management" in das Amt gewählt wird.[116]

Einen Fall von *Clear Abuse* fand wiederum der *Court of Appeals* des *2nd Circuit* 39 Jahre später in *In re Potter Instrument Co.* Dort war das Restrukturierungsverfahren[117] bereits so weit vorangeschritten, dass ein Insolvenzplan kurz vor der Bestätigung stand. Das Gericht hob hervor, dass eine Neuwahl der Geschäftsleitung zu diesem Zeitpunkt zu einer erheblichen Beeinträchtigung von Gläubigerrechten und einer Gefährdung der Restrukturierung des Schuldners insgesamt führen würde.[118] Allerdings entwickelt auch diese Entscheidung keine abstrakten Maßstäbe. Zwar ließe sich ihr die Tendenz entnehmen, dass die Auswechslung der Geschäftsleitung durch die Gesellschafter nur dann zulässig sein kann, wenn sich das Verfahren nicht bereits in der Endphase befindet.[119] Die häufig als *Leading Case*[120] bezeichnete Entscheidung *In re Johns-Manville*

[114] In re J. P. Linahan, Inc., 111 F.2d 590 (1940).

[115] In re J. P. Linahan, Inc., 111 F.2d 590, 592 (1940): „[T]he right of the majority of stockholders to be represented by directors of their own choice and thus to control corporate policy is paramount and will not be disturbed unless a clear case of abuse is made out."

[116] In re J. P. Linahan, Inc., 111 F.2d 590, 592 (1940): „[P]rovided of course the directors chosen are not persons who will injure the honest and efficient management of the corporate property."

[117] Zu diesem Zeitpunkt war noch der *Bankruptcy Act of 1938* in Kraft.

[118] In re Potter Instrument Co., Inc., 593 F.2d 470, 475 (1979).

[119] So scheint es auch der *Bankruptcy Court* des *Southern District of New York* gesehen zu haben, nach dem es sich bei der Frage der Zulässigkeit einer Wahl der *Board*-Mitglieder um eine „strictly corporate governance controversy" handele. Da eine Gefährdung der Restrukturierung des Schuldners nicht ersichtlich sei, sondern vielmehr einen „entirely different turn" nehmen könne, stehe einer Wahl der Geschäftsleitung durch die Gesellschafter nichts entgegen, siehe In re Lionel Corp., 30 B. R. 327, 329 f. (Bankr. S. D. N. Y. 1983).

[120] Siehe etwa *Tabb*, Law of Bankruptcy (2020), § 11.6, S. 1053.

Corp. weist jedoch in die entgegengesetzte Richtung.[121] Auch dort stand ein Insolvenzplan kurz vor der Bestätigung. *Manville* war Hersteller von Asbestprodukten und sah sich bestehenden und zukünftig entstehenden *Tort Claims* von Asbestgeschädigten ausgesetzt. Nach jahrelangem Verfahren lag ein *Agreement on Principal Elements of a Reorganization* zwischen dem Schuldner *Manville Corporation* und seinen Gläubigern schließlich vor. Dieses hätte dazu geführt, dass die Anteile der Gesellschafter ihren Wert um 90 Prozent verlieren würden.[122] Obwohl also das sehr komplexe Restrukturierungsverfahren bereits über Jahre andauerte und schließlich mit einem Insolvenzplan zu einem Ende gebracht werden sollte, nahm das Gericht keinen Fall von *Clear Abuse* an und konstatierte, dass das Recht fordere, den natürlichen Willen der Gesellschafter zu respektieren, Einfluss auf die *Corporate Governance* ihrer Gesellschaft zu nehmen.[123] Die bloße Intention der Gesellschafter, Verhandlungsmacht ausüben zu können, auch wenn dies durch die Auswechslung der Geschäftsleitung geschehe, sei für sich genommen noch kein Fall von *Clear Abuse*.[124] Auch die bloße Verzögerung der Restrukturierung sei nicht ausreichend.[125]

bb) Balancing Test

Zwar verwenden US-amerikanische Insolvenzgerichte überwiegend den *Clear Abuse Test*.[126] Im Fall *Saxon Industries* suchte der *Delaware Supreme Court* hingegen nicht nach Anzeichen für einen *Clear Abuse* der Gesellschafter, sondern urteilte, es sei ein Ausgleich zwischen dem Gesellschaftsrecht Delawares und dem Bundesinsolvenzrecht herzustellen.[127] Das Recht von Gesellschaftern in Delaware, ein *Shareholders' Meeting* einzuberufen und die Mitglieder des *Board* zu wählen, sei „virtually absolute".[128] Auch wenn der *Delaware Supreme Court* in *Saxon Industries* dem Insolvenzrecht zumindest abstrakt eine größere Bedeutung beimisst als unter dem *Clear Abuse Test*, fällt die Abwägung hierbei sehr kurz aus. Die vom *Debtor* vorgebrachten signifikanten Nachteile, die ein

---

[121] In re Johns-Manville Corp., 801 F.2d 60 (2d Cir. 1986).

[122] In re Johns-Manville Corp., 801 F.2d 60, 63 (2d Cir. 1986) („[...] [E]quity may be diluted by 90% or more.")

[123] In re Johns-Manville Corp., 801 F.2d 60, 64 (2d Cir. 1986).

[124] In re Johns-Manville Corp., 801 F.2d 60, 65 (2d Cir. 1986).

[125] In re Johns-Manville Corp., 801 F.2d 60, 65 (2d Cir. 1986) („[...] [T]he determination whether the Equity Committee is guilty of clear abuse turns on whether rehabilitation will be seriously threatened, rather than merely delayed [...].")

[126] Für eine ausführliche Auseinandersetzung mit der Fallgruppe aus jüngerer Zeit siehe In re SS Body Armor I, Inc., 527 B. R. 597 (Bankr. D. Del. 2015). Siehe auch *Hennigan*, 21 Norton Journal of Bankruptcy Law and Practice (2018), 255, 264ff.

[127] Saxon Industries, Inc. v. NKFW Partners, 488 A.2d 1298 (Del. Supreme Court 1984).

[128] Saxon Industries, Inc. v. NKFW Partners, 488 A.2d 1298, 1301 (Del. Supreme Court 1984).

Stockholders' Meeting (die Auswechslung der Geschäftsleitung) mit sich bringen würden, wurden als „zu spekulativ" abgetan.[129]

cc) Differenzierung nach Vorliegen von Insolvenzgründen

Sowohl von Rechtsprechung als auch Literatur unterschiedlich beurteilt wird die Frage, welche Relevanz das Vorliegen eines Insolvenzgrundes hat. Ein wichtiger Unterschied zum deutschen Insolvenzrecht ist, dass es zur Einleitung eines *Chapter 11*-Verfahrens keines Insolvenzgrundes bedarf. Die soeben besprochene *Manville*-Entscheidung deutet in einer Fußnote an, dass der Fall möglicherweise anders zu beurteilen gewesen wäre, wenn bei *Manville* (materielle) Insolvenz vorgelegen hätte.[130]

In *Saxon Industries* hingegen nimmt das Gericht an, dass auch das Vorliegen von Insolvenz das Recht der Gesellschafter nicht beseitige, die Geschäftsleitung zu wählen.[131] Die Literatur schließt sich dem an. Die Gesetzgebungshistorie zeige, dass es unter anderem ein Ziel des *Chapter 11* sei, einen *Return* für die Gesellschafter herzustellen. Gesellschaftern das Recht zu nehmen, ein *Shareholders' Meeting* abzuhalten und neue *Board*-Mitglieder zu wählen, würde diesem Ziel zuwiderlaufen.[132] Auch wenn es aus ökonomischer Sicht sinnvoll sei, dass Parteien nicht partizipieren können, die keine wirtschaftlichen Interessen mehr haben, entspräche dies nicht dem geltenden Recht.[133]

3. Vertrauensentzug gegenüber dem Vorstand

Für die Gesellschafter einer AG besteht keine Möglichkeit, Vorstandsmitglieder unmittelbar abzuberufen. Dieses Recht steht ausschließlich dem Aufsichtsrat zu, § 84 Abs. 3 S. 1 AktG. Der hierfür erforderliche wichtige Grund kann allerdings der Vertrauensentzug durch die Hauptversammlung sein, § 84 Abs. 3 S. 2 AktG. An diesen sind keine besonders hohe Hürden geknüpft, sofern er nicht aus offensichtlich unsachlichen Gründen erfolgt. Dies ist nur dann der Fall, wenn ein „willkürlicher, haltloser oder wegen des damit verfolgten

---

[129] Saxon Industries, Inc. v. NKFW Partners, 488 A.2d 1298, 1302 (Del. Supreme Court 1984) („[…] [T]he alleged harm is […] too ethereal […].").

[130] In re Johns-Manville Corp., 801 F.2d 60, 65, Fn. 6 (2d Cir.): „We note that if Manville were determined to be insolvent, so that the shareholders lacked equity in the corporation, denial of the right to call a meeting would likely be proper, because the shareholders would no longer be real parties in interest."

[131] Saxon Industries, Inc. v. NKFW Partners, 488 A.2d 1298, 1300 (Del. Supreme Court 1984). („[…] [I]nsolvency alone, irrespective of degree, does not divest the stockholders of a Delaware corporation of their right to exercise the powers of corporate democracy.").

[132] *Chou*, 65 American Bankruptcy Law Journal (1991), 559, 575 f.; *Miller*, 23 Seton Hall Law Review (1993), 1467, 1505. Ähnlich *Gerber*, 53 Brooklyn Law Review (1987), 295, 353.

[133] *Gerber*, 53 Brooklyn Law Review (1987), 295, 354 mit Verweis auf ein Zitat des 2016 verstorbenen *U. S. Supreme Court*-Richters Justice *Scalia*, „a law can be both economic folly and constitutional".

Zwecks sittenwidriger, treuwidriger oder sonst wie rechtswidriger Entzug des Vertrauens“[134] vorliegt. Insbesondere eine Begründung oder eine Pflichtwidrigkeit bzw. ein Verschulden seitens des betreffenden Vorstandsmitglieds sind nicht erforderlich.[135] In Bezug auf die GmbH ist zu unterscheiden, ob ein Aufsichtsrat existiert (wie etwa bei der mitbestimmten GmbH) oder nicht, da die Regelung des § 84 Abs. 3 S. 2 AktG, dann in Verbindung mit § 31 Abs. 1 MitbestG, auf der Funktionstrennung zwischen Gesellschafter-/Hauptversammlung und Aufsichtsrat beruht.[136] Bei der nicht mitbestimmten GmbH ohne Aufsichtsrat würde sonst jeder Abbestellungsbeschluss den wichtigen Grund (§ 38 Abs. 1 GmbHG) bereits in sich tragen, da dieser das fehlende Vertrauen bereits dokumentiert.[137] Bei der GmbH spielt der Vertrauensentzug somit eine wesentlich geringere Rolle als bei der AG.

Eine unzulässige Einflussnahme der Hauptversammlung auf die Geschäftsführung im Sinne des § 276a Abs. 1 S. 1 InsO kann im Vertrauensentzug schon deshalb nicht gesehen werden, weil § 276a Abs. 1 S. 2 InsO die Abberufung von Mitgliedern der Geschäftsleitung im Grundsatz weiterhin zulässt. Des Weiteren wird das Vorstandsmitglied auch nicht mit dem Vertrauensentzug abberufen, sondern erst, wenn der Aufsichtsrat in eigener Verantwortung beschließt, die Bestellung nach einem Vertrauensentzug zu widerrufen. Als Vorbereitungshandlung muss der Vertrauensentzug deshalb auch in der Eigenverwaltung möglich sein.[138]

4. *Sonderprüfung*

Im Recht der AG ist die Sonderprüfung in den §§ 142–146 AktG geregelt. Bei der GmbH gilt die Möglichkeit der Bestellung eines Sonderprüfers über § 46 Nr. 6 GmbHG mittlerweile als gesichert.[139]

Außerhalb der Insolvenz ist die Bestellung eines Sonderprüfers von hoher praktischer Bedeutung und stellt ein zentrales Recht der (Minderheits-)Gesellschafter dar, die Geschäftsleitung unmittelbar zu überwachen.[140] Dies gilt ins-

---

[134] Ständige Rspr. des BGH, siehe Urteil v. 15.11.2016, II ZR 217/15, ZIP 2017, 278, Rn. 15 mwN.

[135] BGH, Urteil v. 15.11.2016, II ZR 217/15, ZIP 2017, 278, Rn. 16 f. Siehe auch *Tschöpe/Wortmann*, NZG 2009, 161, 166.

[136] MünchKomm.-*Stephan/Tieves*, § 38 GmbHG, Rn. 92.

[137] MünchKomm.-*Stephan/Tieves*, § 38 GmbHG, Rn. 92; Lutter/Hommelhoff-*Kleindiek*, § 38 GmbHG, Rn. 22.

[138] OLG München, Beschluss v. 14.05.2018, 31 Wx 122/18, ZIP 2018, 1038, 1041; anders noch die Vorinstanz, ohne Begründung und lediglich mit Hinweis auf § 276a InsO, AG München, Beschluss v. 19.03.2018 – HRB 226715, ZIP 2018, 741, 743. Dem OLG München ebenfalls folgend *Sax*, NZI 2018, 541, 542; *Schäfer*, ZRI 2020, 20, 23.

[139] Siehe bereits *Fleischer*, GmbHR 2001, 45. Siehe ferner KölnKomm.-*Rieckers/Vetter*, § 142 AktG, Rn. 94; *Schürnbrand*, ZIP 2013, 1301, 1302 ff. Ausführlich *Grote*, Die Sonderprüfung im Recht der GmbH (2014), S. 65 ff.

[140] Vgl. GroßKommAktG-*Verse/Gaschler*, § 142, Rn. 1. Zur praktischen Bedeutung, aber

besondere in solchen Fällen, in denen die Einflussnahme auf den Aufsichtsrat wirkungslos ist, weil Aufsichtsrat und Vorstand kollusiv handeln.[141] Wirkungslos ist die Einflussnahme auf den Aufsichtsrat in der Regel auch in der Eigenverwaltung, da dieser gemäß § 276a Abs. 1 S. 1 InsO keine Möglichkeit mehr hat, auf die Geschäftsführung Einfluss zu nehmen.[142] Aufgabe des Sonderprüfers könnte etwa sein, zu überprüfen, ob der Vorstand sich im Vorfeld der übertragenden Sanierung im Rahmen des Investorenprozesses pflichtgemäß verhalten hat. Die Frage nach der Möglichkeit, in der Eigenverwaltung einen Sonderprüfer zu bestellen, ist somit besonders virulent.

Nach dem OLG München sei eine Insolvenzzweckgefährdung durch eine Sonderprüfung „nicht ersichtlich".[143] Das erscheint aus mehreren Gründen problematisch. Zum einen ist fraglich, ob die Bestellung eines Sonderprüfers schon deshalb nicht außerhalb des Verdrängungsbereichs liegt, weil sie erhebliche Kosten verursachen kann und somit die Masse belastet.[144] Kommen die Gesellschafter nicht selbst für diese Kosten auf, ist die Maßnahme für die Gläubiger nicht mehr masseneutral. Zum anderen fällt die Prüfung von Schadensersatzansprüchen gegen die Geschäftsleitung in der Eigenverwaltung in den Zuständigkeitsbereich des Sachwalters (§ 280 InsO analog).[145] Aus diesem Grund erscheint es geboten, bei der Sonderprüfung danach zu differenzieren, ob der Sachwalter für die Aufarbeitung von Vorgängen zuständig ist.[146] Eine gesellschaftsrechtliche Einflussnahme dieser Art würde deshalb dem Zweck des § 276a Abs. 1 S. 1 InsO, eine klare Zuständigkeitsordnung zu schaffen, völlig zuwiderlaufen.[147] Die Kostenfrage sollte hiervon unabhängig behandelt werden, da durch die Sonderprüfung nicht zwingend eine Masseverbindlichkeit entsteht, wenn die Gesellschafter selbst für ihre Kosten aufkommen.[148]

---

auch zur Gefahr des Missbrauchs durch Durchsetzung von Individualinteressen siehe auch KölnKomm.-*Rieckers/Vetter*, § 142 AktG, Rn. 43 ff.

141 GroßKommAktG-*Verse/Gaschler*, § 142, Rn. 1; *Müller-Michaels/Wingerter*, AG 2010, 903; *Bungert/Rothfuchs*, DB 2011, 1677.

142 Vgl. *Thole*, Gesellschaftsrechtliche Maßnahmen in der Insolvenz (2015), Rn. 189.

143 OLG München, Beschluss v. 14.05.2018, 31 Wx 122/18, ZIP 2018, 1038, 1042. Wohl auch (*obiter dicta*) KG, Beschluss v. 12.03.2020, 22 W 73/19, ZIP 2020, 1174, 1175.

144 Kritisch auch *Sax*, NZI 2018, 541, 542. Zur Frage der Kostentragung im Allgemeinen ausführlich *Thole*, ZIP 2018, 1565, 1567 ff.

145 Siehe *Hedaiat-Rad*, Der Sachwalter in der Eigenverwaltung (2018), S. 94 f.; HK-*Brünkmans*, § 280 InsO, Rn. 4; *Kebekus/Zenker*, in: FS Kübler, 2015, S. 331, 339; *Sax*, NZI 2018, 541, 542. Zum Sachwalter siehe noch unten, C. (S. 172 ff.).

146 Ebenso *Klöhn*, EWiR 2018, 501, 502. Zweifelnd auch *Göcke*, DB 2018, 1849, 1850. Ähnlich KölnKomm.-*Rieckers/Vetter*, § 142 AktG, Rn. 139. AA aber *Schäfer*, ZRI 2020, 20, 23 f.

147 Im Ergebnis ebenso HambKomm.-*Fiebig*, § 276a InsO, Rn. 6.

148 Siehe KölnKomm.-*Rieckers/Vetter*, § 142 AktG, Rn. 139; GroßKommAktG-*Verse/Gaschler*, § 142, Rn. 143.

5. Zwischenergebnis

Die Einführung von § 276a InsO durch das ESUG hat zur Klärung des Verhältnisses von Gesellschafts- und Insolvenzrecht viel beigetragen. Die gesetzgeberische Klarstellung, dass die Vorschrift auch in der vorläufigen Eigenverwaltung Anwendung findet (§ 276a Abs. 3 InsO), ist begrüßenswert. In sachlicher Hinsicht sollte vor dem Hintergrund von Zielen und Funktion des Insolvenzrechts nicht nach unmittelbaren und mittelbaren Maßnahmen unterschieden werden, sondern nur die Frage gestellt werden, ob die betreffende Maßnahme sich auf die (den Gläubigern zugewiesene) Masse auswirkt. Die Entscheidung des OLG München zeigt indes deutlich, dass von Gesellschaftern unter Umständen erhebliches Blockade- bzw. Störpotenzial ausgehen kann. Es bleibt abzuwarten, ob andere Gerichte § 276a Abs. 1 InsO auf eine ähnliche Weise auslegen werden. Strebt die Geschäftsleitung eine übertragende Sanierung in der Eigenverwaltung an, ist von einem solchen Störpotenzial durch die Gesellschafter auszugehen, was die Interessenanalyse belegt.[149] Mit den Zielen der InsO wäre dies selbstredend nicht vereinbar.

In den USA stellt sich die Rechtslage gänzlich anders dar. Für die Auswechslung der Geschäftsleitung bedarf es weder der Zustimmung des *Trustee/Examiner* noch des Insolvenzgerichts. Der *Clear Abuse Test* und der *Balancing Test* scheinen nicht geeignet zu sein, einen Missbrauch der Einflussnahme von Gesellschaftern effektiv zu verhindern, denn sie greifen nur in Ausnahmefällen. Nur die Minderheit der US-amerikanischen Rechtsprechung erörtert, ob im Fall von materieller Insolvenz den Gesellschaftern weniger Rechte eingeräumt werden sollten. Dies wird mit Hinweis auf den Verfahrenszweck von *Chapter 11* überwiegend verneint.

Aus „deutscher Perspektive" ist zu konstatieren, dass sich aus diesen Erkenntnissen zum US-amerikanischen Recht wenig für das Eigenverwaltungsverfahren ableiten lässt. Die Eigenverwaltung ist aus guten Gründen in Bezug auf die Wahl der Mittel (Liquidation, übertragende Sanierung, Insolvenzplan) offen.[150] Dass der Gesetzgeber und wohl auch die Insolvenzpraxis bei der Eigenverwaltung in erster Linie die Rechtsträgersanierung vor Augen hatten bzw. haben, vermag nichts daran zu ändern, dass die Interessen der Gläubiger im Vordergrund stehen. Das von Gesellschafterseite ausgehende Störpotenzial ist daher zu vermeiden. Die übertragende Sanierung als Mittel zur bestmöglichen Gläubigerbefriedigung betrifft dies umso mehr, da sie in der Regel nicht das von den Gesellschaftern favorisierte Mittel ist.

---

[149] Kapitel 1, C. II. (S. 50 ff.).

[150] *Kessler*, Die Aktiengesellschaft in der Eigenverwaltung (2006), S. 36; Jaeger-*Meller-Hannich*, § 270 InsO, Rn. 6; 10; *Reus/Höfer/Harig*, NZI 2019, 57, 60.

VI. Ergebnis und Zusammenfassung zu A.

Im Fall der Krise ist zwischen der drohenden Zahlungsunfähigkeit und dem Eintritt materieller Insolvenz zu differenzieren. Ist noch keine materielle Insolvenz gegeben, finden § 179a AktG sowie die *Holzmüller-/Gelatine*-Grundsätze auch in der Eigenverwaltung weiterhin Anwendung.

Bei Vorliegen materieller Insolvenz (Überschuldung und/oder Zahlungsunfähigkeit) fehlt es hingegen an der teleologischen Grundlage für die Anwendbarkeit sowohl der *Holzmüller-/Gelatine*-Grundsätze als auch des § 179a AktG. Ab dem Zeitpunkt des Eröffnungsverfahrens werden die Gesellschafter einer GmbH und AG eines Großteils von Möglichkeiten der Einflussnahme entledigt. Dies gilt aufgrund klarer gesetzgeberischer Zielsetzung auch für eine indirekte Einflussnahme auf die Geschäftsleitung wie etwa Einberufungs-, Einsichts- und Informationsrechte. Das Recht zur Wahl des Aufsichtsrats der Hauptversammlung im Fall der Aktiengesellschaft wird von § 276a Abs. 1 InsO hingegen nicht berührt. Eine Einflussnahme der Aufsichtsorgane ist wegen § 276a Abs. 3 InsO auch im Eröffnungsverfahren nur in diesem begrenzten Rahmen möglich.

Eine Ausnahme stellt die Entscheidung des OLG München dar, die in dieser Hinsicht jedenfalls keinen Beifall verdient. Wenn die Gesellschafter „out of the money" sind, ist nicht ersichtlich, aus welchen Gründen ihnen ein Einfluss auf das Verfahren gewährt werden soll. Die Auslegung des OLG München von § 276a Abs. 1 InsO widerspricht insofern dem Verfahrenszweck.

In den USA sind die Möglichkeiten der Kontrolle und Einflussnahme durch die gesellschaftsrechtlichen Aufsichtsorgane im Insolvenzverfahren erheblich weiter ausgestaltet als in Deutschland. Entscheidend dürfte hierbei sein, dass es im Gegensatz zum deutschen Recht in Bezug auf die Auswechslung der Geschäftsleitung kein Zustimmungserfordernis gibt. Erklären lässt sich dies zum einen anhand der starken Stellung der einzelstaatlichen Gesellschaftsrechtsordnungen. Diese Stellung wird von den Bundesinsolvenzgerichten anerkannt und regelmäßig berücksichtigt. Zum anderen zeigt die Entstehungsgeschichte des *U. S. Bankruptcy Code*, dass – anders als in Deutschland – den Gesellschafterinteressen weiterhin große Bedeutung beigemessen wird. Hierin ist außerdem eine besondere Ausprägung der unterschiedlichen Insolvenzrechtskultur zu sehen,[151] die dem deutschen Verständnis von Gläubigerautonomie jedenfalls in diesem Zusammenhang widerspricht. Für das deutsche Recht können diese Ergebnisse deshalb nicht fruchtbar gemacht werden.

---

[151] Siehe hierzu Kapitel 1, A. I. (S. 7 ff.).

B. Die Gläubigerorgane

I. Vorüberlegungen

Da auch die Eigenverwaltung dem Verfahrensziel des § 1 InsO dient, gilt wie im Regelverfahren das Prinzip der Gläubigerautonomie. Die Gläubigerorgane spielen in der Eigenverwaltung eine im Vergleich zum Regelverfahren noch größere Rolle,[152] da (unternehmerische) Entscheidungen nicht vom Insolvenzverwalter, sondern vom Schuldner selbst getroffen werden. Normativ bringen dies etwa die §§ 271, 272 InsO zum Ausdruck, nach welchen die Gläubigerversammlung die Anordnung bzw. die Aufhebung der Anordnung der Eigenverwaltung erzwingen kann. Die aufgrund ihrer Größe als wenig flexibles Organ angesehene Gläubigerversammlung kann[153] wie im Regelverfahren ergänzt werden durch den Gläubigerausschuss. Dieser hat eine zentrale Bedeutung für die effektive Überwachung des eigenverwaltenden Schuldners.[154]

Das US-amerikanische Pendant ist das *Creditors' Committee*. Ihm kommt als „counterweight to the DIP"[155] ebenfalls große Bedeutung zu. Zwar wird immer wieder beobachtet, dass die Mitglieder die Möglichkeit der Einflussnahme auf das Verfahren bzw. den *Debtor* aus unterschiedlichen Gründen nicht wahrnehmen oder das *Committee* gar nicht bestellt wird.[156] Gerade in größeren Verfahren kann die Gläubigervertretung indes eine entscheidende Rolle spielen.[157]

In den USA kann der *U. S. Trustee*[158] weitere *Committees* einberufen, so dass die Organisation gesicherter Gläubiger in einem *Secured Creditors' Committee* möglich ist. Grundsätzlich stellt dies eine Ermessenentscheidung des *U. S. Trustee* dar, 11 U.S.C. § 1102(a)(1). Auf Antrag einer *Party in Interest* kann das Insolvenzgericht den *U. S. Trustee* beauftragen, ein solches einzuberufen, wenn dies zur Sicherstellung von „adequate representation" erforderlich ist, 11 U.S.C. § 1102(a)(2).[159] Allerdings wird in der Bestellung eines *Secured Creditors' Committee* vielfach kein Bedarf gesehen, da gesicherte Gläubi-

---

152 Siehe MünchKomm.-*Kern*, Vor §§ 270–285 InsO, Rn. 81; vgl. auch *Mönning*, in: FS Wellensiek, 2011, S. 641, 660.

153 Nur in Fällen des § 22a Abs. 1 InsO besteht eine Pflicht zur Einsetzung.

154 Siehe *Hammes*, Der Gläubigerausschuss in der Eigenverwaltung (2019), S. 4 mit Hinweis auf die Missbrauchsanfälligkeit der Eigenverwaltung und der hierdurch gesteigerten Anforderungen an den Gläubigerausschuss.

155 *Tabb*, Law of Bankruptcy (2020). § 11.9, S. 1062.

156 *Adams*, 73 Boston University Law Review (1993), 581, 614 f.; *Frost*, 72 American Bankruptcy Law Journal (1998), 103, 113 bei Fn. 39.

157 Vgl. *Bell/Jones*, Detroit College of Law Review (1993), 1551, 1553.

158 Der *United States Trustee* ist ein vom *Attorney General* bestellter Regierungsbeamter und, vergleichbar mit einem deutschen Rechtspfleger, insbesondere für die allgemeine Überwachung des Verfahrens sowie bestimmte administrative Aufgaben zuständig, um das Insolvenzgericht zu entlasten, siehe 28 U.S.C. § 581 ff.

159 Die Hürde hierfür ist allerdings hoch, siehe *Tabb*, Law of Bankruptcy (2020), § 11.9, S. 1064 mwN.

ger häufig bereits außergerichtlich durch *Intercreditor Agreements*[160] organisiert sind.[161] Die Tatsache, dass im US-amerikanischen *Creditors' Committee* nur ungesicherte Gläubiger vertreten sind, zeigt daher auch, dass für eine institutionelle Vertretung gesicherter Gläubiger aus rechtsökonomischer Perspektive häufig kein Grund besteht.[162] Das Kollektivhandlungsproblem, das durch die Organisation der Gläubiger im *Creditors' Committee* zumindest teilweise gelöst wird, besteht bei gesicherten Gläubigern typischerweise gar nicht: Gesicherte Gläubiger sind erstens (in der Regel) zahlenmäßig eine viel kleinere Gruppe oder gar ein einzelner Gläubiger[163] und zweitens bestehen häufig bereits Verträge innerhalb dieser Gruppe, die das Kollektivhandlungsproblem minimieren sollen.[164] *Secured Creditors' Committees* werden aus diesem Grund in dieser Untersuchung ausgeklammert.

Die Aufgaben der Gläubigerorgane in einem Insolvenzverfahren mit eigenverwaltendem Schuldner lassen sich mit *Skeel* abstrakt als „monitoring and contesting" zusammenfassen.[165] Im Vordergrund dieser Untersuchung stehen deshalb die Überwachung des eigenverwaltenden Schuldners durch die Gläubigerorgane sowie deren generelle Möglichkeiten der Einflussnahme. Ziel dieses Abschnitts ist es, diese Möglichkeiten der Einflussnahme auf das Verfahren bzw. den Schuldner vor dem Hintergrund der im ersten Kapitel herausgearbeiteten Ausgangslage in Bezug auf die Interessen der einzelnen Gläubigergruppen zu beleuchten.

Zum Zweck der Übersichtlichkeit unterscheidet die vorliegende Untersuchung zwischen der Zusammensetzung sowie allgemeinen Aufgaben und Möglichkeiten der Einflussnahme durch die Gläubigerorgane, die im Zusammenhang mit einer Unternehmensveräußerung stehen (II.), und der Entscheidung über den Verkauf des Unternehmens im Besonderen (III.). Eine deutsche Besonderheit stellt das Institut der Insolvenzzweckwidrigkeit dar,[166] dessen Wirkung und Schutz vor missbräuchlichen Übertragungskonstellation zu untersuchen ist (IV.). In den USA lässt sich im Zusammenhang mit *363 Sales* seit einiger Zeit beobachten, dass Gläubiger Vereinbarungen treffen, welche die Befriedigungsreihenfolge von *Chapter 11* umgehen sollen. Dieses sogenannte *Gifting* bedarf einer näheren Untersuchung und Beurteilung aus deutscher Perspektive (V.). Insbesondere im Hinblick auf Insiderveräußerungen und mögliche Stimmverbote ist sodann die Willensbildung der Gläubigerorgane relevant (VI.).

---

160 Hierzu Kapitel 1, C. IV. 3. (S. 66 ff.).

161 *Klee/Levin*, 21 Norton Journal of Bankruptcy Law and Practice (2012), 465, 470.

162 *Skeel*, 78 Virginia Law Review (1992), 461, 522 f.; 527 f.

163 *Skeel*, 78 Virginia Law Review (1992), 461, 522 f.

164 *Eidenmüller*, Unternehmenssanierung zwischen Markt und Gesetz (1999), S. 128 ff.

165 *Skeel*, 78 Virginia Law Review (1992), 461, 522.

166 Vgl. *Keinert*, Vertragsbeendigung in der Insolvenz (2018), S. 202.

II. Allgemeine Aufgaben und Möglichkeiten der Einflussnahme

Der folgende Abschnitt hat das Ziel, die Gläubigerorgane beider Rechtsordnungen zunächst im Allgemeinen gegenüberzustellen, um eine Grundlegung vorzunehmen für ein verbessertes Verständnis von Unterschieden und Gemeinsamkeiten hinsichtlich des darauffolgenden Rechtsvergleichs in Bezug auf die Entscheidung über den Verkauf des Unternehmens.

1. Gläubigerausschuss

Der Grundgedanke für die generelle Existenz des Gläubigerausschusses ist vor allem, dass der eher schwerfälligen Gläubigerversammlung ein schnell agierendes Entscheidungsgremium zur Seite gestellt werden soll.[167] Gerade in Fällen einer geplanten übertragenden Sanierung kann ein Gläubigerausschuss flexibler und schneller reagieren.[168] Dennoch ist der Gläubigerausschuss nicht etwa bloß der „verlängerte Arm" der Gläubigerversammlung, sondern unabhängiges Organ der Gläubiger.[169] Diese Feststellung ist insbesondere für die Frage nach dem Verhältnis des Gläubigerausschusses zur Gläubigerversammlung in Bezug auf Kompetenzkonflikte von Bedeutung.[170]

Üblich ist die (auch hier verwendete) begriffliche Unterscheidung zwischen vorläufigem Gläubigerausschuss (im Eröffnungsverfahren), Interimsausschuss (im eröffneten Verfahren vor der ersten Gläubigerversammlung) und endgültigem Ausschuss (nach der Wahl durch die Gläubigerversammlung).[171] Den vorläufigen (Interims-)Ausschuss setzt das Gericht nach freiem Ermessen ein, § 67 Abs. 1 InsO. Gemäß § 69 Abs. 1 InsO wird der endgültige Ausschuss von der Gläubigerversammlung bestellt, die entweder einen neuen Ausschuss einsetzt oder den vom Gericht bestellten beibehält. Hierbei können nach § 68 Abs. 2 InsO auch vom Gericht bestellte Mitglieder abgewählt und neue oder zusätzliche Mitglieder gewählt werden. Die Mitglieder des Gläubigerausschusses sind zu einer unabhängigen Amtsführung verpflichtet und haben die Interessen aller Beteiligten im Sinne der Verfahrensziele des § 1 InsO zu wahren.[172] Eigene Par-

---

[167] Vgl. Kübler/Prütting/Bork-*Kübler*, § 67 InsO (September 2014), Rn. 10; KölnKomm.-*Hammes*, § 67 InsO, Rn. 1. Siehe auch *Thoma*, Gläubigerautonomie (2019), S. 97 ff. zum Gläubigerausschuss als Lösung des Kollektivinteressenproblems.

[168] *Vallender*, in: FS Kirchhof, 2003, S. 507.

[169] BGHZ 202, 324, 330; BGH, Beschluss v. 24.01.2008 – IX ZB 222/05, ZIP 2008, 652, 654; Kübler/Prütting/Bork-*Kübler*, § 69 InsO (Februar 2015), Rn. 2, 4; KölnKomm.-*Hammes*, § 67 InsO, Rn. 4, 11; *Vallender*, in: FS Kirchhof, 2003, S. 507, 509. Die Bedeutung des Gläubigerausschusses hervorhebend auch Uhlenbruck-*Knof*, § 69 InsO, Rn. 1.

[170] Siehe hierzu noch unten, B. III. 2. c) (S. 144 ff.).

[171] Siehe HambKomm.-*Frind*, § 67 InsO, Rn. 2; MünchKomm.-*Schmid-Burgk*, § 67 InsO, Rn. 2; Uhlenbruck-*Knof*, § 67 InsO, Rn. 4.

[172] KölnKomm.-*Hammes*, § 69 InsO, Rn. 4; MünchKomm.-*Schmid-Burgk*, § 69 InsO, Rn. 2; K. Schmidt-*Jungmann*, § 69 InsO, Rn. 3; *Uhlenbruck*, ZIP 2002, 1373, 1377. Siehe auch *Thoma*, Gläubigerautonomie (2019), S. 104 ff.

tikularinteressen bzw. Belange derjenigen Gläubiger, die sie in den Ausschuss gewählt haben, dürfen sie nicht verfolgen.[173] Im Folgenden wird neben der Zusammensetzung des Gläubigerausschusses auf die einzelnen, für diese Untersuchung relevanten Kernaufgaben des Organs eingegangen.

a) *Zusammensetzung*

Grundsätzlich kann jede natürliche und juristische Person Mitglied des Gläubigerausschusses sein.[174] Für Personen, die keine Gläubiger sind, besteht die Möglichkeit der Bestellung nur für den endgültigen Gläubigerausschuss, § 67 Abs. 3 InsO.[175] Schuldner, Sachwalter oder Gerichtspersonen bleibt die Mitgliedschaft im Gläubigerausschuss (naturgemäß) verwehrt.[176] Umstritten ist, ob Gesellschafter von der Mitgliedschaft im Gläubigerausschuss ausgeschlossen sind. Nach wohl überwiegender Auffassung spricht bei juristischen Personen grundsätzlich nichts gegen eine Bestellung von Gesellschaftern als Mitglieder des Gläubigerausschusses.[177] Nach anderer Ansicht ist dies aufgrund eines stets vorliegenden Interessenkonflikts nicht möglich.[178] Dem ist beizupflichten:

Außerhalb der Insolvenz überwachen Gesellschafterversammlung bzw. Aufsichtsrat die Geschäftsleitung des Schuldners. Diese Aufgabe wird in der Insolvenz den Gläubigerorganen Gläubigerausschuss und -versammlung überantwortet.[179] Schon allein vor diesem Hintergrund wäre es inkonsequent und darüber hinaus mit der Rolle der Gläubiger unvereinbar, Gesellschafter als Mitglieder zuzulassen.[180] Problematisch erscheint in diesem Zusammenhang auch, wie die Konstellation des Gesellschafterdarlehens zu beurteilen ist. Vom Begriff des Insolvenzgläubigers sind auch nachrangige Insolvenzgläubiger umfasst. Hierzu gehören auch Gesellschafter, die ein Darlehen an die Gesellschaft ausgereicht haben (§ 39 Abs. 1 S. 1 Nr. 5 InsO).[181] *Per se* ausgeschlossen ist die Mitgliedschaft in diesem Fall somit nicht.

---

[173] BGHZ 124, 86, 93; Kübler/Prütting/Bork-*Kübler*, § 69 InsO (Februar 2015), Rn. 5; *Vallender*, WM 2002, 2040, 2044.

[174] Kübler/Prütting/Bork-*Kübler*, § 67 InsO (September 2014), Rn. 27; KölnKomm.-*Hammes*, § 67 InsO, Rn. 43.

[175] Im Falle des vorläufigen Gläubigerausschusses ist dies nicht möglich, da § 21 Abs. 2 Nr. 1a nicht auf § 67 Abs. 3 InsO verweist, siehe Kübler/Prütting/Bork-*Kübler*, § 67 InsO (September 2014), Rn. 27.

[176] Allgemeine Meinung, siehe nur *Vallender*, in: FS Ganter, 2010, S. 391, 392.

[177] Jaeger-*Gerhardt*, § 67 InsO, Rn. 29; Uhlenbruck-*Knof*, § 67 InsO, Rn. 16; K. Schmidt-*Jungmann*, § 67 InsO, Rn. 20. AA *Hegmanns*, Der Gläubigerausschuß (1986), S. 110 ff.

[178] Siehe KölnKomm.-*Hammes*, § 67 InsO, Rn. 50. Siehe auch MünchKomm.-*Schmid-Burgk*, § 67 InsO, Rn. 23, nach dem „im Zweifel" ein Gesellschafter nicht Mitglied sein sollte.

[179] Zum Wechsel von *Corporate Governance* zu *Bankruptcy Governance* siehe oben, A. I. (S. 82 ff.) und Kapitel 1, A. II. (S. 23 ff.).

[180] Ähnlich KölnKomm.-*Hammes*, § 67 InsO, Rn. 50.

[181] Siehe *Ballmann/Erker*, in: FS Beck, 2016, S. 13, 18 für die Mitgliedschaft im vorläufigen Gläubigerausschuss.

b) Einfluss auf die Bestellung des Sachwalters

Bereits der vorläufige Gläubigerausschuss kann auf die Bestellung des (vorläufigen) Sachwalters Einfluss nehmen, §§ 270b Abs. 1 S. 1 i. V. m. § 274 Abs. 1, 56a InsO. Dies hat in der Regel erhebliche Auswirkungen, denn zum einen werden die entscheidenden Weichen bereits im Eröffnungserfahren gestellt, und zum anderen kann der vorläufige Sachwalter damit rechnen, auch in der eröffneten Eigenverwaltung das Amt des Sachwalters zu übernehmen.[182] Es werden daher nachstehend die einzelnen Möglichkeiten der Einflussnahme des vorläufigen Gläubigerausschusses auf die Person des Sachwalters vor dem Hintergrund von Missbrauchsgefahren untersucht.

aa) Anhörung des Gläubigerausschusses durch das Gericht

Zunächst hat das Insolvenzgericht dem vorläufigen Gläubigerausschuss Gelegenheit zu geben, sich zu den Anforderungen, die an den Sachwalter zu stellen sind, und zur Person des Sachwalters zu äußern, soweit dies nicht offensichtlich zu einer nachteiligen Veränderung der Vermögenslage des Schuldners führt, §§ 274 Abs. 1 i. V. m. 56a Abs. 1 InsO. Der vorläufige Gläubigerausschuss kann sich somit zum einen zu den Anforderungen an die Person äußern, d. h. zu generell-abstrakten Kriterien in Bezug auf die Geeignetheit der Person. Zum anderen kann er konkrete Personen vorschlagen oder auch ausschließen.[183] Der Gläubigerausschuss ist hierbei verpflichtet, sich an den gesetzlichen Kriterien des § 56 InsO zu orientieren. Insbesondere muss es sich bei dem vorgeschlagenen Sachwalter um eine Person handeln, die vom Schuldner unabhängig ist, § 56 Abs. 1 S. 1 InsO.[184]

bb) Bindendes Vorschlagsrecht

Der vorläufige Gläubigerausschuss hat gemäß §§ 274 Abs. 1 i. V. m. 56a Abs. 2 S. 1 InsO die Möglichkeit, einen Sachwalter vorzuschlagen. Zwar liegt die Entscheidung über die Person des Sachwalters weiterhin nicht in den Händen der Gläubiger, sondern in denen des Insolvenzgerichts. Erfolgt der Vorschlag des Gläubigerausschusses jedoch einstimmig, ist das Ermessen des Gerichts erheblich eingeschränkt; es darf nach § 56a Abs. 2 S. 1 InsO von dem Vorschlag nur abweichen, wenn die vorgeschlagene Person für die Übernahme des Amtes nicht geeignet ist. Umstritten ist, ob in Bezug auf die Einstimmigkeit nach § 56a

---

[182] *Hedaiat-Rad*, Der Sachwalter in der Eigenverwaltung (2018), S. 33. Ebenso *Hammes*, Der Gläubigerausschuss in der Eigenverwaltung (2019), S. 74 zum „mitgebrachten" Sachwalter im Schutzschirmverfahren nach § 270b InsO.

[183] MünchKomm.-*Graeber*, § 56a InsO, Rn. 25 ff.; Uhlenbruck-*Zipperer*, § 56a InsO, Rn. 5; *Frind*, ZIP 2012, 1380, 1383; *Obermüller*, ZInsO 2012, 18, 23.

[184] Siehe KölnKomm.-*Hess*, § 56a InsO, Rn. 14 f. Siehe zur Unabhängigkeit des Sachwalters unten, C. II. 2. b) (S. 176 ff.).

Abs. 2 S. 1 InsO relevant ist, wenn sich Mitglieder enthalten oder nicht anwesend sind. Teile der Literatur gehen von der Annahme aus, dass Stimmenthaltungen oder die Abwesenheit von Mitgliedern generell die Einstimmigkeit verhindern.[185] Dagegen spricht jedoch der Vergleich mit dem Gesellschaftsrecht, das im Vereinsrecht die Unterscheidung zwischen der Einstimmigkeit und der Zustimmung aller Mitglieder kennt (§ 33 Abs. 1 BGB). In § 56a Abs. 2 S. 1 InsO hat der Gesetzgeber auf die Formulierung „Zustimmung aller Mitglieder" verzichtet, was ein starkes Indiz dafür ist, dass Enthaltungen oder Abwesenheiten unschädlich sind.[186] Hieraus kann unter Umständen insofern eine Gefahr entstehen, als im Gläubigerausschuss vertretene Großgläubiger unter Umständen eine ihnen wohlgesonnene Person vorschlagen können und weniger vorbereitete Mitglieder zu diesem frühen Zeitpunkt im Verfahren sich etwa mangels Alternative enthalten. Vor dem Hintergrund des Vergleichs mit der verbandsrechtlichen Differenzierung zwischen Einstimmigkeit und Zustimmung aller Mitglieder erscheint es dringend geboten, § 56a Abs. 2 S. 1 InsO folgendermaßen zu ändern:

„Das Gericht darf von einem Vorschlag des vorläufigen Gläubigerausschusses zur Person des Verwalters nur abweichen, wenn nicht alle Mitglieder des vorläufigen Gläubigerausschusses zugestimmt haben oder die vorgeschlagene Person für die Übernahme des Amtes nicht geeignet ist."

cc) Ausnahme im Schutzschirmverfahren

Eine Besonderheit besteht im Schutzschirmverfahren gemäß § 270d Abs. 2 S. 2, 3 InsO.[187] Dort wird dem Schuldner selbst das Recht eingeräumt, eine Person als Sachwalter vorzuschlagen. Im Unterschied zu § 56a Abs. 2 S. 1 InsO darf das Gericht beim Schutzschirmverfahren vom Vorschlag des Schuldners sogar nur dann abweichen, wenn die vorgeschlagene Person *offensichtlich* für die Übernahme des Amtes nicht geeignet ist. Nach herrschender Meinung verdrängt dieses Vorschlagsrecht des Schuldners dasjenige des vorläufigen Gläubigerausschusses.[188] Die Literatur begründet dies damit, dass es gesetzgeberische Intention gewesen sei, trotz genereller Stärkung der Gläubigerrechte

---

[185] MünchKomm.-*Graeber*, § 56a InsO, Rn. 25; FK-*Jahntz*, § 56a, Rn. 29. Siehe auch K. Schmidt-*Ries*, § 56a InsO, Rn. 18 sowie *Obermüller*, ZInsO 2012, 18, 24 aE, die nur bei Stimmenthaltungen präsenter Mitglieder keine Einstimmigkeit sehen und die Abwesenheit einzelner Mitglieder somit unschädlich sei.

[186] Uhlenbruck-*Zipperer*, § 56a InsO, Rn. 7.

[187] § 270b Abs. 2 S. 2, 3 InsO a. F.

[188] MünchKomm.-*Kern*, § 270b InsO, Rn. 92; Uhlenbruck-*Zipperer*, § 270b InsO, Rn. 58 f.; K. Schmidt-*Undritz*, § 270b InsO, Rn. 10; HambKomm.-*Fiebig*, § 270b InsO, Rn. 30; HK-*Brünkmans*, § 270b InsO, Rn. 38; *Koch/Jung*, in: Kübler (Hrsg.), Handbuch Restrukturierung in der Insolvenz, 3. Aufl., 2018, § 8 Rn. 114; *Desch*, BB 2011, 841, 842; *Landfermann*, WM 2012, 869, 873; *Vallender*, GmbHR 2012, 445, 449.

durch das ESUG diese im Fall des Schutzschirmverfahrens zurückzustellen.[189] § 270d Abs. 2 S. 2 InsO sei gegenüber § 56a Abs. 2 S. 1 InsO somit die speziellere Regelung.[190] Diese Begründung ist überzeugend, denn Ziel der Regelung des § 270d InsO ist es, Anreize für eine frühzeitige Antragstellung zu setzen.[191] Die Möglichkeit der generellen Anhörung des vorläufigen Gläubigerausschusses zur Person des vorläufigen Sachwalters ist hierdurch allerdings nicht ausgeschlossen.[192] Hieran knüpft sich die Frage an, ob § 270d Abs. 2 S. 2 InsO auch das Ersetzungsrecht nach § 56a Abs. 3 InsO des vorläufigen Gläubigerausschusses verdrängt. Auch hier streitet das Argument der gesetzgeberischen Intention in Bezug auf § 270d InsO für eine Verdrängung der Ersetzungsbefugnis. *Ratio legis* des § 270d Abs. 2 S. 2 InsO ist es, dem Schuldner die Sanierung mit einem Sachwalter zu ermöglichen, der ihm vertrauenswürdig ist. Dies würde ein Ersetzungsrecht des (vorläufigen) Gläubigerausschusses konterkarieren.[193]

dd) Bewertung der Einflussnahme auf die Person des Sachwalters

Dass die Unabhängigkeit des Sachwalters die Grundlage für eine gleichmäßige Gläubigerbefriedigung darstellt, liegt auf der Hand. Der Gefahr, dass Großgläubiger das Verfahren an sich reißen und anderen Gläubigern eine ihnen wohlgesonnene Person als Sachwalter aufzwingen, könnte (*de lege ferenda*, siehe oben, bb)) dadurch Einhalt geboten werden, dass das Gericht nur bei einem Vorschlag des Gläubigerausschusses mit Zustimmung aller Mitglieder gebunden wäre. Ebenfalls abstimmende Vertreter der Kleingläubiger und Arbeitnehmer könnten einen übermäßigen Einfluss von Großgläubigern somit verhindern.[194] Diese Erwägungen setzen allerdings voraus, dass allen abstimmenden Mitgliedern des Gläubigerausschusses bekannt ist, wie die vorgeschlagene Person zu den einzelnen Großgläubigern steht.[195]

---

[189] MünchKomm.-*Kern*, § 270b InsO, Rn. 92. Siehe auch *Landry*, in: Mohrbutter/Ringstmeier (Hrsg.), Handbuch Insolvenzverwaltung (2015), § 15, Rn. 84.

[190] Uhlenbruck-*Zipperer*, § 270b InsO, Rn. 58; HK-*Brünkmans*, § 270b InsO, Rn. 38; K. Schmidt-*Undritz*, § 270b InsO, Rn. 10; *Kammel/Staps*, NZI 2011, 791, 795; *Landfermann*, WM 2012, 869, 873.

[191] Begründung des RegE ESUG, BT-Drs. 17/5712, S. 40. Siehe auch *Hirte*, ZInsO 2011, 401, 404 sowie Jaeger-*Meller-Hannich*, § 270b InsO, Rn. 26, nach der das Vorschlagsrecht des Schuldners zu den zentralen Schutzbestandteilen der Sanierungsvorbereitung gehöre.

[192] MünchKomm.-*Kern*, § 270b InsO, Rn. 92; Uhlenbruck-*Zipperer*, § 270b InsO, Rn. 58; HambKomm.-*Frind*, § 56a InsO, Rn. 12. Siehe auch *Obermüller*, ZInsO 2011, 1809, 1818.

[193] *Landry*, in: Mohrbutter/Ringstmeier (Hrsg.), Handbuch Insolvenzverwaltung (2015), § 15, Rn. 84; K. Schmidt-*Undritz*, § 270b InsO, Rn. 10. Im Ergebnis ebenso HambKomm.-*Fiebig*, § 270b InsO, Rn. 30; HK-*Brünkmans*, § 270b InsO, Rn. 38. AA *Graf-Schlicker*, § 270d InsO, Rn. 39.

[194] Siehe auch *Mönning*, in: FS Wellensiek, 2011, S. 641, 662 f.; *Korch*, ZIP 2018, 109, 114.

[195] Zu Recht kritisch deshalb *Schmidt/Hölzle*, ZIP 2012, 2238, 2243.

Aufgrund der Bedeutung des Sachwalters erscheint es durchaus problematisch, gerade in der Eigenverwaltung den (Groß-)Gläubigern einen derart starken Einfluss auf die Bestellung des Sachwalters zuzugestehen. *Schmidt/Hölzle* fordern deshalb, dass der Gläubigerausschuss in einer Art zweistufigem Verfahren dem Gericht zuerst den einstimmigen Vorschlag unterbreiten und sodann eine Erklärung aller Gläubiger nachreichen muss, in der auf das Kriterium der Unabhängigkeit des Sachwalters verzichtet werde. Erst dann sei kein Anlass mehr gegeben, die Gläubiger „vor sich selbst zu schützen."[196]

Diesem Vorschlag von *Schmidt/Hölzle* lassen sich zwei Überlegungen entgegenhalten. Zum einen erscheint schon fraglich, ob die Gläubiger überhaupt auf die Unabhängigkeit des Sachwalters verzichten *können*. Die Bestellung des Sachwalters dient (analog zum Regelverfahren) auch der Rechtspflege.[197] Das Bundesverfassungsgericht hat 2004 zum Insolvenzverwalterberuf festgestellt, dass seine Tätigkeit „ebenso im öffentlichen Interesse an einer geordneten und effizienten Rechtspflege" liegt.[198] Als Gesamtvollstreckungsverfahren garantiert die Insolvenzordnung Verteilungsgerechtigkeit. Der für die Überwachung der Umsetzung dieser Zielvorgabe eingesetzte Sachwalter befindet sich in jedenfalls amtsähnlicher Stellung.[199] Er ist Organ der Rechtspflege und verpflichtet, eben dieses öffentliche Interesse an einem geordneten und neutralen Insolvenzverfahren zu gewährleisten.[200] Zu seinen Aufgaben gehört beispielsweise die Geltendmachung von Anfechtungsansprüchen,[201] unter Umständen auch gegenüber jenen Gläubigern, die ihn als Sachwalter vorgeschlagen haben.[202] Ob er dieser Aufgabe in letzter Konsequenz nachkommt, lässt sich erst Recht dann bezweifeln, wenn durch mehrfachen Vorschlag in unterschiedlichen Verfahren eben dieser Gläubiger bereits eine Beziehung von größerem Umfang besteht. Das öffentliche Interesse an der Integrität des Sachwalters kann aber nicht zur Disposition stehen. Weder das Gläubigerinteresse noch das Schuldnerinteresse sind somit allein entscheidend. Diese Sichtweise lässt sich auch der Beschlussempfehlung und dem Bericht des Rechtsausschusses zum Regierungsentwurf des ESUG entnehmen, nach welchen die Unabhängigkeit des Insolvenzverwalters in jedem Fall gewahrt sein müsse.[203] Die Unabhängigkeit ist

[196] *Schmidt/Hölzle*, ZIP 2012, 2238, 2243.

[197] Siehe *Bork*, ZIP 2013, 145, 148; *Vallender/Zipperer*, ZIP 2013, 149, 151; *Wimmer-Amend*, in: FS Wimmer, 2017, S. 593, 635.

[198] BVerfG, Beschluss v. 03.08.2004 – 1 BvR 135/00 u. 1086/01, ZIP 2004, 1649, 1652 aE.

[199] *Frind*, ZInsO 2014, 119, 120.

[200] *Bork*, ZIP 2013, 145, 148.

[201] Hierzu noch unten, C. III. 1. (S. 180 ff.).

[202] Hierauf hinweisend *Bork*, ZIP 2013, 145, 148.

[203] Siehe BT Drucks. 17/7511, S. 35: „Allgemein sieht der Ausschuss die Notwendigkeit, bei einem vom vorläufigen Gläubigerausschuss vorgeschlagenem Insolvenzverwalter besonders eingehend dessen Unabhängigkeit zu prüfen."

also kein Kriterium, das von den Gläubigern bzw. einer Gläubigermehrheit einfach abbedungen werden kann.[204]

Zum anderen lässt sich *Schmidt/Hölzle* entgegenhalten, dass dieser Vorschlag wiederum nur dann trägt, wenn allen Gläubigern (und dem Insolvenzgericht) die fehlende Unabhängigkeit des Sachwalters von einzelnen Gläubigern/Gläubigergruppen auch bekannt ist. Dass dies nicht immer gegeben ist, zeigt die Konstellation, bei welcher ein Gläubigerausschuss sich aus Personen zusammensetzt, die dem Schuldner und seinen Beratern nahestehen. Das Insolvenzgericht kann den Schuldner auffordern, Gläubiger zu benennen, die als Mitglieder des vorläufigen Gläubigerausschusses in Betracht kommen (§ 22a Abs. 4 InsO). Von dieser Möglichkeit wird insbesondere in Fällen, in denen eine Vielzahl von Gläubigern existiert und diese teilweise ihren Sitz im Ausland haben, schon allein aus Zeitgründen Gebrauch zu machen sein. Der vorläufige Gläubigerausschuss setzt sich somit nicht selten aus solchen Gläubigern zusammen, die der Schuldner vorgeschlagen hat.[205] Es besteht gerade in diesen Fällen die Gefahr, dass der vorläufige Gläubigerausschuss beim Vorschlag der Person des Sachwalters eben nicht mehr die Interessen der Gläubigergesamtheit berücksichtigt, sondern nur noch die Partikularinteressen einzelner Gruppen.[206]

Festzuhalten ist deshalb, dass in der Eigenverwaltung, bei welcher der Sachwalter eine wichtige Kontrollinstanz darstellt, dessen Unabhängigkeit von größter Wichtigkeit ist, um den Schutz von Gläubigerminderheiten zu gewährleisten.[207] Aus diesem Grund sollten Insolvenzgerichte bemüht sein, zunächst die Zusammenstellung des vorläufigen Gläubigerausschusses zu hinterfragen und sodann umfassend von ihrem noch verbliebenen Ermessensspielraum Gebrauch zu machen und bei Anzeichen von fehlender Unabhängigkeit des Sachwalters entsprechend Einhalt zu gebieten. Interessant sind in diesem Zusammenhang die Ergebnisse einer Befragung im Rahmen der „ESUG-Evaluierung" dazu, ob sogenannte präsumtive, d. h. noch nicht vom Gericht eingesetzte, aber sich bereits selbst gebildete „vor-vorläufige Gläubigerausschüsse" ebenfalls auf die Person des vorläufigen Sachwalters Einfluss nehmen dürfen.[208] Die Mehrheit der Befragten sprach sich für eine solche Regelung aus. Unter den Befragten votierten Gerichte indes überwiegend dagegen, Banken dafür.[209]

---

204 Im Ergebnis ebenso *Römermann*, ZInsO 2013, 218, 223; *Flöther*, ZInsO 2014, 465; *Spiekermann*, NZI 2020, 977, 981 f.

205 MünchKomm.-*Graeber*, § 56a InsO, Rn. 3. Siehe auch *Pape/Schultz*, ZIP 2016, 506, 509.

206 Vgl. *Pape/Schultz*, ZIP 2016, 506, 509.

207 Siehe AG Stendal, Beschluss v. 1.10.2012 – 7 IN 164/12, ZIP 2012, 2030 („gesetzlich zwingende Unabhängigkeit des Sachwalters").

208 *Jacoby/Madaus/Sack/Schmidt/Thole*, Evaluierung Gesetz zur weiteren Erleichterung der Sanierung von Unternehmen (ESUG) vom 7.12.2011, S. 220 f., abrufbar unter https://www.bmjv.de/SharedDocs/Artikel/DE/2018/101018_Bericht_ESUG.html (zuletzt aufgerufen am 29.04.2022).

209 AaO.

c) Allgemeine Überwachung und Unterstützung des Schuldners

Über § 270 Abs. 1 S. 2 InsO findet § 69 InsO Anwendung, der allgemein die Aufgaben des Gläubigerausschusses regelt. § 69 InsO findet insofern entsprechende Anwendung, als sich die Aufgaben des Gläubigerausschusses nicht auf den Insolvenzverwalter beziehen, sondern sowohl auf den Sachwalter als auch den Schuldner.[210] Die Unterstützungsfunktion in der Eigenverwaltung hat indes eine andere Bedeutung als im regulären Verfahren. Geht es dort in erster Linie darum, das Fehlen von Branchen- oder Unternehmenskenntnissen des Insolvenzverwalters auszugleichen,[211] soll der Gläubigerausschuss in der Eigenverwaltung vor allem darauf hinarbeiten, dass der Schuldner den Vorrang der Gläubigerinteressen beachtet.[212]

Darüber hinaus hat der Gläubigerausschuss einen Auskunftsanspruch gegen den Schuldner, § 97 Abs. 1 InsO.[213]

d) Einfluss des Schuldners auf die Zusammensetzung des Gläubigerausschusses

Aufgrund der beschriebenen Kompetenzen des Gläubigerausschusses liegt es im Interesse des Schuldners, frühzeitig Einfluss auf dessen Zusammensetzung nehmen zu können.[214] Der in § 22a InsO geregelte vorläufige Gläubigerausschuss wird indes grundsätzlich nach freiem Ermessen des Gerichts bestellt, allerdings nach den (Soll-)Vorgaben, die für den Gläubigerausschuss im eröffneten Verfahren gelten, §§ 21 Abs. 2 S. 1 Nr. 1a i. V. m. § 67 InsO.[215] Dies gilt sowohl für den sogenannten Pflichtausschuss, der bei Erreichen der Kennziffern des § 22a Abs. 1 InsO vom Gericht einzusetzen ist, als auch für den optionalen Antragsausschuss (Abs. 2). Um einen zulässigen Antrag auf Einsetzung eines vorläufigen Gläubigerausschusses zu stellen, muss der Schuldner allerdings Personen benennen, die als Mitglieder in Betracht kommen (§ 22a Abs. 2 InsO).[216] Im Fall des Pflichtausschusses bzw. jedes vom Gericht ein-

---

210 Siehe Kübler/Prütting/Bork-*Kübler*, § 69 InsO (Februar 2015), Rn. 14, 33; *Ampferl*, in: Kübler (Hrsg.), Handbuch Restrukturierung in der Insolvenz, 3. Aufl., 2018, § 14 Rn. 23 ff.; *Meller-Hannich*, KTS 2017, 309, 329. Im Ergebnis ebenso Uhlenbruck-*Knof*, § 69 InsO, Rn. 13. Siehe auch MünchKomm.-*Kern*, § 276 InsO, Rn. 18 sowie Kübler/Prütting/Bork-*Pape*, § 276 InsO (März 2007), Rn. 12, wonach der Schwerpunkt auf der Kontrolle des Schuldners liege.

211 Uhlenbruck-*Knof*, § 69 InsO, Rn. 21; KölnKomm.-*Hammes*, § 69 InsO, Rn. 12.

212 Ebenso *Hammes*, Der Gläubigerausschuss in der Eigenverwaltung (2019), S. 111.

213 *Hammes*, Der Gläubigerausschuss in der Eigenverwaltung (2019), S. 113; MünchKomm.-*Schmid-Burgk*, § 69 InsO, Rn. 27; Uhlenbruck-*Knof*, § 69 InsO, Rn. 47. Siehe auch *Uhlenbruck*, in: FS Metzeler, 2003, S. 85, 93 f. (unmittelbar auf §§ 270 Abs. 1 S. 2, 69 InsO gestützt).

214 Siehe *Graeber*, in: FS Vallender, 2015, S. 165, 172 f.; 177.

215 *Frind*, BB 2013, 265, 266.

216 Hieraus folgern MünchKomm.-*Haarmeyer/Schildt*, § 22a InsO, Rn. 40, dass beim An-

gesetzten vorläufigen Gläubigerausschusses kann er hierzu aufgefordert werden (§ 22a Abs. 4 InsO). Der praktische Einfluss des Schuldners dürfte hierbei nicht zu unterschätzen sein. Zweck dieser Regelungen ist es, die Gerichte nicht mit der Suche nach geeigneten Mitgliedern zu belasten.[217] Schlägt der Schuldner Mitglieder vor, kann er dem Gericht den Ausschuss „auf dem Silbertablett"[218] servieren. Findet keine sorgfältige Prüfung durch das Gericht statt, birgt dies erhebliches Missbrauchspotenzial, wenn der Schuldner ihm wohlgesonnene Gläubiger „einsetzt".[219]

2. Gläubigerversammlung

Die Gläubigerversammlung ist – im Gegensatz zum Gläubigerausschuss, der auch die übrigen Interessen zu wahren hat – Interessenwahrer nur der Insolvenzgläubiger und der absonderungsberechtigten Gläubiger.[220] Als „zentrale[m] Gremium im Insolvenzverfahren"[221] steht ihr ein Katalog an Befugnissen zu. Für die übertragende Sanierung relevant und deshalb zu untersuchen sind hierbei die Einflussnahme auf die Zusammensetzung des Gläubigerausschusses (a)), die Wahl eines anderen Sachwalters (b)) sowie die Einflussnahme auf den eigenverwaltenden Schuldner (c)).

a) Einflussnahme auf die Zusammensetzung des Gläubigerausschusses

Die Gläubigerversammlung beschließt zunächst in einem ersten Schritt, ob überhaupt ein Gläubigerausschuss eingesetzt wird (§ 68 Abs. 1 S. 1 InsO) oder

---

tragsauschuss das Benennungsrecht auf den Antragsteller übergehe. Die Autoren verweisen hierfür auf einen Beschluss des AG Hamburg v. 06.05.2013 (67c IN 165/13, ZIP 2013, 1135, 1137). Das Gericht stellt dort allerdings nur klar, dass für die Zulässigkeit eines Antrags nach § 22a Abs. 2 InsO erforderlich sei, dass der Antragsteller vier geeignete Personen als Mitglieder des vorläufigen Gläubigerausschusses vorschlägt. Bei der Bestimmung der Mitglieder bleibe es trotzdem frei, siehe aaO.

[217] *Ampferl*, in: Kübler (Hrsg.), Handbuch Restrukturierung in der Insolvenz, 3 Aufl., 2018, § 9 Rn. 85.

[218] Siehe AG Hamburg, ZIP 2013, 1135, 1137.

[219] *Voigt-Salus/Pape*, in: Mohrbutter/Ringstmeier (Hrsg.), Handbuch Insolvenzverwaltung (2015), § 21, Rn. 296. Siehe auch *Jacoby/Madaus/Sack/Schmidt/Thole*, Evaluierung Gesetz zur weiteren Erleichterung der Sanierung von Unternehmen (ESUG) vom 7.12.2011, S. 87, abrufbar unter https://www.bmjv.de/SharedDocs/Artikel/DE/2018/101018_Bericht_ESUG.html (zuletzt aufgerufen am 29.04.2022). Ebenfalls auf „family and friends"-Ausschüsse hinweisend *Pape/Schultz*, ZIP 2016, 506, 508. Siehe auch *Graeber*, in: FS Vallender, 2015, S. 165, 173.

[220] MünchKomm.-*Ehricke/Ahrens*, § 74 InsO, Rn. 2; Uhlenbruck-*Knof*, § 74 InsO, Rn. 5; *Hofmann*, in: Kübler (Hrsg.), Handbuch Restrukturierung in der Insolvenz, 3. Aufl., 2018, § 16 Rn. 4.

[221] MünchKomm.-*Ehricke/Ahrens*, § 74 InsO, Rn. 12. Siehe auch Jaeger-*Gerhardt*, § 74 InsO, Rn. 2; *Hofmann*, in: Kübler (Hrsg.), Handbuch Restrukturierung in der Insolvenz, 3. Aufl., 2018, § 16 Rn. 1 („oberste[s] Organ der Gläubigergemeinschaft"); *Trams*, NJW-Spezial 2010, 405 („Herrin des Insolvenzverfahrens").

ob der bereits vom Insolvenzgericht eingesetzte Gläubigerausschuss beibehalten werden soll (§ 68 Abs. 1 S. 2 InsO).[222] Ist letzteres der Fall, kann die Gläubigerversammlung in einem zweiten Schritt die vom Gericht bestellten Mitglieder des Gläubigerausschusses abwählen und andere oder zusätzliche Mitglieder wählen (§ 68 Abs. 2 InsO). Auf diese Weise entscheidet die Gläubigerversammlung somit über die Zusammensetzung des Gläubigerausschusses. Entscheidend ist hierbei die Frage, ob die Gläubigerversammlung – wie das Insolvenzgericht – an das Repräsentationsschema des § 67 Abs. 2 InsO gebunden ist und die verschiedenen Gläubigergruppen angemessen berücksichtigen muss oder hiervon abweichen kann. Denn wenn ein Abweichen möglich ist, ergibt sich für Großgläubiger[223] in der Gläubigerversammlung somit die Möglichkeit, den Gläubigerausschuss zu ihren Gunsten aufzustellen, und damit eine weitere Missbrauchsgefahr. Der BGH hat diese Frage in einer Entscheidung von 2009 ausdrücklich offengelassen.[224] In der Literatur ist die Frage umstritten. Teile des Schrifttums gehen von der Annahme aus, dass § 67 Abs. 2 InsO der Gedanke einer pluralistischen Interessenvertretung zugrunde liegt und daher auch bei der Besetzung des endgültigen Gläubigerausschusses durch die Gläubigerversammlung Berücksichtigung finden müsse.[225] Nach der Gegenansicht liege es im freien Ermessen der Gläubigerversammlung, den Gläubigerausschuss zu besetzen. Der Gesetzgeber habe bewusst in Kauf genommen, dass nicht immer eine ausgewogene Repräsentation der verschiedenen Gläubigergruppen herbeigeführt werde.[226] Das Amtsgericht Köln hat sich diesem Standpunkt angeschlossen und ebenfalls darauf verwiesen, dass es der Gläubigerautonomie widersprechen würde, wenn die Gläubigerversammlung an das Repräsentationsschema des § 67 Abs. 2 InsO gebunden wäre.[227]

Dem ist im Ergebnis zuzustimmen. § 67 Abs. 2 InsO enthält lediglich eine Soll-Vorschrift. An keiner Stelle hat der Gesetzgeber zum Ausdruck gebracht, dass für die Gläubigerversammlung ein anderer Maßstab in Bezug auf ihr Ermessen bei der Zusammensetzung des Gläubigerausschusses gelten soll als für das Gericht. Die Gläubigerversammlung ist demnach grundsätzlich nicht verpflichtet, den Gläubigerausschuss so zusammenzusetzen, dass alle Gläubigergruppen berücksichtigt werden.

---

[222] Siehe oben, B. II. 1. (S. 108).

[223] In der Gläubigerversammlung entscheidet die Summenmehrheit, § 76 Abs. 2 InsO. Zur Willensbildung der Gläubigerorgane siehe noch unten, B. VI. (S. 158 ff.).

[224] BGH, Beschluss v. 05.03.2009 – IX ZB 148/08, ZIP 2009, 727, 728.

[225] Siehe HK-*Riedel*, § 68 InsO, Rn. 4; Uhlenbruck-*Knof*, § 68 InsO, Rn. 15; HambKomm.-*Frind*, § 68 InsO, Rn. 2. Im Ergebnis auch *Obermüller*, ZInsO 2012, 18, 22.

[226] Kübler/Prütting/Bork-*Kübler*, § 68 InsO (September 2014), Rn. 10; ähnlich K. Schmidt-*Jungmann*, § 68 InsO, Rn. 8. Im Ergebnis auch MünchKomm.-*Schmid-Burgk*, § 68 InsO, Rn. 7; Jaeger-*Gerhardt*, § 68 InsO, Rn. 8; *Undritz*, § 68 InsO, in: Schmidt (Hrsg.), Sanierungsrecht (2019), Rn. 2, 10.

[227] AG Köln, Beschluß vom 22. 7. 2003 – 71 IN 453/02, NZI 2003, 657, 658.

In diesem Zusammenhang wird diskutiert, ob das Insolvenzgericht den Beschluss der Gläubigerversammlung über die personelle Zusammensetzung des Gläubigerausschusses gemäß § 78 Abs. 1 InsO aufheben kann.[228] Eine Aufhebung nach § 78 InsO setzt voraus, dass der Beschluss dem gemeinsamen Interesse der Insolvenzgläubiger widerspricht. Das ist der Fall, wenn sich einzelne Gläubiger bzw. Gläubigergruppen entgegen des Gesamtinteresses der Gläubiger Sondervorteile verschaffen.[229] Hiervon ist in evidenten Missbrauchsfällen auszugehen; etwa der Versuch durch Großgläubiger, den Gläubigerausschuss mit Personen zu besetzen, die in ihrem Lager stehen und einer übertragenden Sanierung im Sinne eben jener Großgläubiger zustimmen.[230] Der Nachweis des Missbrauchs dürfte allerdings nicht immer gelingen. Aus diesem Grund ist *Undritz* zuzustimmen, nach dem die Anfechtbarkeit des Beschlusses der Gläubigerversammlung denkbar ist, wenn bedeutsame Gläubigergruppen ohne sachlichen Grund unberücksichtigt bleiben.[231] § 78 InsO ist somit geeignet, eine missbräuchliche Zusammensetzung des Gläubigerausschusses durch einzelne, stimmstarke Gläubiger(gruppen) in der Gläubigerversammlung zu verhindern.

b) Wahl eines anderen Sachwalters

Gemäß § 274 Abs. 1 InsO i. V. m. § 57 S. 1 InsO kann die Gläubigerversammlung einen neuen Sachwalter wählen. Um zu verhindern, dass (absonderungsberechtigte) Großgläubiger einen ihnen wohlgesonnenen Sachwalter wählen,[232] sieht § 57 S. 2 InsO sowohl die summenmäßige Mehrheit als auch eine Mehrheit nach Köpfen vor.[233] Aus Gläubigersicht könnte auf diese Weise eine Sachwalterauswahl, bei der nach § 56a InsO der vorläufige Gläubigerausschuss beteiligt war,[234] wieder „korrigiert" werden.[235] Jedenfalls hat im Regelverfahren die Abwahlmöglichkeit des Insolvenzverwalters durch die Gläubigerversammlung in der Praxis nur geringe Bedeutung und wird nur in seltenen Fällen genutzt.[236]

---

[228] Siehe hierzu Uhlenbruck-*Knof*, § 68 InsO, Rn. 9 ff.

[229] MünchKomm.-*Ehricke/Ahrens*, § 78 InsO, Rn. 17. Siehe hierzu noch unten, B. VI. 2. b) (S. 166 ff.).

[230] Auf diese Gefahr hinweisend *Marotzke*, KTS 2014, 113, 143 f.

[231] *Undritz*, § 68 InsO, in: Schmidt, Sanierungsrecht (2019), Rn. 10.

[232] Zu dem entsprechenden Problem im Regelverfahren (Abwahl des Insolvenzverwalters) siehe *Goebel*, KTS 2002, 615, 619.

[233] Begründung RegE InsOÄndG, BT-Drucks. 14/5680, S. 16. Siehe auch Kübler/Prütting/Bork-*Lüke*, § 57 InsO (September 2017), Rn. 5; KölnKomm.-*Hess*, § 57 InsO, Rn. 1; *Graf-Schlicker*, § 57 InsO, Rn. 2; Marotzke ZIP 2001, 173; *Pape*, ZInsO 2001, 587, 594; *Pape*, ZInsO 2002, 1017.

[234] Siehe oben, B. II. 1. b) (S. 110 ff.).

[235] Siehe auch MünchKomm.-*Graeber*, § 57 InsO, Rn. 6b; HK-*Riedel*, § 57 InsO, Rn. 1.

[236] Jaeger-*Gerhardt*, § 57 InsO, Rn. 5.

c) Einflussnahme auf den eigenverwaltenden Schuldner

Der Gläubigerversammlung stehen eine Reihe von Möglichkeiten zur Verfügung, direkt auf den Schuldner Einfluss zu nehmen. Sie kann darauf hinwirken, dass die Verwaltungs- und Verfügungsbefugnis des Schuldners erheblich beschränkt wird, indem das Gericht bestimmte Rechtsgeschäfte unter Zustimmungsvorbehalt stellt. Mit Summen- und Kopfmehrheit steht ihr die Letztentscheidung darüber zu, ob das Verfahren in Eigenverwaltung fortgeführt oder ein Insolvenzverwalter eingesetzt wird. Schließlich stehen ihr umfassende Informationsrechte gegenüber dem Schuldner zu.

aa) Anordnung eines Zustimmungserfordernisses durch den Sachwalter bei bestimmten Rechtsgeschäften

Gemäß § 277 Abs. 1 S. 1 InsO kann die Gläubigerversammlung beim Insolvenzgericht den Antrag stellen auf Anordnung, dass bestimmte Rechtshandlungen des Schuldners nur wirksam sind, wenn der Sachwalter ihnen zustimmt. Da § 277 InsO Ausdruck der Gläubigerautonomie ist, muss der Antrag auch nicht begründet werden, und das Insolvenzgericht hat kein Entscheidungsermessen.[237]

Nimmt der eigenverwaltende Schuldner sodann dem Zustimmungserfordernis unterfallende Rechtsgeschäfte vor, ohne die Zustimmung des Sachwalters einzuholen, sind diese im Außenverhältnis schwebend unwirksam.[238] Hierdurch ist es der Gläubigerversammlung möglich, eine zusätzliche Kontrolle durch den Sachwalter zu gewährleisten. Dabei stellt sich die Frage, ob ein solcher Antrag der Gläubigerversammlung auch zulässig ist, wenn auf diese Weise eine doppelte Kontrolle herbeigeführt wird. Will der Schuldner eine übertragende Sanierung vorantreiben, könnte die Gläubigerversammlung den Antrag stellen, dass die Vornahme einer besonders bedeutsamen Rechtshandlung nach § 160 Abs. 1, 2 Nr. 1 InsO der Zustimmung des Sachwalters bedarf. Auf diese Weise würde zusätzlich zur Mitwirkung des Gläubigerausschusses (§ 276 InsO) eine weitere Kontrollinstanz eingerichtet.[239] Zum Teil wird die Meinung vertreten, eine solche „Dopplung" der Kontrolle belege letztlich, dass das Vertrauen in den eigenverwaltenden Schuldner seitens der Gläubiger nicht mehr vorliegt; insofern läge der Antrag auf Aufhebung der Eigenverwaltung (§ 272 InsO) näher.[240] Dem ist schon allein deshalb nicht zu folgen, weil der Wille der Gläubiger res-

---

237 MünchKomm.-*Kern*, § 277 InsO, Rn. 24; Jaeger-*Meller-Hannich*, § 277 InsO, Rn. 14 f.

238 MünchKomm.-*Kern*, § 277 InsO, Rn. 43 f.; Jaeger-*Meller-Hannich*, § 277 InsO, Rn. 5; *Minuth*, in: Kübler (Hrsg.), Handbuch Restrukturierung in der Insolvenz, 3. Aufl., 2018, § 12 Rn. 61.

239 Siehe MünchKomm.-*Kern*, § 277 InsO, Rn. 18; Jaeger-*Meller-Hannich*, § 277 InsO, Rn. 3.

240 So wohl Kübler/Prütting/Bork-*Pape*, § 277 InsO (März 2007), Rn. 15; ebenso *Mönning*, in: FS Wellensiek, 2011, S. 641, 660.

pektiert werden muss, trotz offensichtlich bestehender Zweifel den Schuldner zwar gewähren zu lassen, mit dem Sachwalter aber eine weitere Kontrollinstanz einzuschalten.[241] Hierbei handelt es sich um eine klare gesetzgeberische Wertung, die letztlich nur konsequent die Stärkung der Gläubigerrechte umsetzt.

Darüber hinaus umgeht die Anordnung nach § 277 InsO das Problem, dass das Erfordernis der Zustimmung des Gläubigerausschusses nach § 160 InsO nur interne Wirkung entfaltet – § 276 InsO verweist ausdrücklich auf § 164 InsO – und ein Verstoß gegen § 160 InsO nicht zu einer Unwirksamkeit der Rechtshandlung nach außen führt.[242] Im Fall des § 277 InsO wirkt die Anordnung der Zustimmungsbedürftigkeit auch Dritten gegenüber.[243] Selbst wenn man die zusätzliche Kontrolle durch den Sachwalter aufgrund der ohnehin erforderlichen Zustimmung des Gläubigerausschusses für überflüssig hält, bietet das Zustimmungserfordernis als Wirksamkeitsvoraussetzung somit zusätzlichen Schutz.

Der Antrag kann ferner von einzelnen absonderungsberechtigten Gläubigern oder Insolvenzgläubigern gestellt werden und führt dann zur Anordnung des Zustimmungserfordernisses durch den Sachwalter, wenn dies unaufschiebbar erforderlich ist, um Nachteile für die Gläubiger zu vermeiden und diese Voraussetzungen glaubhaft gemacht werden (§ 277 Abs. 2 InsO). Für die Glaubhaftmachung gelten § 4 InsO i. V. m. § 294 ZPO. Anders als in § 277 Abs. 1 InsO erfolgt hier eine Prüfung sowohl in zeitlicher („unaufschiebbar“) als auch inhaltlicher (Nachteile für die Gläubiger) Sicht.[244] Das Gericht von der überwiegenden Wahrscheinlichkeit des Vorliegens der Voraussetzungen zu überzeugen, dürfte eine hohe Hürde darstellen.[245] Es muss dargelegt werden, dass die Einberufung einer Gläubigerversammlung nicht mehr rechtzeitig möglich ist.[246] Zugleich wird hierdurch aber das Risiko minimiert, dass einzelne Gläubiger das Antragsrecht missbrauchen.[247]

bb) Antrag auf Aufhebung der Eigenverwaltung

Die Gläubiger können die Aufhebung der Eigenverwaltung beantragen. Nach § 272 Abs. 1 Nr. 3 InsO hebt das Insolvenzgericht die Eigenverwaltung auf, wenn dies von der Gläubigerversammlung sowohl mit einer Summen- als auch

---

241 Deshalb wiederum relativierend Kübler/Prütting/Bork-*Pape*, § 277 InsO (März 2007), Rn. 16.

242 Siehe MünchKomm.-*Kern*, § 277 InsO, Rn. 18; Uhlenbruck-*Zipperer*, § 277 InsO, Rn. 2.

243 Jaeger-*Meller-Hannich*, § 277 InsO, Rn. 4; MünchKomm.-*Kern*, § 277 InsO, Rn. 2.

244 Jaeger-*Meller-Hannich*, § 277 InsO, Rn. 25.

245 MünchKomm.-*Kern*, § 277 InsO, Rn. 12.

246 MünchKomm.-*Kern*, § 277 InsO, Rn. 15; Jaeger-*Meller-Hannich*, § 277 InsO, Rn. 25; Uhlenbruck-*Zipperer*, § 277 InsO, Rn. 8.

247 MünchKomm.-*Kern*, § 277 InsO, Rn. 12; Uhlenbruck-*Zipperer*, § 277 InsO, Rn. 8. Ähnlich HambKomm.-*Fiebig*, § 277 InsO, Rn. 4.

Kopfmehrheit beantragt wird. Das Erfordernis der Summen- und Kopfmehrheit führt vor allem dazu, dass Großgläubiger nicht beliebig entscheiden können, ob die Eigenverwaltung aufgehoben wird.[248] Gemäß § 272 Abs. 1 Nr. 4 InsO kann auch ein absonderungsberechtigter Gläubiger oder ein Insolvenzgläubiger (§ 38 InsO) den Antrag stellen, wenn der Antragsteller glaubhaft macht (§ 272 Abs. 2 S. 1 InsO), dass die Voraussetzungen der Anordnung der Eigenverwaltung weggefallen sind und dem Antragsteller durch die Eigenverwaltung erhebliche Nachteile drohen. Hierbei müssen insbesondere Gründe vorgetragen werden, die bei Eröffnung der Eigenverwaltung nicht bereits vorlagen.[249] Die Hürden, die Eigenverwaltung aufzuheben, sind somit hoch. Einzelne Gläubigergruppen können hierauf nicht bzw. nur schwer Einfluss nehmen.

cc) Informationsrechte

Zentrale Vorschrift in Bezug auf Informationspflichten des eigenverwaltenden Schuldners gegenüber den Gläubigern ist § 281 InsO.[250] Der Schuldner ist gemäß § 281 Abs. 2 S. 1 i. V. m. §§ 270 Abs. 1 S. 1, 156 Abs. 1 InsO verpflichtet, beim Berichtstermin, mithin in der ersten Gläubigerversammlung, Bericht zu erstatten und dabei die wirtschaftliche Lage darzustellen und Entwicklungsperspektiven aufzuzeigen.[251] Hierzu gehören auch detaillierte Angaben über Chancen und Risiken einer übertragenden Sanierung.[252] Nach § 281 Abs. 2 S. 2 InsO hat der Sachwalter zu diesem Bericht Stellung zu nehmen. Die Stellungnahme soll sicherstellen, dass die Gläubigerversammlung vollständig und korrekt unterrichtet wird.[253] Hierbei muss der Sachwalter die Vermögenslage des Schuldners genau kennen, wenn die Gläubigerversammlung überhaupt in die Lage versetzt werden soll, eine fundierte Entscheidung treffen zu können. Diese „Kontrollinstanz" in Form der Stellungnahme des Sachwalters dürfte an Wirkung verlieren, wenn es sich beim Sachwalter um einen „Mitgebrachten" (§ 270d InsO) handelt. In jedem Fall bietet die Berichterstattung des Schuldners für diesen eine Möglichkeit, auf den Fortgang des Verfahrens entscheidend

[248] Kübler/Prütting/Bork-*Holzer*, § 272 InsO (März 2022), Rn. 5; Jaeger-*Meller-Hannich*, § 272 InsO, Rn. 3; HambKomm.-*Fiebig*, § 271 InsO, Rn. 7.

[249] Jaeger-*Meller-Hannich*, § 272 InsO, Rn. 9; ausführlich hierzu MünchKomm.-*Kern*, § 272 InsO, Rn. 29 ff.

[250] Die allgemeine Auskunftspflicht aus § 79 InsO (i. V. m. § 270 Abs. 1 S. 2 InsO) tritt daneben, siehe *Bierbach*, in: Kübler (Hrsg.), Handbuch Restrukturierung in der Insolvenz, 3. Aufl., 2018, § 11 Rn. 117.

[251] MünchKomm.-*Kern*, § 281 InsO, Rn. 21.

[252] *Bierbach*, in: Kübler (Hrsg.), Handbuch Restrukturierung in der Insolvenz, 3. Aufl., 2018, § 11 Rn. 113, 116; Jaeger-*Eckardt*, § 156 InsO, Rn. 41; MünchKomm.-*Janssen*, § 156 InsO, Rn. 30; Uhlenbruck-*Zipperer*, § 156 InsO, Rn. 9.

[253] Begr. RegE InsO, BT-Drucks. 12/2443, S. 225 zu § 342. Siehe auch MünchKomm.-*Kern*, § 281 InsO, Rn. 23.

Einfluss zu nehmen.[254] Umso entscheidender ist somit, dass die Gläubigerversammlung sich vom Schuldner vollumfänglich informieren lässt.

3. *Creditors' Committee*

Um die Grundlage für den Rechtsvergleich in Bezug auf die Kompetenzen der Gläubigerorgane hinsichtlich der Entscheidung über den Verkauf des Unternehmens zu legen,[255] ist den deutschen Gläubigerorganen zunächst das *Creditors' Committee* im Allgemeinen gegenüberzustellen. Funktional ist dieses mit dem deutschen Gläubigerausschuss vergleichbar. Eine genauere Untersuchung ergibt allerdings wesentliche Unterschiede hinsichtlich der Zusammensetzung bzw. Einberufung sowie der Rechte und Pflichten seiner Mitglieder, die im weiteren Verlauf dieser Arbeit Berücksichtigung finden müssen.

a) *Allgemeines*

Spätestens seit Inkrafttreten des *Bankruptcy Reform Act* von 1978 ist die Bedeutung des *Creditors' Committee* für die Überwachung des *Debtor* unbestritten.[256] Häufig als „statutory watchdog" bezeichnet, stellt es eine wichtige Institution bei der Überwachung des *Debtor* und der Vertretung von Interessen der (ungesicherten) Gläubiger dar.[257] Gleichzeitig kann es dem *Debtor* bei Verhandlungen mit gesicherten Gläubigern oder potenziellen Erwerbern zur Seite stehen.[258] Trotz der Bedeutung des *Creditors' Committee* sind dessen Kontrollbefugnisse im Vergleich zum Richter eines *Bankruptcy Court* beschränkt. Diese allseitige Kompetenz des US-amerikanischen Insolvenzrichters findet vor allem in 11 U.S.C. § 105(a) Ausdruck, der diesem eine Generalbefugnis für jeden *Order, Process or Judgment* erteilt, die notwendig sind, das Insolvenzverfahren durchzuführen. Zu beachten ist deshalb bereits an dieser Stelle, dass in den USA –

---

[254] MünchKomm.-*Kern*, § 281 InsO, Rn. 21; *Bierbach*, in: Kübler (Hrsg.), Handbuch Restrukturierung in der Insolvenz, 3. Aufl., 2018, § 11 Rn. 75; 107. Siehe auch *Hammes*, Der Gläubigerausschuss in der Eigenverwaltung (2019), S. 90 f.

[255] Hierzu unten, B. III. (S. 129 ff.).

[256] *Klee/Shaffer*, 44 South Carolina Law Review (1993), 995, 1000; *Zaretsky*, 44 South Carolina Law Review (1993), 907, 909 f.; *Gwynne*, 14 American Bankruptcy Institute Law Review (2006), 109 f.; *Butler/Dickerson/Neuman*, 18 American Bankruptcy Institute Law Review (2010), 337, 343 f. („important check on a debtor-in-possession's power"); *Harner/Marincic*, 64 Vanderbilt Law Review (2011), 749, 764; *Pottow*, 13 Brooklyn Journal of Corporate, Financial & Commercial Law (2018), 87, 93: „[T]he Creditors Committee, funded by the estate, can serve as a check on the DIP." Kritisch aber bereits *LoPucki*, 57 American Bankruptcy Law Journal (1983), 247, 251 f., nach dem Kongress und Literaturstimmen unrealistische Erwartungen an die Funktionsweise von *Creditors' Comittees* hätten.

[257] In re Seaescape Cruises, Ltd., 131 B. R. 241, 243 (Bankr. S. D. Fla. 1991); siehe auch *Andrews*, 2 Bankruptcy Developments Journal (1985), 247; *Gappmayer*, 2006 Utah Law Review (2006), 439, 444; *Richman/Aberman*, American Bankruptcy Institute Journal (2007), 22 („statutory foil").

[258] Siehe *Harner/Marincic*, 64 Vanderbilt Law Review (2011), 749, 765.

anders als im deutschen Recht – der Insolvenzrichter (und nicht die Gläubiger) die Entscheidungshoheit über die Unternehmensveräußerung innehat. Das Erfordernis einer Zustimmung seitens der Gläubiger zu einer Unternehmensveräußerung außerhalb des *Plan* gibt es nicht.[259] Nichtsdestoweniger spielt die Überwachungsfunktion dieses Gläubigerorgans insbesondere in Bezug auf Veräußerungen an Insider und Unterwertveräußerungen eine entscheidende Rolle.[260] Die grundsätzliche Konzeption des *Creditors' Committee* sowie seine Aufgaben und Rechte sind deshalb hier nachzuzeichnen.

b) Einberufung

In den USA ordnet 11 U.S.C. § 1102(a)(1) an, dass eine Gläubigervertretung, das *Creditors' Committee*, vom *U. S. Trustee* bestellt wird.[261] Dieses besteht nur aus ungesicherten Gläubigern und setzt sich (typischerweise) aus den Gläubigern zusammen, welche die sieben höchsten Forderungen gegen den Schuldner innehaben, 11 U.S.C. § 1102(b)(1). Anders als beim deutschen Gläubigerausschuss müssen Mitglieder des *Creditors' Committee* somit (ungesicherte) Gläubiger des Schuldners sein. Dies dürfte zum einen an der ohnehin bereits starken Position gesicherter Gläubiger in *Chapter 11* liegen; zum anderen an der Tatsache, dass gesicherte Gläubiger durch *Intercreditor Agreements* häufig bereits außergerichtlich organisiert sind[262]. Aufgrund des Wortlauts der Vorschrift („shall ordinarily consist") gehen die US-amerikanischen Insolvenzgerichte allerdings überwiegend von der Annahme aus, dass bezüglich der Anzahl der Mitglieder des *Creditors' Committee* eine gewisse Flexibilität besteht.[263] In Fällen von Interessenkollisionen oder einer Vielzahl an Gläubigern ist es üblich, dass weitere Gläubiger als Mitglieder bestellt werden.[264] Weiterhin gilt es als anerkannt, dass auch teilweise gesicherte (*undersecured*) Gläubiger Mitglieder sein können. Begründet wird dies damit, dass der betreffende Gläubiger in Bezug auf den ungesicherten Teil seiner Forderung die gleichen Interessen habe wie ungesicherte Gläubiger.[265] Diese Begründung ist insofern problematisch, als

---

[259] Ein solches Mitspracherecht fordernd siehe *Skeel*, 78 Virginia Law Review (1992), 461, 498 ff.

[260] Siehe *Bussel/Klee*, 83 American Bankruptcy Law Journal (2009), 663, 690.

[261] Gemäß 11 U.S.C. § 1102(a)(3) kann die Bestellung eines *Creditors' Committee* unterbleiben, wenn es sich beim Schuldner um einen *Small Business Debtor* handelt und ein wichtiger Grund (*for Cause*) vorliegt. In der Praxis führt dies dazu, dass in vielen Fällen ein *Creditors' Committee* gar nicht eingesetzt wird, siehe etwa *LoPucki*, 57 American Bankruptcy Law Journal (1983), 247, 250; *Frost*, 72 American Bankruptcy Law Journal (1998), 103, 113 bei Fn. 39.

[262] *Klee/Levin*, 21 Norton Journal of Bankruptcy Law and Practice (2012), 465, 470.

[263] Vgl. *Bell/Jones*, Detroit College of Law Review (1993), 1551, 1554.

[264] Siehe *Klee/Shaffer*, 44 South Carolina Law Review (1993), 995, 1006; *Gappmayer*, 2006 Utah Law Review (2006), 439, 442 f.

[265] In re Walat Farms, Inc., 64 B. R. 65, 69 (Bankr. E. D. Mich. 1986).

sie voraussetzt, dass das Interesse eines Gläubigers wie seine Forderung zwiegespalten (*bifurcated*) sein kann, und wird im Schrifttum deshalb auch kritisiert.[266]

c) *Aufgaben und Rechte des Creditors' Committee*

Die Aufgabe des *Creditors' Committee* besteht unter anderem darin, dem *Debtor* beratend zur Seite zu stehen, aber auch sein Verhalten in Bezug auf den Geldverkehr zu beurteilen und seine generelle finanzielle Ausgangslage zu überwachen, 11 U.S.C. § 1103(c).[267] Außerdem besteht ein Antragsrecht auf Einsetzung eines *Examiners*.[268]

aa) *Fiduciary Duties*

Die Mitglieder des *Creditors' Committee* haben die Interessen ungesicherter Gläubiger zu wahren und sind ihnen gegenüber als *Fiduciaries* verpflichtet.[269] *Fiduciary Duties* anderen Gläubigergruppen oder dem *Estate* gegenüber bestehen hingegen nicht.[270]

Die Hauptaufgabe des *Creditors' Committee* ist die Überwachung des Schuldners, um die bestmögliche Befriedigung der (ungesicherten) Gläubiger zu gewährleisten.[271] Hierfür erteilt 11 U.S.C. § 1103(c)(2) dem *Committee* ein Untersuchungsrecht in Bezug auf alle Handlungen des *Debtor*, sein Vermögen, seine Verbindlichkeiten, seine generelle finanzielle Lage sowie unter ande-

---

[266] *Nimmer/Feinberg*, 6 Bankruptcy Developments Journals (1989), 1, 53; *Zipes/Lambert*, 77 American Bankruptcy Law Journal (2003), 229, 250. Siehe auch *Cuevas*, 24 New England Law Review (1989), 333, 366 ff.

[267] „[...][C]onsult with [...] the debtor concerning the administration of the case“; „[...] investigate the acts, conduct, assets, liabilities, and financial condition of the debtor [...]“.

[268] 11 U.S.C. § 1103(c)(4). Zum *Examiner* siehe unten, C. (S. 172 ff.).

[269] Aus der Rechtsprechung: In re Johns-Manville, 26 B. R. 919, 924 f. (Bankr. S. D. N. Y. 1983); In re Nat'l Equip. & Mold Corp., 33 B. R. 574, 575 (Bankr. N. D. Ohio 1983); Matter of Enduro Stainless, Inc., 59 B. R. 603, 605 (Bankr. N. D. Ohio 1986); In re Map Int. Inc., 105 B. R. 5, 6 (Bankr. E. D. Pa. 1989); In re FiberMark, Inc., 330 B. R. 480, 502 (Bankr. D. Vt. 2005). Aus der Literatur: *Blain/Erne*, 67 Marquette Law Review (1984), 491, 514 ff.; *Blain/O'Gawa*, 73 Marquette Law Review (1990), 581, 612 ff.; *Klee/Shaffer*, 44 South Carolina Law Review (1993), 995, 1011; 1053 ff.; *Eklund/Roberts*, 5 American Bankruptcy Institute Law Review (1997), 129, 136 ff.; *Zipes/Lambert*, 77 American Bankruptcy Law Journal (2003), 229, 232; *Gappmayer*, 2006 Utah Law Review (2006), 439, 445 ff.; *Harner*, 77 Fordham Law Review (2008), 703, 732.

[270] In re Seaescape Cruises, Ltd., 131 B. R. 241, 243 (Bankr. S. D. Fla. 1991); In re SPM Mfg. Corp., 984 F.2d 1305, 1315 (1st Cir. 1993). Siehe auch *Klee/Shaffer*, 44 South Carolina Law Review (1993), 995, 1054; *Freeman*, 17 American Bankruptcy Institute Law Review (2009), 291, 310 f.; *Porcelli*, 9 New York University Journal of Law and Business (2012), 295, 305 f. Siehe zu einigen wenigen Ausnahmen (Treuepflichten gegenüber dem *Estate* etwa im Zusammenhang mit der Vergütung von Mitgliedern des *Creditors' Committee*) *Harner*, 86 Notre Dame Law Review (2011), 469, 486 f.

[271] Siehe *Bell/Jones*, Detroit College of Law Review (1993), 1551, 1571.

rem die Frage, ob eine Unternehmensfortführung erstrebenswert ist. Für dieses Untersuchungsrecht steht insbesondere das Instrument der *Examination* zur Verfügung. Gemäß 11 U.S.C. § 343 ist der *Debtor* bei einer Art Gläubigerversammlung (*Meeting of Creditors*[272]) verpflichtet, den Gläubigern *under Oath* Auskünfte zu erteilen. Da beim *Meeting of Creditors* unter Umständen eine Vielzahl von Gläubigern erscheint und diese *Examination* eher der allgemeinen Information dient, kann das *Creditors' Committe* eine *Examination* des *Debtor* auch darüber hinaus jederzeit während des Insolvenzverfahrens durchführen.[273] Die Gerichte verstehen das Recht der *Examination* sehr weit und erlauben Untersuchungen in jeder Hinsicht, soweit sie für das Verfahren relevant sind.[274] Bei dieser als „fishing expedition"[275] bezeichneten Untersuchung kann das *Creditors' Committee* versuchen, nicht belastete Vermögensgegenstände zu finden, allgemeine Rechtshandlungen des *Debtor* zu überprüfen oder ein Fehlverhalten aufzudecken.[276]

Obwohl die Mitglieder im Interesse aller ungesicherten Gläubiger agieren sollen, treffen auch innerhalb dieser Gruppe eine Vielzahl von Interessen aufeinander: Die Möglichkeit der Verletzung von *Fiduciary Duties* steht vor allem im Falle von *Distressed Debt Investors/Traders* im Raum. Diese haben typischerweise andere Interessen als „gewöhnliche" ungesicherte Gläubiger.[277] Im Vordergrund stehen häufig die Strategien einer schnellen Gewinnerzielung durch Weiterverkauf der erworbenen Forderungen zu einem höheren Preis oder mittel- und langfristige Kontrollbestrebungen.[278] In jedem Fall besteht die Gefahr, dass sie Insiderinformationen über das schuldnerische Unternehmen nutzen, die sie im Rahmen der Arbeit im *Committee* erlangt haben.[279] Problema-

---

[272] 11 U.S.C. § 341.

[273] Rule 2004(b) Federal Rules of Bankruptcy Procedure.

[274] Siehe etwa In re GHR Energy Corp., 33 B. R. 451, 453 f. (Bankr. D. Mass. 1983); In re Woods, 69 B. R. 999, 1004 (Bankr. E. D. Pa. 1987); In re Drexel Burnham Lambert Grp., Inc., 123 B. R. 702, 711 f. (Bankr. S. D. N. Y. 1991); In re Hughes, 281 B. R. 224, 226 f. (Bankr. S. D. N. Y. 2002); In re Washington Mut., Inc., 408 B. R. 45, 49 f. (Bankr. D. Del. 2009); In re Oklahoma Automatic Door, Co., Inc., 599 B. R. 167, 170 (Bankr. W. D. Okla. 2019).

[275] In re GHR Energy Corp., 33 B. R. 451, 453 (Bankr. D. Mass. 1983).

[276] In re Enron Corp., 281 B. R. 836, 840 (Bankr. S. D. N. Y. 2002).

[277] Kapitel 1, C. IV. 1. (S. 53 f.). Siehe hierzu allgemeiner auch *Pearson*, 28 Review of Banking and Financial Law (2009), 165, 189 f.; *Lipson*, 84 Southern California Law Review (2011), 1035, 1058 f.

[278] *Pearson*, 28 Review of Banking and Financial Law (2009), 165, 189 f.; *Harner*, 86 Notre Dame Law Review (2011), 469, 494; *Athanas/Warren/Khatchatourian*, 26 American Bankruptcy Institute Law Review (2018), 93, 101 f. Exemplarisch für Kontrollbestrebungen (im Rahmen des hier nicht relevanten *Plan*) ist der Fall *FiberMark*, siehe In re FiberMark, Inc., 339 B. R. 321 (Bankr. D. Vt. 2006). Zu *FiberMark* siehe *Richman/Aberman*, American Bankruptcy Institute Journal (2007), 22; *Baird/Rasmussen*, 119 The Yale Law Journal (2010), 648, 662 ff.

[279] *Rosenberg*, The Vulture Investors (1992), S. 27 ff.; *Zipes/Lambert*, 77 American Bankruptcy Law Journal (2003), 229, 245; *Richman/Aberman*, American Bankruptcy Institute Jour-

tisch sind hierbei zum einen das Verbot des Insiderhandels.[280] Zum anderen wird beobachtet, dass *Distressed Debt Investors* durch die Mitgliedschaft im *Creditors' Committee* eine Verhandlungsposition erlangen, mit der sie Druck sowohl auf den *Debtor* als auch gesicherte Gläubiger ausüben können.[281] Denkbar wäre etwa die Mitgliedschaft eines *Distressed Debt Investors* im *Creditors' Committee*, der gleichzeitig *DIP Lender* ist. Mit dem Ziel der schnellen Gewinnerzielung unterbreitet dieser dem *Debtor* den „Vorschlag", einen *363 Sale* vorzunehmen.[282] Durch die Verfolgung eigener Interessen und die Nichtberücksichtigung der Interessen der restlichen ungesicherten Gläubiger steht somit die Verletzung von *Fiduciary Duties* im Raum.[283]

bb) Recht auf Information und Anhörung bei 363 Sales

Das *Creditors' Committee* – als *Party in Interest* – hat das Recht, sich zu jeder Angelegenheit (informell oder formell) zu äußern, 11 U.S.C. § 1109(b).[284] Im Falle eines *363 Sales* ist es umgehend zu informieren. Festgelegt ist dies in den Rules 6004(a) und 2002(c)(1) der *Federal Rules of Bankruptcy Procedure*. Das „Notice and Hearing"-Erfordernis aus 11 U.S.C. § 363(b) ermöglicht, dass die Gläubiger vor der endgültigen Zustimmung des Gerichts (*Court Approval*) zu dem Verkauf Einspruch erheben können.[285] Der *Debtor* muss die Gläubiger mindestens 21 Tage vor dem Verkauf informieren, allerdings kann das Gericht diese Frist *for cause* verkürzen.[286] Im Fall der Insolvenz von *Lehman Brothers* verkürzte das Insolvenzgericht die Frist auf zwei Tage.[287] Hier liegt ein entscheidender Unterschied des außerhalb eines *Plan* vorgenommenen Verkaufs zu einem Verkauf im Rahmen eines *Plan*. In letzterem Fall verlangt 11 U.S.C. § 1125 die hinreichende Unterrichtung („adequate information") unter anderem der Gläubiger, die in die Lage versetzt werden müssen, den Verkauf sachgemäß

---

nal (2007), 22; *Harner*, 16 American Bankruptcy Institute Law Review (2008), 69, 99; *Harner*, 86 Notre Dame Law Review (2011), 469, 474.

[280] Die sich hieraus ergebenden Folgefragen des *Insider Trading* gehen über die Fragestellungen dieser Untersuchung weit hinaus. Siehe hierzu ausführlich *Pearson*, 28 Review of Banking and Financial Law (2009), 165; *Porcelli*, 9 New York University Journal of Law and Business (2012), 295.

[281] *Harner*, 77 Fordham Law Review (2008), 703, 731 ff. und passim; *Baird/Rasmussen*, 119 The Yale Law Journal (2010), 648, 661 ff.; *Athanas/Warren/Khatchatourian*, 26 American Bankruptcy Institute Law Review (2018), 93, 100 ff.

[282] Vgl. *Dickerson*, 93 Minnesota Law Review (2009), 875, 913 f.; *Harner/Marincic*, 64 Vanderbilt Law Review (2011), 749, 782 f.

[283] Siehe hierzu noch Kapitel 3, C. I. (S. 262 ff.).

[284] Empirisch hierzu *Harner/Marincic*, 34 Seattle University Law Review (2011), 1155, 1166 ff.

[285] *Rose*, 23 Emory Bankruptcy Developments Journal (2006), 249, 260. Siehe auch *Skeel*, 78 Virginia Law Review (1992), 461, 498 bei Fn. 140.

[286] Rule 2002(a)(2) Federal Rules of Bankruptcy Procedure.

[287] In re Lehman Bros. Holdings, Inc., 415 B. R. 77, 80 (S. D. N. Y. 2009).

beurteilen zu können („to make an informed judgment"). „Notice and a Hearing" nach 11 U.S.C. § 363 muss gemäß der Definition aus 11 U.S.C. § 102(1)(A) erfolgen „as is appropriate in the particular circumstances" und lässt somit einen weiten Spielraum zu. Auch muss das Gericht ein *Hearing* nicht ansetzen, wenn Gläubiger dies nicht rechtzeitig verlangen oder nach Auffassung des Gerichts nicht ausreichend Zeit hierfür zur Verfügung steht.[288] Das Fehlen der umfangreichen Gläubigerbeteiligung bei Verkäufen nach 11 U.S.C. § 363(b) außerhalb des *Plan* wird im US-amerikanischen Schrifttum seit jeher entsprechend kritisiert.[289] Den vage formulierten Voraussetzungen der Gläubigerbeteiligung bei *363 Sales* haben Insolvenzgerichte vereinzelt versucht, Kontur zu verschaffen. Der *U. S. Bankruptcy Court for the District of New Hampshire* stellte in einer Entscheidung von 1985 etwa klar, dass „Notice" dem von 11 U.S.C. § 1125 vorausgesetzten *Disclosure Statement* funktional gleichstehen müsse („functional equivalent").[290] Im zugrunde liegenden Fall hat der *Debtor* am selben Tag der Insolvenzantragsstellung den Antrag eingereicht, das Unternehmen außerhalb des *Plan* zu veräußern und gleichzeitig die Gläubiger über dieses Vorhaben informiert. Am Tag des *Hearing* vor dem Insolvenzgericht stellte sich heraus, dass sich der Unternehmenskauf noch im Verhandlungsstadium befand und die einzelnen Bedingungen des Kaufs, insbesondere der Kaufpreis selbst, den Gläubigern somit unbekannt waren.[291] Das erste *Meeting of Creditors* hat zu diesem Zeitpunkt noch nicht stattgefunden und die *Notice* zum Verkauf, die der *Debtor* den Gläubigern zukommen ließ, war daher nicht „functional equivalent" zum *Disclosure Statement*, das im Rahmen eines *Plan* erforderlich wäre.[292] Auch hier dürfte es sich indes nur um eine Minimalanforderung handeln, so dass Gläubiger gehalten sind, bereits im frühen Stadium des Verfahrens proaktiv die Überwachung des *Debtor* wahrzunehmen, um rechtzeitig eine *Objection* beim Insolvenzgericht vornehmen zu können.[293]

---

[288] 11 U.S.C. § 102(1)(B). Siehe auch *Schovanec*, 46 Oklahoma Law Review (1993), 489, 499.

[289] Siehe bereits *Hurley*, 58 American Bankruptcy Law Journal (1984), 233, 235. Siehe weiter *LoPucki*, Courting Failure (2006), S. 167 ff.; *Sloane*, 16 Bankruptcy Developments Journal (1999), 37, 60 ff.; *Rose*, 23 Emory Bankruptcy Developments Journal (2006), 249, 260 („With a § 363 sale, fewer people receive less information, and the lack of a disclosure requirement weakens creditor leverage when compared with what leverage they may have had with chapter 11 plan confirmation."); *LoPucki/Doherty*, 106 Michigan Law Review (2007), 1, 13 f.; *Anderson/Ma*, 22 American Bankruptcy Institute Law Review (2014), 1, 3 ff.

[290] In re Santec Corp., 49 B. R. 59, 60 (Bankr. D. New Hampshire 1985). Dieser Rechtsprechung folgend In re Naron & Wagner, Chartered, 88 B. R. 85, 89 (Bankr. D. Maryland 1988). Siehe auch In re Delaware & Hudson Railway Co., 124 B. R. 169, 180 (D. Delaware 1991).

[291] In re Santec Corp., 49 B. R. 59, 60 (Bankr. D. New Hampshire 1985).

[292] AaO.

[293] Vgl. *Jones*, 26 Norton Journal of Bankruptcy Law and Practice (2017), 183, 185.

cc) Antrag auf Bestellung eines Trustee oder Examiner

Das *Creditors' Committee* kann einen Antrag auf Bestellung eines *Trustee* oder *Examiner* stellen.[294] Im Fall der Bestellung eines *Trustee* wird der *DIP* aus dem Amt entfernt. Für die Entfernung des *DIP* muss zunächst ein Grund vorliegen („for cause"); 11 U.S.C. § 1104(a)(1) nennt als nicht abschließende Aufzählung Betrug, Unredlichkeit, Inkompetenz oder grobes Missmanagement.[295] Zweitens muss die Bestellung des *Trustee* im Interesse der Gläubiger liegen.[296] Die Hürden hierfür sind hoch und der Ermessensspielraum des zuständigen Gerichts weit, so dass die Entfernung des *DIP* aus dem Amt und die Einsetzung eines *Trustee* in der Praxis nur selten vorkommt.[297] Das gleiche gilt für die Einsetzung eines *Examiner*.[298]

4. Zwischenergebnis

Funktional betrachtet ist das *Creditors' Committee* dem deutschen Gläubigerausschuss zwar ähnlich. Im Detail bestehen indes große Unterschiede: In ersterem sind nur ungesicherte Gläubiger vertreten; die Vertretung der Interessen von gesicherten Gläubigern, Kleinstgläubigern und Arbeitnehmern findet jedenfalls in institutionalisierter Weise *de facto* nicht statt. Anders als die Mitglieder des Gläubigerausschusses sind diejenigen des *Creditors' Committee* nur den ungesicherten Gläubigern gegenüber zur Interessenwahrung verpflichtet.

In beiden Rechtsordnungen haben die Gläubigerorgane großen Einfluss auf die Bestellung eines neutralen Dritten (Sachwalter bzw. *Examiner*).[299] Sowohl in Deutschland als auch den USA besteht hierdurch eine nicht zu unterschätzende Möglichkeit der Einflussnahme auf das Verfahren. Kritisch ist deshalb die Konstellation zu sehen, bei welcher der Schuldner dem Gericht die Mitglieder des vorläufigen Gläubigerausschusses (§ 22a Abs. 2, 4 InsO)[300] sowie gleichzeitig einen Sachwalter im Schutzschirmverfahren vorschlägt (§ 270d Abs. 2 S. 2 InsO) und hierdurch den weiteren Verfahrensgang entscheidend determiniert. Auf diese Weise kann der Schuldner wichtige Entscheidungen in Bezug auf seine Überwachungsorgane bereits mit Insolvenzantrag entscheiden. Denkbar ist etwa die Insolvenzantragstellung beim Insolvenzgericht mit den entsprechenden Vorschlägen, verbunden mit dem Hinweis darauf, dass der vorgeschlagene Gläubigerausschuss sowie Sachwalter ohne weitere Verzögerung bestellt werden müssen, da anderenfalls die Stilllegung des Betriebs drohe.[301] Die Er-

---

[294] 11 U.S.C. § 1103(c)(4).
[295] „[F]raud, dishonesty, incompetence, or gross mismanagement."
[296] 11 U.S.C. § 1104(a)(2).
[297] Siehe *Lipson/Marotta*, 90 American Bankruptcy Law Journal (2016), 1, 26.
[298] Zur verhältnismäßig seltenen Einsetzung des *Examiner* siehe unten, C. I. (S. 172 f.).
[299] Zu diesem neutralen Dritten siehe unten, C. (S. 172 ff.).
[300] Siehe oben, B. II. 1. d) (S. 115 f.).
[301] Siehe *Urlaub*, ZIP 2011, 1040, 1041.

fahrungen mit ähnlichem Verhalten durch den *Debtor* in den USA zeigen, wie Gerichte auf diese Weise unter Druck gesetzt werden können.[302]

Auf den ersten Blick schienen die Regelungsentwürfe des SanInsFoG diesem Problem sinnvoll zu begegnen: Der Regierungsentwurf sah die Möglichkeit vor, im Fall der Einsetzung des (vorläufigen) Sachwalters auf Vorschlag des Schuldners oder des (vorläufigen) Gläubigerausschusses einen Sondersachwalter einzusetzen. Dieser sollte prüfen, ob Haftungsansprüche der Insolvenzmasse bestehen oder anfechtbare Rechtshandlungen vorliegen und etwaige Ansprüche sodann geltend machen.[303] Die vorgesehene Regelung hat der Rechtsausschuss in seiner Beschlussempfehlung kurzfristig gestrichen,[304] da nicht ausgeschlossen werden könne, dass der Sondersachwalter trotz des begrenzten Aufgabenbereichs die Durchführung der Eigenverwaltung verkompliziere und verteuere.[305] Die Streichung der Regelung ist allerdings vor allem deshalb zu begrüßen, da sie lediglich eine repressive Maßnahme dargestellt hätte und für die Verhinderung missbräuchlichen Verhaltens aufgrund von Interessenkonflikten daher wenig geeignet erscheint.[306] *De lege ferenda* ist für das deutsche Recht deshalb vielmehr zu fordern, dass Schuldner ihr Vorschlagsrecht bezüglich des Sachwalters sowie der Mitglieder des Gläubigerausschusses nur alternativ ausüben können. Die Bedenken der fehlenden Unabhängigkeit des „mitgebrachten" Sachwalters würden auf diese Weise ausgeglichen, indem das Insolvenzgericht die Mitglieder des Gläubigerausschusses nach sorgfältiger Prüfung selbst ernennt. Die hierdurch auftretende Verfahrensverzögerung ist angesichts der ansonsten bestehenden Missbrauchsgefahr hinzunehmen.

III. Entscheidung über den Verkauf des Unternehmens

In Bezug auf die Entscheidung über den Verkauf des Unternehmens hat der Gesetzgeber der Insolvenzordnung eine klare Kompetenzabgrenzung vorgenommen. Grundsätzlich muss der Gläubigerausschuss zustimmen (§ 160 Abs. 1 S. 1, Abs. 2 Nr. 1 InsO). Ist kein Gläubigerausschuss bestellt oder in den Fällen der §§ 162, 163 InsO (Insiderveräußerung sowie Betriebsveräußerung unter Wert) ist die Gläubigerversammlung zur Zustimmung berufen. Im Folgenden sind daher die Zuständigkeiten von Gläubigerausschuss und Gläubigerversammlung getrennt zu behandeln.

---

302 Siehe oben, B. II. 3. c) bb) (S. 126 f.).

303 Der Entwurf sah die Einfügung eines § 274a InsO vor, RegE SanInsFoG, BT-Drucks. 19/24181, S. 66 f.

304 BT-Drucks. 19/25303, S. 119 f.

305 Ausschussbericht zum RegE SanInsFoG, BT-Drucks. 19/25353, S. 14.

306 AA *Sämisch/Deichgräber*, ZInsO 2020, 2364, die dem geplanten § 274a InsO ein durchweg positives Zeugnis ausgestellt haben.

1. Zuständigkeit des Gläubigerausschusses

a) Allgemeines

Für die Eigenverwaltung haben Rechtshandlungen von besonderer Bedeutung eine Regelung in § 276 InsO erfahren. Dieser verweist in Satz 2 unter anderem auf § 160 InsO.[307] Die übertragende Sanierung ist eine besonders bedeutsame Rechtshandlung im Sinne des § 160 InsO, der in Abs. 2 Nr. 1 die Unternehmensveräußerung nennt.[308] Im Innenverhältnis muss der eigenverwaltende Schuldner deshalb im Grundsatz die Zustimmung des Gläubigerausschusses einholen.[309] Ist ein solcher nicht bestellt, ist gemäß § 160 Abs. 1 S. 2 InsO die Zustimmung der Gläubigerversammlung erforderlich.[310] Hat der Gläubigerausschuss einer übertragenden Sanierung zugestimmt, besteht die Möglichkeit, dass eine qualifizierte Minderheit von Gläubigern nach § 75 Abs. 1 Nr. 3 InsO beim Insolvenzgericht einen Antrag auf vorläufige Untersagung und Einberufung einer Gläubigerversammlung stellt, § 161 S. 2 InsO.

Im Außenverhältnis kommt es für die Wirksamkeit des Kaufvertrages auf diese Zustimmungserfordernisse indes nicht an, § 276 S. 2 i. V. m. § 164 InsO.[311] Dies gilt auch im Falle der vorläufigen Untersagung.[312]

b) Verhältnis zu § 275 InsO

Eine übertragende Sanierung (bzw. letztlich jede bedeutsame Rechtshandlung im Sinne des § 160 InsO) dürfte regelmäßig auch eine Verbindlichkeit begründen, die nicht zum gewöhnlichen Geschäftsbetrieb gehört (§ 275 S. 1 InsO).[313] Der Unternehmenskaufvertrag begründet die Verpflichtung des Schuldners, die Aktiva des Unternehmens zu übertragen (§ 433 Abs. 1 S. 1 BGB), was nicht zum gewöhnlichen Geschäftsbetrieb gehört. Nach *Graf-Schlicker* ist in den Fällen des § 276 InsO, also vor allem bei der hier relevanten übertragenden Sanierung nach § 160 Abs. 2 Nr. 1 InsO, eine zusätzliche Zustimmung des Sachwalters gemäß § 275 InsO gleichwohl nicht erforderlich.[314] Gläubigerausschuss bzw. Gläubigerversammlung als übergeordnete Entscheidungsgremien machten die

---

[307] § 276 InsO hat allerdings nur eine klarstellende Funktion, § 160 InsO wäre gemäß § 270 Abs. 1 S. 2 InsO in jedem Fall anwendbar, siehe Kübler/Prütting/Bork-*Pape*, § 276 InsO (März 2007), Rn. 4.

[308] Vgl. Kübler/Prütting/Bork-*Webel*, § 160 InsO (Januar 2017), Rn. 10; Jaeger-*Eckardt*, § 160 InsO, Rn. 50; *Gundlach/Frenzel/Jahn*, ZInsO 2007, 1028, 1029.

[309] Jaeger-*Eckardt*, § 160 InsO, Rn. 12.

[310] Zu dieser sogleich unten, B. III. 2. (S. 131 ff.).

[311] Vgl. *Gundlach/Frenzel/Jahn*, ZInsO 2007, 1028, 1029.

[312] MünchKomm.-*Kern*, § 276 InsO, Rn. 17; Uhlenbruck-*Zipperer*, § 276 InsO, Rn. 6 mwN.

[313] Vgl. MünchKomm.-*Kern*, § 276 InsO, Rn. 9. Vgl. auch *Huhn*, Die Eigenverwaltung im Insolvenzverfahren (2003), S. 395.

[314] *Graf-Schlicker*, § 276 InsO, Rn. 6.

Mitwirkung des Sachwalters entbehrlich.[315] Nach der (überwiegenden) Gegenmeinung besteht insofern eine Doppelung der Zuständigkeiten.[316] Hierfür wird unter anderem das Argument ins Feld geführt, dass im Falle eines fehlenden Gläubigerausschusses die Gefahr der fingierten Zustimmung der Gläubigerversammlung bestehe, wenn diese beschlussunfähig ist (§ 160 Abs. 1 S. 3 InsO).[317] Das ist nur vordergründig überzeugend, denn diese Gefahr wird im Regelverfahren vom Gesetzgeber ausdrücklich hingenommen. Dass § 276 InsO nicht auf § 160 Abs. 1 S. 3 InsO verweist, wird nach verbreiteter Meinung als Redaktionsversehen angesehen.[318] *Graf-Schlicker* lässt sich indessen entgegenhalten, dass nicht ersichtlich ist, weshalb sich die Vorschriften gegenseitig ausschließen sollten.[319] Die Tatbestandsmerkmale „nicht dem gewöhnlichen Geschäftsbetrieb zugehörig" (vgl. § 275 InsO) und „besonders bedeutsame Rechtshandlung" (vgl. § 276 InsO) sind nicht zwingend deckungsgleich.[320] Wie noch gezeigt werden wird, sind weder Gläubigerausschuss noch Gläubigerversammlung in jedem Fall geeignete Organe, um Missbrauchsgefahren zu beseitigen. Auch aus diesem Grund ist bei der übertragenden Sanierung als besonders bedeutsame Rechtshandlung die Zustimmung des Sachwalters als weitere Kontrollinstanz nach § 275 InsO erforderlich. Auch hier hat eine fehlende Zustimmung des Sachwalters indes nur Folgen für die Frage der Haftung des Schuldners und seiner Organe,[321] nicht für die Frage der Wirksamkeit des Rechtsgeschäfts.[322]

2. *Zuständigkeit der Gläubigerversammlung*

Wie bereits oben dargestellt, liegt die Entscheidung über die Frage, ob das Unternehmen veräußert werden soll, grundsätzlich in der Kompetenz des Gläubigerausschusses, § 160 Abs. 1 S. 1, Abs. 2 Nr. 1 InsO. Ist ein solcher nicht bestellt, muss die Gläubigerversammlung zustimmen, § 160 Abs. 1 S. 2 InsO. Auch bei Bestehen eines Gläubigerausschusses muss die Gläubigerversammlung in den Fällen der §§ 162, 163 InsO der Veräußerung zustimmen.

---

[315] Ebd.

[316] MünchKomm.-*Kern*, § 276 InsO, Rn. 9; Jaeger-*Meller-Hannich*, § 276 InsO, Rn. 3; HambKomm.-*Fiebig*, § 276 InsO, Rn. 3; K. Schmidt-*Undritz*, § 276 InsO, Rn. 2; HK-*Brünkmans*, § 276 InsO, Rn. 1.

[317] Kübler/Prütting/Bork-*Pape*, § 276 InsO (März 2007), Rn. 10.

[318] Siehe HK-*Brünkmans*, § 276 InsO, Rn. 4; K. Schmidt-*Undritz*, § 276 InsO, Rn. 3. AA FK-*Foltis*, § 276 InsO, Rn. 5; Uhlenbruck-*Zipperer*, § 276 InsO, Rn. 3. Siehe hierzu, im Zusammenhang mit der Willensbildung bei der Gläubigerversammlung, unten, B. VI. 2. a) (S. 165).

[319] Vgl. *Ampferl*, in: Kübler (Hrsg.), Handbuch Restrukturierung in der Insolvenz, 3. Aufl., 2018, § 14 Rn. 38. Im Ergebnis ebenso MünchKomm.-*Kern*, § 276 InsO, Rn. 9; Jaeger-*Meller-Hannich*, § 276 InsO, Rn. 3.

[320] *Ampferl*, in: Kübler (Hrsg.), Handbuch Restrukturierung in der Insolvenz, 3. Aufl., 2018, § 14 Rn. 38. Siehe auch AG Köln, Beschluss v. 15.12.2014 – 74 IN 152/12, ZIP 2015, 440, 443. Ähnlich *Huhn*, Die Eigenverwaltung im Insolvenzverfahren (2003), S. 395.

[321] Zur Haftung siehe unten, Kapitel 3.

[322] Siehe OLG Karlsruhe, Urteil v. 14.06.2016 – 8 U 44/15, ZIP 2016, 1649, 1650.

Dieser gesetzlichen Systematik folgend untersucht der nachstehende Abschnitt rechtsvergleichend die Unternehmensveräußerung an Insider (a)) sowie allgemeine Unterwertveräußerungen (b)). Die Kernfrage ist dabei, ob und inwieweit die bestehenden Regelungen den im ersten Kapitel untersuchten Verhaltensanreizen der Gläubiger gerecht werden.

a) Veräußerung an Insider

Bei einer Unternehmensveräußerung an eine Person, die im Vergleich zu anderen Dritten etwa über besondere Kenntnisse über das Unternehmen verfügt oder – das hat die Interessenanalyse des ersten Kapitels gezeigt – über besondere Möglichkeiten der Einflussnahme verfügt, steht stets eine Missbrauchsgefahr im Raum. Das Problem der Veräußerung an diese sogenannten „Insider" ist daher mit Händen greifbar: Soll das Unternehmen an eine Person veräußert werden, die über einen privilegierten Informationszugang oder tatsächlichen Wissensvorsprung („Informationsinsider") gegenüber anderen Beteiligten verfügt oder (zusätzlich) erheblichen Einfluss auf das Verfahren nehmen kann („Verfahrensinsider"), liegt die Gefahr nahe, dass die Veräußerung unter Wert vorgenommen wird.[323] Diese Wertdifferenz ergibt sich je nach Einzelfall aus unterschiedlichen Umständen. Denkbar sind vor allem „verborgene Werte", die von Außenstehenden nicht gesehen oder nicht richtig eingeschätzt werden können, wie etwa das Know-how von Mitarbeitern und ähnliche komplexe immaterielle Werte.[324]

Sowohl das deutsche als auch das US-amerikanische Recht lassen Unternehmensveräußerungen an Insider grundsätzlich zu (aa)). Hierbei weisen beide Rechtsordnungen eine Insiderdefinition auf; allerdings erweist sich die deutsche als zu starr (bb)). Einer genaueren Betrachtung bedarf in diesem Zusammenhang der Sonderfall der Übertragung an eine schuldnerische Auffanggesellschaft (cc)). Schließlich ist zu konstatieren, dass zum einen die Wirkung der Regelung des § 162 InsO aufgrund ihrer fehlenden Außenwirkung erheblich geschmälert ist (dd)) und zum anderen die generelle Kompetenzzuweisung an die Gläubigerversammlung im Fall der Insiderveräußerung kaum zu rechtfertigen ist (ee)).

aa) Möglichkeit der Veräußerung an Insider

Dass eine Unternehmensveräußerung in der Insolvenz an einen Insider möglich ist, erscheint vor dem Hintergrund der aufgezeigten Missbrauchsgefahren

---

[323] So bereits die Gesetzesbegründung zur InsO, § 181 RegE-InsO, BT-Drucks. 12/2443, S. 174. Siehe auch MünchKomm.-*Janssen*, § 162 InsO, Rn. 1; KölnKomm.-*Frege*, § 162 InsO, Rn. 6; K. Schmidt-*Jungmann*, § 162 InsO, Rn. 2; *Fröhlich/Köchling*, ZInsO 2003, 923, 924; *Marotzke*, KTS 2014, 113, 146.

[324] Siehe *Fröhlich/Köchling*, ZInsO 2003, 923, 926; *Fröhlich/Köchling*, ZInsO 2005, 1121, 1122.

und auch aus rechtsvergleichender Perspektive nicht als selbstverständlich. In den USA ist die Rechtsprechung in Bezug auf die Frage, ob Veräußerungen an Insider zuzulassen sind, uneinheitlich. Der *Bankruptcy Code* enthält keine tatbestandliche Unterscheidung zwischen Veräußerungen an Insider und solchen an Nichtinsider.[325] Die existierenden Begriffsdefinitionen in Bezug auf Insider (hierzu sogleich) sind in erster Linie im Anfechtungsrecht (*Avoidance of Preferences* sowie *Fraudulent Transfers*) relevant.[326] Zwar sieht die Mehrheit der Gerichte kein Bedürfnis dafür, Insider grundsätzlich von einem Erwerb auszuschließen.[327] In bestimmten *Circuits* unterscheiden die Gerichte indes nach dem Grad der Insiderstellung mit Rücksichtnahme auf die Stellung des Insiders als *Fiduciary*. In einer Entscheidung des *U. S. Court of Appeals* des *9th Circuit* entschied das Gericht etwa, dass ein *Officer* der insolventen Gesellschaft aufgrund seiner nur begrenzten Treuepflichten (im Vergleich zu einem Mitglied des *Board*) nicht von einem Erwerb ausgeschlossen sei. Hiervon grenzte es solche Angestellten ab, deren Position im Unternehmen „unfailing loyalty, trust and confidence“ erforderlich mache. In einem solchen Fall könne einem Asset Sale die Zustimmung verweigert werden, wenn ein Fehlverhalten sowie ein größerer Interessenkonflikt sichtbar seien.[328] In eine ähnliche Richtung weist der *1st Circuit*: Ein „full-fledged fiduciary“ sei schon kein tauglicher Erwerber, auch wenn die Transaktion „fair“ sei.[329]

Das deutsche Recht hält mit § 162 InsO eine Regelung bereit. Teile der Literatur bezweifeln aber, ob die Vorschrift auch im Fall der Eigenverwaltung Anwendung finden kann. Zunächst wird darauf hingewiesen, dass die allgemeine Verweisvorschrift des § 270 Abs. 1 S. 2 InsO nicht einschlägig sei, da § 276 InsO spezieller sei und in dessen Satz 2 nicht auf § 162 InsO verwiesen werde. Zum Teil wird hierbei von einem Redaktionsversehen des Gesetzgebers ausgegangen; der Verweis auf § 162 InsO sei schlicht vergessen worden.[330] In jedem Fall ist solchen Einwänden entgegenzuhalten, dass § 276 InsO lediglich die Mitwirkung des Gläubigerausschusses regelt und eine „Parallelvorschrift“ in Bezug auf die Mitwirkung der Gläubigerversammlung nicht existiert. Aus

---

[325] *Keller*, 25 California Bankruptcy Journal (1999), 79, 94.

[326] Siehe hierzu *Tabb*, Law of Bankruptcy (2020), § 6.38, S. 595 ff.

[327] Siehe etwa In re Beck Indus., Inc., 605 F.2d 624, 634 (2d Cir. 1979); In re Russo, 762 F.2d 239 (2d Cir. 1985); Matter of Andy Frain Services, Inc., 798 F.2d 1113, 1125 (7th Cir. 1986); Matter of Met-L-Wood Corp., 861 F.2d 1012, 1019 (7th Cir. 1988); In re Wingspread Corp., 92 B. R. 87, 93 (Bankr. S. D. N. Y. 1988); In re Bidermann Industries U. S. A., Inc., 203 B. R. 547, 551 (Bankr. S. D. N. Y. 1997); In re Condere Corp., 228 B. R. 615, 632 (Bankr. S. D. Miss. 1998); Westship, Inc. v. Trident Shipworks, Inc., 247 B. R. 856, 866 (M. D. Fla. 2000).

[328] In re Transcon. Energy Corp., 683 F.2d 326, 329 (9th Cir. 1982).

[329] Fleet Nat. Bank v. H&D Entm’t, Inc., 96 F.3d 532, 540 (1st Cir. 1996). Anders noch Greylock Glen Corp. v. Cmty. Sav. Bank, 656 F.2d 1 (1st Cir. 1981).

[330] *König*, Die Haftung bei der Eigenverwaltung (2015), S. 22 f.; *Marotzke*, in: FS Kirchhof, 2003, 321, 349 f.

diesem Grund bleibt es bei dem allgemeinen Verweis des § 270 Abs. 1 S. 2 InsO auf die allgemeinen Vorschriften, so dass § 162 InsO in der Eigenverwaltung Anwendung findet.[331] Die generelle Möglichkeit der Unternehmensveräußerung an einen Insider steht jedenfalls außer Zweifel.

bb) Insiderbegriff

§ 162 InsO regelt den Fall der Betriebsveräußerung an „besonders Interessierte". Hierunter fallen der Erwerber sowie alle Personen, die am Kapital des Erwerbers zu mindestens einem Fünftel beteiligt sind und entweder dem Schuldner gemäß § 138 InsO nahestehen (§ 162 Abs. 1 Nr. 1 InsO) oder absonderungsberechtigte oder nicht nachrangige Gläubiger sind, deren Forderungen zusammen ein Fünftel der Forderungssumme aller Absonderungsberechtigten bzw. nicht nachrangigen Gläubiger ergeben (§ 162 Abs. 1 Nr. 2 InsO).

Diese sehr „technische" und damit eher starre Begriffsdefinition ist auf den ersten Blick vergleichbar mit derjenigen in den USA. Dort unterscheiden die US-amerikanischen Gerichte zur Bestimmung von Insidern zwischen *Statutory Insiders* und *Nonstatutory Insiders*. Erstere sind im *Bankruptcy Code* in 11 U.S.C. § 101(31) definiert. Umfasst sind im Fall von *Corporations*[332] *Directors*, *Officers*, Personen, die Kontrolle auf den Schuldner ausüben können, *Partnerships*, bei welchen der Schuldner Gesellschafter ist, *General Partners* des Schuldners oder Verwandte dieser genannten Personen.

Bei genauerer Betrachtung offenbart sich allerdings, dass die Einordnung einer Person als „Insider" in den USA weitaus flexibler möglich ist. Die in 11 U.S.C. § 101(31) enthaltene Auflistung ist nicht abschließend.[333] In der Gesetzesbegründung heißt es: „An insider is one who has a sufficiently close relationship with the debtor that his conduct is made subject to closer scrutiny than those dealing at arms length with the debtor."[334] Ob eine Person *Nonstatutory Insider* ist, entscheiden die Gerichte vor allem anhand von Wertungsgesichtspunkten; ein einheitlicher Standard existiert nicht.[335] Herausgebildet hat sich

---

[331] Ebenso MünchKomm.-*Kern*, § 276 InsO, Rn. 12; Jaeger-*Eckardt*, § 162 InsO, Rn. 13.

[332] Der Begriff *Corporation* umfasst hierbei nicht lediglich solche im engeren Sinn (d. h. nicht nur Kapitalgesellschaften), sondern gemäß 11 U.S.C. § 101(9)(A) auch *associations*, *partnership associations*, *joint-stock companies*, *unincorporated companies or associations* sowie *business trusts*.

[333] Matter of Missionary Baptist Foundation of America, Inc., 712 F.2d 206, 210 (5th Cir. 1983); In re Schuman, 81 B. R. 583, 585 f. (B. A. P. 9th Cir. 1987); Matter of Krehl, 86 F.3d 737, 741 (7th Cir. 1996); *Schwartz/Schellhorn/Trentin*, 27 Norton Journal of Bankruptcy Law and Practice (2018), 733, 735 f.

[334] Senate Report No. 95-989, 1978 U.S.C. C. A. N. 5787, 5810.

[335] Der *U. S. Supreme Court* hatte im Jahr 2018 die Gelegenheit, einer dieser Herangehensweisen den Vorzug zu erteilen. Die Entscheidung beschränkte sich allerdings auf die Frage nach dem anzuwendenden Prüfungsmaßstab des Berufungsgerichts, U. S. Bank Nat. Ass'n ex rel. CWCapital Asset Mgmt. LLC v. Vill. at Lakeridge, LLC, 138 S. Ct. 960, 200

eine Reihe von *Tests*, unter anderem der *Control Approach*, nach welchem – in Anlehnung an die gesetzliche Regelung – eine signifikante Kontrollausübung auf den Schuldner vorliegen muss.[336] Einige Gerichte lehnen den *Control Approach* ab und rekurrieren auf den *Closeness Approach*. Danach muss eine Nähe zum Schuldner ausgemacht werden. Transaktionen, die nicht *at Arm's Length* vorgenommen werden, indizierten eine solche Nähe.[337] Andere Gerichte wenden den *Similarity Approach* an, nach welchem die betreffende Person eine Position innehaben muss, die einer in 11 U.S.C. § 101(31) stark vergleichbar ist.[338] Daneben finden sich Entscheidungen, die einen *Multi-Factor Approach* anwenden und die vorgenannten *Tests* miteinander kombinieren.[339] Der Erwerb des Unternehmens durch die Geschäftsleitung etwa im Wege eines Management Buyout sowie die Übertragung innerhalb eines Konzerns fallen nach allen Theorien zweifelsohne unter den Insiderbegriff. Die weiteren hier interessierenden Fälle – der Erwerb durch (gesicherte) Gläubiger bzw. *DIP Lenders*[340] – erscheinen aber auch in den USA problematischer.[341] Jedenfalls nach dem *Control Approach* sowie dem *Closeness Approach* kann im Einzelfall, je nach konkreter Ausgestaltung der Kreditverträge, eine Insiderstellung angenommen werden. Aufgrund der Uneinheitlichkeit der Rechtsprechung lassen sich hierzu keine allgemeingültigen Aussagen treffen.

Der Blick in die USA offenbart allerdings im Ergebnis, dass eine flexiblere Ausgestaltung des Insiderbegriffes sinnvoll erscheint. Die Interessenanalyse des ersten Kapitels hat gezeigt, dass auf Erwerberseite auch Gläubiger(-gruppen) in Betracht kommen, die nicht absonderungsberechtigt sind, aber über einen privilegierten Informationszugang und erhebliche Einflussmöglichkeiten verfügen. Normativ betrachtet sind sie somit den in § 162 Abs. 1 InsO genannten Personen gleichzustellen. Es erscheint daher angemessen, diese Wertungsgesichtspunkte in einen offeneren Insiderbegriff zu übernehmen. Aufgrund der sehr technischen Regelung im geltenden Recht ist dies *de lege lata* wohl kaum möglich. Denkbar wäre eine Formulierung, die klarstellt, dass die in § 162 InsO genannten Fälle nicht abschließend sind („insbesondere").

L. Ed. 2d 218 (2018). Siehe hierzu *Schwartz/Schellhorn/Trentin*, 27 Norton Journal of Bankruptcy Law and Practice (2018), 733, 740 ff.

336 In re Babcock Dairy Co. of Ohio, Inc., 70 B. R. 662, 666 ff. (Bankr. N. D. Ohio 1986); Butler v. David Shaw, Inc., 72 F.3d 437, 443 (4th Cir. 1996).

337 Vgl. In re Winstar Commc'ns, Inc., 554 F.3d 382, 395 ff. (3d Cir. 2009).

338 In re Longview Aluminum, L. L. C., 657 F.3d 507, 509 f. (7th Cir. 2011).

339 In re Oakwood Homes Corp., 340 B. R. 510, 523 f. (Bankr. D. Del. 2006); siehe auch In re Rosen Auto Leasing, Inc., 346 B. R. 798, 804 (B. A. P. 8th Cir. 2006).

340 Siehe Kapitel 1, C. IV. 5. (S. 72 ff.).

341 Vgl. *Skeel*, 24 Widener Law Journal (2015), 121, 134 mit Hinweis auf die zwischen dem *DIP Lender* als Erwerber und anderen Bietern bestehende Informationsasymmetrie.

cc) *Sonderfall der Übertragung an eine schuldnerische Auffanggesellschaft*

Bislang ungeklärt sind Konstellationen, bei denen der Schuldner selbst sämtliche oder einen Teil der Anteile an der Auffanggesellschaft hält.[342] Von Teilen der Literatur wird deshalb problematisiert, ob § 162 Abs. 1 InsO überhaupt Anwendung findet, wenn eine Veräußerung auf diese Weise an den Schuldner selbst erfolgt bzw. der Schuldner am neuen Rechtsträger teilweise beteiligt ist. Seinem Wortlaut nach umfasst die Vorschrift nur dem Schuldner nahestehende Personen, nicht den Schuldner selbst. § 138 InsO, auf den § 162 Abs. 1 Nr. 1 InsO verweist, lässt ebenfalls keine weiteren Schlüsse zu. *Ratio legis* des § 162 InsO ist es allerdings, einer im Vergleich zum „Grundfall" (§ 160 Abs. 2 Nr. 1 InsO) zumindest potenziell größeren Gefährdung der Gläubiger dadurch Rechnung zu tragen, dass die Gläubigerversammlung als größeres Gremium entscheiden muss.[343] Wenn diese Gefahr bei Personen, die dem Schuldner nahestehen, vorliegt, dann erst recht, wenn der Schuldner selbst am Erwerber beteiligt ist.[344] Aus diesem Grund scheint eine Anwendung von § 138 InsO auf den Schuldner selbst im Wege einer teleologischen Extension geboten.[345]

dd) *Fehlende Außenwirkung*

Zu beachten ist, dass sowohl das schuldrechtliche Kausalgeschäft als auch die Veräußerung bei einem Verstoß gegen § 162 InsO im Außenverhältnis gemäß § 164 InsO grundsätzlich wirksam bleiben.[346] Alle aus dem Verstoß folgenden Konsequenzen, insbesondere die Haftung des Schuldners und seiner Organe,[347] betreffen zunächst nur das Innenverhältnis.[348] Das erscheint insoweit fraglich, als im Vergleich zu bloßen Verfahrensverstößen bei der Gläubigerbeteiligung im Fall der Veräußerung an Insider doch ein qualitativer Unterschied besteht, der die Unwirksamkeit im Außenverhältnis oder wenigstens die Voraussetzung des guten Glaubens auf Seiten des Erwerbers rechtfertigen könnte.

In den USA ist die Rechtslage ähnlich: Grundsätzlich besteht die Möglichkeit, dass die gerichtliche Genehmigung eines *363 Sale* im Wege der Berufung angefochten (*Reversal or Modification*) werden kann. Wie das deutsche

---

342 Für ein Beispiel aus der Praxis siehe *Falk/Schäfer*, ZIP 2004, 1337.

343 Kübler/Prütting/Bork-*Webel*, § 162 InsO (Januar 2017), Rn. 2; Jaeger-*Eckardt*, § 162 InsO, Rn. 1.

344 *Falk/Schäfer*, ZIP 2004, 1337, 1339, im Wege einer Analogie oder extensiven Auslegung der Vorschrift. Siehe auch KölnKomm.-*Frege*, § 164 InsO, Rn. 11 („entsprechende Anwendung").

345 Im Ergebnis ebenso HK-*Ries*, § 162 InsO, Rn. 3; *Bitter/Rauhut*, KSI 2007, 258, 259. Obwohl häufig zitiert, befasst sich *Vallender*, GmbHR 2004, 642, 644 mit dieser Konstellation nicht.

346 Jaeger-*Eckardt*, § 162 InsO, Rn. 45; Uhlenbruck-*Zipperer*, § 162 InsO, Rn. 9; K. Schmidt-*Jungmann*, § 162 InsO, Rn. 1; *Gundlach/Frenzel/Jahn*, ZInsO 2008, 360.

347 Siehe unten, Kapitel 3.

348 Jaeger-*Eckardt*, § 162 InsO, Rn. 46 ff.

Recht sieht das US-amerikanische Pendant jedoch das Bedürfnis für Rechtssicherheit bzw. den Schutz des Rechtsverkehrs. Im Unterschied zu § 164 InsO gibt es hierzu im US-Recht aber keine materiell-rechtliche Anordnung, sondern eine verfahrensrechtliche „Sperre“: Für ein *Reversal* oder *Modification* fehlt das Rechtsschutzbedürfnis, wenn der Erwerber redlich (*in Good Faith*) war und keine Anordnung der aufschiebenden Wirkung (*Stay Pending Appeal*) vorliegt, 11 U.S.C. § 363(m) – sogenannte *Statutory Mootness Rule*.[349]

Anders als das deutsche Recht[350] setzt 11 U.S.C. § 363(m) somit den guten Glauben des Erwerbers voraus. Dies legt allerdings nur auf den ersten Blick den Schluss nahe, dass das US-amerikanische Recht hier restriktiver ist als das deutsche. Letztlich finden sich in Bezug auf die *Good Faith*-Voraussetzung diejenigen Erwägungen wieder, die im deutschen Recht im Rahmen der Insolvenzzweckwidrigkeit[351] diskutiert werden.

Good Faith ist im *Bankrupcty Code* nicht definiert.[352] Überwiegend bedienen sich die Gerichte der *Equity*-Grundsätze.[353] Danach liegt *Good Faith* auf Seiten des Erwerbers vor, wenn er nach Treu und Glauben (*in Good Faith*) handelte, der Erwerbspreis nicht erheblich unter dem Gegenwert (*for Value*) liegt und dem Erwerber keine Ansprüche Dritter (*Adverse Claims*) bekannt sind.[354] Nach einer häufig verwendeten Definition sei *Bad Faith* hingegen anzunehmen, wenn vom Erwerber ein Fehlverhalten ausgehe, das Betrug, Kollusion zwischen Erwerber und Veräußerer oder das Ausnutzen eines Vorteils gegenüber anderen Bietern darstelle.[355] Nicht zuletzt die Vagheit dieser Definitionen führt dazu, dass im Einzelnen große Unterschiede in der Rechtsprechung der *Circuits* bestehen. In einigen *Circuits* ist die Gutgläubigkeit des Erwerbers indiziert, und die *Objecting Party* trägt die Beweislast, die Bösgläubigkeit zu belegen.[356] Andere *Circuits* verlangen, dass das zuständige Insolvenzgericht die Gutgläubigkeit des Erwerbers positiv feststellt.[357]

---

349 Vgl. *Jones*, 26 Norton Journal of Bankruptcy Law and Practice (2017), 183, 193 ff. Siehe auch *Miller*, 107 Kentucky Law Journal (2018), 269.

350 MünchKomm.-*Janssen*, § 164 InsO, Rn. 3; Uhlenbruck-*Zipperer*, § 164 InsO, Rn. 2.

351 Zu dieser sogleich, B. IV. (S. 147 ff.).

352 *Jones*, 26 Norton Journal of Bankruptcy Law and Practice (2017), 183, 192.

353 In re Abbotts Dairies of Pennsylvania, Inc., 788 F.2d 143, 148 (3d Cir. 1986).

354 „[O]ne who purchases the assets for value, in good faith, and without notice of adverse claims“; siehe In re Rock Indus. Mach. Corp., 572 F.2d 1195, 1197 (7th Cir. 1978); In re Abbotts Dairies of Pennsylvania, Inc., 788 F.2d 143, 147 (3d Cir. 1986).

355 „[M]isconduct that would destroy a purchaser's good faith status at a judicial sale typically involves fraud, collusion between the purchaser and the other bidders or the trustee, or an attempt to take grossly unfair advantage of other bidders“, siehe In re Rock Indus. Mach. Corp., 572 F.2d 1195, 1198 (7th Cir. 1978); In re Suchy, 786 F.2d 900, 902 (9th Cir. 1985); In re Colony Hill Assocs., 111 F.3d 269, 276 (2d Cir. 1997).

356 Siehe etwa In re Onouli-Kona Land Co., 846 F.2d 1170, 1174 (9th Cir. 1988).

357 In re Abbotts Dairies of Pennsylvania, Inc., 788 F.2d 143, 148 (3d Cir. 1986).

ee) Keine Richtigkeitsgewähr bei Zustimmung der Gläubigerversammlung

Es steht bereits zu bezweifeln, dass die Gläubigerversammlung im Fall der Veräußerung des Unternehmens an einen Insider das geeignete Gremium für die Zustimmung ist ((1)). Entscheidender dürfte dagegen eine erhöhte Kontrolldichte sein, wofür die US-amerikanische Rechtsprechung Anschauungsmaterial liefert ((2)).

(1) Generelle Ungeeignetheit der Gläubigerversammlung

Fraglich ist schon, aus welchen Gründen gerade die Gläubigerversammlung für die Entscheidungsfindung geeigneter sein soll als der Gläubigerausschuss.[358] Anders als im Gläubigerausschuss können in der Gläubigerversammlung auch Insider vertreten sein.[359] Daneben wird in der Praxis immer wieder beobachtet, dass Gläubiger der Gläubigerversammlung fernbleiben.[360] Die Gründe hierfür sind vielfältig. Für viele Gläubiger dürften die Kosten einer Teilnahme an der Gläubigerversammlung den möglichen Erwartungswert der Quote weit übersteigen. Eng verknüpft ist hiermit allerdings auch das *Free Rider*-Problem: (Klein-)Gläubiger nehmen die Kontrollmöglichkeit nicht wahr in der Hoffnung, dass andere (Groß-)Gläubiger diese Aufgabe übernehmen.[361] Es besteht deshalb grundsätzlich die Gefahr, dass einzelne Gläubiger in Abstimmung mit dem Schuldner auf Kosten der Gläubigergesamtheit entscheiden. Hinzu kommt, dass Mitglieder der Gläubigerversammlung nicht dem gemeinsamen Interesse aller Gläubiger verpflichtet sind und sie deshalb – anders als die Mitglieder des Gläubigerausschusses (§ 71 InsO) – keine persönliche Haftung trifft.[362]

Umso berechtigter erscheint die Kritik vor dem Hintergrund der Gesetzgebungshistorie: Der Regierungsentwurf zum heutigen § 162 InsO (§ 181 RegE) hat im Falle der Veräußerung an eine nahestehende Person noch die Zustimmung der Gläubiger in einem Insolvenzplan vorgesehen.[363] Dieser hätte eine differenzierte Gruppenbildung und einen Minderheitenschutz nach sich gezogen. In zeitlicher Hinsicht wäre eine schnelle Durchführung einer übertragenden Sanierung aufgrund des beträchtlichen Zeitaufwands eines Insolvenzplans allerdings kaum noch möglich gewesen. Aus diesem Grund und zur Entlastung

---

[358] Kritisch daher *Marotzke*, KTS 2014, 113, 145 ff. Zweifelnd auch Kübler/Prütting/Bork-*Webel*, § 162 InsO (Januar 2017), Rn. 2.

[359] Vgl. K. Schmidt-*Jungmann*, § 162 InsO, Rn. 4; *Gundlach/Frenzel/Jahn*, ZInsO 2008, 360, 361; *Marotzke*, KTS 2014, 113, 147. Hierzu und zu der Frage nach einem Stimmverbot siehe unten, B. VI. 2. c) (S. 167 ff.).

[360] MünchKomm.-*Kern*, Vor §§ 270–285 InsO, Rn. 81; *Gundlach/Frenzel/Jahn*, ZInsO 2008, 360, 361.

[361] Vgl. *Thoma*, Gläubigerautonomie (2019), S. 100.

[362] Siehe *Gundlach/Frenzel/Jahn*, ZInsO 2008, 360, 361 f.; *Marotzke*, KTS 2014, 113, 147. Siehe hierzu noch unten Kapitel 3, C. (S. 262 ff.).

[363] Begr. RegE InsO, BT-Drucks. 12/2443, S. 38.

der Gerichte hat der Rechtsausschuss des Bundestags das Planerfordernis gestrichen und die Verantwortung auf die Gläubigerversammlung übertragen.[364] Die aufgeworfenen Probleme sind der Gesetzgebung somit bekannt gewesen, wurden aber zugunsten von Prozessökonomie und der Möglichkeit zügiger übertragender Sanierungen ignoriert. Bereits an dieser Stelle – Details der Willensbildung und Haftung noch beiseite lassend – lässt sich somit festhalten, dass § 162 InsO letztlich keinen weitergehenden Schutz vor Veräußerungen bietet, die den Zielen des § 1 InsO zuwiderlaufen.[365]

(2) Erhöhter Prüfungsmaßstab in den USA

Wie bereits erwähnt, muss in den USA das zuständige Gericht der Unternehmensveräußerung zustimmen und im Vergleich zu Deutschland sind die Anforderungen an die Gläubigerbeteiligung äußerst gering. Der Rechtsprechung zu Insiderveräußerungen lassen sich jedoch einige Grundwertungen entnehmen, die für das deutsche Recht fruchtbar gemacht werden können.

In den *Circuits*, die Verkäufe an Insider jedenfalls nicht grundsätzlich ablehnen, hat sich hierbei teilweise ein erhöhter Prüfungsmaßstab durchgesetzt. In einer Entscheidung des *U. S. Court of Appeals* des *3rd Circuit* stellte sich erst während des *Hearing* heraus, dass die Erwerbsgesellschaft den *CEO* und Vorstandsvorsitzenden (*Chairman of the Board*) der Veräußerungsgesellschaft bereits als Berater beschäftigte und darüber hinaus mit diesem eine Vereinbarung über eine Weiterbeschäftigung für den Fall des Erwerbs getroffen hatte.[366] Eine solche Konstellation sei schon deshalb „ripe for collusion and interested dealing“ und hätte von der Vorinstanz genauer untersucht werden müssen.[367] Auch das Insolvenzgericht des *Southern District of New York* fordert in seiner *Wingspread*-Entscheidung im Falle der Veräußerung an einen *Fiduciary* einen erhöhten Prüfungsmaßstab („subjected to heightened scrutiny“), jedoch ohne diesen Maßstab weiter zu konkretisieren.[368] Im Fall *Bidermann* wiederholte das gleiche Gericht (unter Bezugnahme auf *Wingspread*) die Aussagen und deutete hierbei an, dass dieser Maßstab auf alle *Conflict of Interest*-Konstellationen Anwendung finden können.[369] Eine Konkretisierung dieses *Higher Scrutiny*-

364 BT-Drucks. 12/7302, S. 68, 175 f.

365 Siehe auch Nerlich/Römermann-*Balthasar*, § 162 InsO, Rn. 6. Resignierend Jaeger-*Eckardt*, § 162 InsO, Rn. 2, nach dem dies „de lege lata wohl akzeptiert werden“ müsse.

366 In re Abbotts Dairies of Pennsylvania, Inc., 788 F.2d 143, 145 (3d Cir. 1986).

367 In re Abbotts Dairies of Pennsylvania, Inc., 788 F.2d 143, 148 f. (3d Cir. 1986).

368 In re Wingspread Corp., 92 B. R. 87, 93 (Bankr. S. D. N. Y. 1988).

369 In re Bidermann Indus. U. S. A., Inc., 203 B. R. 547, 551 (Bankr. S. D. N. Y. 1997). Siehe auch In re Condere Corp., 228 B. R. 615, 632 (Bankr. S. D. Miss. 1998) („But since the Debtor and the Purchaser do share the same management, […], the Court should subject the sale to higher scrutiny“); Westship, Inc. v. Trident Shipworks, Inc., 247 B. R. 856, 866 (M. D. Fla. 2000) („While a transaction involving insiders is not prohibited, it is subjected to heightened scrutiny.“); In re Rickel & Assocs., Inc., 272 B. R. 74, 100 (Bankr. S. D. N. Y.

Maßstabs findet sich in einer Entscheidung des Insolvenzgerichts des *Eastern District of Virginia*, bei welcher es allerdings nicht um einen Asset Deal über das gesamte Unternehmen, sondern lediglich die Veräußerung einzelner Grundstücke an Insider ging. Um dem erhöhten Prüfungsmaßstab gerecht zu werden, forderte das Gericht erstens die Untersuchung, ob der Kaufpreis wenigstens das jeweils niedrigere Ergebnis eines vertretbaren Schätzwertes sowie des Wertes der steuerlichen Bewertung erreicht. Zweitens hätten die Grundstücke der Öffentlichkeit angeboten werden müssen, um die Erzielung des höchstmöglichen Preises sicherzustellen.[370]

Auch das Insolvenzgericht des *Northern District of Texas (Fort Worth Division)* rekurriert auf einen höheren Prüfungsmaßstab bei Insidertransaktionen.[371] Gleichzeitig betont es in diesem Zusammenhang die Rolle des *Creditors' Committee*, ohne welches das Gericht nicht in der Lage sei, eine fundierte Entscheidung zu treffen.[372] In der zugrunde liegenden Konstellation versuchte der *Debtor*, zwei Tochtergesellschaften mit positivem Cashflow im Wege eines *363 Sale*s zu veräußern. Hierzu gründete die Geschäftsleitung der Tochtergesellschaften zwei neue Erwerbsgesellschaften.[373] Auch aufgrund der fehlenden Informationen, die das Gericht vom bis dahin noch nicht zusammengetroffenen *Creditors' Committee* erwartete, lehnte das Gericht den Antrag auf Veräußerung ab.[374]

In die gleiche Kerbe schlug der *Bankruptcy Court* des *District of Delaware*. Dort versuchte der *Debtor*, das Unternehmen an einen ehemaligen Geschäftsleiter zu veräußern, der gleichzeitig *DIP Lender* des *Debtor* war.[375] Das Gericht verweigerte die Zustimmung zur Veräußerung, da eine Vermarktung des Unternehmens kaum bis gar nicht stattgefunden habe und keine (aussagekräftige) Bewertung des Unternehmens vorgenommen wurde, anhand derer ein Drittvergleich hätte vorgenommen werden können.[376]

Ähnliches zeigt der Fall über eine Insiderveräußerung des Insolvenzgerichts des *Southern Districts of Mississippi (Western Division)*, in welchem einzelne Gläubiger dem Verkauf widersprachen.[377] Das Gericht legte auch hier den erhöhten Prüfungsmaßstab mit Verweis auf *Bidermann* an. Es wies allerdings darauf hin, dass das *Creditors' Committee* aus erfahrenen Gläubigern bestehe

---

2002); In re Family Christian, LLC, 533 B. R. 600, 622 (Bankr. W. D. Mich. 2015); In re Flour City Bagels, LLC, 557 B. R. 53, 78 (Bankr. W. D. N. Y. 2016).

[370] In re W. A. Mallory Co., Inc., 214 B. R. 834, 838 (Bankr. E. D. Va. 1997). Siehe auch den ähnlich gelagerten Fall und *Mallory* folgend In re Tidal Const. Co., Inc., 446 B. R. 620, 624 (Bankr. S. D. Ga. 2009).

[371] In re Crutcher Res. Corp., 72 B. R. 628, 633 (Bankr. N. D. Tex. 1987).

[372] In re Crutcher Res. Corp., 72 B. R. 628, 633 (Bankr. N. D. Tex. 1987).

[373] In re Crutcher Res. Corp., 72 B. R. 628, 629 ff. (Bankr. N. D. Tex. 1987).

[374] In re Crutcher Res. Corp., 72 B. R. 628, 633 (Bankr. N. D. Tex. 1987).

[375] In re Exaeris, Inc., 380 B. R. 741, 743 und bei Fn. 2 (Bankr. D. Del. 2008).

[376] In re Exaeris, Inc., 380 B. R. 741, 744 (Bankr. D. Del. 2008).

[377] In re Condere Corp., 228 B. R. 615 (Bankr. S. D. Miss. 1998).

und über alle Umstände der Transaktion informiert gewesen sei.[378] Auch wenn das Gericht die Transaktion noch im Detail auf ihre *Fairness* hin untersuchte, sprach es der Bedeutung des *Creditors' Committee* auf diese Weise entscheidende Bedeutung zu.

Festhalten lässt sich, dass die eher geringen Anforderungen, die in Bezug auf die Gläubigerbeteiligung gestellt werden, im Fall von Insiderveräußerungen somit durch die Rechtsprechung etwas erhöht sind. Das *Creditors' Committee* ist gehalten, diesen *Heightened Scrutiny*-Test im Wege einer *Objection* bei Insiderveräußerungen einzufordern.[379]

b) Unterwertveräußerung im Allgemeinen

Das deutsche Recht hält mit § 163 InsO eine Regelung für allgemeine Unterwertveräußerungen bereit, die im Vergleich zu § 162 InsO, also der Regelung bei Vorliegen einer abstrakten Missbrauchsgefahr im Fall von Insiderveräußerungen, nun der konkreten Gefahr einer Masseschädigung entgegenwirken.[380]

aa) Ratio legis des § 163 InsO

Gemäß § 163 Abs. 1 InsO kann das Insolvenzgericht auf Antrag des Schuldners oder einer in § 75 Abs. 1 Nr. 3 bezeichneten Mehrzahl von Gläubigern und nach Anhörung des Insolvenzverwalters anordnen, dass eine Unternehmensveräußerung nur mit Zustimmung der Gläubigerversammlung zulässig ist. Anders als bei § 162 InsO tritt das Zustimmungserfordernis nicht *ipso jure* ein, sondern ist an die entsprechende Antragstellung gebunden. Der Antragsteller muss hierfür glaubhaft machen, dass eine Veräußerung an einen anderen Erwerber für die Insolvenzmasse günstiger wäre. § 163 Abs. 1 InsO knüpft damit an das bereits im ersten Kapitel angesprochene und in den USA verbreitete Problem von Unterwertverkäufen an, häufig verursacht durch Zeitdruck und das (hierdurch bedingte) Fehlen von Bieterwettbewerb.[381]

bb) Günstigere Veräußerungsalternative

Im Gegensatz zu § 162 InsO, bei welchem aufgrund der Insiderstellung des Erwerbers eine Schädigung der Gläubiger vermutet wird, muss diese bei § 163 Abs. 1 InsO glaubhaft gemacht werden. Die Hürde der Glaubhaftmachung einer für die Masse günstigeren Veräußerung an einen anderen Erwerber ist naturgemäß hoch. Zunächst muss es überhaupt einen weiteren potenziellen Er-

---

[378] In re Condere Corp., 228 B. R. 615, 632 f. (Bankr. S. D. Miss. 1998).

[379] Siehe etwa die *objection* des *Creditors' Committee* im Fall In re SUNCREST, L. L. C., 2008 WL 3273313 (Bankruptcy Court District of Utah) (Trial Filing).

[380] Vgl. K. Schmidt-*Jungmann*, § 163 InsO, Rn. 1.

[381] Siehe Kapitel 1, B. II. 1. b) (S. 39 f.).

werber geben, den der Antragsteller konkret benennen muss.[382] Die alternativ vorgeschlagene, „günstigere" Lösung muss darüber hinaus auch hinreichend konkret sein. Allgemeines Interesse eines anderen Investors hält das Schrifttum überwiegend für nicht ausreichend.[383] Nicht völlig geklärt ist die Frage, was „günstiger" im Sinne des § 163 Abs. 1 InsO bedeutet. In der Regel wird es ein höherer Kaufpreis sein, der zu einer summenmäßig höheren Gläubigerbefriedigung führt. Der Kaufpreis allein ist indes nicht entscheidend; weitere Faktoren wie etwa Zahlungstermine, die Bonität des Erwerbers, die Übernahme von Masseverbindlichkeiten und das Konzept des Erwerbers treten daneben.[384] Insbesondere das Konzept des Erwerbers kann für Gläubiger, welche die Geschäftsbeziehungen mit dem Unternehmen aufrechterhalten wollen, von größerer Bedeutung sein. Ebenso entscheidend kann eine etwaige Verzögerung sein, die aufgrund der Veräußerungsalternative eintritt.[385]

cc) Kritik an der Regelung

Die Kritik an § 163 Abs. 1 InsO entspricht im Wesentlichen derjenigen zu § 162 InsO.[386] Auch hier wurde vom Rechtsausschuss des Bundestags das Planerfordernis gestrichen.[387] Die grundlegendere Frage nach der Geeignetheit der Gläubigerversammlung stellt sich bei § 163 InsO insofern weniger, als es bei § 163 Abs. 1 InsO nicht um mitentscheidende Insider als Erwerber geht, sondern um das Problem des Unterwertverkaufs. Die entscheidenden Fehler von § 163 Abs. 1 InsO sind indes andere. Die Vorschrift setzt bereits das Vorliegen eines konkurrierenden Kaufangebots voraus. Das zugrundeliegende Problem ist aber, dass ein Markt für Krisenunternehmen überhaupt nicht existiert und häufig kein Bieterwettbewerb stattfindet.[388] Sinnvollerweise sollte ein Antrag nach § 163 Abs. 1 InsO (*de lege ferenda*) also nicht daran anknüpfen müssen, dass ein „günstigeres" Angebot vorliegt, sondern dass überhaupt keine Auktion durchgeführt wurde. Dieser Befund bestätigt sich durch einen Blick in die USA:

---

382 Kübler/Prütting/Bork-*Webel*, § 163 InsO (Januar 2017), Rn. 6; Jaeger-*Eckardt*, § 163 InsO, Rn. 37; HK-*Ries*, § 163 InsO, Rn. 3.

383 Kübler/Prütting/Bork-*Webel*, § 163 InsO, Rn. 6 (Januar 2017); KölnKomm.-*Frege*, § 163 InsO, Rn. 11; HK-*Ries*, § 163 InsO, Rn. 3; *Köchling*, ZInsO 2007, 690, 693. Zweifelnd Jaeger-*Eckardt*, § 163 InsO, Rn. 38: Ein verbindliches Kaufangebot werde ohne ausführliche Verhandlungen kaum einzuholen sein.

384 Ganz herrschende Meinung, siehe Kübler/Prütting/Bork-*Webel*, § 163 InsO (Januar 2017), Rn. 3a.; MünchKomm.-*Janssen*, § 163 InsO, Rn. 9; Jaeger-*Eckardt*, § 163 InsO, Rn. 40; KölnKomm.-*Frege*, § 163 InsO, Rn. 2; 11 f.; BK-*Undritz/Knof*, § 163 InsO, Rn. 6; *Fröhlich/Köchling*, ZInsO 2003, 923, 925; *Köchling*, ZInsO 2007, 690, 693.

385 Kübler/Prütting/Bork-*Webel*, § 163 InsO (Januar 2017), Rn. 3a; Uhlenbruck-*Zipperer*, § 163 InsO, Rn. 5.

386 Siehe oben, B. III. 2. a) ee) (1) (S. 138 f.).

387 BT-Drucks. 12/7302, S. 176.

388 Siehe bereits *Flessner*, Sanierung und Reorganisation (1982), S. 140 f. Ebenso Uhlenbruck-*Zipperer*, § 163 InsO, Rn. 2. Vgl. auch *Fröhlich/Köchling*, ZInsO 2003, 923, 925.

Ein generelles Erfordernis eines Bieterprozesses im Sinne einer Auktion sieht 11 U.S.C. § 363 zwar nicht vor.[389] Aus den *Revlon Duties*[390] ergibt sich allerdings grundsätzlich die Pflicht, eine transparente Auktion durchzuführen, um den höchstmöglichen Verkaufspreis zu erzielen. Im *Southern District of New York* wird ein Bieterprozess im Rahmen einer *Comply or Explain*-Regelung vorausgesetzt. Nach den *General Guidelines for Bankruptcy Sales*, die das dortige Insolvenzgericht 2006 ausgegeben hat,[391] muss der *Debtor*, sollte er keinen Bieterprozess durchführen, die Gründe hierfür darlegen. Außerdem sind (unter anderem) die Veräußerung an Insider und Vereinbarungen mit der Geschäftsleitung offenzulegen.[392] Dem *Creditors' Committee* ist sodann die Möglichkeit zu geben, den beabsichtigten Verkauf zu prüfen.[393] Auf dieser Grundlage kann das *Creditors' Committee* Widerspruch gegen einen Verkauf erheben („object"), wenn kein Bieterprozess stattgefunden hat. Eine empirische Studie von 2011 belegt, dass im Fall der Existenz von *Creditors' Committees* generell häufiger Bieterprozesse durchgeführt werden.[394] Über die Gründe hierfür kann nur spekuliert werden; es dürfte jedoch naheliegen, dass ein Bieterprozess jedenfalls dem Anschein nach zu einer transparenten Bewertung des Unternehmens führt.

Der Rechtsvergleich belegt somit, dass einiges dafür spricht, ein generelles „Auktionserfordernis" in das deutsche Recht zu inkorporieren. Dass ein Bieterwettkampf nicht in jedem Fall stattfinden kann, liegt in der Natur der Sache. Entscheidend sind allerdings bereits die Bemühungen des Schuldners, einen solchen überhaupt zu ermöglichen.[395]

In engem Zusammenhang hiermit steht ein Meinungsstreit der Literatur über den Anwendungsbereich der Vorschrift. Legt man § 163 Abs. 1 InsO eng aus, kommt dieser nur zu Anwendung, wenn die Kompetenz über die Zustimmung zur Unternehmensveräußerung beim Gläubigerausschuss und nicht bei der Gläubigerversammlung liegt. Liegt die Kompetenz beim Gläubigerausschuss, kann die Veräußerung über § 161 InsO von der Zustimmung der Gläubigerversammlung abhängig gemacht werden.[396] Damit § 163 Abs. 1 InsO ein eigener Anwendungsbereich verbleibt, fordert *Jungmann* deshalb zu Recht, dass ein Antrag nach § 163 Abs. 1 InsO auch dann möglich sein muss, wenn die Gläu-

---

[389] *Harner/Marincic*, 64 Vanderbilt Law Review (2011), 749, 783.

[390] Zu diesen noch unten, Kapitel 3, B. II. 1. a) aa) (S. 212 ff.).

[391] Diese sind im Jahr 2013 aktualisiert worden; abrufbar unter http://www.nysb.uscourts.gov/sites/default/files/pdf/Guidelines_for_Asset_Sales.pdf (zuletzt aufgerufen am 29.04.2022).

[392] AaO, S. 9 ff.

[393] AaO, S. 3.

[394] *Harner/Marincic*, 64 Vanderbilt Law Review (2011), 749, 783.

[395] Zu einer solchen Pflicht der Geschäftsleitung des Schuldners siehe noch unten, Kapitel 3, B. II. 1. a) aa) (S. 212 ff.).

[396] Uhlenbruck-*Zipperer*, § 163 InsO, Rn. 1; K. Schmidt-*Jungmann*, § 163 InsO, Rn. 2.

bigerversammlung einer Veräußerung bereits zugestimmt hat.[397] Um bewusst verfahrensverzögernde und damit missbräuchliche Anträge zu verhindern, ist allerdings zu fordern, dass sich die alternative Veräußerungsmöglichkeit erst nach der ersten Beschlussfassung gezeigt hat.[398]

c) Ersetzungskompetenz

aa) Allgemeines

Das Verhältnis zwischen Gläubigerausschuss und Gläubigerversammlung wird im Schrifttum vielfach diskutiert.[399] So ist etwa umstritten, ob beide in einem hierarchischen Verhältnis in der Weise zueinanderstehen, dass die Gläubigerversammlung stets ranghöher ist und damit eine gewisse Letztentscheidungsbefugnis hat.[400] Dieser Streit hat für das vorliegende Untersuchungsanliegen nur in den Fällen Bedeutung, bei denen nicht bereits der Gesetzgeber in den §§ 160 ff. InsO Vorgaben gemacht hat. Für die Insiderveräußerung ist im Innenverhältnis gemäß § 162 InsO die Zustimmung der Gläubigerversammlung erforderlich. Daneben kann das Insolvenzgericht anordnen, dass die Gläubigerversammlung zustimmen muss (§ 161 S. 2 InsO sowie in Fällen des § 163 InsO). In letztgenannten Konstellationen bleibt aber fraglich, ob hieraus eine generelle Ersetzungskompetenz der Gläubigerversammlung erwachsen soll, wenn das Insolvenzgericht diese Anordnung nicht vornimmt. Ausdrücklich normiert ist eine solche Letztentscheidungsbefugnis nicht. Sowohl Gläubigerversammlung als auch Gläubigerausschuss werden durch die Insolvenzordnung Kompetenzen eingeräumt. Dieses ausdifferenzierte Regelungsmuster zu den Kompetenzen von Gläubigerausschuss und Gläubigerversammlung spricht deutlich gegen eine generelle Subordination des Gläubigerausschusses.[401] Eine erteilte Zustimmung des Gläubigerausschusses kann die Gläubigerversammlung somit nicht widerrufen. Allerdings muss es der Gläubigerversammlung *a maiore ad minus* möglich sein, die Kompetenz für jede bedeutende Rechtshandlung und

---

[397] K. Schmidt-*Jungmann*, § 163 InsO, Rn. 2 f.; ähnlich HambKomm.-*Decker*, § 163 InsO, Rn. 5.

[398] BK-*Undritz/Knof*, § 163 InsO, Rn. 7 f.; MünchKomm.-*Janssen*, § 163 InsO, Rn. 11. AA FK-*Wegener*, § 163, Rn. 5.

[399] Ausführlich hierzu *Hammes*, Der Gläubigerausschuss in der Eigenverwaltung (2019), S. 97 ff.

[400] So etwa *Hegmanns*, Der Gläubigerausschuß (1986), S. 51 ff.; 61 f. (noch zur Konkursordnung); Uhlenbruck-*Zipperer*, § 160 InsO, Rn. 3.

[401] Ebenso *Hammes*, Der Gläubigerausschuss in der Eigenverwaltung (2019), S. 101 ff.; *Thoma*, Gläubigerautonomie (2019), S. 119 ff.; Kübler/Prütting/Bork-*Kübler*, § 69 InsO (Februar 2015), Rn. 7 mwN; KölnKomm.-*Plathner*, § 74 InsO, Rn. 11 ff.; Uhlenbruck-*Knof*, § 69 InsO, Rn. 14; *Frege*, NZG 1999, 478, 482 f.; *Marotzke*, KTS 2014, 113, 134. AA Kübler/Prütting/Bork-*Webel*, § 160 InsO (Januar 2017), Rn. 5; KölnKomm.-*Frege*, § 160 InsO, Rn. 4 (Gläubigerversammlung könne Beschlüsse des Gläubigerausschusses abändern, aufheben oder ersetzen bzw. ihre Durchführung untersagen).

damit für eine übertragende Sanierung im Vorhinein an sich zu ziehen, da sie auch über die Einsetzung bzw. die Beibehaltung des Gläubigerausschusses entscheiden kann (§ 68 Abs. 1 InsO).[402]

bb) Abberufung oder Verhinderung der Einsetzung des Gläubigerausschusses

Das Fehlen einer allgemeinen Ersetzungskompetenz der Gläubigerversammlung in Bezug auf die Entscheidung des Gläubigerausschusses, einer übertragenden Sanierung zuzustimmen, kann auch nicht durch eine Abberufung eines Gläubigerausschusses umgangen werden. Nach ganz herrschender Meinung besteht kein Abwahl- oder Auflösungsrecht der Gläubigerversammlung.[403] Hierfür spricht bereits, dass ansonsten die gerichtliche Entlassungskompetenz aus § 70 InsO unterlaufen würde.[404] Wollen einzelne (Groß-)Gläubiger, die über eine Summenmehrheit in der Gläubigerversammlung verfügen, über eine übertragende Sanierung entscheiden, müssen sie die Einsetzung des Gläubigerausschusses von Beginn an verhindern (§ 68 Abs. 1 InsO).[405]

cc) Schutz vor Unterwertverkäufen durch § 161 S. 2 InsO

Schließlich besteht die Möglichkeit, dass auf Antrag des Schuldners oder mindestens fünf absonderungsberechtigter oder nicht nachrangiger Insolvenzgläubiger, die zusammen summenmäßig mindestens ein Fünftel aller Forderungen innehaben, eine Gläubigerversammlung einberufen und die Vornahme der Rechtshandlung vorläufig untersagt wird, § 161 S. 2 InsO. Auf diese Weise kann eine Gläubigerminorität von mindestens 20 Prozent eine übertragende Sanierung verhindern, welcher der Gläubigerausschuss zuvor zugestimmt hat. § 161 S. 2 InsO ist nur dann anwendbar, wenn die Gläubigerversammlung dieser nicht bereits zugestimmt hat.[406] Die Vorschrift bietet somit keine Möglichkeit für eine Gläubigerminderheit, eine übertragende Sanierung zu verzögern. Des Weiteren tritt Erledigung ein, wenn die übertragende Sanierung bereits vollzogen wurde. Eine Untersagung ist dann nicht mehr möglich und würde im Hinblick auf § 164 InsO auch keine Wirkung entfalten.[407]

---

402 Vgl. K. Schmidt-*Jungmann*, § 160 InsO, Rn. 11.

403 KölnKomm.-*Hammes*, § 68 InsO, Rn. 12 ff.; Kübler/Prütting/Bork-*Kübler*, § 68 InsO (September 2014), Rn. 14. AA Jaeger-*Gerhardt*, § 68 InsO, Rn. 9 f.

404 KölnKomm.-*Hammes*, § 68 InsO, Rn. 13; Kübler/Prütting/Bork-*Kübler*, § 68 InsO (September 2014), Rn. 14.

405 Siehe hierzu *Marotzke*, KTS 2014, 113, 143 f.

406 Vgl. Jaeger-*Eckardt*, § 161 InsO, Rn. 41; KölnKomm.-*Frege*, § 161 InsO, Rn. 6; MünchKomm.-*Janssen*, § 161 InsO, Rn. 9.

407 Jaeger-*Eckardt*, § 161 InsO, Rn. 51; KölnKomm.-*Frege*, § 161 InsO, Rn. 12; MünchKomm.-*Janssen*, § 161 InsO, Rn. 9.

3. Zwischenergebnis und Vorschlag de lege ferenda

Der Entscheidung über eine übertragende Sanierung muss in Deutschland grundsätzlich der Gläubigerausschuss zustimmen. In missbrauchsanfälligen Fällen wie der Insiderveräußerung hat die Gläubigerversammlung die Zustimmungskompetenz inne. Allerdings ist hiervon insbesondere wegen der fehlenden Haftungsgefahr für die Mitglieder der Gläubigerversammlung[408] kein größerer Schutz vor Veräußerungen zu erwarten, die ein eigenverwaltender Schuldner den Zwecken des Insolvenzverfahrens zuwider vornimmt.

Sowohl das deutsche als auch das US-amerikanische Recht tragen dem Umstand Rechnung, dass Erwerber ein Unternehmen aus der Insolvenz nur übernehmen werden, wenn dies rechtssicher möglich ist. Interne Verstöße gegen Zustimmungsvoraussetzungen haben deshalb gemäß § 164 InsO keine Außenwirkung. Das US-amerikanische Recht löst diese Frage verfahrensrechtlich, indem Rechtsmittel gegen die Veräußerung durch *Objecting Parties* ausgeschlossen werden.

Die generelle Schuldnerzentriertheit von *Chapter 11* zeigt sich auf deutliche Weise bei den mangelnden Kontrollbefugnissen des *Creditors' Committee*. Die Zustimmung zu einem *363 Sale* obliegt in den USA allein dem Gericht, das *Creditors' Committe* hat lediglich Informations- und Anhörungsrechte. Diese muss es proaktiv wahrnehmen, um den Schuldner effektiv zu überwachen. Allerdings sieht die Mehrheit der Gerichte einen erhöhten Prüfungsmaßstab bei Insiderveräußerungen vor und betont in diesem Zusammenhang die Rolle der Gläubigervertretung.

Für das deutsche Recht lässt sich die Grundwertung entnehmen, dass das zustimmende Gläubigerorgan (*de lege lata* die Gläubigerversammlung) zu einer erhöhten Kontrolldichte angehalten werden muss. Es erscheint zumindest erwägenswert, diesen Gedanken in das deutsche Recht zu übertragen. Da die Zustimmung zu Insiderveräußerungen dem Organ übertragen ist, dem die Erwerber im Zweifel ohnehin angehören,[409] ist eine solche erhöhte Kontrolldichte bei der Überprüfung der geplanten Unternehmensveräußerung zu fordern. Diese Kontrolle der geplanten Veräußerung muss, angelehnt an die vereinzelt von US-amerikanischen Gerichten aufgestellten Anforderungen, überprüfen, ob eine genaue und aussagekräftige Bewertung des Unternehmens vorliegt und ein Vermarktungsprozess stattgefunden hat.

Der Gläubigerversammlung eine dahingehende Rechtspflicht aufzuerlegen, ist allerdings nicht möglich, da eine allgemeine Pflichtenbindung für Akteure der Gläubigerversammlung nicht besteht.[410] Gleichwohl erscheint es vor dem

---

[408] Hierzu noch unten, Kapitel 3, C. II. (S. 272 f.).

[409] Siehe oben, B. III. 2. a) ee) (S. 138 ff.).

[410] Zu der fehlenden Haftungsanordnung betreffend die Akteure der Gläubigerversammlung siehe noch unten, Kapitel 3, C. II. (S. 272 f.).

Hintergrund der Gesetzessystematik (§§ 160 ff. InsO) sinnvoll, im Wege einer Ergänzung des § 162 InsO dieses Ergebnis mittelbar durch eine Verpflichtung des eigenverwaltenden Schuldners bzw. des Insolvenzverwalters herbeizuführen. Denkbar ist die Hinzufügung eines zweiten Satzes in § 162 Abs. 1 InsO:

„Eine solche Veräußerung des Unternehmens oder eines Betriebs ist nur zulässig, wenn der Gläubigerversammlung eine Bewertung des Unternehmens oder des Betriebs durch einen in Insolvenzsachen erfahrenen Wirtschaftsprüfer oder eine Person mit vergleichbarer Qualifikation vorgelegt und ein ernsthafter Versuch eines Vermarktungsprozesses vorgenommen wurde."

Diese Neuregelung würde sowohl den Insolvenzverwalter als auch den eigenverwaltenden Schuldner bzw. dessen Geschäftsleitung umfassen und die Gläubigerversammlung auf diese Weise mittelbar zu einer erhöhten Kontrolldichte verpflichten.

IV. Insolvenzzweckwidrigkeit

Wie oben festgestellt, hätte eine fehlende Zustimmung des zuständigen Überwachungsorgans allerdings keine Außenwirkung, so dass eine übertragende Sanierung, von der möglichen Anordnung der Zustimmungsbedürftigkeit nach § 277 InsO abgesehen, trotz fehlender Zustimmung wirksam wäre. Dies gilt nach allgemeinen Grundsätzen im Fall der Insolvenzzweckwidrigkeit nicht.

Beachtet der Schuldner nicht den Zweck des Verfahrens und missbraucht seine Stellung, indem er gläubigerschädigende Handlungen vornimmt, sind diese nichtig.[411] Rechtsfolge ist die Nichtigkeit sowohl des Verpflichtungs- als auch des Verfügungsgeschäfts. Nach der Rechtsprechung des BGH sind allerdings nur solche Handlungen insolvenzzweckwidrig, deren „Widerspruch zum Insolvenzzweck unter allen in Betracht kommenden Gesichtspunkten für jeden verständigen Beobachter ohne weiteres ersichtlich ist."[412] Die Frage der Insolvenzzweckwidrigkeit ist damit in Anlehnung an die Regeln über den Missbrauch der Vertretungsmacht zu beurteilen.[413] Ob und inwieweit es hierbei auf die positive Kenntnis oder grob fahrlässige Unkenntnis der Gegenseite ankommt, ist im Schrifttum umstritten.[414] Nach dem BGH müssen sich „dem Geschäftspartner aufgrund der Umstände des Einzelfalls ohne Weiteres begründete Zweifel

---

411 Kübler/Prütting/Bork-*Pape*, § 276 InsO (März 2007), Rn. 21.

412 BGHZ 150, 353, 361 = ZIP 2002, 1093, 1095; BGHZ 219, 98, 100 = ZIP 2018, 1451, 1452; BGHZ 225, 90, 102 (Tz. 38). Zur Entstehungsgeschichte dieser Rechtsprechung siehe *Klinck*, KTS 2019, 1, 5 ff.

413 BGHZ 150, 353, 361 = ZIP 2002, 1093, 1095; BGH ZIP 2013, 531 Rn. 9. Aus der Literatur siehe bereits *Lent*, KTS 1956, 161, 162; *Jauernig*, in: FS Weber, 1975, S. 307, 320; *Spickhoff*, KTS 2000, 15, 22 ff.

414 Gegen das Abstellen auf die „Erkennbarkeit für das Gegenüber" etwa Kübler/Prütting/Bork-*Lüke*, § 80 InsO (Februar 2020), Rn. 30.

an der Vereinbarkeit der Handlung mit dem Zweck des Insolvenzverfahrens aufdrängen".[415]

Die Geltung dieser Grundsätze in der Eigenverwaltung ist von Rechtsprechung und Literatur anerkannt.[416] Im Fall einer übertragenden Sanierung, die ohne Zustimmung des Gläubigerausschusses (§ 160 Abs. 2 Nr. 1 InsO) oder ohne Zustimmung der Gläubigerversammlung (§§ 162, 163 InsO) vorgenommen würde, läge ein Verfahrensverstoß vor. Dass ein solcher Verfahrensverstoß allein nicht genügt, um die fehlende Außenwirkung gemäß § 164 InsO zu durchbrechen, ist anerkannt.[417] Um die Insolvenzzweckwidrigkeit begründen zu können, müssen also weitere Faktoren hinzukommen, die zu einer Schädigung der Masse bzw. einer massiven Ungleichbehandlung der Gläubiger führen.[418] Ziel des § 164 InsO ist der Schutz des Rechtsverkehrs. Da ein Erwerber typischerweise weder wissen kann, ob die Kontrollgremien auf Seiten des Veräußerers hinreichend beteiligt wurden, noch Einfluss hierauf nehmen kann, soll er nicht um die Wirksamkeit des Unternehmenskaufs fürchten müssen. Dieser Aspekt des Verkehrsschutzes muss indes in der Abwägung dann geringer gewichtet werden, wenn der Erwerber Insider ist und über entsprechende Informationen verfügt. Noch weniger Berücksichtigung dürfte der Verkehrsschutz finden, wenn der Erwerber und Schuldner bewusst zum Nachteil aller oder einzelner Gläubiger handeln. In Betracht kommen daher insbesondere zwei Fallgestaltungen, bei der die Insolvenzzweckwidrigkeit im Raum steht: Die übertragende Selbstsanierung (1.) und besondere Kaufpreisgestaltungen (2.).

1. Übertragende Selbstsanierung

Im Schrifttum hat sich für den Fall des Erwerbs das kollusive Zusammenwirken zwischen Verwalter und Erwerber zum Nachteil der Masse als Fallgruppe herausgebildet.[419]

---

415 BGHZ 150, 353, 361 = ZIP 2002, 1093, 1095; BGHZ 219, 98, 100 = ZIP 2018, 1451, 1452; BGHZ 225, 90, 102 (Tz. 38).

416 OLG Karlsruhe, Urteil v. 14.06.2016 – 8 U 44/15, ZIP 2016, 1649, 1650; *König*, Die Haftung bei der Eigenverwaltung (2015), S. 31 f.; *Vill*, ZInsO 2015, 2245, 2247 f.; *Pape*, ZInsO 2016, 2149, 2152 f.; *Hölken*, DZWiR 2019, 5159. AA *Huhn*, Die Eigenverwaltung im Insolvenzverfahren (2003), S. 211 ff.

417 Jaeger-*Eckardt*, § 164 InsO, Rn. 12; MünchKomm.-*Janssen*, § 164 InsO, Rn. 6; Köln-Komm.-*Frege*, § 164 InsO, Rn. 6; Uhlenbruck-*Zipperer*, § 164 InsO, Rn. 3; *Falk/Schäfer*, ZIP 2004, 1337, 1340.

418 Nur von „Ausnahmefällen" sprechen etwa Jaeger-*Meller-Hannich*, § 275 InsO, Rn. 6 sowie MünchKomm.-*Kern*, § 275 InsO, Rn. 13. Siehe auch *Frind*, ZInsO 2015, 2309, 2311, nach dem bei einer übertragenden Sanierung der Bereich der Insolvenzzweckwidrigkeit in der Regel nicht erreicht werde.

419 Grundlegend *Lent*, KTS 1956, 161, 162. Siehe auch MünchKomm.-*Janssen*, § 164 InsO, Rn. 6; KölnKomm.-*Frege*, § 164 InsO, Rn. 6; Kübler/Prütting/Bork-*Webel*, § 164 InsO (Januar 2017), Rn. 2; Uhlenbruck-*Zipperer*, § 164 InsO, Rn. 3.

Ein Beispiel für ein solches kollusives Zusammenwirken kann die Konstruktion einer sogenannten „übertragenden Selbstsanierung“ sein, bei welcher der Schuldner selbst mindestens die Mehrheit der Anteile an einer neu gegründeten Gesellschaft hält, welche das Aktivvermögen des Schuldners übernimmt.[420] Einen Teil der Anteile übernimmt die Geschäftsleitung. Diese kann ihr Amt in der Neugesellschaft nahtlos fortführen. Um die Liquidation der Altgesellschaft abzuschließen, müssen deren Anteile an der Neugesellschaft veräußert werden.

Diese Konstellation stellt mithin eine Möglichkeit des (teilweisen) Management Buyout dar; typischerweise finanziert durch die Banken, die bereits Gläubiger der Altgesellschaft waren.[421]

§ 162 Abs. 1 InsO, der für Fälle der Veräußerung des Unternehmens an Insider die Zustimmung der Gläubigerversammlung voraussetzt, bestätigt gleichermaßen, dass die Veräußerung an Insider grundsätzlich möglich und somit nicht *per se* insolvenzzweckwidrig ist. Um in einer solchen Situation eine Insolvenzzweckwidrigkeit anzunehmen, muss der Nachweis gelingen, dass ein kollusives Zusammenwirken der Beteiligten zum Nachteil der Masse und zur Bevorzugung einzelner Gläubiger vorliegt.[422] Hier dürfte im Einzelfall die Abgrenzung zu gewagten und spekulativen Rechtsgeschäften, die nicht automatisch insolvenzzweckwidrig sind,[423] schwierig sein. Als Abgrenzungshilfe kann die oben vorgeschlagene Regelung dienen, die bei Veräußerungen, die dem § 162 InsO unterfallen würden, dem eigenverwaltenden Schuldner eine erhöhte Offenlegungspflicht auferlegen.

2. Kaufpreisgestaltung

Die Gefahr von Unterwertverkäufen ist oben bereits behandelt worden und liegt naturgemäß besonders dann nahe, wenn ein Verkauf an Insider oder gar den Schuldner bzw. die Geschäftsleitung selbst im Raum steht. Ein niedriger Kaufpreis allein kann eine zur Nichtigkeit führende Insolvenzzweckwidrigkeit allerdings nicht begründen.

Neben die Gefahr des zu niedrigen Preises tritt die Konstellation der Übernahme von Verbindlichkeiten. Damit einher geht eine Ungleichbehandlung der Gläubiger. Denn die Übernahme einzelner Verbindlichkeiten führt dazu, dass die betreffenden Gläubiger eine Befriedigung in voller Höhe durch den Erwerber erwartet. Die „zurückbleibenden“ Verbindlichkeiten werden weiter aus der Insolvenzmasse befriedigt und werden nur quotal befriedigt, wenn keine Si-

---

[420] Siehe bereits oben im Zusammenhang mit § 162 InsO, B. III. 2. a) cc) (S. 136). Ausführlich *Falk/Schäfer*, ZIP 2004, 1337 ff.

[421] Siehe *Falk/Schäfer*, ZIP 2004, 1337.

[422] Vgl. KölnKomm.-*Frege*, § 164 InsO, Rn. 6; Uhlenbruck-*Zipperer*, § 164 InsO, Rn. 3.

[423] Vgl. KölnKomm.-*Frege*, § 164 InsO, Rn. 6.

cherheiten, d. h. Absonderungsrechte bestehen. Derartige Kaufpreisgestaltungen bevorteilen somit einzelne Gläubiger zum Nachteil der Masse und sind insolvenzzweckwidrig.

3. Ergebnis

Der Grundsatz der Insolvenzzweckwidrigkeit vermag nur in evidenten Ausnahmefällen eine missbräuchlich vorgenommene übertragende Sanierung zu korrigieren. Der BGH fordert auf Seiten des Geschäftspartners, d. h. des Erwerbers mindestens grob fahrlässige Unkenntnis von der Insolvenzzweckwidrigkeit. Der Nachweis hierüber dürfte zweifelsfrei nur bei Insiderveräußerungen gelingen. Die Abgrenzung zu lediglich spekulativen Geschäften, die nicht automatisch insolvenzzweckwidrig sind, ist problematisch und zeigt die Notwendigkeit konkreter Anforderungen schon auf der – den Haftungsfragen vorgelagerten – Überwachungsebene.

V. Gifting *und Stimmvereinbarungen*

1. US-amerikanisches Phänomen

Ein in jüngerer Zeit vermehrt auftretendes Phänomen in *Chapter 11*-Verfahren ist das sogenannte *Gifting*. Um zu verhindern, dass Mitglieder des *Creditors' Committee* Widerspruch gegen einen Verkauf erheben, wird ihre Zustimmung gewissermaßen erkauft. Hierbei geben etwa *Secured Creditors* einen Teil der *Proceeds* an (einzelne) ungesicherte Gläubiger heraus.[424] Problematisch ist dies, wenn gleichrangige oder in der Rangfolge zwischen dem gesicherten und dem ungesicherten Gläubiger stehende Gläubiger keine Befriedigung erhalten. Dem Grunde nach stellt dies eine Umgehung der *Absolute Priority Rule* dar.[425] Als erste wegweisende Entscheidung gilt der Fall *SPM*, bei der sich der *U. S. Court of Appeals* des *First Circuit* mit *Gifting* auseinandersetzen musste. Dort vereinbarte das *Creditors' Committee* mit dem (einzigen) gesicherten Gläubiger des *Debtor*, der Sicherungsrechte an allen Assets des *Debtor* hielt, dass die ungesicherten Gläubiger vom Erlös der abgesonderten Befriedigung

---

[424] Siehe zum Ganzen *Bendix/Beker*, 26 American Bankruptcy Institute Journal (2007), 24; *Uetz/Simon*, 87 Michigan Bar Journal (2008), 35; *Eisenberg*, 29 American Bankruptcy Institute Journal (2010), 50; *Brubaker*, 31 No. 4 Bankruptcy Law Letter 1 (2011); *McDivitt*, 44 Texas Tech Law Review (2012), 1019; *Fraser*, 34 American Bankruptcy Institute Journal (2015), 18; *Skeel*, 24 Widener Law Journal (2015), 121, 129 ff.; *Dizengoff*, 39 Cardozo Law Review (2017), 787; *Athanas/Warren/Khatchatourian*, 26 American Bankruptcy Institute Law Review (2018), 93, 105 ff.; *Strub/Reisner*, 28 American Bankruptcy Institute Law Review (2020), 93.

[425] Zur *Absolute Priority Rule* siehe Kapitel 1, C. II. (S. 50 ff.).

des gesicherten Gläubigers einen bestimmten Prozentsatz[426] erhalten.[427] Die Vereinbarung sah ausdrücklich vor, dass das *Creditors' Committee* alle ungesicherten Gläubiger, ausgenommen den *I. R. S.*[428], vertritt und in der Folge die Steuerverbindlichkeiten gegenüber dem *I. R. S.* somit nicht beglichen werden würden. Der *U. S. Court of Appeals* des *First Circuit* hielt die Vereinbarung mit der Begründung aufrecht, dass der *I. R. S.* auch ohne eine derartige Vereinbarung nichts erhalten hätte. Die Vereinbarung habe nicht den Verteilungsmechanismus des *Bankruptcy Code* geändert, sondern lediglich die Erlöse des gesicherten Gläubigers aufgeteilt.[429] Ähnlich sah es der U. *S. Bankruptcy Court* in Delaware im Fall *World Health Alternatives*.[430] Dort zog das *Creditors' Committee* seine *Objection* gegen die *Sale Motion* des *Debtor* zurück, nachdem es mit dem *DIP Lender* ein *Carve-Out Agreement* vereinbarte. Die Vereinbarung sah vor, dass der *DIP Lender*, dessen Forderung mit *Super-Priority Security Interests*[431] gesichert war, einen Teil seines Erlöses (ca. 3,8 Prozent) an die ungesicherten Gläubiger (*General Unsecured Creditors*) auskehrt.[432] Wie im Fall *SPM* bestanden Steuerverbindlichkeiten (*Priority Tax Claims*), die vor den ungesicherten Gläubigern hätten befriedigt werden müssen.[433] Auch hier sah das Insolvenzgericht keine Verletzung der *Absolute Priority Rule*, da der an die ungesicherten Gläubiger ausgezahlte Erlösanteil nicht mehr zur Masse gehöre.[434]

Anders entschied der *Court of Appeal* im *Third Circuit*, der in dieser Vorgehensweise einen Verstoß gegen die *Absolute Priority Rule* sah.[435] In dieser Entscheidung ging es indes um eine Restrukturierung im Rahmen eines *Plan*.[436] Einige Jahre später hingegen hatte das gleiche Gericht in der *LifeCare*[437]-Ent-

---

[426] Stufenweise in Tranchen zwischen 10–40 Prozent und sodann alles eine bestimmte Summe Übersteigende.

[427] In re SPM Mfg. Corp., 984 F.2d 1305, 1308 (1st Cir. 1993).

[428] Internal Revenue Service, Bundessteuerbehörde der USA.

[429] In re SPM Mfg. Corp., 984 F.2d 1305, 1312 f. (1st Cir. 1993).

[430] In re World Health Alternatives, Inc., 344 B. R. 291 (Bankr. D. Del. 2006).

[431] Damit steht der *DIP Lender* als gesicherter Gläubiger im Rang vor allen anderen (Masse-)Forderungen, auch *administrative claims*, siehe Kapitel 1, C. IV. 5. a) aa) (S. 72 ff.).

[432] $ 1,625 Mio. vom *Secured Claim* in Höhe von $ 42,5 Mio., der vollständig an den *DIP Lender* ausgezahlt wurde, siehe In re World Health Alternatives, Inc., 344 B. R. 291, 294 f. (Bankr. D. Del. 2006).

[433] Siehe 11 U.S.C. § 507(a)(8).

[434] In re World Health Alternatives, Inc., 344 B. R. 291, 299 (Bankr. D. Del. 2006): „Such a carve out does not offend the absolute priority rule or the Bankruptcy Code's distribution scheme because the property belongs to the secured creditor – not the estate." Die gleiche Argumentation findet sich bei In re DBSD N. Am., Inc., 419 B. R. 179, 210 f. (Bankr. S. D. N. Y. 2009).

[435] In re Armstrong World Indus., Inc., 432 F.3d 507 (3d Cir. 2005). Ebenso In re Sentry Operating Co. of Texas, Inc., 264 B. R. 850, 864 f. (Bankr. S. D. Tex. 2001). Zweifelnd In re Iridium Operating LLC, 478 F.3d 452, 462 ff. (2d Cir. 2007); siehe hierzu *Larsen*, 26 American Bankruptcy Institute Journal (2007), 34.

[436] In re Armstrong World Indus., Inc., 432 F.3d 507, 509 (3d Cir. 2005).

[437] Die LifeCare Holdings, Inc. unterhielt Akutkliniken und geriet aufgrund der Zerstö-

scheidung über *Gifting* im Rahmen eines *363 Sale* zu entscheiden. Dort einigten sich das *Creditors' Committee* und eine Gruppe gesicherter Gläubiger, die *LifeCare* erwerben wollten, darauf, dass die Erwerbsgesellschaft einen Fond einrichten würde. Aus diesem sollten die ungesicherten Gläubiger insgesamt $ 3,5 Millionen erhalten.[438] Als Gegenleistung zogen die ungesicherten Gläubiger ihren Widerspruch gegen den Verkauf zurück und erklärten ihre Zustimmung zum Verkauf.[439] Wie in *SPM* wurde der *I. R. S.* mit seinen Forderungen, die den ungesicherten Gläubigern gegenüber vorrangig sind, übergangen.[440] Ähnlich wie der *1st Circuit* in *SPM* argumentierte das Gericht, dass die Zahlungen an die ungesicherten Gläubiger nicht aus der Masse kämen, sondern von einem unabhängigen Fond, den die Gruppe der gesicherten Gläubiger errichtete.[441]

Ein weiteres, prominenteres Beispiel eines *363 Sales* unter Anwendung von *Gifting* ist der Verkauf des Automobilherstellers *Chrysler*. Verkürzt zusammengefasst erwarb die US-amerikanische Regierung als *DIP Lender* zusammen mit *Fiat* die Assets von *Chrysler* für einen Kaufpreis von $ 2 Milliarden und übernahm hierbei Verbindlichkeiten unter anderem gegenüber der *United Auto Workers* (UAW)[442]. Diese bestanden überwiegend aus betrieblicher Altersvorsorge (*Legacy Retiree Health Care Obligations*) und Krankenversicherungsleistungen (*Healthcare Benefits*).[443] *Fiat* hielt hierbei zunächst 20 Prozent der Anteile an der neu gegründeten Auffanggesellschaft.[444] Auf diese Weise erhielten gesicherte Gläubiger nur einen Bruchteil ihrer Forderungshöhe, während einige ungesicherte Gläubiger Anteile an der Auffanggesellschaft erhielten.[445] Der *Indiana Pension Fund*[446] erhob Widerspruch gegen den Verkauf unter Hinweis auf eine Verletzung der *Absolute Priority Rule*, da ungesicherte Gläubiger durch die

---

rung einiger Krankenhäuser durch die Naturkatastrophe Hurrikan Katrina im Jahr 2005 in finanzielle Schwierigkeiten, siehe In re ICL Holding Co., Inc., 802 F.3d 547, 549 f. (3d Cir. 2015).

438 In re ICL Holding Co., Inc., 802 F.3d 547, 551 (3d Cir. 2015).

439 AaO.

440 AaO (Der *I. R. S.* als Behörde wird nicht erwähnt, Prozesspartei ist der Federal Government).

441 In re ICL Holding Co., Inc., 802 F.3d 547, 555 (3d Cir. 2015) unter Bezugnahme auf In re TSIC, Inc., 393 B. R. 71 (Bankr. D. Del. 2008).

442 US-amerikanische Gewerkschaft, in der vor allem Arbeitnehmer in der Automobilindustrie organisiert sind.

443 Siehe In re Chrysler LLC, 405 B. R. 84, 92 (Bankr. S. D. N. Y.).

444 AaO. Inzwischen hält Fiat die Mehrheit der Anteile an *Fiat Chrysler*, siehe https://www.reuters.com/article/us-fiat-chrysler-veba/fiat-reaches-deal-with-uaw-trust-to-buy-rest-of-chrysler-idUSBREA000FK20140101 (zuletzt aufgerufen am 29.04.2022).

445 Ausführlich zu *Chrysler* siehe etwa *Lubben*, 83 American Bankruptcy Law Journal (2009), 531, 536 ff.; *Brubaker/Tabb*, University of Illinois Law Review (2010), 1375, 1380 ff.; *Warburton*, 60 Syracuse Law Review (2010), 531, 533 ff.; *Karam*, 11 Houston Business and Tax Law Journal (2011), 395; *Baird*, 4 Journal of Legal Analysis (2012), 271; *Roe/Chung*, 5 Journal of Legal Analysis (2013), 399.

446 Dieser hielt etwa 1 Prozent der gesicherten Forderungen von insgesamt ca. $ 6,9 Milarden, siehe In re Chrysler LLC, 405 B. R. 84, 93 (Bankr. S. D. N. Y.).

Anteile an der Auffanggesellschaft einen Gegenwert erhielten, ohne dass gesicherte Gläubiger vollständig befriedigt wurden.[447] Das Insolvenzgericht des *Southern District of New York* wies diesen Widerspruch mit der Begründung zurück, dass der gezahlte Kaufpreis vollständig der Insolvenzmasse zukam und nichts davon an ungesicherte Gläubiger ausgezahlt wurde.[448] Dass ungesicherte Gläubiger Anteile an der Auffanggesellschaft erhielten, sei für das wirtschaftliche Interesse der Insolvenzmasse irrelevant.[449] Das vom *Indiana Pension Fund* angerufene Berufungsgericht des *Second Circuit* bestätigte die Vorinstanz; auch die Anrufung des *U. S. Supreme Court* konnte im Ergebnis nichts mehr bewirken.[450] Auch wenn der Fall *Chrysler* ein eher pathologisches Beispiel darstellt,[451] zeigt er recht deutlich, wie die insolvenzrechtlich vorgegebene Rangfolge der Befriedigung in den USA umgangen werden konnte.

Der *U. S. Supreme Court* hatte sich jedoch wiederum im Jahr 2017 im *Jevic*-Verfahren mit dem Konzept des *Gifting* auseinanderzusetzen.[452] Der Insolvenz der *Jevic Transportation Corporation* ging ein Leveraged Buyout (LBO) voraus. Ein *Private Equity*-Investor (*Sun Capital*) erwarb die Anteile an *Jevic* und finanzierte den Erwerb durch ein Darlehen, das mit den Assets der Zielgesellschaft besichert wurde. In der späteren *Jevic*-Insolvenz verfolgte das *Creditors' Committee* Anfechtungsansprüche gegen den Investor und den Kreditgeber (*CIT Group*), die den LBO finanzierte.[453] Alle Beteiligten schlossen schließlich eine Vergleichsvereinbarung, die im Rahmen eines *Structured Dismissal*[454] eine quotale Auszahlung durch *Sun Capital* und *CIT Group* an die ungesicherten Gläubiger vorsah und die Anfechtungsklage beilegte.[455] Auf diese Weise erhielten ungesicherte Gläubiger eine Befriedigung ihrer Forderungen, während die

---

447 In re Chrysler LLC, 405 B. R. 84, 93 (Bankr. S. D. N. Y.).

448 In re Chrysler LLC, 405 B. R. 84, 99 (Bankr. S. D. N. Y.).

449 AaO: „The allocation of ownership interests in the new enterprise is irrelevant to the estates' economic interests."

450 Siehe In re Chrysler LLC, 576 F.3d 108 (2d Cir.), cert. granted, judgment vacated sub nom. Indiana State Police Pension Tr. v. Chrysler LLC, 558 U. S. 1087, 130 S. Ct. 1015, 175 L. Ed. 2d 614 (2009), and vacated sub nom. In re Chrysler, LLC, 592 F.3d 370 (2d Cir. 2010).

451 Die massive staatliche Intervention ist letztlich aus der Not geboren: Die infolge der Finanzkrise 2007/2008 finanziell schwer angeschlagenen *Chrysler* und *General Motors* drohten vom Markt zu verschwinden. Die US-amerikanische Regierung befürchtete einen Domino-Effekt, da die Automobilzuliefererbranche hiervon massiv betroffen gewesen wäre und die volkswirtschaftlichen Folgen dann nicht mehr abzusehen waren. Siehe *Brubaker/Tabb*, University of Illinois Law Review (2010), 1375, 1380 f.; *Roe/Chung*, 5 Journal of Legal Analysis (2013), 399.

452 Czyzewski v. Jevic Holding Corp., 137 S.Ct. 973 (2017).

453 Czyzewski v. Jevic Holding Corp., 137 S.Ct. 973, 975 f. (2017). Instruktiv zum *Fraudulent Transfer Law* im Zusammenhang mit Leveraged Buyouts siehe *Tabb*, Law of Bankruptcy (2020), § 6.39, S. 599 ff. sowie *Thole*, Gläubigerschutz durch Insolvenzrecht (2010), S. 163 ff.

454 Siehe hierzu Kapitel 1, B. II. 1. b) (S. 39 f.).

455 Czyzewski v. Jevic Holding Corp., 137 S.Ct. 973, 981 f. (2017). Siehe ausführlich die Vorinstanz, In re Jevic Holding Corp., 787 F.3d 173, 175 ff. (3d Cir. 2015).

eigentlich vorrangigen Gläubiger, ehemalige Arbeitnehmer von *Jevic*, nichts erhielten.[456] Die Vorinstanzen hielten den *Structured Dismissal* trotz des Verstoßes gegen die *Absolute Priority Rule* aufrecht.[457] Die „dire circumstances", denen sich die Masse und die Gläubiger ausgesetzt sahen, rechtfertigten das Übergehen von vorrangigen Gläubigern. Eine realistische Aussicht auf einen Insolvenzplan bestünde nicht und ohne die Vergleichsvereinbarung hätte außer den gesicherten Gläubigern kein Gläubiger etwas erhalten.[458] Darüber hinaus fände die *Absolute Priority Rule* außerhalb eines Insolvenzplans nach dem Willen des Gesetzgebers keine derart strenge Anwendung, so dass in seltenen Fällen wie diesem hiervon abgewichen werden könne.[459] Der *U. S. Supreme Court* lehnte diese Sichtweise ab und verneinte die Frage, ob im Rahmen eines *Structured Dismissal* eine Verteilung vorgenommen werden kann, die gegen die Prioritätsregeln verstößt.[460] Die *Majority Opinion* betonte hierbei die zentrale Funktion der Prioritätsregeln des *Bankruptcy Code* und lehnte in der Konsequenz auch die Möglichkeit einer „rare cases"-Ausnahme ab.[461] Ob die *Jevic*-Entscheidung *Gifting* eine generelle Absage erteilt hat, ist noch nicht abschließend geklärt. *Jevic* unterscheidet sich von *LifeCare* darin, dass die Zahlungen an die ungesicherten Gläubiger nicht eindeutig aus dem Vermögen der gesicherten Gläubiger stammten, sondern der Masse zugehörig seien.[462] Die Gerichte haben *Jevic* bislang unterschiedlich weit ausgelegt: Einige mit der Maßgabe, dass derartige Vereinbarungen, welche die Rangfolge umgehen sollen, generell unzulässig seien.[463] Andere legen *Jevic* enger aus und verneinen die generelle Anwendbarkeit auf *363 Sales* mit dem Hinweis darauf, dass *Jevic* einen *Structured Dismissal* zum Inhalt hatte.[464]

---

456 Czyzewski v. Jevic Holding Corp., 137 S.Ct. 973, 981 (2017).

457 Jevic Holding Corp., No. BR 08–11006(BLS), 2014 WL 268613 (D. Del. Jan. 24, 2014); In re Jevic Holding Corp., 787 F.3d 173 (3d Cir. 2015).

458 Siehe In re Jevic Holding Corp., 787 F.3d 173, 178 (3d Cir. 2015).

459 In re Jevic Holding Corp., 787 F.3d 173, 183 (3d Cir. 2015).

460 Czyzewski v. Jevic Holding Corp., 137 S.Ct. 973, 984 ff. (2017).

461 Czyzewski v. Jevic Holding Corp., 137 S.Ct. 973, 983 f.; 986 f. (2017).

462 Vgl. *Keach/Helman*, American Bankruptcy Institute Journal (2017), 71, 74; *Lipson*, 93 Washington Law Review (2018), 631, 704 ff. Siehe auch *Haugen/McCormick/Keane*, American Bankruptcy Institute Journal (2017), 71, 73: „However, to the extent that these ‚gifts' consist of non-estate assets […], Jevic's rationale might carry less weight."

463 In re Fryar, 570 B. R. 602 (Bankr. E. D. Tenn. 2017). Tendenziell wohl auch In re Constellation Enterprises LLC, 587 B. R. 275 (D. Del. 2018), dort existierte das klagende *Creditors' Committee* allerdings wegen einer *Conversion* zu *Chapter 7* nicht mehr, so dass die Klage abgewiesen wurde.

464 In re Veg Liquidation, Inc., 931 F.3d 730 (8th Cir. 2019). Wegen *Statutory Mootness* (11 U.S.C. § 363(m), siehe hierzu oben, B. III. 2. a) dd) (S. 136 f.)) offen gelassen in In re Old Cold LLC, 879 F.3d 376 (1st Cir. 2018), kritisch hierzu *Miller*, 107 Kentucky Law Journal (2018), 269, 283 und passim. Zu einer ersten Einschätzung in Bezug auf die *Constellation*- und *Fryar*-Entscheidungen siehe auch *Keach/Helman*, American Bankruptcy Institute Journal (2017), 71, 73 f. Zu den allgemeinen Folgen der *Jevic*-Entscheidung für *Structured Dismissals* siehe *Banks*, 2021 Journal of Dispute Resolution (2021), 77, 103 ff.

2. *Beurteilung aus deutscher Sicht*

Aus der Perspektive des deutschen Insolvenzrechts bestehen gegen das *Gifting* unterschiedliche Bedenken. Funktional mit dem *Gifting* vergleichbar sind Stimmvereinbarungen zwischen Gläubigern. Denkbar ist eine Vereinbarung etwa mit dem Inhalt, dass ein absonderungsberechtigter Gläubiger dem Mitglied eines zur Abstimmung über die übertragende Sanierung berufenen Organs (bzw. den von dem Mitglied vertretenen Gläubigern) eine bestimmte Quote, d. h. einen Anteil am Verwertungserlöses verspricht, wenn dieses Mitglied für die übertragende Sanierung stimmt. Konsequenz dieser Vereinbarung wäre, dass Gläubiger faktisch ungleich befriedigt werden, auch wenn ihnen der Schuldner bei der Verteilung (§ 283 Abs. 2 S. 1 InsO) die gleiche Quote auszahlt.

a) Stimmvereinbarung zwischen Absonderungsberechtigten und ungesicherten Gläubigern

Zunächst ist zwischen Gläubigerausschuss und Gläubigerversammlung zu unterscheiden. Mitglieder des *Gläubigerausschusses* sind verpflichtet, ihre Aufgaben im Interesse aller Verfahrensbeteiligten und unabhängig auszuüben.[465] Eine wie das US-amerikanische *Gifting* ausgestaltete Stimmvereinbarung zwischen einem Mitglied des Gläubigerausschusses und einem anderen Gläubiger würde Partikularinteressen dienen (dem des Absonderungsberechtigten und dem ungesicherter Gläubiger) und wäre damit in jedem Fall eine Pflichtverletzung des betreffenden Gläubigerausschussmitglieds und somit unzulässig.[466] Darüber hinaus dürfte eine solche Vereinbarung den Stimmrechtsausschluss rechtfertigen.[467]

Weniger eindeutig ist die Beurteilung einer „*Gifting*-Vereinbarung" in Bezug auf Abstimmungen in der *Gläubigerversammlung*, die gerade der Wahrnehmung der privaten, häufig widerstreitenden Interessen dient.[468] Formell betrachtet würde durch eine solche Vereinbarung kein Gläubiger benachteiligt, denn den ungesicherten Gläubigern fließt die vereinbarte Kompensation für die Stimmausübung nicht unmittelbar aus der Masse zu, sondern mittelbar aus dem Privatvermögen des betreffenden Absonderungsberechtigten. Für den Insolvenzplan existiert mit § 226 Abs. 3 InsO eine Regelung, nach der Abkommen nichtig sind, die einem Beteiligten Sondervorteile für sein Verhalten bei Abstimmungen gewähren. Es ist anerkannt, dass auch mittelbare Zuwendun-

---

[465] Zum Gläubigerausschuss siehe oben, B. II. 1. (S. 108 ff.).

[466] Ähnlich *Groh*, Stimmvereinbarungen (2016), S. 107.

[467] Vgl. MünchKomm.-*Schmid-Burgk*, § 69 InsO, Rn. 15. Zu Stimmverboten bei Mitgliedern des Gläubigerausschusses siehe noch unten, B. VI. 1. c) (S. 160).

[468] Siehe Jaeger-*Gerhardt*, § 74 InsO, Rn. 2. Vgl. auch MünchKomm.-*Ehricke/Ahrens*, § 74 InsO, Rn. 7.

gen „außerhalb der Masse" hiervon umfasst sind.[469] Allerdings existiert weder für Regelverfahren noch Eigenverwaltung ein solches Verbotsgesetz, das die Nichtigkeit (§ 134 BGB) einer Stimmvereinbarung nach sich ziehen würde. Ein Blick ins Gesellschaftsrecht offenbart eine ähnliche Konstellation. Im Aktienrecht sind entgeltliche Stimmvereinbarungen gemäß § 405 Abs. 3 Nr. 6, 7 AktG i. V. m. § 134 BGB nichtig. Im Recht der GmbH fehlt eine solche Regelung zwar, nach ganz überwiegend herrschender Meinung sind entgeltliche Stimmvereinbarungen aber auch bei der GmbH sittenwidrig und damit nach § 138 Abs. 1 BGB nichtig.[470] Die Argumentation im Gesellschaftsrecht lässt sich auf mit dem *Gifting* vergleichbare Stimmvereinbarungen übertragen. Der Entgeltlichkeit haftet hierbei ein Bestechungscharakter an. Indem derjenige, der die Vergütung annimmt, sein Stimmverhalten von dieser abhängig macht, verfolgt er auf anstößige Weise Eigeninteressen zu Lasten der Masse und damit zu Lasten der anderen Gläubiger.[471] Wie im Gesellschaftsrecht führt die Nichtigkeit der Stimmvereinbarung aber nicht zur Nichtigkeit des Beschlusses.[472] Die Möglichkeit, den Beschluss anzugreifen, ergibt sich nur über § 78 InsO.[473] Wie oben dargelegt, sind die Hürden für eine Anfechtbarkeit eines Beschlusses der Gläubigerversammlung nach § 78 InsO hoch. Nicht ausreichend ist die Beeinträchtigung von Interessen einzelner Gläubiger; vielmehr muss das gemeinsame Interesse aller Insolvenzgläubiger, gerichtet auf eine Vergrößerung der Haftungsmasse, betroffen sein.[474] Eine solche Beeinträchtigung kann gegeben sein, wenn die Stimmen einzelner ungesicherter Gläubiger „gekauft" werden. Als Richtlinie gilt nach der jüngeren Rechtsprechung des BGH, dass der Antragstellende noch in der Gläubigerversammlung[475] darlegt, eine übertragende Sanierung reduziere die Quotenerwartung um 10 Prozent.[476]

b) Nachrangig gesicherte Gläubiger

Anders ist die Situation zu beurteilen, wenn nachrangig gesicherte Gläubiger durch einen Stimmenkauf, d. h. durch eine Vereinbarung zwischen erstrangigen

---

469 Uhlenbruck-*Lüer/Streit*, § 226 InsO, Rn. 8; Nerlich/Römermann-*Ober*, § 226 InsO, Rn. 12.

470 Siehe nur Lutter/Hommelhoff-*Bayer*, § 47 GmbHG, Rn. 21 („Rechtsgedanken des § 405 Abs. 3 Nr. 6 AktG"); GroßKommGmbHG-*Hüffer/Schäfer*, § 47, Rn. 85. Ähnlich Scholz-*Schmidt*, § 47 GmbHG, Rn. 45; Baumbach/Hueck-*Zöllner/Noack*, § 47 GmbHG, Rn. 114a. AA aber MünchKomm.-*Drescher*, § 47 GmbHG, Rn. 247. Kritisch auch Gehrlein/Born/Simon-*Teichmann*, § 47 GmbHG, Rn. 25.

471 *Groh*, Stimmvereinbarungen (2016), S. 162 f.

472 *Groh*, Stimmvereinbarungen (2016), S. 165.

473 Zu § 78 InsO siehe oben, B. VI. 2. b) (S. 166 f.).

474 MünchKomm.-*Ehricke/Ahrens*, § 78 InsO, Rn. 17.

475 OLG Celle, Beschluss v. 21.02.2001 – 2 W 11/01, ZIP 2001, 658; KG Berlin, Beschluss v. 23.03.2001 – 7 W 8076/00, NZI 2001, 310, 312. Siehe auch MünchKomm.-*Ehricke/Ahrens*, § 78 InsO, Rn. 9; Uhlenbruck-*Knof*, § 78 InsO, Rn. 7.

476 Siehe oben, B. VI. 2. b) (S. 166 f.).

Absonderungsberechtigten und ungesicherten Gläubigern umgangen werden sollen. Ist ein Gegenstand durch vorrangige Sicherheiten wertausschöpfend belastet, verbleibt nachrangig gesicherten Gläubigern ohnehin nur noch die Möglichkeit der Anmeldung ihrer sogenannten Ausfallforderung (§ 52 InsO). Bei entsprechender Werthaltigkeit des Gegenstandes können allerdings auch nachrangig gesicherte Gläubiger jedenfalls eine teilweise Befriedigung erwarten.[477]

Nachrangig gesicherte Gläubiger (zum Beispiel *Second Lien Lenders*[478]), deren Sicherheiten in der Rangordnung an zweiter oder niedrigerer Stelle stehen, müssten im Fall von Grundpfandrechten der Löschung ihrer Sicherheiten zustimmen.[479] Anderenfalls würde der Erwerber des Unternehmens belastete Vermögensgegenstände erwerben, was den Kaufpreis deutlich mindern dürfte.[480] Ist ein Grundstück wertausschöpfend belastet, handelt es sich bei nachrangigen Grundpfandrechten um sogenannte Schornsteinhypotheken. Ihr Wert besteht darin, dass sich Inhaber die an sich wertlose Position vom Insolvenzverwalter (bzw. eigenverwaltenden Schuldner) gegen eine „Lästigkeitsprämie“ abkaufen lassen.[481] Nach dem BGH ist eine Vereinbarung zwischen dem Insolvenzverwalter (dem eigenverwaltenden Schuldner) mit dem nachrangig gesicherten Gläubiger nicht insolvenzzweckwidrig, wenn die Kompensation ausschließlich zu Lasten eines damit einverstandenen, vorrangigen Grundpfandgläubigers geht.[482]

Hierin liegt ein (weiterer) wesentlicher Unterschied zum US-amerikanischen Insolvenzrecht, der das *Gifting*, unabhängig von Erwägungen zur Sittenwidrigkeit, in Deutschland weniger attraktiv macht. In den USA erhält ein Erwerber sämtliche Vermögensgegenstände nach 11 U.S.C. § 363(f) grundsätzlich lastenfrei.[483] In Deutschland müssten erstrangige Absonderungsberechtigte auch die nachrangig gesicherten Gläubiger entsprechend kompensieren, um deren Löschungsbewilligung zu erwirken. Diese Erwägungen finden indes keine Anwendung auf sogenannte Sicherheitenpools, die häufig im Rahmen von Konsortialkreditverträgen gebildet werden. Hier schließen sich mehrere Kreditgeber zur gemeinschaftlichen Verwaltung der Sicherheiten zusammen und ernennen einen Sicherheitentreuhänder, der entweder treuhänderischer Alleininhaber der betreffenden Sicherheiten wird oder zur Ausübung der aus den Sicherheiten fließenden Rechte ermächtigt wird.[484] Vereinbarungen zwischen *First Lien*

---

477 Vgl. *Oster/Steinwachs*, ZInsO 2011, 1638.

478 Zu *Second Lien Lenders* siehe Kapitel 1, C. IV. 3. b) (S. 68 ff.).

479 *Büchler*, ZInsO 2011, 718, 720; *Mitlehner*, ZIP 2012, 649, 651.

480 Siehe hierzu BGH, Urteil v. 30.04.2015 – IX ZR 301/13, ZIP 2015, 1131, 1133. Siehe auch *Oster/Steinwachs*, ZInsO 2011, 1638, 1639.

481 *Büchler*, ZInsO 2011, 718, 720; *Oster/Steinwachs*, ZInsO 2011, 1638, 1639; *Tetzlaff*, ZInsO 2012, 726; *Lieder*, NZI 2016, 105.

482 BGH, Urteil v. 20.03.2014 – IX ZR 80/13, ZIP 2014, 978.

483 Siehe Kapitel 1, B. II. 2. a) (S. 41).

484 *Gesell/Seulen*, § 5 Rechtliche Struktur und Dokumentation der wesentlichen Finanzie-

Lenders und ungesicherten Gläubigern, die hierdurch die Befriedigungschancen der *Second Lien Lenders* schmälern, beträfen lediglich das Innenverhältnis des Sicherheitenpools (Pflichtverletzung des Sicherheitentreuhänders).[485] Die hieraus folgende Pflichtverletzung des Sicherheitentreuhänders im Innenverhältnis und die daraus resultierende Haftung dürfte wiederum im Ergebnis eine solche Vereinbarung mit ungesicherten Gläubigern wirtschaftlich wenig sinnvoll erscheinen lassen.

c) Ergebnis

Mit Einschränkungen wäre eine dem *Gifting* vergleichbare Konstellation in Deutschland durch Stimmvereinbarungen somit möglich, wenn auch deutlich weniger attraktiv und mit Risiken verbunden. Werden einzelne ungesicherte Gläubiger auf diese Weise übergangen, wäre diese Vereinbarung gemäß § 138 Abs. 1 BGB nichtig und der Beschluss der Gläubigerversammlung über § 78 InsO angreifbar. Die „Übergehung" rangniedrigerer gesicherter Gläubiger ist nur möglich, wenn der Erwerber sich bereit erklärt, die betreffenden Vermögensgegenstände mit der Belastung zu erwerben. Da dies den Kaufpreis deutlich mindern wird, dürfte dies regelmäßig wirtschaftlich sinnlos sein.

VI. Willensbildung der Gläubigerorgane

Für die Behandlung von Interessenkollisionen einzelner Mitglieder von Gläubigerorganen ist zunächst die Willensbildung der Organe im Allgemeinen zu untersuchen. Anknüpfend stellt sich jeweils die Frage nach der Geeignetheit der zur Verfügung stehenden Maßnahmen (Stimmverbot und Entlassung bzw. Teilnahmeausschluss) für die Lösung von Interessenkonflikten.

1. Gläubigerausschuss

a) Allgemeines

Im Gläubigerausschuss gilt das Prinzip der Kopfmehrheit. Beschlüsse des Gläubigerausschusses sind gültig, wenn die Mehrheit der Mitglieder an der Beschlussfassung teilgenommen hat und der Beschluss mit der Mehrheit der abgegebenen Stimmen gefasst worden ist, § 72 InsO. Dies kann dazu führen, dass eine Kopfmehrheit eine klare Summenmehrheit überstimmen kann. Hierdurch wird die Möglichkeit eröffnet, dass einer Gruppe von Gläubigern, die unter Um-

---

rungsinstrumente, in: Kessler (Hrsg.), Unternehmensfinanzierung Mittelstand (2015), Rn. 90; Uhlenbruck-*Brinkmann*, § 49 InsO, Rn. 18 ff. Siehe auch *Ganter*, ZIP 2017, 2277.

[485] Siehe zur sogenannten Verwertungstreuhand *Buchalik*, in: FS Metzeler, 2003, S. 225, 268.

ständen nur Kleinstbeträge repräsentieren, erhöhte Macht zukommt.[486] Das erscheint problematisch insbesondere in Fällen, in denen das Insolvenzgericht frühzeitigen Vorschlägen für die Besetzung des Gläubigerausschusses durch den Schuldner gefolgt ist und sogenannte „Friends and Family"-Ausschüsse gebildet wurden, die entsprechend schuldnernah agieren.[487] Zwar nimmt die Gläubigerversammlung eine Neuwahl der Mitglieder des Gläubigerausschusses vor und der vorläufige Gläubigerausschuss wird beendet (§ 68 InsO).[488] Bei entsprechenden Machtverhältnissen in der Gläubigerversammlung kann diese durch Beschluss die Zusammensetzung des vorläufigen Gläubigerausschusses beibehalten.[489]

b) Grad der Interessenkollision

Festzuhalten ist zunächst, dass alle am Insolvenzverfahren Beteiligte individuelle Interessen verfolgen,[490] so dass bei jedem Mitglied des Gläubigerausschusses zum einen stets eine Interessen*berührung* und zum anderen ein jedenfalls potenzieller Interessenkonflikt vorliegt.[491] Diese Tatsache dürfte in der Natur der Sache liegen und wird zum Teil von § 67 InsO vorausgesetzt, der in Absatz 2 bestimmte Gläubigergruppen im Gläubigerausschuss vertreten wissen will. Aus diesem Grund kann es deshalb aber auch nicht ausreichend sein, dass ein Mitglied durch den Beschluss persönlich betroffen ist, ohne dass dies erheblich über die durchschnittliche Betroffenheit hinausgeht, um diesem das Stimmrecht bzw. die Teilnahme oder gar die Mitgliedschaft insgesamt zu versagen.[492] Ein erhöhter Grad der Interessenkollision, der über allgemeine wirtschaftliche oder rechtliche Interessen hinausgeht, dürfte jedenfalls dann gegeben sein, wenn das betroffene Gläubigerausschussmitglied auf Erwerberseite steht.[493] Diese Konstellation soll im Folgenden im Vordergrund stehen.

---

486 *Kübler/Rendels*, ZIP 2018, 1369, 1377.

487 *Kübler/Rendels*, ZIP 2018, 1369, 1377. Siehe auch *Haarmeyer*, ZInsO 2012, 2109, 2113; *Laroche/Pruskowski/Schöttler/Siebert/Vallender*, ZIP 2014, 2153, 2156; *Henkel*, ZIP 2015, 562, 568; *Pape/Schultz*, ZIP 2016, 506, 508 ff.

488 Hierauf hinweisend *Harbrecht*, in: FS Beck, 2016, S. 255, 256.

489 Vgl. MünchKomm.-*Schmid-Burgk*, § 67 InsO, Rn. 5.

490 Kapitel 1, C. (S. 45 ff.).

491 Siehe bereits *Uhlenbruck*, BB 1976, 1198, 1199. Siehe auch *Vallender*, in: FS Ganter, 2010, S. 391.

492 *Kumpan*, Der Interessenkonflikt im deutschen Privatrecht (2014), S. 521; Jaeger-*Gerhardt*, § 72 InsO, Rn. 15; *Vallender*, WM 2002, 2040, 2045; *Vallender*, in: FS Kirchhof, 2003, S. 507, 512; *Gundlach/Frenzel/Schmidt*, ZInsO 2005, 974, 975. Siehe auch LG Augsburg, Beschluss v. 25.11.1970 – 4 T 241/70, KTS 1971, 119 ff.

493 LG Augsburg, Beschluss v. 25.11.1970 – 4 T 241/70, KTS 1971, 121; *Hegmanns*, Der Gläubigerausschuß (1986), S. 119; *Oelrichs*, Gläubigermitwirkung und Stimmverbote (1999), S. 97 f.; *Decker/Schäfer*, BB 2015, 198, 201.

c) Stimmverbote

Stimmverbote für Mitglieder von Gläubigerorganen sind in der Insolvenzordnung nicht geregelt.[494] Die allgemeinen Rechtsgedanken der Unzulässigkeit des Richtens in eigener Sache und des Verbots des Insichgeschäfts finden außerhalb des Insolvenzrechts gesetzgeberischen Ausdruck (§ 41 ZPO; § 181 BGB). Im Hinblick auf Stimmverbote bestehen speziellere Regelungen im Vereinsrecht in § 34 BGB und im Kapitalgesellschaftsrecht in den §§ 47 Abs. 4 GmbHG, 136 Abs. 1 AktG. Nach der herrschenden Lehre sind diese Vorschriften im Wege einer Gesamtanalogie auch für Mitglieder von Gläubigerorganen anzuwenden.[495] Der BGH hat noch zur Konkursordnung entschieden, dass diesen Vorschriften ein allgemeiner Rechtsgedanke zu entnehmen sei, der für Mitglieder des Gläubigerausschusses gleichermaßen gelte.[496] In Bezug auf die Unternehmensveräußerung erscheint es konsequent, demjenigen Mitglied das Stimmrecht zu versagen, das auf beiden Seiten der Transaktion steht.[497] Ob dieses Ergebnis mit einer Gesamtanalogie gesellschaftsrechtlicher Vorschriften herbeigeführt werden kann, ist zumindest aus methodischer Sicht fraglich. Die Rechts- und Interessenlage ist kaum miteinander vergleichbar, denn bei den Gläubigerorganen handelt es sich – anders als bei der Gesellschafter- und Hauptversammlung – nicht um freiwillige Zusammenschlüsse.[498] Die gesellschaftsrechtlichen Stimmverbote beruhen aber gerade darauf, dass Gesellschafter, die sich zur Verfolgung eines gemeinsamen Zwecks entschlossen haben, nicht (zum Schaden der anderen) eigene Interessen verfolgen sollen.[499] Dieses Argument trägt für den Gläubigerausschuss indes nur bedingt: Seine Mitglieder sind ausdrücklich verpflichtet, im Interesse aller anderen Beteiligten zu handeln, d. h. in erster Linie nicht die Masse zu schädigen. Als weiteres Argument gegen eine Gesamtanalogie wird vorgebracht, dass es jedenfalls in Bezug auf den Gläubigerausschuss an einer Regelungslücke fehle, wenn sich ein Verbot der Stimmrechtsausübung bereits aus der gesetzlichen Verpflichtung des Gläubigerausschusses zur Neutralität ergibt.[500] Hiergegen spricht allerdings, dass die Rechtsfolge der gesellschaftsrechtlichen Stimmverbote nach herrschender

---

[494] Siehe *Oelrichs*, Gläubigermitwirkung und Stimmverbote (1999), S. 94; *Goebel*, KTS 2002, 615, 621.

[495] Vgl. *Oelrichs*, Gläubigermitwirkung und Stimmverbote (1999), S. 102 ff.; MünchKomm.-*Schmid-Burgk*, § 72 InsO, Rn. 14 ff.; KölnKomm.-*Hammes*, § 72 InsO, Rn. 19; Jaeger-*Gerhardt*, § 72 InsO, Rn. 16 f.; Uhlenbruck-*Knof*, § 72 InsO, Rn. 13; K. Schmidt-*Jungmann*, § 72 InsO, Rn. 4 ff.; *Uhlenbruck*, ZIP 2002, 1373, 1376; *Bernsen/Bernsen*, in: FS Görg, 2010, S. 27, 34.

[496] BGH, Urteil v. 22.01.1985 – VI ZR 131/83, ZIP 1985, 423, 425.

[497] Jaeger-*Gerhardt*, § 72 InsO, Rn. 16; *Vallender*, in: FS Kirchhof, 2003, S. 507, 512.

[498] Vgl. *Grell/Klockenbrink*, DB 2014, 2514, 2515 f.

[499] Siehe nur GroßKommGmbHG-*Hüffer/Schäfer*, § 47, Rn. 131.

[500] So *Grell/Klockenbrink*, DB 2014, 2514, 2518. Zu Pflichten und Haftung der Mitglieder von Gläubigerorganen siehe unten, Kapitel 3, C. (S. 262 ff.).

Meinung die Nichtigkeit (§ 134 BGB) der Stimme ist.[501] Insoweit unterscheiden sich jedenfalls in dogmatischer Hinsicht die Rechtsfolgen, denn nähme man lediglich einen Pflichtenverstoß des betreffenden Gläubigerausschussmitglieds an, ist die Rechtsfolge nicht *ipso jure* die Nichtigkeit. Im Ergebnis ist in jedem Fall festzuhalten, dass ein Gläubigerausschussmitglied, das zugleich auf Erwerberseite steht, somit in Bezug auf sämtliche Abstimmungen mit Bezug zur Unternehmensveräußerung einem Stimmverbot unterliegt.[502] Hier ist *de lege ferenda* eine gesetzgeberische Klarstellung wünschenswert. Bis dahin sprechen die stärkeren Argumente für eine analoge Anwendung der verbandsrechtlichen Regelungen mit der Folge der Nichtigkeit der Stimme.

Das rechtsvergleichende Anschauungsmaterial aus den USA in diesem Zusammenhang ist überschaubar. Wie bereits oben dargelegt, bestehen insbesondere in Bezug auf die Mitwirkungsmöglichkeiten große Unterschiede zwischen der Rolle des *Creditors' Committe* und den deutschen Gläubigerorganen.[503] Es ist insofern wenig überraschend, dass sich im *U. S. Bankruptcy Code* auch keine Regelungen zu Abstimmungsmehrheiten finden. In der Praxis wird üblicherweise per Kopfmehrheit entschieden; es ist aber auch nicht ungewöhnlich, dass *Creditors' Committees* in einer Geschäftsordnung (*By-Laws*) qualifizierte Mehrheiten oder gewichtete Stimmrechte regeln.[504]

In Bezug auf Stimmrechte ist bei dem Blick in die USA auch zu berücksichtigen, dass das *Creditors' Committee* einem Verkauf außerhalb des *Plan* nicht zustimmen muss. Stimmrechte haben Gläubiger nur, wenn innerhalb der *Classes* über den *Plan* abgestimmt wird.[505] Allerdings bleibt der Frage nach der Willensbildung eine Restbedeutung, da das *Creditors' Committee* durch *Objections* entscheidend auf das Verfahren einwirken kann.

Mit *Rule 2019* der *Federal Rules of Bankruptcy Procedure* existiert eine Regelung, welche von Gläubigern die Offenlegung von *Economic Interests* verlangt und als Rechtsfolge unter anderem vorsieht, dass das Insolvenzgericht anordnen kann, bestimmte Gläubigergruppen oder ganze *Committees* nicht anhören oder erhobene Widersprüche als ungültig betrachten zu lassen.[506] Diese Regelung ist mit einem Stimmverbot insofern vergleichbar, als Gläubigern unter Umständen verboten wird, sich überhaupt zum Verkaufsbegehren zu äu-

---

[501] Siehe nur MünchKomm.-*Leuschner*, § 34 BGB, Rn. 9; Baumbach/Hueck-*Zöllner/Noack*, § 47 GmbHG, Rn. 104; KölnKomm.-*Tröger*, § 136 AktG, Rn. 95 mit jeweils weiteren Nachweisen.

[502] Im Ergebnis wohl auch *Wohlleben*, in: FS Wimmer, 2017, S. 636, 645 f., nach dem dies „gutem Brauch" entspräche.

[503] Siehe oben, B. II. (S. 108 ff.).

[504] Siehe *Klee/Shaffer*, 44 South Carolina Law Review (1993), 995, 1057 ff.; *Zipes/Lambert*, 77 American Bankruptcy Law Journal (2003), 229, 233; *Bussel/Klee*, 83 American Bankruptcy Law Journal (2009), 663, 688 bei Fn. 107.

[505] Siehe hierzu *Tabb*, Law of Bankruptcy (2020), § 11.22 (S. 1121 ff.).

[506] Rule 2019(e)(2) der Federal Rules of Bankruptcy Procedure.

ßern. Problematisch an der Regelung ist aber zum einen, dass einzelne Gläubiger von ihr gar nicht erfasst sind, sondern nur Gläubigergruppen („groups, committees, and entities“[507]).[508] Zum anderen enthält die Regelung eine Legaldefinition von *Economic Interest*, die nicht auf eine Insiderstellung von Gläubigern abzielt, sondern nur darauf, dass etwaige Sicherungsrechte (und Ähnliches) offengelegt werden.[509]

d) Entlassung und Teilnahmeausschluss

Als einschneidendste Maßnahme im Fall eines Interessenkonflikts kommt die Entlassung des betreffenden Mitglieds nach § 70 InsO in Betracht, die einen wichtigen Grund voraussetzt. Dieser ist nach dem BGH gegeben, wenn „die weitere Mitarbeit des zu entlassenden Mitglieds die Erfüllung der Aufgaben des Gläubigerausschusses nachhaltig erschwert oder unmöglich macht und die Erreichung der Verfahrensziele objektiv nachhaltig gefährdet.“[510] Ist ein Angehöriger eines Erwerbsinteressenten Mitglied des Gläubigerausschusses, sind dessen Interessen grundsätzlich konträr zum „Allgemeininteresse“ aller anderen Verfahrensbeteiligten. Es erscheint allerdings zweifelhaft, ob hiermit bereits eine nachhaltige Gefährdung der Erreichung der Verfahrensziele einhergeht, wenn keine konkrete und schwerwiegende Pflichtverletzung dieses Mitglieds vorliegt.[511] Grundsätzlich dürften die Maßnahmen des Stimmverbots sowie ein Teilnahmeausschluss verhältnismäßiger sein, da es sich nur um eine punktuelle Interessenkollision handelt, wie sie bei Insichgeschäften grundsätzlich vorliegt.[512]

In der Literatur ist umstritten, ob die Gründe für ein Stimmverbot gleichzeitig den Ausschluss von der Teilnahme an einzelnen Sitzungen des Gläubigerausschusses nach sich ziehen.[513] Jedenfalls in der hier interessierenden Konstellation des auf beiden Seiten der Transaktion beteiligten Mitglieds dürfte mit dem Stimmverbot allein dem Einfluss eines befangenen Mitglieds auf den Gläubigerausschuss allerdings nicht beizukommen sein.[514] Um eine unlautere Einflussnahme auf die Diskussion im Gläubigerausschuss zu verhindern, wäre

---

[507] Rule 2019(b)(1) der Federal Rules of Bankruptcy Procedure.

[508] Siehe *Janger/Levitin*, 104 Iowa Law Review (2019), 1857, 1900 f.

[509] Rule 2019(a)(1) der Federal Rules of Bankruptcy Procedure.

[510] BGH, Beschl. v. 01.03.2007 – IX ZB 47/06, ZIP 2007, 781, 782.

[511] Vgl. KölnKomm.-*Hammes*, § 70 InsO, Rn. 21. Siehe auch *Vallender*, in: FS Kirchhof, 2003, S. 507, 513 f.

[512] Siehe hierzu *Kumpan*, Der Interessenkonflikt im deutschen Privatrecht (2014), S. 324 ff.

[513] Dafür Jaeger-*Gerhardt*, § 72 InsO, Rn. 19; K. Schmidt-*Jungmann*, § 72 InsO, Rn. 7; Uhlenbruck-*Knof*, § 72 InsO, Rn. 10; *Gundlach/Frenzel/Schmidt*, ZInsO 2005, 974, 975. AA MünchKomm.-*Schmid-Burgk*, § 72 InsO, Rn. 20, nach dem jedes Mitglied des Gläubigerausschusses stets einen Anspruch auf Teilnahme an den Sitzungen habe.

[514] Vgl. *Gundlach/Frenzel/Schmidt*, ZInsO 2005, 974, 975.

beim Teilnahmeausschluss das Mitglied von der entsprechenden Beratung über den Verkauf des Unternehmens somit auszuschließen.[515]

Bestätigung findet dieses Ergebnis durch einen Blick in die USA, insbesondere anhand der dortigen Erfahrung mit dem Erwerb von Unternehmen durch Gläubiger. Die Frage, ob und wie die Zusammensetzung des *Creditors' Committee* verändert werden kann, war unter den Gerichten der *Circuits* umstritten und wurde nicht einheitlich beantwortet.[516] Eine kodifizierte Regelung existierte zunächst mit 11 U.S.C. § 1102(c); nach dieser konnte das Gericht auf Antrag einer *Party in Interest* die Zusammensetzung des *Creditors' Committee* verändern.[517] Der Kongress hat die Regelung 1986 außer Kraft gesetzt. Erst 2005 fügte er wiederum Regelungen ein, nach welchen das Gericht auf Antrag einer *Party in Interest* Änderungen an der Zusammensetzung des *Creditors' Committee* vornehmen kann.[518] Voraussetzung hierfür ist, dass diese Änderung erforderlich ist, um eine angemessene Vertretung (*Adequate Representation*) der Gläubiger sicherzustellen.[519] Einige Gerichte haben Insidern die Mitgliedschaft im *Creditors' Committee* generell verweigert,[520] während andere Insider als Mitglieder grundsätzlich zuließen.[521] Entscheidend ist letztlich, ob seitens des betreffenden Gläubigers eine Verletzung einer *Fiduciary Duty* vorliegt.[522] Wie im deutschen Recht ist anerkannt, dass nicht jeder Interessenkonflikt eines Mitglieds des Gläubigerorgans ausreicht, um es gänzlich auszuschließen.[523] Denn dass Mitglieder des *Creditors' Committee* auch eigene Interessen verfolgen, liegt in

[515] *Uhlenbruck*, ZIP 2002, 1373, 1377. Ähnlich *Hegmanns*, Der Gläubigerausschuß (1986), S. 121 f.; siehe auch *Decker/Schäfer*, BB 2015, 198, 201.

[516] Siehe zum Ganzen *Blain/O'Gawa*, 73 Marquette Law Review (1990), 581, 586 ff.; *Klee/Shaffer*, 44 South Carolina Law Review (1993), 995, 1032 ff.; *Eklund/Roberts*, 5 American Bankruptcy Institute Law Review (1997), 129, 131 f.

[517] Siehe zur früheren Rechtslage *Blain/Erne*, 67 Marquette Law Review (1984), 491, 495 ff.; *Andrews*, 2 Bankruptcy Developments Journal (1985), 247, 266 f.

[518] 11 U.S.C. § 1102(a)(2), (4). Für einen kurzen Überblick siehe *Tabb*, Law of Bankruptcy (2020), § 11.9, S. 1063 f. Siehe auch *Gwynne*, 14 American Bankruptcy Institute Law Review (2006), 109, 111 ff.; *Gensburg*, 35 Emory Bankruptcy Developments Journal (2019), 601, 617 ff.

[519] 11 U.S.C. § 1102(a)(4). Der Wortlaut der Vorgängervorschrift war „fair representation".

[520] In re Daig Corp., 17 B. R. 41 (Bankr. D. Minn. 1981); In re Glendale Woods Apartments, Ltd., 25 B. R. 414 (1982); In re Swolsky, 55 B. R. 144 (Bankr. N. D. Ohio 1985).

[521] In re Vermont Real Estate Inv. Tr., 20 B. R. 33 (Bankr. D. Vt. 1982); In re First RepublicBank Corp., 95 B. R. 58 (Bankr. N. D. Tex. 1988); In re Nyack Autopartstores Holding Co., Inc., 98 B. R. 659 (Bankr. S. D. N. Y. 1989).

[522] In re Johns-Manville Corp., 26 B. R. 919, 924 f. (Bankr. S. D. N. Y. 1983); vgl. auch In re First RepublicBank Corp., 95 B. R. 58, 61 (Bankr. N. D. Tex. 1988): „If [the creditor] acts consistent with his fiduciary duty, his diverse holdings do not mandate his removal from the committee." Siehe auch In re Laclede Cab Co., 145 B. R. 308 (Bankr. E. D. Mo. 1992); In re ShoreBank Corp., 467 B. R. 156, 161 (Bankr. N. D. Ill. 2012). Zu den *fiduciary duties* der Mitglieder siehe oben, B. II. 3. c) (S. 124 ff.).

[523] Vgl. In re Altair Airlines, Inc., 727 F.2d 88, 90 (3d Cir. 1984); In re Rickel & Assocs., Inc., 272 B. R. 74, 100 (Bankr. S. D. N. Y. 2002); In re ShoreBank Corp., 467 B. R. 156, 161

der Natur der Sache.[524] Es gibt keine einheitliche Rechtsprechung zu der Frage, ob ein Gläubiger als Mitglied des *Creditors' Committee* seine *Duty of Loyalty* verletzt, wenn er Insiderinformationen erlangt und diese auch für eigene Zwecke verwendet. Nach einer Entscheidung des Insolvenzgerichts des *Southern District of New York* ist es nicht völlig ausgeschlossen, dass Mitglieder des *Creditors' Committee* Insiderinformationen für eigene Zwecke nutzen dürfen.[525] In der dortigen Entscheidung wurde ein ehemaliger *Director* des *Debtor* Mitglied des *Creditors' Committee* und erwarb große Teile des Unternehmens im Wege eines *363 Sale* über eine unter anderem von ihm gegründete Erwerbsgesellschaft. Entscheidend waren insbesondere die Insiderkenntnisse des Erwerbers aus seiner früheren Tätigkeit,[526] aber auch der Einfluss, den er innerhalb des *Creditors' Committee* ausüben konnte.[527] So wusste der Erwerber, dass die erworbenen Assets um ein Vielfaches des Kaufpreises werthaltiger waren. Abgesehen von der Insiderstellung des Erwerbers problematisierte das Gericht vor allem das Ausnutzen der Mitgliedschaft im *Creditors' Committee*. Zwar ging es in Bezug auf diese Treuepflichtverletzung um die Frage der Haftung des Erwerbers und nicht mehr um einen möglichen Ausschluss aus dem *Creditors' Committee*.[528] Die Erwägungen des Gerichts zeigen dennoch deutlich, dass im Falle eines Erwerbers als Mitglied eines Gläubigerorgans vor allem die faktische Einflussnahme auf den Fortgang des Verfahrens das entscheidende Problem sein kann.[529]

e) Zwischenergebnis

Mitglieder des Gläubigerausschusses, die auf beiden Seiten der Unternehmensveräußerung stehen, unterliegen einem Stimmverbot in Bezug auf alle Fragen, die sich im Zusammenhang mit der Unternehmensveräußerung stellen. Dies ergibt sich aufgrund einer Gesamtanalogie der verbandsrechtlichen Regelungen

---

(Bankr. N. D. Ill. 2012). Siehe auch *Bell/Jones*, Detroit College of Law Review (1993), 1551, 1556 f.

[524] Siehe In re Rickel & Assocs., Inc., 272 B. R. 74, 100 (Bankr. S. D. N. Y. 2002): „Although Committee members owe fiduciary duties, they are hybrids who serve more than one master. Every member of the Committee is, by definition, a creditor. Thus, he is [in] competition with every other creditor for a piece of a shrinking pie."

[525] In re Rickel & Assocs., Inc., 272 B. R. 74, 100 (Bankr. S. D. N. Y. 2002).

[526] Im konkreten Fall kaufte der Erwerber Optionsanleihen (*Warrants to Purchase Common Stock*), die der Schuldner als Gegenleistung für die Beratung bei einem Börsengang erhielt. Diese enthielten *Antidilution Provisions*, die bei bestimmten *Trigger Events* den Bezugspreis (*Option Price*) anpassten. Hierüber war der Erwerber entsprechend informiert. Siehe In re Rickel & Assocs., Inc., 272 B. R. 74, 81 f. (Bankr. S. D. N. Y. 2002).

[527] In re Rickel & Assocs., Inc., 272 B. R. 74, 82 (Bankr. S. D. N. Y. 2002).

[528] Zur Haftung siehe unten, Kapitel 3, C. I. 1. (S. 262 ff.).

[529] Siehe auch In re Glendale Woods Apartments, Ltd., 25 B. R. 414, 415 (1982): „It is obvious that the presence of these creditors on the committee imperils the confidentiality of communications among its members."

der §§ 34 BGB, 47 Abs. 4 GmbHG und 136 Abs. 1 AktG. Der Grad der Interessenkollision bei der in einem solchen Fall nur punktuellen Interessenkollision rechtfertigt hierbei noch keine Entlassung des Mitglieds. Mangels gesetzlicher Regelungen in Bezug auf Stimmrechte sind Gläubigerausschüsse gehalten, diese Fragen in einer Geschäftsordnung zu regeln.[530]

2. Gläubigerversammlung

a) Allgemeines

In der Gläubigerversammlung entscheidet die Summenmehrheit, § 76 Abs. 2 InsO. Aus der Regelung folgt, dass es keine Mindestbeteiligung in der Gläubigerversammlung gibt.[531] Für die Beschlussfähigkeit ist es somit ausreichend, wenn ein einziger stimmberechtigter Gläubiger erscheint.[532] Eine Besonderheit hinsichtlich der Frage der Beschlussfähigkeit stellt § 160 Abs. 1 S. 3 InsO dar, der die Zustimmungserteilung der Gläubigerversammlung im Fall der Beschlussunfähigkeit fingiert. Dies betrifft Konstellationen, in denen kein Gläubigerausschuss bestellt wurde und die Zuständigkeit somit der Gläubigerversammlung obliegt, § 160 Abs. 2 S. 2 InsO.[533] Ob die Zustimmungsfiktion in der Eigenverwaltung Anwendung findet, ist fraglich, da § 276 InsO nur auf § 160 Abs. 1 S. 1 und 2 InsO verweist, allerdings nicht auf dessen Satz 3. Nach überzeugender Ansicht ist hier von einem Redaktionsversehen auszugehen.[534] Es ist kein Grund ersichtlich, weshalb die *Ratio legis* des § 160 Abs. 1 S. 3 InsO nicht auch in der Eigenverwaltung Geltung fände.[535]

Stimmberechtigt sind alle Gläubiger, die ein Stimmrecht nach § 77 InsO haben, d. h. alle Insolvenzgläubiger (§ 38 InsO) mit festgestelltem Stimmrecht und Absonderungsberechtigte. Das Stimmrecht der absonderungsberechtigten Gläubiger ist bemerkenswert, denn die Konkursordnung sah noch vor, dass sich deren Stimmrecht auf den mutmaßlichen Ausfall reduziert (§ 96 Abs. 1 KO). Auf diese Weise enthalten Absonderungsberechtigte ein erhebliches Stimmgewicht, da sie in der Regel die größten Forderungsbeträge innehaben.[536] Vor dem Hintergrund des Gedankens eines Gleichlaufs von Herrschaft und Risikobeteiligung erscheint es fragwürdig, dass Absonderungsberechtigte auch in der Höhe der persönlichen Forderung (bzw. nach Maßgabe des Wertes des Abson-

---

530 Vgl. *Pape*, WM 2003, 361, 367; *Gundlach/Frenzel/Schmidt*, ZInsO 2005, 974, 976.
531 Uhlenbruck-*Knof*, § 76 InsO, Rn. 20; *Pape*, WM 2003, 313, 319.
532 BGH, Beschluss v. 19.07.2007 – IX ZR 77/06, NZI 2007. 732; MünchKomm.-*Ehricke/Ahrens*, § 76 InsO, Rn. 15; Jaeger-*Gerhardt*, § 76 InsO, Rn. 5; Uhlenbruck-*Knof*, § 76 InsO, Rn. 20; *Kübler*, in: FS Kreft, 2004, S. 369, 385.
533 Siehe oben, B. III. 2. (S. 131 ff.).
534 Siehe nur HK-*Brünkmans*, § 276 InsO, Rn. 4; K. Schmidt-*Undritz*, § 276 InsO, Rn. 3.
535 Kübler/Prütting/Bork-*Pape*, § 276 InsO (März 2007), Rn. 6.
536 *Pape*, WM 2003, 313, 318.

derungsrechts) ein Stimmrecht erhalten, wenn sich die persönliche Forderung gegen einen Dritten richtet, § 76 Abs. 2 Hs. 2.[537]

b) Aufhebung eines Beschlusses der Gläubigerversammlung

Beschlüsse der Gläubigerversammlung sind nicht anfechtbar.[538] Allerdings hat das Insolvenzgericht einen Beschluss der Gläubigerversammlung gemäß § 78 Abs. 1 InsO aufzuheben, wenn er dem gemeinsamen Interesse der Insolvenzgläubiger widerspricht. Die Aufhebung muss von einem absonderungsberechtigten Gläubiger, einem nicht nachrangigen Gläubiger oder vom Insolvenzverwalter beantragt werden. Statt des Insolvenzverwalters ist in der Eigenverwaltung der Sachwalter antragsberechtigt.[539] Nach herrschender Meinung ist bezüglich des gemeinsamen Interesses der Insolvenzgläubiger dasjenige der Absonderungsberechtigten nicht mitumfasst. Der Wortlaut „Insolvenzgläubiger" (vgl. § 38 InsO) grenze die Absonderungsberechtigten aus; maßgeblich für § 78 InsO seien gerade nicht die Sonderinteressen gesicherter Gläubiger.[540] Angesichts der Vielzahl widerstreitender Interessen erscheint diese Begründung etwas holzschnittartig. *Ratio legis* des § 78 InsO ist der Schutz der Insolvenzgläubiger vor dem gezielten Missbrauch durch eine Summenmehrheit.[541] Auf diese Weise argumentiert auch der BGH, der festhält, das gemeinsame Interesse der Insolvenzgläubiger sei auf die bestmögliche und gleichmäßige Befriedigung aller Gläubiger gerichtet, woraus mittelbar ein gemeinsames Interesse an einer zumindest mittelfristig erreichbaren Vergrößerung der Haftungsmasse folge.[542]

Die Hürden für die Feststellung eines Verstoßes sind indes hoch. Dem Insolvenzgericht dürften nicht zu weitgehende Eingriffsrechte gewährt werden, anderenfalls werde der Grundsatz der Gläubigerautonomie ausgehöhlt.[543] Konkret bedeute dies, dass die Insolvenzgläubiger ohne den betreffenden Beschluss eine erhebliche, d. h. nicht nur geringe Quotenerhöhung erwarten müssten, so dass ihr gemeinsames Interesse durch den Beschluss deutlich und erheblich ver-

[537] Kritisch bereits *Marotzke*, ZIP 2001, 173; ausführlich *Marotzke*, KTS 2014, 113, 134 ff. Siehe auch *Smid*, Handbuch Insolvenzrecht (2018), § 30, Rn. 33. Zu den Haftungsfragen siehe Kapitel 3, C. (S. 262 ff.).

[538] MünchKomm.-*Ehricke/Ahrens*, § 76 InsO, Rn. 33; Jaeger-*Gerhardt*, § 76 InsO, Rn. 19; Uhlenbruck-*Knof*, § 76 InsO, Rn. 35; *Pape*, WM 2003, 313, 321.

[539] BGH, Beschluss v. 22.06.2017 – IX ZB 82/16, ZIP 2017, 1377; Uhlenbruck-*Knof*, § 78 InsO, Rn. 4a. AA *Buchalik/Hiebert*, EWiR 2017, 501, 502 mit der Begründung, dass der Schuldner in der Eigenverwaltung auch die Interessen der Gläubiger in den Blick nehmen müsse und daher nichts dagegen spreche, ihm zusätzlich zum Sachwalter ein Antragsrecht zuzusprechen.

[540] MünchKomm.-*Ehricke/Ahrens*, § 78 InsO, Rn. 18; *Goebel*, KTS 2002, 615, 628; *Kübler*, in: FS Kreft, 2004, S. 369, 374.

[541] Ausführlich Uhlenbruck-*Knof*, § 78 InsO, Rn. 10 f. mwN.

[542] BGH, Beschluss v. 22.06.2017 – IX ZB 82/16, ZIP 2017, 1377, 1378. Siehe auch BGH, Beschluss v. 12.06. 2008 – IX ZB 220/07, ZIP 2008, 1384, 1385.

[543] BGH, Beschluss v. 22.06.2017 – IX ZB 82/16, ZIP 2017, 1377, 1378 Rn. 12.

letzt ist.[544] Dies sei bei einer ohne den Beschluss zu erwartenden Quotenerhöhung von 10 Prozent der Fall.[545] Die bloße Behauptung einer Quotenerhöhung genüge nicht, vielmehr müsse sich das Gericht davon überzeugen, dass die entsprechende Prognoseentscheidung der Gläubigerversammlung eindeutig unrichtig sei. Da Prognoseentscheidungen stets unter Unsicherheit getroffen würden, sei sie durch das Gericht nur eingeschränkt überprüfbar.[546] Der entscheidende Zeitpunkt für die Beurteilung ist nach dem BGH aus diesem Grund derjenige der Entscheidung durch die Gläubigerversammlung; nachträgliche Änderungen der Beurteilungsgrundlage müssten unberücksichtigt bleiben.[547]

Bei einer übertragenden Sanierung handelt es sich stets um eine solche Prognoseentscheidung.[548] Die Gläubigerversammlung beschließt diese regelmäßig nicht anhand optimaler Informationsversorgung und typischerweise unter erheblichem Zeitdruck. Die Entscheidung des BGH zeigt deshalb mittelbar die Gefahren auf, die sich aus der Stimmgewalt einzelner Gläubiger ergeben können. Wenn gesicherte Gläubiger, die – wie bereits erwähnt – häufig ohnehin bereits die Stimmenmehrheit in der Gläubigerversammlung halten, eine übertragende Sanierung anstrengen wollen, wird es den Gläubigern in der Minderheit nur sehr schwer gelingen, den zu erwartenden Quotenschaden nachzuweisen. § 78 InsO stellt somit kein geeignetes Korrektiv für die aufgezeigten Regelungsmängel dar.[549]

c) *Stimmverbot*

Fraglich ist, ob die für Mitglieder des Gläubigerausschusses geltenden Stimmverbote auch für Mitglieder der Gläubigerversammlung gelten. Überwiegend wird schlicht vorausgesetzt, dass der „allgemeine Rechtsgedanke“, der den genannten gesellschaftsrechtlichen Vorschriften (§§ 34 BGB, 47 Abs. 4 GmbHG, 136 Abs. 1 AktG[550]) zugrunde liege, auch für die Gläubigerversammlung gelten müsse.[551] An dieser Stelle ist auf das Argument von *Grell* und *Klockenbrink* zu-

---

544 BGH, Beschluss v. 22.06.2017 – IX ZB 82/16, ZIP 2017, 1377, 1378 Rn. 13. Siehe auch LG Lüneburg, Beschluss v. 06.02.2020 – 3 T 4/20, ZIP 2020, 1033, 1034, wonach eine „wesentliche Anreicherung der Masse“ erreicht werden müsse.

545 BGH, Beschluss v. 22.06.2017 – IX ZB 82/16, ZIP 2017, 1377, 1378 Rn. 13.

546 BGH, Beschluss v. 22.06.2017 – IX ZB 82/16, ZIP 2017, 1377, 1378 Rn. 15 f. Insoweit noch zustimmend *Jungmann*, ZRI 2020, 463, 469 f.

547 BGH, Beschluss v. 22.06.2017 – IX ZB 82/16, ZIP 2017, 1377, 1378 Rn. 10. Kritisch *Jungmann*, WuB 2017, 682, 684 sowie *Jungmann*, ZRI 2020, 463, 470 f.

548 *Jungmann*, ZRI 2020, 463, 470.

549 Vgl. *Kübler*, in: FS Kreft, 2004, S. 369, 374.

550 Zur Diskussion in Bezug auf den Gläubigerausschuss siehe oben, B. VI. 1. c) (S. 160 f.).

551 AG Itzehoe, Beschluss v. 22.07.2014 – 28 IE 1/14, ZIP 2014, 1545, 1546; AG Dresden, Beschluss v. 02.05.2006 – 550 IN 2324/05, ZInsO 2006, 888, 891. Ähnlich AG Kaiserslautern, Beschluss v. 17.10.2005 – IN 423/03, ZIP 2006, 531, 532 („Zugrundelegung allgemeiner Rechtsgedanken der §§ 181, 34 BGB“); KölnKomm.-*Plathner*, § 77 InsO, Rn. 15 f.; MünchKomm.-*Ehricke/Ahrens*, § 77 InsO, Rn. 36.

rückzukommen, wonach sich die gesellschaftsrechtlichen Stimmverbote nicht ohne Weiteres auf die Gläubigerorgane übertragen ließen, da es sich bei diesen nicht um freiwillige Zusammenschlüsse handele.[552] Anders als im Gläubigerausschuss sind Mitglieder der Gläubigerversammlung nicht dazu verpflichtet, die Interessen aller Beteiligten zu verfolgen.[553] Das Gegenargument, die Teilnahme an der Gläubigerversammlung sei „nicht für jeden Gläubiger zwingend",[554] weshalb gar kein qualitativer Unterschied zum Verbandsrecht bestehe, ist zweifelhaft. Gläubiger organisieren sich nicht, um gemeinsam das Unternehmen in die Insolvenz zu begleiten; sie werden erst aufgrund der Insolvenz des schuldnerischen Unternehmens in diese Rolle gezwungen.[555] Dass sie hierbei nicht gezwungen werden, am Berichtstermin zu erscheinen, ändert an diesem Ergebnis nichts. Zwar ließe sich irgendeine Vergleichbarkeit von Gesellschafterversammlungen mit der Gläubigerversammlung noch begründen: Wie bei den verbandsrechtlichen Gesellschaftergremien handelt es sich bei der Gläubigerversammlung auch um ein Kollektivorgan, innerhalb dessen Abstimmungen vorgenommen werden.[556] Ob dies für eine Vergleichbarkeit der Rechts- und Interessenlage und damit für eine Analogie ausreichend ist, erscheint zweifelhaft.[557] Einige Literaturstimmen verneinen auch das Vorliegen einer (planwidrigen) Regelungslücke, da mit § 78 InsO ein Korrektiv existiere.[558] Hiergegen ist einzuwenden, dass § 78 InsO einen gänzlich anderen Regelungsgehalt hat. Bei der Beschlusskontrolle geht es nicht um das Zustandekommen des betreffenden Beschlusses, sondern um seine Folgen, nämlich die Quotenerwartung.[559] Die (hier analog anzuwendenden) Stimmverbote haben zum Ziel, fremde Sonderinteressen bereits von der Willensbildung auszuschließen.[560] Die Existenz einer Regelungslücke lässt sich somit kaum bestreiten. Ob den verbandsrechtlichen Vorschriften ein gemeinsamer, allgemeiner Rechtsgedanke zugrunde liegt, kann

---

[552] *Grell/Klockenbrink*, DB 2014, 2514, 2515 f. Ebenso *Grell*, NZI 2006, 77, 78.

[553] MünchKomm.-*Ehricke/Ahrens*, § 74 InsO, Rn. 2, 7; Jaeger-*Gerhardt*, § 74 InsO, Rn. 2; Uhlenbruck-*Knof*, § 74 InsO, Rn. 5.

[554] *Bernsen/Bernsen*, in: FS Görg, 2010, S. 27, 25.

[555] Ebenso *Grell*, NZI 2006, 77, 78. Insoweit auch *Thole*, in: FS Vallender, 2015, S. 679, 686: Gläubiger fänden sich „zufällig als Beteiligte in einem staatlichen Rechtspflegeverfahren" wieder.

[556] Vgl. *Thole*, in: FS Vallender, 2015, S. 679, 686.

[557] Dass die Feststellung der Vergleichbarkeit ohnehin nicht logisch zwingend ist, sondern immer Produkt eines „Vorgangs wertenden Denkens" darstellt (*Larenz/Canaris*, Methodenlehre [1995], S. 202 f.), ist anerkannt. Entscheidend sind vor allem die gesetzgeberischen Wertungen, welche die Vorschriften zum Ausdruck bringen, die für die Analogie herangezogen werden sollen, siehe aaO.

[558] *Grell*, NZI 2006, 77, 78; *Grell/Klockenbrink*, DB 2014, 2514, 1515.

[559] Siehe oben, b) (S. 166).

[560] Siehe KölnKomm.-*Tröger*, § 136 AktG, Rn. 13; MünchKomm.-*Leuschner*, § 34 BGB, Rn. 1. Grundlegend *Zöllner*, Die Schranken mitgliedschaftlicher Stimmrechtsmacht bei den privatrechtlichen Personenverbänden (1963), S. 158 ff. Siehe auch *Müller-Erzbach*, JZ 1956, 705, 707.

angesichts der Verschiedenheit dieser Regelungen durchaus bezweifelt werden.[561] § 136 Abs. 1 AktG regelt das Stimmverbot etwa nur in den enumerativ aufgeführten Fällen und kann nach herrschender Meinung nicht auf andere Interessenkollisionen erweitert werden, so dass bei Rechtsgeschäften zwischen der AG und einem Gesellschafter der betroffene Gesellschafter keinem Abstimmungsverbot unterliegt.[562] § 34 Var. 1 BGB erfasst hingegen genau diesen Fall. Die Folgefrage nach der Übertragbarkeit dieses allgemeinen Rechtsgedankens auf die Gläubigerversammlung ist ebenso wenig beantwortet. Dass Eigeninteressen von Gläubigern in der Natur der Sache liegen,[563] erhöht den Begründungsaufwand noch und zeigt die Notwendigkeit einer gesetzlichen Regelung.

d) Vorschlag einer gesetzlichen Regelung

Im Ergebnis steht die Argumentation für das Vorliegen der Analogievoraussetzungen wie gezeigt auf wackeligen Beinen.[564] Noch komplizierter ist die Konstellation im Fall einer gleichzeitigen Insiderstellung des betreffenden Mitglieds (wie etwa beim Management Buyout). Insofern unterliegt das Mitglied einer „doppelten" Interessenkollision (§ 162 Abs. 1 Nr. 1 und 2 InsO). Sowohl Insider- als auch Erwerberstellung führen zu einem erhöhten Grad der Interessenkollision. Kompliziert ist die Konstellation deshalb, weil beide Umstände für sich genommen nicht den Grad der Interessenkollision herbeiführen, der einen Ausschluss aus der Gläubigerversammlung rechtfertigen würde. Rechtssicherheit kann nur eine gesetzliche Regelung schaffen. Diese sollte vorsehen, dass Mitglieder der Gläubigerversammlung, die sowohl auf Erwerberseite stehen als auch Insider sind, nicht Mitglied der Gläubigerversammlung sein dürfen, da der Interessenkonflikt zu schwerwiegend ist. Mitglieder, die nicht Insider sind, aber auf Erwerberseite stehen, dürfen darüber hinaus nicht an der Beschlussfassung teilnehmen, um die Möglichkeit der Einflussnahme auf die anderen Mitglieder zu verringern.

Das Vorliegen eines Stimmverbots sagt noch nichts über seine Reichweite aus. Es dürfte über das Ziel hinausschießen, einem Gläubiger grundsätzlich die Teilnahme in der Gläubigerversammlung zu versagen. Ausreichend ist ein Ausschluss von der konkreten Abstimmung über die Unternehmensveräußerung.[565] Daneben sollte der betreffende Gläubiger in Bezug auf die konkrete Abstimmung über die Unternehmensveräußerung einem Stimmverbot unterliegen.

---

561 Vgl. *Heckschen*, GmbHR 2016, 897, 898.

562 KölnKomm.-*Tröger*, § 136 AktG, Rn. 50 f.; *Hüffer/Koch*, § 136 AktG, Rn. 18 mwN.

563 Hierauf auch in diesem Zusammenhang hinweisend K. Schmidt-*Jungmann*, § 76 InsO, Rn. 15; 17.

564 Vgl. auch *Schulte*, NZI 2014, 1008, 1009 („eher brüchig").

565 Vgl. AG Dresden, Beschluss v. 02.05.2006 – 550 IN 2324/05, ZInsO 2006, 888, 891 f. (Stimmverbot individuell für jede einzelne Abstimmung zu prüfen).

VII. Ergebnis zu B. und Vorschlag de lege ferenda

Die wesentlichen und konzeptionellen Unterschiede zwischen den deutschen und US-amerikanischen Gläubigerorganen sind systemimmanent und nur vor dem Hintergrund der rechtskulturellen Unterschiede der beiden Insolvenzrechtsordnung zu verstehen.[566]

Die Schuldnerzentriertheit des US-amerikanischen Insolvenzrechts zeigt sich besonders am Fehlen von Kompetenzzuweisungen an das *Creditors' Committee* im Fall von *363 Sales*.[567] Das „Notice and Hearing"-Erfordernis ist einer der wenigen Strohhalme, an denen sich insbesondere ungesicherte Gläubiger festhalten können, wenn Großgläubiger, gegebenenfalls in Zusammenarbeit mit dem *Debtor*, einen *363 Sale* vorantreiben. Das *Creditors' Committee* muss das Verfahren daher proaktiv überwachen und die Transaktion, soweit möglich, auf Unregelmäßigkeiten überprüfen.

Ein (potenzieller) Erwerber kann grundsätzlich Mitglied des *Creditors' Committee* sein. Die *Duty of Loyalty* verbietet es nicht, Insiderinformationen zu eigenen Zwecken zu nutzen, da die „Hybridstellung" als Gläubiger anerkannt wird. Problematisch hieran ist, dass weder eine gesetzliche Regelung noch einheitliche Rechtsprechung in Bezug auf Teilnahme und Stimmrecht im *Creditors' Committee* existiert. Wie im deutschen Recht kommt damit einer Geschäftsordnung (*By-Laws*) des *Creditors' Committee* entscheidende Bedeutung zu. Ein höherer Prüfungsmaßstab, der den *Debtor* dazu zwingt, das *Creditors' Committee* zu beteiligen, besteht nur bei Insidertransaktionen und nicht in allen *Circuits*.

Zudem wird beobachtet, dass die Bereitschaft unter den Gläubigern, sich zu beteiligen, jedenfalls in kleinen und mittleren Verfahren gering ist.[568] Die Auswirkungen geringer Teilnahme sind vor diesem Hintergrund problematisch, da dem *Creditors' Committee* Rechte zugewiesen sind, die in Deutschland dem Sachwalter obliegen. Das Fehlen von Mitwirkungsmöglichkeiten der Gläubiger bei *363 Sales* lässt sich als konsequenten Ausdruck der Schuldnerzentriertheit von *Chapter 11* in Verbindung mit dem erwünschten Schutz des *Going Concern Value* verstehen.[569] In der Folge werden Unterwertveräußerungen, die aus deutscher Perspektive der bestmöglichen Befriedigung aller Gläubiger schaden, akzeptiert, wenn es den Erhalt des Unternehmens gewährleistet.[570]

---

566 Hierzu Kapitel 1, A. I. (S. 7 ff.).

567 Siehe oben, B. II. 3. a) (S. 122 f.).

568 *Zipes/Lambert*, 77 American Bankruptcy Law Journal (2003), 229, 242 f.

569 Zu dieser historisch gewachsenen Insolvenzrechtskultur, die auch Ausdruck in der US-amerikanischen *Bankruptcy Governance* findet, siehe Kapitel 1, A. I. und A. II. (S. 7 ff.; 23 ff.).

570 Dass es sich hierbei nicht um eine Rechtsträgersanierung handelt, die *Chapter 11* eigentlich vorsieht und von der Gläubiger mittelfristig hätten profitieren sollen, scheint zweitrangig zu sein.

Das deutsche Recht erfordert für die übertragende Sanierung hingegen stets die Zustimmung der Gläubiger. Diese Zustimmungserfordernisse (§§ 160, 162, 163 InsO) sind indes nur interne Kompetenzzuweisungen, d. h. Verfahrensfehler entfalten keine Außenwirkung. Sie dürften sich dann als ineffizient herausstellen, wenn es dem Schuldner gelingt, entsprechend Einfluss auf die Rahmenbedingungen des Verfahrens zu nehmen, etwa durch „Mitbringen" eines eigenen Sachwalters. Die Bedeutung der Zusammensetzung des Gläubigerausschusses kann deshalb nicht überschätzt werden; die Unabhängigkeit seiner Mitglieder muss gesichert sein und laufend überprüft werden. Der Gläubigerversammlung wird es vor allem in Anbetracht des ständigen Zeitdrucks nicht gelingen, einen Unterwertverkauf und/oder Insiderverkauf zu erkennen geschweige denn zu verhindern. Diese grundlegende Entscheidung für die fehlende Außenwirkung der Zustimmungsvorschriften ist insbesondere problematisch bei den Fällen, in denen Insider im weiteren Sinne auf Erwerberseite stehen. Sie stehen entweder der Geschäftsleitung nahe oder sind Mitglied eines Gläubigerorgans und haben typischerweise Kenntnis von diesen internen Verfahrensfragen. Vor allem § 162 InsO verliert dann seinen Zweck, wenn Insider in der Gläubigerversammlung stimmgewichtig vertreten sind. Wenig Abhilfe verschafft das Institut der Insolvenzzweckwidrigkeit[571], da es nur bei evidenten Missbrauchsfällen hilft. Die Möglichkeit für die Gläubiger, einen Antrag auf Anordnung der Zustimmungsbedürftigkeit durch den Sachwalter zu stellen (§ 277 InsO) kann im Einzelfall hingegen ein geeignetes Korrektiv darstellen.[572]

Die Rechtsprechung der US-amerikanischen Gerichte stellt in Fällen der Veräußerung an Insider mitunter höhere Anforderungen an die Unternehmensveräußerung als das deutsche Recht.[573] Abgesehen von der ohnehin problematischen Grundkonzeption der Zustimmungserfordernisse durch Gläubigerausschuss und Gläubigerversammlung, erscheint jedenfalls die vorgeschlagene Überarbeitung von § 162 InsO angebracht.[574] Das betrifft zunächst den soeben angesprochenen, von der US-amerikanischen Rechtsprechung entwickelten erhöhten Prüfungsmaßstab. Die Reaktion auf Insiderveräußerungen innewohnende Gefahr äußert sich in Deutschland nur durch eine Kompetenzzuweisung an die Gläubigerversammlung. Diese ist um einen materiellen Prüfungsmaßstab zu ergänzen. Eine übertragende Sanierung nach § 162 InsO sollte grundsätzlich nur dann vorgenommen werden dürfen, wenn ein ernsthafter Versuch eines Vermarktungsprozess vorgenommen wurde. Hierbei kann die Rechtsprechung in *Melting Ice Cube*-Fällen im Sinne einer Gefahr im Verzug-Regelung Ausnahmen vorsehen. Die Erfahrungen aus den USA zeigen, dass diese nur bei Vorliegen enger Voraussetzungen zugelassen werden sollten und deshalb nur dann

571 Siehe oben, B. IV. (S. 147 ff.).
572 Siehe oben, B. II. 2. c) aa) (S. 119 f.).
573 Siehe oben, B. III. 2. a) (S. 132 ff.).
574 Siehe oben, B. III. 3. (S. 146 f.).

Anwendung finden dürfen, wenn der Schuldner das Vorliegen eines *Melting Ice Cube*-Falles ausführlich begründet. Darüber hinaus sollte bei Unternehmen des tertiären Wirtschaftssektors durch ein externes Gutachten sichergestellt sein, dass sich eine Veräußerung nicht ausschließlich am Wert des Anlagevermögens (Substanzwertmethode) orientiert, sondern auch nicht sichtbare immaterielle Werte berücksichtigt sind.[575]

Das Kompetenzgefüge der InsO in Bezug auf die Zustimmungserfordernisse der Gläubigerorgane sollte vor allem in Bezug auf die Gläubigerversammlung Regelungen zur Willensbildung treffen. Hierzu zählen klare Abstimmungs- und Teilnahmeregelungen in Bezug auf Insiderveräußerungen. Darüber hinaus sollte die grundlegende gesetzgeberische Entscheidung, dass Absonderungsberechtigte in Höhe des Wertes des Sicherungsgutes abstimmungsberechtigt sind, hinterfragt werden. Die Gefahr einer übereilt vorgenommenen übertragenden Sanierung für den schnellen *Pay-off* einzelner Gläubiger zum Nachteil der Gläubigergemeinschaft, wie sie in den USA bekannt ist, besteht für Deutschland aus den genannten Gründen mangelnder Kontrolldichte des Schuldners in ähnlicher Weise.

C. Sachwalter und *Examiner*

I. Vorüberlegungen

Die Untersuchung zu den Überwachungsorganen in beiden Rechtsordnungen hat gezeigt, dass diese reaktiv handeln und wenig in das operative Geschäft des Schuldners eingebunden sind.[576] Außerdem besteht stets die Gefahr, dass einzelne Gläubiger Eigeninteressen verfolgen.[577] Die Einsetzung eines neutralen Dritten, der keine Eigeninteressen hat bzw. jedenfalls verpflichtet ist, nur die Interessen der Gesamtgläubigerschaft im Sinne der Masse (*Estate*) zu vertreten, ist deshalb umso wichtiger.[578]

In den USA wurde die bedeutende Rolle dieses neutralen Dritten jedenfalls für größere Verfahren früh erkannt. Der *Bankruptcy Act of 1938* (*Chandler Act*)[579] führte *Chapter X* als Reorganisationsverfahren ein und verpflichtete in größeren Verfahren bei Verbindlichkeiten des *Debtor* von mindestens $ 250.000

---

575 Siehe hierzu *Fröhlich/Köchling*, ZInsO 2005, 1121, 1122.

576 Siehe *LoPucki*, 57 American Bankruptcy Law Journal (1983), 247, 252 f.; *Zaretsky*, 44 South Carolina Law Review (1993), 907, 915.

577 *Korch*, 34 Emory Bankruptcy Developments Journal (2018), 411, 437 f.

578 *Lipson/Marotta*, 90 American Bankruptcy Law Journal (2016), 1, 9 f.

579 Der *Chandler Act* hat den *Bankruptcy Act of 1898* nicht außer Kraft gesetzt, aber in weiten Teilen geändert. In dieser Fassung hatte er bis zum heutigen *Bankruptcy Act of 1978* weitestgehend Bestand. Siehe zur historischen Genese oben, Kapitel 1, A. I. 2. a) (S. 10 ff.).

zu der Bestellung eines *Trustee*.[580] Dieser hatte weitgehende Befugnisse, darunter die Übernahme der Aufgaben der Geschäftsleitung sowie die Ausarbeitung eines *Reorganization Plan*.[581] Bei der Gesetzgebung des heutigen *Chapter 11* und nach intensiven Debatten über das Für und Wider der Einsetzung eines *Trustee* kam der Kongress zu dem Ergebnis, dass ein *Trustee* nur in Ausnahmefällen bestellt werden müsse.

Er ging offenbar von der historischen Tatsache aus, dass die Missbrauchsgefahren eines *Debtor-in-Possession*-Verfahrens aus der Zeit während bzw. nach der *Great Depression* stamme, in welcher der Missbrauch des Insolvenzverfahrens als verbreitet galt. Diese Gefahr sei durch Verabschiedung anderer Regelungswerke (*Securities Act* sowie *Securities Exchange Act* und deren Durchsetzung durch die *S. E. C.*[582]) im Wesentlichen beseitigt.[583] Die Gesetzgebungsgeschichte zeigt dennoch, dass sich der Kongress der Vorteile eines neutralen Dritten im Verfahren als Kontrollinstanz bewusst war und die Bestellung eines *Examiner* nicht als seltenen Ausnahmefall betrachtete.[584] *Chapter 11* des heutigen *U. S. Bankruptcy Code* ermöglicht somit entweder die Bestellung eines *Trustee*[585], der die Verwaltungs- und Verfügungsbefugnis des *Debtor* übernimmt[586], oder eines *Examiner*[587], der dem deutschen Sachwalter ähnlicher ist. Bei Bestellung eines *Examiner* behält der *Debtor* die Verwaltungs- und Verfügungsbefugnis.

Obwohl *Chapter 11* dem Eigenverwaltungsverfahren der Insolvenzordnung Pate stand, ist Vorbild der gesetzlichen Regelung des Sachwalters nicht der US-amerikanische *Examiner*, sondern der Vergleichsverwalter der Vergleichsordnung von 1927.[588] Dieser Umstand muss beim Rechtsvergleich berücksichtigt werden. Zu untersuchen ist, welche Funktion der *Examiner* in *Chapter 11* im Allgemeinen sowie bei *363 Sales* im Besonderen hat und ob das Institut des *Examiner* für die Überwachung ausreichend ist. Hierfür ist ein Vergleich der Bestellung von Sachwalter/*Examiner* vorzunehmen unter Berücksichtigung der Anforderungen, die an die jeweilige Person gestellt werden (II.). Die Gegenüberstellung der konkreten Aufgaben und Kompetenzen zeigt, dass der Sachwalter im Vergleich zum *Examiner* jedenfalls in der Rechtspraxis deut-

---

[580] Chandler Act, Section 156 (11 U.S.C. § 567 [1938]). Siehe auch *Zaretsky*, 44 South Carolina Law Review (1993), 907, 917; *Lipson*, 84 American Bankruptcy Law Journal (2010), 1, 9 f.

[581] Chandler Act, Section 167 (11 U.S.C. § 567 [1938]). Zur Gesetzgebungsgeschichte siehe *Skeel*, Debt's Dominion (2004), S. 101 ff.

[582] United States Securities and Exchange Commission, Börsenaufsichtsbehörde der USA.

[583] *Tabb*, Law of Bankruptcy (2020), § 11.7, S. 1055 f.

[584] Vgl. *Lipson*, 84 American Bankruptcy Law Journal (2010), 1, 13 f.

[585] 11 U.S.C. § 1104(a).

[586] 11 U.S.C. § 1106(a).

[587] 11 U.S.C. § 1104(c).

[588] Siehe Begr. RegE InsO, BT-Drucks. 12/2443, S. 100. Ausführlich *Hedaiat-Rad*, Der Sachwalter in der Eigenverwaltung (2018), S. 7 ff.

lich weitergehende Befugnisse hat (III.). Die Überwachung des Sachwalters in Deutschland sowie des *Examiner* in den USA durch gerichtliche Aufsicht weist wiederum starke Gemeinsamkeiten auf (IV.).

II. Bestellung

1. Allgemeines

In der deutschen Eigenverwaltung wird stets ein (vorläufiger) Sachwalter bestellt. Für das eröffnete Verfahren ordnet dies § 270f Abs. 2 S. 1 InsO an; für das Eröffnungsverfahren § 270b Abs. 1 S. 1 InsO.

In den USA hingegen ist die Bestellung des *Examiner*, wie bereits erwähnt, nicht immer obligatorisch. Nach 11 U.S.C. § 1104(c) soll das Insolvenzgericht einen *Examiner* einsetzen, wenn dies im Interesse der Gläubiger erforderlich ist oder wenn Verbindlichkeiten des *Debtor* in Höhe von mindestens $ 5 Millionen vorliegen. Trotz dieser gesetzgeberischen Anweisung, die eine Bestellung eines *Examiner* in größeren Insolvenzen ausdrücklich vorsieht, bestellen viele Gerichte einen *Examiner* häufig nicht.[589] Hintergrund dürfte die Vorstellung sein, dass die Bestellung eines neutralen Dritten erst dann erforderlich sei, wenn das *Creditors' Committee* nicht mehr in der Lage ist, den *Debtor* ausreichend zu überwachen.[590] Schon lange kritisieren Stimmen im US-amerikanischen Schrifttum, dass Gerichte den Eintritt eines solchen Falles häufig übersehen.[591] Nach einer Studie von 2010 wurden in nur 14 Prozent aller Fälle, welche die genannten Kriterien von 11 U.S.C. § 1104(c) erfüllen, *Examiner* angefordert. In etwa 7 Prozent der Fälle bestellten Gerichte einen solchen.[592]

Ein entscheidender Unterschied zwischen Sachwalter und *Examiner* besteht in der Vergütung. Der Sachwalter erhält gemäß § 274 Abs. 1 InsO wie der

---

[589] Siehe etwa In re GHR Companies, Inc., 43 B. R. 165 (Bankr. D. Mass. 1984); In re Bradlees Stores, Inc., 209 B. R. 36 (Bankr. S. D. N. Y. 1997); In re Dewey & LeBoeuf LLP, 478 B. R. 627 (Bankr. S. D. N. Y. 2012). Kritisch deshalb *Tabb*, Law of Bankruptcy (2020), § 11.8, S. 1060 f. Siehe auch *Gumport*, 20 California Bankruptcy Journal (1992), 71, 111 ff.; *Adams*, 73 Boston University Law Review (1993), 581, 620; *Zaretsky*, 44 South Carolina Law Review (1993), 907, 937 f.; *Warren/Westbrook*, 24 American Bankruptcy Institute Journal (2005), 34 („The broad discretion apparently lodged in the courts seems anomalous in light of the statutory language and structure, especially in those larger cases where appointment of an examiner is mandated by the statute."); *White/Theus*, 80 American Bankruptcy Law Journal (2006), 289, 303 f.; *Lipson*, 84 American Bankruptcy Law Journal (2010), 1 ff.; *Lipson/Marotta*, 90 American Bankruptcy Law Journal (2016), 1 ff.; *Korch*, 26 American Bankruptcy Institute Law Review (2018), 273 ff. Siehe aber In re Big Rivers Elec. Corp., 213 B. R. 962, 965 f. (Bankr. W. D. Ky. 1997): „[R]equired by 11 U.S.C. § 1104(c)(2) as a matter of law due to [the Debtor (Einfügung d. Verf.)] having fixed, liquidated, unsecured debts in excess of $5 million." Siehe weiter In re UAL Corp., 307 B. R. 80, 84 ff. (Bankr. N. D. Ill. 2004).

[590] Vgl. *Zaretsky*, 44 South Carolina Law Review (1993), 907, 910.

[591] Siehe bereits *Zaretsky*, 44 South Carolina Law Review (1993), 907, 915 f.

[592] *Lipson*, 84 American Bankruptcy Law Journal (2010), 1, 24. Siehe auch *Lipson/Marotta*, 90 American Bankruptcy Law Journal (2016), 1, 27.

Insolvenzverwalter eine masseabhängige und damit leistungsbezogene Vergütung.[593] Der *Examiner* hingegen rechnet auf Stundenbasis ab.[594] Allgemeine Untersuchungen zu den Kosten für *Bankruptcy Professionals* in den USA zeigen hierbei eine deutliche Tendenz, großzügig abzurechnen.[595]

Häufig genannte Gründe für die seltene Bestellung von *Examiners* sind deshalb die verursachte Verzögerung des Verfahrens sowie die entstehenden Kosten, weshalb sich gerade in kleineren Verfahren Gerichte nach einer Kosten-Nutzen-Rechnung gegen die Bestellung entscheiden.[596] In einigen Großverfahren der vergangenen 20 Jahre haben Gerichte *Examiners* hingegen, wohl auch aufgrund der Komplexität der Verfahren, bestellt.[597]

2. *Anforderungen an die Person*

a) *Allgemeines*

§§274 Abs. 1, 56 InsO regeln die Anforderungen, die ein (vorläufiger) Sachwalter erfüllen muss. Dieser muss somit für den jeweiligen Einzelfall geeignet, insbesondere geschäftskundig und von den Gläubigern und vom Schuldner unabhängig sein. Außerdem muss es sich um eine natürliche Person handeln. Jedenfalls in Bezug auf die Geschäftskunde gelten für den Sachwalter somit keine anderen Anforderungen als für den Insolvenzverwalter im Regelverfahren.[598]

Der *Examiner* wird vom Gericht eingesetzt, aber der *U. S. Trustee* wählt ihn aus.[599] Dieser kann die Person nach freiem Ermessen aussuchen. Als *Examiner*

[593] Diese beträgt gemäß § 12 InsVV indes nur 60 Prozent der für den Insolvenzverwalter bestimmten Vergütung.

[594] Siehe zu diesem Unterschied auch *Korch*, ZIP 2018, 109, 112.

[595] Siehe *Lubben*, 82 American Bankruptcy Law Journal (2008), 77, 98 f. und passim; *LoPucki/Doherty*, 82 American Bankruptcy Law Journal (2008), 141; *LoPucki/Doherty*, 5 Journal of Empirical Legal Studies (2008), 983. Auch in Deutschland zeichnen sich inzwischen hohe Kosten für Beraterhonorare in der Eigenverwaltung ab, siehe *Brinkmann*, in: FS Kayser, 2019, S. 99, 108 f.

[596] In re Shelter Res. Corp., 35 B. R. 304 (Bankr. N. D. Ohio 1983): „The appointment of an examiner would entail undue delay in the administration of this estate and most likely cause the debtor to incur substantial and unnecessary costs and expenses detrimental to the interests of creditors and parties in interest.“. Siehe auch *Zaretsky*, 44 South Carolina Law Review (1993), 907, 935 f.; *Dickerson*, 93 Minnesota Law Review (2009), 875, 904; *Lipson*, 84 American Bankruptcy Law Journal (2010), 1, 62; *Bussel*, 90 American Bankruptcy Institute Journal (2016), 59, 79 f. Vgl. auch *Adams*, 73 Boston University Law Review (1993), 581, 620.

[597] Zu den wohl spektakulärsten gehören die Insolvenzverfahren von *Enron*, *Worldcom* und *Lehman Brothers*. Siehe hierzu *Lipson*, 84 American Bankruptcy Law Journal (2010), 1, 2; *Lipson/Marotta*, 90 American Bankruptcy Law Journal (2016), 1, 5; *Bussel*, 90 American Bankruptcy Institute Journal (2016), 59, 80.

[598] *Rattunde*, Der Sachwalter in der Eigenverwaltung (2015), Rn. 41; MünchKomm.-*Kern*, § 274 InsO, Rn. 17; *Flöther*, ZInsO 2014, 465, 466; *Frind*, ZInsO 2014, 119, 130.

[599] 11 U.S.C. § 1104(d): „If the court orders the appointment of [...] an examiner, [...] then the United States trustee, after consultation with parties in interest, shall appoint [...] one disinterested person [...] to serve as [...] examiner.“)

werden typischerweise erfahrene und angesehene Insolvenzrechtsexperten ausgewählt, bei denen es sich um Rechtsanwälte, Wissenschaftler oder auch pensionierte Insolvenzrichter handeln kann.[600] Auch wenn es sich regelmäßig um natürliche Personen handelt, können prinzipiell auch *Partnerships* und *Corporations* zum *Examiner* bestellt werden.[601]

b) Unabhängigkeit

Besondere Aufmerksamkeit verlangt die erforderliche Unabhängigkeit von Sachwalter und *Examiner* von Schuldner und Gläubigern.[602] Für den Sachwalter verlangt § 56 Abs. 1 S. 1 InsO die Unabhängigkeit. Der *Examiner* muss gemäß 11 U.S.C. § 1104(d) eine *Disinterested Person* sein. Der Begriff ist in 11 U.S.C. § 101(14) definiert und setzt unter anderem voraus, dass kein konträres Interesse zum Interesse des *Estate* oder irgendeiner Gruppe von Gläubigern bestehen darf, das auf irgendeiner direkten oder indirekten Verbindung zum Schuldner beruht.[603] Das Kriterium der *Disinterestedness* wurde bereits zu Zeiten des *Chandler Act of 1938* als entscheidendes Merkmal des Trustee angesehen.[604] Die *Federal Rules of Bankruptcy Procedure* enthalten die Regelung, dass das Gericht mit einem *Appointment Order* die Auswahl des *Examiner* durch den *U. S. Trustee* bestätigt. Die Bestätigung soll enthalten, dass der Bewerber auf das *Examiner*-Amt alle Verbindungen zu Schuldner, Gläubigern oder anderen Verfahrensbeteiligten bzw. deren Prozessvertretern offengelegt hat.[605] Durch die seltene Bestellung von *Examiners* sind die Erfahrungswerte jedoch gering und das Merkmal der *Disinterestedness* ist weder durch Gesetzgebung noch Rechtsprechung konturiert.[606]

In Bezug auf den Sachwalter ist das Kriterium der Unabhängigkeit umso entscheidender. Dieser stellt auch aufgrund der (jedenfalls internen) Zustimmungsbedürftigkeit einer übertragenden Sanierung in der Eigenverwaltung gemäß § 275 InsO eine entscheidende Instanz zur Überwachung des Schuldners dar. Ist er hierbei nicht unabhängig vom Schuldner, ist das Überwachungssystem entscheidend geschwächt. Das gleiche gilt für die Unabhängigkeit von Gläubigern. Auf die Unabhängigkeit kann durch die Gläubiger auch nicht verzichtet wer-

[600] *Bussel*, 90 American Bankruptcy Institute Journal (2016), 59, 79.

[601] 11 U.S.C. § 101(41). Siehe auch In re Univ. Ave. Properties, 55 B.R. 986 (Bankr. E. D. Wis. 1986); In re Tarkowski, 104 B. R. 828, 830 (Bankr. E. D. Mich. 1989).

[602] Siehe etwa *Bussel*, 90 American Bankruptcy Institute Journal (2016), 59, 111 für den *Examiner* und *Frind*, ZInsO 2014, 119, 130 für den Sachwalter.

[603] 11 U.S.C. § 101(14)(C).

[604] Siehe *Skeel*, Debt's Dominion (2004), S. 120.

[605] Federal Rules of Bankruptcy Procedure, Rule 2007.1(c).

[606] Vgl. allgemein zu dem Merkmal In re Martin, 817 F.2d 175, 181 (1st Cir. 1987): „We acknowledge that the Code is less than explicit in mapping the contours of the disinterestedness requirement."

den.[607] Zu untersuchen sind in diesem Zusammenhang die Konstellationen des vorinsolvenzlichen Sanierungsberaters (aa)) sowie *Change of Control*-Klauseln in sogenannten personenbezogenen Massekreditverträgen (bb)).

aa) Vorinsolvenzlicher Sanierungsberater

Auch zum Regelverfahren viel diskutiert ist die Frage, ob die Unabhängigkeit im Sinne des § 56 Abs. 1 InsO dann nicht mehr gegeben ist, wenn der Insolvenzverwalter bzw. Sachwalter den Schuldner vorinsolvenzlich beraten hat. Gemäß § 56 Abs. 1 S. 3 Nr. 2 wird die erforderliche Unabhängigkeit nicht schon dadurch ausgeschlossen, dass die Person den Schuldner vor dem Eröffnungsantrag in allgemeiner Form über den Ablauf eines Insolvenzverfahrens und dessen Folgen beraten hat. Im Eigenverwaltungsverfahren der *Dailycer GmbH* wich das AG Stendal vom einstimmigen Vorschlag des vorläufigen Gläubigerausschusses (§ 56a Abs. 2 InsO[608]) zur Bestellung des Sachwalters ab.[609] Bei der vom vorläufigen Gläubigerausschuss vorgeschlagenen Person handelte es sich bereits um den vorläufigen Sachwalter. Die betreffende Person hatte in der Vergangenheit mit dem Geschäftsführer der Schuldnerin in mehreren Verfahren gemeinsam Unternehmenssanierungen durchgeführt und eine umfangreiche frühere Geschäftsverbindung. Überdies wurde eben dieser Geschäftsführer von einem Kreditinstitut bei der Schuldnerin als Sanierungsberater und Geschäftsführer bestellt. Dieser unterbreitete sodann dem Gläubigerausschuss den Vorschlag für die Person des Sachwalters.[610] Das Verfahren der *Dailycer GmbH* zeigt in einem konkreten Fall die im ersten Kapitel dargestellte (mögliche) Interessenkollision bei der Einsetzung eines *CRO*, die von einem Großgläubiger vorangetrieben wird.[611] Diese wird verstärkt, wenn der im Sinne des Kreditinstituts handelnde CRO versucht, einen ihm bekannten Sachwalter einzusetzen.

Zurecht betont das AG Stendal aus diesem Grund, dass die Unabhängigkeit besonders akribisch zu prüfen sei.[612] Die Kostenvorteile, die durch Beibehaltung von vorinsolvenzlichen Sanierungsberatern entstehen, stehen in keinem Zusammenhang mit der Frage nach der vom Gesetz geforderten Unabhängigkeit und können an dieser Stelle auch nicht in eine Abwägung mit einbezogen werden.[613] Eine derart enge Verbindung zu einzelnen Gläubigern, die – wie im

---

[607] Siehe oben zum Vorschlagsrecht des (vorläufigen) Gläubigerausschusses und der Frage nach der Möglichkeit eines „einstimmigen Verzichts" auf die Unabhängigkeit durch den Gläubigerausschuss, B. II. 1. b) dd) (S. 112 ff.).

[608] Zum Vorschlagsrecht des Gläubigerausschusses siehe oben, B. II. 1. b) bb) (S. 110 f.).

[609] AG Stendal, Beschluss v. 31.08.2012 – 7 IN 164/12, ZIP 2012, 1875, 1876.

[610] AaO.

[611] Siehe Kapitel 1, C. IV. 5. (S. 72 ff.).

[612] AG Stendal, Beschluss v. 31.08.2012 – 7 IN 164/12, ZIP 2012, 1875, 1876.

[613] Anders aber *Hedaiat-Rad*, Der Sachwalter in der Eigenverwaltung (2018), S. 49 f.

Fall *Dailycer*[614] – von der betreffenden Person selbst nicht angezeigt wird, wird in den meisten Fällen auf eine fehlende Unabhängigkeit schließen lassen.[615]

bb) Personenbezogene Kreditverträge

Um die Fortführung des Unternehmens in der Insolvenz zu gewährleisten, ist die Aufnahme neuer Kredite in der Regel unabdingbar.[616] Nicht selten knüpfen Banken die Ausgabe von Massekrediten im Rahmen von sogenannten „Change of Control"-Klauseln an die Bedingung, dass eine bestimmte Person als Sachwalter bestellt wird.[617] Unter dem Begriff der „Change of Control-Klausel" werden Vertragsbestimmungen verstanden, die einer Vertragspartei bestimmte Gestaltungsrechte wie etwa Kündigungsrechte einräumen, wenn sich bei der anderen Vertragspartei Kontroll- oder Mehrheitsverhältnisse ändern.[618] Die Literatur ordnet diese, der Interessenlage der Beteiligten entsprechend, dogmatisch richtigerweise als sonstige Kreditbestimmung (typischerweise als einfache Kündigungsklausel) und nicht etwa als auflösende/aufschiebende Bedingung oder gar als Geschäftsgrundlage ein.[619] Die denkbar weite Definition[620] ist auf die für die vorliegende Untersuchung relevanten Bereiche einzugrenzen. Diese sind zum einen der bereits erörterte Einfluss von Kreditgebern auf die Zusammensetzung der Geschäftsleitung des Schuldners,[621] zum anderen der Einfluss auf die Person des Sachwalters. Das AG Stendal hielt in der bereits genannten Entscheidung von 2012 eine Klausel für rechtswidrig, nach welcher der Bestand eines Massedarlehens von der Bestellung des vorläufigen Sachwalters zum endgültigen Sachwalter abhängig gemacht wurde.[622] Die erforderliche Unabhängigkeit des Sachwalters sei dann nicht mehr gewährleistet und stelle überdies einen unzulässigen Eingriff in die Entscheidungsbefugnis des Gerichts dar.[623] Teile der Literatur stimmen der Auffassung des AG Stendal zu.[624] Nach *Pape* führe die Verknüpfung der Darlehenszusage an die Bestellung einer bestimmten Person zur fehlenden Geeignetheit im Sinne des § 56 Abs. 1 S. 1

---

614 AG Stendal, Beschluss v. 31.08.2012 – 7 IN 164/12, ZIP 2012, 1875, 1876.

615 Siehe auch Kübler/Prütting/Bork-*Pape*, § 274 InsO (März 2007), Rn. 26 f.

616 Siehe hierzu oben, Kapitel 1, C. IV. 5. (S. 72 ff.).

617 *Ganter*, ZIP 2013, 597.

618 Siehe *Mielke/Nguyen-Viet*, DB 2004, 2515; *Ganter*, ZIP 2013, 597.

619 Ausführlich *Cramer*, Change of Control-Klauseln (2009), S. 75 ff. Siehe auch *Hedaiat-Rad*, Der Sachwalter in der Eigenverwaltung (2018), S. 53 ff.; *Ganter*, ZIP 2013, 597, 598 f.

620 Siehe *Mielke/Nguyen-Viet*, DB 2004, 2515, 2516 f. zu verschiedenen Vertragsarten, bei denen *Change of Control*-Klauseln Anwendung finden.

621 Siehe Kapitel 1, C. IV. 5. a) bb) (S. 74 ff.).

622 AG Stendal, Beschluss v. 01.10.2012 – 7 IN 164/12, ZIP 2012, 2030, 2031.

623 AaO. Im zugrundeliegenden Sachverhalt wurde die Bestellung des vorläufigen Sachwalters zum endgültigen Sachwalter auch aufgrund einer früheren Zusammenarbeit des vorläufigen Sachwalters mit einem der Geschäftsführer der Schuldnerin abgelehnt, siehe den Eröffnungsbeschluss des AG Stendal v. 31.08.2012 – 7 IN 164/12, ZIP 2012, 1875.

624 Siehe HK-*Brünkmans*, § 270a InsO, Rn. 9 („Bedenken gegen die Unabhängigkeit").

InsO.[625] Die Gegenauffassung betont vor allem das Interesse des Kreditgebers: Neben das erhöhte Risiko der Kreditvergabe an ein insolventes Unternehmen trete der Umstand, dass zu diesem Zeitpunkt sämtliche Vermögensgegenstände typischerweise bereits besichert seien.[626] Die Bestimmung des Sachwalters sei wie eine Alternative zur Besicherung des Kredites zu sehen.[627]

Die Unabhängigkeit des Sachwalteranwärters im Falle eines personenbezogenen Massedarlehens pauschal abzulehnen, erscheint nicht sachgerecht. Das Interesse des Kreditinstituts an der Zusammenarbeit mit einem Sachwalter, bei dem (vermeintlich) abzusehen ist, wie er sich im Verfahren verhalten wird, ist nachvollziehbar und zu berücksichtigen.[628] Nicht zu berücksichtigen ist aber der Wille bzw. der Versuch, Eigeninteressen gegen das Gesamtgläubigerinteresse durchzusetzen.[629] Die Lösung des Problems kann deshalb nur darin liegen, dass das zuständige Insolvenzgericht eine ausführliche Prüfung aller vorliegenden Informationen vornimmt. An der Unabhängigkeit der betreffenden Person kann somit erst beim Zusammentreffen mehrerer Faktoren gezweifelt werden, wenn neben eine *Change of Control*-Klausel zum Beispiel eine enge Verbundenheit zwischen Sachwalter und Geschäftsleitung tritt.[630]

Eine noch engere Verbindung des *Examiner* zu Kreditinstituten lag im Fall *Big Rivers* vor, die der *U. S. Court of Appeals of the 6th Circuit* 2004 zu entscheiden hatte. Dort versuchte ein *Examiner*, seine Vergütung durch eine *Success Fee* „aufzustocken", indem er einzelnen Gläubigern anbot, ihre Befriedigungschancen gegen ein Entgelt zu erhöhen.[631] Das Gericht sah das Prinzip der *Disinterestedness* als verletzt an. Der *Examiner* habe seine *Fiduciary Duty* verletzt, „to remain ‚disinterested'".[632] Im Verfahren behauptete der Examiner, dass eine tatsächliche Vereinbarung mit den Gläubigern nie erzielt wurde. Das Gericht stellte indes klar, dass es hierauf nach den Grundsätzen des *Fiduciary Law* gar nicht ankomme; die Existenz eines konträren Interesses reiche für eine Pflichtverletzung aus.[633]

---

[625] *Pape*, ZInsO 2013, 2129, 2132; *Pape*, ZIP 2013, 2285, 2287. Siehe auch *Frind*, DB 2014, 165, 170.

[626] *Huber*, NZI 2014, 439, 445.

[627] *Hedaiat-Rad*, Der Sachwalter in der Eigenverwaltung (2018), S. 57; *Flöther*, ZInsO 2014, 465, 466. Ähnlich *Fölsing*, ZInsO 2012, 2272, 2275; *Haarmeyer*, ZInsO 2012, 2210 f.

[628] *Hedaiat-Rad*, Der Sachwalter in der Eigenverwaltung (2018), S. 57. Siehe auch *Fölsing*, ZInsO 2012, 2272, 2275; *Huber*, NZI 2014, 439, 445 f.

[629] Differenzierend auch *Ganter*, ZIP 2013, 597, 599 f. Siehe auch *Pape*, ZInsO 2002, 1017, 1018.

[630] *Hedaiat-Rad*, Der Sachwalter in der Eigenverwaltung (2018), S. 58; *Ganter*, ZIP 2013, 597, 600.

[631] In re Big Rivers Elec. Corp., 355 F.3d 415, 423 (6th Cir. 2004).

[632] In re Big Rivers Elec. Corp., 355 F.3d 415, 434 (6th Cir. 2004).

[633] In re Big Rivers Elec. Corp., 355 F.3d 415, 434 f. (6th Cir. 2004).

III. Aufgaben und Kompetenzen

1. Deutschland

a) Aufsicht über den Schuldner

Zentrale Aufgabe des Sachwalters ist es, den Schuldner zu überwachen, um nachteilige Entwicklungen für die Gläubiger aufzudecken und zu vermeiden.[634] Gemäß § 274 Abs. 2 InsO hat der Sachwalter die wirtschaftliche Lage des Schuldners zu prüfen sowie die Geschäftsführung zu überwachen.[635] Diese Pflicht trifft gemäß § 270b Abs. 1 S. 1 InsO auch den vorläufigen Sachwalter. Gemäß § 274 Abs. 2 S. 2 InsO stehen dem (vorläufigen) Sachwalter hierfür die Befugnisse nach § 22 Abs. 3 InsO zu. Danach ist der (vorläufige) Sachwalter berechtigt, die Geschäftsräume des Schuldners zu betreten und dort Nachforschungen anzustellen, Einsicht in die Bücher und Geschäftspapiere des Schuldners und weitere erforderliche Auskünfte zu verlangen.

aa) Überprüfung der wirtschaftlichen Lage

Die Pflicht zur Überprüfung der wirtschaftlichen Lage dient in erster Linie der Verfolgung der weiteren Aufgaben des Sachwalters aus §§ 274 ff. InsO.[636] Hierzu gehört insbesondere die bereits erwähnte Stellungnahme des Sachwalters zur Berichterstattung des Schuldners beim Berichtstermin der Gläubigerversammlung, § 281 Abs. 2 InsO, aber auch die Vorbereitung der Geltendmachung von Haftungs- und Anfechtungsansprüchen, § 280 InsO.

bb) Überwachung der Geschäftsführung

Die allgemeine Überwachungspflicht des (vorläufigen) Sachwalters gemäß § 274 Abs. 2 InsO soll verhindern, dass der Schuldner Vermögensgegenstände beiseiteschafft oder entgegen dem Grundsatz der Gläubigergleichbehandlung Dritte bevorzugt.[637] Aus diesem Grund handelt es sich bei der Überwachungspflicht um eine permanente, die auch nicht auf eine rückwirkende Kontrolle beschränkt ist. Vielmehr hat der Sachwalter fortlaufend die Geschäftsbücher

---

634 Siehe *Mönning*, in: FS Wellensiek, 2011, S. 641, 650. Siehe auch *Maesch*, Corporate Governance in der insolventen Aktiengesellschaft (2005), S. 151 f.; *Grotebrune*, Die Haftung der schuldnerischen GmbH/AG und ihrer Geschäftsführungsorgane in der (vorläufigen) Eigenverwaltung (2018), S. 325.

635 Ausführlich *Grotebrune*, Die Haftung der schuldnerischen GmbH/AG und ihrer Geschäftsführungsorgane in der (vorläufigen) Eigenverwaltung (2018), S. 325 ff.; *Hedaiat-Rad*, Der Sachwalter in der Eigenverwaltung (2018), S. 62 ff.; MünchKomm.-*Kern*, § 274 InsO, Rn. 50 ff.

636 MünchKomm.-*Kern*, § 274 InsO, Rn. 51.

637 MünchKomm.-*Kern*, § 274 InsO, Rn. 55.

sowie Kassenführung des Schuldners zu prüfen und sich über dessen Rechtshandlungen zu informieren.[638]

b) Originäre Aufgaben des Sachwalters

Neben der Aufsicht über den Schuldner bestehen eine Reihe von originären Aufgaben des Sachwalters. Für die vorliegende Untersuchung relevant sind vor allem die bereits erwähnte Geltendmachung von Haftungs- und Anfechtungsansprüchen gemäß § 280 InsO.[639]

Im Regelverfahren nimmt der Insolvenzverwalter die Insolvenzanfechtung sowie die Geltendmachung der Haftungsansprüche gemäß §§ 92, 93 InsO vor. Dass diese Aufgabe in der Eigenverwaltung nicht dem Schuldner selbst, sondern dem Sachwalter übertragen wurde, ist nicht selbstverständlich. Die Gründe dafür, dass der Sachwalter für die Nutzung dieser Instrumente besser geeignet ist, sind jedoch mit Händen zu greifen: Nicht selten sind Anspruchsgegner dieser Ansprüche der Schuldner selbst, Mitglieder seiner Vertretungsorgane oder Personen, die dem Schuldner auf andere Weise nahestehen. Auch müsste der Schuldner Rechtshandlungen anfechten, die er vor Verfahrenseröffnung selbst vorgenommen hat.[640] Zweck der Kompetenzübertragung auf den Sachwalter ist somit, diese Interessenkonflikte zu vermeiden.[641]

Des Weiteren trifft den Sachwalter die Mitwirkungspflicht bei personellen Wechseln in der Geschäftsleitung.[642]

c) Aktienrechtliche Befugnisse des Sachwalters

Einen Sonderfall, auf den hier nur kurz eingegangen werden soll, stellen die aktienrechtlichen Befugnisse des Sachwalters dar. Ansprüche von Gläubigern gegen Aktionäre auf Rückgewähr verbotener Leistungen macht ebenfalls der Sachwalter geltend, § 62 Abs. 2 S. 2 AktG. Da dieser Anspruch gegen die Aktionäre originär der Gesellschaft zusteht, machen Gläubiger diesen außerhalb der Insolvenz nicht als eigenen geltend, sondern im Wege der gesetzlichen Prozessstandschaft auf Leistung an die Gesellschaft.[643]

Ähnliches gilt für das Verfolgungsrecht der Gläubiger nach § 93 Abs. 5 S. 1, 2 AktG. Hiernach können Gläubiger Ersatzansprüche gegen Vorstandsmitglieder, die ihre Pflichten gröblich verletzt haben oder ihre Pflichten aus § 93 Abs. 3

---

638 Kübler/Prütting/Bork-*Pape*, § 274 InsO (März 2007), Rn. 70 f.; MünchKomm.-*Kern*, § 274 InsO, Rn. 55.

639 Ausführlich zu den originären Aufgaben des Sachwalters *Hedaiat-Rad*, Der Sachwalter in der Eigenverwaltung (2018), S. 92 ff.

640 MünchKomm.-*Kern*, § 280 InsO, Rn. 1.

641 Uhlenbruck-*Zipperer*, § 280 InsO, Rn. 1.

642 Siehe hierzu bereits oben, A. V. 2. (S. 96 ff.).

643 Siehe statt aller MünchKomm.-*Bayer*, § 62 AktG, Rn. 9 mwN.

AktG verletzt haben, in eigenem Namen geltend machen.[644] In der Eigenverwaltung übt der Sachwalter dieses Verfolgungsrecht der Gläubiger aus, § 93 Abs. 5 S. 4 AktG.[645]

2. *USA*

a) *Investigation und Report*

Die Aufgaben des *Examiner* beschränken sich in Anlehnung an 11 U.S.C. § 1106(b) typischerweise auf die Ermittlungen (*Investigation*) in Bezug auf den *Debtor*, unter anderem um mögliche Anfechtungsansprüche zu überprüfen, die durch Zahlungen oder Sicherheitenbestellungen durch den *Debtor* entstanden sind.[646] Deckt der *Examiner* bei seinen Ermittlungen Umstände auf, die auf Betrug, Untreue oder Ähnliches seitens des *Debtor* hinweisen, kann das Gericht einen *Trustee* bestellen.[647] Besondere Bedeutung kommt hierbei dem vom *Examiner* zu übermittelnden *Report* zu.[648] Er dient den Verfahrensbeteiligten als Informationsquelle, um die Vermögenslage des *Debtor* besser beurteilen zu können und auf dieser Grundlage den Fortgang des Verfahrens zu planen.[649] Der Fall *In re Medical Software Solutions*[650] zeigt die Bedeutung der Einschätzung des *Examiner* deutlich. Dort plante der *Debtor* eine Insiderveräußerung des Unternehmens an seinen Kreditgeber („pre-petition lender") und späteren *DIP Lender*.[651] Dieser hatte bereits zwei Mitglieder im *Board* installiert und hielt 60 Prozent der Anteile an der *Corporation*. Nachdem Versuche gescheitert waren, das Unternehmen außerhalb der Insolvenz zu veräußern, stellte der *Debtor* Insolvenzantrag. Um den Anschein einer missbräuchlichen Transaktion zu beseitigten, beantragte der *Debtor* mit Beginn des Verfahrens die Bestellung eines *Examiner*.[652] Das Gericht stimmte einem weiteren Massekredit und schließlich dem *363 Sale* zu. Es entschied, dass es sich bei dem Erwerber trotz der Insiderstellung um einen *good faith purchaser* handelte. Das Angebot der

---

644 MünchKomm.-*Spindler*, § 93 AktG, Rn. 301; *Hüffer/Koch*, § 93 AktG, Rn. 80 f., jeweils mwN.

645 Zur Haftung der Geschäftsleitung siehe noch unten, Kapitel 3, B. (S. 195 ff.).

646 *Tabb*, Law of Bankruptcy (2020), § 11.8, S. 1059 f.; *Zaretsky*, 44 South Carolina Law Review (1993), 907, 934 f.; 940 f.; *White/Theus*, 80 American Bankruptcy Law Journal (2006), 289, 309.

647 11 U.S.C. §§ 1104(c), 1104(a).

648 *Lipson/Marotta*, 90 American Bankruptcy Law Journal (2016), 1, 9.

649 Siehe In re Ionosphere Clubs, Inc., 156 B. R. 414, 432 (S. D. N. Y. 1993), aff'd, 17 F.3d 600 (2d Cir. 1994); In re FiberMark, Inc., 339 B. R. 321, 325 (Bankr. D. Vt. 2006).

650 In re Med. Software Sols., 286 B. R. 431 (Bankr. D. Utah 2002).

651 Die *DIP Lending*-Vereinbarung verlangte in einer Klausel, dass ein Verkauf innerhalb von 60 Tagen nach Antragstellung vorgenommen muss, ansonsten wäre ein *Event of Default* eingetreten, In re Med. Software Sols., 286 B. R. 431, 437 (Bankr. D. Utah 2002). Zu *Covenants* beim *DIP Lending* siehe oben, Kapitel 1, C. IV. 5. a) (S. 72 ff.).

652 In re Med. Software Sols., 286 B. R. 431, 435 ff. (Bankr. D. Utah 2002).

DIP Lender sei das „highest and best offer received" und aufgrund der finanziell schwierigen Lage des *Debtor* anzunehmen. Hierbei berief es sich ausschließlich auf die Ergebnisse des durch den *Examiner* erstellten *Report*.[653]

b) Weitere Aufgaben

Neben den Pflichten der *Investigation* und der Erstellung des *Report* kann das Gericht dem *Examiner* weitere Aufgaben übertragen. 11 U.S.C. § 1106(b) enthält eine Art Generalklausel, nach welcher der *Examiner* „any other duties of the trustee that the court orders" ausüben kann. Nach dieser Generalklausel könnte der *Examiner* die „eyes and ears"[654] des Gerichts und anderer Verfahrensbeteiligter sein. Anders als die klaren Kompetenzen des Sachwalters werden diejenigen des *Examiner* somit von Gericht zu Gericht und je nach Einzelfall unterschiedlich weit erteilt.[655] In Betracht kommt etwa die Geltendmachung von Anfechtungsansprüchen im Wege der Prozessstandschaft für die Masse.[656] Einige Gerichte kommen hingegen zu dem Ergebnis, dass das Institut des *Examiner* nicht für prozessuale Handlungen vorgesehen ist.[657] Die Reichweite der Generalklausel des 11 U.S.C. § 1106(b) ist somit alles andere als klar.

3. Zwischenergebnis

Sowohl in Deutschland als auch in den USA ist die Rolle von Sachwalter/*Examiner* in erster Linie durch seine Überwachungstätigkeit gekennzeichnet, da er in beiden Verfahren nicht die Verfügungsbefugnis innehat. Die Kompetenzen des Sachwalters reichen deutlich weiter als die des *Examiner*, dessen Aufgaben sich in erster Linie auf die *Investigation* und den *Report* beschränken. Erst auf ausdrückliche Anordnung des Gerichts erhält der *Examiner* weitere Kompetenzen, die ihn etwa dazu ermächtigen können, Anfechtungsansprüche für die Masse geltend zu machen. Hierin liegt ein deutliches Argument für das deutsche Modell des Sachwalters, der insbesondere diejenigen Aufgaben über-

---

[653] In re Med. Software Sols., 286 B. R. 431, 437 ff. (Bankr. D. Utah 2002).

[654] *Zaretsky*, 44 South Carolina Law Review (1993), 907, 942; *Fuller*, 24 American Bankruptcy Institute Journal (2005), 26, 75.

[655] Vgl. *Kelbon/Herman/Bell*, 8 Bankruptcy Developments Journal (1991), 349, 402 ff.; *Fuller*, 24 American Bankruptcy Institute Journal (2005), 26; *Bussel*, 90 American Bankruptcy Institute Journal (2016), 59, 80.

[656] Siehe etwa In re Patton's Busy Bee Disposal Serv., Inc., 182 B. R. 681, 686 (Bankr. W. D. N. Y. 1995); In re JNL Funding Corp., No. 10-73724-AST, 2011 WL 608605 (Bankr. E. D. N. Y. Feb. 10, 2011).

[657] Siehe Official Comm. of Unsecured Creditors of Cybergenics Corp. ex rel. Cybergenics Corp. v. Chinery, 330 F.3d 548, 578 (3d Cir. 2003): „Although this catch-all language is expansive […], these sections permit only investigating and reporting on that investigation – they stop far short of authorizing examiners to litigate based on their findings." Sowie In re W. R. Grace & Co., 285 B. R. 148, 156 (Bankr. D. Del. 2002): „[T]he basic job of an examiner is to examine, not to act as a protagonist in the proceedings."

nimmt, deren Wahrnehmung durch den Schuldner aufgrund von Interessenkonflikten nicht sinnvoll erscheint.[658] Die vorstehende Untersuchung hat darüber hinaus gezeigt, dass repressive Kontrollmöglichkeiten nicht ausreichen, um den Missbrauchsgefahren zu begegnen. Erforderlich ist eine durchgehende präventive Überwachung des Schuldners. Dass diese in den USA in dieser Form nicht gegeben ist, hat unterschiedliche Gründe; darunter vor allem die historisch gewachsene Rechtskultur, die sich in einem Restrukturierungsverfahren zeigt, das weitgehend ohne staatliche Akteure auskommen soll. Die seltene Bestellung des *Examiner* und dessen mangelnde Kompetenzen liegen damit auf ganzer Linie mit der Abkehr des *U. S. Bankruptcy Code* von 1978 von dem zuvor währenden Zeitalter des *New Deal*.[659]

IV. Die Aufsicht des Insolvenzgerichts über Sachwalter und Examiner

1. Allgemeines

Der Sachwalter unterliegt gemäß §§ 274 Abs. 1, 58, 59 InsO der Aufsicht des Insolvenzgerichts. Das gleiche gilt gemäß § 270b Abs. 1 S. 1 InsO für den vorläufigen Sachwalter. Nach § 58 Abs. 1 S. 2 InsO kann das Insolvenzgericht jederzeit einzelne Auskünfte oder einen Bericht über den Sachstand und die Geschäftsführung vom Sachwalter verlangen. Die Aufsichtspflicht ist indes im Vergleich mit dem Insolvenzverwalter eingeschränkt, da der Sachwalter selbst nur eine Aufsichtsfunktion hat.[660] Auskünfte und Bericht des Sachwalters beziehen sich aus diesem Grund nur auf die Überwachung des Schuldners.[661] Die von *Huhn*[662] ins Spiel gebrachte „erhöhte Kontrolldichte" wegen der besonderen Gefährdung der Gläubigerinteressen in der Eigenverwaltung wird von der ganz herrschenden Meinung abgelehnt.[663] Bestehen Nachteile für die Gläubiger, wird dies bei Anordnung bzw. Ablehnung der Eigenverwaltung sowie der Aufhebung auf Antrag entschieden und ist nicht etwa der kontinuierliche Maßstab für alle Aufsichtshandlungen des Insolvenzgerichts.[664] Die Aufsicht des Insolvenzgerichts ist Rechtsaufsicht. Die Zweckmäßigkeit der Handlungen des Sachwalters wird aufgrund des ihm zustehenden Handlungsspielraums nicht überprüft.[665]

---

[658] Jaeger-*Meller-Hannich*, § 280 InsO, Rn. 1; *Korch*, ZIP 2018, 109, 113.

[659] Siehe hierzu *Roe*, 7 Harvard Business Law Review (2017), 187, 195 ff.

[660] Kübler/Prütting/Bork-*Pape*, § 274 InsO (März 2007), Rn. 34; Uhlenbruck-*Zipperer*, § 274 InsO, Rn. 6; Uhlenbruck-*Vallender/Zipperer*, § 58 InsO, Rn. 14.

[661] HambKomm.-*Frind*, § 58 InsO, Rn. 8. Siehe auch BGH, Beschluss v. 21.07.2016 – IX ZB 70/14, ZIP 2016, 1592, 1594.

[662] *Huhn*, Die Eigenverwaltung im Insolvenzverfahren (2003), S. 238 f.

[663] Kübler/Prütting/Bork-*Pape*, § 274 InsO (März 2007), Rn. 38; Uhlenbruck-*Zipperer*, § 274 InsO, Rn. 6; K. Schmidt-*Undritz*, § 274 InsO, Rn. 4; HK-*Brünkmans*, § 274 InsO, Rn. 7; *Ganter*, ZInsO 2017, 2517, 2523.

[664] Kübler/Prütting/Bork-*Pape*, § 274 InsO (März 2007), Rn. 38; Uhlenbruck-*Zipperer*, § 274 InsO, Rn. 6. Ähnlich HK-*Brünkmans*, § 274 InsO, Rn. 7.

[665] Uhlenbruck-*Vallender/Zipperer*, § 58 InsO, Rn. 10; HK-*Riedel*, § 58 InsO, Rn. 3;

2. *Entlassung*

Das Gericht kann die Pflichterfüllung des Sachwalters durch Zwangsgeldfestsetzung erzwingen, § 58 Abs. 2 InsO. Bei schwerwiegenden Pflichtverletzungen des Sachwalters und als *ultima ratio* kommt darüber hinaus die Entlassung des Sachwalters durch das Gericht in Betracht, § 59 Abs. 1 InsO. Der erforderliche „wichtige Grund" liegt nach dem BGH vor, wenn eine solche Pflichtverletzung feststeht und es in Anbetracht der Erheblichkeit der Pflichtverletzung, insbesondere ihrer Auswirkungen auf den Verfahrensablauf und die berechtigten Belange der Beteiligten, sachlich nicht mehr vertretbar erscheint, den Verwalter im Amt zu belassen.[666] Bei der Entlassung handelt es sich um eine Ermessensentscheidung, bei der dem Gericht ein Beurteilungsspielraum zusteht.[667] Entlassungsgründe können insbesondere die Nichtanzeige einer Interessenkollision[668], die Bevorzugung einzelner Gläubiger(-gruppen), die fehlende Unabhängigkeit[669] oder die Vornahme insolvenzzweckwidriger Handlungen sein.[670] Antragsberechtigt sind der (vorläufige) Gläubigerausschuss, die Gläubigerversammlung und der Sachwalter selbst.[671]

Die Entlassung des *Examiner* erfordert ebenfalls einen wichtigen Grund (*for Cause*), 11 U.S.C. § 324(a).[672] Der *U. S. Bankruptcy Code* enthält keine Definition für *Cause*. Ob ein solcher vorliegt, wird somit im Einzelfall entschieden.[673] Er kann wie im deutschen Recht insbesondere im Fall einer Pflichtverletzung (*Breach of Fiduciary Duty*)[674], bei Vorliegen eines (potenziellen) Interessenkonflikts[675] oder fehlender Unabhängigkeit[676] gegeben sein.

Schmidberger, NZI 2011, 928; *Lissner*, ZInsO 2012, 957, 958 f.; *Ganter*, ZInsO 2017, 2517, 2518.

[666] Ständige Rechtsprechung, siehe Beschluss v. 08.12.2005 – IX ZB 308/04, ZIP 2006, 247, 248; Beschluss v. 9. 7. 2009 – IX ZB 35/09, NZI 2009, 604, 605; Beschluss v. 17.03.2011 – IX ZB 192/10, ZIP 2011, 671, 672; Beschluss v. 04.05.2017 – IX ZB 102/15, ZIP 2017, 1230.

[667] BGH, Beschluss v. 04.05.2017 – IX ZB 102/15, ZIP 2017, 1230.

[668] Siehe hierzu OLG Celle, Beschluss v. 23.07.2001 – 2 W 41/01, ZIP 2001, 551.

[669] BGH, Beschluss v. 04.05.2017 – IX ZB 102/15, ZIP 2017, 1230, 1231. Zur Unabhängigkeit siehe bereits oben, C. II. 2. b) (S. 176 ff.).

[670] *Hedaiat-Rad*, Der Sachwalter in der Eigenverwaltung (2018), S. 133; HambKomm.-*Frind*, § 59 InsO, Rn. 10; *Ganter*, ZInsO 2017, 2517, 2519 f.

[671] Vgl. HambKomm.-*Frind*, § 59 InsO, Rn. 2; *Schmidberger*, NZI 2011, 928, 929 aE.

[672] 11 U.S.C. § 324(a) regelt die Entlassung sowohl des *Trustee* als auch des *Examiner*. Da *Examiner* stelten bestellt werden (siehe oben, C. II. 1. (S. 174 f.), hat die Rechtsprechung fast ausschließlich Fälle der Entlassung des *Trustee* zum Inhalt und muss deshalb auf den *Examiner* übertragen werden.

[673] Siehe In re Univ. Ave. Properties, 55 B. R. 986 (Bankr. E. D. Wis. 1986).

[674] Hierbei muss es sich indes um eine vorsätzliche Pflichtverletzung handeln, siehe In re Univ. Ave. Properties, 55 B. R. 986 (Bankr. E. D. Wis. 1986).

[675] Ausführlich hierzu In re AFI Holding, Inc., 530 F.3d 832 (9th Cir. 2008). Vgl. auch In re Oliveri, 45 F. Supp. 32 (E. D. N. Y. 1942).

[676] In re Timmerman, No. 06-00168S, 2007 WL 1231811 (Bankr. N. D. Iowa Apr. 25, 2007).

V. Ergebnis zu C.

Das Merkmal der Unabhängigkeit bzw. *Disinterestedness* hat sowohl in den USA als auch in Deutschland eine herausgehobene Bedeutung. Eine mögliche Abhängigkeit des neutralen Dritten von Schuldnern oder Gläubigern kann in beiden Verfahrensordnungen eine entscheidende Schwachstelle im System der Überwachung des eigenverwaltenden Schuldners zur Verhinderung von Missbrauchsgefahren darstellen. Umso kritischer ist deshalb die Möglichkeit des „mitgebrachten" Sachwalters zu sehen, sei es im Schutzschirmverfahren nach § 270d InsO durch unmittelbares Mitbringen durch den Schuldner oder mittelbar durch den Vorschlag des (vorläufigen) Gläubigerausschuss. In letzterem Fall besteht die Gefahr, dass dieser entweder durch den Schuldner gesteuert ist („*Friends and Family*-Ausschuss") oder einzelne Gläubiger Eigeninteressen verfolgen. Insbesondere *Change of Control*-Klauseln enthaltende Finanzierungskredite sind in diesem Zusammenhang zu hinterfragen.[677] Wenn *de lege ferenda* über ein Vorschlagsrecht des sogenannten präsumtiven Gläubigerausschusses diskutiert wird,[678] ist die Bedeutung der genauen Prüfung der Unabhängigkeit des (vorläufigen) Sachwalters durch das Gericht von umso größerer Bedeutung.

Die US-amerikanische Praxis zeigt deutlich, dass es gute Gründe für das deutsche Modell des zwingend einzusetzenden Sachwalters gibt. Viele US-amerikanische Gerichte halten die Einsetzung eines *Examiner* trotz deutlicher systematischer und historischer Argumente stets für eine Ermessensentscheidung. Die in Abschnitt B. aufgezeigten Schwachstellen, die missbräuchliche Übertragungskonstellationen möglich machen, lassen die Einsetzung eines neutralen Dritten unbedingt erforderlich erscheinen.

D. Zusammenfassung

Das vorstehende Kapitel hat gezeigt, dass trotz der grundsätzlichen Einigkeit beider Rechtsordnungen über bestimmte ökonomische Prämissen[679] handfeste Unterschiede in Bezug auf das gesellschaftsrechtliche Gefüge in und im Vorfeld der Insolvenz bestehen. Die Möglichkeiten der Einflussnahme der Gesellschafter sind in Deutschland bereits im Eröffnungsverfahren erheblich beschränkt. In den USA zeigt sich die Schuldnerzentriertheit des *Chapter 11* auch an dieser Stelle. Den Gesellschaftern bleibt ein weitgehender Einfluss auf das Management erhalten. Erklären lässt sich dies zwar auch mit einer starken Stellung

---

677 Siehe auch *Brinkmann*, WM 2017, 1033, 1036, der das deutsche Insolvenzverfahren aber weiterhin als wenig attraktiv für *Loan-to-Own*-Investoren sieht.

678 Siehe oben, B. II. 1. b) dd) (S. 112 ff.).

679 Kapitel 1, A. I. 1. (S. 8 f.).

der einzelstaatlichen Gesellschaftsrechtsordnungen. Im Vordergrund steht aber die grundsätzliche Überzeugung, dass der Rechtsträger in *Chapter 11* erhalten bleibt und die Gesellschafter ihre Residualgläubigerstellung letztlich wiedererhalten.[680] Vor dem Hintergrund dieser Untersuchung bleibt zu konstatieren, dass diese Erwägungen aufgrund des Rechtsträgerwechsels im Zuge von *363 Sales* nicht im Einklang mit der geübten Praxis stehen.

Diese konzeptionellen Unterschiede zeigen sich beim Vergleich zwischen den Gläubigerorganen auf ähnliche Weise.[681] Die allgemeinen, weitreichenden Kompetenzen insbesondere des Gläubigerausschusses gelten als Ausdruck der verfahrensbestimmenden Gläubigerautonomie. Bei der Entscheidung über die Unternehmensveräußerung gelten klar abgegrenzte, wenn auch nur interne Zustimmungskompetenzen (§§ 160 ff. InsO).[682] *De lege lata* ist an diesen Regelungen einiges zu kritisieren. Hervorzuheben sind hierbei zum einen die herausgehobene Machtstellung absonderungsberechtigter Gläubiger, deren Stimmgewicht in der Gläubigerversammlung nicht deren wirtschaftliches Risiko widerspiegelt.[683] Zum anderen zeigen die US-amerikanische Erfahrungen, dass für die Verhinderung von Unterwertveräußerungen eine Regelung erforderlich ist, die klare Anforderungen an den Verkaufsprozess stellt.[684] § 163 InsO erfüllt seinen Zweck nur ungenügend. Hier könnte die *Comply or Explain*-Regelung (New York) *de lege ferenda* als Vorbild dienen.[685] Auch das Institut der Insolvenzzweckwidrigkeit vermag nur in Ausnahmefällen über die Schwächen der §§ 160 ff. InsO hinwegzuhelfen.[686]

Im Vergleich zu den deutschen Gläubigerorganen reichen die Kompetenzen des *Creditors' Committee* hingegen sehr viel weniger weit, auch wenn der Institution jedenfalls in der Theorie eine große Bedeutung bescheinigt wird. Mit den verbleibenden Kompetenzen ist es nichtsdestoweniger in der Lage, Einfluss auf das Verfahren auszuüben. Die Stellung des Antrags auf Einsetzung eines *Examiner* kann den Schuldner unter Umständen unter Druck setzen. Einen schnellen *363 Sale* kann es zumindest verlangsamen, wodurch es etwas Verhandlungsmacht erhält. Diese Möglichkeiten haben zu dem in Deutschland weitgehend unbekannten *Gifting* geführt, das sich funktional mit Stimmvereinbarungen zwischen Gläubigern vergleichen lässt.[687] Die von der Verteilungsreihenfolge abweichenden Zahlungen dürften in Deutschland indes kaum eine Rolle spielen. Derartige Vereinbarungen würden zum einen den Beschluss einer Gläubi-

---

680 Siehe oben, A. V. 2. b) cc) (S. 101).
681 B. II. (S. 108 ff.).
682 B. III. (S. 129 ff.).
683 B. III. 2. a) ee) (S. 138 ff.).
684 B. III. 2. b) cc) (S. 142 ff.).
685 Ebd.
686 B. IV. (S. 147 ff.).
687 B. V. (S. 150 ff.).

gerversammlung angreifbar machen. Zum anderen ist, anders als in den USA, die Mitwirkung nachrangig besicherter Gläubiger erforderlich.

In Bezug auf die Willensbildung der Gläubigerorgane besteht in Deutschland wie den USA Einigkeit darüber, dass ihre Mitglieder Eigeninteressen haben und somit stets potenzielle Interessenkonflikte vorliegen können.[688] Weder in Deutschland noch den USA sind etwaige Stimmverbote indes kodifiziert. Beim Gläubigerausschuss lassen sie sich noch im Wege einer Gesamtanalogie gesellschaftsrechtlicher Regelungen gut begründen, wenn ein Gläubigerausschussmitglied auf beiden Seiten der Transaktion stehen sollte.[689] Die Begründung der Analogie gelingt im Fall der Gläubigerversammlung indes kaum noch und bedarf einer ausdrücklichen Regelung.[690]

Der Vergleich der Überwachung des Schuldners durch einen verfahrensbegleitenden neutralen Dritten zeigt sehr deutlich dessen herausragende Bedeutung.[691] Missbrauchsgefahren ergeben sich bei fehlender Unabhängigkeit dieser Kontrollinstanz. Dieses Kriterium sollte bei der Eigenverwaltung umso mehr Beachtung finden, zum einen, um missbräuchlichen Einfluss von Großgläubigern zu verhindern, die eine schnelle übertragende Sanierung vorantreiben wollen, zum anderen, um einen zweifelhaften Einfluss des Schuldners auf die Bestellung einer konkreten Person als Sachwalter über § 270d Abs. 2 S. 2 InsO oder mittelbar über den vorläufigen Gläubigerausschuss rechtzeitig aufzudecken, sollte der Schuldner hierdurch das Verfahren frühzeitig in die von ihm gewünschte Richtung lenken wollen.

688 B. VI. (S. 158 ff.).
689 B. VI. 1. c) (S. 160 ff.).
690 B. VI. 2. c) (S. 167 f.).
691 C. (S. 172 ff.).

Kapitel 3

Die Haftung bei der übertragenden Sanierung in der Eigenverwaltung

Die Untersuchung zur Überwachung des Schuldners und seiner Geschäftsleitung in der Eigenverwaltung hat das erhebliche Missbrauchspotenzial aufgezeigt, das zu Unternehmensveräußerungen zum Schaden einzelner Gläubiger(-gruppen) führen kann. Vor diesem Hintergrund muss sich die Haftungsanordnung bewähren. In einem ersten Schritt ist auf die Haftung des Schuldners einzugehen (A.). Im Mittelpunkt der Untersuchung steht die Haftung der Mitglieder der Geschäftsleitung (B.), denn diese sind die eigentlich handelnden Personen. Das US-amerikanische Recht kann in diesem Zusammenhang und in Bezug auf das Pflichtenprogramm der Geschäftsleitung in *Chapter 11* eine jahrzehntelange Erfahrung und umfangreiche Rechtsprechung aufweisen. Die Lösungsansätze des US-amerikanischen Rechts sind daher auf ihre Tauglichkeit für das deutsche Recht zu überprüfen.

Das vorgehende Kapitel hat überdies Missbrauchsgefahren aufgedeckt, die sich auf Gläubigerseite ergeben können. Die Haftung der Gläubiger wird vor allem unter diesem Gesichtspunkt in den Blick zu nehmen sein (C.). Schließlich ist zu fragen, wie der Sachwalter neben den anderen Beteiligten für Pflichtverletzungen im Zuge der übertragenden Sanierung haftbar gemacht werden kann (D.).

A. Die Haftung des Schuldners

Ein Großteil der Literaturstimmen stellt die Sinnhaftigkeit der Schuldnerhaftung bei der Eigenverwaltung grundsätzlich in Frage (I). Im Fall der übertragenden Sanierung ergeben sich indes signifikante Unterschiede gegenüber einer Rechtsträgersanierung, so dass die schuldnerische Haftung unter Umständen weiter relevant bleibt. In Betracht kommen die Haftung für vertragliche Pflichtverletzungen bzw. die Haftung aufgrund von (selbständigen) Garantien (II.), die deliktische (III.) sowie die insolvenzrechtliche Haftung (IV.).

I. Sinnhaftigkeit der Schuldnerhaftung

Die Mehrheit der Literaturstimmen zweifelt den Sinn einer Schuldnerhaftung grundsätzlich an.[1] Das Vermögen der schuldnerischen Gesellschaft ist vollständig den Gläubigern zugewiesen (§ 35 InsO) und haftet diesen ohnehin in vollem Umfang. Es ist somit keine weitere Haftungsmasse vorhanden, die den Gläubigern nicht ohnehin zur Verfügung stand.[2] Allerdings begründet die übertragende Sanierung eine Masseverbindlichkeit, so dass etwaige Gewährleistungsansprüche vorrangig zu befriedigen wären. Aus diesem Grund ist im Folgenden in gebotener Kürze auf die Haftung des Schuldners einzugehen. Es zeigt sich indes, dass die vertragliche Haftung (II.) für den Erwerber nicht erfolgversprechend ist. Die für die Gläubiger relevante Haftung aus Delikt (III.) weist bereits auf der Ebene des Haftungsgrundes erhebliche Schutzlücken auf. Bei der insolvenzrechtlichen Haftung (IV.) führt die fehlende Masse zur faktischen Undurchsetzbarkeit von Haftungsansprüchen.

II. Vertragliche Pflichtverletzungen und Garantiehaftung

1. Vorüberlegungen

Auch beim Asset Deal ist nach überwiegender Ansicht das Unternehmen als solches mit den ihm zugehörigen Wirtschaftsgütern „sonstiger Gegenstand" im Sinne des § 453 BGB und damit Kaufsache.[3] Das kaufrechtliche Mängelge-

---

[1] *Cadmus*, Die Haftung der GmbH und ihres Geschäftsführers in der Eigenverwaltung (2016), S. 48; *Hofmann*, Eigenverwaltung (2016), Rn. 516; MünchKomm.-*Kern*, § 270 InsO, Rn. 167; Jaeger-*Meller-Hannich*, § 270 InsO, Rn. 26; HK-*Brünkmans*, § 270 InsO, Rn. 34; Uhlenbruck-*Zipperer*, § 270 InsO, Rn. 18; HambKomm.-*Fiebig*, § 270 InsO, Rn. 44; *Brinkmann*, DB 2012, 1369, 1371; *Flöther*, ZIP 2012, 1833, 1842; *Frind*, WM 2014, 590, 593 f.; *Marotzke*, KTS 2014, 113, 117. Einschränkend *Thole/Brünkmans*, ZIP 2013, 1097, 1102 mit dem Hinweis darauf, dass die Haftung des Schuldners für das Stadium nach Verfahrensabschluss noch Bedeutung erlangen könnte. Ähnliche Überlegung bei *Schaal*, Die Haftung der Geschäftsführungsorgane einer insolvenzrechtlich eigenverwaltenden GmbH oder AG (2017), S. 32 sowie *Kebekus/Zenker*, in: FS Kübler, 2015, S. 331, 334. Dem ist grundsätzlich aber nur für Sanierungsfälle zuzustimmen; für den hier relevanten Fall der übertragenden Sanierung nicht, da die schuldnerische Gesellschaft nach der Unternehmensveräußerung liquidiert wird und die dann noch vorhandene Masse typischerweise nicht ausreichend ist.

[2] *Kessler*, Die Aktiengesellschaft in der Eigenverwaltung (2006), S. 73; *Cadmus*, Die Haftung der GmbH und ihres Geschäftsführers in der Eigenverwaltung (2016), S. 48; *Hofmann*, Eigenverwaltung (2016), Rn. 516; K. Schmidt-*Undritz*, § 270 InsO, Rn. 18; HambKomm.-*Fiebig*, § 270 InsO, Rn. 44; *Marotzke*, in: FS Kirchhof, 2003, S. 321, 349; *Brinkmann*, DB 2012, 1369, 1371; *Schädlich*, NWB 2020, 3111, 3115. Siehe auch BGHZ 218, 290, 297 f. (Tz. 23) zur Haftung des Schuldners nach den §§ 60, 61 InsO.

[3] *Canaris*, Handelsrecht (2006), § 82, Rn. 22; Staudinger-*Beckmann*, § 453 BGB, Rn. 93 f.; *Undritz* in: Thierhoff/Müller (Hrsg.), Unternehmenssanierung (2022), Kapitel 10, Rn. 329; *Hölzle*, DStR 2004, 1433, 1435; *Schmerbach/Staufenbiel*, ZInsO 2009, 458, 461; *Hübner*, BB 2010, 1483; *Schröder/Hiort*, Corporate Finance Law 2010, 109, 112; *Schmitt*, WM 2019, 1871.

währleistungsrecht und sein Haftungssystem sind für Unternehmenskäufe in der Regel allerdings ungeeignet: Bei der Nacherfüllung (§ 439 BGB) kommt schon die Nachlieferung aufgrund der Einzigartigkeit von Unternehmen gar nicht in Betracht.[4] Eine Nachbesserung dürfte in der Regel unmöglich (§ 275 BGB) sein oder jedenfalls mit unverhältnismäßig hohen Kosten verbunden sein (§ 439 Abs. 4 BGB).[5] Auch die Rückübertragung des Unternehmens im Falle des Rücktritts vom Unternehmenskaufvertrag ist mit einer Reihe von praktischen Problemen verbunden.[6] Dies gilt vor allem für die übertragende Sanierung (Asset Deal), bei welcher die aufwändige Singularsukzession wieder rückgängig gemacht werden müsste. Gleiches gilt für die Minderung, bei welcher der Käufer den objektiven Wert des Unternehmens darlegen müsste, welchen es zum Zeitpunkt des Vertragsschlusses mangelfrei gehabt hätte.[7] Jedenfalls bei Unternehmenskäufen größeren Umfangs wird deshalb das kaufrechtliche Mängelgewährleistungsrecht typischerweise abbedungen und durch ein vertragliches Haftungssystem ersetzt.[8] Bei Unternehmenskäufen aus der Insolvenz im Regelverfahren schließen Insolvenzverwalter eine Mängelgewährleistung typischerweise gänzlich aus, auch um einer persönlichen Haftung zu entgehen.[9] Ob diese „geübte Praxis“ auch in der Eigenverwaltung Einzug halten wird, bleibt abzuwarten. In jedem Fall müssten etwaige Ansprüche noch vor der Verteilung an die Absonderungsberechtigten geltend gemacht werden, da ansonsten Masseunzulänglichkeit vorliegen dürfte. Die Ansprüche des Erwerbers sind dann nicht mehr durchsetzbar, § 210 InsO.[10]

---

[4] *Bergau*, Vertragsgestaltung, in: Bergau (Hrsg.), Praxishandbuch Unternehmenskauf (2015), Rn. 89; *Beisel*, § 16. Leistungsstörungen, in: Beisel/Klumpp (Hrsg.), Unternehmenskauf (2016), Rn. 32.

[5] *Bergau*, Vertragsgestaltung, in: Bergau (Hrsg.), Praxishandbuch Unternehmenskauf (2015), Rn. 90; *Beisel*, § 16. Leistungsstörungen, in: Beisel/Klumpp (Hrsg.), Unternehmenskauf (2016), Rn. 31 ff.

[6] *Canaris*, ZGR 1982, 395, 400 f. Siehe auch *Bergau*, Vertragsgestaltung, in: Bergau (Hrsg.), Praxishandbuch Unternehmenskauf (2015), Rn. 92; *Beisel*, § 16. Leistungsstörungen, in: Beisel/Klumpp (Hrsg.), Unternehmenskauf (2016), Rn. 39 ff.

[7] Siehe *Bergau*, Vertragsgestaltung, in: Bergau (Hrsg.), Praxishandbuch Unternehmenskauf (2015), Rn. 95 f.; *Knott*, NZG 2002, 249, 252 f. Außerhalb der Insolvenz verwendet die Praxis häufig spezielle Kaufpreisanpassungsklauseln.

[8] *Bergau*, Vertragsgestaltung, in: Bergau (Hrsg.), Praxishandbuch Unternehmenskauf (2015), Rn. 79; *Huber*, AcP 202 (2002), 179, 204 ff.; *Schindler*, KSzW 2017, 14, 18.

[9] *Bauer/von Düsterlho*, Distressed Mergers & Acquisitions (2015), S. 169; *Stengel/Sax*, M&A-Transaktionen in der Insolvenz, in: Theiselmann (Hrsg.), Praxishandbuch des Restrukturierungsrechts (2020), Rn. 9; *Hölzle*, DStR 2004, 1433, 1435 f.; *Schmerbach/Staufenbiel*, ZInsO 2009, 458, 462; *Schröder/Hiort*, Corporate Finance Law 2010, 109, 113.

[10] *Sinhart*, in: Picot, Unternehmenskauf und Restrukturierung, § 16 (2013), Rn. 118; *Hölzle*, DStR 2004, 1433, 1435 f.; *Schröder/Hiort*, Corporate Finance Law 2010, 109, 113.

2. *Haftung aus culpa in contrahendo*

Die schuldnerische Gesellschaft haftet in der Eigenverwaltung wie außerhalb der Insolvenz für vertragliche Pflichtverletzungen.[11] Vertragliche Ansprüche sind Masseverbindlichkeiten (§ 55 Abs. 1 Nr. 1 Alt. 1 InsO), wenn der betreffende Vertrag nach dem Eröffnungsbeschluss geschlossen wurde.[12] Das Verschulden ihrer Vertretungsorgane wird der Gesellschaft analog § 31 BGB zugerechnet. In Betracht kommt in erster Linie eine Haftung aus culpa in contrahendo (§ 280 Abs. 1 i. V. m. § 311 Abs. 2 BGB). Anders als das Mängelgewährleistungsrecht knüpft diese an das schuldhafte Verhalten des Verkäufers während der Vertragsverhandlungen an.[13] Der BGH macht von der prinzipiellen Sperrwirkung des Gewährleistungsrechts gegenüber Ansprüchen aus c. i.c. dann eine Ausnahme, wenn ein vorsätzliches Verhalten (Arglist) auf Seiten des Verkäufers vorliegt.[14] Relevant wird die c. i.c.-Haftung also in solchen Fällen, in denen der Verkäufer dem Erwerber entweder falsche, unvollständige oder irreführende Informationen erteilt oder wesentliche Informationen zurückhält.[15] Bei der übertragenden Sanierung im Regelverfahren versucht die Praxis, die Reichweite dieser Haftung zu reduzieren, indem im Unternehmenskaufvertrag die besonderen Umstände des Verkaufs, insbesondere der Zeitdruck und hierdurch nur beschränkte Informationsmöglichkeiten des Insolvenzverwalters festgehalten werden.[16] Ob sich im Falle der Eigenverwaltung auf diese Weise eine c. i.c.-Haftung ausschließen lässt, erscheint zweifelhaft. Die Geschäftsleitung der Schuldnerin hat das Unternehmen bis zuletzt geführt und hatte jedenfalls die theoretische Möglichkeit unbeschränkter Informationsbeschaffung. Anders ist der Fall zu beurteilen, in dem kurz vor Verfahrensbeginn ein Wechsel der Geschäftsleitung stattgefunden hat. In jedem Fall wird ein vorsätzliches Vorenthalten von Informationen durch die Geschäftsleitung kaum zu beweisen sein, so dass auch eine etwaige c. i.c.-Haftung praktisch wenig erfolgversprechend sein dürfte.

---

[11] *Kebekus/Zenker*, in: FS Kübler, 2015, S. 331, 333. Vgl. auch *König*, Die Haftung bei der Eigenverwaltung (2015), S. 48 f., 290; *Herms*, Haftung (2019), S. 60.

[12] Siehe Jaeger-*Henckel*, § 55 InsO, Rn. 8; MünchKomm.-*Hefermehl*, § 55 InsO, Rn. 30.

[13] *Hübner*, BB 2010, 1483, 1484.

[14] BGHZ 180, 205, 214 (Tz. 24); BGH, Urteil v. 16.12.2009 – VIII ZR 38/09, NJW 2010, 858, 859; BGH, Urteil v. 30.11.2012 – V ZR 25/12, NJW 2013, 1671, 1673. Siehe auch OLG Düsseldorf, Urteil v. 16.06.2016 – I-6 U 20/15, ZIP 2016, 2363, 2364 für einen Fall von Bilanzmanipulation bei einem Management Buyout sowie OLG München, Urteil v. 03.12.2020 – 23 U 5742/19, NZG 2021, 423, 428.

[15] *Huber*, AcP 202 (2002), 179, 183 f.; *Betteray/Gass*, BB 2004, 2309, 2316. Siehe hierzu allgemein MünchKomm.-*Emmerich*, § 311 BGB, Rn. 79 ff. Zu den Informationspflichten beim Unternehmenskauf siehe *Hübner*, BB 2010, 1483, 1485 ff.

[16] *Hölzle*, DStR 2004, 1433, 1435; *Schmerbach/Staufenbiel*, ZInsO 2009, 458, 462.

3. *Garantiehaftung*

Anstelle der gesetzlichen Mängelgewährleistung vereinbaren die Parteien eines Unternehmenskaufvertrags typischerweise ein eigenes Haftungssystem. Der Verkäufer gibt ein Garantieversprechen nach § 311 BGB ab, auf das seine Haftung beschränkt wird.[17] Bei Unternehmenskäufen aus der Insolvenz haben Garantien und ähnliche Zusicherungen allerdings (trotz Ausschlusses der gesetzlichen Mängelgewährleistung) eine geringere Bedeutung, da der Erlös möglichst zeitnah an die Gläubiger weitergegeben werden soll, um das Insolvenzverfahren zu beenden.[18]

Auch in US-amerikanischen Unternehmenskaufverträgen (*Asset Purchase Agreements*[19]) von *363 Sales* ist der Katalog von Verkäufergarantien (*Warranties*) auf das Wesentliche reduziert.[20] Die Vertragspraxis weist aus diesem Grund auf die Wichtigkeit der *Due Diligence* hin, um bestehende Mängel bereits vor dem *Signing* zu erkennen, da Entschädigungsleistungen nach dem *Closing* praktisch nicht mehr zu erhalten sind.[21]

III. *Deliktische Haftung*

Eine deliktische Haftung des Schuldners kommt zunächst bei Rechtsgutverletzungen von Aus- und Absonderungsberechtigten, die Eigentumsrechte innehaben, nach § 823 Abs. 1 BGB in Betracht. Relevant sind hierbei insbesondere Sicherungs- und Vorbehaltseigentum.[22] Die Verwertung von Gegenständen, an denen Absonderungsrechte bestehen, ist in der Regel nicht widerrechtlich, da der Schuldner gemäß § 166 Abs. 1 InsO zur Verwertung berechtigt ist. Werden im Zuge der übertragenden Sanierung jedoch Gegenstände veräußert, an denen

---

[17] *Bergau*, Vertragsgestaltung, in: Bergau (Hrsg.), Praxishandbuch Unternehmenskauf (2015), Rn. 108 ff.; *Hübner*, BB 2010, 1483; *Schindler*, KSzW 2017, 14, 18. In jüngerer Zeit wird allerdings eine zunehmende Beschränkung dieser Garantiekataloge beobachtet, siehe *Heer*, GWR 2017, 125, 127 f.

[18] *Hees*, Besonderheiten beim Kauf eines Unternehmens in Krise und Insolvenz, in: Bergau (Hrsg.), Praxishandbuch Unternehmenskauf (2015), Rn. 201; *Hoenig/Klingen*, NZG 2016, 1244, 1245 f.

[19] Wie bei der übertragenden Sanierung handelt es sich bei dem *363 Sale* um einen Asset Deal, also der Einzelübertragung der Vermögenswerte, da ansonsten die Zustimmung der Gesellschafter einzuholen wäre und überdies die Verbindlichkeiten des Rechtsträgers gerade nicht übernommen werden sollen.

[20] Für ein aktuelles Beispiel siehe etwa das Asset Purchase Agreement vom 03.08.2020 zwischen der RTW Retailwinds, Inc. (*Debtor*/Veräußerer) und der Saadia Group LLC. (Erwerber), Article III (Exhibit 99.2, abrufbar über *Westlaw* [2020 WL 05102718] oder *Pacer*).

[21] *Ball/Kane*, ALI-ABA Business Law Course Materials Journal (April 2003), 23, 31; *Glosband*, 7 The Journal of Private Equity (2004), 60.

[22] *König*, Die Haftung bei der Eigenverwaltung (2015), S. 57.

Aussonderungsrechte bestehen, kann dies eine Eigentumsverletzung im Sinne von § 823 Abs. 1 BGB darstellen.[23]

Darüber hinaus ist die Verletzung „sonstiger Rechte" im Sinne des § 823 Abs. 1 BGB relevant. Dies sind alle absoluten Rechte mit Zuweisungsgehalt und Ausschlussfunktion. Hierzu gehören (Faust-)Pfandrechte, Grundpfandrechte und andere beschränkt dingliche Rechte. Auch hier gilt, dass es auf die Frage des Verwertungsrechts des Schuldners ankommt. Anderen Aus- oder Absonderungsrechten, die schuldrechtlicher Natur sind, fehlt es indes an der Ausschlussfunktion, so dass sie nicht als sonstige Rechte im Sinne des § 823 Abs. 1 zu qualifizieren sind.[24]

Die deliktische Haftung bietet somit keinen umfassenden Schutz vor Unterwertveräußerungen oder anderen Vermögensschäden, die auf Pflichtverletzungen durch eine „unwirtschaftliche" übertragende Sanierung zurückzuführen sind.

IV. Insolvenzrechtliche Haftung

Im Regelverfahren haftet der Insolvenzverwalter gemäß §§ 60, 61 InsO auf Schadensersatz wegen Pflichtverletzungen bzw. Nichterfüllung von Masseverbindlichkeiten.

Ob diese Vorschriften auf den eigenverwaltenden Schuldner Anwendung finden, ist in der Literatur umstritten.[25] Der BGH hat inzwischen entschieden, dass § 270 Abs. 1 S. 2 InsO auch auf die Haftungsvorschriften der §§ 60, 61 InsO ver-

---

23 Siehe zur Veräußerung von im Eigentum Dritter stehender Gegenstände durch einen Konkursverwalter BGH NJW 1996, 2233.

24 *König*, Die Haftung bei der Eigenverwaltung (2015), S. 58 mwN.

25 Für eine solche Anwendung über die Verweisnorm des § 270 Abs. 1 S. 2 InsO siehe *Maesch*, Corporate Governance in der insolventen Aktiengesellschaft (2005), S. 205; MünchKomm.-*Kern*, § 270 InsO, Rn. 167; K. Schmidt-*Undritz*, § 270 InsO, Rn. 18; FK-*Foltis*, § 270 InsO, Rn. 43; *Klein/Thiele*, ZInsO 2013, 2233, 2244; *Thole/Brünkmans*, ZIP 2013, 1097, 1102 f.; *Weber/Knapp*, ZInsO 2014, 2245, 2250; *Wimmer-Amend*, in: FS Beck, 2016, S. 571, 578 f.; *Schädlich*, NWB 2020, 3111, 3115. Andere argumentieren dagegen, dass § 270 Abs. 1 S. 2 InsO nicht auf materiell-rechtliche Haftungsvorschriften verweise, siehe etwa *Kessler*, Die Aktiengesellschaft in der Eigenverwaltung (2006), S. 75 ff.; *Schmidt/Poertzgen*, NZI 2013, 369, 376; *Bachmann*, ZIP 2015, 101, 102 f. Siehe aber *Jacoby*, in: FS Vallender, 2015, S. 261, 269 dazu, dass § 274 Abs. 1 InsO insoweit nur klarstellende Funktion habe. Für eine analoge Anwendung der §§ 60, 61 InsO auf den eigenverwaltenden Schuldner *König*, Die Haftung bei der Eigenverwaltung (2015), S. 291; Kübler/Prütting/Bork-*Lüke*, § 60 InsO (Mai 2018), Rn. 73; *Marotzke*, KTS 2014, 113, 118; *Madaus*, KTS 2015, 115, 125. Dagegen *Cadmus*, Die Haftung der GmbH und ihres Geschäftsführers in der Eigenverwaltung (2016), S. 49 f.; *Flöther*, in: Kübler (Hrsg.), Handbuch Restrukturierung in der Insolvenz, 3. Aufl., 2018, § 18 Rn. 6; *Uhlenbruck*, in: FS Metzeler, 2003, S. 85, 99; *Siemon/Klein*, ZInsO 2012, 2009, 2013; *Schmidt/Poertzgen*, NZI 2013, 369, 376; *Bachmann*, ZIP 2015, 101, 102 f. Im Ergebnis wohl auch *Schaal*, Die Haftung der Geschäftsführungsorgane einer insolvenzrechtlich eigenverwaltenden GmbH oder AG (2017), S. 41.

weist.[26] Dem ist zuzustimmen, denn die Verweisung auf die „allgemeinen Vorschriften" lässt keine irgendwie geartete Beschränkung erkennen.[27] Aufgrund der begrenzten Masse hat diese Haftung allerdings praktisch keine Relevanz.[28]

V. Zwischenergebnis

Die Haftung des Schuldners im Zusammenhang mit der übertragenden Sanierung ist nur in Ausnahmefällen relevant, wenn der Erwerber vertragliche Ansprüche geltend machen will und solange die Kaufpreiszahlung noch nicht an die Gläubiger ausgekehrt ist. Aufgrund der insuffizienten Masse ist die Haftung der schuldnerischen Gesellschaft den Gläubigern gegenüber nicht von Relevanz. Das gleiche Bild zeigt sich in den USA, wo Haftungsansprüche des Erwerbers praktisch nur in dem (in der Insolvenz typischerweise kleinen) Zeitfenster zwischen *Signing* und *Closing* durchsetzbar sind.

Von übergeordneter Bedeutung ist deshalb die Haftung der Geschäftsleitung.

B. Die Haftung der Geschäftsleitung

I. Vorüberlegungen

Bevor das Pflichtenprogramm der Geschäftsleitung inhaltlich konkretisiert werden kann, ist zu klären, welche Rechtsgrundlage als Haftungsanordnung Anwendung findet. Diese Frage war insbesondere im Schrifttum lange umstritten, bis der BGH[29] und inzwischen auch der Gesetzgeber[30] die Geschäftsleitung einer insolvenzrechtlichen Haftung unterworfen hat. Im Folgenden ist zunächst zu klären, ob in Betracht kommende Haftungsmodelle aus dem allgemeinen Zivilrecht mit geringeren Voraussetzungen als die insolvenzrechtliche Haftung weiterhin Anwendung finden können, nach welchen die Geschäftsleitung den Gläubigern gegenüber haften könnte. Hierbei wird sich zeigen, dass diese für den Fall von Pflichtverletzungen im Zusammenhang mit einer übertragenden Sanierung keine einer insolvenzrechtlichen Haftung gleichwertige Eignung aufweisen.

---

[26] BGHZ 218, 290, 297 (Tz. 21).

[27] Wohl auch *Becker*, KTS 2019, 95, 97.

[28] Siehe auch *Thole*, Gesellschaftsrechtliche Maßnahmen in der Insolvenz (2020), Rn. 436; MünchKomm.-*Kern*, § 270 InsO, Rn. 167.

[29] BGHZ 218, 290.

[30] § 276a Abs. 2 InsO.

1. Haftungsmodelle

a) Haftung aus c. i.c. (§ 311 Abs. 3 BGB)

Eine quasi-vertragliche Außenhaftung der Geschäftsleitung gemäß § 280 Abs. 1 BGB ist über § 311 Abs. 3 S. 1 BGB dem Erwerber gegenüber denkbar, wonach ein Schuldverhältnis mit Pflichten nach § 241 Abs. 2 BGB auch zu Personen entstehen kann, die nicht selbst Vertragspartei werden sollen. Das Entstehen des gesetzlichen Schuldverhältnisses aufgrund von § 311 Abs. 3 BGB würde zur Begründung von Verhaltenspflichten nach § 241 Abs. 2 BGB führen.[31] Im Fall der übertragenden Sanierung wäre die Geschäftsleitung insbesondere zur Aufklärung und Auskunft gegenüber dem Erwerber verpflichtet. Hierin ist die erste Einschränkung einer Haftung aus Verschulden bei Vertragsschluss zu sehen, da nur Schäden in Betracht kommen, die auf der Verletzung dieser Nebenpflichten beruhen. Die zweite Einschränkung liegt darin, dass die Hürden für die Einbeziehung der Geschäftsleitung hoch sind. Nach § 311 Abs. 3 S. 2 BGB entsteht ein solches Schuldverhältnis insbesondere dann, wenn die Geschäftsleitung als „Dritter" in besonderem Maße Vertrauen für sich in Anspruch nimmt und dadurch die Vertragsverhandlungen oder den Vertragsschluss erheblich beeinflusst. Hierfür ist erforderlich, dass die Geschäftsleitung durch ihr Verhalten Einfluss auf die Entscheidung des anderen Teils nimmt, indem sie eine zusätzliche, von ihr persönlich ausgehende Gewähr für die Seriosität und die Erfüllung des Geschäfts bietet.[32] Bezüglich des Insolvenzverwalters hat der BGH entschieden, dass sich von einem besonderen Vertrauenstatbestand erst dann sprechen lasse, wenn dieser beim Verhandlungspartner ein zusätzliches, von ihm persönlich ausgehendes Vertrauen auf die Vollständigkeit und Richtigkeit seiner Erklärungen und die Durchführbarkeit des vereinbarten Geschäfts hervorgerufen hat.[33] Auch wenn jeder Einzelfall für sich genommen zu beurteilen ist, hat der BGH angedeutet, dass ein persönliches Verschulden der Geschäftsleitung in Eigenverwaltung ohne das Hinzutreten besonderer Umstände abzulehnen ist.[34] Das erscheint sachgerecht. Zwar dürften beim Vertragsschluss über den Verkauf des Unternehmens die Aussagen der Geschäftsleitung für den Erwerber entscheidend und sein Vertrauen in diese somit von größter Bedeutung sein.[35] Doch auch außerhalb der Insolvenz besteht eine Eigenhaftung der Geschäftsleiter nur bei Vorliegen besonderer Umstände, etwa der Äußerung einer Ga-

[31] MünchKomm.-*Emmerich*, § 311 BGB, Rn. 50. Siehe auch *König*, Die Haftung bei der Eigenverwaltung (2015), S. 136.

[32] Ständige Rspr. des BGH, siehe Urteil v. 07.11.1994 – II ZR 138/92, ZIP 1995, 31, 32; Urteil v. 13.12.2005 – KZR 12/04, NJW-RR 2006, 993, 994.

[33] BGH, Urteil v. 24.04.2005 – IX ZR 114/01, ZIP 2005, 1327, 1328.

[34] BGHZ 218, 290, 306 f. (Tz. 37 ff.).

[35] Vgl. *König*, Die Haftung bei der Eigenverwaltung (2015), S. 135 sowie *Thole/Brünkmans*, ZIP 2013, 1097, 1098.

rantiezusage.[36] Der Erwerber müsste somit darauf vertraut haben dürfen, dass die Geschäftsleitung Fähigkeiten besitzt, die über dasjenige hinausgehen, was von einer Geschäftsleitung in dieser Situation ohnehin erwartet wird.[37] Die Vertrauensposition, welche die Geschäftsleitung aufgrund ihrer Kenntnisse über das Unternehmen und dessen wirtschaftlichen Verhältnisse hat, reichen somit nicht aus.[38] Fehlt es also an derart deutlichen Aussagen der Geschäftsleitung beim Vertragsschluss, die ein gesteigertes Vertrauen des Erwerbers begründen, ist eine Haftung nach §§ 280 Abs. 1, 311 Abs. 3, 241 Abs. 2 BGB daher abzulehnen.[39]

b) Vertrag mit Schutzwirkung zugunsten Dritter

Einige Stimmen im Schrifttum diskutieren eine Durchbrechung der Innenhaftung nach den §§ 43 Abs. 2 GmbHG, 93 Abs. 2 AktG durch Heranziehen der Grundsätze des Vertrags mit Schutzwirkung zugunsten Dritter.[40]

Bei dem Vertrag mit Schutzwirkung zugunsten Dritter kommt es zu einer Einbeziehung eines Dritten, der am Vertragsschluss nicht beteiligt war, in den Schutzbereich des Schuldverhältnisses. Diesem Dritten steht als Rechtsfolge kein eigener Leistungsanspruch, aber im Fall der Verletzung von Rücksichtnahme- und Schutzpflichten ein eigener Schadensersatzanspruch zu.[41] Die dogmatische Herleitung des Instituts ist seit jeher umstritten.[42] Seine Existenz ist aber seit langem allgemein anerkannt, so dass inzwischen von gewohnheitsrechtlich anerkannter Rechtsfortbildung gesprochen werden kann.[43]

aa) Voraussetzungen

Das Rechtsinstitut des Vertrags mit Schutzwirkung zugunsten Dritter führt aus der Sicht des Schuldners (hier der Geschäftsleitung) zu einer Risikovermehrung, da weitere potenzielle Gläubiger hinzutreten.[44] Der Schutz bzw. die Pri-

[36] BGHZ 126, 181, 189 (für den GmbH-Geschäftsführer). Siehe auch KölnKomm.-*Mertens/Cahn*, § 93 AktG, Rn. 221; GroßKommAktG-*Hopt/Roth*, § 93, Rn. 653.

[37] Vgl. GroßKommAktG-*Hopt/Roth*, § 93, Rn. 653. Siehe auch BGHZ 56, 81, 84 f.

[38] KölnKomm.-*Mertens/Cahn*, § 93 AktG, Rn. 221.

[39] Im Ergebnis auch *Flöther*, in: Kübler (Hrsg.), Handbuch Restrukturierung in der Insolvenz, 3. Aufl., 2018, § 18 Rn. 24; *Gehrlein*, ZInsO 2017, 849, 855; *Bitter/Baschnagel*, ZInsO 2018, 557, 570; *Bitter*, ZIP 2018, 986, 987.

[40] *König*, Die Haftung bei der Eigenverwaltung (2015), S. 259 ff.; 287 f.

[41] Staudinger-*Klumpp*, § 328 BGB, Rn. 89; MünchKomm.-*Gottwald*, § 328 BGB, Rn. 192 f.

[42] Zu den verschiedenen Ansätzen siehe *Papadimitropoulos*, Schuldverhältnisse (2007), S. 110 ff.; Staudinger-*Klumpp*, § 328 BGB, Rn. 96 ff.

[43] Die dogmatische Herleitung offengelassen etwa in BGHZ 66, 51, 56 f. AA aber Staudinger-*Klumpp*, § 328 BGB, Rn. 104 (kein Gewohnheitsrecht, da Voraussetzungen im Einzelnen zu umstritten). Zu Auswirkungen der unterschiedlichen Rechtsgrundlage auf die einzelnen Tatbestandsmerkmale siehe *Zenner*, NJW 2009, 1030.

[44] *Neuner*, JZ 1999, 126, 128.

vilegierung Dritter durchbricht gewissermaßen den Grundsatz der Relativität der Schuldverhältnisse und bedarf damit einer besonderen Rechtfertigung. Dies spiegelt sich in den Tatbestandsmerkmalen des Instituts wider.

Erste Voraussetzung ist, dass der Dritte bestimmungsgemäß mit der vertraglichen Leistung in Berührung kommt („Leistungsnähe“).[45] Insbesondere die Unterscheidung zwischen vertraglicher und deliktischer Haftung soll hierdurch aufrechterhalten werden.[46]

Zweite Voraussetzung ist das mit „Gläubigernähe“ beschriebene Näheverhältnis zwischen Drittem und dem am Schuldverhältnis beteiligten Gläubiger.[47] Erforderlich ist, dass der Gläubiger ein berechtigtes Interesse am Schutz des Dritten hat.[48] Nach früherer Rechtsprechung des BGH musste hierfür eine Fürsorgepflicht des Gläubigers bestehen, nach welcher dieser für „Wohl und Wehe“ des Dritten mitverantwortlich ist.[49] Diese Rechtsprechung hat der BGH inzwischen aufgegeben, da auch im rein geschäftlichen Bereich diesen Fürsorgepflichten ähnliche Schutzpflichten entstehen können.[50] Seit den 1990er Jahren nimmt der BGH nun eine einzelfallbezogene Interessenbewertung vor.[51] Besondere Bedeutung hat das Institut hierdurch insbesondere in Fällen der Gutachter- bzw. Expertenhaftung oder bei der Diskussion über die Haftung von Rating-Agenturen erlangt.[52]

Darüber hinaus muss den Interessen des Schuldners dadurch Rechnung getragen werden, dass die drohende Haftungsausweitung für ihn auch erkennbar ist und der Dritte schutzbedürftig ist.[53] Dahinter steht unter anderem die Überlegung, dass dem Schuldner die Möglichkeit gegeben werden muss, das zusätzliche Haftungsrisiko zu kalkulieren und zu versichern.[54] Auch wenn hierfür nicht erforderlich ist, dass dem Schuldner die konkrete Anzahl der in Frage kommenden Dritten oder deren Namen bekannt sein muss, ist doch anerkannt, dass eine objektive Abgrenzbarkeit im Sinne einer Bestimmbarkeit vorliegen muss.[55]

---

[45] BGHZ 133, 168, 173; MünchKomm.-*Gottwald*, § 328 BGB, Rn. 184.

[46] *Papadimitropoulos*, Schuldverhältnisse (2007), S. 78 mwN.

[47] Staudinger-*Klumpp*, § 328 BGB, Rn. 120 ff.; *Neuner*, JZ 1999, 126, 128.

[48] MünchKomm.-*Gottwald*, § 328 BGB, Rn. 185; Staudinger-*Klumpp*, § 328 BGB, Rn. 120.

[49] BGHZ 51, 91, 96; 56, 269, 273; 66, 51, 57 f.

[50] Grundsätzlich zustimmend Staudinger-*Klumpp*, § 328 BGB, Rn. 121. Siehe hierzu auch *Papadimitropoulos*, Schuldverhältnisse (2007), S. 84 ff. Kritisch zu dieser Ausweitung *Neuner*, JZ 1999, 126, 129.

[51] MünchKomm.-*Gottwald*, § 328 BGB, Rn. 187.

[52] Zu Ersterem siehe etwa BGHZ 127, 378. Zu Letzterem *Grundmann/Renner*, JZ 2013, 379, 382 f.; OLG Düsseldorf, Urteil v. 08.02.2018 – I-6 U 50/17, ZIP 2018, 427.

[53] BGHZ 176, 281, 290 f. (Tz. 27). Zu diesen negativen Voraussetzungen siehe *Papadimitropoulos*, Schuldverhältnisse (2007), S. 92 ff.

[54] BGHZ 159, 1, 9; Staudinger-*Klumpp*, § 328 BGB, Rn. 124; MünchKomm.-*Gottwald*, § 328 BGB, Rn. 190.

[55] BGHZ 159, 1, 9 ff.; Staudinger-*Klumpp*, § 328 BGB, Rn. 124 f.; MünchKomm.-*Gottwald*, § 328 BGB, Rn. 190.

An der Schutzbedürftigkeit des Dritten fehlt es, wenn dieser keinen eigenen (quasi-)vertraglichen Anspruch gegen den Schuldner oder eine andere Person hat, mit dem er den Schaden liquidieren kann. Auch dieses Kriterium ist indes durch die Rechtsprechung erheblich aufgeweicht worden, die letztlich die faktischen Möglichkeiten des Dritten berücksichtigt, Schäden zu verhindern oder zu liquidieren,[56] worauf sogleich zurückzukommen sein wird.

bb) Gesellschaftsrechtliche Anwendungsfälle

Für die GmbH & Co. KG entspricht es inzwischen der ständigen Rechtsprechung des BGH, dass sie in den Dienstvertrag zwischen der Komplementär-GmbH und deren Geschäftsführer einbezogen ist, wenn alleinige oder wesentliche Aufgabe der Komplementär-GmbH die Führung der Geschäfte der Kommanditgesellschaft ist.[57] Aufbauend auf dieser Rechtsprechung können unter den gleichen Voraussetzungen auch stille Gesellschafter in dieses Dienstverhältnis einbezogen werden.[58] Grund hierfür ist in beiden Konstellationen die Überlegung, dass die Kommanditisten und die stillen Gesellschafter das wirtschaftliche Risiko aus der Tätigkeit der Komplementär-GmbH tragen, da sie typischerweise die alleinigen Kapitalgeber seien.[59] Gleichzeitig verblieben ihnen „zumeist nur geringe Kontroll- und Einflußmöglichkeiten."[60] In beiden Fällen haftet der GmbH-Geschäftsführer für Schäden der KG.

cc) Keine Anwendung auf Gläubiger des eigenverwaltenden Schuldners

Nach *König* ist die Übertragbarkeit dieser Rechtsprechung auf die Gläubiger des eigenverwaltenden Schuldners deshalb gegeben, da diese im Fall der Insolvenz in die wirtschaftliche Position der Gesellschafter einrücken und das Verteilungsrisiko tragen.[61] Mit diesem Argument bejaht *König* das Vorliegen sowohl der Leistungsnähe als auch der Gläubigernähe.[62]

In eine ähnliche Richtung wie *König* weist auch *Jacoby*, nach dem bei Insolvenzeröffnung die Organpflichten der Geschäftsleitung Schutzwirkung gegenüber den Gläubigern äußerten.[63] Er begründet dies, ähnlich wie *König*, mit

---

[56] Siehe hierzu *Papadimitropoulos*, Schuldverhältnisse (2007), S. 96 f.

[57] BGHZ 75, 321, 323; 76, 326, 338 f.; 197, 304, 307 f. (Tz. 15); siehe auch *Nietsch*, GmbHR 2014, 348. Diese Fortbildung findet auf die AG & Co. KG entsprechende Anwendung, siehe hierzu *Otte*, NZG 2011, 1013; *Weller*, ZHR 175 (2011), 110, 137 ff.

[58] BGH, Urteil v. 14.11.1994 – II ZR 160/93, NJW 1995, 1353.

[59] BGH, Urteil v. 14.11.1994 – II ZR 160/93, NJW 1995, 1353, 1357.

[60] BGH, Urteil v. 14.11.1994 – II ZR 160/93, NJW 1995, 1353, 1357. Siehe auch BGHZ 197, 304, 309 f. (Tz. 18).

[61] *König*, Die Haftung bei der Eigenverwaltung (2015), S. 269. Zustimmend *Schaal*, Die Haftung der Geschäftsführungsorgane einer insolvenzrechtlich eigenverwaltenden GmbH oder AG (2017), S. 213 f.

[62] *König*, Die Haftung bei der Eigenverwaltung (2015), S. 270 ff.

[63] *Jacoby*, in: FS Vallender, 2015, S. 261, 267 f.

dem Verweis auf § 1 S. 1 InsO, wonach klar sei, dass Schutzpflichten der Geschäftsleitung den Gläubigern gegenüber bestünden.[64]

Beide Feststellungen sind zwar richtig.[65] Das Vorliegen von Leistungs- und Gläubigernähe lässt sich mit dem Argument bejahen, dass das Interesse des primären Gläubigers (der schuldnerischen Gesellschaft) darauf gerichtet ist, dass die Geschäftsleitung im Interesse der Gläubiger handelt. Diese Erwägungen rechtfertigen die Übertragbarkeit der Rechtsprechung des BGH auf die Geschäftsleitung einer eigenverwaltenden Gesellschaft im Ergebnis aber nicht. Den Grund hierfür geben die Entscheidungen zu GmbH & Co. KG und stiller Gesellschaft selbst vor, wenn sie – in Bezug auf die Schutzbedürftigkeit – auf die mangelnden Kontroll- und Einflussmöglichkeiten der Kommanditisten und stillen Gesellschafter abstellen. Gläubigern im Insolvenzverfahren und im Besonderen in der Eigenverwaltung stehen hingegen eine Vielzahl von Kontroll- und Einflussmöglichkeiten zu.[66] Mitglieder des Gläubigerausschusses beispielsweise sind zu einer umfassenden Einsichtnahme in das Rechnungswesen des Schuldners berechtigt,[67] die weit über das Auskunfts- und Einsichtsrecht des Kommanditisten aus § 166 HGB bzw. des stillen Gesellschafters aus § 233 HGB hinausgeht.[68] Die Verfahrensstellung der Gläubiger ist damit eine völlig andere als die Position von Kommanditisten einer GmbH & Co. KG oder von stillen Gesellschaftern außerhalb der Insolvenz. Das Argument *Königs*, auch die Gläubiger könnten der Geschäftsleitung keine Weisungen erteilen,[69] zielt jedenfalls bei der AG ins Nichts. Der Vorstand ist außerhalb der Insolvenz weisungsunabhängig; es gilt das Prinzip der Leitungsautonomie.[70] Darüber hinaus lässt es sich nicht wegdiskutieren, dass über alle wesentlichen Fragen im Insolvenzverfahren ultimativ die Gläubiger entscheiden. Die „Schutzbedürftigkeit" der Gläubiger lässt sich somit auf diese Weise nicht herleiten. Bei der Rechtsprechung des BGH handelt es sich vielmehr um eine (rechtsformspezifische) Fortbildung des § 43 Abs. 2 GmbHG, bei der es mitnichten darum geht, die Konzeption der Binnenhaftung zu durchbrechen.[71] Die Außenhaftung der Geschäftsleitung einer Gesellschaft in Eigenverwaltung lässt sich daher nicht über die Einbeziehung der Gläubiger in die organschaftliche Sonderbeziehung zwischen Geschäftsleitung und Gesellschaft konstruieren.

---

64 *Jacoby*, in: FS Vallender, 2015, S. 261, 268.

65 Hierzu bereits Kapitel 1, A. II. 2. (S. 24 ff.).

66 Ausführlich zur Überwachung des Schuldners siehe Kapitel 2, B. (S. 106 ff.).

67 Siehe etwa Uhlenbruck-*Knof*, § 69 InsO, Rn. 27.

68 Das Einsichtsrecht des Kommanditisten (§ 166 Abs. 1 HGB) umfasst beispielsweise keine Verpflichtung der KG, Unterlagen auszuhändigen, siehe MünchKomm.-*Grunewald*, § 166 HGB, Rn. 1.

69 AA aber *König*, Die Haftung bei der Eigenverwaltung (2015), S. 279.

70 Siehe hierzu *Kuntz*, AG 2016, 101.

71 Im Ergebnis ebenso *Bitter/Baschnagel*, ZInsO 2018, 557, 569 f.

c) Deliktsrecht

Teile der Literatur diskutieren eine deliktische Haftung der Geschäftsleitung aus § 823 Abs. 1 BGB. Grundlage hierfür ist die *Baustoff*-Entscheidung des BGH, nach der eine Außenhaftung eines Gesellschaftsorgans bestehen kann, wenn dieses ihrer – kraft organschaftlicher Stellung bestehenden – Garantenpflicht zum Schutz absoluter Rechtsgüter nicht nachkommt.[72] Danach treffen die Geschäftsleitung (im konkreten Fall den Geschäftsführer einer GmbH) deliktsrechtliche Organisationspflichten. Einige halten daher etwa die Konstellation der Verletzung von Aus- oder Absonderungsrechten für eine denkbare Fallgruppe einer Außenhaftung der Geschäftsleitung.[73]

Die Literatur hat die *Baustoff*-Entscheidung überwiegend als „uferlose" Haftungsausweitung kritisiert.[74] In jüngerer Rechtsprechung hat der BGH sie inzwischen wieder erheblich eingeschränkt und klargestellt: „Allein aus der Stellung als Geschäftsführer einer GmbH bzw. Mitglied des Vorstands einer AG ergibt sich keine Garantenpflicht gegenüber außenstehenden Dritten, eine Schädigung ihres Vermögens zu verhindern."[75] Eine Außenhaftung sei davon abhängig, dass die Geschäftsleitung weitere Pflichten übernommen hat, die sie aus besonderen Gründen persönlich gegenüber dem betreffenden Gläubiger zu übernehmen hatte.[76]

In der für den Fall der übertragenden Sanierung relevanten Konstellation einer Unterwertveräußerung des Unternehmens ist zwar eine für den jeweiligen Gläubiger „schlechte", d. h. nachteilige Verwertung des Absonderungsguts zu sehen. Ob diese sich als Verletzung einer solchen Organisationspflicht einordnen lässt, erscheint vor diesem Hintergrund mehr als zweifelhaft. Denn bei der Pflicht zur ordnungsgemäßen Verfahrensabwicklung, zu der auch die Verwertung des Absonderungsguts gehört, handelt es sich um insolvenzspezifische Pflichten, die zunächst nur den eigenverwaltenden Schuldner, d. h. die Gesellschaft treffen. Im Regelfall besteht keine persönliche Verpflichtung der Geschäftsleitung den Gläubigern gegenüber, die eine deliktische Haftung rechtfertigen könnte.[77] Eine deliktische Außenhaftung aus § 823 Abs. 1 BGB ist

---

[72] BGHZ 109, 297.

[73] Siehe etwa *Thole/Brünkmans*, ZIP 2013, 1097, 1099; *Bachmann*, ZIP 2015, 101, 106; *Gehrlein*, ZInsO 2018, 1550, 1551.

[74] Siehe statt vieler *Lutter*, GmbHR 1997, 329, 334 f.; *Medicus*, ZGR 1998, 570, 584 f. Siehe auch KölnKomm.-*Mertens/Cahn*, § 93 AktG, Rn. 224; *Mertens/Mertens*, JZ 1990, 486, 490, nach denen „die persönliche Deliktshaftung der Leitungsmitglieder […] zu einem nicht mehr berechenbaren und äußert prekären Risiko geworden ist."

[75] BGHZ 194, 26 (erster Leitsatz). Siehe hierzu auch *Schaal*, Die Haftung der Geschäftsführungsorgane einer insolvenzrechtlich eigenverwaltenden GmbH oder AG (2017), S. 83 ff.

[76] BGHZ 194, 26, 36 (Tz. 26). Zuletzt auch BGH NJW 2019, 2164, 2165: „[E]ine solche Pflicht besteht grundsätzlich nur gegenüber der Gesellschaft, nicht hingegen im Verhältnis zu außenstehenden Dritten […]". Siehe zum Ganzen *Dieckmann*, ZGR 2020, 1039.

[77] Im Ergebnis auch *Thole/Brünkmans*, ZIP 2013, 1097, 1099. AA wohl *König*, Die Haf-

somit jedenfalls im hier relevanten Zusammenhang in der Regel ausgeschlossen.[78]

In Betracht kommt aber eine Außenhaftung aus § 826 BGB[79] oder § 823 Abs. 2 BGB in Verbindung mit Schutzgesetzen.[80] Nach ganz überwiegender Auffassung handelt es sich grundsätzlich bei den Vorschriften der Insolvenzordnung indes nicht um Schutzgesetze im Sinne des § 823 Abs. 2 BGB,[81] da diese dem Schutz bzw. der Befriedigung aller Gläubiger gemeinsam dienen.[82] Selbst wenn man den Schutzgesetzcharakter der insolvenzverfahrensrechtlichen Pflichten annimmt, treffen diese Pflichten zunächst die schuldnerische Gesellschaft – die Geschäftsleitung nimmt diese Pflichten nur in Vertretung wahr und ist nicht selbst Adressat des jeweiligen Schutzgesetzes.[83]

Im Zusammenhang mit der übertragenden Sanierung ist eine deliktische Außenhaftung somit nur durch die Verletzung der Straftatbestände der §§ 266, 283 ff. StGB als Schutzgesetze im Sinne des § 823 Abs. 2 BGB sowie nach § 826 BGB denkbar.[84] So macht sich die Geschäftsleitung unter Umständen etwa durch eine Unterwertveräußerung gemäß § 283 Abs. 1 Nr. 1 in Verbindung mit § 14 Abs. 1 Nr. 1 StGB strafbar. Die Unterwertveräußerung kann hierbei ein „Beiseiteschaffen" im Sinne des § 283 Abs. 1 Nr. 1 StGB darstellen,[85] wenn

---

tung bei der Eigenverwaltung (2015), S. 142 ohne Hinweis auf die genannte jüngere Rechtsprechung.

78 Unabhängig von den diskutierten Schwierigkeiten einer dogmatischen Begründung für die deliktische Außenhaftung weist sie auch die entscheidende Schwäche auf, dass das Vermögen als solches bekanntermaßen nicht durch § 823 Abs. 1 BGB geschützt ist, siehe statt aller MünchKomm.-*Wagner*, § 823 BGB, Rn. 423.

79 In Bezug auf die sittenwidrige vorsätzliche Schädigung ergeben sich keine Besonderheiten. Aufgrund der hohen Voraussetzungen dürfte sie im hier relevanten Zusammenhang typischerweise ausscheiden. Siehe hierzu *Schaal*, Die Haftung der Geschäftsführungsorgane einer insolvenzrechtlich eigenverwaltenden GmbH oder AG (2017), S. 88 sowie *Bitter/Baschnagel*, ZInsO 2018, 625, 638 ff.

80 Siehe hierzu *Schaal*, Die Haftung der Geschäftsführungsorgane einer insolvenzrechtlich eigenverwaltenden GmbH oder AG (2017), S. 86 f.

81 Einzige Ausnahme hiervon ist § 15a InsO, der nach ganz herrschender Meinung Schutzgesetz ist (statt aller MünchKomm.-*Klöhn*, § 15a InsO, Rn. 140 mwN). Die Vorschrift knüpft indes an den Zeitraum vor Antragstellung an und schützt Altgläubiger vor der Verkürzung ihrer Befriedigungsquote sowie Neugläubiger vor dem Eintritt eines Vertrauensschadens, so dass ein hinreichender Individualbezug besteht und die Norm mithin drittschützenden Charakter hat.

82 *Grotebrune*, Die Haftung der schuldnerischen GmbH/AG und ihrer Geschäftsführungsorgane in der (vorläufigen) Eigenverwaltung (2018), S. 449 ff.; *Thole/Brünkmans*, ZIP 2013, 1097, 1099; *Jacoby*, in: FS Vallender, 2015, S. 261, 270; *Spliedt*, in: FS Vallender, 2015, S. 613, 631.

83 *Kessler*, Die Aktiengesellschaft in der Eigenverwaltung (2006), S. 337 f. Siehe auch *Skauradszun/Spahlinger*, DB 2015, 2559, 2256.

84 Zu § 283 Abs. 1 StGB als Schutzgesetz siehe etwa BGH, Urteil v. 25.09.2014 – IX ZR 156/12, ZIP 2014, 2305, 2306.

85 *Pelz*, 9. Kapitel, in: *Wabnitz u. a.* (Hrsg.), Handbuch Wirtschafts- und Steuerstrafrecht (2020), Rn. 396.

die Veräußerung einen Verstoß gegen das Gebot ordnungsgemäßen Wirtschaftens darstellt.[86] Hierbei ergeben sich ähnliche (Bewertungs-)Schwierigkeiten, die auch im Rahmen der Überwachung des Schuldners auftreten.[87] Weitere Voraussetzung ist die subjektive Zielrichtung des Handelns, nach welcher ein „Beiseiteschaffen" vorliegt, wenn durch die Veräußerung der Gläubigerzugriff auf die betroffenen Vermögensbestandteile entzogen oder wesentlich erschwert werden *soll*; die Veräußerung also auf eine Veränderung der Vermögenslage zum Nachteil der Gläubiger abzielt.[88] Aufgrund der hohen Voraussetzungen ist somit, von diesen eher atypischen Fällen des strafbewehrten Handelns bzw. der sittenwidrigen vorsätzlichen Schädigung abgesehen, anzunehmen, dass eine deliktische Außenhaftung typischerweise nicht zur Anwendung kommen wird.

d) §§ 60, 61 InsO

aa) Meinungsstreit

Viel diskutiert war im Schrifttum schließlich eine Haftung nach den §§ 60, 61 InsO analog.[89] Nach § 60 Abs. 1 S. 1 InsO ist ein Insolvenzverwalter allen Beteiligten zum Schadenersatz verpflichtet, wenn er schuldhaft die Pflichten verletzt, die ihm nach diesem Gesetz obliegen. Hierbei hat er gemäß Satz 2 für die Sorgfalt eines ordentlichen und gewissenhaften Insolvenzverwalters einzustehen.

Nach § 61 S. 1 InsO haftet ein Insolvenzverwalter Massegläubigern gegenüber auf Schadenersatz, wenn er durch eine Rechtshandlung eine Masseverbindlichkeit begründet, die aus der Masse nicht voll erfüllt werden kann.

Große Teile der Literatur lehnten die analoge Anwendung der §§ 60, 61 InsO auf die (geschäftsleitenden) Organe des Schuldners ab.[90] Ein häufig genanntes Argument gegen eine Analogie ist, dass nicht das Geschäftsleitungsorgan, sondern die Gesellschaft zur Eigenverwalterin bestellt wird.[91] Es fehle somit an

[86] *Tiedemann*, in Leipziger Kommentar zum StGB, § 283, Rn. 27 mwN. Ausführlich *Mohr*, Bankrottdelikte und übertragende Sanierung (1993), S. 124 ff.

[87] Kapitel 2, B. III. (S. 129 ff.). Siehe auch *Mohr*, Bankrottdelikte und übertragende Sanierung (1993), S. 127 ff.

[88] Vgl. *Tiedemann*, in Leipziger Kommentar zum StGB, § 283, Rn. 28.

[89] Die Diskussion in der Literatur ist so weit vorangeschritten, dass hier nicht zuletzt aus Raumgründen nur einige wesentliche Aspekte erörtert werden können. Siehe ausführlich zu weiteren Aspekten der Diskussion *Schaal*, Die Haftung der Geschäftsführungsorgane einer insolvenzrechtlich eigenverwaltenden GmbH oder AG (2017), S. 254 ff.

[90] *Kessler*, Die Aktiengesellschaft in der Eigenverwaltung (2006), S. 334; *König*, Die Haftung bei der Eigenverwaltung (2015), S. 258 f.; *Schulz*, Sanierungsgeschäftsführung in Krise und Eigenverwaltung (2017), S. 340 ff.; *Brinkmann*, DB 2012, 1369, 1370; *Thole/Brünkmans*, ZIP 2013, 1097, 1104 ff.; *Schmidt/Poertzgen*, NZI 2013, 369, 376; *Haas*, ZHR 178 (2014), 603, 611; *Weber/Knapp*, ZInsO 2014, 2245, 2250; *Bachmann*, ZIP 2015, 101, 108 f.; *Jacoby*, in: FS Vallender, 2015, S. 261, 273; *Kebekus/Zenker*, in: FS Kübler, 2015, S. 331, 340; *Skauradszun/Spahlinger*, DB 2015, 2559, 2561; *Spliedt*, in: FS Vallender, 2015, S. 613, 627 ff. Sympathisierend Jaeger-*Meller-Hannich*, § 270 InsO, Rn. 27.

[91] *Kessler*, Die Aktiengesellschaft in der Eigenverwaltung (2006), S. 334; *König*, Die Haf-

der vergleichbaren Interessenlage, da Geschäftsleitung und Insolvenzverwalter nicht miteinander vergleichbar seien.[92] Auch liege keine planwidrige Regelungslücke vor, da zum einen § 270 Abs. 1 S. 2 InsO lediglich bezüglich der Rechtsstellung des Schuldners auf die allgemeinen Vorschriften verweise, nicht hinsichtlich der Organe.[93] Zum anderen verweise § 274 Abs. 1 InsO für die Haftung des Sachwalters auf § 60 InsO; eine entsprechende Regelung für den Schuldner fehle.

Die Gegenansicht wandte ein, dass die Geschäftsleitung in der Eigenverwaltung gerade nicht mehr aufgrund gesellschaftsrechtlicher Legitimation handelt, sondern die insolvenzrechtlichen Rechte und Pflichten für die Gesellschaft wahrnimmt.[94] Auch erscheine es näherliegend, dass der Gesetzgeber die Frage der Geschäftsleitungshaftung nicht erkannt habe.[95]

bb) Entscheidung des BGH

Mit Urteil vom 26. April 2018 hat sich der IX. Zivilrechtssenat des BGH für eine analoge Anwendung der §§ 60, 61 InsO auf einen Geschäftsführer einer GmbH & Co. KG entschieden.[96] Entgegen der Literaturmeinung, dass § 270 Abs. 1 S. 2 InsO es nicht gestatte, die §§ 60, 61 InsO auch auf die Organe des Schuldners anzuwenden, sei ein solches Verständnis der Vorschrift durchaus möglich.[97] Hierbei beruft sich der BGH auf den Ersten Bericht der Kommission für Insolvenzrecht, die eine Haftung der geschäftsleitenden Organe als selbstverständlich betont habe.[98] Der Gesetzgeber habe überdies unmissverständlich verlautbart, dass die Eigenverwaltung die Geschäftsleiter des Schuldners betrifft.[99] Diese verfügten in der Eigenverwaltung über Befugnisse, die ihre Stellung weitgehend dem Amt eines Insolvenzverwalters annäherten und in dessen Rechts- und Pflichtenkreis einrückten.[100] Mit der Anordnung der Eigenverwaltung werde der Geschäftsleitung ein Vertrauensvorschuss eingeräumt

---

tung bei der Eigenverwaltung (2015), S. 258; ähnlich auch *Schulz*, Sanierungsgeschäftsführung in Krise und Eigenverwaltung (2017), S. 342 f. Siehe auch *Haas*, ZHR 178 (2014), 603, 611; *Weber/Knapp*, ZInsO 2014, 2245, 2250.

92 *Thole/Brünkmans*, ZIP 2013, 1097, 1104; *Skauradszun/Spahlinger*, DB 2015, 2559, 2562.

93 So etwa *Haas*, ZHR 178 (2014), 603, 611.

94 *Schaal*, Die Haftung der Geschäftsführungsorgane einer insolvenzrechtlich eigenverwaltenden GmbH oder AG (2017), S. 256 ff.; *Madaus*, KTS 2015, 115, 125 ff.; *Gehrlein*, ZInsO 2017, 849, 856; *Bitter/Baschnagel*, ZInsO 2018, 557, 572. Ähnlich *Bilgery*, ZInsO 2014, 1694, 1697.

95 *Bitter/Baschnagel*, ZInsO 2018, 557, 572.

96 BGHZ 218, 290.

97 BGHZ 218, 290, 311 (Tz. 48).

98 BGHZ 218, 290, 311 (Tz. 49); siehe hierzu bereits *Schaal*, Die Haftung der Geschäftsführungsorgane einer insolvenzrechtlich eigenverwaltenden GmbH oder AG (2017), S. 126 f.

99 BGHZ 218, 290, 312 (Tz. 51).

100 BGHZ 218, 290, 312 f. (Tz. 52); 314 (Tz. 57).

und es sei sachwidrig, diesen nicht mit der Androhung einer insolvenzrechtlichen Haftung zu verbinden. Die Haftung der Geschäftsleiter sei vielmehr erforderlich, eine erhöhte Risikobereitschaft zu zügeln.[101]

cc) Stellungnahme

Wie jeweils aufgezeigt, vermögen die diskutierten Haftungsmodelle (c.i.c., Vertrag mit Schutzwirkung zugunsten Dritter sowie die allgemeine Deliktshaftung) keinen lückenlosen Schutz zu gewährleisten. Dass eine Außenhaftung aber erforderlich ist, zeigen zwei Tatsachen. Zum einen ist die Innenhaftung lediglich in der Lage, Gesamtschäden auszugleichen. Individualschäden ließen sich nur über die §§ 60, 61 InsO ersetzen. Zum anderen ist dem BGH darin zuzustimmen, dass die angeordnete Eigenverwaltung das Pflichtenprogramm der Geschäftsleitung um ein Vielfaches erweitert – insbesondere um diese Pflichten, die sonst dem Insolvenzverwalter auferlegt sind. Ein Gleichlauf zwischen Regelverfahren und Eigenverwaltung erfordert somit auch einen Gleichlauf der Haftung. Damit ist auch die Brücke geschlagen zur Begründung der Analogie. Trotz der Tatsache, dass die schuldnerische Gesellschaft und nicht ihre Geschäftsleitung „Eigenverwalterin“ ist, sind es doch die geschäftsleitenden Organe, welche die Aufgaben wahrnehmen, die sonst der Insolvenzverwalter ausübt.[102] Die insolvenzrechtliche Außenhaftung ist im Vergleich zum Gesellschaftsrecht dadurch gerechtfertigt, dass die Handlungslegitimation nicht mehr auf der organschaftlichen, sondern auf der gerichtlich angeordneten, insolvenzrechtlichen Bestellung beruht.[103] Denn aus dieser neuen Handlungslegitimation folgt gleichzeitig die Vergrößerung der Handlungskompetenzen und des Pflichtenbereichs. Dieses Argument ist auch im Zusammenhang mit der Tatsache zu sehen, dass jede gesellschaftsrechtliche Bindung im Innenverhältnis durch § 276a Abs. 1 InsO beseitigt ist. Das neue Pflichtenprogramm, ergänzt um weitgehende Unabhängigkeit, rechtfertigt die insolvenzrechtliche Außenhaftung parallel zu derjenigen eines Insolvenzverwalters. Hierfür spricht einerseits die Erwägung, dass Gläubiger im Fall der Eigenverwaltung schlechter stünden als im Regelverfahren, in welchem ein Insolvenzverwalter haften würde.[104] Diese Erwägung ergänzt die Untersuchung des zweiten Kapitels über Kontrolle und Überwachung des Schuldners insbesondere durch die Gläubiger. Sie hat deutlich aufgezeigt, dass genau diese Überwachung nicht ausreichend ist und ein (insolvenzrechtliches) Haftungskorrelat in der Eigenverwaltung zwingend erforderlich erscheint.

---

101 BGHZ 218, 290, 316 f. (Tz. 60).

102 So auch *Bitter/Baschnagel*, ZInsO 2018, 557, 572.

103 Ähnlich *Schaal*, Die Haftung der Geschäftsführungsorgane einer insolvenzrechtlich eigenverwaltenden GmbH oder AG (2017), S. 257.

104 Ebenso *Becker*, KTS 2019, 95, 99.

Auch sprechen die besseren Argumente dafür, eine planwidrige Regelungslücke anzunehmen. Dies zeigen, wie bereits geschildert, die Gesetzgebungsmaterialien zur InsO. Eine „haftungsrechtliche Lücke" nahm nun auch der Gesetzgeber an,[105] der § 276a InsO unter Verweis auf die Entscheidung des BGH zur analogen Anwendung von §§ 60, 61 InsO neugefasst hat.[106] § 276a InsO verweist in Absatz 2 nun für die Mitglieder des Vertretungsorgans einer juristischen Person auf die §§ 60 bis 62 InsO, die nach Absatz 3 auch in der vorläufigen Eigenverwaltung Anwendung finden.

e) Zwischenergebnis

Die vorstehenden Ausführungen haben gezeigt, dass die allgemeinen zivilrechtlichen Haftungsmodelle insbesondere im Zusammenhang mit der übertragenden Sanierung ungeeignet sind, einen angemessenen Risikoausgleich herzustellen. Die Entscheidung des BGH, die §§ 60, 61 InsO auf die Geschäftsleitung (analog) anzuwenden, ist deshalb zu begrüßen. Richtigerweise hat der Gesetzgeber mit der Normierung in § 276a Abs. 1, 2 InsO (unter Berufung auf die Entscheidung des BGH) für Klarheit gesorgt. Die Anwendung der §§ 60, 61 InsO schließt damit die Haftungslücke, der alternative Haftungsmodelle nicht adäquat begegnen konnten. Auch die Anordnung der Anwendbarkeit dieser Haftung im vorläufigen Verfahren ist konsequent und deckt sich auch mit den Untersuchungsergebnissen des zweiten Kapitels zur Überwachung des Schuldners in der vorläufigen Eigenverwaltung.[107]

2. Fortgeltung der gesellschaftsrechtlichen Innenhaftung

Die Geschäftsleitung einer GmbH oder AG haftet ihrer Gesellschaft gegenüber gemäß § 43 Abs. 2 GmbHG bzw. § 93 Abs. 2 AktG. Diese Haftungsanordnung gilt grundsätzlich auch im regulären Insolvenzverfahren und galt nach bislang überwiegender Ansicht auch in der (vorläufigen) Eigenverwaltung.[108] Hierbei überlagere der Insolvenzzweck den Gesellschaftszweck. Die gesellschaftsrechtliche Haftung bleibe in der Eigenverwaltung somit – insolvenzrechtlich modifiziert – weiter anwendbar.[109]

[105] RegE SanInsFoG, BT-Drucks. 19/24181, S. 209.

[106] SanInsFoG vom 22.12.2020, BGBl. I S. 3256.

[107] Kapitel 2, A. IV. (S. 91 ff.).

[108] Zur Fortgeltung der organschaftlichen Rechte und Pflichten im Regelverfahren statt aller HK-*Kayser*, § 80 InsO, Rn. 18. Zur Eigenverwaltung siehe *Schulz*, Sanierungsgeschäftsführung in Krise und Eigenverwaltung (2017), S. 243 f.; *Thole*, Gesellschaftsrechtliche Maßnahmen in der Insolvenz (2020), Rn. 415 ff.; *Brinkmann*, DB 2012, 1369; *Haas*, ZHR 178 (2014), 603, 612; *Madaus*, KTS 2015, 115, 124.

[109] Ausführlich *König*, Die Haftung bei der Eigenverwaltung (2015), S. 144 ff. Siehe auch *Maesch*, Corporate Governance in der insolventen Aktiengesellschaft (2005), S. 205 f.; *Thole*, Gesellschaftsrechtliche Maßnahmen in der Insolvenz (2020), Rn. 416; *Bitter/Baschnagel*, ZInsO 2018, 557, 566 f.

Mit der inzwischen geltenden Anwendbarkeit der §§ 60, 61 InsO auf die Geschäftsleitung in (vorläufiger) Eigenverwaltung gemäß § 276a Abs. 2, 3 InsO stellt sich indes die Frage nach dem Verhältnis dieser Haftungsanordnung zur (gesellschaftsrechtlichen) Innenhaftung im Fall der Verletzung von Organpflichten.[110] *Hofmann* hat bereits die Aussagen des BGH zur analogen Anwendung der §§ 60, 61 InsO so gedeutet, dass für eine über sie hinausgehende Haftung „allenfalls stark beschränkter Raum" bestünde.[111] Angesichts der nun geltenden insolvenzrechtlichen Haftung bedürfe es der insolvenzrechtlichen Modifikation der gesellschaftsrechtlichen Organpflichten nicht mehr.[112] Für diese Ansicht spricht, dass sie sich offenbar in die Vorstellung des Gesetzgebers der insolvenzrechtlichen Haftung einfügt. Nach der Regierungsbegründung zum Sanierungs- und Insolvenzrechtsfortentwicklungsgesetz soll die Innenhaftung mit dem Eintritt in das vorläufige Eigenverwaltungsverfahren sich zu einer Außenhaftung verdichten und das Pflichtenprogramm der Geschäftsleitung im Haftungsrahmen der §§ 60, 61 InsO aufgehen.[113] Der Gesetzgeber ist somit offensichtlich von einem Übergang der Innen- zur Außenhaftung ausgegangen. Jedenfalls für den Fall der übertragenden Sanierung ist diese insolvenzrechtliche Haftung ausreichend: Wie oben bereits erläutert, umfasst die Haftung nach §§ 60, 61 InsO sowohl Einzel- als auch Gesamtschäden. Schäden von Gläubigern, die im Rahmen der übertragenden Sanierung durch die Verletzung von Pflichten der Geschäftsleitung entstehen, bedürfen keines Rückgriffs auf die gesellschaftsrechtliche Innenhaftung mehr.

Gleiches gilt für etwaige Schäden, welche die Gesellschafter erleiden. Relevant ist dies in dem Fall, in welchem eine Sanierung des Rechtsträgers möglich gewesen wäre und gegenüber der übertragenden Sanierung vorzuziehen gewesen wäre.[114] Allerdings ist bislang nicht abschließend geklärt, ob Gesellschafter von Kapitalgesellschaften unter den Beteiligtenbegriff des § 60 Abs. 1 S. 1 InsO fallen.[115] Insbesondere das OLG Karlsruhe hat hiergegen eingewendet, dass Gesellschaftern (von Kapitalgesellschaften) gegenüber keine spezifi-

[110] Unterschiede ergeben sich etwa hinsichtlich der Verjährung der Ansprüche. Während die Haftung nach den §§ 60, 61 InsO nach drei Jahren verjährt (§ 62 Abs. 1 InsO i. V. m. §§ 195, 199 BGB), verjährt die gesellschaftsrechtliche Haftung erst nach fünf Jahren, bei der börsennotierten AG nach zehn Jahren (§§ 43 Abs. IV GmbHG, 93 Abs. VI AktG).

[111] *Hofmann*, ZIP 2018, 1429, 1431. AA ohne weitere Begründung wohl *Uebele*, NZI 2018, 881, 890 f.

[112] *Hofmann*, ZIP 2018, 1429, 1432. Siehe zuvor auch *Schaal*, Die Haftung der Geschäftsführungsorgane einer insolvenzrechtlich eigenverwaltenden GmbH oder AG (2017), S. 282 f.; *Bachmann*, ZIP 2015, 101, 104.

[113] RegE SanInsFoG, BR-Drucks. 619/20, S. 96. Anders als noch in den Regierungsentwürfen vorgesehen, enthält das StaRUG allerdings keine Außenhaftung der Geschäftsleitung, siehe hierzu den Bericht des Ausschusses für Recht und Verbraucherschutz zum SanInsFoG, BT-Drucks. 19/25353, S. 6.

[114] Zu dieser Konstellation siehe noch unten, B. II. 1. a) cc) (S. 218 ff.).

[115] Dafür etwa MünchKomm.-*Schoppmeyer*, § 60 InsO, Rn. 69.

schen insolvenzrechtlichen Pflichten bestünden.[116] Nach dem OLG Karlsruhe bezieht sich auch die Rechtsprechung des BGH, der Kommanditisten die Beteiligtenstellung einräumt,[117] ausschließlich auf den Anspruch der Kommanditisten auf Erstellung und Vorlage von Jahresabschlüssen gegen den Insolvenzverwalter. Aus der Entscheidung des BGH sei demnach nicht zu schließen, dass Gesellschafter grundsätzlich Beteiligte im Sinne des § 60 Abs. 1 S. 1 InsO seien. Dem ist entgegenzuhalten, dass der Beteiligtenbegriff sowohl in der Konkursordnung (§ 82 KO) als auch in der InsO weit verstanden wird und materiellrechtlich von den Pflichten des Verwalters bzw. der Geschäftsleitung her zu bestimmen ist.[118] Danach sind Beteiligte diejenigen, deren Interesse durch eine Pflichtverletzung der Geschäftsleitung unmittelbar beeinträchtigt werden kann und deren Interesse die Geschäftsleitung somit im Rahmen des Verfahrens zu wahren hat.[119] Wie noch zu zeigen sein wird, stellt das Unterlassen einer erfolgversprechenden Sanierung des Rechtsträgers in der Eigenverwaltung eine Pflichtverletzung der Geschäftsleitung dar.[120] Wenn der Erhalt des Rechtsträgers also möglich gewesen wäre, steht mit dem Abschluss des Insolvenzverfahrens somit auch nicht der völlige Wertverlust der Anteilsinhaberschaft. Das Interesse der Gesellschafter ist mithin beeinträchtigt. Hieraus ergibt sich keine grundsätzliche Beteiligtenstellung von Gesellschaftern; wohl aber dann, wenn diese durch Pflichtverletzungen des Verwalters bzw. der Geschäftsleitung in ihren Interessen beeinträchtigt sind. Auch in Bezug auf die Gesellschafter besteht somit kein Bedürfnis, auf die gesellschaftsrechtliche Innenhaftung zurückzugreifen.

3. *Weitere Haftungsadressaten*

Fraglich ist weiter, ob die insolvenzrechtliche Haftung nur die Organe der schuldnerischen Gesellschaft trifft oder ob auch weitere Haftungsadressaten in Betracht kommen. Die Anstellung von Sanierungsexperten hat sich in den USA schon seit langem als geübte Praxis etabliert und lässt sich auch in der Eigenverwaltung seit einigen Jahren beobachten.[121] Allerdings bestellen Schuldner den auch als *Chief Restructuring Officer* (CRO) bezeichneten Sanierungsexperten teilweise nicht zum Geschäftsführungsorgan, sondern lassen ihn als Prokuristen oder Generalbevollmächtigten agieren.[122] Bislang ungeklärt ist, ob

---

[116] OLG Karlsruhe, Urteil v. 24.01.2013 – 9 U 129/11, ZIP 2013, 1237, 1239.

[117] BGH, Urteil v. 16.09.2010 – IX ZR 121/09, ZIP 2010, 2164.

[118] Jaeger-*Gerhardt*, § 60 InsO, Rn. 22; Kübler/Prütting/Bork-*Lüke*, § 60 InsO (Mai 2018), Rn. 13; Uhlenbruck-*Sinz*, § 60 InsO, Rn. 9; HK-*Lohmann*, § 60 InsO, Rn. 5.

[119] Vgl. Jaeger-*Gerhardt*, § 60 InsO, Rn. 22.

[120] Hierzu unten, B. II. 1. a) cc) (S. 218 ff.).

[121] Für die USA siehe *Butler/Dickerson/Neuman*, 18 American Bankruptcy Institute Law Review (2010), 337, 356; für Deutschland *Berner/Köster/Lambrecht*, NZI 2018, 425, 426; *Nimwegen/Rajan*, ZInsO 2020, 1178.

[122] *Koch/Jung*, in: Kübler (Hrsg.), Handbuch Restrukturierung in der Insolvenz, 3. Aufl.,

neben den Mitgliedern der (organschaftlichen) Geschäftsleitung auch diese Personen Haftungsadressat sein können.

Denkbar erscheint zunächst die Übertragung der (gesellschaftsrechtlichen) Figur der Haftung des faktischen Organs. Faktisches Organ ist derjenige, der nicht, auch nicht unwirksam, zum Geschäftsführer bzw. als Vorstandsmitglied bestellt wurde, aber dennoch als solches tätig ist und aus diesem Grund wie ein Organmitglied haftet.[123] Dem Institut liegt der Gedanke der Übernahmeverantwortung zugrunde: Wer Aufgaben der Geschäftsführung übernimmt, kann sich nicht damit verteidigen, nicht bestellt worden zu sein.[124] Die Übertragbarkeit auf Sanierungsexperten in der Eigenverwaltung erscheint indes fraglich, da die Geschäftsleitung in der Eigenverwaltung ihre Handlungslegitimation aus der Amtswalterstellung der schuldnerischen Gesellschaft bezieht.[125] Im Regelverfahren haften Hilfspersonen des Insolvenzverwalters auch nicht nach den §§ 60, 61 InsO.[126] Davon abgesehen dürften Sanierungsberater auf der Grundlage des Geschäftsbesorgungsvertrages mit der Gesellschaft dem betreffenden Organ gegenüber weisungsgebunden sein.[127] Hieraus folgt außerhalb der Insolvenz typischerweise auch keine Organhaftung, sondern je nach Einzelfall in der Regel eine Haftung im Innenverhältnis.[128] Die Anwendung der §§ 60, 61 InsO im Außenverhältnis rechtfertigt dies allerdings nicht.

II. *Haftungsvoraussetzungen*

Im Folgenden sind die Voraussetzungen einer Haftung der Geschäftsleitung im Zusammenhang mit einer übertragenden Sanierung zu untersuchen. Den Schwerpunkt der Untersuchung bildet die Voraussetzung der Pflichtverletzung. Hierbei ist es zunächst erforderlich, im Rahmen der herkömmlichen Unterscheidung zwischen Sorgfalts- und Treuepflichten das Pflichtenprogramm der Geschäftsleitung im Fall der übertragenden Sanierung genauer zu konturieren. Im Zusammenhang mit der Sorgfaltspflicht ist zu klären, mit welcher Reichweite das (unternehmerische) Ermessen der Geschäftsleitung einzuräumen ist. Die Erkenntnisse des US-amerikanischen Rechts zu *363 Sales* sind, wo dies möglich ist, fruchtbar zu machen.

2018, § 8 Rn. 248; *Berner/Köster/Lambrecht*, NZI 2018, 425, 426; *Brinkmann*, in: FS Kayser, 2019, S. 99, 101; *Horstkotte*, ZInsO 2018, 2329, 2330 f.

[123] Vgl. GroßKommAktG-*Hopt/Roth*, § 93, Rn. 362; MünchKomm.-*Spindler*, § 93 AktG, Rn. 18; *Strohn*, DB 2011, 158, 159. Siehe auch *Schirrmacher*, Die Haftung des faktischen GmbH-Geschäftsführers. Eine dogmatische (Neu-)Ordnung (2019), S. 8 ff.

[124] BGHZ 104, 44, 47 f.; GroßKommAktG-*Hopt/Roth*, § 93, Rn. 362.

[125] Ähnlich *Hölzle*, ZIP 2018, 1669, 1671 f., nach dem aber die Geschäftsleiter selbst als Amtswalter tätig sind. Im Ergebnis ergibt sich hieraus indes kein Unterschied.

[126] *Hölzle*, ZIP 2018, 1669, 1672.

[127] Hierauf abstellend *Weber*, NZI 2018, 553, 555.

[128] Ähnlich *Bachmann/Becker*, NJW 2018, 2235, 2237. Im Ergebnis ebenso *Madaus*, in: FS Kayser, 2019, S. 533, 538 f.

1. Pflichtverletzung

Die für die Geschäftsleitung einer GmbH, AG oder *Corporation* geltenden Verhaltensmaßstäbe weisen einige strukturelle Gemeinsamkeiten auf. Die angelsächsische Kategorisierung der Geschäftsleiterpflichten in die *Duty of Care* und die *Duty of Loyalty* findet Anwendung sowohl bei der *Corporation* als auch bei der GmbH und der AG in Form der Sorgfalts- und Treuepflichten.[129] Es bietet sich an, diese gesellschaftsrechtliche Systematik in der Eigenverwaltung zu übernehmen.[130] Dieses Vorgehen deckt sich auch mit der Rechtslage in den USA, bei der es sich ähnlich verhält: Die *Fiduciary Duties* der Geschäftsleitung[131] einer *Corporation* gelten in *Chapter 11* fort.[132] Neben die *Corporate Fiduciary Duties* in der Insolvenz treten diejenigen Pflichten, die ein *Trustee* erfüllen müsste, an dessen Stelle der *DIP* tritt.[133] Die Gerichte ordnen sie überwiegend ebenfalls in das System der Sorgfalts- und Treuepflichten ein.[134]

Dieser Kategorisierung folgend ist das Pflichtenprogramm zunächst in für die übertragende Sanierung relevante Konstellationen abzustecken.

a) Duty of Care

Die *Duty of Care* verlangt von *Directors* und *Officers* nach der Rechtsprechung in Delaware so zu handeln, wie eine „ordinarily careful and prudent [person] […] in similar circumstances“[135] handeln würde. Dieser Sorgfaltsstandard der

---

[129] Siehe für die *Corporation* Balotti/Finkelstein-*Rohrbacher*, Rn. § 4.14. Für die AG und GmbH siehe *Abeltshauser*, Leitungshaftung (1998), S. 149 ff.; *Raiser/Veil*, Recht der Kapitalgesellschaften (2015), § 14, Rn. 65; GroßKommAktG-*Hopt/Roth*, § 93, Rn. 52; MünchKomm.-*Fleischer*, § 43 GmbHG, Rn. 6; *Hopt*, in: FS Mestmäcker, 1996, S. 909, 917; *Fleischer*, WM 2003, 1045; *Hopt*, ZGR 2004, 1, 9; *Fleischer*, ZIP 2014, 1305, 1311.

[130] Ähnlich für den Insolvenzverwalter *Becker*, Insolvenzverwalterhaftung bei Unternehmensfortführung (2016), S. 40.

[131] Hiermit sind sowohl *Board*-Mitglieder als auch *Officers* gemeint, siehe Gantler v. Stephens, 965 A.2d 695 (Del. 2009) bei Fn. 36: „That officers and directors of Delaware corporations have identical fiduciary duties has long been an articulated principle of Delaware law.“

[132] Wenn auch modifiziert aufgrund der *Trustee*-ähnlichen Stellung, siehe *Bienenstock*, 61 Cincinatti Law Review (1992), 543, 551; *Bogart*, 68 American Bankruptcy Law Journal (1994), 155, 258; *Wilson*, 22 Emory Bankruptcy Developments Journal (2006), 637, 641. Das ist insofern bemerkenswert, als auf diese Weise die gesellschaftsrechtlichen Vorgaben der einzelnen Bundesstaaten in das bundeseinheitliche Insolvenzverfahren überführt werden. Erwähnenswert ist an dieser Stelle, dass die Reformkommission des *American Bankruptcy Institute* dieses Thema aufgegriffen hat. Sie kam zu dem Ergebnis, dass bundesgesetzliche Vorgaben in *Chapter 11* in Bezug auf *Corporate Fiduciary Duties* nicht sinnvoll seien, ABI Report, Commission to Study the Reform of Chapter 11, S. 24 f. (abrufbar unter http://commission.abi.org/full-report, zuletzt aufgerufen am 29.04.2022).

[133] Siehe *Wilson*, 22 Emory Bankruptcy Developments Journal (2006), 637, 640.

[134] In re Schipper, 933 F.2d 513, 515 (7th Cir. 1991); Ford Motor Credit Co. v. Weaver, 680 F.2d 451, 461 (6th Cir. 1982); LaSalle Nat. Bank v. Perelman, 82 F. Supp. 2d 279, 292 (D. Del. 2000). Siehe auch *Wilson*, 22 Emory Bankruptcy Developments Journal (2006), 637, 641 ff.

[135] Graham v. Allis-Chalmers Mfg. Co., 188 A.2d 125, 130 (1963).

Geschäftsleitung betrifft zum einen die Entscheidungsfindung (Entscheidung *on an informed Basis*);[136] zum anderen alle weiteren Pflichten der Geschäftsleitung. Als Unterkategorien der *Duty of Care* gehören hierzu die *Duty to Monitor*, d. h. die Pflicht zur Überwachung der Geschäftsaktivitäten der Gesellschaft sowie *die Duty of Inquiry*, d. h. die Pflicht, Informationen nachzugehen, die Bedenken über den Geschäftsgang aufkommen lassen.[137]

Eine Kodifizierung der *Duty of Care* gibt es bis heute in Delaware nicht; (beispielsweise) in Kalifornien und New York hingegen wurde sie in Anlehnung an die Regelung des MBCA[138] jeweils Gesetz.[139] Sie ist bis heute maßgeblich geprägt durch die Rechtsprechung, insbesondere zur *Business Judgment Rule*.[140]

Vorstandsmitglieder einer AG haben gemäß § 93 Abs. 1 S. 1 AktG bei der Geschäftsführung der Gesellschaft die Sorgfalt eines ordentlichen und gewissenhaften Geschäftsleiters anzuwenden. Das GmbHG spricht in § 43 Abs. 1 in Bezug auf den Geschäftsführer von der „Sorgfalt eines ordentlichen Geschäftsmannes". Inhaltlich ergeben sich trotz der unterschiedlichen Formulierung keine Unterschiede.[141] §§ 93 Abs. 1 S. 1 AktG, 43 Abs. 1 GmbHG haben hierbei eine Doppelfunktion als Verschuldensmaßstab und als Pflichtenprogramm.[142] In Anlehnung an diese Vorschriften gilt nach § 60 Abs. 1 S. 2 InsO der Maßstab eines „ordentlichen und gewissenhaften Insolvenzverwalters". Dieser ist an das genannte gesellschaftsrechtliche Leitbild angelehnt.[143] Zu den (gesellschaftsrechtlichen) Sorgfaltspflichten der Geschäftsleitung bei der AG und der GmbH gehört auch die sogenannte Legalitätspflicht. Die Geschäftsleitung unterliegt einer externen Pflichtenbindung, d. h. sie muss sämtliche Rechtsvorschriften

---

136 Smith v. Van Gorkom, 488 A.2d 858, 873 (1985). Siehe hierzu *Abeltshauser*, Leitungshaftung (1998), S. 79 ff.

137 Zur *Duty to Monitor* siehe *Pan*, 54 New York Law School Law Review (2010), 717; zu beiden Unterkategorien siehe *Eisenberg*, 51 University of Pittsburgh Law Review (1990), 945, 951 ff.

138 Siehe MBCA (2016) § 8.30(a): „Each member of the board of directors, when discharging the duties of a director, shall act: (i) in good faith, and (ii) in a manner the director reasonably believes to be in the best interests of the corporation." sowie MBCA (2016) § 8.30(b): „The members of the board of directors or a committee of the board, when becoming informed in connection with their decision-making function or devoting attention to their oversight function, shall discharge their duties with the care that a person in a like position would reasonably believe appropriate under similar circumstances."

139 Cal. Corp. Code § 309(a); NYBCL § 717(a).

140 Zur *Business Judgment Rule* siehe unten, B. II. 1. b) (S. 220 ff.).

141 Vgl. OLG Celle, Urteil v. 15.03.2000 – 9 U 209/99, NZG 2000, 1178, 1179; MünchKomm.-*Fleischer*, § 43 GmbHG, Rn. 10.

142 *Raiser/Veil*, Recht der Kapitalgesellschaften (2015), § 14, Rn. 65; GroßKommAktG-*Hopt/Roth*, § 93, Rn. 52; KölnKomm.-*Mertens/Cahn*, § 93 AktG, Rn. 11; MünchKomm.-*Spindler*, § 93 AktG, Rn. 21; *Fleischer*, ZIP 2004, 685, 688; *Kock/Dinkel*, NZG 2004, 441, 442; *Semler*, AG 2005, 321, 324; *Hopt*, ZIP 2013, 1793, 1798.

143 BGHZ 214, 220, 222 f. (Tz. 12); BGHZ 225, 90, 98 (Tz. 26). Zum Verschuldensmaßstab siehe unten, B. II. 2.

einhalten, welche die Gesellschaft als Rechtssubjekt betreffen.[144] Verstöße gegen die Legalitätspflicht stellen eine Pflichtverletzung der Geschäftsleitung im Innenverhältnis gegenüber der Gesellschaft dar.[145] Für die Eigenverwaltung bedeutet das, dass die Geschäftsleitung diese insolvenzgesetzkonform durchführen muss.[146] Dies folgt aufgrund der ausdrücklichen Regelung des § 276a Abs. 2 S. 1 InsO (i. V. m. §§ 60, 61 InsO) nicht mehr (nur) aus der externen Pflichtenbindung der Geschäftsleitung, sondern aus der Übernahme des erweiterten Pflichtenkreises mit Insolvenzantragstellung in Eigenverwaltung.

Im Fall der übertragenden Sanierung treffen den Schuldner eine Reihe von (insbesondere verfahrensrechtlichen) Pflichten. Hierzu gehört die Pflicht nach den §§ 160 ff. InO, bei einer übertragenden Sanierung die Zustimmung des Gläubigerausschusses bzw. der Gläubigerversammlung einzuholen.[147] Auch wenn ein Verstoß hiergegen keine Außenwirkung entfaltet (§ 164 InsO), ist er für die Haftung relevant.[148]

Im Folgenden ist auf weitere haftungsrelevante Konstellationen einzugehen, die im Rahmen von *363 Sales* in den USA von Bedeutung sind und die gleichermaßen eine Haftung der Geschäftsleitung des eigenverwaltenden Schuldners nach sich ziehen können.

aa) Durchführung eines Bieterverfahrens und Vermarktung des Unternehmens

Für die Frage der Anforderungen an die Pflichten der Geschäftsleitung hinsichtlich der Durchführung eines Bieterverfahrens und der Vermarktung des Unternehmens bietet die US-amerikanische (insolvenzrechtliche) Rechtsprechung viel Anschauungsmaterial. Ausgangspunkt der Überlegungen ist die vielfach beachtete *Revlon*-Rechtsprechung zum Übernahmerecht in Delaware. Die im Jahr 1985 vom *Delaware Supreme Court*[149] aufgestellten Kriterien sehen ins-

---

144 BGHZ 133, 370, 375; BGHZ 194, 26, 33 f. (Tz. 22); MünchKomm.-*Fleischer*, § 43 GmbHG, Rn. 30; KölnKomm.-*Mertens/Cahn*, § 93 AktG, Rn. 71; *Fleischer*, ZIP 2005, 141, 144; *Bayer*, in: FS K. Schmidt, 2009, S. 85, 88 ff.; *Thole*, ZHR 173 (2009), 504, 509 ff.; *Habersack*, in: FS Schneider, 2011, S. 429, 431 ff.

145 MünchKomm.-*Fleischer*, § 43 GmbHG, Rn. 31; *Fleischer*, ZIP 2005, 141, 144; *Bayer*, in: FS K. Schmidt, 2009, S. 85, 89.

146 BGHZ 218, 290, 301 (Tz. 31); *König*, Die Haftung bei der Eigenverwaltung (2015), S. 171; *Schulz*, Sanierungsgeschäftsführung in Krise und Eigenverwaltung (2017), S. 247 f.; *Herms*, Haftung (2019), S. 101 ff.; *Thole*, Gesellschaftsrechtliche Maßnahmen in der Insolvenz (2020), Rn. 421 ff.; *Thole/Brünkmans*, ZIP 2013, 1097, 1099; *Bachmann*, ZIP 2015, 101, 106; *Kebekus/Zenker*, in: FS Kübler, 2015, S. 331, 337; *Skauradszun/Spahlinger*, DB 2015, 2559; *Gehrlein*, ZInsO 2017, 849, 853. AA *Cadmus*, Die Haftung der GmbH und ihres Geschäftsführers in der Eigenverwaltung (2016), S. 128 f., nach dem § 43 Abs. 2 GmbHG nur im Schuldnerbereich anwendbar sei und die Geschäftsleitung bei Verletzung eigenverwaltungsspezifischer Pflichten nur im Außenverhältnis nach den §§ 60, 61 InsO hafte.

147 Siehe oben, Kapitel 2, B. III. (S. 129 ff.).

148 OLG Rostock, Urteil v. 08.04.2011 – 5 U 31/08, NZI 2011, 488.

149 Revlon, Inc. V. MacAndrews & Forbes Holdings, Inc., 506 A.2d 173 (Del. 1985).

besondere vor, dass die Geschäftsleitung in dem Moment, in dem ein *Takeover* durch Verteidigungsmaßnahmen nicht mehr verhindert werden kann, wie ein Auktionator handeln muss, um den höchstmöglichen Preis für die Übernahme zu erreichen.[150] Diese Kriterien werden, allerdings ohne ausdrückliche Bezugnahme auf *Revlon*, von einigen Insolvenzgerichten auf den *Debtor-in-Possession* übertragen. Sobald die Geschäftsleitung entscheidet, dass ein Verkauf des Unternehmens angestrebt wird, ist sie verpflichtet, das bestmögliche Angebot zu erzielen.[151] Einzelne Fallbeispiele zeigen hierbei deutlich, dass selbst kürzere Bieterverfahren mit wenigen Bietern zu einer erheblichen Erhöhung des Kaufpreises führen können.[152] Das *Chapter 11*-Insolvenzverfahren von *Financial News Network* (FNN) – schlussendlich verkauft an *CNBC* – begann ursprünglich mit einer Vereinbarung zwischen *FNN* und der *Dow Jones/Group W* über einen Verkauf mit einem Kaufpreis in Höhe von $ 90 Mio. Erst der Einspruch der *CNBC*, willkürlich gehindert worden zu sein, ein Gebot abzugeben, führte dazu, dass das zuständige Insolvenzgericht einen Bieterprozess verlangte.[153] Das Verfahren endete mit einem Verkauf aller wesentlichen Assets an *CNBC* zu einem Kaufpreis in Höhe von etwa $ 150 Mio.[154]

Hierbei muss es sich (insbesondere bei Non Profit-Unternehmen) nicht zwangsläufig um den höchstmöglichen Preis handeln.[155] Wie oben bereits dargelegt, müssen unter Umständen andere Faktoren wie *Public Health*-Gesichtspunkte bei der Frage nach dem bestmöglichen Angebot berücksichtigt werden.[156] Der Preis allein ist somit nicht immer (allein-)entscheidend.[157] In

[150] Ebd., S. 182 („The directors' role changed from defenders of the corporate bastion to auctioneers charged with getting the best price for the stockholders at a sale of the company.")

[151] Siehe Kabro Assocs. v. Colony Hill Assocs. (In re Colony Hill Assocs.), 111 F.3d 269, 272 (2d Cir. 1997); Four B. Corp. v. Food Barn Stores, Inc. (In re Food Barn Stores, Inc.), 107 F.3d 558, 568 (8th Cir. 1997); In re Flour City Bagels, LLC, 557 B.R. 53, 78 (Bankr. W.D.N.Y. 2016). Zum Ganzen *Bowles/Egan*, 28 The University of Memphis Law Review (1998), 781, 796 ff. Siehe auch *Bogart*, 68 American Bankruptcy Law Journal (1994), 155, 266 bei Fn. 575; *Adeyemo*, Purchases of Financially Troubled Companies or Their Assets, in: Adeyemo/Zahralddin-Aravena (Hrsg.), Reorganizing Failing Businesses (2017), S. 12–16.

[152] Vgl. *Bowles/Egan*, 28 The University of Memphis Law Review (1998), 781, 799 ff.; *Hansen/Randall*, 18 International Review of Law and Economics (1998), 159.

[153] Siehe In re Financial News Network, 980 F.2d, 165, 166.

[154] Siehe In re Financial News Network, 980 F.2d, 165, 167.

[155] Siehe In re United Healthcare Sys., Inc., No. CIV. A. 97–1159(NHP), 1997 WL 176574 (D.N.J. Mar. 26, 1997): „The officers and directors of a non-profit organization are charged with the fiduciary obligation to act in furtherance of the organization's charitable mission. In addition, the law allows the bankruptcy court to entertain higher and better offers, which means that the bankruptcy court may not focus solely on price." Siehe auch In re Flour City Bagels, LLC, 557 B.R. 53 (Bankr. W.D.N.Y. 2016): „This fiduciary duty does not mandate that debtors ‚mechanically accept' the bid with the highest dollar amount. […] [T]he debtor must demonstrate that the purchase price is not merely the highest dollar amount – but the highest *and* best offer" (Hervorhebung im Original).

[156] Kapitel 1, A.I.2.a) (S. 10 ff.).

[157] Siehe auch In re After Six, Inc., 154 B.R. 876, 882 (Bankr. E.D. Pa. 1993): „[A] bank-

der Insolvenz findet *Revlon* daher nicht mit der Maßgabe Anwendung, dass die Geschäftsleitung ausschließlich an den Höchstbietenden verkaufen darf. Es ist jedoch anerkannt, dass der *Debtor* grundsätzlich die Pflicht hat, die Masse bestmöglich zu erhalten und zu vergrößern.[158] Weiteres Anschauungsmaterial bieten in diesem Zusammenhang zwei instanzgerichtliche Entscheidungen: Der *U. S. Bankruptcy Court* des *Northern District of Texas* nahm eine Verletzung der *Duty of Care* in einem Fall an, in dem die Geschäftsleitung bei dem Versuch, einen *363 Sale* vorzunehmen, überhaupt keine Vermarktung des Unternehmens vorgenommen, geschweige denn ein Bieterverfahren durchgeführt hatte.[159]

In der Entscheidung *In re Flour City Bagels* zog der *Debtor* im Rahmen der Unternehmensbewertung die Buchwerte heran. Der *U. S. Bankruptcy Court* des *Western District of New York* entschied hierzu, dass der Schuldner verpflichtet sei, anhand (unabhängiger) Bewertungen wesentlicher Assets deren „wahren Wert" darzulegen. Die Buchwerte allein seien hierfür nicht aussagekräftig.[160]

Hier zeigen sich deutliche Parallelen des deutschen und US-amerikanischen Rechts. Beide kennen die Pflicht der Geschäftsleitung, spätestens mit der Entscheidung für den Asset Deal, also die übertragende Sanierung, alles zu unternehmen, um im Wege einer umfangreichen Vermarktung des Unternehmens den bestmöglichen Kaufpreis zu erzielen. Die Geschäftsleitung deutscher Kapitelgesellschaften ist ausschließlich dem Zweck des Insolvenzverfahrens (§ 1 S. 1 InsO) und damit der Maximierung der Verteilungsmasse verpflichtet.[161] Danach ist allein entscheidend, welcher Bieter den höchsten Kaufpreis bietet.[162] Die Geschäftsleitung trifft daher die Pflicht, das Unternehmen so gut wie möglich zu vermarkten, um alle potenziellen internen (Gesellschafter, Geschäftsleitung) sowie externen Interessenten anzusprechen.[163] Im Rahmen der Vermarktung des Unternehmens kann die Geschäftsleitung gehalten sein, die

---

ruptcy court […]could appropriately award a bid to a lower bidder, when that lower bidder had other factors, including even an element as lacking in direct economic impact as ‚societal needs,' in its favor."

[158] Vgl. *Adeyemo*, Purchases of Financially Troubled Companies or Their Assets, in: Adeyemo/Zahralddin-Aravena (Hrsg.), Reorganizing Failing Businesses (2017), S. 12–16; *Dunne*, 52 The Business Lawyer (1997), 1333, 1342f. Siehe auch *Wilson*, 22 Emory Bankruptcy Developments Journal (2006), 637, 641; *Buccola/Keller*, 18 George Mason Law Review (2010), 99 („[T]he principal object of every bankruptcy is to maximize recoveries to the debtor's claimants.")

[159] In re Performance Nutrition, Inc., 239 B. R. 93, 110ff. (Bankr. N. D. Tex. 1999).

[160] In re Flour City Bagels, LLC, 557 B. R. 53, 78f. (Bankr. W. D. N. Y. 2016).

[161] Kapitel 1, A. II. 2. (S. 24ff.).

[162] Vgl. *Hees*, Besonderheiten beim Kauf eines Unternehmens in Krise und Insolvenz, in: Bergau, Besonderheiten beim Kauf eines Unternehmens in Krise und Insolvenz (2015), Rn. 176: Ein sozialverträgliches Konzept des Erwerbers ist nur dann entscheidend, wenn der betreffende Bieter den gleichen Kaufpreis wie der höchste Mitbieter bietet.

[163] Siehe *Stengel/Sax*, M&A-Transaktionen in der Insolvenz, in: Theiselmann (Hrsg.), Praxishandbuch des Restrukturierungsrechts (2020), Rn. 42ff. In Ansätzen auch BGHZ 225, 90, 105 (Tz. 45); hierzu *Frind*, ZInsO 2020, 1213, 1215.

betriebswirtschaftlichen Rahmenbedingungen des Unternehmens zu verbessern, um eine verkaufsfähige Unternehmensstruktur herzustellen.[164] Allerdings kann auch hieraus eine Pflichtverletzung resultieren, wenn sich herausstellt, dass die ergriffenen Maßnahmen, deren Kosten die Masse zu tragen hat, nicht mehr der besseren Vermarktung dienen, sondern nur noch dem übernehmendem Rechtsträger, also dem Erwerber.[165]

Bei der übertragenden Sanierung im Regelverfahren ist anerkannt, dass ein Kaufangebot eines Erwerbers, das den Zerschlagungswert des Unternehmens nicht erreicht, inakzeptabel ist.[166] Ist der Zerschlagungswert (Liquidation) höher, dann dient eine übertragende Sanierung nicht mehr der optimalen Gläubigerbefriedigung. Bei der Frage, wann in solchen Fällen eine Pflichtverletzung des eigenverwaltenden Schuldners vorliegt, sind allerdings eine Reihe von Faktoren zu berücksichtigen. Um zu verhindern, dass potenzielle Erwerber im Laufe des Verhandlungsprozesses vom Erwerb Abstand nehmen wollen, muss typischerweise eine zügige Durchführung von *Signing* und *Closing* vorgenommen werden. Das hängt damit zusammen, dass mit längerer Dauer des Verfahrens vorhandene Aufträge und andere Vertragspartner wegfallen sowie wichtige Arbeitnehmer das Unternehmen verlassen. Darüber hinaus ist zu berücksichtigen, dass laufende Verbindlichkeiten die Masse weiter schmälern, wovor eine zügige übertragende Sanierung bewahren kann. Bei dem Vergleich zwischen Kaufpreis und Zerschlagungswert sind daher auch die entstehenden Massekosten zu berücksichtigen.[167] Eine besonders niedrige Kaufpreisgestaltung stellt deshalb für sich genommen ohne das Hinzutreten weiterer Umstände noch keine Pflichtverletzung dar, wenn die Masse auf diese Weise vor weiteren Verlusten geschützt werden kann.[168] Solche hinzutretenden Umstände hat der BGH in einem Fall angenommen, in welchem der Konkursverwalter eine Unternehmensveräußerung vornehmen wollte, ohne dass ihm vollständige Unterlagen zur Inventur, geschweige denn Bewertungen vorgelegen haben.[169]

Diese Verpflichtung wird flankiert durch die im ersten Kapitel angesprochenen *Loan to own-Investoren*,[170] die das schuldnerische Unternehmen im Wege des *Credit Bidding*[171] erwerben. Diese Investoren kaufen (besicherte) Forde-

---

[164] BGHZ 225, 90, 105 (Tz. 45).

[165] BGHZ 225, 90, 105 f. (Tz. 47 f.).

[166] *Stengel/Sax*, M&A-Transaktionen in der Insolvenz, in: Theiselmann (Hrsg.), Praxishandbuch des Restrukturierungsrechts (2020), Rn. 151; *Zipperer*, NZI 2008, 206, 207; *Morshäuser/Falkner*, NZG 2010, 881, 886. Siehe auch OLG Rostock, Urteil v. 08.04.2011 – 5 U 31/08, NZI 2011, 488.

[167] *Stengel/Sax*, M&A-Transaktionen in der Insolvenz, in: Theiselmann (Hrsg.), Praxishandbuch des Restrukturierungsrechts (2020), Rn. 151.

[168] Ebenso Uhlenbruck-*Sinz*, § 60 InsO, Rn. 16.

[169] BGH, Urteil v. 22.01.1985 – VI ZR 131/83, ZIP 1985, 423, 426.

[170] Allgemein hierzu siehe Kapitel 1, C. IV. 5. a) bb) (S. 74 ff.).

[171] 11 U.S.C. § 363(k), siehe hierzu Kapitel 1, B. II. 3. (S. 43 ff.). Zum *Credit Bidding* im Zusammenhang mit *Loan to Own*-Investoren siehe auch *Wang*, Loan-to-Own (2022), S. 479 ff.

rungen entweder auf dem Sekundärmarkt (*Distressed Debt Trading*) oder gewähren ein Massedarlehen (*DIP Financing*) und üben auf diese Weise über den *Debtor* respektive eigenverwaltenden Schuldner erhebliche Kontrolle aus.[172] Die Möglichkeit des *Credit Bidding* bzw. des Selbsteintrittsrechts nach § 168 Abs. 3 InsO führt dazu, dass der Bieterwettbewerb beeinträchtigt wird, da potenzielle Mitbewerber fürchten, den Nominalwert der Forderungen des betreffenden Investors überbieten zu müssen (sogenanntes *Bid Chilling*).[173] Die Voraussetzungen der Geschäftsleitung, einen tatsächlichen Bieterwettbewerb durchzuführen, können somit auf verschiedene Weise erheblich erschwert sein, wenn der *Loan to Own*-Investor darauf hinwirkt, dass das Unternehmen an ihn veräußert wird.[174] Dies kann wiederum dergestalt zu einer Masseschmälerung führen, dass der bietende Gläubiger mit einem erheblichen Teil seiner Forderung ausfällt und mit dieser Restforderung gemäß § 52 S. 2 InsO einen Anspruch auf quotale Befriedigung erhält, mit dem er im Rahmen der Zahlungsmodalitäten gegen die Kaufpreiszahlungsforderung aufrechnen kann.[175] Außerhalb der Konstellation bei der übertragenden Sanierung, d. h. ohne Vereinbarung zwischen Gläubiger und eigenverwaltendem Schuldner im Fall der Verwertung von unbeweglichen Gegenständen durch Zwangsversteigerung, existiert mit § 114a ZVG ein Schutzmechanismus, der die Verschleuderungsgefahr durch das Bieten des sicherungsnehmenden Gläubigers reduziert.[176] Danach gilt ein Gläubiger, der mit einem Meistgebot unter 7/10 des Grundstückswertes zurückbleibt, in Höhe von 7/10 als befriedigt. Der Grundstückswert ist hierbei gemäß § 74a Abs. 5 S. 1 ZVG vom Vollstreckungsgericht, nötigenfalls nach Anhörung von Sachverständigen, festzusetzen.

Dieser Schutz besteht im Fall einer Vereinbarung über eine übertragende Sanierung nicht, so dass die Geschäftsleitung des eigenverwaltenden Schuldners darauf hinwirken muss, im Rahmen der Gesamtpreisbildung den einzelnen Gegenständen realistische Werte zuzuordnen, die nicht unter dem Zerschlagungswert liegen.

bb) Break up Fee

In den USA hat sich eine intensive Diskussion in Bezug auf *Break up Fees* in *363 Sale*-Verträgen entwickelt. *Break up Fee*-Klauseln regeln die Kostentra-

---

172 Beispielsweise durch *Change of Control*-Klauseln in Kreditverträgen, siehe allgemein hierzu Kapitel 1, C. IV. 5. (S. 72 ff.).

173 *Buccola/Keller*, 18 George Mason Law Review (2010), 99, 122 f.; *Harner*, 89 Washington University Law Review (2011), 155, 169; *Kling*, 17 Stanford Journal of Law, Business & Finance (2012), 258, 280 ff.

174 *Palenker*, Loan-to-own (2019), S. 302. Siehe hierzu auch *Westpfahl/Wilde*, in: *Eilers u. a.* (Hrsg.), Private Equity (2018), S. 243 f.

175 Hierzu noch unten im Rahmen des Schadensersatzes, B. II. 5. a) (S. 258 f.).

176 Siehe hierzu *Paulus/Palenker*, WM 2020, 1181, 1186 f.

gung im Fall des Abbruchs von Vertragsverhandlungen.[177] Ein erster interessierter Erwerber wendet erheblichen zeitlichen und finanziellen Aufwand für *Due Diligence*, Beratung, Vertragsverhandlungen etc. auf.[178] Der mit ihm sodann ausgehandelte Preis setzt zunächst allerdings nur den *Floor Price* für das folgende, oben beschriebene Auktionsverfahren fest, was ihn zum sogenannten *Stalking Horse Bidder* macht.[179] Sein Angebot wird auch dazu genutzt, um vom sogenannten Ankereffekt[180] zu profitieren.[181]

Für diesen Aufwand verlangt der *Stalking Horse Bidder* typischerweise die Vereinbarung einer Klausel, die für den Fall, dass ein anderer Bieter den Zuschlag erhält, eine Kompensation vorsieht (*Expense Reimbursement*). Daneben oder anstelle dessen tritt häufig eine *Break up Fee*-Klausel, die unabhängig von tatsächlichen Aufwendungen eine Zahlung an den *Stalking Horse Bidder* vorsieht, sollte ein anderer Bieter den Zuschlag erhalten.[182] Die Mehrheit der Gerichte in den USA hält eine Zahlung von 1–3 Prozent des Kaufpreises für

---

[177] *Hilgard*, BB 2008, 286; *Fleischer*, AG 2009, 345; *Krüger/Kaufmann*, ZIP 2009, 1095, 1098 ff.

[178] Siehe hierzu *Hennig*, Bietverfahren (2012), S. 225 ff.

[179] *Adeyemo*, Purchases of Financially Troubled Companies or Their Assets, in: Adeyemo/Zahralddin-Aravena (Hrsg.), Reorganizing Failing Businesses (2017), Rn. 12–31; *Markell*, 66 American Bankruptcy Law Journal (1992), 349, 365 f.; *White*, 106 Michigan Law Review (2007), 691, 708; *Brown*, 62 Florida Law Review (2010), 1463, 1465; *Frimet*, 20 Fordham Journal of Corporate and Financial Law (2015), 461, 476.

[180] Unter dem Ankereffekt (oder Verankerungseffekt) wird das Phänomen verstanden, dass sich Menschen bei der Wahl oder Schätzung von Werten oder Größen durch einen Ausgangswert (den Anker) beeinflussen lassen, siehe (einführend) *Beck*, Behavioral Economics (2014), S. 145 ff. Grundlegend zum *Anchoring* siehe *Tversky/Kahneman*, 185 Science (1974), 1124, 1128 ff. Siehe auch *Orr/Guthrie*, 21 Ohio State Journal on Dispute Resolution (2006), 597, 608 ff. zum *Anchoring* in (privaten) Verhandlungssituationen.

[181] Der Ankereffekt von *Break up Fees* wird in der rechtswissenschaftlichen Literatur kaum thematisiert. Seine grundsätzliche Bedeutung zeigt eine (wirtschaftspsychologische) Studie. Dort ließen sich MBA-Studenten in der Käuferrolle bei einer fiktiven Verhandlung über einen gebrauchten Lastkraftwagen deutlich von den ihnen genannten Preisen beeinflussen, zu welchen der Verkäufer an eine andere Person angeblich hätte verkaufen können (Höhe des Alternativangebots). Die Information des Alternativangebots wurde den Studenten von einer nicht sicher verlässlichen (*Uncertain Reliability*) Quelle zugetragen. Je höher das den Studenten genannte Alternativangebot, desto mehr waren diese bereit zu zahlen: *Bottom/Paese*, 8 Group Decision and Negotiation (1999), 349, 358 ff. Auch erwähnenswert ist, dass überhaupt alle Studenten eine Vereinbarung herbeigeführt haben (obwohl dies nicht zwingend erforderlich war), was in anderen Studienteilen (Verhandlungssituation ohne die Ankerinformation) nicht der Fall gewesen ist. Darüber hinaus hat die Ankerinformation den Verhandlungszeitraum verkürzt, aaO S. 360.

[182] *Glosband*, 7 The Journal of Private Equity (2004), 60 f.; *Brown*, 62 Florida Law Review (2010), 1463, 1465 f.; *Frimet*, 20 Fordham Journal of Corporate and Financial Law (2015), 461, 470 f. Siehe auch die Definition in In re Integrated Res., Inc., 135 B. R. 746, 750 (Bankr. S. D. N. Y.): „A ‚break up fee' is a fee paid to a potential acquiror of a business, or certain assets, by the seller, in the event that the transaction contemplated fails to be consummated and certain criteria in the purchase agreement are met. The condition most commonly giving rise to the payment of a break up fee is the seller's acceptance of a later bid."

zulässig.[183] Hieran kritisiert insbesondere *Markell*, Bieter wüssten, dass die Geschäftsleitung verpflichtet ist, den Erlös zu maximieren, und kennen die Möglichkeit eines höheren Gebots durch einen Bieterkonkurrenten.[184] Auch aus rechtspolitischer Sicht dürften *Break up Fee* deshalb nicht aus dem Vermögen des *Estate* gezahlt werden, da *Increased Revenues*, die ein *Stalking Horse Bidder* herbeiführe, den Gläubigern zustünden.[185] Nach der Mehrheit der US-amerikanischen Insolvenzgerichte ist dieses Ergebnis dennoch hinzunehmen, solange die *Break up Fee* den Bieterwettkampf fördert.[186]

Break up Fee-Klauseln bei Unternehmenskaufverträgen in der Insolvenz sind auch in Deutschland nicht unbekannt.[187] Entscheidend ist wiederum die Masseerhaltungs- bzw. Massemehrungspflicht des eigenverwaltenden Schuldners. Gelingt es ihm, einen höheren Kaufpreis durch Vertragsschluss mit einem Höherbietenden zu erreichen, wird durch die *Break up Fee* die Masse nicht geschmälert, sondern nur etwas weniger gemehrt. Hierin ist keine Pflichtverletzung zu sehen, wenn durch die *Break up Fee* überhaupt ein erstes, „ankersetzendes" Angebot erreicht werden konnte.[188] Vor diesem Hintergrund erscheint es sinnvoll, nur solche Klauseln für zulässig zu erachten, die eben dieses Ereignis eines höheren Angebots voraussetzen und nicht etwa an andere Faktoren anknüpfen, die einen Verhandlungsabbruch herbeiführen.[189]

cc) Unterlassen einer erfolgversprechenden Reorganisation

Eine Sorgfaltspflichtverletzung kann gegeben sein, wenn die Geschäftsleitung keine Anstrengungen unternimmt, eine Reorganisation zu versuchen. Aus deutscher Sicht scheint hier eine differenzierte Herangehensweise geboten, denn die Restrukturierung des Rechtsträgers hat auch in der Eigenverwaltung nicht Priorität, sondern nur die bestmögliche Gläubigerbefriedigung. Für diese ist er-

---

[183] Siehe etwa In re Hupp Indus., Inc., 140 B. R. 191, 194 (Bankr. N. D. Ohio 1992); In re Sea Island Co., No. 10-21034, 2010 WL 4393269 (Bankr. S. D. Ga. Sept. 15, 2010); In re Antaramian Properties, LLC, 564 B. R. 762, 768 f. (M. D. Fla. 2016). Siehe auch In re Twenver, Inc., 149 B. R. 954, 957 (Bankr. D. Colo. 1992) (Ablehnung einer *Break up Fee* in Höhe von 10 Prozent des Kaufpreises).

[184] *Markell*, 66 American Bankruptcy Law Journal (1992), 349, 378 sowie bei Fn. 121. Siehe auch *Lackey*, 93 Columbia Law Review (1993), 720, 739 ff.

[185] *Markell*, 66 American Bankruptcy Law Journal (1992), 349, 379. Dagegen aber *Roosevelt*, 17 Yale Journal on Regulation (2000), 93, 124 ff.

[186] Siehe In re Marrose Corp., No. 89 B 12171 (CB), 1992 WL 33848 (Bankr. S. D. N. Y. Feb. 15, 1992): „In the bankruptcy context, therefore, the strategy used must enhance the bidding to benefit the creditors of the estate."

[187] Auch „Overbid Protection" genannt, siehe zu weiteren Namensgebungen und Gestaltungsvarianten *Krüger/Kaufmann*, ZIP 2009, 1095, 1098 ff.

[188] Im Ergebnis ebenso *Beisel*, Unternehmenskauf in der Insolvenz, in: Beisel/Klumpp (Hrsg.), Unternehmenskauf (2016), Rn. 9; *Krüger/Kaufmann*, ZIP 2009, 1095, 1100.

[189] Wohl auch *Beisel*, Unternehmenskauf in der Insolvenz, in: Beisel/Klumpp (Hrsg.), Unternehmenskauf (2016), Rn. 9.

forderlich, dass dasjenige Mittel (Liquidation, Insolvenzplan, übertragende Sanierung) gewählt wird, welches dieses Ziel am wahrscheinlichsten erreichen kann.

In der Praxis hat sich für das Insolvenzplanverfahren inzwischen der Begriff des „Dual Track-Verfahrens" durchgesetzt.[190] Danach hat der Schuldner parallel zur Prüfung der Machbarkeit eines Insolvenzplans der Möglichkeit eines M&A-Prozesses nachzugehen.[191] Hierbei ist allerdings zu berücksichtigen, dass ein langwieriges Verfahren ebenfalls Kosten verursacht. Diese auf ein notwendiges Maß zu reduzieren, ist ebenfalls Aufgabe des eigenverwaltenden Schuldners.[192] Zeichnet sich der Erfolg einer Restrukturierung nicht eindeutig ab, etwa weil sich Banken als Großgläubiger zu weiteren Konzessionen nicht bereiterklären oder sich die Verhandlungen zu lange verzögern, sich aber gleichzeitig die Möglichkeit einer übertragenden Sanierung für einen Preis über dem Zerschlagungswert ergibt, kann keine Pflichtverletzung mehr angenommen werden.[193] Denn bei einem Scheitern der Verhandlungen mit Großgläubigern und dem „Abspringen" des potenziellen Erwerbers bleibt nur noch die Liquidation zu Zerschlagungswerten.[194] Hier zeigen sich konsequenterweise die Unterschiede zum US-amerikanischen Recht, das die Unternehmensfortführung priorisiert. In der oben bereits erwähnten *Performance Nutrition*-Entscheidung stellte das Insolvenzgericht klar, dass es stets die Aufgabe der Geschäftsleitung sei, alles zu unternehmen, den *Going Concern Value* des Unternehmens zu erhalten.[195] Die Geschäftsleitung hat einen *363 Sale* vorgenom-

---

190 Siehe hierzu bereits oben, Kapitel 1, B. I. 2. b) (S. 33 f.).

191 HK-*Brünkmans*, § 270 InsO, Rn. 32; *Fröhlich/Eckhardt*, ZInsO 2015, 925; *Hofmann*, ZIP 2018, 1429, 1433; *Reus/Höfer/Harig*, NZI 2019, 57, 60. Gegen eine Verpflichtung zum „Dual Track-Prozess" *Buchalik/Schröder*, ZInsO 2016, 189. Zu den Vorteilen für die Eigenverwaltung auch *Thole*, in: FS Graf-Schlicker, 2018, S. 395, 401 f.

192 Siehe *Bierbach*, in: Kübler (Hrsg.), Handbuch Restrukturierung in der Insolvenz, 3. Aufl., 2018, § 11 Rn. 77.

193 Wohl auch *Hofmann*, ZIP 2018, 1429, 1433. Siehe auch *Antoni*, NZI 2013, 236, 237, wonach ein Sanierungsplan „mit hoher Wahrscheinlichkeit" zum Erfolg hätte führen müssen. In eine ähnliche Richtung deutet eine jüngere Entscheidung des OLG Hamburg, Urteil v. 29.10.2021 – 11 U 159/19, BeckRS 2021, 43668 Rn. 91 f., nach der ein Pflichtwidrigkeitsvorwurf dann nicht gemacht werden kann, wenn die zu erwartenden mittelbaren oder unmittelbaren Vorteile für die Masse angesichts der mit der Maßnahme verbundenen Kosten, Aufwendungen, Chancen und Risiken aus der Sicht ex ante diese als eine für die Masse wirtschaftlich im Ergebnis sinnvolle Maßnahme erscheinen ließen.

194 Zum unternehmerischen Ermessen siehe sogleich.

195 In re Performance Nutrition, Inc., 239 B. R. 93, 111 (Bankr. N. D. Tex. 1999): „A careful director in a similar situation would make diligent efforts to revive the company." Der Unternehmensveräußerung lag eine Vereinbarung zwischen dem Erwerber und dem CEO des *Debtor* zugrunde, die dessen erneute Anstellung nach dem Verkauf in einer vergleichbaren Position zum Inhalt hatte, siehe aaO, S. 100. Zu dieser Loyalitätspflichtverletzung siehe noch unten, B. II. 1. c) aa) (S. 239 ff.). Siehe auch In re Simplexity, LLC, No. 14-10569(KG), 2017 WL 65069 (Bankr. D. Del. Jan. 5, 2017).

men, obwohl sie wusste, dass eine Restrukturierung in *Chapter 11* möglich gewesen wäre.[196]

dd) Zwischenergebnis

Die Pflicht der Geschäftsleitung des eigenverwaltenden Schuldners ist auf die Erreichung der bestmöglichen Befriedigung der Gläubiger gerichtet. Ist die Entscheidung für die übertragende Sanierung getroffen, bestehen umfangreiche Pflichten hinsichtlich der Vermarktung des Unternehmens. Anschauungsmaterial liefert hierbei das US-amerikanische Recht, das ein konkretisiertes Pflichtenprogramm der Geschäftsleitung des *DIP* kennt. Die dort rege diskutierte Frage nach der Zulässigkeit von *Break up Fees* stellt sich im Hinblick auf § 1 InsO in dieser Brisanz nicht. *Break up Fees* sind zulässig, wenn sie die Masse im Ergebnis nicht schmälern. Zwingend erforderlich ist eine Vergleichsrechnung, die belegt, dass eine Rechtsträgersanierung, etwa durch einen Insolvenzplan, die Gläubiger nicht besserstellt als eine übertragende Sanierung.

b) Business Judgment Rule und unternehmerisches Ermessen

Außerhalb der Insolvenz kann eine Sorgfaltspflichtverletzung der Geschäftsleitung ausgeschlossen sein, wenn die *Business Judgment Rule* Anwendung findet und ihre Voraussetzungen vorliegen. Ob das Institut in der Insolvenz Anwendung findet, ist in Deutschland und den USA gleichermaßen umstritten und bedarf näherer Untersuchung. Im März 2020 hat der BGH[197] entschieden, dass der Insolvenzverwalter ein entsprechendes Haftungsprivileg nicht genießt.[198] Ob aber ein solches Geschäftsleiterermessen in der Eigenverwaltung existiert, ist bislang nicht abschließend geklärt. Im Zentrum der Untersuchung steht die Frage der allgemeinen Anwendbarkeit der *Business Judgment Rule* in der Eigenverwaltung bezogen auf das oben herausgearbeitete, konkrete Pflichtenprogramm der Geschäftsleitung im Zusammenhang mit der übertragenden Sanierung. Hierfür sind zunächst die Herkunft und grundlegende Rechtfertigung (aa)) sowie, im Vorgriff auf den insolvenzrechtlichen Rechtsvergleich, die Unterschiede zwischen der deutschen und US-amerikanischen *Business Judgment Rule* (bb)) festzustellen. Die darauffolgende Untersuchung ergänzt den derzeitigen Stand der Diskussion um eine *Business Judgment Rule* in der Eigenverwaltung (cc)) durch den Rechtsvergleich anhand der US-amerikanischen Judikatur und den dortigen Diskussionsstand (dd)). Abschließend ist zu erwägen, ob und inwiefern die rechtsvergleichenden Erkenntnisse für das deutsche Recht fruchtbar gemacht werden können (ee)).

---

[196] In re Performance Nutrition, Inc., 239 B. R. 93, 108 ff. (Bankr. N. D. Tex. 1999).

[197] BGHZ 225, 90.

[198] Hierzu sogleich, B. II. 1. b) cc) (1) (S. 226 ff.).

aa) Herkunft und Rechtfertigung der Haftungsprivilegierung

In den USA reichen die Wurzeln der *Business Judgment Rule* bis Anfang des 19. Jahrhunderts zurück.[199] Sie ist in den Gesellschaftsrechtsordnungen der Einzelstaaten bislang nicht kodifiziert worden, wurde aber in die *Principles of Corporate Governance* des American Law Institute (ALI) aufgenommen.[200] Einige Gerichte der Einzelstaaten haben die Formulierung der *Principles* übernommen.[201] Insbesondere *Delaware* hat hiervon abgesehen.[202]

Die „deutsche“ *Business Judgment Rule* entstammt dem US-amerikanischen Gesellschaftsrecht und ist zunächst von der Literatur[203] aufgegriffen und vom BGH 1997 in „ARAG/Garmenbeck“[204] ausgeformt worden. Gesetzgeberische Kodifikation hat sie schließlich mit Inkrafttreten des UMAG[205] 2005 in § 93 Abs. 1 S. 2 AktG gefunden.[206] Auch für den GmbH-Geschäftsführer ist sie inzwischen grundsätzlich anerkannt.[207]

Für die Rechtfertigung der *Business Judgment Rule* existiert eine Reihe von Argumenten, die in Deutschland wie in den USA regelmäßig angeführt wer-

---

[199] Siehe zum Ganzen *Kershaw*, The Foundations of Anglo-American Corporate Fiduciary Law (2018), S. 68 ff.

[200] Siehe dort § 4.01 (c): „A director or officer who makes a business judgment in good faith fulfills the duty under this Section if the director or officer: (1) is not interested [§ 1.23] in the subject of the business judgment; (2) is informed with respect to the subject of the business judgment to the extent the director or officer reasonably believes to be appropriate under the circumstances; and (3) rationally believes that the business judgment is in the best interests of the corporation.“

[201] Hierzu gehören Connecticut (Rosenfield v. Metals Selling Corp., 643 A.2d 1253, 1261 f. [1994]); Missouri (Omnibank of Mantee v. United S. Bank, 607 So. 2d 76, 85 [Miss. 1992]) sowie Pennsylvania (Cuker v. Mikalauskas, 547 Pa. 600, 692 A.2d 1042, 1045 ff. [Pa. 1997]).

[202] Siehe zu den Unterschieden *Gevurtz*, 67 Southern California Law Review (1994), 287, 300 ff.

[203] *Abeltshauser*, Leitungshaftung (1998), S. 169 ff.; *Hopt*, ZGR 1993, 534, 539 f.; *Hopt*, in: FS Mestmäcker, 1996, S. 909, 919 ff.

[204] BGHZ 135, 244.

[205] Gesetz zur Unternehmensintegrität und Modernisierung des Anfechtungsrechts vom 22.09.2005, BGBl. I 2005, S. 2802 ff.

[206] Die heutige Gesetzesfassung geht zurück auf den Entwurf von *Ulmer*, ZHR 163 (1999), 290, 299.

[207] BGHZ 152, 280, 284; GroßKommGmbHG-*Paefgen*, § 43, Rn. 111; MünchKomm.-*Fleischer*, § 43 GmbHG, Rn. 71; Lutter/Hommelhoff-*Kleindiek*, § 43 GmbHG, Rn. 23; Bork/Schäfer-*Klöhn*, § 43 GmbHG, Rn. 36; *Ulmer*, ZHR 163 (1999), 290, 298 bei Fn. 28; *Fleischer*, ZIP 2004, 685, 692; *Bachmann*, NZG 2013, 1121, 1122 f.; *Hopt*, in: FS Nobel, 2015, S. 217, 232. Differenzierend zwischen Fremdgeschäftsführer und Gesellschafter-Geschäftsführer *Kuntz*, GmbHR 2008, 121 sowie *Kuntz*, DB Sonderausgabe Nr. 02/2017, 37, 38 f. Die mitgliedschaftliche Treuepflicht des Mehrheitsgeschäftsführers ebenfalls berücksichtigend *Fleischer*, NZG 2011, 521, 526 f.; ähnlich auch *Taube*, Die Anwendbarkeit der Business Judgment Rule auf den GmbH-Geschäftsführer (2018), S. 242 ff. AA (grundsätzlich keine Anwendbarkeit der *Business Judgment Rule* bei der GmbH) *Jungmann*, in: FS K. Schmidt, 2009, S. 831, 850 f.

den.[208] Der *Business Judgment Rule* liegt in beiden Rechtsordnungen der Gedanke zugrunde, dass die Geschäftsleitung unternehmerische Entscheidungen häufig unter Risiko treffen *muss*, wenn gerade dieses Risiko Erfolgschancen bietet.[209] Würde man die Geschäftsleitung einer uneingeschränkten Haftung unterstellen, führte dies unweigerlich zu einer Risikoaversion, die unerwünschte Effekte (negative Allokationswirkungen) nach sich ziehen würde.[210] Aktionäre können sich vor (unsystematischen) Risiken durch Diversifikation ihrer Investition selbst schützen. Dies zugrunde gelegt, haben sie kein Interesse an einer risikoaversen Geschäftsleitung.[211] Darüber hinaus führe eine strenge Haftungsregel dazu, dass qualifizierte Geschäftsleiter von der Übernahme eines Geschäftsleiterpostens abgeschreckt würden.[212]

Ein weiterer zentraler Rechtfertigungsgrund für die *Business Judgment Rule* hängt zusammen mit dem Umstand, dass unternehmerische Entscheidungen, die sich im Nachhinein als Fehler herausstellen, sich unter Umständen gar nicht vermeiden ließen.[213] Bereits seit Jahrzehnten belegt die Psychologie in zahl-

---

[208] Eine vollständige Auseinandersetzung mit sämtlichen Argumenten kann bereits aus Raumgründen im Rahmen dieser Untersuchung nicht erfolgen. Für den Rechtsvergleich ist es allerdings sinnvoll, sich des regulatorischen Hintergrundes der *Business Judgment Rule* zu vergewissern.

[209] *Kennedy*, 52 George Washington Law Review (1984), 624, 633. Siehe auch *Easterbrook/Fischel*, The Economic Structure of Corporate Law (1991), S. 99: „Often managers must act now and learn later; delay for more study may be the *worst* decision" (Hervorhebung im Original). Ob Entscheidungen bei Risiko getroffen werden sollten, entscheidet die Betriebswirtschaftslehre unter Nutzung der Entscheidungstheorie etwa nach dem „Bernoulli-Prinzip", wonach diejenige Entscheidung optimal ist, mit welcher der Erwartungswert des Nutzens maximiert wird; siehe hierzu *Laux/Gillenkirch/Schenk-Mathes*, Entscheidungstheorie (2014), S. 113 ff.

[210] *Easterbrook/Fischel*, The Economic Structure of Corporate Law (1991), S. 99 f.; *Bainbridge*, Corporation Law and Economics (2002), S. 259 f.; *Lohse*, Unternehmerisches Ermessen (2005), S. 37; *Armour/Enriques/Hansmann/Kraakman*, The Basic Governance Structure: The Interests of Shareholders as a Class, in: Armour u. a. (Hrsg.), The Anatomy of Corporate Law (2017), S. 70; *Bainbridge*, Corporate Law (2020), S. 135 f.; *Fleischer*, in: FS Wiedemann, 2002, S. 827, 828; *Fleischer*, ZIP 2004, 685 f.; *Bainbridge*, 57 Vanderbilt Law Review (2004), 83, 110 ff.; *Kuntz*, GmbHR 2008, 121, 122; *Bosch/Lange*, JZ 2009, 225, 229; *Jungmann*, NZI 2009, 80, 81 f.; *Hopt*, ZIP 2013, 1793, 1795.

[211] Für ein erklärendes Beispiel siehe *Becker*, Insolvenzverwalterhaftung bei Unternehmensfortführung (2016), S. 44 f. Aus der US-amerikanischen Rechtsprechung siehe etwa Gagliardi v. TriFoods Int'l, Inc., 683 A.2d 1049 (Del. Ch. 1996): „Shareholders can diversify the risks of their corporate investments. Thus, it is in their economic interest for the corporation to accept in rank order all positive net present value investment projects available to the corporation, starting with the *highest risk adjusted rate of return first*. Shareholders don't want (or shouldn't rationally want) directors to be risk averse" (Hervorhebung im Original). Siehe auch *Bainbridge*, 57 Vanderbilt Law Review (2004), 83, 112 f.; *Johnson*, 60 Business Lawyer (2005), 439, 456.

[212] *Abeltshauser*, Leitungshaftung (1998), S. 131; *Resch*, Business Judgment Rule und Insolvenzverwalterhaftung (2019), S. 55; *Paefgen*, AG 2004, 245, 247; *Johnson*, 60 Business Lawyer (2005), 439, 455 f.

[213] Pointiert *Bainbridge*, 57 Vanderbilt Law Review (2004), 83, 114: „Given the vagaries

reichen Studien, dass Menschen die Vorhersehbarkeit von vergangenen Ereignissen überschätzen, weil sie das Ergebnis kennen.[214] Die nachträgliche Beurteilung einer unternehmerischen Entscheidung durch Richter beruht dadurch häufig auf solchen Rückschaufehlern und qualifiziert sie in der Folge als Fehlentscheidung.[215] Aufgrund dieser *Hindsight Bias*[216] „transportieren" Richter ihre *ex post*-Kenntnisse auf die eigentlich einzunehmende *ex ante*-Perspektive, aus der die betreffende Entscheidung zu beurteilen ist.[217]

Das häufig angeführte Argument hingegen, Richter müssten bei ihrer Kontrolle beschränkt werden, da sie über einen geringeren Sachverstand als Geschäftsleiter verfügten,[218] wird inzwischen zu Recht hinterfragt.[219] Denn auch in anderen Sachbereichen verfügen Richter nicht über eine professionelle Aus-

---

of business, moreover, even carefully made choices among such alternatives may turn out badly."

214 Grundlegend *Fischhoff*, 1 Journal of Experimental Psychology: Human Perception & Performance (1975), 288. Siehe auch *Hawkins/Hastie*, 107 Psychological Bulletin (1990), 311. Zu Versuchen des *Debiasing* siehe *Arkes/Faust/Guilmette/Hart*, 73 Journal of Applied Psychology (1988), 305.

215 (Einführend) aus der *Behavioral Law and Economics*-Literatur siehe *Rachlinski*, A Positive Psychological Theory of Judging in Hindsight, in: *Sunstein* (Hrsg.), Behavioral Law and Economics (2000), S. 95 ff. (passim) und 105 ff. (zur *Business Judgment Rule*); *Jolls/Sunstein/Thaler*, 50 Stanford Law Review (1997), 1471, 1523 ff. Anschaulich aus der US-amerikanischen Rechtsprechung mit der Vergleichsfrage, ob man den kommerziellen Erfolg der *Beatles* hätte voraussehen können, siehe Agranoff v. Miller, 791 A.2d 880 (Del. Ch. 2001). Ebenfalls das Konzept der *Hindsight Bias* deutlich hervorhebend In re Citigroup Inc. Shareholder Derivative Litigation, 964 A.2d 106 (Del. Ch. 2009).

216 „The hindsight bias is a projection of new knowledge into the past accompanied by a denial that the outcome information has influenced judgment" (*Hawkins/Hastie*, 107 Psychological Bulletin [1990], 311).

217 *Armour/Enriques/Hansmann/Kraakman*, The Basic Governance Structure: The Interests of Shareholders as a Class, in: Armour u. a. (Hrsg.), The Anatomy of Corporate Law (2017), S. 70; *Fleischer*, ZIP 2004, 685, 686; *Bosch/Lange*, JZ 2009, 225, 229; *Bachmann*, ZHR 177 (2013), 1, 4; *Hopt*, in: FS Nobel, 2015, S. 217, 221. Kritisch hierzu *Kuntz*, GmbHR 2008, 121, 122, der darauf hinweist, dass *Hindsight Bias* jeder nachträglichen richterlichen Überprüfung immanent sei und keine Besonderheit der Kontrolle unternehmerischer Entscheidungen darstelle. Dagegen *Kebekus/Zenker*, in: FS Maier-Reimer, 2010, S. 319, 322 f. mit der Behauptung, Richter würden sich „[…] oft ein erhebliches Verständnis für wirtschaftliche Zusammenhänge zutrauen […]", weshalb die Gefahr für Rückschaufehler bei unternehmerischen Entscheidungen in besonderem Maße bestünde. Ebenso *Resch*, Business Judgment Rule und Insolvenzverwalterhaftung (2019), S. 56 f.

218 Siehe etwa *Paefgen*, AG 2004, 245, 247 f. Aus der US-amerikanischen Rechtsprechung siehe Dodge v. Ford Motor Co., 204 Mich. 459, 508, 170 N. W. 668, 684 (1919): „The judges are not business experts." Siehe auch Joy v. North, 692 F.2d 880, 898 (2d Cir. 1982): „It is a truism that judges really are not equipped either by training or experience to make business judgments because such judgments are intuitive, geared to risk-taking and often reliant on shifting competitive and market criteria."

219 *Dooley/Veasey*, 44 Business Lawyer (1988), 503, 521; *Davis*, 2000 Wisconsin Law Review (2000), 573, 580 f.; *Kuntz*, GmbHR 2008, 121 f.; *Jungmann*, in: FS K. Schmidt, 2009, S. 831, 836 f. Siehe auch *Bainbridge*, Corporation Law and Economics (2002), S. 254 ff.; *Bainbridge*, Corporate Law (2020), S. 133.

bildung mit Bezug zu dem von ihnen zu beurteilenden Sachverhalt.[220] Stattdessen bedienen sich Richter der Expertise von Gutachtern, auf deren Grundlage eine juristische Wertung möglich ist.[221] Bei dem Vergleich mit dem Haftungsrecht in anderen Berufen, wie etwa denen des Arztes oder Rechtsanwalts, ist vielmehr entscheidend, dass im Recht der AG und GmbH grundsätzlich die Geschäftsleitung das pflichtgemäße Verhalten beweisen muss.[222] Ohne ein der *Business Judgment Rule* entsprechendes unternehmerisches Ermessen würden Geschäftsleiter im Ergebnis einer strengeren Haftung unterliegen als die genannten Berufsgruppen, was wiederum rechtfertigungsbedürftig wäre.[223]

bb) Unterschiede zwischen der Business Judgment Rule in Deutschland und Delaware

Die in Deutschland geltende *Business Judgment Rule* ist eine Rezeption US-amerikanischen Gesellschaftsrechts.[224] Für Anwendung und Rechtsvergleich im besonderen Fall ist es daher erforderlich, sich der bestehenden Unterschiede zu vergewissern.

Unternehmerische Entscheidungen der Geschäftsleitung[225] einer *Corporation* in Delaware unterliegen keiner richterlichen Kontrolle, wenn die *Directors* die Entscheidung auf Grundlage angemessener Information, in gutem Glauben und zum Wohl der Gesellschaft sowie ohne Interessenkonflikt getroffen haben.[226] Eine Haftung kommt nach dem sogenannten *Irrationality Test* dann nur

---

[220] *Dooley/Veasey*, 44 Business Lawyer (1988), 503, 521; *Kuntz*, GmbHR 2008, 121, 121 f.; *Jungmann*, NZI 2009, 80, 81.

[221] *Rachlinski*, A Positive Psychological Theory of Judging in Hindsight, in: *Sunstein* (Hrsg.), Behavioral Law and Economics (2000), S. 95, 109; *Davis*, 2000 Wisconsin Law Review (2000), 573, 581; *Kuntz*, GmbHR 2008, 121, 122 bei Fn. 10.

[222] Siehe *Hüffer/Koch*, § 93 AktG, Rn. 53 sowie MünchKomm.-*Fleischer*, § 43 GmbHG, Rn. 270 mit jeweils weiteren Nachweisen. Auf diesen Unterschied zum Anwalts- und Arztberuf hinweisend *Kuntz*, DB Sonderausgabe Nr. 02/2017, 37, 39.

[223] Vgl. *Kuntz*, DB Sonderausgabe Nr. 02/2017, 37, 39.

[224] Siehe hierzu die Regierungsbegründung zum UMAG, BT-Drucks. 15/5092, S. 11: „Dies entspricht Vorbildern der Business Judgment Rule aus dem angelsächsischen Rechtskreis […].“ Siehe auch KölnKomm.-*Mertens/Cahn*, § 93 AktG, Rn. 14; *Paefgen*, AG 2004, 245; *Merkt*, ZGR 2017, 129, 130.

[225] Nicht unerwähnt bleiben darf in diesem Zusammenhang, dass die Anwendung der *Business Judgment Rule* auf *Officers* einer *Delaware Corporation* im US-amerikanischen Schrifttum umstritten ist, siehe einerseits *Johnson*, 60 Business Lawyer (2005), 439; *Johnson/Ricca*, 67 Business Lawyer (2011), 75, 89 ff. (gegen eine Anwendung auf *Officers*) sowie andererseits *Hamermesh/Sparks*, 60 Business Lawyer (2005), 865 (für eine Anwendung). Siehe hierzu auch *Cox/Hazen*, Corporations (2020), § 10:1; *Bainbridge*, Corporate Law (2020), S. 156 mit jeweils weiteren Nachweisen.

[226] Aronson v. Lewis, 473 A.2d 805, 812 (Del. 1984): „It is a presumption that in making a business decision the directors of a corporation acted on an informed basis, in good faith and in the honest belief that the action taken was in the best interests of the company“. Kritisch zu dieser Begriffseinordnung als *Presumption Balotti/Hanks*, 48 The Business Lawyer (1993), 1337, 1344 f., nach denen die genannten Voraussetzungen vorliegen müssen und in der Folge

noch in Betracht, wenn der betreffenden Entscheidung keine rationale Erklärung zugrunde liegt[227] oder ein Fall von *Waste*[228] gegeben ist. Es obliegt dem Kläger, die Vermutungswirkung der *Business Judgment Rule* zu widerlegen.[229]

Die überwiegende Ansicht im deutschen Schrifttum versteht § 93 Abs. 1 S. 2 AktG im Unterschied zum *Delaware*-Modell als materiell-rechtliche Regelung, die bei Vorliegen ihrer Voraussetzungen eine Haftung für Sorgfaltspflichtverletzungen ausschließt.[230] Nach § 93 Abs. 1 S. 2 AktG liegt eine Sorgfaltspflichtverletzung somit nicht vor, wenn das Vorstandsmitglied bei einer unternehmerischen Entscheidung vernünftigerweise annehmen durfte, auf der Grundlage angemessener Information zum Wohle der Gesellschaft zu handeln. Anders als in *Delaware* trifft das betreffende Vorstandsmitglied die Beweislast für das Vorliegen der Voraussetzungen des § 93 Abs. 1 S. 2 AktG.[231]

Während der Unterschied hinsichtlich der Beweislast durch andere prozessuale Besonderheiten im US-amerikanischen Recht etwas abgeschwächt wird,[232] ist die unterschiedliche Regelung – prozessrechtlich in den USA einerseits, materiell-rechtlich als tatbestandsausschließend in Deutschland andererseits – von größerer Bedeutung. Nach der deutschen Regelung scheidet mit dem Ausschluss des Tatbestands der Pflichtwidrigkeit in der Regel auch die Abberufung des Vorstandsmitglieds aus, da es entsprechend am wichtigen Grund im Sinne des § 84 Abs. 3 S. 2 AktG fehlt. Eine materiell-rechtliche Beurteilung hat aufgrund der Vermutungsregel in *Delaware* dann noch nicht stattgefunden, so dass die Ablehnung der Haftungsklage keine Auswirkungen auf eine etwaige Abberufung hat.[233]

---

die unternehmerische Entscheidung rechtlich nicht mehr überprüft werden muss; ebenso *Bainbridge*, Corporate Law (2020), S. 140.

[227] Grundlegend Sinclair Oil Corp. v. Levien, 280 A.2d 717 (Del. 1971). Siehe auch *Bainbridge*, Corporate Law (2020), S. 145 ff.; Balotti/Finkelstein-*Rohrbacher*, Rn. § 4.19.

[228] *Bainbridge*, Corporate Law (2020), S. 144 f.

[229] In re Walt Disney Co. Derivative Litig., 907 A.2d 693, 747 (Del. Ch. 2005); Balotti/Finkelstein-*Rohrbacher*, Rn. § 4.19 mwN.

[230] KölnKomm.-*Mertens/Cahn*, § 93 AktG, Rn. 15; *Ihrig*, WM 2004, 2098, 2102 f.; *Brömmelmeyer*, WM 2005, 2065, 2069; *Merkt*, ZGR 2017, 129, 135.

[231] An dieser Stelle muss (erneut) betont werden, dass es – anders als viele im deutschen Schrifttum es vermuten lassen – keine „US-amerikanische" *Business Judgment Rule* gibt. Im Gegensatz zu einer Geschäftsleitung zum Beispiel in *Delaware* (richterrechtliche *Business Judgment Rule*) muss die Geschäftsleitung in Staaten, die die *Business Judgment Rule* der *Principles* adaptiert haben, das Vorliegen der Voraussetzungen beweisen. Siehe hierzu *Branson*, 36 Valparaiso University Law Review (2002), 631, 635 f. Siehe auch die bereits genannte Entscheidung Cuker v. Mikalauskas, 547 Pa. 600, 692 A.2d 1042, 1049 (Pa. 1997) mit einer deutlichen Absage an die *Delaware-Business Judgment Rule*.

[232] Das vorprozessuale *Discovery* beispielsweise ermöglicht es dem Kläger, den Beklagten zur Herausgabe von möglicherweise belastenden Dokumenten und Ähnlichem zu zwingen, siehe *von Hein*, Rezeption (2008), S. 923.

[233] *von Hein*, Rezeption (2008), S. 952 ff.; *Merkt*, ZGR 2017, 129, 138.

cc) Stand der Diskussion in Deutschland zur Anwendbarkeit in der Eigenverwaltung

(1) Regelverfahren

Ob die *Business Judgment Rule* für den Insolvenzverwalter im Regelverfahren Anwendung findet, ist im Schrifttum umstritten: Einige Stimmen befürworten die analoge Anwendung von § 93 Abs. 1 S. 2 AktG auf den Insolvenzverwalter, da dieser in einem ähnlichen Prinzipal-Agent-Verhältnis zu den Gläubigern stehe und im Insolvenzverfahren wie ein Vorstand unternehmerische Entscheidungen treffe.[234]

Die Gegenansicht knüpft an die oben beschriebene Kritik an der Übertragung der *Business Judgment Rule* auf andere Rechtsformen an. In der Rechtsökonomie ist sowohl in Deutschland als auch in den USA anerkannt, dass die Besonderheiten des Kapitalmarkts den Schwerpunkt der Rechtfertigungsargumentation bilden.[235] Der Insolvenzverwalter sei aber, ebenso wenig wie etwa ein Gesellschafter-Geschäftsführer einer GmbH, mit dem Vorstand einer börsennotierten AG vergleichbar. Aufgrund der Diversifikationsmöglichkeiten der Aktionäre erwarten diese von einem Vorstand, dass er risikoreiche Geschäfte mit hohem Erwartungswert nicht scheut. Ohne ein Haftungsprivileg hätte dieser hierfür keinen Anreiz.[236] Die Mehrzahl der Gläubiger hingegen habe keine Diversifikationsmöglichkeit.[237]

In seiner Entscheidung vom März 2020 hat der BGH der (analogen) Anwendung der *Business Judgment Rule* des § 93 Abs. 1 S. 2 AktG auf den Insolvenzverwalter eine Absage erteilt.[238] Nach Ansicht des IX. Zivilsenats fehlt es bereits an einer planwidrigen Regelungslücke. Der Haftungsmaßstab des Insolvenzverwalters ergebe sich abschließend aus den insolvenzrechtlichen Vorschriften. § 60 Abs. 1 S. 2 InsO eröffne einen ausreichenden Rahmen, um den

---

[234] *Oldiges*, Die Haftung des Insolvenzverwalters unter der Business Judgment Rule (2011), S. 147; *Resch*, Business Judgment Rule und Insolvenzverwalterhaftung (2019), S. 226; *Berger/Frege*, ZIP 2008, 204; *Berger/Frege/Nicht*, NZI 2010, 321, 323 ff.; *Leichtle/Theusinger*, NZG 2018, 251; *Ziemons*, in: FS Bergmann, 2018, S. 923, 928 ff. Jedenfalls *de lege ferenda* eine *Insolvency Judgment Rule* fordernd *Uhlenbruck*, in: FS K. Schmidt, 2009, S. 1603, 1613 ff.

[235] Siehe oben, B. II. 1. b) aa) (S. 221 ff.).

[236] *Becker*, Insolvenzverwalterhaftung bei Unternehmensfortführung (2016), S. 44 ff.; *Jungmann*, NZI 2009, 80, 83 f.

[237] *Becker*, Insolvenzverwalterhaftung bei Unternehmensfortführung (2016), S. 46 f.; *Jungmann*, NZI 2009, 80, 83 f. Im Ergebnis auch Bork/Schäfer-*Klöhn*, § 43 GmbHG, Rn. 36. AA *Oldiges*, Die Haftung des Insolvenzverwalters unter der Business Judgment Rule (2011), S. 138 f. sowie *Resch*, Business Judgment Rule und Insolvenzverwalterhaftung (2019), S. 207 mit der Begründung, die Gläubiger hätten es selbst in der Hand, ihre Finanzierungsbeiträge zu diversifizieren und könnten ihre Kundenbeziehungen entsprechend steuern. Dem hält *Becker* (aaO) zu Recht entgegen, dass dies oft nicht der Realität entspricht und beispielsweise ein spezialisierter Zulieferer seine Investition nicht streuen kann.

[238] BGHZ 225, 90.

Sorgfaltsmaßstab eines Insolvenzverwalters bei unternehmerischen Entscheidungen sachgerecht zu bestimmen.[239] Der Gesetzgeber habe diesen Maßstab bewusst nur an die gesellschaftsrechtlichen Regelungen angelehnt und von einer unveränderten Übertragung abgesehen. Hierdurch werde deutlich, dass beim Sorgfaltsmaßstab des Insolvenzverwalters die Besonderheiten des Insolvenzverfahrens zu beachten seien.[240] In Bezug auf die Frage der Vergleichbarkeit der Interessenlage hält der BGH es für unerheblich, ob Insolvenzgläubigern eine andere Risikopräferenz als Aktionären zu unterstellen sei. Entscheidend sei vielmehr, dass es an alternativen Mechanismen für einen hinreichenden Schutz der Gläubiger fehle und insbesondere die Überwachung durch den Gläubigerausschuss sowie die gerichtliche Aufsicht hierfür ungeeignet seien.[241]

Auch dem *Hindsight Bias*-Argument erteilt der BGH eine Absage. Die Beurteilung unternehmerischer Entscheidungen des Insolvenzverwalters erfolge zwar aus der *ex ante*-Perspektive. Hieraus folge aber keine Rechtfertigung, an das pflichtgemäße Verhalten des Verwalters geringere Anforderungen zu stellen, da auch in anderen Rechtsbereichen Entscheidungen der Beurteilung aus *ex ante*-Sicht unterlägen.[242]

Gleichzeitig macht der BGH deutlich, dass es trotz Unanwendbarkeit von § 93 Abs. 1 S. 2 AktG auf den Insolvenzverwalter dabei bleibe, dass dieser bei unternehmerischen Entscheidungen einen weiten Ermessensspielraum hat, der erst überschritten sei, wenn sich (aus der *ex ante*-Perspektive beurteilt) ergibt, dass die Entscheidung angesichts der mit ihr verbundenen Kosten, Aufwendungen und Risiken im Hinblick auf seine Pflicht, die Masse zu sichern und zu vermehren, nicht mehr vertretbar ist.[243]

(2) Stellungnahme

Zumindest an der Begründung der Entscheidung ist Kritik zu üben. Dass es an einer planwidrigen Regelungslücke aufgrund angeblicher gesetzgeberischer Intention fehlt, steht zu bezweifeln. Die betreffende Gesetzesbegründung datiert auf das Jahr 1992, Jahre vor *ARAG/Garmenbeck* (1997) und der Kodifikation der *Business Judgment Rule* (2005). Es ist anzunehmen, dass der Gesetzgeber 1992 die Entwicklung zur Haftungsprivilegierung von Geschäftsleitern so nicht voraussehen konnte, geschweige denn vorausgesehen hat.[244]

---

239 BGHZ 225, 90, 100 (Tz. 32 f.).

240 BGHZ 225, 90, 100 (Tz. 33).

241 BGHZ 225, 90, 104 (Tz. 42).

242 BGHZ 225, 90, 104 (Tz. 43).

243 BGHZ 225, 90, 98 f. (Tz. 28).

244 Ebenso *Bauer*, ZIP 2020, 2272, 2275. Dem lässt sich auch nicht entgegenhalten, dass die *ARAG/Garmenbeck*-Entscheidung und die hierauf folgende Kodifizierung der *Business Judgment Rule* in § 93 Abs. 1 S. 2 AktG nur eine Feststellung dessen darstellten, was ohnehin bereits galt (so wohl *von Falkenhausen*, NZG 2012, 644, 649). Hiernach würde in Bezug auf

Tatsächlich fehlt es an der vergleichbaren Interessenlage. Schwerwiegender ist nämlich das Argument, dass die strukturelle Risikopräferenz von (Insolvenz-)Gläubigern jedenfalls weit überwiegend anders ist als diejenige der Aktionäre.[245] Dies hingegen hielt der BGH für unbeachtlich.[246] Am Beispiel der übertragenden Sanierung zeigt sich indessen, dass es ein entscheidendes Argument ist, die Vergleichbarkeit der Interessenlage abzulehnen. Die Interessenanalyse des ersten Kapitels hat eine undurchsichtige Heterogenität der Gläubigerinteressen im Hinblick auf eine übertragende Sanierung ergeben. Während die Insolvenzgläubiger, nachrangige Gläubiger und unter Umständen auch nachrangig besicherte Gläubiger eine übertragende Sanierung praktisch immer ablehnen dürften und eine erhöhte Risikopräferenz aufweisen, sind absonderungsberechtigte Gläubiger und Massegläubiger hingegen risikoavers.[247] Weder der Insolvenzverwalter noch die Geschäftsleitung in der Eigenverwaltung sind daher mit einem Vorstand außerhalb der Insolvenz in Bezug auf die Risikopräferenz der entscheidenden Interessenträger vergleichbar.[248]

Zuzustimmen ist dem BGH in Bezug auf das Argument der nicht vergleichbaren Auskunfts- und Kontrollrechte der Gläubigerorgane mit denjenigen der gesellschaftsrechtlichen Aufsichtsorgane.[249] Zu ergänzen ist das Argument durch die Ergebnisse der Untersuchungen des ersten und zweiten Kapitels. Je nach Größe, unternehmerischer Ausrichtung und Finanzierungsstruktur des Schuldners besteht unter Umständen eine Heterogenität der Beteiligteninteressen sowie eine derart komplizierte Gemengelage, die eine effektive Kontrolle der Geschäftsleitung unter den Gegebenheiten noch weiter erschweren kann. Im Falle einer schuldnerfreundlichen Besetzung des Gläubigerausschusses und ähnlichen Konstellationen kann von einer Vergleichbarkeit mit der *Corporate Governance* einer Kapitalgesellschaft nicht mehr gesprochen werden.[250] Im Ergebnis hat der BGH die analoge Anwendung von § 93 Abs. 1 S. 2 AktG auf den Insolvenzverwalter somit zu Recht abgelehnt.

---

das Ermessen der Geschäftsleitung der gleiche Standard gerichtlicher Kontrolle angelegt werden, was § 93 Abs. 1 S. 2 AktG überflüssig machen würde. Der BGH unterscheidet allerdings deutlich zwischen *Business Judgment Rule* und (vollständig überprüfbarem) unternehmerischen Ermessen, siehe BGHZ 225, 90, 100 (Tz. 33).

245 Ebenso *Jungmann*, NZI 2020, 651, 656. Ähnlich Bork/Schäfer-*Klöhn*, § 43 GmbHG, Rn. 36.

246 Bedauernd auch *Korch*, ZIP 2020, 1596, 1597.

247 Kapitel 1, C. IV. 2. (S. 54 ff.).

248 In diesem Zusammenhang wird auch von der „mehrseitigen Fremdbestimmtheit" des Insolvenzverwalters gesprochen, siehe *Baur/Stürner*, Insolvenzrecht (1990), Rn. 10.1; *Jungmann*, NZI 2009, 80, 84; *Jungmann*, NZI 2020, 651, 656.

249 Hierzu ausführlich bereits *Becker*, Insolvenzverwalterhaftung bei Unternehmensfortführung (2016), S. 47 ff.

250 Zu den Interessen der Beteiligten siehe Kapitel 1, C. (S. 45 ff.). Zu Überwachung durch die Gläubigerorgane und deren Besetzung siehe Kapitel 2, B. (S. 106 ff.).

(3) Folgen für die Eigenverwaltung

Ob die *Business Judgment Rule* auf die Geschäftsleitung des eigenverwaltenden Schuldners anwendbar ist, war gleichermaßen umstritten. Große Teile der Literatur nahmen dies an, freilich unter der Annahme, dass die *Business Judgment Rule* auch für den Insolvenzverwalter gilt.[251] Der Meinungsstreit wird indessen durch die Änderung der Rechtslage in Bezug auf die geänderte Haftungsanordnung (Anwendung der §§ 60, 61 InsO auf die Geschäftsleitung) sowie die soeben diskutierte Rechtsprechung des BGH zum Insolvenzverwalter flankiert. Erstere bringt das Bestreben von Gesetzgeber und BGH, einen Gleichlauf zwischen Eigenverwaltung und Regelverfahren herzustellen, deutlich zum Ausdruck. Dies und die unbestrittene Verpflichtung der Geschäftsleitung auf den Insolvenzzweck des § 1 InsO lassen nur den Schluss zu, dass für die Geschäftsleitung eines eigenverwaltenden Schuldners nichts anderes gelten kann als für den Insolvenzverwalter im Regelverfahren.[252] Eine wichtige Erkenntnis ist allerdings, dass sich die Diskussion um die analoge Anwendung von § 93 Abs. 1 S. 2 AktG im Insolvenzverfahren jedenfalls teilweise von dieser Vorschrift und ihren Tatbestandsmerkmalen gelöst hat und im Dunstkreis der Frage einer allgemeinen *Insolvency Judgment Rule* für Insolvenzverwalter geführt wurde.[253] Insofern gilt es, klar zwischen den Begriffen der *Business Judgment Rule* und des unternehmerischen Ermessens zu unterscheiden.[254] Dass im Insolvenzverfahren ein unternehmerisches Ermessen grundsätzlich besteht, hat der BGH insbesondere in der jüngeren Vergangenheit[255] wiederholt betont und in der genannten Entscheidung auch ausdrücklich für Maßnahmen im Zusammenhang mit der übertragenden Sanierung bestätigt.[256]

---

[251] *Maesch*, Corporate Governance in der insolventen Aktiengesellschaft (2005), S. 206; *König*, Die Haftung bei der Eigenverwaltung (2015), S. 172 f.; *Cadmus*, Die Haftung der GmbH und ihres Geschäftsführers in der Eigenverwaltung (2016), S. 104 ff.; *Kühl*, Unternehmerisches Ermessen in der Insolvenz (2020), S. 139 ff.; *Thole*, Gesellschaftsrechtliche Maßnahmen in der Insolvenz (2020), Rn. 424; HK-*Brünkmans*, § 270 InsO, Rn. 35; *Brinkmann*, DB 2012, 1369 f.; *Buchta/Ott*, ZInsO 2015, 288, 290 ff.; *Schmidt*, ZIP 2018, 853, 856; *Ziemons*, in: FS Bergmann, 2018, S. 923, 928 ff.

[252] Im Ergebnis ebenso *Bauer*, ZIP 2020, 2272, 2278; *Harder*, NJW-Spezial 2020, 469, 470; *Korch*, ZIP 2020, 1596, 1600; *Lüke/Weber*, EWiR 2020, 465, 466.

[253] Hierauf hinweisend *Jungmann*, NZI 2020, 651, 652. Ähnlich für die USA *Bogart*, 68 American Bankruptcy Law Journal (1994), 155, 185 sowie *363 Sales* im Besonderen *Lowenthal/Wacholder*, 29 Norton Journal of Bankruptcy Law and Practice (2020), 74, 79 f.

[254] *Jungmann*, NZI 2020, 651, 654.

[255] BGHZ 214, 220, 224 (Tz. 15); Urteil v. 10.01.2013 – IX ZR 172/11, ZIP 2013, 531 (Tz. 8).

[256] BGHZ 225, 90, 98 f. (Tz. 28).

dd) Begriffskonturierung des „unternehmerischen Ermessens" anhand Kriterien der US-amerikanischen Rechtsprechung

Auch ohne Anwendbarkeit der *Business Judgment Rule* des § 93 Abs. 1 S. 2 AktG existiert daher, insbesondere im Zusammenhang mit den oben beschriebenen Sorgfaltspflichten, ein Bedürfnis, den Rahmen für den vom BGH postulierten Ermessensspielraum abzustecken. Hierfür ist wiederum ein Blick in das US-amerikanische Recht lohnend. Dort haben sich in der Rechtsprechung verschiedene Standards und Fallgruppen in Bezug auf die gerichtliche Überprüfung von *363 Sales* herausgebildet. Obwohl im deutschen Recht die Anwendung der *Business Judgment Rule* auf die Geschäftsleitung des eigenverwaltenden Schuldners keine Anwendung findet, bestehen somit gute Gründe, die Übertragbarkeit einzelner US-amerikanischer Fallgruppen bzw. (Prüf-)Kriterien, die im Zusammenhang mit *363 Sales* entstanden sind, zu untersuchen. Auf diese Weise kann dem Begriff des unternehmerischen Ermessens der Geschäftsleitung des eigenverwaltenden Schuldners für den Fall der übertragenden Sanierung Kontur verschafft werden. Im Folgenden sind daher die von der Rechtsprechung angelegten Kriterien an das unternehmerische Ermessen der Geschäftsleitung des *DIP* im Fall von *363 Sales* genauer in den Blick zu nehmen.

Der Vergleich erfolgt insofern funktional, als hier ein entscheidender Unterschied zwischen der übertragenden Sanierung und *363 Sales* zum Tragen kommt: Im Regelfall erfolgt die gerichtliche Überprüfung bereits vor dem *363 Sale*, da das jeweilige Gericht der Unternehmensveräußerung zustimmen muss.[257] Eine nachträgliche Haftung der Geschäftsleitung kommt dann in Betracht, wenn das Gericht der Veräußerung fälschlicherweise, etwa aufgrund von Desinformation zugestimmt hat. Der Maßstab im Fall der Kontrolle vor der Veräußerung ist indes der gleiche wie derjenige im Fall der nachträglichen Überprüfung.[258]

Zwar steht die Geschäftsleitung des *Debtor* in *Chapter 11* grundsätzlich weiter unter dem Schutz der *Business Judgment Rule*.[259] Ihr wird ein weiter Ermessensspielraum zugebilligt, innerhalb dessen sie eine *Reasonable Basis* für ihre Entscheidungen darlegen muss. Bei der Mehrheit der Gerichte kommt aber

---

[257] Siehe bereits oben, Kapitel 1, B. II. 1. b) (S. 39 f.).

[258] Siehe In re Schipper, 109 B. R. 832, 836 (Bankr. N. D. Ill. 1989): „The standard applied under Section 363 is applicable to the determination of a debtor's fiduciary duty, and breach thereof, in connection with the sale of assets outside the ordinary course of business." Siehe auch In re W. A. Mallory Co., Inc., 214 B. R. 834, 836 (Bankr. E. D. Va. 1997) zum Vergleich der sogleich dargestellten *Sound Business Reason* mit der *Business Judgment Rule*.

[259] Siehe In re Schipper, 109 B. R. 832, 836 (Bankr. N. D. Ill. 1989); In re Integrated Res., Inc., 147 B. R. 650, 656 (S. D. N. Y. 1992); LaSalle Nat. Bank v. Perelman, 82 F. Supp. 2d 279, 292 (D. Del. 2000); In re 9 Houston LLC, 578 B. R. 600, 619 (Bankr. S. D. Tex. 2017); *Adams*, 73 Boston University Law Review (1993), 581, 594 f.; *Karam*, 11 Houston Business and Tax Law Journal (2011), 395, 412.

unabhängig von der *Business Judgment Rule* in Bezug auf *363 Sales* die Unterscheidung zwischen gewöhnlichen und außergewöhnlichen Geschäften zum Tragen.[260] Bei außergewöhnlichen Geschäften („outside the ordinary course of business“[261]) legen die Gerichte fast ausnahmslos höhere Standards bei der Kontrolle an.

In Bezug auf das unternehmerische Ermessen des *Debtor* bei *363 Sales* hat sich in der Rechtsprechung hierbei der sogenannte *Sound Business Reason*-Standard durchgesetzt ((1)). Diesen vielfach in der Literatur kritisierten Maßstab hat ein *Bankruptcy Court* aus Texas ((2)) in einer jüngeren Entscheidung fortentwickelt und um weitere Faktoren ergänzt, die näherer, allgemeiner Untersuchung und schließlich einer Untersuchung auf Übertragbarkeit in die Eigenverwaltung ((3)) bedürfen.

(1) Sound Business Reason-Standard nach Lionel

Die Entscheidung In re Lionel Corp. ist bis heute der „basic legal framework“[262] für *363 Sales*. *Lionel* war ein Hersteller von Spielzeugeisenbahnen, der aufgrund großer Verluste im Einzelhandelsabsatz 1982 Insolvenzantrag stellte. Nach ca. 16 Monaten in *Chapter 11* beantragte *Lionel*, seinen einzigen wesentlichen Vermögensgegenstand, eine 82-prozentige Anteilsinhaberschaft an einer (solventen) *Corporation*, zu verkaufen.[263] *Lionels* Geschäftsleitung begründete den Antrag damit, dass das *Creditors' Committee* auf den Verkauf bestünde. Der *Bankruptcy Court* stimmte dem Verkauf zu.[264] Die Anteilseigner, in Form des *Committee of Equity Security Holders*, legten zusammen mit der *S. E. C.* Beschwerde ein. Nach ihrer Auffassung würde ein Verkauf vor der Bestätigung eines Insolvenzplans die Anteilseigner des Schutzes eines *Plan* unter anderem in Form von Offenlegung und Abstimmung berauben. Aus diesem Grund sei eine Veräußerung nur in Ausnahme- bzw. Notfällen (*Emergencies*) möglich. Das *Creditors' Committee* entgegnete dem, dass die Veräußerung der Anteile im Sinne der Masse sei und 11 U.S.C. § 363(b) keine weiteren Anforderungen an eine Veräußerung stelle.[265] Auffällig am Sachverhalt ist, dass gesicherte Gläubiger – falls es besicherte Forderungen gegen Lionel gegeben hat – im Verfahren anscheinend keine Rolle gespielt haben. Die ungesicherten Gläubiger rückten

---

260 Zur Unterscheidung zwischen gewöhnlichen und außergewöhnlichen Geschäften siehe oben, Kapitel 1, B. II. 1. b) (S. 39 f.). Zum Unterschied zwischen der *Business Judgment Rule* in *Delaware* und der Kontrolle von *363 Sales* siehe auch *Adams*, 73 Boston University Law Review (1993), 581, 595 f.; *Lowenthal/Wacholder*, 29 Norton Journal of Bankruptcy Law and Practice (2020), 74, 76 ff.

261 11 U.S.C. § 363(b), siehe hierzu oben, B. II. 1. b) (S. 39 f.).

262 *Lowenthal/Wacholder*, 29 Norton Journal of Bankruptcy Law and Practice (2020), 74, 75.

263 In re Lionel Corp., 722 F.2d 1063, 1065 (2d Cir. 1983).

264 In re Lionel Corp., 722 F.2d 1063, 1065 f. (2d Cir. 1983).

265 In re Lionel Corp., 722 F.2d 1063, 1066 (2d Cir. 1983).

in der Befriedigungsreihenfolge somit gewissermaßen auf. So lässt es sich erklären, dass das Verhalten des *Creditors' Committee* in Bezug auf die Risikopräferenz dem der gesicherten Gläubiger entsprach und die ungesicherten Gläubiger nun die schnelle Veräußerung forderten. Dies bestätigt die Ergebnisse der Interessenanalyse des ersten Kapitels.[266] Stehen keine gesicherten Gläubiger in der Rangfolge vor den ungesicherten Gläubigern, dann haben diese kein Interesse am Versuch einer Restrukturierung.

Der *U. S. Court of Appeals* des *Second Circuit* schloss sich weder den Ausführungen des *Debtor* bzw. des *Creditors' Committee* noch denjenigen der Anteilseigner bzw. der *S. E. C.* an. Er hielt zwar zunächst fest, dass 11 U.S.C. § 363(b) im Gegensatz zu Vorgängervorschriften einen Notfall oder Ähnliches nicht voraussetze.[267] Das Gericht betonte hierbei aber, dass die Vorschrift mangels solcher *Safeguards* bei schlichter Anwendung unnötigerweise die gesetzgeberische Intention der Restrukturierung untergraben würde.[268] Es kam schließlich zu dem Ergebnis, dass es einen „sound business reason" für einen *363 Sale* geben müsse. Für einen solchen reiche es jedoch nicht aus, dass bestimmte Gläubigergruppen die Veräußerung für notwendig halten. Vielmehr müssten weitere Faktoren berücksichtigt werden. Hierzu gehörten unter anderem die seit Beginn des Verfahrens verstrichene Zeit, die Wahrscheinlichkeit eines Insolvenzplans sowie die Frage, ob ein schnell eintretender Wertverlust der betreffenden Assets zu erwarten ist.[269]

Auch wenn der Verkauf im Fall *Lionel* lediglich die Verwertung eines wesentlichen Assets und keine eigentliche Unternehmensveräußerung zum Gegenstand hatte, ist der *Sound Business Reason*-Standard zum Maßstab für nachfolgende Entscheidungen in Bezug auf Unternehmensveräußerungen geworden.[270] Große Teile des US-amerikanischen Schrifttums kritisieren den

[266] Siehe dort, C. IV. 2. (S. 54 ff.).

[267] In re Lionel Corp., 722 F.2d 1063, 1068 f. (2d Cir. 1983).

[268] In re Lionel Corp., 722 F.2d 1063, 1066 (2d Cir. 1983): „[...] [S]uch a literal reading of section 363(b) would unnecessarily violate the congressional scheme for corporate reorganizations." Im Falle einer (geplanten) Umgehung der Verteilungsregeln in *Chapter 11* wird auch von *Sub Rosa Plans* gesprochen. Der Begriff geht auf die Entscheidung In re Braniff Airways, Inc., 700 F.2d 935, 940 (5th Cir. 1983) zurück. Siehe hierzu *Brege*, 92 Virginia Law Review (2006), 1639, 1651; *Friedman*, 11 UC Davis Business Law Journal (2010), 181, 188 f.

[269] In re Lionel Corp., 722 F.2d 1063, 1071 (2d Cir. 1983). Weitere genannte Faktoren beziehen sich auf die Veräußerung von Gegenständen allgemein und lassen sich nicht ohne Weiteres auf die Veräußerung des gesamten Unternehmens übertragen.

[270] In re Continental Air Lines, Inc., 780 F.2d 1223, 1226 (5th Cir. 1986); Stephens Indus., Inc. v. McClung, 789 F.2d 386, 398 f. (6th Cir. 1986); In re Schipper, 933 F.2d 513, 515 (7th Cir. 1991); In re General Motors Corp., 407 B. R. 463, 488 ff. (Bankr. S. D. N. Y. 2009); In re Bos. Generating, LLC, 440 B. R. 302, 321 ff. (Bankr. S. D. N. Y. 2010); In re GSC, Inc., 453 B. R. 132, 155 f. (Bankr. S. D. N. Y. 2011). Aus der Literatur siehe *Fishman/Gouveia*, 19 Norton Journal of Bankruptcy Law and Practice (2010), 351, 354; *Friedman*, 11 UC Davis Business Law Journal (2010), 181; *Uziel*, 159 University of Pennsylvania Law Review (2011), 1189, 1197 ff.; *Jacoby/Janger*, 123 The Yale Law Journal (2014), 862, 868. Siehe auch *Jack-*

Sound Business Reason-Standard indessen als konturlos.[271] Insbesondere *LoPucki* kritisiert, viele Gerichte wendeten selbst diesen Mindeststandard häufig nicht an, um „attraktive" Unternehmensinsolvenzen anzuziehen. Dies begünstige *Forum Shopping*.[272]

(2) Gulf Coast Oil Factors

In einer jüngeren Entscheidung hat der *U. S. Bankruptcy Court* des *Southern District of Texas* Kriterien entwickelt, die es ergänzend zum *Sound Business Reason*-Standard angewendet hat.[273]

Das Gericht hatte über einen Antrag des *Debtor*[274] zu entscheiden, nach welchem der *Debtor* sämtliche Assets an den einzigen gesicherten Gläubiger veräußern wollte. Unternehmensgegenstand des *Debtor* war die Exploration sowie Gewinnung von Erdöl und -gas. Zwar befand sich der *Debtor* bereits einige Monate in *Chapter 11*.[275] Aufgrund fallender Öl- und Gaspreise rückte aber jedenfalls nach der Darstellung des *Debtor* das Ziel eines Insolvenzplans in weite Ferne, weshalb ein *363 Sale* die bestmögliche Option sei.[276]

Das Gericht setzte sich in seiner Entscheidung mit dem *Sound Business Reason*-Standard der Rechtsprechung und einigen kritischen Literaturstimmen ausführlich auseinander und konstatierte, dass *363 Sales* aus verschiedenen Gründen die Insolvenzpraxis sowohl in großen wie in kleinen Verfahren beeinflussen und immer häufiger aufträten.[277] Um *363 Sales* in Einklang zu bringen mit den Zielen von *Chapter 11* im Allgemeinen und den Schutzvorkehrungen der Vorschriften über den Insolvenzplan im Besonderen, sei es erforderlich, eine Reihe von Faktoren zu berücksichtigen, bevor einer Veräußerung zugestimmt wird.[278]

---

son, Sale of Substantially All Assets Outside of Plan, in: *Tilton*, Bankruptcy Business Acquisitions (2006), S. 5–5 („[T]he ‚good business reason' rule […] became the prevailing § 363(b) standard.")

271 *Brege*, 92 Virginia Law Review (2006), 1639, 1653 f.; *Rose*, 23 Emory Bankruptcy Developments Journal (2006), 249, 269 ff.; *LoPucki/Doherty*, 106 Michigan Law Review (2007), 1, 39 ff.; *Friedman*, 11 UC Davis Business Law Journal (2010), 181, 192 ff.; *Korres*, 63 Florida Law Review (2011), 959, 970 f. („malleable standard"); *Uziel*, 159 University of Pennsylvania Law Review (2011), 1189, 1203 („Scrutiny under this test tends to be cursory and superficial"); *Jacoby/Janger*, 123 The Yale Law Journal (2014), 862, 868.

272 *LoPucki*, Courting Failure (2006), S. 167 ff.; *LoPucki/Doherty*, 106 Michigan Law Review (2007), 1, 11 ff.

273 In re Gulf Coast Oil Corp., 404 B. R. 407 (Bankr. S. D. Tex. 2009).

274 Im konkreten Fall wurden die Insolvenzen dreier verbundener Gesellschaften zusammengefasst (*jointly administered*).

275 In re Gulf Coast Oil Corp., 404 B. R. 407, 410 (Bankr. S. D. Tex. 2009).

276 In re Gulf Coast Oil Corp., 404 B. R. 407, 412 f. (Bankr. S. D. Tex. 2009).

277 In re Gulf Coast Oil Corp., 404 B. R. 407, 418 f. (Bankr. S. D. Tex. 2009).

278 In re Gulf Coast Oil Corp., 404 B. R. 407, 422 ff. (Bankr. S. D. Tex. 2009).

Die (für diese Untersuchung relevanten[279]) Faktoren, vom Gericht in einer Art Fragenkatalog angelegt, lassen sich in zwei Gruppen unterteilen: Maximierung der Verteilungsmasse ((a)) und Gläubigerschutz ((b)).

(a) Maximierung der Verteilungsmasse

Insolvenzschuldner begründen ihren Antrag auf Zustimmung der Veräußerung damit, dass eine besonders schnelle Veräußerung nötig ist, um einen Wertverlust bestimmter Gegenstände zu verhindern. Dieses bereits zuvor angesprochene *Melting Ice Cube*-Argument erfreut sich in den USA seit längerer Zeit großer Beliebtheit bei denjenigen Beteiligten, die einen Asset Deal zügig abschließen möchten.[280] Im Falle fehlender „Gegenwehr", etwa durch ein *Objection* des *Creditors' Committee*, haben Richter in diesen Fällen keine andere Wahl, als der Veräußerung zuzustimmen.[281] Um zu gewährleisten, dass eine möglichst große Masse verteilt werden kann, muss der *Debtor* nach der Entscheidung des *Bankruptcy Court* konkrete Beweise vorlegen, die das Vorbringen belegen.[282]

Darüber hinaus muss der *Debtor* eine generelle *Business Justification* darlegen. Dieses Kriterium ist an die *Lionel*-Rechtsprechung angelehnt,[283] allerdings mit der Maßgabe, dass die *Business Justification* erklären muss, weshalb die Veräußerung außerhalb eines Insolvenzplans vorgenommen werden soll.[284] Der *Debtor* müsse darlegen, dass der Aufwand für die Vorbereitung eines *Plan* wesentlich größer ist als die eines *363 Sale*.[285] In Anlehnung an die Insolvenzen von *Enron* und *Lehman Brothers* unterschied das Gericht zwischen Großverfahren und Insolvenzen kleinerer Unternehmen.[286] Bei letzteren sind aufgrund von Vereinfachungsmöglichkeiten die Voraussetzungen für die Erstel-

---

[279] Die vom Gericht aufgestellten Kriterien umfassen insgesamt dreizehn aufgestellte Fragen, die nicht immer auf den Fall eines Asset Deal im Sinne einer Unternehmensveräußerung anwendbar sind.

[280] Siehe Kapitel 1, C. IV. 2. a) (S. 55 f.).

[281] Dass *Debtor* diese Situation bisweilen auch strategisch herbeiführen, ist kein Geheimnis, siehe In re Humboldt Creamery, LLC, No. 09-11078, 2009 WL 2820610 (Bankr. N. D. Cal. Aug. 14, 2009): „The problem with the ‚melting ice cube' argument is that it is easy enough for the debtor to unplug the freezer prior to bankruptcy."

[282] In re Gulf Coast Oil Corp., 404 B. R. 407, 423 (Bankr. S. D. Tex. 2009).

[283] *Uziel*, 159 University of Pennsylvania Law Review (2011), 1189, 1222.

[284] In re Gulf Coast Oil Corp., 404 B. R. 407, 423 (Bankr. S. D. Tex. 2009). Einen ähnlichen Vorschlag macht *Friedman*, 11 UC Davis Business Law Journal (2010), 181, 209 f.

[285] In re Gulf Coast Oil Corp., 404 B. R. 407, 424 ff. (Bankr. S. D. Tex. 2009). Ähnlich auch In re General Motors Corp., 407 B. R. 463, 490 (Bankr. S. D. N. Y. 2009).

[286] Ein *Small Business Debtor* (in *Chapter 11*) ist definiert als Schuldner, dessen Verbindlichkeiten (besicherte und unbesicherte; exklusive Gesellschafterdarlehen und Verbindlichkeiten anderen Insidern gegenüber) $ 7.500.000 nicht übersteigen, siehe 11 U.S.C. § 1182(1)(A). Zu dieser durch den Coronavirus Aid, Relief, and Economic Security (CARES) Act geänderten Rechtslage siehe *Bradley*, 28 American Bankruptcy Institute Law Review (2020), 251, 262.

lung eines *Plan* geringer, so dass ein solcher in der Regel weder zeitlich noch finanziell aufwändiger sei als ein *363 Sale*.[287]

(b) (Prozessualer) Gläubigerschutz

Anknüpfend an das *Lionel*-Kriterium der verstrichenen Zeit seit Verfahrensbeginn fordert der *Bankruptcy Court* im Fall von *Gulf Coast Oil*, dass sämtliche Verfahrensbeteiligten angemessene Informationen über die Veräußerung und ausreichend Zeit für deren Prüfung erhalten.[288]

Daneben sollte nach dem Gericht stets überprüft werden, ob der *Debtor* eine aktive Vermarktung des Unternehmens vorgenommen hat und es sich nicht um einen sogenannten *Sweetheart Deal*, sondern tatsächlich um eine Veräußerung *at Arms' Length* handelt.[289] Gäbe es nur einen potenziellen Erwerbsinteressenten, sei grundsätzlich Skepsis angebracht.[290]

Darüber hinaus hebt das Gericht hervor, dass *Chapter 11* ein Gesamtvollstreckungsverfahren sei, das allen Gläubigern gemeinsam diene und nicht lediglich gesicherten Gläubigern.[291] Wenn eine Unternehmensveräußerung ersichtlich nur gesicherten Gläubigern diene, müsse der *Debtor* substantiiert darlegen, aus welchen Gründen die Unternehmensveräußerung nicht im Wege eines *Plan* vorgenommen werden konnte.[292]

(3) Übertragbarkeit der Kriterien

Das vom *Bankruptcy Court* in *Gulf Coast Oil* geforderte Kriterium der Maximierung der Insolvenzmasse entspricht im deutschen Insolvenzverfahren bereits dem geltenden Recht. Eine übertragende Sanierung darf nur vorgenommen werden, wenn der Erwartungswert denjenigen einer Restrukturierung übersteigt. Das unternehmerische Ermessen der Geschäftsleitung ist auf diese Weise somit bereits erheblich eingeschränkt. Insofern ist oben bereits festgestellt worden, dass das Unterlassen einer erfolgversprechenden Sanierung des Rechtsträgers eine Pflichtverletzung darstellen kann. Diesbezüglich ist der Geschäftsleitung allerdings in Fällen von größerer Unsicherheit ein Ermessenspielraum zuzubilligen.

Von erhöhter Relevanz ist daher auch das sogenannte *Melting Ice Cube*-Argument, wenn eine Restrukturierung des Schuldners zu scheitern droht oder je-

---

287 In re Gulf Coast Oil Corp., 404 B. R. 407, 424 f. (Bankr. S. D. Tex. 2009).

288 In re Gulf Coast Oil Corp., 404 B. R. 407, 423 (Bankr. S. D. Tex. 2009).

289 In re Gulf Coast Oil Corp., 404 B. R. 407, 424 (Bankr. S. D. Tex. 2009).

290 In re Gulf Coast Oil Corp., 404 B. R. 407, 424 (Bankr. S. D. Tex. 2009): „The absence of any market is problematic."

291 In re Gulf Coast Oil Corp., 404 B. R. 407, 426 (Bankr. S. D. Tex. 2009): „[B]ankruptcy is, at its essence, a collective remedy intended to benefit all creditors, not just the secured lender."

292 In re Gulf Coast Oil Corp., 404 B. R. 407, 426 f. (Bankr. S. D. Tex. 2009).

denfalls mit erhöhter Unsicherheit belastet ist.[293] Die Interessenanalyse des ersten Kapitels hat gezeigt, dass gesicherte Gläubiger der schnellen Durchführung einer übertragenden Sanierung eher zustimmen und ungesicherte Gläubiger in der Regel den Versuch einer Restrukturierung, also einer Sanierung des Rechtsträgers bevorzugen. Das *Melting Ice Cube*-Argument schwächt die Position der Gegner einer Unternehmensveräußerung. Die Gläubigerorgane (Gläubigerausschuss respektive *Creditors' Committee*) haben ihre Arbeit im Verfahren gerade erst begonnen.[294] Das trifft zwar besonders auf das US-amerikanische Recht zu, das kein mit dem deutschen Recht vergleichbares Eröffnungsverfahren kennt, d. h. Antragstellung und Verfahrenseröffnung fallen im Regelfall zeitlich zusammen.[295] Auch im deutschen Recht werden die entscheidenden Weichenstellungen allerdings bereits im Eröffnungsverfahren vorgenommen.[296] Stellt die Geschäftsleitung den Insolvenzantrag bereits mit dem Vorhaben, einen Asset Deal vorzunehmen, haben sie gegenüber den zuständigen Gläubigerorganen somit naturgemäß einen signifikanten Informationsvorsprung. Bleibt dann nur noch wenig Zeit für eine Unternehmensbewertung nach *Going Concern*-Werten, erhöht sich zum einen das Risiko einer fehlerhaften Bewertung. Zum anderen verringert eine schnelle Veräußerung die Möglichkeit interessierter Erwerbskandidaten, aussagekräftige Informationen über das Unternehmen zu erlangen. Der angesprochene Informationsvorsprung der Geschäftsleitung (und typischerweise der gesicherten Gläubiger) gegenüber allen anderen Beteiligten wird verstärkt.[297] Die entscheidende Frage lautet daher, ob die Vorteile einer schnellen Veräußerung (Reduzierung des Wertverfalls) die Nachteile einer solchen (Fehleranfälligkeit bei der Bewertung sowie verstärkte Informationsasymmetrie) überwiegen.[298]

In jedem Fall sollte deshalb aus der US-amerikanischen Rechtsprechung die Maßgabe übernommen werden, dass der Schuldner den Wertverfall von Vermögensgegenständen substantiiert vortragen muss und die bloße Behauptung des Eintritts eines Wertverlustes nicht ausreicht.

Den anderen von den US-amerikanischen Gerichten aufgestellten Kriterien liegt der Gedanke zugrunde, dass ein *Plan* einem *363 Sale* jedenfalls im Grundsatz vorzuziehen ist. Auf die Eigenverwaltung lässt sich dies nicht übertragen, da sie keinen dem Verfahren inhärenten Vorrang des Insolvenzplans vor der

---

[293] Im Zusammenhang mit der Überwachung des Schuldners spielt es im Fall der Zustimmungspflicht der Gläubigerversammlung nach § 162 InsO bereits eine Rolle; dort ist *de lege ferenda* ein Bieterverfahren zu fordern, wovon nur im Fall eines *Melting Ice Cube* abgesehen werden kann, siehe Kapitel 2, B. VII. (S. 170 ff.).

[294] Vgl. *Jacoby/Janger*, 123 The Yale Law Journal (2014), 862, 896 f.; *Cordry*, 28 Norton Journal of Bankruptcy Law and Practice (2019), 646, 649.

[295] Allgemein zum Verfahren siehe oben, Kapitel 1, B. II. 1. (S. 36 ff.).

[296] Siehe oben, Kapitel 2, A. IV. (S. 91).

[297] *Jacoby/Janger*, 123 The Yale Law Journal (2014), 862, 912 f.

[298] *Jacoby/Janger*, 123 The Yale Law Journal (2014), 862, 912.

übertragenden Sanierung kennt. Übertragende Sanierung, Liquidation und Insolvenzplan stehen in einem gleichberechtigten Verhältnis.[299]

ee) Zwischenergebnis

Die *Business Judgment Rule* findet auch auf die Geschäftsleitung des eigenverwaltenden Schuldners keine Anwendung. Ähnlich wie im Fall des Insolvenzverwalters im Regelverfahren fehlt es an der mit dem Vorstand einer AG vergleichbaren Interessenlage. Ebenso wie dem Insolvenzverwalter verbleibt der Geschäftsleitung in der Eigenverwaltung allerdings ein unternehmerisches Ermessen. Dieses ist insofern eingeschränkt, als die Maximierung der Verteilungsmasse stets oberste Handlungsmaxime ist.[300] Das äußert sich insbesondere in Fällen, in denen eine Sanierung des Unternehmensträgers zwar möglich erscheint, aber mit erheblicher Unsicherheit belastet ist. Plant der Schuldner eine schnelle übertragende Sanierung mit dem Argument des Wertverfalls von Vermögensgegenständen (*Melting Ice Cube*), ist dieser substantiiert vorzutragen. Die bloße Behauptung des Eintritts eines Wertverlustes ist nicht ausreichend.

c) Duty of Loyalty

Die *Duty of Loyalty* verlangt von der Geschäftsleitung einer *Corporation*, im besten Interesse der Gesellschaft und ihrer Anteilseigner und nicht in eigenem Interesse zu handeln.[301] Sie bezweckt unter anderem zu verhindern, dass Geschäftsleiter Gesellschaftsvermögen zum eigenen Profit vereinnahmen. Insbesondere, wenn Geschäftsleiter „auf beiden Seiten" einer Transaktion stehen, besteht die Gefahr von Geschäften, die nicht *at Arms' Length* vorgenommen werden.[302]

Gleiches gilt für den Vorstand einer AG und den Geschäftsführer einer GmbH. Beide trifft eine über § 242 BGB hinausgehende Treuepflicht.[303] Diese wird in den §§ 93 Abs. 1 S. 1 AktG, 43 Abs. 1 GmbHG zwar nicht explizit er-

299 *Kessler*, Die Aktiengesellschaft in der Eigenverwaltung (2006), S. 36; Jaeger-*Meller-Hannich*, § 270 InsO, Rn. 6; 10; *Reus/Höfer/Harig*, NZI 2019, 57, 60.

300 Siehe bereits oben, Kapitel 1, A. II. 2. (S. 24).

301 Guth v. Loft, Inc., 23 Del. Ch. 255, 5 A.2d 503, 510 (1939): „The rule that requires an undivided and unselfish loyalty to the corporation demands that there shall be no conflict between duty and selfinterest."

302 Balotti/Finkelstein-*Rohrbacher*, Rn. § 4.16. Siehe auch In re Schipper, 109 B. R. 832, 835 (Bankr. N. D. Ill. 1989): „This duty is often brought into question when the fiduciary participates on both sides of a transaction."

303 Für die AG siehe GroßKommAktG-*Hopt/Roth*, § 93, Rn. 52, 227; KölnKomm.-*Mertens/Cahn*, § 93 AktG, Rn. 95; *Hüffer/Koch*, § 93 AktG, Rn. 10. Für die GmbH MünchKomm.-*Fleischer*, § 43 GmbHG, Rn. 154; GroßKommGmbHG-*Paefgen*, § 43, Rn. 70 ff.; Bork/Schäfer-*Klöhn*, § 43 GmbHG, Rn. 42 ff. Siehe aber MHLS-*Lieder*, § 13 GmbHG, Rn. 150 ff., nach dem die Loyalitätspflichten vollständig disponibel sind. Dagegen *Kumpan*, Der Interessenkon-

wähnt, ist indes sowohl für Vorstand als auch Geschäftsführung anerkannt.[304] Sie verbietet der Geschäftsleitung, ihre Organstellung für eigene Zwecke auszunutzen, und legt ihr gleichzeitig die Pflicht zur Rücksichtnahme auf. Grundlage der Treuepflicht ist die treuhänderische Stellung des Organs, die auf dem Organverhältnis beruht.[305] Auch wenn die Treuepflicht – von den besonders normierten Tatbeständen abgesehen –[306] keine konkreten Anforderungen an das Verhalten der Geschäftsleitung stellt, enthält sie im Fall von Interessenkonflikten die grundsätzliche Verhaltensregel, dass die Geschäftsleitung dem Gesellschaftsinteresse den Vorrang einzuräumen hat.[307]

Für das Regelverfahren hat *Becker* überzeugend herausgearbeitet, dass die Kompetenzen des Insolvenzverwalters der Beschränkung durch Treuepflichten unterliegen.[308] Die Einwirkungsbefugnisse, welche die Insolvenzordnung dem Insolvenzverwalter einräumt, gebieten es, dass dieser ähnlichen Restriktionen unterliegen muss wie ein Vorstand bzw. Geschäftsführer.[309] Zur Begrenzung dieser Einwirkungsmacht lässt sich die Treuepflicht als insolvenzspezifische Pflicht nach § 60 Abs. 1 S. 1 InsO qualifizieren.[310] Diese Erwägungen beanspruchen für die Geschäftsleitung in der Eigenverwaltung gleichermaßen Geltung.[311] Nimmt man die Maßgabe des BGH und im Anschluss daran des Gesetzgebers ernst, nach der nun die unmittelbare Haftung der Geschäftsleitung allen am Insolvenzverfahren Beteiligten gegenüber im Wege eines Außensteuerungsmodells vorgesehen ist, erscheint es konsequent, auch die Loyalitätspflicht auf diese Weise zu übertragen. Rechtsvergleichende Bestätigung findet dieses Ergebnis in den USA: Die *Duty of Loyalty* ist in *Chapter 11* weiter anwendbar.[312] Sie wird wiederum insolvenzrechtlich modifiziert, so dass die Ge-

flikt im deutschen Privatrecht (2014), S. 132 ff.; *Kuntz*, Gestaltung von Kapitalgesellschaften zwischen Freiheit und Zwang (2016), S. 468 ff.

304 Siehe BGHZ 20, 239, 246 ff.; *Raiser/Veil*, Recht der Kapitalgesellschaften (2015), § 14, Rn. 92; KölnKomm.-*Mertens/Cahn*, § 93 AktG, Rn. 95 ff.; MünchKomm.-*Spindler*, § 76 AktG, Rn. 13; GroßKommAktG-*Hopt/Roth*, § 93, Rn. 224 ff.; GroßKommGmbHG-*Paefgen*, § 43, Rn. 70; *Fleischer*, WM 2003, 1045.

305 Siehe KölnKomm.-*Mertens/Cahn*, § 93 AktG, Rn. 95 („Organ mit treuhänderischer Funktion") sowie GroßKommAktG-*Hopt/Roth*, § 93, Rn. 224 („Stellung als treuhänderischer Verwalter fremden Vermögens").

306 Gesetzliche Einzelausprägungen finden sich etwa in § 93 Abs. 1 S. 3 AktG (Verschwiegenheitspflicht) oder in § 88 Abs. 1 AktG (Wettbewerbsverbot). Für eine gesetzliche Regelung der Treuepflicht *de lege ferenda* siehe *Fleischer*, DB 2014, 1971, 1971 f.

307 *Dubovitskaya*, Offenlegungspflichten (2020), S. 68; MünchKomm.-*Spindler*, § 93 AktG, Rn. 125; *Fleischer*, WM 2003, 1045, 1050.

308 *Becker*, Insolvenzverwalterhaftung bei Unternehmensfortführung (2016), S. 72 ff.

309 *Becker*, Insolvenzverwalterhaftung bei Unternehmensfortführung (2016), S. 75.

310 *Becker*, Insolvenzverwalterhaftung bei Unternehmensfortführung (2016), S. 76 f.

311 AA wohl *Wimmer-Amend*, in: FS Beck, 2016, S. 571, 582.

312 *Nimmer/Feinberg*, 6 Bankruptcy Developments Journals (1989), 1, 29 ff.; *Adams*, 73 Boston University Law Review (1993), 581, 603 ff.; *Sheinfeld/Pippitt*, 60 Business Lawyer (2004), 79, 93; *Butler/Dickerson/Neuman*, 18 American Bankruptcy Institute Law Review (2010), 337, 341 ff.

schäftsleitung ihre Arbeitsleistung, Fähigkeiten, Kenntnisse usw. in den Dienst der Masse stellen muss.

An dieser Stelle ist auf die eng verwandten, im ersten Kapitel bereits angesprochenen Fälle zurückzukommen, in denen der Geschäftsleitung vom Erwerber die Wiedereinstellung nach dem Kauf zugesichert wird (aa)) oder aber die Geschäftsleitung selbst im Wege eines Management Buyout das Unternehmen erwirbt (bb)).[313] In beiden Fällen ist der Geschäftsleitung daran gelegen, den Kaufpreis möglichst niedrig zu halten. Verschärft wird dieser Konflikt durch den Informationsvorsprung der Geschäftsleitung.[314] In Bezug auf die Überwachung der Geschäftsleitung reagiert das US-amerikanische Recht hierauf mit der *Heightened Scrutiny*-Rechtsprechung, das deutsche Recht mit der Kompetenzzuweisung zur Zustimmung an die Gläubigerversammlung (§ 162 InsO).[315] Im Folgenden ist zu untersuchen, welchen konkreten Pflichten die Geschäftsleitung in diesen Fällen unterworfen ist. Im Vordergrund dieser Konstellationen steht die Ausnutzung von Wissen zu eigenen Gunsten, wofür die *Duty of Loyalty* maßgebend ist.[316]

aa) Wiedereinstellung durch Erwerber

Die Wiedereinstellung von Mitgliedern der Geschäftsleitung des Schuldners durch die Erwerbsgesellschaft ist häufiger Kritikpunkt von *363 Sales*-Gegnern.[317] Der folgende Abschnitt macht dies anhand eines exemplarischen Beispiels aus den USA greifbar ((1)) und beurteilt die Konstellation aus deutscher Perspektive ((2)).

(1) Exemplarisches Beispiel aus den USA

Exemplarisch hierfür ist der Haftungsprozess unter anderem gegen den ehemaligen *CEO* und gleichzeitigen *Chairman of the Board* von *Performance Nutrition, Inc.* (*PNI*).[318] Dieser vereinbarte mit *Naturade*, einem Lieferanten des späteren *Debtor PNI*, dass *Naturade* ihn nach einem Erwerb von *PNI* im Wege eines *363 Sale* wieder einstellen würde und erhielt gleichzeitig Optionsscheine (*Stock Warrants*) für den Erwerb von Aktien an *Naturade*.[319] Hierfür über-

---

313 Kapitel 1, C. I. (S. 46 ff.).

314 *Fleischer*, AG 2000, 309 f. Siehe auch *Jacoby/Janger*, 123 The Yale Law Journal (2014), 862, 899 ff.

315 Siehe oben, Kapitel 2, B. III. 2. (S. 131 ff.).

316 Siehe *Kuntz*, Informationsweitergabe (2009), S. 65.

317 Siehe *LoPucki*, Courting Failure (2006), S. 174 f.; *Rose*, 23 Emory Bankruptcy Developments Journal (2006), 249, 277 f.; *LoPucki/Doherty*, 106 Michigan Law Review (2007), 1, 32 ff.

318 In re Performance Nutrition, Inc., 239 B. R. 93 (Bankr. N. D. Tex. 1999), bestätigt durch Roth v. Mims, 298 B. R. 272 (N. D. Tex. 2003).

319 In re Performance Nutrition, Inc., 239 B. R. 93, 100 f. (Bankr. N. D. Tex. 1999).

zeugte der *CEO* von *PNI* den *Board* davon, dass ein *363 Sale* die einzige Möglichkeit sei, das Unternehmen noch zu retten.[320] Weder der *CEO* von *PNI* noch *Naturade* haben die Vereinbarung offen gelegt. Der *363 Sale* ist vom zuständigen Insolvenzgericht abgelehnt worden, stattdessen wurde das Verfahren in *Chapter 7* (Liquidation) überführt und ein *Trustee* bestellt, der sodann den Haftungsprozess gegen den *CEO* von *PNI* sowie *Naturade* einleitete.[321]

Nach Ansicht des Gerichts verletzte der *CEO* von *PNI* die *Duty of Loyalty* durch Unterlassen der Offenlegung seiner Eigeninteressen an der Transaktion.[322] Es verurteilte ihn schließlich zu Schadensersatzzahlungen in Form von *Compensatory Damages* (Differenz zwischen Liquidationserlös und *Going Concern Value*) sowie *Punitive Damages*.[323]

Hervorzuheben ist an dieser Stelle, dass sowohl der *Bankruptcy Court* als auch das Berufungsgericht (*District Court*) konsequenterweise das Gesellschaftsrecht des betreffenden Einzelstaats (*Texas*) hinsichtlich der Frage des *Breach of Fiduciary Duty* anwendeten.[324] Danach ist eine *Interested Transaction* wirksam, wenn der Interessenkonflikt offengelegt wurde oder die Transaktion „fair to the corporation" ist.[325]

Interessant hieran ist, dass diese eher weit ausgelegte Offenlegungspflicht hinsichtlich der Wiedereinstellung durch den Erwerber insoweit nicht dem Gesellschaftsrecht in *Delaware* entspricht.[326] Eine konkrete Regelung zu sogenannten *Interested Transactions* enthält der DGCL in § 144(a) zwar auch. Die Vorschrift beinhaltet wie ihr texanisches Pendant einen *Safe Harbor*, wonach *Interested Transactions* nicht automatisch unwirksam sind, wenn sie bestimmte Voraussetzungen erfüllen – unter anderem wenn der Interessenkonflikt offengelegt wird.[327] Dieser *Safe Harbor* dient zunächst nur dem Zweck, *Interested Transactions* aufrechtzuerhalten, die nach der Rechtsprechung in *Delaware* an-

---

[320] Zu diesem Zeitpunkt sah sich *PNI* Ermittlungen durch und Rechtsstreitigkeiten mit der *S. E. C.* ausgesetzt, siehe In re Performance Nutrition, Inc., 239 B. R. 93, 100 (Bankr. N. D. Tex. 1999).

[321] In re Performance Nutrition, Inc., 239 B. R. 93, 106 (Bankr. N. D. Tex. 1999).

[322] In re Performance Nutrition, Inc., 239 B. R. 93, 110 (Bankr. N. D. Tex. 1999).

[323] In re Performance Nutrition, Inc., 239 B. R. 93, 114 ff. (Bankr. N. D. Tex. 1999).

[324] In der Berufung versuchte der *CEO* von *PNI* noch, den *District Court* davon zu überzeugen, dass anstelle des Gesellschaftsrechts von *Texas* dasjenige von *Nevada* anzuwenden sei. Dieses verspräche eine extensive Anwendung der *Business Judgment Rule*. Das Gericht lehnte dies aufgrund eines verfahrensrechtlichen Details ab, betonte aber, dass sowohl nach dem Recht von *Texas* als auch von *Nevada* die Anwendbarkeit der *Business Judgment Rule* aufgrund des Interessenkonflikts ausgeschlossen sei; siehe Roth v. Mims, 298 B. R. 272, 284 (N. D. Tex. 2003).

[325] Texas Business Organizations Code § 21.418(b)(1), (2). Das Berufungsgericht zitiert den inzwischen außer Kraft getretenen (aber inhaltsgleichen) Art. 2.35–1 des Texas Business Corporation Act, siehe Roth v. Mims, 298 B. R. 272, 288 (N. D. Tex. 2003).

[326] Siehe allgemein zur *Duty of Disclosure* in *Delaware* Balotti/Finkelstein-*Rohrbacher*, Rn. § 4.18.

[327] Siehe hierzu *Bainbridge*, Corporate Law (2020), S. 180 ff.

sonsten unwirksam wären.[328] Nach der Rechtsprechung in *Delaware* führt eine Wiedereinstellungsvereinbarung (*Post-Merger Employment*) zwischen einem *Board*-Mitglied und dem Erwerber allerdings nicht dazu, dass das betreffende *Board*-Mitglied *interested* im Sinne des DGCL § 144(a) ist.[329]

Über DGCL § 144(a) hinaus können Gerichte eine Transaktion auch auf einen allgemeinen *Breach of Fiduciary Duty* überprüfen.[330] Hierzu hat sich, beginnend in den 1970er Jahren, eine Rechtsprechungslinie einer allgemeinen *Duty of Disclosure* entwickelt.[331] *Directors* einer *Delaware Corporation* sind verpflichtet, alle für die betreffende Transaktion relevanten Fakten vollständig und wahrheitsgemäß offenzulegen, wenn sie diese den Anteilseignern zur Abstimmung vorlegen.[332] Die gesellschaftsrechtliche Rechtsprechung sieht im Zusammenhang mit *Mergers* außerhalb der Insolvenz indes grundsätzlich keine offenzulegenden Interessenkonflikte, wenn der Erwerber mit einzelnen *Board*-Mitgliedern eine Wiedereinstellung verhandelt.[333] Der Grund hierfür dürfte darin liegen, dass eine Wiedereinstellungsvereinbarung keine typische *Interested Transaction* ist, weil das *Board*-Mitglied in dieser Konstellation nicht auf beiden Seiten der Vereinbarung steht, sondern nur von dieser profitiert.[334] Eine Verletzung der Aufklärungspflicht liegt nach der Rechtsprechung aber im Fall unwahrer Protokolle vor, das heißt wenn im Falle einer entsprechenden Vereinbarung das Nichtvorliegen einer solchen behauptet wird.[335] Nach jüngeren Entscheidungen der Gerichte in *Delaware* muss eine signifikante Erhöhung der Vergütung durch den Erwerber allerdings offengelegt werden.[336] Auch eine Kombination aus Eigeninteressen, etwa die Wiedereinstellung auf der einen

[328] *Rohrbacher/Zeberkiewicz/Uebler*, 33 Delaware Journal of Corporate Law (2008), 719, 722 f. mwN; *Licht*, 44 Delaware Journal of Corporate Law (2020), 1, 7.

[329] Cinerama, Inc. v. Technicolor, Inc., 663 A.2d 1134, 1154 (Del. Ch. 1994), bestätigt durch den *Supreme Court of Delaware*, 663 A.2d 1156 (Del. 1995).

[330] *Rohrbacher/Zeberkiewicz/Uebler*, 33 Delaware Journal of Corporate Law (2008), 719, 721 f.; *Licht*, 44 Delaware Journal of Corporate Law (2020), 1, 7.

[331] *Dibadj*, 70 Hastings Law Journal (2019), 689, 698 ff. Ausführlich zur Historie *Hamermesh*, 49 Vanderbilt Law Review (1996), 1087, 1096 ff.

[332] Weinberger v. UOP, Inc., 457 A.2d 701, 711 (Del. 1983); In re Anderson, Clayton Shareholders Litig., 519 A.2d 680, 689 f. (Del. Ch. 1986); Stroud v. Grace, 606 A.2d 75, 84 (Del. 1992); Malone v. Brincat, 722 A.2d 5, 10 (Del. 1998); In re Solera Holdings, Inc. Stockholder Litig., No. CV 11524-CB, 2017 WL 57839 (Del. Ch. Jan. 5, 2017).

[333] In re Baker Hughes Inc. Merger Litig., No. CV 2019–0638-AGB, 2020 WL 6281427 (Del. Ch. Oct. 27, 2020).

[334] Siehe *Bainbridge*, Corporate Law (2020), S. 176 bei Fn. 4: „[C]lassic self-dealing, in which the director stands on both sides of the transaction".

[335] Siehe Maric Capital Master Fund, Ltd. v. Plato Learning, Inc., 11 A.3d 1175, 1178 (Del. Ch. 2010) sowie In re Atheros Commc'ns, Inc., No. CIV.A. 6124-VCN, 2011 WL 864928 (Del. Ch. Mar. 4, 2011). Die Nichtoffenlegung zog indes in beiden Entscheidungen keine (Haftungs-)Folgen nach sich; die *Proxy Statements* konnten noch korrigiert werden.

[336] Siehe City of Fort Myers Gen. Employees' Pension Fund v. Haley, 235 A.3d 702 (Del. 2020) sowie In re Mindbody, Inc., No. CV 2019–0442-KSJM, 2020 WL 5870084 (Del. Ch. Oct. 2, 2020).

Seite aber auch das Interesse, Anteile an der Gesellschaft im Zuge des *Merger* verkaufen zu können (*Liquidity Conflict Driven*), kann zu einer Treuepflichtverletzung führen.[337] Die Rechtsprechung in *Delaware* ist somit im Fluss. Allerdings ist eine Tendenz zu erkennen, dass Gerichte in *Delaware* Wiedereinstellungsvereinbarungen genauer in den Blick nehmen und eher dem Regime der *Interested Transactions* unterwerfen, so dass auch in *Delaware* die Offenlegungspflichten in diesen Fällen Anwendung finden.

(2) Beurteilung aus deutscher Perspektive

Im deutschen Gesellschaftsrecht ist anerkannt, dass Geschäftsleiter Interessenkonflikte grundsätzlich offenlegen müssen.[338] Eine Regelung hierfür enthält der Deutsche Corporate Governance Kodex in Abschnitt E.2.[339] Dort wird die Empfehlung ausgesprochen, dass ein Vorstandsmitglied, „Interessenkonflikte unverzüglich dem Vorsitzenden des Aufsichtsrats und dem Vorsitzenden bzw. Sprecher des Vorstands offenlegen und die anderen Vorstandsmitglieder hierüber informieren [soll].“ Einige Literaturstimmen unterstellen, dass die im DCGK ausgesprochene Empfehlung bereits nach geltendem Recht als Treuepflicht zwingend ist.[340]

Im Fall der übertragenden Sanierung unterliegt die Geschäftsleitung beim Versuch, im Amt zu bleiben, insofern einem Interessenkonflikt, als die Gefahr besteht, dass sie ihre Eigeninteressen über das Wohl der Gesellschaft bzw. der Masse stellt.[341] Zunächst trifft die Geschäftsleitung also die Pflicht zur Offenlegung des Umstands, dass der Erwerber sie wieder einstellen wird. Darüber hinaus könnte die aus dem US-amerikanischen Gesellschaftsrecht stammende *Corporate Opportunities Doctrine* (Geschäftschancenlehre) zu erweiterten Pflichten führen. Der BGH behandelt die Geschäftschancenlehre in ständiger Rechtsprechung als Unterfall der Treuepflicht und besondere Ausformung des Gebots der Vermeidung von Interessenkonflikten.[342] Der IX. Senat hat den

---

337 In re Mindbody, Inc., No. CV 2019–0442-KSJM, 2020 WL 5870084 (Del. Ch. Oct. 2, 2020).

338 Ausführlich, differenzierend zwischen Dauerkonflikten und punktuellen Konflikten, *Dubovitskaya*, Offenlegungspflichten (2020), S. 54 ff. Siehe auch *Kumpan*, Der Interessenkonflikt im deutschen Privatrecht (2014), S. 257 ff.; GroßKommAktG-*Hopt/Roth*, § 93, Rn. 275; MünchKomm.-*Spindler*, § 93 AktG, Rn. 125; MünchKomm.-*Fleischer*, § 43 GmbHG, Rn. 169a; *Hopt*, ZGR 2004, 1, 25; *Fleischer*, WM 2003, 1045, 1050; *Diekmann/Fleischmann*, AG 2013, 141, 148; *Fleischer*, DB 2014, 1971, 1973.

339 Deutscher Corporate Governance Kodex in der Fassung vom 16.12.2019, abrufbar unter https://www.bundesanzeiger.de (zuletzt aufgerufen am 29.04.2022).

340 *Hopt*, ZGR 2004, 1, 25; *Lutter*, in: FS Priester, 2007, S. 417, 420; *Blasche*, AG 2010, 692, 697; *Koch*, in: FS Säcker, 2011, S. 403, 404; *Diekmann/Fleischmann*, AG 2013, 141, 148; *Koch*, ZGR 2014, 697, 709.

341 Siehe oben, Kapitel 1, C.I. (S. 46 ff.).

342 Urteil v. 08.05.1967 – II ZR 126/65, WM 1967, 679; Urteil v. 10.02.1977 – II ZR 79/75, WM 1977, 361, 362; Urteil v. 23.09.1985 – II ZR 257/84, ZIP 1985, 1482, 1483; Urteil

Rechtsgedanken der Geschäftschancenlehre inzwischen ausdrücklich auf den Insolvenzverwalter übertragen.[343]

Es handelt sich bei der Vereinbarung über eine Wiedereinstellung zwar nicht um eine typische Geschäftschance, die der Gesellschaft hierdurch entgeht. Grund für die Wiedereinstellung ist allerdings in der Regel (auch) das Insiderwissen der Geschäftsleitung, welches beim Erwerber nach dem Unternehmenskauf für Profit sorgen soll.[344] Die Geschäftsleitung verhilft somit einem gesellschaftsfremden Dritten zu einer Geschäftschance.[345] Gegen eine grundsätzliche Verletzung der Treuepflicht lassen sich allerdings zwei Einwände vorbringen:

Zum einen kennt die Geschäftschancenlehre anerkanntermaßen Grenzen.[346] Die Gewinnaussichten oder Annahmen eines Wertsteigerungspotenzials beispielsweise müssten sich auf ein solches Maß verdichtet haben, das über das Stadium der vagen Hoffnung auf zukünftige Profite aufgrund spezieller Kenntnisse der Geschäftsleitung über das Unternehmen hinausgeht.[347] Hierbei müssten beim Erwerb eines Unternehmens aus der Insolvenz Informationen über konkrete Erwartungen vorliegen, welche die Geschäftsleitung erst nach der Übertragung auf den Erwerber nutzbar macht. Sollten derartige Informationen tatsächlich existieren, liegt eher der Vorwurf im Raum, dass die Geschäftsleitung diese nicht genutzt hat, um die Insolvenz abzuwenden; mithin eine Pflichtverletzung, die den Sorgfaltspflichten zuzuordnen wäre.[348]

Zum anderen ist gegen die generelle Annahme einer Treuepflichtverletzung in diesen Fällen einzuwenden, dass die Gesellschaft nach der übertragenden Sanierung liquidiert wird. Hierfür spricht auch ein Vergleich mit dem Wettbewerbsverbot der Geschäftsleitung, das mit der Geschäftschancenlehre verwandt ist.[349] Das für den Vorstand in § 88 AktG normierte, aber auch für den GmbH-Geschäftsführer anerkannte[350] Wettbewerbsverbot verbietet der Geschäftsleitung insbesondere, gleichzeitig Vorstandsmitglied oder Mitglied der

---

v. 23.09.1985, II ZR 246/84, ZIP 1985, 1484, 1485. Siehe auch *Raiser/Veil*, Recht der Kapitalgesellschaften (2015), § 14, Rn. 93; *Fleischer*, NZG 2003, 985 f.

343 BGHZ 214, 220, 225 ff. (Tz. 20 ff.).

344 Siehe *Fleischer*, NZG 2003, 985, 986 mit dem Hinweis darauf, dass die Geschäftschancenlehre auch von gesellschaftlichen Geschäftsinformationen handelt.

345 Vgl. KölnKomm.-*Mertens/Cahn*, § 93 AktG, Rn. 105; GroßKommAktG-*Hopt/Roth*, § 93, Rn. 262; Bork/Schäfer-*Klöhn*, § 43 GmbHG, Rn. 54.

346 *Koppensteiner*, ZHR 155 (1991), 97, 110.

347 *Kuntz*, Informationsweitergabe (2009), S. 197 f. Siehe auch *Berkefeld*, Management Buy-Out (2011), S. 73 f.

348 Siehe oben zum Unterlassen einer erfolgversprechenden Reorganisation, B. II. 1. a) cc) (S. 218 ff.).

349 Siehe Bork/Schäfer-*Klöhn*, § 43 GmbHG, Rn. 52.

350 Wenn auch die dogmatische Herleitung divergiert, siehe etwa OLG Rostock, Beschluss v. 02.06.2020 – 4 W 4/20, NZG 2020, 1152 (§ 88 AktG analog); *Raiser/Veil*, Recht der Kapitalgesellschaften (2015), § 38, Rn. 50 (entsprechend § 112 HGB).

Geschäftsführung einer anderen Handelsgesellschaft zu sein.[351] Es ist allerdings anerkannt, dass das Wettbewerbsverbot nicht mehr anwendbar ist, wenn Organstellung und Anstellungsvertrag beendet sind.[352]

Das Unterlassen der Offenlegung der Wiedereinstellung durch den Erwerber stellt somit eine Treuepflichtverletzung dar. Die Geschäftschancenlehre findet allerdings keine Anwendung.

bb) Management Buyout

(1) Aufklärungspflicht als Treuepflicht

Wie bereits im ersten Kapitel im Rahmen der Interessenanalyse aufgezeigt, beinhaltet der Management Buyout[353] eine der auffälligsten Interessenkollisionen zwischen Gläubigern und Geschäftsleitung.[354] Das zwischen Gläubigern und Geschäftsleitung bestehende *Agency*-Problem[355] liegt in der Informationsasymmetrie begründet.[356] Die Geschäftsleitung hat werterhebliches Wissen über das Unternehmen inne. Sie kennt verborgene Gewinnchancen und hat Insiderwissen über Produkte, Arbeitnehmer, Vertragspartner usw.[357] Aus diesem Grund ist anerkannt, dass die Geschäftsleitung beim Management Buyout eine Aufklärungspflicht trifft.[358] Ob diese beim Management Buyout dogmatisch über die Treuepflicht begründet werden kann, ist umstritten. Die große

---

351 MünchKomm.-*Spindler*, § 88 AktG, Rn. 20.

352 MünchKomm.-*Spindler*, § 88 AktG, Rn. 11; MünchKomm.-*Jaeger/Steinbrück*, § 35 GmbHG, Rn. 362.

353 Der Begriff des Management Buyout wird nicht einheitlich verwandt, siehe hierzu *Schwenkedel*, Management Buyout (1991), S. 4 ff.; *Rhein*, Der Interessenkonflikt der Manager beim Management Buy-out (1996), S. 3 ff.; *Anabtawi*, 49 U. C. Davis Law Review (2016), 1285, 1288 f. Die folgende Untersuchung beschränkt sich auf den Kauf des Unternehmens durch die eigene Geschäftsleitung mit Beteiligung von Finanzinvestoren im Wege eines Asset Deal (übertragende Sanierung) durch die Übertragung von Aktiva auf eine von den Erwerbern hierfür gegründete Gesellschaft („NewCo“). Da die Geschäftsleitung den Kaufpreis typischerweise nicht selbst aufbringen kann, entspricht die Beteiligung von Finanzinvestoren der Regel, siehe *Schwenkedel*, Management Buyout (1991), S. 4; *Kuntz*, Informationsweitergabe (2009), S. 73; *Dubovitskaya*, Offenlegungspflichten (2020), S. 233; *Anabtawi*, 49 U. C. Davis Law Review (2016), 1285, 1289.

354 Kapitel 1, C. I. (S. 46 ff.).

355 Die Rolle der Prinzipale nehmen in der Insolvenz die Gläubiger ein, siehe Kapitel 1, C. I. 2. (S. 47 ff.).

356 Siehe hierzu (für die Konstellation außerhalb der Insolvenz) *Rhein*, Der Interessenkonflikt der Manager beim Management Buy-out (1996), S. 65 ff.; *Anabtawi*, 49 U. C. Davis Law Review (2016), 1285, 1293 ff.; *Subramanian*, 130 Harvard Law Review (2016), 590, 613 ff.

357 *Schwenkedel*, Management Buyout (1991), S. 27 f.; *Fleischer*, AG 2000, 309, 310; *Anabtawi*, 49 U. C. Davis Law Review (2016), 1285, 1303 ff.

358 *Kuntz*, Informationsweitergabe (2009), S. 127 ff.; *Berkefeld*, Management Buy-Out (2011), S. 73 ff.; *Dubovitskaya*, Offenlegungspflichten (2020), S. 256 ff.; *Fleischer*, AG 2000, 309, 313 („Baustein zur Bewältigung des Agency-Problems“). Für die USA siehe *Anabtawi*, 49 U. C. Davis Law Review (2016), 1285, 1317.

Mehrheit der Literatur lehnt dies ab.[359] Hierbei ist aber zu beachten, dass diese Meinungen vom Management Buyout in Form eines Share Deal ausgehen, die Geschäftsleitung also mit den Anteilseignern kontrahiert. Unmittelbare Treuepflichten der Geschäftsleitung gegenüber den Gesellschaftern erkennen Literatur und Rechtsprechung bislang nicht an, so dass sich eine Aufklärungspflicht beim Share Deal konsequenterweise hierüber nicht ableiten lässt. Im hier interessierenden Fall des Asset Deal hingegen schließt die Geschäftsleitung den Unternehmenskaufvertrag mit der Gesellschaft. Dieser gegenüber bestehen die Treuepflichten, so dass die Aufklärungspflicht der Treuepflicht gegenüber der Gesellschaft zugeordnet werden kann.[360]

Die Aufklärungspflichten stehen hierbei in engem Zusammenhang mit der bereits oben diskutierten Geschäftschancenlehre.[361] Der (qualitative) Unterschied zur oben beschriebenen Konstellation der Wiedereinstellung der Geschäftsleitung durch den Erwerber liegt darin, dass die Geschäftsleitung nun tatsächlicher Vertragspartner ist und auf beiden Seiten der Transaktion steht.[362]

(2) Gegenstand der Aufklärungspflicht

Sind Aufklärungspflichten nach dem Vorstehenden also anzuerkennen, ist zunächst deren Gegenstand zu bestimmen. Für den Management Buyout sind zum einen allgemeine Fragen der Unternehmensbewertung, zum anderen die Frage nach einer Offenlegungspflicht zukünftiger Pläne der erwerbenden Geschäftsleitung relevant.

In Bezug auf die Bewertungsmethode ist wiederum ein Blick in die USA hilfreich. Im Gesellschaftsrecht in *Delaware* gilt der bereits oben genannte *Inherent Fairness*-Standard.[363] Nach diesem muss die Geschäftsleitung unter anderem sämtliche Informationen offenlegen, die für den Wert des Unternehmens von Bedeutung sind.[364] Hierzu gehört, dass nicht nur diejenige Berechnungsmethode zur Ermittlung des Unternehmenswert herangezogen werden darf, die den für die Geschäftsleitung günstigen Wert erreicht. Bei divergierenden Ergebnissen zweier Bewertungen muss die Geschäftsleitung einer *Delaware Corporation* beide Berechnungsgrundlagen darstellen.[365]

---

359 *Dubovitskaya*, Offenlegungspflichten (2020), S. 294 ff.; MünchKomm.-*Spindler*, § 93 AktG, Rn. 129; *Fleischer*, AG 2000, 309, 318 ff.

360 *Berkefeld*, Management Buy-Out (2011), S. 69. Im Ergebnis auch *Dubovitskaya*, Offenlegungspflichten (2020), S. 294 f.

361 *Weber*, ZHR 155 (1991), 120, 126; *Fleischer*, AG 2000, 309, 315 ff.

362 Siehe *Bainbridge*, Corporate Law (2020), S. 176 zum Unterschied zwischen *Direct Transactions* und *Indirect Transactions*.

363 Weinberger v. UOP, Inc., 457 A.2d 701, 710 (Del. 1983); Smith v. Van Gorkom, 488 A.2d 858, 890 ff. (Del. 1985). Siehe zum Ganzen auch *Repetti*, 67 North Carolina Law Review (1988), 121, 155 ff.

364 Weinberger v. UOP, Inc., 457 A.2d 701, 711 (Del. 1983).

365 Lynch v. Vickers Energy Corp., 383 A.2d 278, 281 (Del. 1977).

Für das deutsche Recht gilt, dass die Geschäftsleitung insbesondere über stille Reserven aufklären muss.[366] In dieser Hinsicht lassen sich die Wertungen der Rechtsprechung aus *Delaware* gut übertragen.[367] Es genügt nicht, nur die für die Geschäftsleitung (den Erwerber) günstigste Bewertungsmethode darzustellen. Wie bereits im Rahmen der Überwachung der Geschäftsleitung *de lege ferenda* gefordert, muss ein externes Gutachten insbesondere bei Unternehmen des tertiären Wirtschaftssektors sicherstellen, dass nicht sichtbare Werte hinreichend berücksichtigt sind.[368] In Bezug auf die Aufklärungspflichten der Geschäftsleitung ist bereits *de lege lata* festzuhalten, dass beim Management Buyout hohe Maßstäbe an die Genauigkeit der Bewertung anzulegen sind.

Ob die Geschäftsleitung darüber hinaus zukünftige Pläne offenlegen muss, ist umstritten.[369] Gegen eine solche Offenlegungspflicht wird eingewendet, dass die Geschäftsleitung auf diese Weise gezwungen werde, vollständig ihre Verhandlungsposition aufzugeben. Absichten für die Zukunft lägen vielmehr außerhalb ihres Mandats und müssten daher nicht offengelegt werden.[370] Nach *Fleischer* handelt es sich bei zukünftigen Plänen in Anlehnung an die Geschäftschancenlehre um noch „unbestellte Felder".[371] Für die Offenlegung auch zukünftiger Pläne der Geschäftsleitung spricht indessen die Rechtsprechung des BGH zur sogenannten Wurzeltheorie im Rahmen der Unternehmensbewertung.[372] Danach sind, wie dies in der Betriebswirtschaftslehre angenommen wird, auch spätere Entwicklungen zu berücksichtigen, wenn diese am Bewertungsstichtag bereits angelegt, d. h. „verwurzelt" sind.[373] Hierbei können auch „die persönlichen Fähigkeiten und Absichten der Unternehmensleitung […] eine Rolle spielen."[374] Welche Pläne „verwurzelt" sind, bedarf einer Einzelfallprüfung.[375] Zukünftige Pläne der Geschäftsleitung beim Management Buyout sind realistischerweise nicht lediglich abstrakte Visionen, sondern konkrete Pläne, die nach dem Erwerb in die Tat umgesetzt werden sollen. Sie sind am

---

366 *Heidemann*, Management Buyout (1994), S. 238; *Kuntz*, Informationsweitergabe (2009), S. 204 ff.; *Berkefeld*, Management Buy-Out (2011), S. 73; *Dubovitskaya*, Offenlegungspflichten (2020), S. 332 ff.; *Fleischer*, AG 2000, 309, 316.

367 Siehe *Kuntz*, Informationsweitergabe (2009), S. 205 f. zum Kapitalmarktrecht als „Einfallstor".

368 Siehe Kapitel 2, B. VII. (S. 170 ff.).

369 Dafür etwa *Heidemann*, Management Buyout (1994), S. 238 bezüglich nicht offengelegter Gewinnpotenziale; *Kuntz*, Informationsweitergabe (2009), S. 208 ff. mwN; *Dubovitskaya*, Offenlegungspflichten (2020), S. 339 ff.

370 *Rhein*, Der Interessenkonflikt der Manager beim Management Buy-out (1996), S. 216. Ähnlich *Koppensteiner*, ZHR 155 (1991), 97, 110.

371 *Fleischer*, AG 2000, 309, 317; wohl auch *Doralt*, Management Buyout (2001), S. 40.

372 Grundlegend BGH, Urteil v. 17.01.1973 – IV ZR 142/70, NJW 1973, 509. Siehe auch OLG Düsseldorf, Beschluss v. 17.02.1984 – 19W 1/81, ZIP 1984, 586, 588.

373 BGHZ 207, 114, 130 (Tz. 40).

374 BGH, Urteil v. 17. 1. 1973 – IV ZR 142/70, NJW 1973, 509, 511.

375 *Kuntz*, Informationsweitergabe (2009), S. 209.

Bewertungsstichtag also entsprechend „verwurzelt".[376] Die besseren Argumente sprechen daher für eine Offenlegungspflicht zukünftiger Pläne. Diese Gegenstände der Offenlegungspflicht sind für die Zwecke dieser Untersuchung auf insolvenzrechtliche Besonderheiten hin zu überprüfen.

(3) Fortgeltung in der Insolvenz

Ob diese Aufklärungs- und Offenlegungspflichten in der Insolvenz weiterhin gelten, ist in den USA bislang nicht abschließend geklärt. Nach einer umstrittenen Entscheidung des *Bankruptcy Court* des *Northern District of Illinois*[377] trifft den *Debtor* keine in diese Richtung gehende Aufklärungspflicht.[378] Im zugrunde liegenden Fall hat der *Debtor* im Rahmen eines *363 Sale* ein Grundstück weit unter Wert an seine Eltern verkauft. Der Kaufpreis orientierte sich an einem Bewertungsgutachten, das ein gesicherter Gläubiger des *Debtor* in Auftrag gegeben hat. Allerdings wusste der *Debtor*, dass das betreffende Grundstück einen signifikant höheren Marktwert hatte, da ihm vor Stellung des Insolvenzantrags ein Kaufangebot zu einem weitaus höheren Preis (etwa das fünffache) vorlag. Im Anschluss an das Insolvenzverfahren verkauften die Eltern des *Debtor* das Grundstück an ebenjenen Dritten zu den Konditionen, welche dieser dem *Debtor* zuvor angeboten hatte. Obwohl das Gericht als Maßstab für die Beurteilung des Verhaltens des *Debtor* die *Duty of Loyalty* heranzieht, leitete es hieraus keine Aufklärungspflicht ab, die den *Debtor* verpflichtet hätte, über den tatsächlichen Marktwert aufzuklären.[379] Nach Ansicht des Gerichts seien die Treuepflichten in *Chapter 11* also grundsätzlich weiter anwendbar, der *Debtor* habe allerdings einen weiten Ermessensspielraum und müsse lediglich eine *Business Justification* für den Verkauf darlegen.[380] Das Bewertungsgutachten des gesicherten Gläubigers genügte dem Gericht hierfür.[381]

Für das deutsche Recht lässt sich hiervon wenig übertragen. Die Geschäftsleiterpflichten gelten in der Insolvenz, wie oben dargelegt, grundsätzlich fort. In Bezug auf einzelne Gegenstände der Offenlegungspflicht zeigen sich allerdings Besonderheiten in der Insolvenz. Die Relevanz stiller Reserven etwa dürfte im Fall der übertragenden Sanierung gering sein, da diese bereits bei Aufstellung

[376] Ebenso *Kuntz*, Informationsweitergabe (2009), S. 210; *Dubovitskaya*, Offenlegungspflichten (2020), S. 343 f.

[377] In re Schipper, 109 B. R. 832 (Bankr. N. D. Ill. 1989), bestätigt durch die nachfolgenden Instanzen (*District Court* und *Court of Appeals*), siehe In re Schipper, 112 B. R. 917 (N. D. Ill. 1990) und In re Schipper, 933 F.2d 513 (7th Cir. 1991).

[378] Kritisch deshalb *Bogart*, 68 American Bankruptcy Law Journal (1994), 155, 253 ff. sowie *Wu*, 26 Yale Journal on Regulation (2009), 481, 501 f.

[379] In re Schipper, 109 B. R. 832, 835 f. (Bankr. N. D. Ill. 1989).

[380] In re Schipper, 109 B. R. 832, 836 (Bankr. N. D. Ill. 1989).

[381] Ebd.

der Überschuldungsbilanz aufzudecken sind.[382] Diese stillen Reserven stehen in engem Zusammenhang mit der bei insolventen Unternehmen häufig verwandten Substanzwertmethode.[383] Es existiert allerdings bislang kein (wirtschafts-) wissenschaftlich allgemein anerkannter Maßstab für die Bewertung von insolventen Unternehmen.[384] Ebenso grundsätzlich möglich ist die Anwendung der *Discounted Cash Flow*-Methode.[385] Die Wertungen des Gesellschaftsrechts in *Delaware* (*Inherent Fairness*-Standard) sind hierbei aufschlussreich: Weiß die Geschäftsleitung um Faktoren, die im Rahmen anderer Bewertungsmethoden eine wertsteigernde Wirkung hätten, zwingt die Aufklärungspflicht zur Offenlegung dieser Informationen.

Bezüglich der Offenlegung zukünftiger Pläne ist für die oben untersuchte Konstellation der Wiedereinstellung der Geschäftsleitung durch den Erwerber bereits festgestellt worden, dass das Unterlassen der Offenlegung unter Umständen bereits eine Pflichtverletzung darstellt, wenn diese Informationen zu einer erfolgreichen Restrukturierung hätten führen können und diese wiederum für die Gläubiger einen Mehrwert im Vergleich zur übertragenden Sanierung dargestellt hätte. Das gleiche gilt – *a fortiori* – für den Management Buyout.

cc) Zwischenergebnis

Mitglieder der Geschäftsleitung einer deutschen GmbH oder AG sind verpflichtet offenzulegen, dass sie vom Erwerber wiedereingestellt werden sollen. Beim Management Buyout (in Form der hier interessierenden übertragenden Sanierung, d. h. eines Asset Deal) bestehen umfassende, der Treuepflicht zuzuordnende Aufklärungspflichten in Bezug auf den tatsächlichen Wert des Unternehmens. Das lässt sich in Deutschland, wie oben gezeigt, bereits dem geltenden Recht entnehmen, findet aber wie gesehen durch den *Inherent Fairness*-Standard in *Delaware* rechtsvergleichende Bestätigung.

Dass die US-amerikanische insolvenzrechtliche Rechtsprechung diese Treuepflichten bei *363 Sales* jedenfalls teilweise sehr schuldnerfreundlich anwendet, hat verschiedene Ursachen. Ein Grund könnte bereits die komplizierte Gemengelage der verschiedenen Jurisdiktionen – Gesellschaftsrecht der Einzelstaaten und Bundesinsolvenzrecht – darstellen. Daneben ist aber auch zu konstatieren, dass in der Nichtanwendung von gesellschaftsrechtlichen Aufklärungspflichten der Geschäftsleitung das schuldnerfreundliche Insolvenzrecht der USA sehr deutlich zum Ausdruck kommt.[386]

---

[382] Siehe BGHZ 119, 201, 214; BGHZ 129, 136, 154. Siehe auch MünchKomm.-*Drukarczyk/Schüler*, § 19 InsO, Rn. 121.

[383] Vgl. *Schmerbach/Staufenbiel*, ZInsO 2009, 458, 462 f.

[384] *Fröhlich/Eckhardt*, ZInsO 2015, 925.

[385] *Nickert*, ZInsO 2013, 1722; *Fröhlich/Eckhardt*, ZInsO 2015, 925, 929 ff.

[386] Pointiert *Wu*, 26 Yale Journal on Regulation (2009), 481, 504: „[T]he lack of a fidu-

2. *Verschulden*

a) *Maßstab*

Zur Beurteilung des Verschuldens der Geschäftsleitung einer AG oder GmbH wird ein typisierter Verschuldensmaßstab angelegt – die Sorgfalt eines ordentlichen und gewissenhaften Geschäftsmannes bzw. Geschäftsleiters.[387] Dieser ist objektiv, d. h. individuelle Unfähigkeit wirkt nicht exkulpierend.[388]

In der Literatur ist umstritten, ob dieser Maßstab in der Eigenverwaltung zu modifizieren ist. Sicher ist, dass die Pflichten in der Eigenverwaltung Fähigkeiten erfordern, die über allgemeine unternehmerische Kenntnisse hinausgehen.[389] Nach einer Ansicht gilt auch in der Eigenverwaltung weiter der verbandsrechtliche Maßstab.[390] Nach anderer Ansicht ist der Maßstab eines Insolvenzverwalters oder Eigenverwalters anzulegen.[391] Wieder andere unterscheiden zwischen dem Schuldner- und dem Verdrängungsbereich; in ersterem gelte der verbandsrechtliche Maßstab, in letzterem derjenige eines Insolvenzverwalters bzw. Eigenverwalters. Für eine Modifizierung spricht, dass sich die Geschäftsleitung in der Eigenverwaltung wie ein Insolvenzverwalter in einer fremdbestimmten Stellung befindet.[392] Ob der Streit durch die Anwendbarkeit der §§ 60, 61 InsO auf die Geschäftsleitung des eigenverwaltenden Schuldners (§ 276a Abs. 2 S. 1 InsO) entschieden ist, kann indes dahinstehen, da beide Ansichten regelmäßig zum gleichen Ergebnis kommen werden. Denn auch beim verbandsrechtlichen Maßstab ist anerkannt, dass die Geschäftsleitung diejenigen Fähigkeiten mitbringen muss, die für die Wahrnehmung der Unternehmensleitung und die damit übernommenen Pflichten erforderlich sind.[393] Hierzu gehört etwa (auch außerhalb der Insolvenz) in Zweifelsfällen die Einholung von Rechtsrat.[394] Die durch die Eigenverwaltung hinzutretenden Aufgaben sind somit bereits vom Maßstab des ordentlichen und gewissenhaften Geschäfts-

---

ciary duty of disclosure may just be another way in which American bankruptcy law is relatively pro-debtor."

387 Trotz des sprachlichen Unterschieds ist der Verschuldensmaßstab der gleiche, siehe OLG Celle, Urteil v. 15.03. 2000 – 9 U 209/99, NZG 2000, 1178, 1179.

388 Für die AG siehe GroßKommAktG-*Hopt/Roth*, § 93, Rn. 391 f. mwN. Für die GmbH siehe MünchKomm.-*Fleischer*, § 43 GmbHG, Rn. 255; mit jeweils weiteren Nachweisen.

389 *König*, Die Haftung bei der Eigenverwaltung (2015), S. 180; *Hammes*, NZI 2017, 233, 236.

390 *Müller*, Der Verband in der Insolvenz (2002), S. 103; *Kessler*, Die Aktiengesellschaft in der Eigenverwaltung (2006), S. 329 ff.

391 Siehe *Jungmann*, NZI 2009, 80, 85, nach dem diese Maßstäbe identisch seien.

392 *Jungmann*, NZI 2009, 80, 85.

393 KölnKomm.-*Mertens/Cahn*, § 93 AktG, Rn. 137. Siehe auch GroßKommAktG-*Hopt/Roth*, § 93, Rn. 151 ff., 182 ff.

394 KölnKomm.-*Mertens/Cahn*, § 93 AktG, Rn. 137. GroßKommAktG-*Hopt/Roth*, § 93, Rn. 139 ff.

leiters abgedeckt.[395] Die „Fremdbestimmung“ im Insolvenzverfahren in Eigenverwaltung ändert an diesem Maßstab nichts.

Die bei der Haftung des Insolvenzverwalters häufig vorgebrachte Erwägung, die besonderen Schwierigkeiten bei der Fortführung des Unternehmens seien im Rahmen des Verschuldens des Verwalters zu berücksichtigen,[396] können bei der Geschäftsleitung in der Eigenverwaltung hingegen keine Berücksichtigung finden. Die Geschäftsleitung findet kein fremdes Unternehmen vor und benötigt deshalb keine weitere Einarbeitungszeit.[397] Das mag im Fall der kurzfristigen Auswechslung der gesamten Geschäftsleitung oder einzelner Mitglieder anders sein. Dies rechtfertigt zum einen aber noch keine Haftungsprivilegierung; zum anderen wäre eine praktisch handhabbare Abgrenzung auch nicht möglich, bis zu welchem Zeitpunkt vor Verfahrenseröffnung der Austausch noch den Verschuldensmaßstab ändert bzw. ab welcher Einarbeitungszeit anzunehmen ist, dass das betreffende Mitglied ausreichend mit dem Unternehmen vertraut ist.

Der Blick in das US-amerikanische Insolvenzrecht bestätigt das Ergebnis eines insolvenzrechtlich modifizierten Maßstabs. Die Mehrheit der Gerichte zieht die gesellschaftsrechtlichen Standards heran.[398] Nach dem Gesellschaftsrecht in *Delaware* haftet die Geschäftsleitung nur für *Gross Negligence*.[399] Nach der Rechtsprechung der Insolvenzgerichte ergibt sich hieraus für den *DIP*, dass diesen kein Verschulden trifft, wenn er – analog zum Gesellschaftsrecht – eine „reasonable basis for its decision“ darlegen kann.[400] Sowohl in der Rechtsprechung als auch im Schrifttum findet sich die Aussage, dass der gesellschaftsrechtliche Maßstab zu den gleichen Ergebnissen kommt wie ein angepasster, am *Common Law Trustee* orientierter „insolvenzrechtlicher“ Maßstab.[401]

---

[395] Im Ergebnis auch *Gehrlein*, NZG 2020, 801, 809. Ähnlich *Herms*, Haftung (2019), S. 110 f.

[396] Jaeger-*Gerhardt*, § 60 InsO, Rn. 118; Kübler/Prütting/Bork-*Lüke*, § 60 InsO (Mai 2018), Rn. 36 f.; MünchKomm.-*Schoppmeyer*, § 60 InsO, Rn. 89.

[397] Ebenso *König*, Die Haftung bei der Eigenverwaltung (2015), S. 248.

[398] In re Schipper, 933 F.2d 513, 515 (7th Cir. 1991); LaSalle Nat. Bank v. Perelman, 82 F. Supp. 2d 279, 292 (D. Del. 2000); In re Energy Future Holdings Corp., 533 B. R. 106, 118 (Bankr. D. Del. 2015).

[399] Aronson v. Lewis, 473 A.2d 805, 812 (Del. 1984); McMullin v. Beran, 765 A.2d 910, 921 (Del. 2000). Siehe auch *Bainbridge*, Corporation Law and Economics (2002), S. 286 f.; *Bainbridge*, Corporate Law (2020), S. 157 f. Der Maßstab bezüglich der *Fiduciary Duties* ist nicht trennscharf von den mit ihm zusammenhängenden Voraussetzungen der *Business Judgment Rule* zu unterscheiden. Zur *Business Judgment Rule* siehe oben, B. II. 1. b) (S. 220 ff.).

[400] In re Johns-Manville Corp., 60 B. R. 612, 616 (Bankr. S. D. N. Y. 1986). Siehe auch *Frost*, 34 Arizona Law Review (1992), 89, 120.

[401] In re Schipper, 112 B. R. 917, 919 (N. D. Ill. 1990), bestätigt durch die Revisionsinstanz In re Schipper, 933 F.2d 513, 515 f. (7th Cir. 1991); In re Bellevue Place Assocs., 171 B. R. 615, 624 (Bankr. N. D. Ill. 1994); *Bowles/Egan*, 28 The University of Memphis Law Review (1998), 781, 794.

Für das deutsche Recht ist somit festzuhalten, dass § 60 Abs. 1 S. 2 InsO mit der Maßgabe anzuwenden ist, dass der gesellschaftsrechtliche Verschuldensmaßstab, insolvenzrechtlich modifiziert, weiterhin Geltung beansprucht. Für die Übertragung der im Regelverfahren geltenden Erwägungen der besonderen Umstände besteht in der Eigenverwaltung kein Bedürfnis.

b) Keine Entlastung durch Zustimmung des zuständigen Gläubigerorgans

Ob und inwiefern sich der genehmigende Beschluss des jeweils zuständigen Gläubigerorgans auf die Haftung der anderen Beteiligten auswirkt, ist in der Literatur ebenfalls Gegenstand lebhafter Diskussion. Auf der eine Seite vertreten einige, dass ein entsprechender Beschluss entweder haftungsausschließende oder beweislastumkehrende Wirkung hat.[402] Nach der Gegenansicht hat ein genehmigender Beschluss keinen Einfluss auf die Haftung.[403] Einleuchtend und wohl unbestritten ist, dass sich die Geschäftsleitung des Schuldners nicht auf einen Beschluss eines Gläubigerorgans berufen kann, wenn sie dieses schuldhaft falsch oder unvollständig informiert hat.[404]

Richtigerweise darf die erteilte Zustimmung eines Gläubigerorgans in keinem Fall Auswirkungen auf eine nachfolgende Haftung der Geschäftsleitung haben. Die in der Literatur häufig getroffene Aussage, in der Zustimmung sei eine Indizwirkung für die Erfüllung des Sorgfaltsmaßstabs nach § 60 Abs. 1 S. 2 InsO zu sehen,[405] ist wenig nachvollziehbar.[406] Der Pflicht, die Zustimmung des betreffenden Gläubigerorgans einzuholen, hat die Geschäftsleitung ebenso nachzukommen, wie allen anderen ihr auferlegten Pflichten auch. Die erste Pflichterfüllung kann nicht ohne Weiteres Indizwirkung dahingehend entfalten, dass die anderen Pflichten ebenfalls erfüllt wurden; es fehlt schlicht der Zusammenhang. Auch ist zu konstatieren, dass in bestimmten Konstellationen ohne-

[402] Siehe KölnKomm.-*Hess*, § 60 InsO, Rn. 143; Kübler/Prütting/Bork-*Lüke*, § 60 InsO (Mai 2018), Rn. 47; *Ehlers*, ZInsO 2006, 902, 907; *Berger/Frege/Nicht*, NZI 2010, 321, 329 ff.; *Lissner*, BB 2014, 1419, 1423 f.; *Ziemons*, in: FS Bergmann, 2018, S. 923, 933 f.

[403] MünchKomm.-*Schoppmeyer*, § 60 InsO, Rn. 103; HambKomm.-*Weitzmann*, § 60 InsO, Rn. 40. Wohl auch *Schädlich*, NWB 2020, 3111, 3117.

[404] *Oldiges*, Die Haftung des Insolvenzverwalters unter der Business Judgment Rule (2011), S. 102; *Resch*, Business Judgment Rule und Insolvenzverwalterhaftung (2019), S. 178; Jaeger-*Gerhardt*, § 60 InsO, Rn. 142; MünchKomm.-*Schoppmeyer*, § 60 InsO, Rn. 98; *Ziemons*, in: FS Bergmann, 2018, S. 923, 934.

[405] *Resch*, Business Judgment Rule und Insolvenzverwalterhaftung (2019), S. 182; HambKomm.-*Weitzmann*, § 60 InsO, Rn. 40. Ebenso *Ehlers*, ZInsO 2006, 902, 907, nach dem der Insolvenzverwalter durch diese Vorgehensweise seine besondere Sorgfalt nachweise. Siehe auch Uhlenbruck-*Sinz*, § 60 InsO, Rn. 102, der allerdings betont, der Verwalter habe nichtsdestoweniger zu prüfen, ob die gebilligte Maßnahme noch dem Verfahrenszweck entspreche.

[406] Auch lässt sich diese Aussage der in diesem Zusammenhang häufig zitierten Entscheidung des BGH zum Konkursverwalter (Urteil v. 22.01.1985 – VI ZR 131/83, ZIP 1985, 423) in dieser Prägnanz nicht entnehmen. In einer jüngeren Entscheidung spricht der BGH unter Verweis auf die Literatur vielmehr von einer „etwaigen Indizwirkung“ und lässt die Frage im Ergebnis offen, BGHZ 225, 90, 109 (Tz. 62).

hin an der „Richtigkeitsgewähr" der Entscheidung eines Gläubigerorgans trotz dessen vollständiger und richtiger Information gezweifelt werden kann. Die Interessenanalyse des ersten Kapitels sowie die Untersuchung zur Überwachung durch die Gläubiger des zweiten Kapitels haben dies gezeigt: Im Fall der Zuständigkeit des Gläubigerausschusses für die Zustimmung zu einer übertragenden Sanierung ist vor allem die Konstellation von Bedeutung, in welcher der Schuldner auf die Zusammensetzung des Ausschusses einwirkt, so dass dieser mit Personen besetzt ist, die dem Schuldner wohl gesonnen sind.[407] Ist die Gläubigerversammlung zuständig, steht die Richtigkeitsgewähr insbesondere aufgrund der Stimmmacht absonderungsberechtigter Gläubiger grundsätzlich in Frage.[408]

Nach dem BGH kann dem Beschluss eines Gläubigerorgans unter Umständen die Bedeutung für das Handeln des Insolvenzverwalters beigemessen werden, dass die Gemeinschaft der Gläubiger das damit verbundene Risiko ganz oder teilweise mitzutragen habe. Dies könne sich indes lediglich auf ein etwaiges Mitverschulden (§ 254 BGB) auswirken.[409] Dogmatisch stellt sich dies somit als Frage des Schadensrechts im Rahmen der Haftungsausfüllung dar. Es sind keine Gründe ersichtlich, weshalb das Eigenverschulden der Geschäftsleitung nicht vollständig losgelöst von der Zustimmung eines Gläubigerorgans zu beurteilen sein sollte.

c) Anwendung von § 60 Abs. 2 InsO

Im Regelverfahren hat ein Insolvenzverwalter nicht gemäß § 278 BGB für ein Verschulden von Angestellten des Schuldners einzustehen, die er im Rahmen ihrer bisherigen Tätigkeit für seine ihm als Verwalter obliegenden Pflichten einsetzen muss (§ 60 Abs. 2 InsO), sondern ist nur für deren Überwachung und für Entscheidungen von besonderer Bedeutung verantwortlich. Dem liegt der Gedanke zugrunde, dass eine Haftung des Insolvenzverwalters für das Verschulden von Angestellten des Schuldners unbillig erschiene, wenn der Verwalter im Einzelfall auf diese Personen angewiesen ist, etwa wegen spezieller Kenntnisse der Angestellten oder zur Verhinderung einer finanziellen Belastung für die Masse.[410]

Diese Erwägungen lassen sich auf die Geschäftsleitung des Schuldners in Eigenverwaltung übertragen.[411] Jeden Fehler von Angestellten der Geschäftsleitung allein aufgrund der Personalverantwortung anzulasten,[412] würde die

407 Kapitel 2, B. II. 1. b) dd) (S. 112 ff.).
408 Kapitel 2, B. III. 2. a) ee) (S. 138 ff.).
409 BGHZ 225, 90, 109 f. (Tz. 63).
410 *Hofmann*, ZIP 2018, 1429, 1431. Siehe auch Jaeger-*Gerhardt*, § 60 InsO, Rn. 123; Kübler/Prütting/Bork-*Lüke*, § 60 InsO (Mai 2018), Rn. 40.
411 AA *Hofmann*, ZIP 2018, 1429, 1431.
412 So aber wohl *Hofmann*, ZIP 2018, 1429, 1431.

Haftungsgefahr der Geschäftsleitung ohne erkennbaren Grund erheblich vergrößern.[413] Für die Anwendung von § 60 Abs. 2 InsO spricht auch, dass die Angestellten der schuldnerischen Gesellschaft typischerweise nicht über insolvenzrechtliche Expertise verfügen.[414] Auch müsste dem Gesetzgeber, der sich der Haftungsregelungen für die Geschäftsleitung nun angenommen hat, unterstellt werden, diese Problematik mit dem Verweis des neu geschaffenen § 276a Abs. 2 InsO übersehen zu haben.

3. Haftungsbeschränkungen

Fraglich erscheint noch, wie sich Haftungsbeschränkungen auf die Haftung der Geschäftsleitung in der Insolvenz auswirken.[415] In Betracht kommen hier lediglich Haftungsbeschränkungen, die vor Insolvenzantragstellung vereinbart wurden. Ab diesem Zeitpunkt sind die verbandsrechtlichen Aufsichtsorgane aufgrund der Kompetenzentziehung durch § 276a Abs. 1 InsO nicht mehr zuständig.[416] Für gesellschaftsrechtliche Haftungsbeschränkungen besteht eine Vielzahl von Gestaltungsvarianten.[417] Denkbar sind die Herabsetzung des Sorgfalts- und Verschuldensmaßstabs sowie Haftungshöchstsummen. Für die Zwecke dieser Untersuchung relevant sind zum einen satzungsmäßige Haftungsbeschränkungen und zum anderen solche, die vertraglich zwischen der Gesellschaft und der Geschäftsleitung vereinbart wurden.

Nach der herrschenden Lehre kann die Haftung des Vorstands einer AG wegen der aktienrechtlichen Satzungsstrenge des § 23 Abs. 5 AktG und des damit zwingenden Charakters von § 93 AktG nicht beschränkt werden.[418] Weder die Herabsetzung des Sorgfaltsmaßstabs noch Haftungshöchstgrenzen sind daher nach geltendem Aktienrecht möglich.[419]

---

[413] Ebenso *Gehrlein*, ZInsO 2018, 2234, 2241.

[414] BeckOK InsO (22. Edition)-*Ellers*, § 276a, Rn. 47.

[415] An dieser Stelle ist erneut klarzustellen, dass Untersuchungsgegenstand vorliegend nur Pflichtverletzungen der Geschäftsleitung im Insolvenzverfahren in (vorläufiger) Eigenverwaltung sind. Handlungen bzw. Pflichtverletzungen, die zum Zeitpunkt der Antragstellung bereits abgeschlossen sind, bleiben hier außen vor.

[416] Siehe auch *Herms*, Haftung (2019), S. 115 f.; *Kebekus/Zenker*, in: FS Kübler, 2015, S. 331, 339. Siehe zu § 276a InsO Kapitel 2, A. V. (S. 94 ff.).

[417] Zum Ganzen *Janert*, BB 2013, 3016; *Werner*, GmbHR 2014, 792, 797 ff.

[418] GroßKommAktG-*Hopt/Roth*, § 93, Rn. 47; KölnKomm.-*Mertens/Cahn*, § 93 AktG, Rn. 8; MünchKomm.-*Spindler*, § 93 AktG, Rn. 11, 27; *Fleischer*, WM 2005, 909, 914; *Paefgen*, AG 2014, 554, 570. AA *Grunewald*, AG 2013, 813, 815, nach der Haftungshöchstsummen in der Satzung geregelt sein können.

[419] Zu Reformüberlegungen siehe aber die Beschlüsse der Abteilung Wirtschaftsrecht des 70. Deutschen Juristentages 2014 in Hannover, veröffentlicht in ZIP 2014, 1902 sowie *Bachmann*, Gutachten E zum 70. Deutschen Juristentag (2014), S. E 58 ff. Siehe weiter GroßKommAktG-*Hopt/Roth*, § 93, Rn. 401; *Spindler*, AG 2013, 889, 896; *Paefgen*, AG 2014, 554, 570.

In Bezug auf den GmbH-Geschäftsführer außerhalb der Insolvenz ist umstritten, ob Haftungsbeschränkungen möglich sind.[420] Die Mehrheit der Literaturstimmen bejaht dies.[421] Gleichwohl umstritten ist die mögliche Reichweite. Teile des Schrifttums lehnen etwa die Möglichkeit einer Haftungsbeschränkung des GmbH-Geschäftsführers ab, wenn die Durchsetzung des Anspruchs für die Befriedigung der Gesellschaftsgläubiger erforderlich ist.[422] Dem steht die Rechtsprechung des BGH entgegen, der in einer Entscheidung aus dem Jahr 2002 eine Haftungsbeschränkung für zulässig erklärte, auch wenn der Schadensersatzbetrag zur Befriedigung der Gläubiger der Gesellschaft erforderlich ist und solange die Pflichtverletzung keinen Verstoß gegen die Kapitalerhaltungsregeln darstellt.[423] Danach liegt die Grenze der Zulässigkeit in § 43 Abs. 3 GmbHG. Die Ansicht im Schrifttum, die eine analoge Anwendung von § 43 Abs. 3 S. 2, 3 GmbHG auf weitere Fälle erwägt,[424] muss sich über die eindeutige systematische Stellung der Vorschrift hinwegsetzen, die gegen die Planwidrigkeit einer Regelungslücke spricht.[425] Umso fraglicher erscheint eine analoge Anwendung für den hier relevanten Fall der insolvenzrechtlichen Haftung in der Eigenverwaltung nach § 60 Abs. 1 S. 1 InsO. Diese ist für die Befriedigung der Gläubiger erforderlich.[426] Eine Haftungsbeschränkung wäre damit in der Insolvenz grundsätzlich bedeutungslos. Die Vergleichbarkeit der Interessenlage ließe sich auch nicht ohne Weiteres erklären. Das Insolvenzverfahren dient nicht der Kapitalerhaltung, sondern der Gläubigerbefriedigung.[427] Auf diese Weise lässt sich die Unwirksamkeit von Haftungsbeschränkungen in der Eigenverwaltung somit nicht herleiten. Jedenfalls teilweise lohnend ist wiederum der Blick in die USA. Dort sehen nahezu alle Staaten die Möglichkeit einer Haftungsbeschränkung – zumindest für die *Directors* und nur in Bezug auf die *Duty of Care* –[428] in

---

[420] Ausführlich zum Meinungsstand siehe MünchKomm.-*Fleischer*, § 43 GmbHG, Rn. 299 ff.; *Fleischer*, BB 2011, 2435.

[421] *Grunewald*, Gesellschaftsrecht (2020), § 12, Rn. 65; Lutter/Hommelhoff-*Kleindiek*, § 43 GmbHG, Rn. 62 ff.; MünchKomm.-*Fleischer*, § 43 GmbHG, Rn. 302 ff.; *Bayer*, GmbHR 2014, 897, 903.

[422] Lutter/Hommelhoff-*Kleindiek*, § 43 GmbHG, Rn. 65; wohl auch *Thole/Brünkmans*, ZIP 2013, 1097, 1106.

[423] BGH, Urteil v. 16.09.2002 – II ZR 108/01, ZIP 2002, 2128. Zustimmend Lutter/Hommelhoff-*Kleindiek*, § 43 GmbHG, Rn. 63 ff.

[424] Lutter/Hommelhoff-*Kleindiek*, § 43 GmbHG, Rn. 65.

[425] MünchKomm.-*Fleischer*, § 43 GmbHG, Rn. 306.

[426] Aus diesem Grund halten *Kebekus/Zenker*, in: FS Kübler, 2015, S. 331, 339 vorinsolvenzlich vereinbarte Haftungsbegrenzungen für „generell unbeachtlich".

[427] Ebenso *Schaal*, Die Haftung der Geschäftsführungsorgane einer insolvenzrechtlich eigenverwaltenden GmbH oder AG (2017), S. 102.

[428] Sowohl nach dem MBCA (§ 2.02(b)(4)) als auch dem DGCL können Haftungsbeschränkungen nur für Mitglieder des *Board* in die Satzung aufgenommen werden können, *Officers* sind von der Regelung nicht umfasst, siehe *Hamermesh/Sparks*, 60 Business Lawyer (2005), 865, 1639. Siehe auch Arnold v. Soc'y for Sav. Bancorp, Inc., 650 A.2d 1270, 1288

der Satzung vor.[429] Ob diese Haftungsbeschränkungen in *Chapter 11* weiter Anwendung finden, ist bislang nicht geklärt. US-amerikanische Literaturstimmen verneinen dies mit unterschiedlicher Argumentation. Zum einen findet sich das Argument, dass Haftungsbeschränkungen gesellschaftsrechtlich, d. h. außerhalb der Insolvenz aufgrund der *Shareholder Democracy* akzeptiert werden können, da sie von Anteilseignern „freiwillig" in die Satzung aufgenommen werden können. Gläubiger hingegen könnten keinen Einfluss auf die Ausgestaltung der Satzung nehmen.[430] Zum anderen wird der Einwand vorgebracht, dass einem anstelle des *DIP* handelnden *Trustee* eine solche Haftungserleichterung ebenfalls nicht zugutekäme. Nichts anderes dürfe für den *DIP* gelten, der „in den Schuhen des *Trustee*" stecke.[431]

Diese Überlegungen lassen sich zumindest teilweise ohne Einschränkungen auf den Geschäftsleiter in Eigenverwaltung übertragen. Dem Argument des fehlenden Einflusses der Gläubiger auf die Satzung lässt sich noch entgegenhalten, dass es zumindest bei vertraglichen Gläubigern, die sich ihren Vertragspartner also aussuchen konnten, an Gewicht verliert. Rechtspolitisch betrachtet ist der Einwand dennoch anzuerkennen. Gewichtiger ist hingegen der Vergleich mit der Stellung des *Trustee*. Denn auch der eigenverwaltende Schuldner wird als Amtswalter mit gesetzlich bestimmten Rechten und Pflichten tätig und daher mitunter auch als „Insolvenzverwalter in eigener Sache" bezeichnet.[432] Infolge der Anordnung der Eigenverwaltung ist die Handlungslegitimation der Geschäftsleitung ebenso wie ihre Pflichtenanordnung nicht mehr gesellschaftsrechtlich, sondern insolvenzrechtlich bestimmt.[433] Mittelbar bringt dies § 276a Abs. 1 InsO zum Ausdruck, der den gesellschaftsrechtlichen Aufsichtsorganen die Befugnisse entzieht.[434] Die Haftung der Geschäftsleitung in der Insolvenz kann aus diesem Grund nicht zur Disposition der Gesellschafter stehen. Dieser indisponible Gläubigerschutz setzt insofern die Grenze der rechtsgeschäftlichen Gestaltungsmacht. Haftungsbeschränkungen sind in der (vorläufigen) Eigen-

---

(Del. 1994), wonach bei einem *Director*, der zugleich *Officer* ist, nur dessen Handlungen von der Haftungsbeschränkung umfasst sind, die er in seiner Funktion als *Director* ausübt.

[429] Für Delaware siehe § 102(b)(7) DGCL; für New York NYBCL § 402(b); für Kalifornien Cal. Corp. Code § 204(a)(10). Siehe zum Ganzen *Bainbridge*, Corporate Law (2020), S. 166 ff.; *Silberglied*, 10 Journal of Business & Technology Law (2015), 181, 209 f. Siehe auch *Velasco*, 40 Journal of Corporation Law (2014), 647, 656 ff. mit dem Hinweis darauf, dass die *Duty of Care* nicht etwa abbedungen, sondern nur die Haftung beschränkt wird und *Injunctive Relief* möglich bleibt.

[430] So *Lipson*, 12 Stanford Journal of Law, Business & Finance (2007), 224, 282 f.

[431] *Bogart*, 68 American Bankruptcy Law Journal (1994), 155, 239 f.

[432] *Spliedt*, in: FS Vallender, 2015, S. 613. Siehe auch BGHZ 218, 290, 300; Jaeger-*Meller-Hannich*, § 270 InsO, Rn. 3; *Madaus*, KTS 2015, 115, 125 f.

[433] Ähnlich *Schaal*, Die Haftung der Geschäftsführungsorgane einer insolvenzrechtlich eigenverwaltenden GmbH oder AG (2017), S. 237 f.

[434] Ähnlich *Gehrlein*, ZInsO 2018, 2234, 2241.

verwaltung somit bedeutungslos. Einer Analogie zu § 43 Abs. 3 GmbHG bedarf es hierfür nicht.

4. Gesamt- oder Individualverantwortung

Besteht die Geschäftsleitung aus mehreren Mitgliedern (AG) oder Organen (GmbH), stellt sich die Frage, inwieweit für eine Haftung aufgrund von (pflichtwidrigen) Handlungen im Zusammenhang mit der übertragenen Sanierung eine Individualverantwortung besteht.

Im Aktienrecht gilt das Prinzip der Gesamtverantwortung, wonach die Leitungsbefugnis und Verantwortung dem gesamten Vorstand zugewiesen ist.[435] Das zeigt sich auch in § 77 Abs. 1 S. 1 AktG, wonach eine Geschäftsführungsmaßnahme die Willensübereinstimmung aller Vorstandsmitglieder und einen einstimmigen Beschluss zu der geplanten Maßnahme voraussetzt.[436] Gemäß § 77 Abs. 1 S. 2 AktG kann die Satzung oder die Geschäftsordnung des Vorstands Abweichendes bestimmen, wovon die Praxis dergestalt häufig Gebrauch macht, dass Stimmenmehrheit genügt.[437] Originäre Führungsfunktionen wie die Unternehmenskontrolle müssen allerdings in der Hand des Gesamtvorstands verbleiben.[438]

Gleiches gilt für die GmbH im Falle einer mehrgliedrigen Geschäftsleitung.[439] Allen Geschäftsführern obliegen ihre Pflichten für die Gesellschaft im Sinne einer Allzuständigkeit im Ganzen; sie sind umfassend für die Belange der Gesellschaft verantwortlich.[440] Hiervon kann bei Entscheidungen von besonderer Bedeutung für die Gesellschaft auch nicht abgewichen werden.[441]

Die Entscheidung über eine übertragende Sanierung unterliegt somit dem Prinzip der Gesamtverantwortung. Nimmt die Geschäftsleitung des eigenverwaltenden Schuldners einen Beschluss über die Planung einer (insolvenzrechtlich pflichtwidrigen) übertragenden Sanierung vor, haften sie somit gesamtschuldnerisch mit den übrigen Organmitgliedern (§§ 421 ff. BGB).[442]

---

[435] *Raiser/Veil*, Recht der Kapitalgesellschaften (2015), § 14, Rn. 27; Schmidt/Lutter-*Seibt*, § 77 AktG, Rn. 2; *Fleischer*, NZG 2003, 449. Eine deutlichere Trennung zwischen „Zuständigkeit" und „Verantwortlichkeit" fordernd *Linnertz*, Delegation (2020), S. 114 f.

[436] GroßKommAktG-*Kort*, § 77, Rn. 10; Schmidt/Lutter-*Seibt*, § 77 AktG, Rn. 5.

[437] GroßKommAktG-*Kort*, § 77, Rn. 7; Schmidt/Lutter-*Seibt*, § 77 AktG, Rn. 10; *Hoffmann-Becking*, ZGR 1998, 497, 548.

[438] *Raiser/Veil*, Recht der Kapitalgesellschaften (2015), § 14, Rn. 27.

[439] MünchKomm.-*Fleischer*, § 43 GmbHG, Rn. 112; *Leuering/Dornhegge*, NZG 2010, 13, 15.

[440] BGHZ 133, 370, 376 f.; MünchKomm.-*Fleischer*, § 43 GmbHG, Rn. 112.

[441] MünchKomm.-*Fleischer*, § 43 GmbHG, Rn. 116; *Leuering/Dornhegge*, NZG 2010, 13, 15.

[442] Vgl. *Schaal*, Die Haftung der Geschäftsführungsorgane einer insolvenzrechtlich eigenverwaltenden GmbH oder AG (2017), 280 f.

Darüber hinaus stellt sich die Frage nach einer kollektiven Haftung aller Organmitglieder für Pflichtverletzungen, die nicht auf dem Beschluss über die Planung bzw. Durchführung einer übertragenden Sanierung beruhen, sondern auf Handlungen, die mit dieser im Zusammenhang stehen.[443] Relevant ist dies im Fall einer Ressortaufteilung, wenn also für das Verfahren in Eigenverwaltung eine interne Zuständigkeitsregelung die Aufgaben auf die verschiedenen Mitglieder verteilt.[444] Auch bei den einzelnen Maßnahmen handelt es sich jedoch um solche von größter Tragweite, so dass auch hier das Gesamtverantwortungsprinzip Anwendung finden muss.[445]

Hölzle bestreitet dessen Anwendbarkeit in der Eigenverwaltung mit dem Argument, dass die Mitglieder der Geschäftsleitung „in aller Regel nicht die erforderliche insolvenzrechtliche Expertise mitbringen" würden.[446] Die Übertragung des Prinzips der Gesamtverantwortung auf die Geschäftsleitung in der Eigenverwaltung bedeute, dieser Pflichten aufzuerlegen, deren Inhalt und Auswirkung sie nicht beurteilen könnten. Freilich knüpft diese Ansicht an die Forderung an, der eigenverwaltende Schuldner müsste stets einen „Restrukturierungsexperten" oder Insolvenzverwalter zum Organ bestellen.[447] Die Verantwortung der Organmitglieder könne auf den für das Verfahren bestellten *Chief Insolvency Officer* übertragen werden. Eine Mithaftung der übrigen Organmitglieder scheide dann auch deshalb aus, weil die außerhalb der Insolvenz im Gesellschaftsrecht geltende innerorganschaftliche Aufsicht nun auf den Sachwalter verlagert sei.[448]

Diese Begründung zugrunde gelegt, ist das Ergebnis logisch nicht zwingend. Im Falle der (zulässigen) Ressortverteilung verbleibt den Geschäftsleitungsmitgliedern auch außerhalb der Insolvenz eine Restverantwortlichkeit für die Überwachung der jeweils anderen Mitglieder.[449] Ebenso wenig wie sich diese aufgrund des Vorhandenseins eines Aufsichtsrats bestreiten lässt, ist die Aufsicht durch den Sachwalter ein Argument dafür, dass das Prinzip der Gesamtverantwortung nun nicht mehr gilt.[450] Es führt vielmehr zu einer Überwachungseffi-

---

[443] Etwa im Zusammenhang mit dem Bieterverfahren, der Vertragsgestaltung etc. Zu den (Sorgfalts-)Pflichten siehe oben, B. II. 1. a) (S. 210 ff.).

[444] Zu den Anforderungen an die Ressortverteilung siehe BGHZ 220, 162 sowie *Weber*, ZGR 2020, 688.

[445] Nach *Gehrlein*, ZInsO 2018, 2234, 2241 kann eine beschränkte Ressortverantwortung in der Insolvenz grundsätzlich keine Geltung mehr beanspruchen.

[446] *Hölzle*, ZIP 2018, 1669, 1673.

[447] Dies ist in dieser Allgemeinheit abzulehnen, siehe Kapitel 1, B. I. 2. a) (S. 30 ff.).

[448] *Hölzle*, ZIP 2018, 1669, 1673.

[449] BGH, Urteil v. 08.07.1985 – II ZR 198/84, NJW 1986, 54, 55 (zur GmbH). Siehe auch *Linnertz*, Delegation (2020), S. 117 f.; MünchKomm.-*Spindler*, § 77 AktG, Rn. 57 ff.; Gehrlein/Born/Simon-*Buck-Heeb*, § 43 GmbHG, Rn. 56; Bork/Schäfer-*Klöhn*, § 43 GmbHG, Rn. 28, 30; *Hoffmann-Becking*, ZGR 1998, 497, 507 f.; *Hoffmann-Becking*, NZG 2021, 93.

[450] Im Ergebnis wie hier *Schulte-Kaubrügger*, ZIP 2019, 345, 348 f. Siehe auch BeckOK InsO (22. Edition)-*Ellers*, § 276a, Rn. 45 f.

zienz, indem die Überwachung durch den Sachwalter durch die gegenseitige Überwachung innerhalb der Geschäftsleitung ergänzt wird.[451] Das Fehlen von insolvenzrechtlicher Expertise ändert hieran nichts, denn die Anforderungen an die Sorgfaltspflichten der Geschäftsleitung hängen nicht von deren individuellen Fähigkeiten ab.[452]

Hieraus folgt im Ergebnis, dass die Aufgaben der Eigenverwaltung, im Besonderen die herausgearbeiteten Pflichten im Zusammenhang mit einer übertragenden Sanierung, allen Mitgliedern der Geschäftsleitung gemeinsam zugewiesen sind, so dass es bei einer gesamtschuldnerischen Haftung nach den §§ 421 ff. BGB bleibt.

5. Schadensersatz

Für eine Haftung der Geschäftsleitung ist weiter erforderlich, dass ein Schaden entstanden sein muss, der adäquat kausal auf der verschuldeten Pflichtverletzung beruht. Der Verstoß gegen die Mitwirkungsbefugnisse der Gläubigerorgane bei der Veräußerung des Unternehmens beispielsweise genügt deshalb für sich genommen noch nicht für die Haftung.

Zu unterscheiden ist zwischen Einzel- und Gesamtschäden (a)). Diese Unterscheidung ist bedeutsam für die Geltendmachung des Anspruchs (b))

a) Einzel- und Gesamtschäden

Hinsichtlich der möglichen Schäden, die auf Seiten der Gläubiger auftreten können, stehen sich Einzel- und Gesamtschäden gegenüber. Gesamtschäden sind nach § 92 S. 1 InsO solche, welche die Gläubiger gemeinschaftlich durch eine Verminderung des zur Insolvenzmasse gehörenden Vermögens vor oder nach der Eröffnung des Insolvenzverfahrens erlitten haben.[453] Einzelschäden sind die bei einem einzelnen Gläubiger entstandenen Schäden.[454]

Charakteristisch für Gesamtschäden ist, dass eine Verminderung der Insolvenzmasse erfolgt („Masseverkürzungsschaden“[455]). Dieser Schaden trifft zunächst die Insolvenzgläubiger, deren Quote hierdurch gemindert ist. Der Gesamtschaden setzt sich daher aus der Summe aller Quotenschäden zusammen.[456] In Betracht kommt etwa die Veräußerung für einen nachweislich zu niedrigen Kaufpreis, wenn die Geschäftsleitung der Pflicht zur Vermarktung nicht nachgekommen ist, etwa indem potenzielle Erwerber nicht angesprochen

---

[451] Diesen Punkt für das Gesellschaftsrecht hervorhebend *Fleischer*, NZG 2003, 449, 459.

[452] BGHZ 218, 290, 317 (Tz. 61). Siehe auch *Kleindiek*, in: FS Kayser, 2019, S. 435, 460 ff.

[453] Jaeger-*Gerhardt*, § 60 InsO, Rn. 129; Uhlenbruck-*Sinz*, § 60 InsO, Rn. 119.

[454] Jaeger-*Gerhardt*, § 60 InsO, Rn. 128; Uhlenbruck-*Sinz*, § 60 InsO, Rn. 122.

[455] *Bork*, in: Kölner Schrift zur Insolvenzordnung, 2000, S. 1333, 1334.

[456] MünchKomm.-*Gehrlein*, § 92 InsO, Rn. 5; *Bork*, in: Kölner Schrift zur Insolvenzordnung, 2000, S. 1333, 1334.

und kein Bieterverfahren durchgeführt wurde.[457] Durch diese Pflichtverletzung hat die Geschäftsleitung eine Masseschmälerung und damit einen Gesamtschaden aller (Alt-)Gläubiger herbeigeführt.[458]

Ein Gesamtschaden der Gläubiger kann auch als Folge des an anderer Stelle angesprochenen *Credit Bidding* entstehen.[459] Fällt ein absonderungsberechtigter Gläubiger infolge des Selbsteintritts nach § 168 Abs. 3 InsO aus, ist er gemäß § 52 S. 2 InsO soweit zur anteilsmäßigen Befriedigung berechtigt. Auf diese Weise schmälert sich für alle übrigen Gläubiger die Verteilungsmasse.[460]

Der Ersatz von Einzelschäden hingegen betrifft in erster Linie Massegläubiger sowie absonderungsberechtigte Gläubiger. Ein Schaden von Absonderungsberechtigten kommt insbesondere in Frage, wenn Gegenstände, an denen Absonderungsrechte bestehen, im Rahmen der übertragenden Sanierung unter Wert veräußert werden.[461] Entscheidend ist hierbei, an welche Pflichtverletzung angeknüpft wird. Nimmt der eigenverwaltende Schuldner die übertragende Sanierung ohne Zustimmung des zuständigen Gläubigerorgans (§§ 160 ff. InsO) vor, liegt kein Einzelschaden eines absonderungsberechtigten Gläubigers vor, sondern ein Gesamtschaden.[462] Ein Einzelschaden kann dann vorliegen, wenn es die Geschäftsleitung unterlassen hat, dem absonderungsberechtigten Gläubiger die beabsichtigte übertragende Sanierung mitzuteilen (§ 168 Abs. 1 InsO).[463]

b) Geltendmachung

Die Unterscheidung zwischen Einzel- und Gesamtschäden ist insbesondere im Hinblick auf die Geltendmachung relevant. Gesamtschäden können gemäß § 280 i. V. m. § 92 S. 1 InsO während des Verfahrens nur vom Sachwalter geltend gemacht werden.[464] Einzelschäden hingegen, das heißt insbesondere im

---

[457] Vgl. die der Entscheidung des OLG Hamburg, Urteil v. 29.10.2021 – 11 U 159/19, BeckRS 2021, 43668 zugrunde liegende Konstellation, in welcher der Insolvenzverwalter eine übertragende Sanierung zu einem Kaufpreis in Höhe von 300.000,– EUR vornahm, obwohl noch vor Zustimmung der Gläubigerversammlung ein um 100.000,– EUR höheres Angebot einging. In dieser Höhe bestand somit der Schaden. Nach Auffassung des Senats trug der klagende Sonderinsolvenzverwalter die Beweislast für die Frage, ob zwischen den beiden Bietern ein Bieterwettbewerb zustande gekommen wäre, der sodann zu einem höheren Schaden geführt hätte.

[458] Neugläubiger können zwar ebenfalls einen Quotenschaden erleiden, wenn ihre Befriedigungsaussichten – etwa durch einen besonders niedrigen Kaufpreis bei der übertragenden Sanierung – ebenfalls verschlechtert worden sind. Dann liegt indes ein Individualschaden dieser Neugläubiger vor, siehe MünchKomm.-*Gehrlein*, § 92 InsO, Rn. 11.

[459] Siehe Kapitel 1, B. II. 3. (S. 43 ff.). sowie oben, B. II. 1. a) aa) (S. 212 ff.).

[460] Siehe *Paulus/Palenker*, WM 2020, 1181, 1186 f.

[461] Vgl. *Cranshaw/Portisch/Knöpnadel*, ZInsO 2015, 1, 9 („‚Verschleuderung' von Assets").

[462] LG Düsseldorf, Urteil v. 09.05.2003 – 14 d O 34/02, DZWiR 2003, 389, 391.

[463] LG Düsseldorf, Urteil v. 09.05.2003 – 14 d O 34/02, DZWiR 2003, 389, 390 f.

[464] *Gehrlein*, ZInsO 2017, 849, 859; *Bitter/Baschnagel*, ZInsO 2018, 557, 572; *Hofmann*, ZIP 2018, 1429, 1434.

Fall der Verletzung von Aus- und Absonderungsberechtigten, müssen vom jeweils Geschädigten geltend gemacht werden.[465]

In den USA kann die Haftung für die Verletzung von *Fiduciary Duties* außerhalb der Insolvenz durch die Gesellschafter im Wege einer *Derivative Action* geltend gemacht werden.[466] Wie im ersten Kapitel dargelegt, ist seit *Gheewalla*[467] geklärt, dass die Insolvenz dazu führt, dass auch Gläubiger diese Klagemöglichkeit der *Derivative Suit* besitzen, auch wenn ihnen gegenüber keine *Fiduciary Duties* bestehen.[468] Eine direkte Klagemöglichkeit im Fall von Treuepflichtverletzungen haben Gläubiger allerdings grundsätzlich nicht.[469] Über die Frage, ob hierdurch auch *Creditors' Committee* ein *Derivative Standing* in *Chapter 11* haben, besteht in der Literatur Uneinigkeit.[470] Der *U. S. Bankruptcy Code* enthält keine ausdrückliche Regelung.[471] Die Rechtsprechung der *Circuits* ist ebenfalls wenig konsolidiert. Die meisten Gerichte lassen *Derivative Suits* von *Creditors' Committees* aber mit der Begründung zu, 11 U.S.C. §§ 1103(c) und 1109(b) implizierten diese Möglichkeit.[472] Für eine *Derivative Action* müssen die Gläubiger – wie die *Shareholders* außerhalb der Insolvenz auch[473] – insbesondere die prozessuale Hürde des *Demand Requirement* überwinden.[474] Danach muss das *Creditors' Committee* den *DIP* zunächst

---

465 *Hofmann*, ZIP 2018, 1429, 1435.

466 Für einen Überblick siehe *Bainbridge*, Corporate Law (2020), S. 235 ff.

467 N. Am. Catholic Educ. Programming Found., Inc. v. Gheewalla, 930 A.2d 92, 103 (Del. 2007). Siehe auch Quadrant Structured Prod. Co. v. Vertin, 102 A.3d 155, 176 (Del. Ch. 2014): „The fiduciary duties that creditors gain derivative standing to enforce are not special duties to creditors, but rather the fiduciary duties that directors owe to the corporation to maximize its value for the benefit of all residual claimants."

468 Kapitel 1, A. II. 3. (S. 26 ff.). Dies gilt nach der *Delaware*-Rechtsprechung indes nicht für die LLC, siehe CML V, LLC v. Bax, 6 A.3d 238 (Del. Ch. 2010), bestätigt durch den *Delaware Supreme Court*, 28 A.3d 1037 (Del. 2011), mit der Begründung, dass der LLC Act anders als der DGCL eine eindeutige Regelung enthalte, nach der nur Gesellschafter klagebefugt sind.

469 Big Lots Stores, Inc. v. Bain Capital Fund VII, LLC, 922 A.2d 1169, 1179 ff. (Del. Ch. 2006).

470 Dafür etwa *Tabb*, Law of Bankruptcy (2020), § 11.9, S. 1066 f.; *Bussel*, 10 Stanford Journal of Law, Business & Finance (2004), 28; dagegen *Sharfman*, 10 Stanford Journal of Law, Business & Finance (2004), 1; siehe auch *Alces*, 56 University of Kansas Law Review (2007), 83, nach dem erste Abhilfemaßnahme die Ernennung eines *Trustee* sein sollte, der sodann etwaige Ansprüche geltend macht.

471 In re STN Enterprises, 779 F.2d 901, 904 (2d Cir. 1985): „The Bankruptcy Code, however, contains no explicit authority for creditors' committees to initiate adversary proceedings."

472 Siehe In re STN Enterprises, 779 F.2d 901, 904 (2d Cir. 1985); In re Adelphia Commc'ns Corp., 544 F.3d 420, 423 ff. (2d Cir. 2008). Siehe dagegen (keine *Derivative Action* für Gläubiger zulassend) etwa In re Fox, 305 B. R. 912 (B. A. P. 10th Cir. 2004).

473 Siehe hierzu ausführlich *Bainbridge*, Corporate Law (2020), S. 241 ff. Aus dem deutschen Schrifttum siehe *Merkt*, US-amerikanisches Gesellschaftsrecht (2013), Rn. 1126 ff.; *Bezzenberger*, ZGR 2018, 584, 598 ff.

474 Siehe In re Gibson Grp., Inc., 66 F.3d 1436, 1438 (6th Cir. 1995).

auffordern, den Anspruch geltend zu machen.[475] In einer grundlegenden Entscheidung hat der *U. S. Court of Appeals* des *Third Circuit* entschieden, dass Insolvenzgerichte eine *Derivative Action* des *Creditors' Committee* zulassen können, allerdings bedarf es einer gerichtlichen Zustimmung im Einzelfall.[476] Als Alternative erwog es die Bestellung eines *Examiner*, lehnte diese jedoch aufgrund der damit einhergehenden Kosten für die Masse ab.[477]

Die Unsicherheiten, denen das US-amerikanische Insolvenzrecht bei der Geltendmachung von Haftungsansprüchen gegen die Geschäftsleitung unterliegt, belegen an dieser Stelle erneut den Vertrauensvorschuss, den der Schuldner (*DIP*) in der Insolvenz erhält. Die Untersuchung der Regelungen zur Überwachung des Schuldners bei einer übertragenden Sanierung bzw. einem *363 Sale* im zweiten Kapitel hat die besondere Bedeutung eines unabhängigen Dritten festgestellt. Dieses Fazit kann gleichermaßen in Bezug auf die Durchsetzung etwaiger Haftungsansprüche gezogen werden. Auch hier wird das im dortigen Zusammenhang häufig genannte Kostenargument für die Nichtbestellung eines *Examiner* bei der Frage der Durchsetzung von Haftungsansprüchen gegen die Geschäftsleitung wiederholt.

6. *Ergebnis*

Die nach den §§60, 61 InsO haftende Geschäftsleitung des eigenverwaltenden Schuldners unterliegt im Zusammenhang mit der übertragenden Sanierung einer Reihe von Pflichten, die sich aus der Fortgeltung ihrer (insolvenzrechtlich modifizierten) gesellschaftsrechtlichen Leitungsfunktion sowie aus dem insolvenzrechtlichen Verfahrenszweck ergeben. Die Untersuchung des US-amerikanischen Rechts zu *363 Sales* hat einen Pflichtenkanon herausgearbeitet, der sich funktional in das deutsche Recht übertragen und in das bestehende Gefüge der Sorgfalts- und Loyalitätspflichten einordnen lässt.

Der Geschäftsleitung verbleibt in der Eigenverwaltung ein unternehmerisches Ermessen. Die *Business Judgment Rule* des §93 Abs. 1 S. AktG findet indes keine (analoge) Anwendung. Die fallgruppenartigen Prüfungskriterien sowie Erfahrungen der US-amerikanischen Rechtsprechung von *363 Sales* können *cum grano salis* für die Konturierung dieses unternehmerischen Ermessens herangezogen werden, namentlich der Ermessensspielraum im Fall von erhöhten Prognoseschwierigkeiten einer Restrukturierung sowie die erhöhten Anforderungen an das *Melting Ice Cube*-Argument.

---

[475] In re Gibson Grp., Inc., 66 F.3d 1436, 1438 (6th Cir. 1995); In re LTV Steel Co., Inc., 333 B. R. 397, 406 (Bankr. N. D. Ohio 2005).

[476] Official Comm. of Unsecured Creditors of Cybergenics Corp. ex rel. Cybergenics Corp. v. Chinery, 330 F.3d 548 (3d Cir. 2003).

[477] Official Comm. of Unsecured Creditors of Cybergenics Corp. ex rel. Cybergenics Corp. v. Chinery, 330 F.3d 548, 578 (3d Cir. 2003).

Die Geschäftsleitungsmitglieder haften für eigenes Verschulden nach dem insolvenzrechtlichen Maßstab des § 60 Abs. 1 S. 2 InsO, der mit der Maßgabe anzuwenden ist, dass die Geschäftsleitung anders als ein Insolvenzverwalter keine Einarbeitungszeit benötigt.

Gesellschaftsrechtliche, d. h. satzungsmäßige oder vertraglich zwischen Geschäftsleitung und Gesellschaft vereinbarte Haftungsbeschränkungen finden in der Eigenverwaltung aufgrund der insolvenzrechtlich bestimmten Handlungslegitimation der Geschäftsleitung keine Anwendung mehr.

Das verbandsrechtliche Prinzip der Gesamtverantwortung gilt in der Eigenverwaltung fort, so dass Mitglieder der Geschäftsleitung grundsätzlich gesamtschuldnerisch haften.

C. Die Haftung der Gläubiger

Die Untersuchung zur Überwachung des eigenverwaltenden Schuldners im zweiten Kapitel hat eine Reihe von Pflichten des Gläubigerausschusses und der Gläubigerversammlung aufgezeigt, deren Verletzung die Haftung ihrer Mitglieder nach sich ziehen kann. Diese ist im Folgenden rechtsvergleichend zu betrachten. Im Vordergrund stehen die Überwachungspflichten des Gläubigerausschusses sowie die Ausübung der Zustimmungsrechte für die Durchführung einer übertragenden Sanierung.

I. Haftung von Mitgliedern des Creditors' Committee/ *Gläubigerausschusses*

1. Creditors' Committee

Wie bereits im zweiten Kapitel untersucht, legt das US-amerikanische Insolvenzrecht Mitgliedern des *Creditors' Committee Fiduciary Duties* auf.[478] Auch wenn sie im Insolvenzverfahren eine Doppelrolle innehaben, d. h. auf der einen Seite ihre eigenen Interessen vertreten und auf der anderen Seite diejenigen aller ungesicherten Gläubiger,[479] sind sie zu unabhängiger Tätigkeit im *Committee* verpflichtet.[480] Verletzen sie diese Pflicht, haften sie den anderen Mitgliedern des *Committee* sowie allen ungesicherten Gläubigern gegenüber.[481] Ihr Handeln muss deshalb darauf ausgerichtet sein, „to safeguard as much as possible the rights of minority as well as majority creditors."[482]

---

478 Kapitel 2, B. II. 3. c) (S. 124 ff.).

479 Siehe *Blanc*, 13 Bankruptcy Developments Journal (1997), 359, 364 f.

480 *Freeman*, 17 American Bankruptcy Institute Law Review (2009), 291, 311.

481 *Bell/Jones*, Detroit College of Law Review (1993), 1551, 1583 ff.; *Gadsden*, 101 Commercial Law Journal (1996), 13, 18; *Gappmayer*, 2006 Utah Law Review (2006), 439, 446.

482 Matter of Bohack Corp., 607 F.2d 258, 262 (2d Cir. 1979) bei Fn. 4. Siehe auch In re Spiegel, 292 B. R. 748, 750 (Bankr. S. D. N. Y. 2003).

Die Interessenanalyse des ersten Kapitels hat ergeben, dass das *Creditors' Committee* als Vertreter der Interessen ungesicherter Gläubiger in der Regel gegen einen *363 Sale* opponiert.[483] Konträr dazu verhalten sich die bereits angesprochenen *Distressed Debt Trading*-Gläubiger, deren Vorgehen insbesondere zu Konflikten innerhalb von *Creditors' Committee* führen können.[484] Als aufsehenerregendes Beispiel sticht der Fall *Galey & Lord* hervor. Als ungesicherter Gläubiger des *Debtor Galey & Lord* trat *Barclays Capital and Barclays Bank Plc.* (Barclays) dem *Creditors' Committee* bei. Es erlangte dort eine Reihe von Informationen über den *Debtor* und erwarb gleichzeitig gesicherte Forderungen gegen diesen in Höhe von bis zu $ 20 Mio., ohne dies offenzulegen.[485] Das *Creditors' Committee* reichte ein *Complaint* wegen der Verletzung von *Fiduciary Duties* unter anderem mit einem Schadensersatzverlangen ein und schloss schließlich mit *Barclays* einen Vergleich, der diese zu einer Entschädigungszahlung an alle ungesicherten Gläubiger verpflichtete.[486] Beispiele wie *Galey & Lord* zeigen, dass es in Bezug auf *Claims Traders* nicht nur um den Vorteil erlangter, nicht öffentlicher Informationen geht, sondern auch um eine Veränderung des Abstimmungsverhaltens.[487] Die Interessenanalyse des ersten Kapitels hat gezeigt, dass gesicherte Gläubiger typischerweise einen *363 Sale* bzw. eine übertragende Sanierung bevorzugen.[488] Erlangt ein ungesicherter Gläubiger aufgrund der Mitgliedschaft in einem Gläubigerorgan entscheidende Informationen und erwirbt besicherte Forderungen, verändert sich somit sein Abstimmungsverhalten zum Nachteil aller ungesicherten Gläubiger.[489]

Es besteht indessen seitens der Rechtsprechung die Tendenz, Mitglieder des *Creditors' Committee* zu schützen, solange sie in *Good Faith* handeln. *Committee*-Mitglieder sind grundsätzlich durch die sogenannte *Qualified Immunity* geschützt.[490] Um diese Immunität aufzuheben, muss ein Kläger darlegen, dass das *Committee* bzw. das jeweilige Mitglied an Handlungen beteiligt war, die „will-

[483] Kapitel, 1, C. IV. 2. c) (S. 57 f.).

[484] Kapitel 1, C. IV. 1 (S. 53 f.); Kapitel 2, B. VI. 1. d) (S. 162 ff.).

[485] Informationen zum Sachverhalt stammen von *Richman/Aberman*, American Bankruptcy Institute Journal (2007), 22, 60 ff. sowie der Klage der *S. E. C.* gegen *Barcleys Bank Plc* und einen ihrer für Eigenhandel (*Proprietary Trading*) zuständigen *Director* wegen *Insider Trading* (abrufbar unter https://www.sec.gov/litigation/complaints/2007/comp20132.pdf, zuletzt aufgerufen am 29.04.2022). Insolvenzgerichtliche Dokumente sind über die einschlägigen Datenbanken (*Westlaw*, *Pacer*) nicht verfügbar.

[486] *Richman/Aberman*, American Bankruptcy Institute Journal (2007), 22, 61.

[487] Vgl. hierzu *Klee/Shaffer*, 44 South Carolina Law Review (1993), 995, 1057. Ein weiteres Beispiel ist der bereits im Zusammenhang mit der Willensbildung innerhalb der Gläubigerorgane angesprochene Fall In re Rickel & Assocs., Inc., 272 B. R. 74 (Bankr. S. D. N. Y. 2002), in welchem ein Mitglied des *Creditors' Committee* Insiderwissen nutzte, um die wesentlichen Vermögenswerte des Schuldners zu erwerben, bei gleichzeitiger Täuschung der anderen *Committee*-Mitglieder sowie des Schuldners.

[488] Kapitel 1, C. IV. 2. a) (S. 55 ff.).

[489] Vgl. *Harner/Marincic*, 64 Vanderbilt Law Review (2011), 749, 782 f.

[490] Grundlegend In re Tucker Freight Lines, Inc., 62 B. R. 213 (Bankr. W. D. Mich. 1986).

full misconduct“ oder „ultra vires activity“ darstellen.[491] *Willfull Misconduct* stellt entweder ein vorsätzliches Handeln mit dem Wissen eines wahrscheinlich eintretenden Schadens dar oder ein vorsätzliches Handeln, das jedenfalls auf grob fahrlässige Weise deren Konsequenzen außer Acht lässt.[492] *Ultra Vires Activity* kann jede Tätigkeit sein, die außerhalb der Kompetenzen des *Creditors' Committee* liegen („without any authority whatever“).[493]

Eine weitere wesentliche Einschränkung stellt die bereits angesprochene *Statutory Mootness Rule* nach 11 U.S.C. § 363(m) dar.[494] Danach können Gerichte einen *363 Sale* nicht rückgängig machen, wenn der Erwerber in gutem Glauben gewesen ist und keine Anordnung der aufschiebenden Wirkung (*Stay Pending Appeal*) vorliegt, 11 U.S.C. § 363(m). Der *U. S. Court of Appeals* des *8th Circuit* legt die Vorschrift so aus, dass hierdurch auch die Verfolgung von Schadensersatzansprüchen gegen Mitglieder des *Creditors' Committee* ausgeschlossen ist.[495] Im konkreten Fall hat das zuständige Insolvenzgericht den *Debtor* nach einem *363 Sale* zur Liquidation in *Chapter 7* überführt und einen *Trustee* bestellt. Dieser behauptete, dass es eine nicht offengelegte Vereinbarung zwischen einem Mitglied des *Creditors' Committee* und des Erwerbers gegeben habe, nach welcher der Erwerber dem betreffenden Mitglied einen lukrativen Vertrag mit der Übernahmegesellschaft anbot, sollte diese im Bieterwettbewerb den Zuschlag erhalten.[496] In der Folge seien die Angebote anderer Bieter vorsätzlich zu niedrig bewertet worden, so dass ein Verkauf zu einem höheren Preis an einen anderen Bieter möglich gewesen wäre.[497] Obwohl der *Trustee* nicht den Kaufvertrag als solches angreifen und nur Schadensersatzansprüche unter anderem gegen das betreffende Mitglied des *Creditors' Committee* geltend machen wollte, sah der *Court of Appeals* hierin einen „collateral attack“ gegen den *Sale Order* des Insolvenzgerichts, das den Verkauf zugelassen hatte. Dieser zöge die Feststellung des Insolvenzgericht in Zweifel, dass der Erwerber das beste Angebot abgegeben habe.[498]

---

[491] Luedke v. Delta Air Lines, Inc., 159 B. R. 385, 392 f. (S. D. N. Y. 1993); Pan Am Corp. v. Delta Air Lines, Inc., 175 B. R. 438, 514 (S. D. N. Y. 1994). Siehe auch Vasconi & Assocs., Inc. v. Credit Manager Ass'n of California, No. 94-52142, 1997 WL 383170 (N. D. Cal. July 1, 1997).

[492] Pan Am Corp. v. Delta Air Lines, Inc., 175 B. R. 438, 514 (S. D. N. Y. 1994) bei Fn. 66; Vasconi & Assocs., Inc. v. Credit Manager Ass'n of California, No. 94-52142, 1997 WL 383170 (N. D. Cal. July 1, 1997).

[493] Pan Am Corp. v. Delta Air Lines, Inc., 175 B. R. 438, 514 (S. D. N. Y. 1994) bei Fn. 66.

[494] Zu dieser bereits Kapitel 2, B. III. 2. a) dd) (S. 136 f.).

[495] In re Veg Liquidation, Inc., 931 F.3d 730 (8th Cir. 2019).

[496] In re Veg Liquidation, Inc., 931 F.3d 730, 736 (8th Cir. 2019).

[497] In re Veg Liquidation, Inc., 931 F.3d 730, 736 f. (8th Cir. 2019).

[498] In re Veg Liquidation, Inc., 931 F.3d 730, 738 (8th Cir. 2019): „[T]he finality rule precludes allegations like Fulmer's [des *Trustee*, Anm. d. Verf.] that second-guess the bankruptcy court's determination that the buyer submitted the best bid for the assets.“

Tatsächlich gesichert ist die Rechtsprechung betreffend die Haftung von Mitgliedern des *Creditors' Committee* nicht.[499] Vorläufig lässt sich aber festhalten, dass Haftungsgefahren aufgrund der *Qualified Immunity* und des sicheren Hafens des 11 U.S.C. § 363(m) nur in engen Grenzen bestehen. Dieser Befund erscheint indes wenig überraschend. Die reduzierte Haftungsgefahr deckt sich damit mit den Ergebnissen zur Untersuchung der im Vergleich zum deutschen Gläubigerausschuss eher untergeordneten Rolle des *Creditors' Committee* bei der Überwachung des *Debtor*.

2. *Gläubigerausschuss*

Die Ausführungen zur Haftung von Mitgliedern des *Creditors' Committee* dienen als (Vergleichs-)Grundlage für eine Untersuchung der Haftung von Mitgliedern des Gläubigerausschusses. Hierbei zeigt sich, dass sich diese exemplarischen Erfahrungen des US-amerikanischen Rechts im deutschen Recht parallel im Rahmen der Haftungsvoraussetzungen (a)) dem Pflichtenbereich des Gläubigerausschusses zuordnen lassen. Im Anschluss hieran ist kurz auf die Geltendmachung einzugehen (b)).

a) Haftungsvoraussetzungen

Die Mitglieder des Gläubigerausschusses haften Insolvenzgläubigern und absonderungsberechtigten Gläubigern gegenüber für die schuldhafte Verletzung ihrer Pflichten gemäß § 71 S. 1 InsO. Dies gilt gemäß § 21 Abs. 2 Nr. 1a InsO auch für den vorläufigen Gläubigerausschuss in der vorläufigen Eigenverwaltung.[500]

§ 71 InsO begründet ein gesetzliches Schuldverhältnis zwischen diesen geschützten Beteiligten und den Mitgliedern des Gläubigerausschusses.[501] Von der Haftung des Schuldners und seiner Organe nach § 60 InsO analog unterscheidet sich die Haftung der Gläubigerausschussmitglieder somit dadurch, dass sie nicht gegenüber allen Beteiligten gilt.[502]

---

[499] *Blain/Erne*, 67 Marquette Law Review (1984), 491, 515; *Blanc*, 13 Bankruptcy Developments Journal (1997), 359, 365. Siehe auch *Andrews*, 2 Bankruptcy Developments Journal (1985), 247, 273.

[500] *Hammes*, Der Gläubigerausschuss in der Eigenverwaltung (2019), S. 338; HambKomm.-*Frind*, § 71 InsO, Rn. 1; 3; *Pape/Schultz*, ZIP 2016, 506, 513.

[501] BGHZ 124, 86, 96 (zu § 89 KO); BGHZ 202, 324, 329 f. (Tz. 14); KölnKomm.-*Hammes*, § 71 InsO, Rn. 3; Kübler/Prütting/Bork-*Kübler*, § 71 InsO (Juli 2015), Rn. 4.

[502] KölnKomm.-*Hammes*, § 71 InsO, Rn. 4; Kübler/Prütting/Bork-*Kübler*, § 71 InsO, Rn. 5 (Juli 2015); *Becker*, KTS 2015, 191, 196.

aa) Pflichtverletzung

Voraussetzung für eine persönliche Haftung eines Ausschussmitglieds ist zunächst die schuldhafte Verletzung einer den Mitgliedern obliegenden Pflicht.

Im Vordergrund stehen hier die im zweiten Kapitel aufgezeigten Pflichten der allgemeinen Überwachung des eigenverwaltenden Schuldners (§ 69 InsO) sowie der Ausübung der Zustimmungskompetenzen bei der übertragenden Sanierung.[503]

Die Mitglieder des Gläubigerausschusses müssen während des Verfahrens umfangreich von ihrem Auskunftsanspruch gegen den Schuldner (§ 97 Abs. 1 InsO) Gebrauch machen. Das gilt im Allgemeinen für die Überwachung, um zu gewährleisten, dass der Schuldner den Vorrang der Gläubigerinteressen berücksichtigt.[504] Aufgabe des Gläubigerausschusses ist es hierbei auch, erkennbare Nachteile der Eigenverwaltung für die Gläubiger rechtzeitig dem Gericht anzuzeigen.[505]

(1) Zustimmung zur übertragenden Sanierung

Im Besonderen gilt dies für die eigenständige Prüfungspflicht jedes Gläubigerausschussmitglieds bei der Zustimmung zu einer übertragenden Sanierung.[506] Die Frage, welchen Prüfungsmaßstab bzw. welche Kontrolldichte der Gläubigerausschuss bei der Ausübung seiner Zustimmungskompetenzen anzulegen hat, wird in Rechtsprechung und Literatur kaum diskutiert. Einige Autoren vertreten die Auffassung, aus der massebezogenen Überwachungspflicht des § 69 InsO folge, dass das entsprechende Gläubigerorgan wie ein Aufsichtsorgan zu prüfen habe, ob die vorzunehmende Handlung masseschädlich ist.[507] Hierfür spricht, dass Zweck des § 160 InsO nicht (nur) die Stärkung der Gläubigerautonomie, sondern auch und vor allem der Schutz der Insolvenzmasse ist.[508] Dieses Ergebnis dürfte sich beim Gläubigerausschuss schon daraus ergeben, dass seine Mitglieder die Interessen aller beteiligten Gläubiger angemessen zu berücksichtigen haben.[509] Es ist überdies anerkannt, dass sich die Überwachungspflicht nicht nur auf die Rechtmäßigkeit, sondern auch auf die (wirtschaftliche)

---

503 Kapitel 2, B. (S. 106 ff.).

504 Siehe hierzu bereits oben, Kapitel 2, B. II. 1. c) (S. 115).

505 Siehe HambKomm.-*Frind*, § 71 InsO, Rn. 3; *Pape/Schultz*, ZIP 2016, 506, 512. Siehe auch *Hammes*, ZIP 2017, 1505, 1509 (Verschweigen von Kenntnissen über etwaige Nachteile der Eigenverwaltung für die Gläubiger durch ein Ausschussmitglied).

506 Vgl. KölnKomm.-*Hammes*, § 71 InsO, Rn. 13; *Ganter*, in: FS Fischer, 2008, S. 121, 123.

507 So *Ampferl*, in: Kübler (Hrsg.), Handbuch Restrukturierung in der Insolvenz, 3. Aufl., 2018, § 14 Rn. 44; wohl auch *Ganter*, in: FS Fischer, 2008, S. 121, 123.

508 *Zimmermann*, ZInsO 2012, 245, 247; ähnlich Jaeger-*Eckardt*, § 160 InsO, Rn. 1. AA wohl KölnKomm.-*Frege*, § 160 InsO, Rn. 1.

509 Siehe RegE InsO, BT-Drucks. 12/2443, S. 131.

Zweckmäßigkeit erstreckt.[510] Zur Verdeutlichung der Wichtigkeit einer hohen Kontrolldichte bei der Überprüfung der Entscheidung über eine übertragende Sanierung dient wiederum eine US-amerikanische Entscheidung über die Insolvenz zweier Immobilienpersonengesellschaften.[511] Dort haben die beiden Gesellschafter (*Partner*) dieser Gesellschaften in *Chapter 11* die wesentlichen Vermögensgegenstände, zwei Grundstücke, an eine *LLC* verkauft,[512] welche faktisch unter der Kontrolle eben jener Geschäftsleitung stand. Dies ist nicht unmittelbar aufgefallen, da Gesellschafter dieser *LLC* eine *Corporation* gewesen ist, deren Gesellschafter die beiden Partner des *Debtor* waren.[513] Dass es sich hierbei somit um eine Insidertransaktion handelte, hat erst der *Trustee* nach Überleitung des Verfahrens in *Chapter 7* aufgedeckt. Bewertungsgutachten haben ergeben, dass der Verkauf „at a considerable discount“[514] vorgenommen wurde.

Aufgabe des Gläubigerausschusses muss es somit sein, sämtliche Informationen auch über den Erwerber zu erlangen und die geplante Veräußerung detailliert zu überprüfen. Nach dem BGH kommt daher eine Haftung (auch) der Mitglieder des Gläubigerausschusses insbesondere in Fällen in Betracht, in denen Entscheidungen „in großer und übertriebener Eile“ erfolgen und auf diese Weise eine übertragende Sanierung unter Wert erfolgt.[515]

(2) Nutzung von Insiderwissen

Haftungsträchtig ist des Weiteren, wie auch in den USA beim *Creditors' Committee*,[516] die Nutzung von Insiderwissen.[517] Die Relevanz solcher Konstellationen zeigt eine jüngere Entscheidung des BGH. Dieser hatte darüber zu entscheiden, ob einem Gläubiger, der zuvor bereits Forderungen auf dem Sekundärmarkt erworben hatte, die Akteneinsicht gewährt werden darf.[518] Das Insolvenzgericht lehnte das Akteneinsichtsgesuch ab unter Berufung auf die Vermutung des Insolvenzverwalters, dass der Zweck der Akteneinsicht lediglich darin liege, weitere verkaufswillige Gläubiger zu finden. Das LG München als Beschwerdegericht hatte hingegen keine Bedenken gegen dieses Vorgehen der Gläubigerin.[519] Der BGH schloss sich dem an und entschied, dass eine miss-

---

510 *Ganter*, in: FS Fischer, 2008, S. 121, 124; *Pape/Schultz*, ZIP 2016, 506, 507.

511 In re Brook Valley VII, Joint Venture, 496 F.3d 892, (8th Cir. 2007).

512 Dies indes nicht im Wege eines *363 Sale*, sondern durch Zwangsversteigerung (*Foreclosure*) nach Aufhebung (*Lifting*) des *Automatic Stay*.

513 Siehe den *Factual Background* in der Entscheidung der Vorinstanz, In re Brook Valley IV, 347 B. R. 662, 667 (B. A. P. 8th Cir. 2006).

514 In re Brook Valley VII, Joint Venture, 496 F.3d 892, 897 (8th Cir. 2007).

515 BGH, Urteil v. 22.01.1985 – VI ZR 131/83, ZIP 1985, 423, 427.

516 Siehe oben, C. I. 1. (S. 262 ff.).

517 *Pape*, ZInsO 1999, 675, 677; *Ehlers*, BB 2013, 259, 264.

518 BGH, Beschluss v. 07.05.2020 – IX ZB 56/19, ZIP 2020, 1138.

519 LG München I, Beschluss v. 09.09.2019 – 14 T 10502/19, ZIP 2020, 230.

bräuchliche Akteneinsicht nicht bereits dann anzunehmen sei, wenn diese dazu verwendet werden soll, Erkenntnisse über sonstige Gläubiger zu gewinnen, um diesen ein Angebot auf den Kauf ihrer Forderungen zu unterbreiten.[520] Die Strategie von *Distressed Debt Investors*, im Verfahren auf verschiedene Weise Informationen zu erlangen, um sich über eine Summenmehrheit die Kontrolle zu erkaufen, ist der Restrukturierungspraxis somit alles andere als fremd.[521]

Zweifelsohne stellt das oben für die USA dargestellte Beispiel des *Distressed Debt Trading* eines ungesicherten Gläubigers mit besicherten Forderungen eine Pflichtverletzung dar, wenn das Ausschussmitglied der Geheimhaltung unterliegende Informationen nutzt, um den Forderungskauf durchzuführen. Hier erfolgt die Nutzung des Insiderwissens zum Nachteil anderer ungesicherter Gläubiger.[522]

Differenzierter ist die Konstellation zu bewerten, bei der ein Mitglied nur aufgrund der im Ausschuss erlangten Informationen die Chance auf einen profitablen Erwerb des schuldnerischen Unternehmens erkennt.[523] Wie im zweiten Kapitel herausgearbeitet, besteht in diesen Konstellationen ein Stimmverbot.[524] In Anlehnung an die Erwägungen zu den Pflichten von Vorstand bzw. Geschäftsführung in Erwerbsfällen unter Beteiligung der Geschäftsleitung ist auch ein Gläubigerausschussmitglied den anderen Mitgliedern gegenüber zur Offenlegung verpflichtet. Dies ergibt sich bereits aus allgemeinen Grundsätzen bei Interessenkonflikten.[525]

bb) Business Judgment Rule

Ob für die Mitglieder des Gläubigerausschusses die *Business Judgment Rule* Anwendung findet, ist im Schrifttum umstritten und vom BGH bislang nicht entschieden. Die wohl herrschende Literaturmeinung betont die Vergleichbarkeit des Gläubigerausschusses mit dem Aufsichtsrat, für den die *Business Judgment Rule* des § 93 Abs. 1 S. 2 AktG gemäß § 116 S. 1 AktG anwendbar ist.[526] Auf den ersten Blick liegt dies nahe, denn anders als bei der Frage der Vergleichbarkeit

---

[520] BGH, Beschluss v. 07.05.2020 – IX ZB 56/19, ZIP 2020, 1138 (Tz. 8).

[521] *Palenker*, ZIP 2020, 1109, 110 f. Kritisch zum Akteneinsichtsrecht von *Distressed Debt Investors Schuster/Friedrich*, ZIP 2009, 2418.

[522] Ähnlich bereits *Uhlenbruck*, BB 1976, 1198, 1200. Siehe auch *Grell/Klockenbrink*, DB 2013, 1038, 1041.

[523] Offengelassen Uhlenbruck-*Knof*, § 69 InsO, Rn. 34.

[524] Kapitel 2, B. VI. 1. c) (S. 160 ff.).

[525] Siehe *Kumpan*, Der Interessenkonflikt im deutschen Privatrecht (2014), S. 262; Jaeger-*Gerhardt*, § 72 InsO, Rn. 19. Siehe allgemein *Dubovitskaya*, Offenlegungspflichten (2020), S. 54 ff.

[526] MünchKomm.-*Schmid-Burgk*, § 71 InsO, Rn. 7; *Berger/Frege/Nicht*, NZI 2010, 321, 329; *Cranshaw*, ZInsO 2012, 1151, 1154; *Grell/Klockenbrink*, DB 2013, 1038, 1042; *Cranshaw/Portisch/Knöpnadel*, ZInsO 2015, 1, 9; *Pape/Schultz*, ZIP 2016, 506, 511 f. Im Ergebnis auch *Hammes*, Der Gläubigerausschuss in der Eigenverwaltung (2019), S. 341 ff.; *Berger/Frege*, ZIP 2008, 204, 210.

des Vorstands mit dem Insolvenzverwalter bzw. der Geschäftsleitung eines eigenverwaltenden Schuldners ist die strukturelle Vergleichbarkeit des Aufsichtsrats mit dem Gläubigerausschuss gegeben. Wie dem Aufsichtsrat obliegt dem Gläubigerausschuss primär die Überwachung der Geschäftsleitung, die in beiden Fällen auch zukunftsbezogen ist.[527] Eigenständige Bedeutung hat die *Business Judgment Rule* beim Aufsichtsrat etwa bei Entscheidungen über die Zustimmungserteilung bei zustimmungsbedürftigen Rechtsgeschäften.[528] Auf diese Weise lässt sich der Vergleich mit der Zustimmungserteilung zur übertragenden Sanierung durchaus ziehen.[529] Auch rechtspolitisch betrachtet hätte die Anwendbarkeit für sich, dass das Haftungsprivileg potenzielle Ausschussmitglieder weniger abschreckt. Die Anwendung der *Business Judgment Rule* hätte auch Einfluss auf die Höhe der Versicherungsbeiträge, welche die Masse zu tragen hat.[530]

Bei genauerem Hinsehen zeigt sich indessen, weshalb sich die Anwendung der *Business Judgment Rule* auf den Gläubigerausschuss verbietet. Im Aktienrecht existiert (sinnvollerweise) ein Gleichlauf in Bezug auf die Haftung des Aufsichtsrats mit derjenigen des Vorstands. Das zeigt die Verweisung des § 116 S. 1 AktG auf § 93 Abs. 1 S. 2 AktG. Die zentrale Verpflichtung der Mitglieder des Gläubigerausschusses aus § 69 InsO, den Schuldner zu überwachen, führt wie gesehen dazu, dass die Pflichtverletzungen des Schuldners, jedenfalls potenziell, spiegelbildliche Überwachungspflichtverletzungen darstellen. Ein mit dem Aktienrecht vergleichbarer Gleichlauf existiert somit.[531] Im Ergebnis wäre es deshalb nahezu widersprüchlich, das Aufsichtsorgan (Gläubigerausschuss) keiner Sachlichkeitskontrolle zu unterwerfen, das Entscheidungsorgan (Geschäftsleitung) hingegen schon.[532] Wie im zweiten Kapitel herausgearbeitet, besteht aufgrund etwaiger Partikularinteressen einzelner Mitglieder für eine solche Sachlichkeitskontrolle durchaus Bedarf, was auch die Untersuchung zum US-amerikanischen Recht untermauert hat.[533] Außerdem sind die Mitglieder wie auch die Geschäftsleitung verpflichtet, im Interesse aller Gläubiger zu handeln und auf diese Weise ähnlich „mehrseitig fremdbestimmt".[534]

Dies schließt, wie auch bei der Geschäftsleitung,[535] die Einräumung eines Ermessensspielraums nicht aus und begrenzt die richterliche Sachlichkeitskontrolle dahingehend, dass § 71 InsO keine reine Erfolgshaftung darstellt. Eine

---

527 Siehe Kapitel 2, A. II. (S. 84).

528 *Ihrig*, WM 2004, 2098, 2106; *Cahn*, WM 2013, 1293.

529 Wohl auch *Cranshaw/Portisch/Knöpnadel*, ZInsO 2015, 1, 9.

530 Hierzu *Cranshaw*, ZInsO 2012, 1151, 1154.

531 Ähnlich *Jungmann*, NZI 2020, 651, 657.

532 Vgl. *Jungmann*, NZI 2020, 651, 657 f.

533 Kapitel 2, B. (S. 106 ff.).

534 Zwar haften sie nur Absonderungsberechtigten und Insolvenzgläubigern gegenüber (hierauf hinweisend *Jungmann*, NZI 2020, 651, 657). Das ändert aber nichts an der Pflicht, im Interesse aller Gläubiger zu handeln.

535 Siehe oben, B. II. 1. b) (S. 220 ff.).

weitergehende Haftungsprivilegierung ist im Ergebnis allerdings nicht gerechtfertigt.[536]

cc) Verschulden

Die Ausschussmitglieder haften jeweils für eigenes Verschulden.[537] In Ausübung ihres Amtes haben sie für die Sorgfalt eines ordentlichen und gewissenhaften Ausschussmitglieds einzustehen.[538] Insoweit gilt ein objektiver Maßstab;[539] dieser richtet sich gleichzeitig aber auch nach den Fähigkeiten und Erfahrungen des betreffenden Mitglieds.[540] Eine Entschuldigung aufgrund fehlender Kenntnisse ist indes nicht möglich; in diesem Fall hätte das Mitglied das Amt nicht übernehmen dürfen.[541] Einfache Fahrlässigkeit reicht aus.[542] Bei Vorliegen einer Pflichtverletzung ist ein subjektiv vorwerfbares Verschulden indiziert.[543] Im Ergebnis führt dies zu einer strengen Haftung der Ausschussmitglieder. *Hammes* hebt deshalb zu Recht hervor, dass diese gegenüber dem Schuldner eine erhöhte Skepsis entgegenbringen sollten, indem sie sich insbesondere Kenntnisse über sämtliche Umstände und Entscheidungsgrundlagen der Planungen des Schuldners verschaffen.[544]

dd) Kausaler Schaden

Schließlich muss ein kausal auf einer Pflichtverletzung beruhender Schaden entstanden sein. Im Fall des Unterlassens etwa der Überwachung des Schuldners ist die Frage, ob der Schaden auch bei pflichtgemäßem Verhalten des Ausschussmitglieds entstanden wäre.[545] Entscheidend ist sowohl bei Unterlassen als auch bei aktiven Handlungen, was die Mitglieder des Gläubigerausschusses pflichtgemäß hätten unternehmen müssen.[546] Bei einer durch den Schuldner geplanten übertragenden Sanierung bedeutet das für die einzelnen Mitglieder,

---

536 Im Ergebnis auch HambKomm.-*Frind*, § 71 InsO, Rn. 6; BeckOK InsO (22. Edition)-*Frind*, § 71, Rn. 8.1.

537 Uhlenbruck-*Knof*, § 71 InsO, Rn. 7; *Ganter*, in: FS Fischer, 2008, S. 121, 128.

538 HambKomm.-*Frind*, § 71 InsO, Rn. 6.

539 Ausführlich *Hammes*, Der Gläubigerausschuss in der Eigenverwaltung (2019), S. 348 ff.

540 MünchKomm.-*Schmid-Burgk*, § 71 InsO, Rn. 7; *Ganter*, in: FS Fischer, 2008, S. 121, 128.

541 Kübler/Prütting/Bork-*Kübler*, § 71 InsO (Juli 2015), Rn. 13; Uhlenbruck-*Knof*, § 71 InsO, Rn. 8; *Grell/Klockenbrink*, DB 2013, 1038, 1041.

542 Jaeger-*Gerhardt*, § 71 InsO, Rn. 8; HambKomm.-*Frind*, § 71 InsO, Rn. 6; *Ganter*, in: FS Fischer, 2008, S. 121, 128.

543 *Hammes*, Der Gläubigerausschuss in der Eigenverwaltung (2019), S. 348; HambKomm.-*Frind*, § 71 InsO, Rn. 6.

544 *Hammes*, Der Gläubigerausschuss in der Eigenverwaltung (2019), S. 355 ff.

545 *Ampferl*, in: Kübler (Hrsg.), Handbuch Restrukturierung in der Insolvenz, 3. Aufl., 2018, § 14 Rn. 56.

546 Jaeger-*Gerhardt*, § 71 InsO, Rn. 11.

dass sie im Gläubigerausschuss gegen den betreffenden Beschluss hätten stimmen müssen. Im Schrifttum wird daher vertreten, dass eine Stimmenthaltung grundsätzlich nicht von der Haftung befreit.[547] Dem ist zuzustimmen, denn aufgrund der allgemeinen Mitwirkungspflicht der Ausschussmitglieder sind diese gehalten, gläubigerschädigende Beschlüsse zu verhindern. Eine Enthaltung führt in diesen Fällen zu einer Pflichtverletzung durch Unterlassen.[548] Diese ist gleichermaßen kausal für den entstandenen Schaden.

Der zu ersetzende Schaden liegt in der Verminderung der für die Gläubiger zur Verfügung stehenden Masse. Er ist zu beziffern durch die Differenz zwischen der angenommenen Soll-Quote, die ohne die Pflichtverletzung zu erwarten gewesen wäre, und der auf Grundlage der noch vorhandenen Masse zu erwartenden Ist-Quote.[549] Die Soll-Quote kann im Fall der übertragenden Sanierung etwa auf der Grundlage der Zerschlagungswerte berechnet werden oder auf der Grundlage eines alternativen Bieterangebots.

Die Haftung trifft diejenigen Mitglieder gesamtschuldnerisch (§§ 421 ff. BGB), die für einen Beschluss zur Zustimmung der übertragenden Sanierung gestimmt haben oder sich enthalten haben.[550] Bei Zusammenfallen der Haftung von Gläubigerausschussmitgliedern und Geschäftsleitung sowie Sachwalter entsteht gleichermaßen eine Gesamtschuld.[551]

b) Geltendmachung

Bezüglich der Geltendmachung ist wiederum zwischen Individual- und Gesamtschäden zu unterscheiden. Absonderungsberechtigte Gläubiger können Individualschäden während des Insolvenzverfahrens geltend machen.[552] Ihnen entsteht ein Schaden etwa, wenn Sicherheiten im Zuge des Unternehmensverkaufs unter Wert veräußert werden.[553] Bei der übertragenden Sanierung dürfte es sich regelmäßig allerdings um Gemeinschaftsschäden handeln, die Absonderungsberechtigte und Insolvenzgläubiger gemeinsam tragen. Diese Gesamt-

[547] Kübler/Prütting/Bork-*Kübler*, § 71 InsO (Juli 2015), Rn. 14; KölnKomm.-*Hammes*, § 71 InsO, Rn. 15; HambKomm.-*Frind*, § 71 InsO, Rn. 7; *Ganter*, in: FS Fischer, 2008, S. 121, 129; *Pape/Schultz*, ZIP 2015, 1662, 1669.

[548] Ebenso wohl *Cranshaw/Portisch/Knöpnadel*, ZInsO 2015, 1, 10. Weniger konsequent *Pape/Schultz*, ZIP 2015, 1662, 1669, nach denen diese Pflichtverletzung nur dann haftungsbegründend ist, wenn mit der Gegenstimme der betreffende Beschluss hätte verhindert werden können.

[549] BGH, Urteil v. 25.06.2015 – IX ZR 142/13, NZI 2015, 799, 801; Uhlenbruck-*Knof*, § 71 InsO, Rn. 12; *Pape/Schultz*, ZIP 2015, 1662, 1664.

[550] Zur gesamtschuldnerischen Haftung der Ausschussmitglieder siehe *Hammes*, Der Gläubigerausschuss in der Eigenverwaltung (2019), S. 341; Jaeger-*Gerhardt*, § 71 InsO, Rn. 14; *Ganter*, in: FS Fischer, 2008, S. 121, 132 f.; *Cranshaw*, ZInsO 2012, 1151, 1153.

[551] *Hammes*, Der Gläubigerausschuss in der Eigenverwaltung (2019), S. 338.

[552] HambKomm.-*Frind*, § 71 InsO, Rn. 10; *Pape*, ZInsO 1999, 675, 679.

[553] Siehe oben, B. II. 5. a) (S. 258).

schäden kann gemäß § 280 InsO nur der Sachwalter geltend machen.[554] Stehen eine gleichzeitige Haftung des Sachwalters oder ein anderer Interessenkonflikt des Sachwalters im Raum, kann das Insolvenzgericht einen Sondersachwalter bestellen.[555] Sachwalter und Ausschussmitglieder haften in diesem Fall gesamtschuldnerisch.[556]

II. Keine Haftung von Akteuren der Gläubigerversammlung

Obwohl die Gläubigerversammlung über weit reichende Kompetenzen verfügt,[557] unterliegt das Organ nach geltendem Recht keiner Haftung. Die Ergebnisse zur Überwachung des Schuldners durch die Gläubiger hat allerdings erhebliches Missbrauchspotenzial auch durch die Akteure der Gläubigerversammlung aufgezeigt. Wenn stimmgewichtige Gläubiger, insbesondere Absonderungsberechtigte, in der Gläubigerversammlung über eine Unternehmensveräußerung entscheiden, droht ihnen keine § 71 InsO vergleichbare Haftung. Nach *Marotzke* ist eine analoge Anwendung von § 71 InsO zu erwägen.[558] Ob hierfür die Voraussetzungen vorliegen, erscheint indes fraglich. Eine schuldhafte Pflichtverletzung, die § 71 InsO voraussetzt, verlangt zunächst das Bestehen einer Pflicht eines jeden Akteurs der Gläubigerversammlung. In Betracht käme der im Schrifttum bereits vorgenommene Versuch, die Akteure der Gläubigerversammlung, vergleichbar den Aktionären bzw. Gesellschaftern einer GmbH, einer Treuepflicht zu unterwerfen.[559] Deutlich gegen ein solches Vorgehen sprechen allerdings die Unterschiede zwischen der Gläubigerversammlung und der Haupt- bzw. Gesellschafterversammlung. Im Gesellschaftsrecht lässt sich die Treuepflicht insbesondere aus der Tatsache herleiten, dass sich die Gesellschafter untereinander auf die Förderung eines gemeinsamen Zwecks im Rahmen einer zweckorientierten, zielgerichteten Gemeinschaft geeinigt haben.[560] Mit der Einigung auf den Förderungszweck bringen die Gesellschafter zum Ausdruck, sich trotz Vorhandensein von Individualinteressen loyal zueinander zu

---

[554] Vgl. Jaeger-*Gerhardt*, § 71 InsO, Rn. 4; MünchKomm.-*Schmid-Burgk*, § 71 InsO, Rn. 13 zum Regelverfahren.

[555] *Hammes*, Der Gläubigerausschuss in der Eigenverwaltung (2019), S. 340; *Ampferl*, in: Kübler (Hrsg.), Handbuch Restrukturierung in der Insolvenz, 3. Aufl., 2018, § 14 Rn. 58.

[556] HambKomm.-*Frind*, § 71 InsO, Rn. 10.

[557] Kapitel 2, B. II. 2. (S. 116 ff.); B. III. 2. (S. 131 ff.).

[558] *Marotzke*, KTS 2014, 113, 145.

[559] Siehe *Schulz*, Treuepflichten unter Insolvenzgläubigern (2003), S. 39 ff., der losgelöst von der Institutionalisierung innerhalb der Gläubiger ein Minimalinteresse aller Gläubiger erkennt. Dieses kollektive Element im Insolvenzverfahren verbinde alle Gläubiger zu einer schlichten Interessengemeinschaft im Sinne der §§ 741 ff. BGB.

[560] Siehe allgemein *Wiedemann*, Gesellschaftsrecht, Bd. 1 (1980), § 3 II 3 (S. 191 ff.); *K. Schmidt*, Gesellschaftsrecht (2002), § 20 IV (S. 587 ff.). Grundlegend auch *Zöllner*, Die Schranken mitgliedschaftlicher Stimmrechtsmacht bei den privatrechtlichen Personenverbänden (1963), S. 335 ff.; *Lutter*, AcP 180 (1980), 84, 110 ff.

verhalten.[561] Gläubiger im Insolvenzverfahren hingegen befinden sich in einer rechtlichen Zwangsgemeinschaft; insofern fehlt es bereits an der Freiwilligkeit des Zusammenschlusses im Sinne einer Einigung.[562] Auch kann den Gläubigern in der Gläubigerversammlung, das hat die Interessenanalyse des ersten Kapitels für die Konstellation einer (möglichen) übertragenden Sanierung gezeigt,[563] aufgrund der Heterogenität der Interessen schwerlich noch ein gemeinsames Grundinteresse unterstellt werden.[564] Es ist vielmehr anerkannt, dass gerade in der Gläubigerversammlung die Gläubiger versuchen können, ihre Einzelinteressen durchzusetzen.[565] Von einem Verhältnis, das auf gegenseitigem Vertrauen fußt, kann somit keine Rede sein. Eine (Treue-)Pflicht der Gläubiger untereinander lässt sich daher nicht herleiten.

Rechtspolitisch bleibt darüber hinaus zu bedenken, dass die allseits beobachtete fehlende Mitwirkungsbereitschaft unter den Gläubigern durch eine Haftungsanordnung zementiert würde. Die Akteure der Gläubigerversammlung einer Haftung zu unterwerfen, ist somit nicht möglich. Sinnvoller als der Versuch einer Pflichtenbindung der einzelnen Akteure der Gläubigerversammlung erscheint dagegen eine Änderung der Regelungen zur Ausübung der Zustimmungskompetenz, um auf diese Weise Missbrauchsgefahren zu reduzieren.[566]

III. Ergebnis

Mitglieder des Gläubigerausschusses unterliegen ebenfalls einem breit gefächerten Pflichtenprogramm bei der Überwachung des Schuldners im Zusammenhang mit einer übertragenden Sanierung. Sie müssen die Pflichtenerfüllung des Schuldners bzw. seiner Geschäftsleitung im Allgemeinen überwachen. Darüber hinaus besteht eine hohe Kontrolldichte bei der Frage nach der Zustimmung zu einer übertragenden Sanierung. Ausschussmitglieder machen sich daneben schadensersatzpflichtig, wenn sie ihren internen Einfluss zum eigenen Vorteil und zum Schaden anderer Gläubiger ausnutzen. Dies betrifft insbesondere den Fall von *Distressed Debt*-Investoren, wenn diese etwa unter Ausnutzung von Insider-Informationen Forderungen hinzukaufen.

Sowohl in den USA als auch in Deutschland ist die Tendenz zu erkennen, die Haftung der Mitglieder der Gläubigerorgane in Grenzen zu halten, um die Bereitschaft der Übernahme einer Mitgliedschaft nicht zu gefährden. Das Ergebnis der Untersuchung hat indes ergeben, dass eine analoge Anwendung von § 93 Abs. 1 S. 2 AktG auf Mitglieder des Gläubigerausschusses nicht möglich

---

[561] Hierauf hinweisend auch MünchKomm.-*Ehricke/Ahrens*, § 74 InsO, Rn. 9.
[562] MünchKomm.-*Ehricke/Ahrens*, § 74 InsO, Rn. 9; *Ehricke*, NZI 2000, 57, 59.
[563] Kapitel 1, C. IV. (S. 53 ff.).
[564] Zweifelnd auch MünchKomm.-*Ehricke/Ahrens*, § 74 InsO, Rn. 9.
[565] Uhlenbruck-*Knof*, § 74 InsO, Rn. 5.
[566] Kapitel 2, B. VII. (S. 170 ff.).

ist. Missbrauchsgefahren aufgrund der Praxis von *Distressed Debt*-Investoren in den USA zeigen, dass diese strenge Haftung der Ausschussmitglieder gerechtfertigt ist.

D. Die Haftung des Sachwalters

I. Pflichtverletzung

Die Haftung des Sachwalters ist in § 274 Abs. 1 InsO angeordnet, der auf die §§ 60 und 62 InsO verweist. Danach haftet der (vorläufige[567]) Sachwalter für die Erfüllung seiner insolvenzspezifischen Pflichten.[568] Im Vordergrund stehen hierbei die im zweiten Kapitel untersuchten Überwachungspflichten in Bezug auf den Schuldner (§ 274 Abs. 2 InsO).[569] Pflichtverletzungen des Schuldners können potenziell somit gleichzeitig Pflichtverletzungen des Sachwalters darstellen, soweit sie die Überwachung betreffen.[570] Gleichzeitig kann der Sachwalter auch nicht jede Schädigung des Schuldners verhindern.[571] Insbesondere ist es nicht Aufgabe des Sachwalters, die Zweckmäßigkeit der Entscheidungen des Schuldners bzw. seiner Geschäftsleitung zu kontrollieren.[572] Allgemein ist zu berücksichtigen, dass der Sachwalter über weniger Kompetenzen und Erkenntnisquellen verfügt als ein Insolvenzverwalter.[573]

Für eine übertragende Sanierung muss der Schuldner die Zustimmung des Sachwalters einholen (§ 275 Abs. 1 S. 1 InsO).[574] Die Entscheidung über die Zustimmung hat er nach pflichtgemäßem Ermessen vorzunehmen und dabei das Interesse der bestmöglichen Gläubigerbefriedigung in den Vordergrund zu stellen.[575] Er ist daher zunächst verpflichtet, den Schuldner daraufhin zu überwachen, dass dieser das zuvor herausgearbeitete Pflichtenprogramm erfüllt. Darüber hinaus hat er die vom Schuldner ausgearbeitete übertragende Sanie-

---

567 § 270a Abs. 1 S. 2 InsO. Die folgenden Erwägungen schließen den vorläufigen Sachwalter stets mit ein.

568 Ferner besteht unter Umständen eine Haftung des Sachwalters für die Nichterfüllung von Masseverbindlichkeiten sowie die Nichtabführung steuer- und sozialversicherungsrechtlicher Verbindlichkeiten, siehe zum Ganzen *Hedaiat-Rad*, Der Sachwalter in der Eigenverwaltung (2018), S. 136 ff.

569 Kapitel 2, C. III. 1. (S. 180 ff.).

570 *Hedaiat-Rad*, Der Sachwalter in der Eigenverwaltung (2018), S. 135; FK-*Foltis*, § 274 InsO, Rn. 27; *Flöther*, ZInsO 2014, 465, 471; *Becker*, KTS 2019, 95, 97.

571 *Schulte-Kaubrügger*, ZIP 2019, 345, 350.

572 *Schulte-Kaubrügger*, ZIP 2019, 345, 350.

573 MünchKomm.-*Kern*, § 274 InsO, Rn. 74; HambKomm.-*Fiebig*, § 274 InsO, Rn. 23; *Flöther*, in: Kübler (Hrsg.), Handbuch Restrukturierung in der Insolvenz, 3. Aufl., 2018, § 18 Rn. 39; *Marotzke*, KTS 2014, 113, 119; *Krämer*, NZI 2017, 960, 961.

574 Siehe Kapitel 2, B. III. 1. b) (S. 130 f.).

575 Uhlenbruck-*Zipperer*, § 275 InsO, Rn. 5. Ähnlich MünchKomm.-*Kern*, § 275 InsO, Rn. 16.

rung auf ihre Durchführbarkeit und Auswirkungen auf die Quotenerwartung der Gläubiger zu überprüfen.[576] Stimmt der Sachwalter einer (pflichtwidrig vorgenommenen) übertragenden Sanierung zu, sind Pflichtverletzungen des Schuldners dann grundsätzlich als Überwachungsfehler des Sachwalters zu werten. Große Bedeutung hat daher die sogenannte Anzeigepflicht des Sachwalters. Stellt er Umstände fest, die erwarten lassen, dass die Fortsetzung der Eigenverwaltung zu Nachteilen für die Gläubiger führen wird, hat er dies unverzüglich dem Gläubigerausschuss und dem Insolvenzgericht anzuzeigen (§ 274 Abs. 3 InsO).[577] Die Anzeigepflicht gehört zu den insolvenzspezifischen Pflichten des Sachwalters und ist damit haftungsbewehrt.[578] Unter drohenden Nachteilen wird unter anderem die unkooperative Abwicklung des Verfahrens, etwa durch Nichteinhaltung der Mitwirkungspflichten durch den Schuldner verstanden.[579] Erkennt der Sachwalter eine der oben beschriebenen Pflichtverletzungen der Geschäftsleitung, trifft ihn somit die Anzeigepflicht. Allerdings ist die bloße Möglichkeit des Eintritts von Nachteilen nicht ausreichend, um eine Anzeigepflicht des Sachwalters anzunehmen. Erforderlich sind vielmehr tatsächliche Anzeichen, die auf eine drohende Schlechterstellung der Gläubiger schließen lassen.[580]

II. Verschulden

In entsprechender Anwendung von § 60 Abs. 1 S. 2 InsO ist die Sorgfalt eines ordentlichen und gewissenhaften Sachwalters maßgeblich. Der Sachwalter haftet für Vorsatz und Fahrlässigkeit. Im Regelfall ist allerdings anzunehmen, dass der Sachwalter, anders als die Geschäftsleitung, eine gewisse Einarbeitungszeit benötigen wird, um den „Informationsrückstand“ auf die Geschäftsleitung einzuholen.[581] Beim Einsatz von Angestellten des Schuldners haftet der Sachwalter gemäß § 60 Abs. 2 InsO nur für deren Auswahl, Überwachung und bei Entscheidungen von besonderer Bedeutung. Das Verschulden von eigenen Hilfspersonen wird ihm hingegen nach § 278 BGB zugerechnet.[582]

---

[576] BGHZ 211, 225, 247 (Tz. 71 f.).

[577] Ist ein Gläubigerausschuss nicht bestellt, hat der Sachwalter die Absonderungsberechtigten sowie diejenigen Insolvenzgläubiger, die ihre Forderungen angemeldet haben, zu benachrichtigen, siehe *Krämer*, NZI 2017, 960, 961.

[578] Kübler/Prütting/Bork-*Holzer*, § 274 InsO (März 2022), Rn. 81.

[579] Kübler/Prütting/Bork-*Holzer*, § 274 InsO (März 2022), Rn. 85; HambKomm.-*Fiebig*, § 274 InsO, Rn. 20.

[580] Jaeger-*Meller-Hannich*, § 274 InsO, Rn. 30.

[581] FK-*Foltis*, § 274 InsO, Rn. 31. Ähnlich auch *Hedaiat-Rad*, Der Sachwalter in der Eigenverwaltung (2018), S. 135.

[582] *Hedaiat-Rad*, Der Sachwalter in der Eigenverwaltung (2018), S. 135 f.; *Flöther*, in: Kübler (Hrsg.), Handbuch Restrukturierung in der Insolvenz, 3. Aufl., 2018, § 18 Rn. 48.

III. Schadensersatz und Geltendmachung

Die verschuldete Pflichtverletzung muss zu einem kausalen Schaden geführt haben. Hieran fehlt es, wenn auch bei pflichtgemäßem Verhalten des Sachwalters ein Schaden eingetreten wäre.[583] Nimmt der Schuldner beispielsweise pflichtwidrig eine übertragende Sanierung vor, würde ein etwaiger Schaden mangels Außenwirkung der Zustimmung des Sachwalters auch im Fall der Verweigerung der Zustimmung (§ 275 Abs. 1 InsO) entstehen. Die Haftung kann in diesem Fall dann indes auf die nicht bzw. nicht rechtzeitig vorgenommene Anzeige (§ 274 Abs. 3 InsO) gestützt werden. Hier muss nachgewiesen werden, dass eine vorgenommene Anzeige tatsächlich zur Aufhebung der Eigenverwaltung geführt hätte, so dass der Schuldner die übertragene Sanierung nicht hätte vornehmen können.[584]

In Bezug auf Einzelschäden gilt das oben zur Haftung der Geschäftsleitung Gesagte.[585]

Gesamtschäden (§ 92 InsO) können nur durch einen neu bestellten Sachwalter oder einen Sondersachwalter geltend gemacht werden.[586]

Beruht die Haftung des Sachwalters auf einer Pflichtverletzung der Geschäftsleitung (Verletzung der Überwachungspflicht bzw. Nichtanzeige an die Gläubiger), haften Sachwalter und Geschäftsleitung gesamtschuldnerisch.[587]

E. Zusammenfassung

Die Haftung des Schuldners in der Eigenverwaltung hat auch für den Fall der übertragenden Sanierung nur geringe Bedeutung, da den Gläubigern ohnehin nur die Insolvenzmasse zur Verfügung steht.[588] Allerdings können Ansprüche des Erwerbers die Masse weiter verkürzen, wenn sie vor der Auskehrung des Kaufpreiserlöses an die Gläubiger als Masseverbindlichkeit geltend gemacht werden. Diese Ansprüche können sich in Ausnahmefällen aus c. i.c, vertraglichen Zusicherungen sowie einer insolvenzrechtlichen Haftung des Schuldners ergeben.

Von übergeordneter Bedeutung ist die Haftung der Geschäftsleitung gegenüber den Gläubigern. Diese lässt sich jedenfalls im Fall der übertragenden Sanierung ausschließlich auf § 60 Abs. 1 S. 1 InsO stützen.[589]

---

583 HambKomm.-*Weitzmann*, § 60 InsO, Rn. 40; *Krämer*, NZI 2017, 960, 963.

584 Vgl. *Krämer*, NZI 2017, 960, 963.

585 Oben, B. II. 5. b) (S. 259 ff.).

586 Siehe Kübler/Prütting/Bork-*Holzer*, § 274 InsO (März 2022), Rn. 49; *Flöther*, in: Kübler (Hrsg.), Handbuch Restrukturierung in der Insolvenz, 3. Aufl., 2018, § 18 Rn. 56.

587 Vgl. *Schulte-Kaubrügger*, ZIP 2019, 345, 351.

588 A. (S. 189 ff.).

589 B. I. (S. 195 ff.).

Hierbei unterliegt die Geschäftsleitung einem umfangreichen Pflichtenkanon.[590] Durch die Gegenüberstellung mit den Pflichten der Geschäftsleitung eines US-amerikanischen *Debtor-in-Possession* wurde eine fallgruppenartige Systematik der Sorgfalts- und Loyalitätspflichten im Fall der übertragenden Sanierung herausgearbeitet.

Das Haftungsprivileg der *Business Judgment Rule* findet auf die Geschäftsleitung des eigenverwaltenden Schuldners keine Anwendung. Allerdings steht der Geschäftsleitung weiterhin ein unternehmerisches Ermessen zu, das sich anhand der Übertragung einzelner Kriterien der US-amerikanischen Rechtsprechung zu *363 Sales* konturieren lässt.[591]

Haftungsbeschränkungen finden aufgrund der insolvenzrechtlich bestimmten Handlungslegitimation der Geschäftsleitung in der Eigenverwaltung keine Anwendung mehr.[592]

Das Prinzip der Gesamtverantwortung gilt in der Eigenverwaltung fort.[593]

Die Mitglieder des Gläubigerausschusses trifft im Ergebnis ebenfalls eine strenge Haftung, da auch sie kein Haftungsprivileg im Sinne einer *Business Judgment Rule* genießen.[594] Pflichtverletzungen können sich im Zusammenhang mit der übertragenden Sanierung vor allem aus nachlässiger Überwachung und zu niedriger Kontrolldichte bei der Ausübung der Zustimmungskompetenz ergeben. Die in den USA zu beobachtende Missbrauchsgefahr durch *Distressed Debt*-Investoren ist in Deutschland gleichermaßen relevant.

Im Gegensatz hierzu haben Mitglieder des US-amerikanischen *Creditors' Committee* eine Haftung nur in groben Missbrauchsfällen zu befürchten, da sie das Haftungsprivileg der *Qualified Immunity* genießen.[595]

Der Sachwalter haftet für Pflichtverletzungen insbesondere im Fall von nachlässiger Überwachung des Schuldners bzw. dessen Geschäftsleitung sowie der unterlassenen Nachteilsanzeige gemäß § 274 Abs. 3 InsO.[596]

Hinsichtlich eines übergeordneten Rechtsvergleichs des deutschen und US-amerikanischen Insolvenzrechts hat dieser Abschnitt die im ersten Kapitel hervorgehobenen strukturellen Unterschiede der beiden Verfahrensordnungen erneut deutlich aufgezeigt. Obwohl die US-amerikanische Rechtsprechung sowohl in Bezug auf das Pflichtenprogramm der Geschäftsleitung als auch auf die Konturierung des unternehmerischen Ermessens für die hiesige Rechtsentwicklung hilfreiches Material liefert, bestehen erhebliche Unsicherheiten insbesondere hinsichtlich der Geltendmachung von Schadensersatzansprüchen

[590] B. II. 1. (S. 210 ff.).
[591] B. II. 1. b) (S. 220 ff.).
[592] B. II. 3. (S. 253 ff.).
[593] B. II. 4. (S. 256 ff.).
[594] C. I. 2. (S. 265 ff.).
[595] C. I. 1. (S. 262 ff.).
[596] D. (S. 274 ff.).

in *Chapter 11*. Einzelne Großgläubiger können sich das insgesamt schuldnerfreundliche *Chapter 11* auf diese Weise zunutze machen, indem sie die Kontrolle über den Schuldner erlangen.

Zusammenfassung der Ergebnisse

Gegenstand der Arbeit ist die übertragende Sanierung in der Eigenverwaltung im Rechtsvergleich mit dem Asset Deal im US-amerikanischen *Chapter 11* (sogenannter *363 Sale*) unter besonderer Berücksichtigung der rechtskulturellen Unterschiede beider Rechtsordnungen in Bezug auf das Insolvenzrecht.

Das erste Kapitel hat in einem ersten Schritt herausgearbeitet, dass trotz gleicher ökonomischer Prämissen große Unterschiede von Zielen und Funktion der Insolvenzrechtsordnungen zwischen Deutschland und den USA bestehen, die sich größtenteils aus der jeweiligen historischen Genese erklären lassen. Im deutschen Insolvenzrecht stehen Haftungsverwirklichung, die gleichmäßige Befriedigung der Gläubiger und das geordnete Ausscheiden des Schuldners aus dem Markt im Vordergrund. Im US-amerikanischen Insolvenzrecht entwickelte sich seit Anfang des 20. Jahrhunderts eine Restrukturierungsorientierung, die im schuldnerzentrierten *Chapter 11* Ausdruck findet.

Diese Unterschiede zeigen sich im Verlauf der Untersuchung am konkreten Beispiel des Asset Deal auf unterschiedliche Weise, was in einem zweiten Schritt anhand der Gegenüberstellung eines unterschiedlichen Verständnisses einer *Bankruptcy Governance* in beiden Rechtsordnungen verdeutlicht wurde. In den USA äußert sich die Restrukturierungsorientierung insbesondere darin, dass von der Geschäftsleitung des Schuldners in *Chapter 11* nicht ausschließlich die Gläubigerinteressen, sondern auch die Interessen externer Stakeholder zu beachten sind.

Daneben legen bereits im Allgemeinen die Verfahrensvorschriften beredtes Zeugnis vom Unterschied der Insolvenzrechtskulturen ab. Unter anderem der *Automatic Stay* als umfangreicher Vollstreckungsstopp findet in der Insolvenzordnung kein vergleichbares Pendant. Im Besonderen kommen die Unterschiede auch bereits beim verfahrensrechtlichen Ablauf des Asset Deal aus der Insolvenz zum Tragen. Die Übertragung des Unternehmens auf diesem Wege gestaltet sich in den USA für den Schuldner weitaus unkomplizierter. Weder die Zustimmung eines Gläubigerorgans noch die Zustimmung gesicherter Gläubiger für einen lastenfreien Erwerb des Käufers sind erforderlich.

Der abschließende Teil des ersten Kapitels führt die Grundlegung für die folgende Untersuchung fort mit einer Analyse der Interessen am Verfahren beteiligter Personen, um potenzielle Missbrauchsgefahren zu verdeutlichen. Diese

Interessen unterscheiden sich erheblich voneinander. Die Geschäftsleitung hat ein Interesse daran, im Amt zu bleiben. Im Fall der übertragenden Sanierung steht sie damit auf Seiten des Erwerbers, da es entweder ihr Ziel sein muss, mit einem Dritterwerber ihren Verbleib auszuhandeln oder das Unternehmen im Wege des Management Buyout selbst zu erwerben.

In Bezug auf die Gläubiger besteht aufgrund der Heterogenität der Gläubigergesamtheit eine komplizierte Gemengelage. Grundsätzlich gilt, dass im ersten Rang gesicherte Gläubiger sowie Massekreditgeber eine übertragende Sanierung bevorzugen werden, während die anderen Gläubigergruppen grundsätzlich für eine Reorganisation des Rechtsträgers stimmen dürften, da diese einen höheren Erwartungswert verspricht. In Bezug auf *Covenant*-geschützte Gläubiger besteht indessen ein Restrisiko, dass diese einem Nachrang unterworfen werden, wodurch sich ihre Interessenlage verändern kann. Unterschiede zwischen Deutschland und den USA bestehen vor allem bei der erhöhten Einflussnahme, die sogenannte *DIP Financer* in *Chapter 11* ausüben können.

Das zweite Kapitel widmet sich vor dem Hintergrund dieser Ergebnisse der Überwachung der Geschäftsleitung aus rechtsvergleichender Perspektive. Hierbei geht es insbesondere um die Frage, inwiefern die Regelungen der Insolvenzordnung den Zielkonflikten der Beteiligten Rechnung tragen. Der erste Abschnitt analysiert die Möglichkeiten der Einflussnahme der Gesellschafter als vormalige Residualgläubiger ab Stellung des Insolvenzantrags. Diese sind im deutschen Recht aufgrund des § 276a Abs. 1 InsO erheblich eingeschränkt. In den USA hingegen bleibt es den Gesellschaftern hingegen auch in *Chapter 11* grundsätzlich unbenommen, die Geschäftsleitung abzuberufen. Damit können sie weiterhin deutlichen Einfluss auf die Geschäftsleitung nehmen. Hierin ist wiederum ein Zeichen für die Schuldnerzentriertheit von *Chapter 11* zu sehen, da den Gläubigerinteressen weiterhin nicht vollumfänglich der Vorrang eingeräumt ist.

Im zweiten Abschnitt dieses Kapitels vergleicht die Arbeit, vor dem Hintergrund der im ersten Kapitel aufgezeigten Missbrauchsgefahren sowohl durch Geschäftsleitung als auch einzelne Gläubiger(-gruppen), die Möglichkeiten der Überwachung und Einflussnahme durch die Gläubiger. Das US-amerikanische Recht misst dem *Creditors' Committee* in der Theorie als Gegengewicht zum Schuldner zwar eine große Bedeutung bei; praktisch sind dessen Kompetenzen indes erheblich eingeschränkt. Das deutsche Recht zeichnet sich dagegen aufgrund der Gläubigerautonomie im Verfahren durch starke Kompetenzen des Gläubigerausschusses aus, der auch im Fall der übertragenden Sanierung eine zentrale Rolle einnimmt. Beobachtungen aus der Praxis, aber auch das „law in the books“ zeigen, dass die Besetzung des Gläubigerausschusses mit dem Schuldner bzw. dessen Geschäftsleitung wohlgesonnenen Personen etwaige Missbrauchsgefahren allerdings noch verschärfen kann. Die US-amerikanischen Erfahrungen bei Insiderveräußerungen in *Chapter 11* belegen darüber hinaus, dass konkretere Anforderungen an den Verkaufsprozess zu stellen sind.

In Bezug auf die Willensbildung innerhalb der Gläubigerorgane ist zwischen Gläubigerausschuss und Gläubigerversammlung zu differenzieren. Steht ein Mitglied des Gläubigerausschusses auf Seiten des Erwerbers, besteht für dieses Mitglied ein Stimmverbot. Dieses lässt sich im Wege einer Gesamtanalogie der gesellschaftsrechtlichen Regelungen über Stimmverbote begründen. Auf Abstimmungen in der Gläubigerversammlung sind diese Überlegungen allerdings nicht übertragbar, da eine vergleichbare Interessenlage zu den gesellschaftsrechtlichen Regelungen nicht gegeben ist. Eine gesetzliche Regelung erscheint hier zwingend erforderlich, die dem betreffenden Gläubiger bei der konkreten Abstimmung sowohl Stimmrecht als auch Teilnahme an der Gläubigerversammlung versagt.

Das in den USA weitverbreitete *Gifting*, das Abweichungen von der Verteilungsreihenfolge ermöglicht, dürfte in Deutschland (in Form von Stimmvereinbarungen) im geltenden Recht keine Rolle spielen.

Die Aufgaben von Sachwalter und *Examiner* zeichnen sich vor allem durch die Überwachungstätigkeit aus; beide haben keine Verfügungsbefugnis. Allerdings reichen die Kompetenzen des Sachwalters deutlich weiter als diejenigen des *Examiner* in den USA, sofern dieser überhaupt bestellt wird. Entscheidendes Merkmal von Sachwalter und *Examiner* ist, dass dieser unabhängig (*disinterested*) ist. In Bezug auf Missbrauchsgefahren im Fall der übertragenden Sanierung, insbesondere solchen, die von der Geschäftsleitung ausgehen, kann die fehlende Unabhängigkeit des Sachwalters die entscheidende Schwachstelle im System der Überwachung des Schuldners darstellen.

Das dritte Kapitel schließt die Arbeit mit einer Untersuchung der Haftung in der Eigenverwaltung im Fall der übertragenden Sanierung ab. Die Haftung der schuldnerischen Gesellschaft selbst spielt nur in Ausnahmefällen eine Rolle. Von übergeordneter Bedeutung ist deshalb die Haftung der Geschäftsleitung.

Im Fall von Pflichtverletzungen im Zusammenhang mit der übertragenden Sanierung lassen sich Haftungsansprüche ausschließlich auf § 60 Abs. 1 InsO stützen. In Bezug auf das Pflichtenprogramm der Geschäftsleitung gelingt es, anhand des Rechtsvergleichs eine fallgruppenartige Systematisierung vorzunehmen.

Die *Business Judgment Rule* findet auf die Geschäftsleitung des eigenverwaltenden Schuldners keine Anwendung, da es ähnlich wie im Fall des Insolvenzverwalters im Regelverfahren an der mit dem Vorstand einer AG vergleichbaren Interessenlage fehlt. Der Geschäftsleitung steht aber ein unternehmerisches Ermessen zu, das sich anhand der Übertragung einzelner Kriterien der US-amerikanischen Rechtsprechung zu *363 Sales* konturieren lässt. Insbesondere in Fällen von größerer Unsicherheit ist der Geschäftsleitung bei der Entscheidung zwischen einer Rechtsträgersanierung und der übertragenden Sanierung ein größerer Ermessensspielraum zuzubilligen. Das Argument des Wertverfalls von Vermögensgegenständen (*Melting Ice Cube*) ist vom Schuldner in der Weise substantiiert vorzutragen, dass das Überwiegen der Vorteile einer schnellen Veräußerung (Reduzierung des Wertverfalls) die Nachteile einer solchen (Fehleranfälligkeit bei der Bewertung sowie verstärkte Informationsasymmetrie) plausibel gemacht ist.

In Bezug auf die Loyalitätspflichten der Geschäftsleitung gilt, dass das Unterlassen der Offenlegung der Wiedereinstellung durch den Erwerber eine Pflichtverletzung darstellt. Die Geschäftschancenlehre findet allerdings keine Anwendung. Beim Management Buyout (in Form der hier interessierenden übertragenden Sanierung, d. h. eines Asset Deal) bestehen umfassende, der Treuepflicht zuzuordnende Aufklärungspflichten in Bezug auf den tatsächlichen Wert des Unternehmens.

Für die Geschäftsleitung gilt der gesellschaftsrechtliche Verschuldensmaßstab, insolvenzrechtlich modifiziert, fort. Für die Übertragung der im Regelverfahren geltenden Erwägungen der besonderen Umstände besteht in der Eigenverwaltung kein Bedürfnis. Die Zustimmung der zuständigen Gläubigerorgane entlastet die Geschäftsleitung nicht. Das Eigenverschulden der Geschäftsleitung ist vielmehr losgelöst von der etwaigen Zustimmung zu beurteilen. Gesellschaftsrechtliche, d. h. satzungsmäßige oder vertraglich zwischen Geschäftsleitung und Gesellschaft vereinbarte Haftungsbeschränkungen finden in der Eigenverwaltung aufgrund der insolvenzrechtlich bestimmten Handlungslegitimation der Geschäftsleitung keine Anwendung mehr.

Eine strenge Haftungsanordnung gilt überdies für den Gläubigerausschuss, dessen Mitglieder ebenfalls nicht den Schutz einer *Business Judgment Rule* genießen.

Der Sachwalter haftet für Pflichtverletzungen insbesondere im Fall von nachlässiger Überwachung des Schuldners bzw. dessen Geschäftsleitung sowie der unterlassenen Nachteilsanzeige gemäß § 274 Abs. 3 InsO.

Literaturverzeichnis

Abeltshauser, Thomas E., Leitungshaftung im Kapitalgesellschaftsrecht. Zu den Sorgfalts- und Loyalitätspflichten von Unternehmensleitern im deutschen und im US-amerikanischen Kapitalgesellschaftsrecht, Köln 1998.

Adams, Edward S., Governance in Chapter 11 Reorganizations: Reducing Costs, Improving Results, in: 73 Boston University Law Review (1993), S. 581–635.

Addo, Fenaba R., Seeking Relief: Bankruptcy and Health Outcomes of Adult Women, in: 3 SSM – Population Health (2017), S. 326–334.

Adeyemo, Megan M., Purchases of Financially Troubled Companies or Their Assets, in: Adeyemo, Megan M./Zahralddin-Aravena, Rafael X. (Hrsg.), Reorganizing Failing Businesses. A Comprehensive Analysis of Financial Restructuring and Business Reorganization. Band 1, 3. Aufl., Chicago (IL) 2017.

Adler, Barry, Bankruptcy Primitives, in: 12 American Bankruptcy Institute Law Review (2004), S. 219–244.

Adler, Barry E., The Creditors' Bargain Revisited, in: 166 University of Pennsylvania Law Review (2018), S. 1853–1865.

Alces, Kelli A., Enforcing Corporate Fiduciary Duties in Bankruptcy, in: 56 University of Kansas Law Review (2007), S. 83–146.

Altman, Edward I./Hotchkiss, Edith/Wang, Wei, Corporate Financial Distress, Restructuring, and Bankruptcy, 4. Aufl., New Jersey 2019.

Altmeppen, Holger, Das neue Recht der Gesellschafterdarlehen in der Praxis, in: NJW 2008, S. 3601–3607.

Ders., Ratio legis des Rechts der Gesellschafterdarlehen am Beispiel der Sicherheiten, in: ZIP 2019, S. 1985–1992.

Anabtawi, Iman, Predatory Management Buyouts, in: 49 U. C. Davis Law Review (2016), S. 1285–1334.

Anderson, Anne M./Ma, Yung-Yu, Acquisitions in Bankruptcy: 363 Sales versus Plan Sales and the Existence of Fire Sales, in: 22 American Bankruptcy Institute Law Review (2014), S. 1–33.

Andrews, Marta G., The Chapter 11 Creditors' Committee: Statutory Watchdog?, in: 2 Bankruptcy Developments Journal (1985), S. 247–292.

Antoni, Peter, Die Haftung des Insolvenzverwalters für unterlassene Sanierungsmaßnahmen und gescheiterte Sanierungspläne, in: NZI 2013, S. 236–240.

Aretz, Kevin/Banerjee, Shantanu/Pryshchepa, Oksana, In the Path of the Storm: Does Distress Risk Cause Industrial Firms to Risk-Shift?, in: 23 Review of Finance (2019), S. 1115–1154.

Arkes, Hal R./Faust, David/Guilmette, Thomas J./Hart, Kathleen, Eliminating the Hindsight Bias, in: 73 Journal of Applied Psychology (1988), S. 305–307.

Armour, John/Enriques, Luca/Hansmann, Henry/Kraakman, Reinier, The Basic Governance Structure: The Interests of Shareholders as a Class, in: Armour, John/Enriques, Luca/Hansmann, Henry u. a. (Hrsg.), The Anatomy of Corporate Law. A Comparative and Functional Approach, 3. Aufl., Oxford 2017.

Armour, John/Hansmann, Henry/Kraakman, Reinier, Agency Problems and Legal Strategies, in: Armour, John/Enriques, Luca/Hansmann, Henry u. a. (Hrsg.), The Anatomy of Corporate Law. A Comparative and Functional Approach, 3. Aufl., Oxford 2017.

Arrow, Kenneth Joseph, The Economics of Agency, in: Pratt, John W./Zeckhauser, Richard J. (Hrsg.), Principals and Agents. The Structure of Business, Boston (MA) 1985.

Athanas, Josef S./Warren, Matthew L./Khatchatourian, Emil P., Bankruptcy Needs to Get Its Priorities Straight: A Proposal for Limiting the Leverage of Unsecured Creditors' Committees When Unsecured Creditors Are out-of-the-Money, in: 26 American Bankruptcy Institute Law Review (2018), S. 93–113.

Auge-Dickhut, Stefanie, Der Aufsichtsrat als Intermediär. Delegation von Kontrollaufgaben bei asymmetrischer Informationsverteilung, Wiesbaden 1999.

Ayotte, Kenneth M./Casey, Anthony J./Skeel, David A., Bankruptcy on the Side, in: 112 Northwestern University Law Review (2017), S. 255–312.

Ayotte, Kenneth M./Morrison, Edward R., Creditor Control and Conflict in Chapter 11, in: 1 Journal of Legal Analysis (2009), S. 511–551.

Bachmann, Gregor, Aufsichtsratsautonomie. Recht und Politik der dualen Unternehmensverfassung, in: Grundmann, Stefan/Haar, Brigitte/Merkt, Hanno u. a. (Hrsg.), Festschrift für Klaus J. Hopt zum 70. Geburtstag, Berlin 2010, S. 337–355.

Ders., Die Haftung des Geschäftsleiters für die Verschwendung von Gesellschaftsvermögen, in: NZG 2013, S. 1121–1128.

Ders., Reformbedarf bei der Business Judgement Rule?, in: ZHR 177 (2013), S. 1–12.

Ders., Gutachten E zum 70. Deutschen Juristentag. Reform der Organhaftung? Materielles Haftungsrecht und seine Durchsetzung in privaten und öffentlichen Unternehmen, in: Ständige Deputation des Deutschen Juristentages (Hrsg.), Verhandlungen des 70. Deutschen Juristentages, München 2014.

Ders., Organhaftung in der Eigenverwaltung, in: ZIP 2015, S. 101–109.

Bachmann, Gregor/Becker, Udo, Haftung des Insolvenz-Geschäftsführers in der Eigenverwaltung, in: NJW 2018, S. 2235–2238.

Bainbridge, Stephen M., Corporation Law and Economics, New York 2002.

Ders., Director Primacy: The Means and Ends of Corporate Governance, in: 97 Northwestern University Law Review (2003), S. 547–606.

Ders., The Business Judgment Rule as Abstention Doctrine, in: 57 Vanderbilt Law Review (2004), S. 83–130.

Ders., Corporate Law, 4. Aufl., St. Paul (MN) 2020.

Bainbridge, Stephen M./Henderson, M. Todd, Outsourcing the Board: How Board Service Providers Can Improve Corporate Governance, Cambridge 2018.

Baird, Douglas G., A World without Bankruptcy, in: 50 Law and Contemporary Problems (1987), S. 173–194.

Ders., The Initiation Problem in Bankruptcy, in: 11 International Review of Law and Economics (1991), S. 223–232.

Ders., Bankruptcy's Uncontested Axioms, in: 108 Yale Law Journal (1998), S. 573–600.

Ders., Lessons from the Automobile Reorganizations, in: 4 Journal of Legal Analysis (2012), S. 271–300.

Ders., Elements of Bankruptcy, 6. Aufl., St. Paul (MN) 2014.

Ders., Chapter 11's Expanding Universe, in: 87 Temple Law Review (2015), S. 975–988.

Baird, Douglas G./Gertner, Robert H./Picker, Randal C., Game theory and the law, Cambridge (MA) 1994.

Baird, Douglas G./Jackson, Thomas H., Corporate Reoganizations and the Treatment of Diverse Ownership Interests: A Comment on Adequate Protection of Secured Creditors in Bankruptcy, in: 51 University of Chicago Law Review (1984), S. 97–130.

Dies., Bargaining after the Fall and the Contours of the Absolute Priority Rule, in: 55 The University of Chicago Law Review (1988), S. 738–789.

Baird, Douglas G./Picker, Randal C., A Simple Noncooperative Bargaining Model of Corporate Reorganizations, in: 20 Journal of Legal Studies (1991), S. 311–350.

Baird, Douglas G./Rasmussen, Robert K., The End of Bankruptcy, in: 55 Stanford Law Review (2002), S. 751–789.

Dies., Private Debt and the Missing Lever of Corporate Governance, in: 154 University of Pennsylvania Law Review (2006), S. 1209–1251.

Dies., Antibankruptcy, in: 119 The Yale Law Journal (2010), S. 648–699.

Ball, Corinne/Kane, John K., How To Handle Corporate Distress Sale Transactions, in: ALI-ABA Business Law Course Materials Journal (April 2003), S. 23–36.

Balleisen, Edward J., Navigating Failure. Bankruptcy and Commercial Society in Antebellum America, Chapel Hill (NC) u. a. 2001.

Ballmann, Alexander/Erker, Martin, Die Gesellschafter einer Kapitalgesellschaft im Insolvenzverfahren – eine Standortbestimmung, in: Exner, Joachim/Paulus, Christoph G. (Hrsg.), Festschrift für Siegfried Beck zum 70. Geburtstag, München 2016, S. 13–25.

Balotti, R. Franklin/Finkelstein, Jesse A. (Hrsg.), Balotti and Finkelstein's Delaware Law of Corporations and Business Organizations, 3. Aufl., Austin 2020.

Balotti, R. Franklin/Hanks, James J., Rejudging the Business Judgment Rule, in: 48 The Business Lawyer (1993), S. 1337–1353.

Balz, Manfred, Logik und Grenzen des Insolvenzrechts. Zugleich eine Besprechung von Jackson, The Logic and Limits of Bankruptcy Law, in: ZIP 1988, S. 1438–1445.

Ders., Restrukturierung in Perspektive, in: Ebke, Werner F./Seagon, Christopher/Blatz, Michael (Hrsg.), Insolvenzrecht 2.020. Perspektiven und Visionen, Baden-Baden 2014.

Banks, Jaden, Another One Bites the Dust: How Jevic Curtailed Creditor Rights to Negotiate in and out of Bankruptcy, in: 2021 Journal of Dispute Resolution (2021), S. 77–114.

Barthen, Henrik/Staab, Günter, § 179a AktG und dessen Anwendungsbereich im Spannungsfeld zwischen Gesellschaftsrecht und Insolvenz, in: ZInsO 2018, S. 833–841.

Bauer, Christoph/von Düsterlho, Jens-Eric, Distressed Mergers & Acquisitions. Kauf und Verkauf von Unternehmen in der Krise, 2. Aufl., Wiesbaden 2015.

Bauer, Leopold, Keine Business Judgment Rule für Insolvenzverwalter. Zugleich Besprechung BGH v. 12. 3. 2020 – IX ZR 125/17, ZIP 2020, 1080, in: ZIP 2020, S. 2272–2278.

Baur, Fritz/Stürner, Rolf, Zwangsvollstreckungs-, Konkurs- und Vergleichsrecht. Band II. Insolvenzrecht, Heidelberg 1990.

Baumbach, Adolf/Hueck, Alfred (Hrsg.), GmbHG. Kommentar, 22. Aufl., München 2019 (zitiert: Baumbach/Hueck-*Bearbeiter*).

Bayer, Walter, Legalitätspflicht der Unternehmensleitung, nützliche Gesetzesverstöße und Regress bei verhängten Sanktionen – dargestellt am Beispiel von Kartellverstößen –, in: Bitter, Georg/Lutter, Marcus/Priester, Hans-Joachim u. a. (Hrsg.), Festschrift für Karsten Schmidt zum 70. Geburtstag, Köln 2009, S. 871–891.

Ders., Die Innenhaftung des GmbH-Geschäftsführers de lege lata und de lege ferenda, in: GmbHR 2014, S. 897–907.

Bayer, Walter/Graff, Simone, Das neue Eigenkapitalersatzrecht nach dem MoMiG, in: DStR 2006, S. 1654–1659.

Bayer, Walter/Lieder, Jan/Hoffmann, Thomas, Übertragung des gesamten Gesellschaftsvermögens nach § 179a AktG. Eine rechtstatsächliche Umschau mit Würdigung, in: AG 2017, S. 717–726.

Bebchuk, Lucian Arye/Fried, Jesse M., The Uneasy Case for the Priority of Secured Claims in Bankruptcy, in: 105 The Yale Law Journal (1996), S. 857–934.

Beck, Hanno, Behavioral Economics. Eine Einführung, Wiesbaden 2014.

Beck, Siegfried/Depré, Peter (Hrsg.), Praxis der Insolvenz. Ein Handbuch für die Beteiligten und ihre Berater, 3. Aufl., München 2017 (*Bearbeiter*, §, in: Beck/Depré [Hrsg.]).

Becker, Christoph, Bancarottierer, in: KTS 2008, S. 3–19.

Ders., Anm. zu BGH, Urt. v. 09.10.2014 – IX ZR 140/11, in: KTS 2015, S. 191–203.

Ders., Anm. zu BGH, Urt. v. 26.04.2018 – IX ZR 238/17, in: KTS 2019, S. 95–103.

Becker, Udo, Insolvenzverwalterhaftung bei Unternehmensfortführung, Tübingen 2016.

Beck'scher Online-Kommentar InsO, hrsg. v. Fridgen, Alexander/Geiwitz, Arndt/Göpfert, Burkard, 22. Edition, München 2021 (zitiert: BeckOK InsO [22. Edition]-*Bearbeiter*).

Beisel, Wilhelm/Klumpp, Hans-Hermann (Hrsg.), Der Unternehmenskauf. Gesamtdarstellung der zivil- und steuerrechtlichen Vorgänge einschließlich gesellschafts-, arbeits- und kartellrechtlicher Fragen bei der Übertragung eines Unternehmens, 7. Aufl., München 2016 (zitiert: *Bearbeiter*, §, in: Beisel/Klumpp [Hrsg.], Unternehmenskauf).

Beissenhirtz, Volker, Gläubigerautonomie in der Insolvenz, in: Kind, Thomas/Kießner, Ferdinand/Frank, Achim (Hrsg.), Unternehmenskrisen – Der Jurist als Notarzt. Festschrift für Eberhard Braun zum 60. Geburtstag, München 2007, S. 183–203.

Bell, Virginia A./Jones, Paul B., Creditors' Committees and Their Roles in Chapter 11 Reorganizations Bankruptcy Reform, in: Detroit College of Law Review (1993), S. 1551–1590.

Bendix, Richard M./Beker, David E., Carve-Out Agreements for the Benefit of Unsecured Creditors: Unanswered Questions, in: 26 American Bankruptcy Institute Journal (2007), S. 24–80.

Bergau, Torsten (Hrsg.), Praxishandbuch Unternehmenskauf, Berlin 2015 (zitiert: *Bearbeiter*, in: Bergau [Hrsg.], Praxishandbuch Unternehmenskauf).

Berger, Christian/Frege, Michael C., Business Judgment Rule bei Unternehmensfortführung in der Insolvenz – Haftungsprivileg für den Verwalter?, in: ZIP 2008, S. 204–210.

Berger, Christian/Frege, Michael C./Nicht, Matthias, Unternehmerische Ermessensentscheidungen im Insolvenzverfahren – Entscheidungsfindung, Kontrolle und persönliche Haftung, in: NZI 2010, S. 321–332.

Berger, Klaus Peter, Fremdkapitalnahe Mezzanine-Finanzierungen. Vertragsrechtliche Risiken, Rating, Finanzierungsfolgenverantwortung, in: ZBB 2008, S. 92–106.

Berkefeld, Sebastian, Die Beteiligung von Investoren an einem Management Buy-Out. Verhaltenspflichten, Haftung und Strategien zur Haftungsvermeidung, Baden-Baden 2011.

Berner, Hans-Joachim/Köster, Malte/Lambrecht, Martin, Fallstricke der vorläufigen Eigenverwaltung und des Schutzschirmverfahrens. Zugleich Plädoyer für einen differenzierten Umgang mit dem „vorgeschlagenen" Sachwalter, in: NZI 2018, S. 425–431.

Bernsau, Georg/Weniger, Stefan, Ein Plädoyer für den Erhalt und die Stärkung der Eigenverwaltung – zugleich eine kritische Bemerkung zum Entwurf eines Gesetzes zur Fortentwicklung des Sanierungs- und Insolvenzrechts (SanInsFoG-RegE) vom 14.10.2020 –, in: BB 2020, S. 2571–2575.

Bernsen, Jan Georg/Bernsen, Rolf, Stimmrechte und -verbote in der Gläubigerversammlung, in: Dahl, Michael/Jauch, Hans-Gerd H./Wolf, Christian (Hrsg.), Sanierung und Insolvenz. Festschrift für Klaus Hubert Görg zum 70. Geburtstag, München 2010, S. 27–42.

Betteray, Wolfgang von/Gass, Wolfram, Vorverträge, Asset Deals und Unternehmenskaufverträge in der Insolvenz, in: BB 2004, S. 2309–2318.

Bezzenberger, Tilman, Die derivative Haftungsklage der Aktionäre – Deutsches und US-amerikanisches Recht –, in: ZGR 2018, S. 584–631.

Biehl, Björn/Jost, Jan Axel, Übertragende Sanierung – Chancen und Risiken für Investoren, in: BB 2021, 2118–2122.

Bienenstock, Martin J., Conflicts Between Management and the Debtor In Possession's Fiduciary Duties, in: 61 Cincinatti Law Review (1992), S. 543–568.

Bilgery, Wolfgang, Die Eigenverwaltung in der Konzerninsolvenz. Zugleich einige kritische Anmerkungen zu § 276a InsO, in: ZInsO 2014, S. 1694–1697.

Bitter, Georg, Sanierung in der Insolvenz – Der Beitrag von Treue- und Aufopferungspflichten zum Sanierungserfolg, in: ZGR 2010, S. 147–200.

Ders., Anm. zu BGH, Urteil v. 26. 4. 2018 – IX ZR 238/17, ZIP 2018, 977, in: ZIP 2018, S. 986–988.

Ders., Anfechtbarkeit ursprünglicher Sicherheiten für Gesellschafterdarlehen: Es lebe die Betriebsaufspaltung!, in: ZIP 2019, S. 737–749.

Ders., Geschäftsleiterhaftung in der Insolvenz – Alles neu durch SanInsFoG und StaRUG?, in: ZIP 2021, S. 321–336.

Bitter, Georg/Alles, Matthias, Das Verwertungsrecht des Insolvenzverwalters gemäß § 166 Abs. 1 InsO bei verpfändeten globalverbrieften Aktien, in: KTS 2013, S. 113–153.

Bitter, Georg/Baschnagel, Markus, Haftung von Geschäftsführern und Gesellschaftern in der Insolvenz ihrer GmbH – Teil 1, in: ZInsO 2018, S. 557–597.

Dies., Haftung von Geschäftsführern und Gesellschaftern in der Insolvenz ihrer GmbH – Teil 2, in: ZInsO 2018, S. 625–659.

Bitter, Georg/Laspeyres, Anne, Rechtsträgerspezifische Berechtigungen als Hindernis übertragender Sanierung, in: ZIP 2010, S. 1157–1165.

Bitter, Georg/Rauhut, Tilman, Insolvenzrechtliche Grundlagen der übertragenden Sanierung. Eine Einführung unter Berücksichtigung des Gesetzes zur Vereinfachung des Insolvenzverfahrens – Teil A: Übernahmegestaltung und Haftungsvermeidung, in: KSI 2007, S. 197–202.

Dies., Insolvenzrechtliche Grundlagen der übertragenden Sanierung. Eine Einführung unter Berücksichtigung des Gesetzes zur Vereinfachung des Insolvenzverfahrens – Teil B: Verfahrensfragen, in: KSI 2007, S. 258–261.

Blain, Peter C./Erne, David E., Creditors' Committees under Chapter 11 of the United States Bankruptcy Code: Creation, Composition, Powers and Duties, in: 67 Marquette Law Review (1984), S. 491–522.

Blain, Peter C./O'Gawa, Diane Harrison, Creditors' Committees under Chapter 11 of the United States Bankruptcy Code: Creation, Composition, Powers and Duties, in: 73 Marquette Law Review (1990), S. 581–624.

Blanc, Robert S., Putting a Limit on Unlimited Creditors' Committee Liability, in: 13 Bankruptcy Developments Journal (1997), S. 359–388.

Blankenburg, Daniel, Reform der Eigenverwaltung durch das SanInsFoG aus gerichtlicher Sicht, in: ZInsO 2021, S. 753–769.

Blasche, Sebastian, Die Anwendung der Business Judgement Rule bei Kollegialentscheidungen und Vorliegen eines Interessenkonflikts bei einem der Vorstandsmitglieder, in: AG 2010, S. 692–699.

Blersch, Jürgen/Goetsch, Hans-Wilhelm/Haas, Ulrich (Hrsg.), Berliner Kommentar zum Insolvenzrecht, Köln 2020 (zitiert: BK-*Bearbeiter*).

Blum, Walter J., The Law and Language of Corporate Reorganization, in: 17 University of Chicago Law Review (1950), S. 565–603.

Bochmann, Christian, Covenants und die Verfassung der Aktiengesellschaft. Aktienrechtliche Legitimationsbedürftigkeit und Legitimationsfähigkeit von Kreditsicherungsklauseln mit korporativen Bezügen, Tübingen 2012.

Bogart, Daniel B., Liability of Directors of Chapter 11 Debtors in Possession: „Don't Look Back – Something May Be Gaining on You", in: 68 American Bankruptcy Law Journal (1994), S. 155–268.

Böhm, Volker, Erfolgsfaktoren in der Eigenverwaltung, in: Heinrich, Christian (Hrsg.), Krise als Chance?!: Neues zur Restrukturierung, Sanierung und Insolvenz von Unternehmen, Baden-Baden 2020.

Bork, Reinhard, Gesamt(schadens)liquidation im Insolvenzverfahren, in: Arbeitskreis für Insolvenz- und Schiedsgerichtswesen e. V. (Hrsg.), Kölner Schrift zur Insolvenzordnung. Das neue Insolvenzrecht in der Praxis, 2000, S. 1333–1346.

Ders., Abschaffung des Eigenkapitalersatzrechts zugunsten des Insolvenzrechts?, in: ZGR 2007, S. 250–270.

Ders., Die Unabhängigkeit des Insolvenzverwalters ist nicht disponibel, in: ZIP 2013, S. 145–149.

Ders., Einführung in das Insolvenzrecht, 10. Aufl., Tübingen 2021.

Bork, Reinhard/Schäfer, Carsten, GmbHG. Kommentar, 4. Aufl., Köln 2019 (Bork/Schäfer-*Bearbeiter*).

Bosch, Nikolaus/Lange, Knut Werner, Unternehmerischer Handlungsspielraum des Vorstandes zwischen zivilrechtlicher Verantwortung und strafrechtlicher Sanktion, in: JZ 2009, S. 225–237.

Bottom, William P./Paese, Paul W., Judgment Accuracy and the Asymmetric Cost of Errors in Distributive Bargaining, in: 8 Group Decision and Negotiation (1999), S. 349–364.

Bowles, C. R./Egan, John, The Sale of the Century or a Fraud on Creditors: The Fiduciary Duty of Trustees and Debtors in Possession Relating to the Sale of a Debtor's Assets in Bankruptcy, in: 28 The University of Memphis Law Review (1998), S. 781–857.

Bradley, Christopher G., The New Small Business Bankruptcy Game: Strategies for Creditors under the Small Business Reorganization Act, in: 28 American Bankruptcy Institute Law Review (2020), S. 251–284.

Brändle, Udo C./Noll, Jürgen, The Power of Monitoring, in: 5 German Law Journal (2004), S. 1349–1371.

Branson, Douglas M., The Rule That Isn't a Rule – The Business Judgment Rule, in: 36 Valparaiso University Law Review (2002), S. 631–654.

Bratton, William W., Bond Covenants and Creditor Protection: Economics and Law, Theory and Practice, Substance and Process, in: 7 EBOR (2006), S. 39–87.

Braucher, Jean, Bankruptcy Reorganization and Economic Development, in: 23 Capital University Law Review (1994), S. 499–520.

Braunschweig, Vincent, Die Behandlung von Gesellschafterdarlehen in der Insolvenz in Deutschland und den USA, Frankfurt am Main 2012.

Brege, Jason, An Efficiency Model of Section 363(b) Sales, in: 92 Virginia Law Review (2006), S. 1639–1686.

Breidenstein, Matthias, Covenantgestützte Bankdarlehen in der Insolvenz, in: ZInsO 2010, S. 273–283.

Brinkmann, Moritz, Haftungsrisiken im Schutzschirmverfahren und in der Eigenverwaltung (Teil 2), in: DB 2012, S. 1369–1372.

Ders., Zum Anschleichen bei schuldenbasierten Übernahmen – Ein Plädoyer für die Einführung von Transparenzregeln im Hinblick auf Loan-to-own-Strategien, in: WM 2017, S. 1033–1041.

Ders., Der Insolvenzexperte in der Eigenverwaltung – Notwendigkeit, Bestellung, Haftung –, in: Bork, Reinhard/Grupp, Dietmar/Kübler, Bruno (Hrsg.), Festschrift zu Ehren von Godehard Kayser, Köln 2019, S. 99–115.

Brocker, Moritz/Schulenburg, Volker, Drum prüfe, wer sich (ewig) bindet – das Damoklesschwert des § 179a AktG bei M&A-Transaktionen im Allgemeinen sowie im insolvenznahen Bereich, in: BB 2015, S. 1993–1998.

Brömmelmeyer, Christoph, Neue Regeln für die Binnenhaftung des Vorstands – Ein Beitrag zur Konkretisierung der Business Judgment Rule, in: WM 2005, S. 2065–2070.

Brown, Andrew S., Breaking up and Making Out (Rich): Recommendations for Revision of Bankruptcy Code Provisions Governing Break-Up Fees Used by Stalking Horse Bidders in Sec. 363 Bankruptcy Asset Sales Note, in: 62 Florida Law Review (2010), S. 1463–1486.

Brubaker, Ralph, Taking Chapter 11's Distribution Rules Seriously: „Inter-Class Gifting Is Dead! Long Live Inter-Class Gifting!", in: 31 No. 4 Bankruptcy Law Letter 1 (2011).

Brubaker, Ralph/Tabb, Charles Jordan, Bankruptcy Reorganizations and the Troubling Legacy of Chrysler and GM, in: University of Illinois Law Review (2010), S. 1375–1410.

Buccola, Vincent S. J./Keller, Ashley C., Credit Bidding and the Design of Bankruptcy Auctions, in: 18 George Mason Law Review (2010), S. 99–124.

Buchalik, Robert, Restrukturierungs-/Sanierungsmöglichkeiten aus der Sicht der finanzierenden Bank, in: Betteray, Wolfgang von/Delhaes, Wolfgang (Hrsg.), Festschrift für Friedrich Wilhelm Metzeler zum 70. Geburtstag, 2003, S. 225–269.

Ders., § 1 InsO – der Erhalt des Unternehmens als Ziel des Insolvenzverfahrens nach Inkrafttreten des ESUG?, in: ZInsO 2015, S. 484–489.

Buchalik, Robert/Hiebert, Olaf, Anmerkung zu BGH, Beschluss v. 22.06.2017 – IX ZB 82/16, in: EWiR 2017, S. 501–502.
Buchalik, Robert/Schröder, Katrin, Kann der eigenverwaltende Schuldner auch gegen seinen Willen verpflichtet werden einen M&A-Prozess einzuleiten und zu finanzieren? Zur Reichweite und zum Inhalt von Vergleichsrechnungen in der Eigenverwaltung, in: ZInsO 2016, S. 189–200.
Buchanan, Norman S., The Economics of Corporate Enterprise, New York 1940.
Büchler, Olaf, Befriedigung von Immobiliargläubigern, in: ZInsO 2011, S. 718–721.
Buchta, Jens/Ott, Kai-Peter, Business Judgement Rule in der Eigenverwaltung – eine Betrachtung 3 Jahre nach Inkrafttreten des ESUG, in: ZInsO 2015, S. 288–292.
Bucki, Craig R., Cracking the Code: The Legal Authority behind Extrastatutory Debtor-in-Possession Financing Mechanisms and Their Prospects for Survival, in: 2005 Columbia Business Law Review (2005), S. 357–401.
Budnitz, Mark E., Chapter 11 Business Reorganizations and Shareholder Meetings: Will the Meeting Please Come to Order, or Should the Meeting be Cancelled Altogether, in: 58 George Washington Law Review (1990), S. 1214–1267.
Bufford, Samuel L., What is Right about Bankruptcy Law and Wrong about its Critics, in: 72 Washington University Law Quarterly (1994), S. 829–848.
Bulgrin, Gerrit, Die strategische Insolvenz. Zwischen Missbrauch und kunstgerechter Handhabung des Insolvenzplanverfahrens als gesellschaftsrechtliches Gestaltungsinstrument, Tübingen 2016.
Bungert, Hartwin/Rothfuchs, Martin, Vorbereitung und Durchführung der Sonderprüfung nach § 142 Abs. 2 AktG in der Praxis, in: DB 2011, S. 1677–1682.
Burnett, Jason B./Jacobs, Kenneth B., Cross-Collateralization in the Wake of Shapiro v. Saybrook Manufacturing Co. (In Re Saybrook Manufacturing Co.), in: 9 Bankruptcy Developments Journal (1993), S. 503–519.
Bussel, Daniel J., Creditors' Committees as Estate Representatives in Bankruptcy Litigation, in: 10 Stanford Journal of Law, Business & Finance (2004), S. 28–37.
Ders., A Third Way: Examiners as Inquisitors, in: 90 American Bankruptcy Institute Journal (2016), S. 59–127.
Bussel, Daniel J./Klee, Kenneth N., Recalibrating Consent in Bankruptcy, in: 83 American Bankruptcy Law Journal (2009), S. 663–748.
Buth, Andrea K./Hermanns, Michael (Hrsg.), Restrukturierung, Sanierung, Insolvenz, 4. Aufl., München 2014 (zitiert: *Bearbeiter*, in: Buth/Hermanns [Hrsg.], Restrukturierung, Sanierung, Insolvenz).
Butler, John Wm, Jr./Dickerson, Chris L./Neuman, Stephen S., Preserving State Corporate Governance Law in Chapter 11: Maximizing Value through Traditional Fiduciaries, in: 18 American Bankruptcy Institute Law Review (2010), S. 337–364.
Bydlinski, Franz, Juristische Methodenlehre und Rechtsbegriff, 2. Aufl., Wien 1991.
Cadmus, Ferdinand, Die Haftung der GmbH und ihres Geschäftsführers in der Eigenverwaltung, Köln 2016.
Cahn, Andreas, Gesellschafterfremdfinanzierung und Eigenkapitalersatz, in: AG 2005, S. 217–227.
Ders., Aufsichtsrat und Business Judgment Rule, in: WM 2013, S. 1293–1305.
Canaris, Claus-Wilhelm, Leistungsstörungen beim Unternehmenskauf, in: ZGR 1982, S. 395–434.
Ders., Handelsrecht, 24. Aufl., München 2006.

Casey, Anthony J., The Creditors' Bargain and Option-Preservation Priority in Chapter 11, in: 78 The University of Chicago Law Review (2011), S. 759–807.

Ders., Chapter 11's Renegotiation Framework and the Purpose of Corporate Bankruptcy, in: 120 Columbia Law Review (2020), S. 1709–1770.

Chaitman, Helen Davis, The Equitable Subordination of Bank Claims, in: 39 The Business Lawyer (1984), S. 1561–1572.

Chamblee, Gary D., Reducing Battles between First and Second Lien Holders through Intercreditor Agreements: The Role of the New ABA Model Intercreditor Agreement Task Force, in: 12 North Carolina Banking Institute (2008), S. 1–20.

Chapeaurouge, Ami de/Hafner, Till, Loan-to-Control als Strukturalternative des Praxisgebietes Distressed Mergers and Acquisitions. Zugleich ein Beitrag zum Debt Aktivismus in Deutschland, in: Knecht, Thomas C./Hommel, Ulrich/Wohlenberg, Holger (Hrsg.), Handbuch Unternehmensrestrukturierung. Grundlagen, Konzepte, Maßnahmen, 2. Aufl., Wiesbaden 2018.

Chatterjee, Sris/Dhillon, Upinder S./Ramírez, Gabriel G., Debtor-in-possession financing, in: 28 Journal of Banking & Finance (2004), S. 3097–3111.

Chaver, Alon/Fried, Jesse M., Managers' Fiduciary Duty upon the Firm's Insolvency: Accounting for Performance Creditors, in: 55 Vanderbilt Law Review (2002), S. 1813–1844.

Chou, Anna Y., Corporate Governance In Chapter 11: Electing A New Board, in: 65 American Bankruptcy Law Journal (1991), S. 559–589.

Cordry, Karen, Section 363 Sales: Cherry-Picking the Code: Successor Liability and Lessons from Wile E. Coyote, in: 28 Norton Journal of Bankruptcy Law and Practice (2019), S. 646–738.

Cousins, Scott D., Chapter 11 Asset Sales, in: 27 Delaware Journal of Corporate Law (2002), S. 835–850.

Cox, James D./Hazen, Thomas Lee, Treatise on the Law of Corporations, 3. Aufl., St. Paul (MN) 2020.

Cramer, Carsten, Change of Control-Klauseln im deutschen Unternehmensrecht, Baden-Baden 2009.

Cranshaw, Friedrich L., Haftung, Versicherung und Haftungsbeschränkung des (vorläufigen) Gläubigerausschusses? Zugleich eine Erwiderung auf Hirte, „ESUG: Brauchen die Mitglieder des vorläufigen Gläubigerausschusses überhaupt eine Versicherung?" sowie Anmerkung zu AG Ludwigshafen/Rhein, Beschl. v. 4.5.2011 – 3f IN 103/12, in: ZInsO 2012, S. 1151–1160.

Cranshaw, Friedrich L./Portisch, Wolfgang/Knöpnadel, Ulf, Aspekte der Haftung, der Versicherung und des Risikomanagements des Gläubigerausschusses – Teil 1, in: ZInsO 2015, S. 1–15.

Cuevas, Carlos J., Due Process and Adequate Representation in a Chapter 11 Case: The Appointment and Removal of Members of a Creditors' Committee in a Corporate Reorganization, in: 24 New England Law Review (1989), S. 333–388.

Dahiya, Sandeep/John, Kose/Puric, Manju/Ramírez, Gabriel G., Debtor-in-possession financingand bankruptcy resolution: Empirical evidence, in: 69 Journal of Financial Economics (2003), S. 259–280.

Dahiya, Sandeep/Ray, Korok, A Theoretical Framework for Evaluating Debtor-In-Possession Financing, in: 34 Emory Bankruptcy Developments Journal (2017), S. 57–88.

Davies, Paul, Directors' Creditor-Regarding Duties in Respect of Trading Decisions Taken in the Vicinity of Insolvency, in: Eidenmüller, Horst/Schön, Wolfgang (Hrsg.),

The Law and Economics of Creditor Protection. A Transatlantic Perspective, The Hague 2008.

Davis, Kenneth B., Jr., Once More, the Business Judgment Rule, in: 2000 Wisconsin Law Review (2000), S. 573–596.

Dawson, Andrew B., Selling out, in: 41 Cardozo Law Review (2020), S. 2521–2560.

Decker, Torsten/Schäfer, Thiemo, Die Unternehmensinsolvenz aus Investorensicht, in: BB 2015, S. 198–205.

Deckers, Marc, Die Mitgliedschaft in der Insolvenz, Baden-Baden 2019.

Deipenbrock, Gudula, Legal Transplants? – Rechtsvergleichende Grundüberlegungen zum technischen Rechtsnormtransfer, in: ZVglRWiss 107 (2008), S. 343–361.

Demleitner, Nora V., Combating Legal Ethnocentrism: Comparative Law Sets Boundaries, in: 31 Arizona State Law Journal (1999), S. 737–762.

Derksen, Nils, Die Unternehmenssanierung innerhalb und außerhalb der Insolvenz. Eine vergleichende Betrachtung der gesetzlichen Sanierungsinstrumente im deutschen und englischen Recht, Baden-Baden 2017.

Desch, Wolfram, Schutzschirmverfahren nach dem RegE-ESUG in der Praxis, in: BB 2011, S. 841–846.

Dibadj, Reza, Disclosure as Delaware's New Frontier, in: 70 Hastings Law Journal (2019), S. 689–716.

Dick, Diane Lourdes, Hostile Restructurings, in: 96 Washington Law Review (2021), S. 1333–1388.

Dickerson, A. Mechele, Privatizing Ethics in Corporate Reorganizations, in: 93 Minnesota Law Review (2009), S. 875–932.

Dieckmann, Andreas, 30 Jahre „Baustoff-Entscheidung" und ihre Relevanz für die Organaußenhaftung von heute, in: ZGR 2020, S. 1039–1077.

Diekmann, Hans/Fleischmann, Dermot, Umgang mit Interessenkonflikten in Aufsichtsrat und Vorstand der Aktiengesellschaft, in: AG 2013, S. 141–150.

Diem, Andreas/Jahn, Christian Hendrik, Akquisitionsfinanzierungen. Kredite für Unternehmenskäufe, 4. Aufl., München 2019.

Dizengoff, Reuben E., Beyond Gifting: Harmonizing the Devolution of Reorganization Plan Gifts and the Evolution of Sale Gifts, in: 39 Cardozo Law Review (2017), S. 787–824.

Dobbs, C. Edward, Negotiating Points in Second Lien Financing Transactions, in: 4 DePaul Business & Commercial Law Journal (2006), S. 189–234.

Dooley, Michael P./Veasey, E. Norman, The Role of the Board in Derivative Litigation: Delaware Law and the Current ALI Proposals Compared, in: 44 Business Lawyer (1988), S. 503–542.

Doralt, Maria, Management Buyout. Aktionärs- und Gläubigerschutz durch den Grundsatz der Kapitalerhaltung, Wien 2001.

Dubovitskaya, Elena, Offenlegungspflichten der Organmitglieder in Kapitalgesellschaften, Tübingen 2020.

Dunne, Dennis F., The Revlon Duties and the Sale of Companies in Chapter 11, in: 52 The Business Lawyer (1997), S. 1333–1357.

Easterbrook, Frank H./Fischel, Daniel R., Voting in Corporate Law, in: 26 The Journal of Law & Economics (1983), S. 395–427.

Dies., The Economic Structure of Corporate Law, Cambridge (MA) 1991.

Ebke, Werner F., Management Buy-Outs, in: ZHR 155 (1991), S. 132–162.

Eckbo, B. Espen/Thorburn, Karin S., Automatic Bankruptcy Auctions and Fire-Sales, in: Journal of Financial Economics 2008, S. 404–422.

Eckelt, Florian, Der präventive Restrukturierungsrahmen: Europäische Vorgaben und Umsetzungsspielräume für die EU-Mitgliedstaaten, Baden-Baden 2020.

Ehlers, Harald, Besondere Haftungsgefahren für Juristen in der Insolvenzverwaltung – insbesondere die Notwendigkeit der Nutzung betriebswirtschaftlicher Techniken –, in: ZInsO 2006, S. 902–910.

Ders., Teilnahme und Nutzen einer Mitgliedschaft im Gläubigerausschuss, in: BB 2013, S. 259–264.

Ehricke, Ulrich, Beschlüsse einer Gläubigerversammlung bei mangelnder Teilnahme der Gläubiger, in: NZI 2000, S. 57–62.

Eidenmüller, Horst, Die Banken im Gefangenendilemma: Kooperationspflichten und Akkordstörungsverbot im Sanierungsrecht, in: ZHR 160 (1996), S. 343–373.

Ders., Unternehmenssanierung zwischen Markt und Gesetz. Mechanismen der Unternehmensreorganisation und Kooperationspflichten im Reorganisationsrecht, Köln 1999.

Ders., Gesellschafterstellung und Insolvenzplan, in: ZGR 2001, S. 680–711.

Ders., Verfahrenskoordination bei Konzerninsolvenzen, in: ZHR 169 (2005), S. 528–569.

Ders., Die GmbH im Wettbewerb der Rechtsformen, in: ZGR 2007, S. 168–211.

Ders., Gesellschafterdarlehen in der Insolvenz, in: Heldrich, Andreas/Prölss, Jürgen/Koller, Ingo (Hrsg.), Festschrift für Claus-Wilhelm Canaris zum 70. Geburtstag, Band II, 2007, S. 49–70.

Ders., Trading in Times of Crisis: Formal Insolvency Proceedings, Workouts and the Incentives for Shareholders/Managers, in: Eidenmüller, Horst/Schön, Wolfgang (Hrsg.), The Law and Economics of Creditor Protection. A Transatlantic Perspective, Den Haag 2008.

Ders., Die Eigenverwaltung im System des Restrukturierungsrechts, in: ZHR 175 (2011), S. 11–37.

Ders., Strategische Insolvenz: Möglichkeiten, Grenzen, Rechtsvergleichung, in: ZIP 2014, S. 1197–1205.

Ders., Die Restrukturierungsempfehlung der EU-Kommission und das deutsche Restrukturierungsrecht, in: KTS 2014, S. 401–422.

Ders., Der Insolvenzplan als gesellschaftsrechtliches Universalwerkzeug, in: NJW 2014, S. 17–19.

Ders., Was ist ein Insolvenzverfahren?, in: ZIP 2016, S. 145–151.

Ders., Contracting for a European Insolvency Regime, in: 18 European Business Organization Law Review (2017), S. 273–304.

Ders., What Is an Insolvency Proceeding?, in: 92 American Bankruptcy Law Journal (2018), S. 53–72.

Eilers, Stephan/Koffka, Nils Matthias/Mackensen, Marcus u. a. (Hrsg.), Private Equity, 3. Aufl., München 2018. (zitiert: *Bearbeiter*, in: Eilers u. a. [Hrsg.], Private Equity).

Eisenberg, Leah M., Gifting and Asset Reallocation in Chapter 11 Proceedings: A Synthesized Approach, in: 29 American Bankruptcy Institute Journal (2010), S. 50–55.

Eisenberg, Melvin A., The Duty of Care of Corporate Directors and Officers, in: 51 University of Pittsburgh Law Review (1990), S. 945–972.

Ders., The Board of Directors and Internal Control, in: 19 Cardozo Law Review (1997), S. 237–264.

Eklund, Carl A./Roberts, Lynn W., The Problem with Creditors' Committees in Chapter 11: How to Manage the Inherent Conflicts without Loss of Function, in: 5 American Bankruptcy Institute Law Review (1997), S. 129–164.

Endemann, Wilhelm, Die Entwickelung des Konkursverfahrens in der gemeinrechtlichen Lehre bis zu der Deutschen Konkursordnung vom 10. Februar 1877, in: ZZP 12 (1888), S. 24–96.

Erens, Brad B./Hall, David A., Secured Lender Rights in 363 Sales and Related Issues of Lender Consent, in: 18 American Bankruptcy Institute Law Review (2010), S. 535–568.

Escher-Weingart, Christina, Corporate Governance Strukturen – ein deutsch-U. S.-amerikanischer Rechtsvergleich, in: ZVglRWiss 99 (2000), S. 387–409.

Falk, Ulrich/Schäfer, Carsten, Insolvenz- und gesellschaftsrechtliche Haftungsrisiken der übertragenden Sanierung, in: ZIP 2004, S. 1337–1346.

Fama, Eugene F./Jensen, Michael C., Separation of Ownership and Control, in: 26 Journal of Law & Economics (1983), S. 301–326.

Finke, Jan, Kollision von Gesellschaftsrecht und Insolvenzrecht. Die Organkompetenzen der Aktiengesellschaft in Eigenverwaltung, Baden-Baden 2011.

Fischhoff, Baruch, Hindsight is Not Equal to Foresight: The Effect of Outcome Knowledge on Judgment under Uncertainty, in: 1 Journal of Experimental Psychology: Human Perception & Performance (1975), S. 288–299.

Fishman, Robert M./Gouveia, Gordon E., What's Driving Section 363 Sales after Chrysler and General Motors?, in: 19 Norton Journal of Bankruptcy Law and Practice (2010), S. 351–374.

Fleischer, Holger, Covenants und Kapitalersatz, in: ZIP 1998, S. 313–321.

Ders., Informationspflichten der Geschäftsleiter beim Management Buyout im Schnittfeld von Vertrags-, Gesellschafts- und Kapitalmarktrecht, in: AG 2000, S. 309–321.

Ders., Die Sonderprüfung im GmbH-Recht. Überlegungen de lege lata und de lege ferenda, in: GmbHR 2001, S. 45–53.

Ders., Die „Business Judgment Rule" im Spiegel von Rechtsvergleichung und Rechtsökonomie, in: *Wank, Rolf/Hirte, Heribert/Frey, Kaspar u. a.*, Festschrift für Herbert Wiedemann zum 70. Geburtstag, 2002, S. 827–849.

Ders., Gelöste und ungelöste Probleme der gesellschaftsrechtlichen Geschäftschancenlehre, in: NZG 2003, S. 985–992.

Ders., Zum Grundsatz der Gesamtverantwortung im Aktienrecht, in: NZG 2003, S. 449–459.

Ders., Zur organschaftlichen Treuepflicht der Geschäftsleiter im Aktien- und GmbH-Recht, in: WM 2003, S. 1045–1058.

Ders., Die „Business Judgment Rule": Vom Richterrecht zur Kodifizierung, in: ZIP 2004, S. 685–692.

Ders., Aktienrechtliche Legalitätspflicht und „nützliche" Pflichtverletzungen von Vorstandsmitgliedern, in: ZIP 2005, S. 141–152.

Ders., Haftungsfreistellung, Prozesskostenersatz und Versicherung für Vorstandsmitglieder – eine rechtsvergleichende Bestandsaufnahme zur Enthaftung des Managements –, in: WM 2005, S. 909–920.

Ders., Zulässigkeit und Grenzen von Break-Fee-Vereinbarungen im Aktien- und Kapitalmarktrecht, in: AG 2009, S. 345–356.

Ders., Das unternehmerische Ermessen des GmbH-Geschäftsführers und seine GmbH-spezifischen Grenzen, in: NZG 2011, S. 521–527.

Ders., Zur Einschränkbarkeit der Geschäftsführerhaftung in der GmbH, in: BB 2011, S. 2435–2440.

Ders., Gestaltungsgrenzen für Zustimmungsvorbehalte des Aufsichtsrats nach § 111 Abs. 4 S. 2 AktG, in: BB 2013, S. 835–843.

Ders., Reformperspektiven der Organhaftung: Empfiehlt sich eine stärkere Kodifizierung von Richterrecht?, in: DB 2014, S. 1971–1975.

Ders., Ruinöse Managerhaftung: Reaktionsmöglichkeiten de lege lata und de lege ferenda, in: ZIP 2014, S. 1305–1316.

Ders., Unternehmensinteresse und intérêt social: Schlüsselfiguren aktienrechtlichen Denkens in Deutschland und Frankreich, in: ZGR 2018, S. 703–734.

Fleischer, Holger/Heinrich, Elke, § 10 – Holzmüller, in: Fleischer, Holger/Thiessen, Jan (Hrsg.), Gesellschaftsrechts-Geschichten, Tübingen 2018.

Flessner, Axel, Sanierung und Reorganisation, Tübingen 1982.

Flöther, Lucas F., Die aktuelle Reform des Insolvenzrechts durch das ESUG – Mehr Schein als Sein?, in: ZIP 2012, S. 1833–1842.

Ders., Der vorläufige Sachwalter – Pilot, Co-Pilot oder fünftes Rad am Wagen?, in: ZInsO 2014, S. 465–472.

Fölsing, Philipp, Die Auswahl des Sachwalters in der Eigenverwaltung. Gläubigereinfluss versus richterliche Entscheidungskompetenz, in: ZInsO 2012, S. 2272–2276.

Forster, Wolfgang, Deutsches Konkursrecht – oberitalienisch, niederländisch, französisch, spanisch? Der Konkursprozess des gemeinen Rechts und das Werk Salgado de Somozas, in: Bauer, Andreas/Welker, Karl H. L. (Hrsg.), Europa und seine Regionen. 2000 Jahre Rechtsgeschichte, Köln u. a. 2007.

Ders., Konkurs als Verfahren. Francisco Salgado de Somoza in der Geschichte des Insolvenzrechts, Köln 2009.

Franke, Günter/Hax, Herbert, Finanzwirtschaft des Unternehmens und Kapitalmarkt, 5. Aufl., Berlin 2004.

Frankenberg, Günter, Critical Comparisons: Re-thinking Comparative Law, in: 26 Harvard International Law Journal (1985), S. 411–456.

Frankfurter Kommentar zur Insolvenzordnung, hrsg. v. Wimmer, Klaus, 9. Aufl., Köln 2018 (zitiert: FK-*Bearbeiter*).

Fraser, Simon E., 3d Circuit Bolsters „Gifting“, Approves Flexible Approach to Distribution of Funds, in: 34 American Bankruptcy Institute Journal (2015), S. 18–105.

Freeman, Susan M., Are DIP and Committee Counsel Fiduciaries for Their Clients' Constituents or the Bankruptcy Estate: What Is a Fiduciary, Anyway?, in: 17 American Bankruptcy Institute Law Review (2009), S. 291–384.

Frege, Michael C., Die Rechtsstellung des Gläubigerausschusses nach der Insolvenzordnung (InsO), in: NZG 1999, S. 478–484.

Friedman, Ellen A./Georgelos, Demetra V./Murphy, Patrick A., Sales of Collateral in Bankruptcy, in: 35 Uniform Commercial Code Law Journal (2002), S. 69–90.

Friedman, Todd L., The Unjustified Business Justification Rule: A Reexamination of the Lionel Canon in Light of the Bankruptcies of Lehman, Chrysler, and General Motors in: 11 UC Davis Business Law Journal (2010), S. 181–220.

Frimet, Zachary R., Reward the Stalking Horse or Preserve the Estate: Determining the Appropriate Standard of Review for Awarding Break-Up Fees in Section 363 Sales Notes, in: 20 Fordham Journal of Corporate and Financial Law (2015), S. 461–496.

Frind, Frank, Der vorläufige Gläubigerausschuss – Rechte, Pflichten, Haftungsgefahren. Gläubigerverantwortung im Eröffnungsverfahren: haftungsrechtlicher „Schleudersitz"?, in: ZIP 2012, S. 1380–1387.

Ders., Probleme bei Bildung und Kompetenz des vorläufigen Gläubigerausschusses, in: BB 2013, S. 265–270.

Ders., Die Unabhängigkeit des (vorläufigen) Insolvenzverwalters/Sachwalters nach Inkrafttreten des „ESUG", in: ZInsO 2014, S. 119–131.

Ders., Gefahrzone Eigenverwaltung – Eine Zwischenbilanz über das Instrument Eigenverwaltung nach „ESUG" aus gerichtlicher Sicht –, in: WM 2014, S. 590–598.

Ders., Wann ist (ein Ratschlag zur) Eigenverwaltung gerechtfertigt? – Probleme der Eigenverwaltung nach „ESUG" aus gerichtlicher Sicht –, in: DB 2014, S. 165–170.

Ders., Die Sicherstellung eines nachhaltigen Sanierungsergebnisses im Insolvenzverfahren – Möglichkeiten der Insolvenzgerichte bei den verschiedenen Sanierungsvarianten – Teil 2. Sicherungsmöglichkeiten für den Weg in eine nachhaltige Sanierung – die übertragende Sanierung, in: ZInsO 2015, S. 2309–2311.

Ders., Die Haftungsreichweite bei der Insolvenzverwaltung – insbesondere bei Betriebsfortführung mit Asset Deal, in: ZInsO 2020, S. 1213–1218.

Ders., Neuregelung der Eigenverwaltung gemäß SanInsFoG: Mehr Qualität oder „sanierungsfeindlicher Hürdenlauf"?, in: ZIP 2021, S. 171–179.

Fritz-Aßmus, Dieter/Tuchtfeldt, Egon, Insolvenzen in Deutschland: Entwicklung und ordnungspolitische Perspektiven, in: ORDO 53 (2002), S. 259–278.

Fröhlich, Andreas/Eckhardt, Jonas, Bewertung insolventer Unternehmen (in Eigenverwaltungsverfahren): Rahmenbedingungen, Herausforderungen, Lösungsansätze, Würdigung, in: ZInsO 2015, S. 925–936.

Fröhlich, Andreas/Köchling, Marcel, Realisierung von suboptimalen Werten bei Betriebsveräußerungen an Insider. Zugleich Anmerkung zur Änderung des § 22 InsO im Diskussionsentwurf des Bundesministeriums der Justiz, in: ZInsO 2003, S. 923–929.

Dies., Verkauf eines insolventen Unternehmens – Bestandsaufnahme und Handlungsleitfaden zur Realisierung übertragender Sanierungen, in: ZInsO 2005, S. 1121–1130.

Frost, Christopher W., Running the Asylum: Governance Problems in Bankruptcy Reorganizations, in: 34 Arizona Law Review (1992), S. 89–140.

Ders., The Theory, Reality, and Pragmatism of Corporate Governance in Bankruptcy Reorganizations, in: 72 American Bankruptcy Law Journal (1998), S. 103–156.

Fuller, Krista R., Chapter 11 Examiner: When, Why, What And How. Part I, in: 24 American Bankruptcy Institute Journal (2005), S. 26–75.

Funke, Rainer, Der Insolvenzplan des Entwurfs der Insolvenzordnung im Lichte der Erfahrungen mit dem amerikanischen Reorganisations- und Schuldenregulierungsrecht, in: Letzgus, Klaus/Hill, Hermann/Klein, Hans Hugo u. a. (Hrsg.), Für Recht und Staat. Festschrift für Herbert Helmrich zum 60. Geburtstag, 1994, S. 627–641.

Gadsden, James, The Liabilities of Creditors' Committees and Their Members, in: 101 Commercial Law Journal (1996), S. 13–25.

Ganter, Hans Gerhard, Der Surrogationsgedanke bei der Aus- und Absonderung, in: NZI 2008, S. 583–588.

Ders., Die Haftung der Mitglieder des Gläubigerausschusses nach § 71 lnsO, in: Ganter, Hans Gerhard/Gottwald, Peter/Lwowski, Hans-Jürgen (Hrsg.), Haftung und Insolvenz. Festschrift für Gero Fischer zum 65. Geburtstag, 2008, S. 121–134.

Ders., Besondere Haftungsrisiken des Insolvenzverwalters bei der Verwertung von Sicherungsgut, in: Flitsch, Michael/Hagebusch, Alfred/Oberle, Thomas u. a. (Hrsg.), Festschrift für Jobst Wellensiek zum 80. Geburtstag, 2011, S. 399–414.

Ders., Das personengebundene Massedarlehen, in: ZIP 2013, S. 597–604.

Ders., Das Sicherheitenpool-Syndrom und sein „Heilungsprozess", in: ZIP 2017, S. 2277–2284.

Ders., Die Aufsicht des Insolvenzgerichts und ihre Grenzen, in: ZInsO 2017, S. 2517–2524.

Gappmayer, Burke, Protecting the Insolvent: How a Creditor's Committee Can Prevent Its Constituents from Misusing a Debtor's Nonpublic Information and Preserve Chapter 11 Reorganizations, in: 2006 Utah Law Review (2006), S. 439–464.

Gehrlein, Markus, Haftung von Geschäftsführern und Gesellschaftern im Rahmen der Eigenverwaltung, in: ZInsO 2017, S. 849–861.

Ders., Deliktische Haftung der Geschäftsleiter, in: ZInsO 2018, S. 1550–1555.

Ders., Haftung des Insolvenzverwalters und eigenverwaltender Organe, in: ZInsO 2018, S. 2234–2241.

Ders., Sorgfaltsmaßstab der Organ- und Insolvenzverwalterhaftung – Anwendbarkeit der Business Judgement Rule, in: NZG 2020, S. 801–811.

Gehrlein, Markus/Born, Manfred/Simon, Stefan (Hrsg.), GmbHG. Gesetz betreffend die Gesellschaften mit beschränkter Haftung. Kommentar, 5. Aufl., Köln 2021 (zitiert: Gehrlein/Born/Simon-*Bearbeiter*).

Gensburg, Mark D., Rogue Committees Or Rogue Judges: The Limits of a Bankruptcy Judge's Authority to Disband Chapter 11 Committees, in: 35 Emory Bankruptcy Developments Journal (2019), S. 601–644.

Gerber, David J., System Dynamics: Toward a Language of Comparative Law?, in: 46 American Journal of Comparative Law (1998), S. 719–738.

Gerber, Michael A., The Election of Directors and Chapter 11 – The Second Circuit Tells Stockholders to Walk Softly and Carry a Big Lever, in: 53 Brooklyn Law Review (1987), S. 295–356.

Gevurtz, Franklin A., The Business Judgment Rule: Meaningless Verbiage or Misguided Notion, in: 67 Southern California Law Review (1994), S. 287–338.

Ders., Corporation Law, 2. Aufl., St. Paul (MN) 2010.

Gilje, Erik P., Do Firms Engage in Risk-Shifting? Empirical Evidence, in: 29 The Review of Financial Studies (2016), S. 2925–2954.

Glosband, Daniel M., Pathology of Section 363 Sales: Not as Simple as They Look, in: 7 The Journal of Private Equity (2004), S. 60–63.

Göcke, Torsten, Zur Kompetenz einer Aktionärsminderheit zur Einberufung einer Hauptversammlung in der Insolvenz, in: DB 2018, S. 1849–1850.

Goebel, Joachim, Gläubigerobstruktion, Gläubigerstimmrecht und Beschlusskontrolle im Insolvenzverfahren über Unternehmen – Eine Untersuchung zu insolvenzrechtlichen Stimmverboten und zur Inhaltskontrolle nach § 78 InsO –, in: KTS 2002, S. 615–634.

Goette, Wulf, Leitung, Aufsicht, Haftung – zur Rolle der Rechtsprechung bei der Sicherung einer modernen Unternehmensführung, in: Geiß, Karlmann/Nehm, Kay/Brandner, Hans Erich u. a. (Hrsg.), Festschrift aus Anlaß des fünfzigjährigen Bestehens von Bundesgerichtshof, Bundesanwaltschaft und Rechtsanwaltschaft beim Bundesgerichtshof, 2000, S. 123–142.

Gordon, Jeffrey N., The Rise of Independent Directors in the United States, 1950–2005: Of Shareholder Value and Stock Market Prices, in: 59 Stanford Law Review (2006), S. 1465–1568.

Gottwald, Peter (Hrsg.), Insolvenzrechts-Handbuch, 6. Aufl., München 2020 (zitiert: Gottwald, InsO-HdB-*Bearbeiter*).

Graeber, Thorsten, Die Entwicklung der Verwalterauswahl unter der Insolvenzordnung, in: Graf-Schlicker, Marie Luise/Prütting, Hans/Uhlenbruck, Wilhelm (Hrsg.), Festschrift für Heinz Vallender zum 65. Geburtstag, Köln 2015, S. 165–182.

Graf-Schlicker, Marie Luise, InsO. Kommentar, 6. Aufl., Köln 2022.

Greenwood, Daniel J. H., Corporate Governance and Bankruptcy, in: 13 Brooklyn Journal of Corporate, Financial & Commercial Law (2018), S. 99–144.

Grell, Burkhard, Stimmverbote im Insolvenzrecht, in: NZI 2006, S. 77–81.

Grell, Frank/Klockenbrink, Ulrich, Verbesserung der Gläubigermitbestimmung in Insolvenzverfahren – Chancen und Risiken eines Engagements im vorläufigen Gläbigerausschuss –, in: DB 2013, S. 1038–1045.

Dies., Stimmverbote in Gläubigerversammlung und Gläubigerausschuss – Grenzen der Gläubigermitbestimmung in Insolvenzverfahren?, in: DB 2014, S. 2514–2519.

Groh, Gunnar, Stimmvereinbarungen zwischen Gläubigern in der Insolvenz. Eine Untersuchung anhand des Verfahrensrechts und des materiellen Rechts der InsO, Frankfurt am Main 2016.

Gröner, Helmut, Marktsystem, Unternehmenskontrollen und Insolvenzen, volkswirtschaftliche Überlegungen zur Reform des Insolvenzrechts, in: ORDO 35 (1984), S. 247–267.

Gross, Karen, Taking Community Interests into Account in Bankruptcy: An Essay, in: 72 Washington University Law Quarterly (1994), S. 1031–1048.

Dies., Failure and Forgiveness: Rebalancing the Bankruptcy System, New Haven 1997.

Großkommentar zum Aktiengesetz, hrsg. v. Hirte, Heribert/Mülbert, Peter/Roth, Markus (zitiert: GroßKommAktG-*Bearbeiter*).

- Vierter Band, Teilband 1 (§§ 76–91 AktG), 5. Aufl., Berlin 2015.
- Vierter Band, Teilband 2 (§§ 92–94 AktG), 5. Aufl., Berlin 2015.
- Fünfter Band (§§ 95–116 AktG), 5. Aufl., Berlin 2019.
- Siebter Band, Teilband 2 (§§ 131–146), 5. Aufl., Berlin 2020.

Großkommentar zum Gesetz betreffend die Gesellschaften mit beschränkter Haftung (GmbHG), hrsg. v. Habersack, Mathias/Casper, Matthias/Löbbe, Marc, Band II, 3. Aufl., Tübingen 2020 (zitiert: GroßKommGmbHG-*Bearbeiter*).

Grote, Matthias, Die Sonderprüfung im Recht der GmbH, Frankfurt a. M. 2014.

Grotebrune, Björn, Die Haftung der schuldnerischen GmbH/AG und ihrer Geschäftsführungsorgane in der (vorläufigen) Eigenverwaltung, Baden-Baden 2018.

Grundmann, Stefan/Renner, Moritz, Vertrag und Dritter – zwischen Privatrecht und Regulierung, in: JZ 2013, S. 379–389.

Grunewald, Barbara, Haftungsvereinbarungen zwischen Aktiengesellschaft und Vorstandsmitgliedern, in: AG 2013, S. 813–818.

Dies., Der Einfluss des Aufsichtsrats auf die Geschäftsführung – was ist erwünscht, was ist erlaubt?, in: ZIP 2016, S. 2009–2011.

Dies., Gesellschaftsrecht, 11. Aufl., Tübingen 2020.

Gumport, Leonard L., The Bankruptcy Examiner, in: 20 California Bankruptcy Journal (1992), S. 71–153.

Gundlach, Ulf/Frenzel, Volkhard/Jahn, Andreas, Macht und Ohnmacht des Gläubigerausschusses – dargestellt am Beispiel des § 160 InsO, in: ZInsO 2007, S. 1028–1031.

Dies., Die Zustimmung der Gläubigerversammlung gemäß § 162 InsO, in: ZInsO 2008, S. 360–362.

Gundlach, Ulf/Frenzel, Volkhard/Schmidt, Nikolaus, Das befangene Gläubigerausschussmitglied, in: ZInsO 2005, S. 974–976.

Guntermann, Lisa Marleen, StaRUG: Neuausrichtung der Geschäftsleiterpflichten bei drohender Zahlungsunfähigkeit?, in: WM 2021, S. 214–220.

Gwynne, Kurt F., Intra-Committee Conflicts, Multiple Creditors' Committees, Altering Committee Membership and Other Alternatives for Ensuring Adequate Representation under Section 1102 of the Bankruptcy Code, in: 14 American Bankruptcy Institute Law Review (2006), S. 109–142.

Haarmeyer, Hans, Anmerkung zu LG Stendal, Beschl. v. 22. 10. 2012 – 25 T 184/12, in: ZInsO 2012, S. 2210–2211.

Ders., Bestellung eines vorläufigen Gläubigerausschusses und die Auswahl seiner Mitglieder, in: ZInsO 2012, S. 2109–2117.

Haas, Ulrich, ESUG und das Gesellschaftsinsolvenzrecht, in: Bruns, Alexander/Kern, Christoph/Münch, Joachim u. a. (Hrsg.), Festschrift für Rolf Stürner zum 70. Geburtstag. 1. Teilband, Deutsches Recht, 2013, S. 749–767.

Ders., § 64 S. 1 GmbHG im (vorläufigen) Eigenverwaltungs- und Schutzschirmverfahren, in: ZHR 178 (2014), S. 603–627.

Ders., Das gesellschaftsrechtliche Organisationsrecht in der (vorläufigen) Eigenverwaltung, in: Bork, Reinhard/Kayser, Godehard/Kebekus, Frank (Hrsg.), Festschrift für Bruno M. Kübler zum 70. Geburtstag, 2015, S. 203–217.

Haas, Ulrich/Scholl, Stefanie, Hinweispflicht und Hinweisrecht auf alternative Verwertungsmöglichkeiten gem. § 168 InsO, in: NZI 2002, S. 642–647.

Habersack, Mathias, Die Erstreckung des Rechts der Gesellschafterdarlehen auf Dritte, insbesondere im Unternehmensverbund. Überlegungen im Anschluss an BGH ZIP 2008, 1230 und OLG Brandenburg ZIP 2006, 184, in: ZIP 2007, S. 2385–2392.

Ders., Gesellschafterdarlehen nach MoMiG. Anwendungsbereich, Tatbestand und Rechtsfolgen der Neuregelung, in: ZIP 2007, S. 2145–2153.

Ders., Die Legalitätspflicht des Vorstandes der AG, in: Burgard, Ulrich/Hadding, Walther/Mülbert, Peter O. u. a. (Hrsg.), Festschrift für Uwe H. Schneider zum 70. Geburtstag, 2011, S. 429–441.

Hagebusch, Alfred/Oberle, Thomas, Gläubigerbefriedigung durch Unternehmenssanierung: die übertragende Sanierung. Eine Bestandsaufnahme vor dem Hintergrund jüngster InsO-Reformen, in: NZI 2006, S. 618–622.

Hamburger Kommentar zum Insolvenzrecht, hrsg. v. Schmidt, Andreas, 8. Aufl., Köln 2021 (zitiert: HambKomm.-*Bearbeiter*).

Hamermesh, Lawrence A., Calling Off the Lynch Mob: The Corporate Director's Fiduciary Disclosure Duty, in: 49 Vanderbilt Law Review (1996), S. 1087–1179.

Hamermesh, Lawrence A./Sparks, A. Gilchrist, III, Corporate Officers and the Business Judgment Rule: A Reply to Professor Johnson, in: 60 Business Lawyer (2005), S. 865–876.

Hammes, Dirk, Das Votum des vorläufigen Gläubigerausschusses zur Frage der Eigenverwaltung und die Ermittlungspflicht des Insolvenzgerichts, in: ZIP 2017, S. 1505–1513.

Ders., Keine Eigenverwaltung ohne Berater? Zu Risiken und Nebenwirkungen einer scheinbaren Selbstverständlichkeit, in: NZI 2017, S. 233–241.

Ders., Der Gläubigerausschuss in der Eigenverwaltung. Rechtsstellung und besondere Verantwortung, Köln 2019.

Hansen, Bradley A./Hansen, Mary Eschelbach, The Role of Path Dependence in the Development of US Bankruptcy Law, 1880–1938, in: 3 Journal of Institutional Economics (2007), S. 203–225.

Hansen, Robert G./Randall, Thomas S., Auctions in Bankruptcy: Theoretical Analysis and Practical Guidance, in: 18 International Review of Law and Economics (1998), S. 159–185.

Hansmann, Henry/Kraakman, Reinier, The End of History for Corporate Law, in: 89 Georgetown Law Journal (2000), S. 439–468.

Harbrecht, Thomas, Der vorläufige Gläubigerausschuss in Insolvenzverfahren unter besonderer Berücksichtigung des Verfahrens nach § 270a InsO, in: Exner, Joachim/Paulus, Christoph G. (Hrsg.), Festschrift für Siegfried Beck zum 70. Geburtstag, München 2016, S. 255–269.

Harder, Sebastian, Keine Business Judgement Rule bei Haftung des Insolvenzverwalters, in: NJW-Spezial 2020, S. 469–470.

Hardin, Garrett, The Tragedy of the Commons, in: 162 Science (1968), S. 1243–1248.

Harig, Florian/Höfer, Silvio/Reus, Alexander, Voraussetzungen und Ablauf eines Eigenverwaltungsverfahrens nach dem SanInsFoG, in: NZI 2021, 993–996.

Harms, Austin, Credit Bidding: Expanding the for Cause Exception under Section 363(k) of the Bankruptcy Code, in: 12 Hastings Business Law Journal (2015), S. 241–280.

Harner, Michelle M., The Corporate Governance and Public Policy Implications of Activist Distressed Debt Investing, in: 77 Fordham Law Review (2008), S. 703–774.

Ders., Trends in Distressed Debt Investing: An Empirical Study of Investors' Objectives, in: 16 American Bankruptcy Institute Law Review (2008), S. 69–120.

Ders., Activist Distressed Debtholders: The New Barbarians at the Gate, in: 89 Washington University Law Review (2011), S. 155–206.

Ders., The Search for an Unbiased Fiduciary in Corporate Reorganizations, in: 86 Notre Dame Law Review (2011), S. 469–522.

Harner, Michelle M./Harner, Paul E./Martin, Catherine M./Singer, Aaron M., Distressed Debt Investing, in: Baker, H. Kent/Filbeck, Greg (Hrsg.), Alternative Investments. Instruments, Performance, Benchmarks, and Strategies, New Jersey 2013.

Harner, Michelle M./Marincic, Jamie, Behind Closed Doors: The Influence of Creditors in Business Reorganizations, in: 34 Seattle University Law Review (2011), S. 1155–1218.

Dies., Committee Capture? An Empirical Analysis of the Role of Creditors' Committees in Business Reorganizations, in: 64 Vanderbilt Law Review (2011), S. 749–810.

Haugen, Anna/McCormick, Courtney A./Keane, Kathryn Z., Re-"Structuring" Dismissal Flexibility. An Analysis of the Supreme Court's Jevic Decision, in: American Bankruptcy Institute Journal (2017), S. 71–73.

Hawkins, Scott A./Hastie, Reid, Hindsight: Biased Judgments of Past Events After the Outcomes Are Known, in: 107 Psychological Bulletin (1990), S. 311–327.

Hax, Herbert, Economic Aspects of Bankruptcy Law, in: Zeitschrift für die gesamte Staatswissenschaft 141 (1985), S. 80–98.

Heckschen, Heribert, Stimmverbote – Aktuelle Entwicklungen und Gestaltungsmöglichkeiten, in: GmbHR 2016, S. 897–914.

Hedaiat-Rad, Jessica, Der Sachwalter in der Eigenverwaltung, Köln 2018.

Heer, Philipp E., Sorgfaltspflichten der Geschäftsleitung vor dem Hintergrund beschränkter Verkäuferhaftung in Unternehmenskaufverträgen, in: GWR 2017, S. 125–131.

Heese, Michael, Die Funktion des Insolvenzrechts im Wettbewerb der Rechtsordnungen, in: JZ 2018, S. 179–191.

Ders., Die Funktion des Insolvenzrechts im Wettbewerb der Rechtsordnungen. Kritische Bemerkungen zur fortschreitenden Rezeption einer Sanierungskultur US-amerikanischer Provenienz, Baden-Baden 2018.

Heeseler, Markus/Neu, Peter, Plädoyer für die Professionalisierung des Gläubigerausschusses, in: NZI 2012, S. 440–446.

Hegmanns, Ekkehard, Der Gläubigerausschuß. Eine Untersuchung zum Selbstverwaltungsrecht der Gläubiger im Konkurs, Köln 1986.

Heidelberger Kommentar zur Insolvenzordnung, hrsg. v. Kayser, Godehard/Thole, Christoph, 10. Aufl., Heidelberg 2020 (zitiert: HK-*Bearbeiter*).

Heidemann, Karsten, Das Verhältnis zwischen Management und Aktionären beim Management Buyout in den U. S. A. und Deutschland. Unter besonderer Berücksichtigung der Treuepflichten des Managements, Frankfurt am Main 1994.

Henckel, Wolfram, Deregulierung im Insolvenzverfahren?, in: KTS 1989, S. 477–494.

Henkel, Andreas, Die Voraussetzungen für die Anordnung der (vorläufigen) Eigenverwaltung, in: ZIP 2015, S. 562–571.

Henneberg, Fabian, Gläubigerrechte in der Unternehmenssanierung, Köln 2019.

Hennig, Thomas, Bietverfahren zur Veräußerung von Unternehmen im Insolvenzverfahren über das Vermögen des Unternehmensträgers, Hamburg 2012.

Hennigan, Andrew S., The Shareholders' Right to Elect the Board of Directors During Reorganization: A Genealogy, in: 21 Norton Journal of Bankruptcy Law and Practice (2018), S. 255–270.

Hentzen, Matthias, Hegemonie oder Symbiose: Zur Rezeption des US-amerikanischen Rechts in der Vertragspraxis des M&A-Geschäfts, in: Ebke, Werner F./Elsing, Siegfried H./Großfeld, Bernhard u. a. (Hrsg.), Das deutsche Wirtschaftsrecht unter dem Einfluss des US-amerikanischen Rechts, Frankfurt am Main 2011.

Herms, Thorsten, Die Haftung der unmittelbar Beteiligten bei der Eigenverwaltung, Hamburg 2019.

Hilgard, Mark C., Break-up Fees beim Unternehmenskauf, in: BB 2008, S. 286–294.

Hirsch, Adam J., Inheritance and Bankruptcy: The Meaning of the Fresh Start, in: 45 Hastings Law Journal (1994), S. 175–248.

Hirte, Heribert, Die Neuregelung des Rechts der (früher: kapitalersetzenden) Gesellschafterdarlehen durch das „Gesetz zur Modernisierung des GmbH-Rechts und zur Bekämpfung von Missbräuchen" (MoMiG), in: WM 2008, S. 1429–1435.

Ders., Die Verwertung „besitzloser" Gegenstände in der Insolvenz des Sicherungsgebers: Zur Notwendigkeit einer teleologisch-funktionalen Sicht von § 166 InsO, in: Ganter, Hans Gerhard/Gottwald, Peter/Lwowski, Hans-Jürgen (Hrsg.), Haftung und Insolvenz. Festschrift für Gero Fischer zum 65. Geburtstag, 2008, S. 239–254.

Ders., Restrukturierung nach der InsO: Gesetzesplan, Fehlstellen und Reformansätze innerhalb einer umfassenden InsO-Novellierung, in: ZGR 2010, S. 224–247.

Ders., Anmerkungen zum von § 270b RefE-InsO ESUG vorgeschlagenen „Schutzschirm", in: ZInsO 2011, S. 401–405.

Hirte, Heribert/Knof, Béla/Mock, Sebastian, Das Gesetz zur weiteren Erleichterung der Sanierung von Unternehmen (Teil II), in: DB 2011, S. 693–698.

Dies., Das neue Insolvenzrecht nach dem ESUG. Einführung und Materialien zum Gesetz zur weiteren Erleichterung der Sanierung von Unternehmen, München 2012.

Hirte, Heribert/Vallender, Heinz, Insolvenzordnung. Kommentar, Bände 1 und 2, 15. Aufl., München 2019 (zitiert: Uhlenbruck/*Bearbeiter*).

Hoenig, Klaus Marinus/Klingen, Sebastian, Die W&I-Versicherung beim Unternehmenskauf, in: NZG 2016, S. 1244–1248.

Hofert, Sebastian/Arends, Volker, Intelligente rechtliche Gestaltung von Mezzanine-Finanzierungen, in: ZIP 2005, S. 1297–1305.

Hoffmann-Becking, Michael, Zur rechtlichen Organisation der Zusammenarbeit im Vorstand der AG, in: ZGR 1998, S. 497–519.

Ders., Haftungsbeschränkung durch Geschäftsverteilung in Geschäftsführung und Vorstand, in: NZG 2021, S. 93–95.

Hofmann, Matthias, Die Eigenverwaltung in der Insolvenz. Darstellung eines Rechtsinstituts unter besonderer Berücksichtigung der Gesellschaftsinsolvenz, Frankfurt am Main 2006.

Ders., Eigenverwaltung, 2016.

Ders., Die Haftung der Geschäftsleiter in der Eigenverwaltung der Gesellschaft. Praktische Auswirkungen der aktuellen höchstrichterlichen Rechtsprechung – zugleich Bespr. BGH v. 26. 4. 2018 – IX ZR 238/17, ZIP 2018, 977, in: ZIP 2018, S. 1429–1435.

Hölken, Helge, Die Nichtigkeit von Rechtshandlungen nach den Grundsätzen der evidenten Insolvenzzweckwidrigkeit im (vorläufigen) Regelinsolvenzverfahren und in der (vorläufigen) Eigenverwaltung, in: DZWiR 2019, S. 51–62.

Hölters, Wolfgang (Hrsg.), Handbuch Unternehmenskauf, 8. Aufl., Köln 2015 (zitiert: *Bearbeiter*, Kapitel, in: Hölters [Hrsg.], Handbuch Unternehmenskauf).

Hölzle, Gerrit, Sanierende Übertragung – Besonderheiten des Unternehmenskaufs in Krise und Insolvenz, in: DStR 2004, S. 1433–1438.

Ders., Eigenverwaltung im Insolvenzverfahren nach ESUG – Herausforderungen für die Praxis, in: ZIP 2012, S. 158–164.

Ders., Gesellschaftsrechtliche Veränderungssperre im Schutzschirmverfahren, in: ZIP 2012, S. 2427–2431.

Ders., Der Insolvenzantrag als Sanierungsoption – auch gegen den Willen von Gesellschaftern? Entscheidungszuständigkeiten und Organkompetenzen in der Krise, in: ZIP 2013, S. 1846–1851.

Ders., Praxisleitfaden ESUG, 2. Aufl., Köln 2014.

Ders., Folgen der „faktischen Verwalterhaftung" für die Grundsätze ordnungsmäßiger Eigenverwaltung und den Nachteilsbegriff i. S. d. § 270 Abs. 2 Nr. 2 InsO, in: ZIP 2018, S. 1669–1675.

Hopt, Klaus, Aktionärskreis und Vorstandsneutralität, in: ZGR 1993, S. 534–566.

Ders., Die Haftung von Vorstand und Aufsichtsrat – Zugleich ein Beitrag zur corporate governance-Debatte, in: Immenga, Ulrich/Möschel, Wernhard/Reuter, Dieter (Hrsg.), Festschrift für Ernst-Joachim Mestmäcker zum 70. Geburtstag, 1996, S. 909–931.

Ders., Gemeinsame Grundsätze der Corporate Governance in Europa? Überlegungen zum Einfluß der Wertpapiermärkte auf Unternehmen und ihre Regulierung und zum Zusammenwachsen von common law und civil law im Gesellschafts- und Kapitalmarktrecht, in: ZGR 2000, S. 779–818.

Ders., Interessenwahrung und Interessenkonflikte im Aktien-, Bank- und Berufsrecht. Zur Dogmatik des modernen Geschäftsbesorgungsrechts, in: ZGR 2004, S. 1–52.

Ders., Vergleichende Corporate Governance – Forschung und internationale Regulierung –, in: ZHR 175 (2011), S. 444–526.

Ders., Die Verantwortlichkeit von Vorstand und Aufsichtsrat: Grundsatz und Praxisprobleme – unter besonderer Berücksichtigung der Banken, in: ZIP 2013, S. 1793–1806.

Ders., Die business judgment rule. Ein sicherer Hafen für unternehmerische Entscheidungen in Deutschland und in der Schweiz, in: Waldburger, Robert/Sester, Peter/Peter, Christoph u. a. (Hrsg.), Law & Economics. Festschrift für Peter Nobel zum 70. Geburtstag, 2015, S. 217–234.

Ders., Der Aufsichtsrat – Bedeutungswandel, Konvergenz, unternehmerische Mitverantwortung, Pflichten- und Haftungszuwachs –, in: ZGR 2019, S. 507–543.

Ders., M&A, Due Diligence und Kautelarpraxis. Eine internationale Untersuchung, in: ZHR 186 (2022) 7–66.

Horstkotte, Martin, Was ist eigentlich ein „Geschäftsleiter"? Anmerkung zu BGH, Beschluss vom 26.4.2018 – IX ZR 238/17, ZInsO 2018, 1200 und Gehrlein, Haftung des Insolvenzverwalters und eigenverwaltender Organe (ZInsO 2018, 2234) aus Praktikersicht, in: ZInsO 2018, S. 2329–2332.

Hu, Henry T. C./Westbrook, Jay Lawrence, Abolition of the Corporate Duty to Creditors, in: 107 Columbia Law Review (2007), S. 1321–1403.

Huber, Herwart, Finanzierungsoptionen für ein Kreditinstitut im Insolvenzeröffnungsverfahren – unter besonderer Berücksichtigung der unechten Massekredite, in: NZI 2014, S. 439–446.

Huber, Ulrich, Die Praxis des Unternehmenskaufs im System des Kaufrechts, in: AcP 202 (2002), S. 179–242.

Hübler, Jana Julia, Die Eigenverwaltung des Schuldners als Instrument zur Unternehmenssanierung im Insolvenzverfahren. Beitrag des ESUG zur Erhöhung der Bedeutung der Eigenverwaltung, Frankfurt am Main 2013.

Hübner, Matthias, Schadensersatz wegen Täuschung beim Unternehmenskauf, in: BB 2010, S. 1483–1489.

Huhn, Christoph, Die Eigenverwaltung im Insolvenzverfahren, Köln 2003.

Hüffer/Koch, Aktiengesetz, hrsg. v. Koch, Jens, 15. Aufl., München 2021 (zitiert: *Hüffer/Koch*).

Hurley, John J., Chapter 11 Alternative: Section 363 Sale of All of the Debtor's Assets Outside a Plan of Reorganization, in: 58 American Bankruptcy Law Journal (1984), S. 233–252.

Husa, Jaakko, Farewell to Functionalism or Methodological Tolerance?, in: RabelsZ 67 (2003), S. 419–447.

Hynes, Richard M., Reorganization as Redemption, in: 6 Virginia Law and Business Review (2011), S. 183–236.

Ihrig, Hans-Christoph, Reformbedarf beim Haftungstatbestand des § 93 AktG, in: WM 2004, S. 2098–2107.

Jackson, Reginald W., Sale of Substantially All Assets Outside of Plan, in: Tilton, Richard N. (Hrsg.), Bankruptcy Business Acquisitions, Alexandria (VA) 2006.

Jackson, Thomas H., Bankruptcy, Non-Bankruptcy Entitlements, and the Creditors' Bargain, in: 91 Yale Law Journal (1982), S. 857–907.

Ders., The Logic and Limits of Bankruptcy Law, Washington, D. C. 1986.

Ders., Bankruptcy's logic and limits in the 21st century: some thoughts on Chapter 11's evolution and future, in: Adler, Barry E. (Hrsg.), Research Handbook on Corporate Bankruptcy Law, Cheltenham (Großbritannien) 2020.

Jackson, Thomas H./Scott, Robert E., On The Nature of Bankruptcy: An Essay on Bankruptcy Sharing and the Creditors' Bargain, in: 75 Virginia Law Review (1989), S. 155–204.

Jacoby, Florian, Die Haftung des Sanierungsgeschäftsführers in der Eigenverwaltung, in: Graf-Schlicker, Marie Luise/Prütting, Hans/Uhlenbruck, Wilhelm (Hrsg.), Festschrift für Heinz Vallender zum 65. Geburtstag, Köln 2015, S. 261–280.

Jacoby, Melissa B., Corporate Bankruptcy Hybridity, in: 166 University of Pennsylvania Law Review (2018), S. 1715–1748.

Jacoby, Melissa B./Janger, Edward J., Ice Cube Bonds: Allocating the Price of Process in Chapter 11 Bankruptcy, in: 123 The Yale Law Journal (2014), S. 862–947.

Jaeger. Insolvenzordnung. Großkommentar, hrsg. v. Henckel, Wolfram/Gehrhardt, Walter (zitiert: *Jaeger*-Bearbeiter).

- Erster Band (§§ 1–55 InsO), Berlin 2004.
- Zweiter Band (§§ 56–102 InsO), Berlin 2007.
- Fünfter Band – Teil 2 (§§ 156–173 InsO), Berlin 2018.
- Siebter Band (§§ 217–285 InsO), Berlin 2019.

Janert, Ingo, Rechtliche Gestaltungsmöglichkeiten zur Beschränkung der Geschäftsführerhaftung, in: BB 2013, S. 3016–3022.

Janger, Edward J./Levitin, Adam J., One Dollar, One Vote: Mark-to-Market Governance in Bankruptcy, in: 104 Iowa Law Review (2019), S. 1857–1920.

Jauernig, Othmar, Ist die Rechtsmacht des Konkursverwalters durch den Konkurszweck begrenzt?, in: Bökelmann, Erhard/Henckel, Wolfram/Jahr, Günther (Hrsg.), Festschrift für Friedrich Weber zum 70. Geburtstag am 19. Mai 1975, 1975, S. 307–322.

Jensen, Michael C./Meckling, William H., Theory of the Firm: Managerial Behavior, Agency Costs and Ownership Structure, in: 3 Journal of Financial Economics (1976), S. 305–360.

Johnson, Jonathan L./Daily, Catherine M./Ellstrand, Alan E., Boards of Directors: A Review and Research Agenda, in: 22 Journal of Management (1996), S. 409–438.

Johnson, Lyman P. Q., Corporate Officers and the Business Judgment Rule, in: 60 Business Lawyer (2005), S. 439–470.

Johnson, Lyman P. Q./Millon, David, Recalling Why Corporate Officers Are Fiduciaries, in: 46 William and Mary Law Review (2005), S. 1597–1654.

Johnson, Lyman/Ricca, Robert, Reality Check on Officer Liability, in: 67 Business Lawyer (2011), S. 75–98.

Jolls, Christine/Sunstein, Cass R./Thaler, Richard, A Behavioral Approach to Law and Economics, in: 50 Stanford Law Review (1997), S. 1471–1550.

Jones, Nicole L., A Catastrophic Collision: Due Process and Section 363 Free and Clear Asset Sales Meet Head-On in the GM Bankruptcy, in: 26 Norton Journal of Bankruptcy Law and Practice (2017), S. 183–252.

Jordan, Donald A., Cross-Collateralization in Chapter 11: Protecting the Small Business, in: 40 Wayne Law Review (1993), S. 219–236.

Jungmann, Carsten, Grundpfandgläubiger und Unternehmensinsolvenz, Köln u. a. 2004.

Ders., The Effectiveness of Corporate Governance in One-Tier and Two-Tier Board Systems – Evidence from the UK and Germany –, in: 3 European Company and Financial Law Review (2006), S. 426–474.

Ders., Die Business Judgment Rule – ein Institut des allgemeinen Verbandsrechts? – Zur Geltung von § 93 Abs. 1 Satz 2 AktG außerhalb des Aktienrechts –, in: Bitter, Georg/

Lutter, Marcus/Priester, Hans-Joachim u. a. (Hrsg.), Festschrift für Karsten Schmidt zum 70. Geburtstag, 2009, S. 831–855.

Ders., Die Business Judgment Rule im Gesellschaftsinsolvenzrecht. Wider eine Haftungsprivilegierung im Regelinsolvenzverfahren und in der Eigenverwaltung, in: NZI 2009, S. 80–86.

Ders., Anm. zu BGH, Beschluss v. 22.06.2017 – IX ZB 82/16, in: WuB 2017, S. 682–684.

Ders., Business Judgments in der Insolvenz: Freiräume trotz richterlicher Sachlichkeitskontrolle. Zugleich Besprechung von BGH NZI 2020, 671, in: NZI 2020, S. 651–659.

Ders., Lücken und Tücken des § 78 InsO – Zur Notwendigkeit eines differenzierten Systems der Kontrolle von Beschlüssen der Gläubigerversammlung, in: ZRI 2020, S. 463–476.

Ders., Die Ausrichtung der Pflichten von Gesellschaftsorganen an den Interessen der Residualberechtigten, in: ZRI 2021, S. 209–231.

Kahn-Freund, Otto, On Uses and Misuses of Comparative Law, in: 37 The Modern Law Review (1974), S. 1–27.

Kammel, Volker/Staps, Christian, Insolvenzverwalterauswahl und Eigenverwaltung im Diskussionsentwurf für ein Sanierungserleichterungsgesetz, in: NZI 2011, S. 791–798.

Kampshoff, Matthias, Behandlung von Bankdarlehen in der Krise der GmbH, in: GmbHR 2010, S. 897–904.

Karam, Morris A., The Chrysler Bankruptcy and the Future of 363(b) Transactions, in: 11 Houston Business and Tax Law Journal (2011), S. 395–426.

Kästle, Martina, Rechtsfragen der Verwendung von Covenants in Kreditverträgen, Berlin 2003.

Keach, Robert J./Helman, Andrew C., Life After Jevic: An End to Priority-Skipping Distributions?, in: American Bankruptcy Institute Journal (2017), S. 71–74.

Kebekus, Frank/Georg, David, Der konfrontative Gesellschafter im Eigenverwaltungsverfahren, in: Czerwenka, Beate/Korte, Matthias/Kübler, Bruno M. (Hrsg.), Festschrift zu Ehren von Marie Luise Graf-Schlicker, 2018, S. 297–307.

Kebekus, Frank/Zenker, Wolfgang, Business Judgment Rule und Geschäftsleiterermessen – auch in Krise und Insolvenz?, in: Grunewald, Barbara/Westermann, Harm Peter (Hrsg.), Festschrift für Georg Maier-Reimer zum 70. Geburtstag, 2010, S. 319–343.

Dies., Das Gesellschaftsorgan als Insolvenzverwalter? Zur Haftungssituation bei der Eigenverwaltung, in: Bork, Reinhard/Kayser, Godehard/Kebekus, Frank (Hrsg.), Festschrift für Bruno M. Kübler zum 70. Geburtstag, 2015, S. 331–342.

Keinert, Patrick, Vertragsbeendigung in der Insolvenz. Insolvenzbezogene Lösungsklauseln im Rechtsvergleich, Tübingen 2018.

Kelbon, Regina Stango/Herman, Ellen S./Bell, Richard Scott, Conflicts, the Appointment of Professionals, and Fiduciary Duties of Major Parties in Chapter 11, in: 8 Bankruptcy Developments Journal (1991), S. 349–468.

Keller, Tobias S., Insider Sales in Chapter 11, in: 25 California Bankruptcy Journal (1999), S. 79–103.

Keller, Ulrich, Insolvenzrecht, 2. Aufl., München 2020.

Kennedy, William F., The Standard of Responsibility for Directors, in: 52 George Washington Law Review (1984), S. 624–652.

Kershaw, David, The Foundations of Anglo-American Corporate Fiduciary Law, Cambridge 2018.

Kessler, Oliver, Unternehmensfinanzierung Mittelstand, Baden-Baden 2015 (zitiert: *Bearbeiter*, §, in: Kessler, Unternehmensfinanzierung Mittelstand).
Kessler, Nicholas, Die Aktiengesellschaft in der Eigenverwaltung, Berlin 2006.
Kidger, Judi/Gunnell, David/Jarvik, Jeffrey G./Overstreet, Karen A./Hollingworth, William, The Association between Bankruptcy and Hospital-Presenting Attempted Suicide: A Record Linkage Study, in: 41 Suicide and Life-Threatening Behavior (2011), S. 676–684.
Kilborn, Jason, National Report for the United States, in: Faber, Dennis/Vermunt, Niels/Kilborn, Jason u. a. (Hrsg.), Commencement of Insolvency Proceedings, Oxford 2012.
Kirshner, Jodie A., Design Flaws in the Bankruptcy Regime: Lessons from the U. K. for Preventing a Resurgent Creditors' Race in the U.S, in: University of Pennsylvania Journal of Business Law (2014), S. 527–572.
Klee, Kenneth N./Levin, Richard, Rethinking Chapter 11, in: 21 Norton Journal of Bankruptcy Law and Practice (2012), S. 465–493.
Klee, Kenneth N./Shaffer, K. John, Creditors' Committees under Chapter 11 of the Bankruptcy Code, in: 44 South Carolina Law Review (1993), S. 995–1066.
Klein, Christian/Thiele, Frank, Der Sanierungsgeschäftsführer einer GmbH in der Eigenverwaltung – Chancen und Risiken im Spannungsfeld der divergierenden Interessen, in: ZInsO 2013, S. 2233–2245.
Kleindiek, Detlef, Geschäftsführung und Ressortaufteilung in der Unternehmenskrise, in: Bork, Reinhard/Grupp, Dietmar/Kübler, Bruno (Hrsg.), Festschrift zu Ehren von Godehard Kayser, Köln 2019, S. 435–463.
Klinck, Fabian, Insolvenzzweckwidrigkeit, in: KTS 2019, S. 1–28.
Kling, Jacob A., Rethinking 363 Sales, in: 17 Stanford Journal of Law, Business & Finance (2012), S. 258–309.
Klöhn, Lars, Organpflichten von Direktoren einer Delaware-Gesellschaft in Insolvenz und Insolvenznähe, in: RIW 2008, S. 37–45.
Ders., Interessenkonflikte zwischen Aktionären und Gläubigern der Aktiengesellschaft im Spiegel der Vorstandspflichten. Ein Beitrag zur Leitungsaufgabe des Vorstands gemäß § 76 AktG, in: ZGR 2008, S. 110–158.
Ders., Gesellschaftsrecht in der Eigenverwaltung: Die Grenzen des Einflusses auf die Geschäftsführung gemäß § 276 a Satz 1 InsO, in: NZG 2013, S. 81–87.
Ders., Anm. zu OLG München, Beschl. v. 14.05.2018 – 31 Wx 122/18, in: EWiR 2018, S. 501–502.
Knof, Béla, Erfordert die Fortführungsfinanzierung (doch) einen Umverteilungstatbestand im Insolvenzrecht?, in: ZInsO 2010, S. 1999–2008.
Knott, Hermann J., Unternehmenskauf nach der Schuldrechtsreform, in: NZG 2002, S. 245–256.
Knütel, Rolf, Verteilungsgerechtigkeit, in: Haarmeyer, Hans/Hirte, Heribert/Kirchhof, Hans-Peter u. a. (Hrsg.), Verschuldung, Haftung, Vollstreckung, Insolvenz. Festschrift für Gerhart Kreft zum 65. Geburtstag, Münster 2004, S. 3–18.
Koch, Jens, Die Anwendung der Business Judgment Rule bei Interessenkonflikten innerhalb des Vorstands, in: Joost, Detlev/Oetker, Hartmut/Paschke, Marian (Hrsg.), Festschrift für Hans Jürgen Säcker zum 70. Geburtstag, München 2011, S. 403–420.
Ders., Begriff und Rechtsfolgen von Interessenkonflikten und Unabhängigkeit im Aktienrecht, in: ZGR 2014, S. 697–730.

Köchling, Marcel, Informationsasymmetrien bei übertragenden Sanierungen an Insider des Insolvenzverfahrens, in: ZInsO 2007, S. 690–696.

Kock, Martin/Dinkel, Renate, Die zivilrechtliche Haftung von Vorständen für unternehmerische Entscheidungen. Die geplante Kodifizierung der Business Judgment Rule im Gesetz zur Unternehmensintegrität und Modernisierung des Anfechtungsrechts, in: NZG 2004, S. 441–448.

Kölner Kommentar zum AktG, hrsg. v. Zöllner, Wolfgang/Noack, Ulrich (zitiert: KölnKomm.-*Bearbeiter*).
- Band 2/1 (§§ 76–94 AktG), 3. Aufl., Köln 2010.
- Band 3, §§ 133–134, 136–137 AktG, 3. Aufl., Köln 2017.
- Band 3 – 4. Teillieferung (§§ 142–146 AktG), 3. Aufl., Köln 2014
- Band 4 – 4. Teillieferung (§§ 179–181 AktG), 3. Aufl., Köln 2019.

Kölner Kommentar zur Insolvenzordnung, hrsg. v. Hess, Harald (zitiert: KölnKomm.-*Bearbeiter*).
- Band 1 (§§ 1–55 InsO), Köln 2016.
- Band 2 (§§ 56–128 InsO), Köln 2017.
- Band 3 (§§ 129–216 InsO), Köln 2017.

König, Dominik, Die Haftung bei der Eigenverwaltung. Eine Untersuchung der Haftung des eigenverwaltenden Schuldners einschließlich der Haftung der Geschäftsleiter bei der Eigenverwaltung von Gesellschaften, Tübingen 2015.

Koppensteiner, Hans-Georg, GmbH-rechtliche Probleme des Management Buy-Out, in: ZHR 155 (1991), S. 97–119.

Korch, Stefan, Chapter 11, Corporate Governance and the Role of Examiners, in: 34 Emory Bankruptcy Developments Journal (2018), S. 411–460.

Ders., Insolvenzrecht und Marktgesetze. Eine Standortbestimmung im Angesicht des EU-Kommissionsvorschlags für einen präventiven Restrukturierungsrahmen, in: ZHR 182 (2018), S. 440–481.

Ders., The Mandate and Authority of Examiners, in: 26 American Bankruptcy Institute Law Review (2018), S. 273–292.

Ders., Wozu Sachwalter? – Eine funktionale und rechtsvergleichende Betrachtung, in: ZIP 2018, S. 109–115.

Ders., Sanierungsverantwortung von Geschäftsleitern. Krisenpflichten im Lichte des Art. 19 der Restrukturierungsrichtlinie, in: ZGR 2019, S. 1050–1081.

Ders., Insolvenzverwalterhaftung für unternehmerische Entscheidungen. Zugleich Besprechung BGH v. 12. 3. 2020 – IX ZR 125/17, ZIP 2020, 1080, in: ZIP 2020, S. 1596–1600.

Körner, Martin, Unternehmens-Turnaround durch Eigenverwaltung in der Insolvenz. Insolvenz, eine Chance zum Neuanfang?, Göttingen 2006.

Ders., Der Insolvenzprozess und die Eigenverwaltung in der Insolvenz auf Basis unterschiedlicher Theoriekonzepte, in: ZfB 2007, S. 1111–1134.

Korobkin, Donald R., Rehabilitating Values: A Jurisprudence of Bankruptcy, in: 91 Columbia Law Review (1991), S. 717–789.

Korres, Kimon, Bankrupting Bankruptcy: Circumventing Chapter 11 Protections Through Manipulation of the Business Justification Standard in § 363 Asset Sales, and a Refined Standard to Safeguard Against Abuse, in: 63 Florida Law Review (2011), S. 959–983.

Kötz, Hein, Der Einfluß des Common Law auf die internationale Vertragspraxis, in: Lorenz, Stephan/Trunk, Alexander/Eidenmüller, Horst u. a. (Hrsg.), Festschrift für Andreas Heldrich zum 70. Geburtstag, München 2005, S. 771–780.

Kraft, Ernst Thomas, Die Abgrenzung von Eigen- und Fremdkapital nach IFRS. Darstellung anhand von Beispielen der Eigen- und Fremdkapitalfinanzierung, in: ZGR 2008, S. 324–356.

Kräkel, Matthias, Organisation und Management, 6. Aufl., Tübingen 2015.

Krämer, Matthias, Die Haftung des (vorläufigen) Sachwalters, in: NZI 2017, S. 960–965.

Krolop, Kaspar, Zur Anwendungder MoMiG-Regelungen zu Gesellschafterdarlehen auf gesellschaftsfremde Dritte. Von der Finanzierungsfolgenverantwortung des Gesellschafters zur Risikoübernahmeverantwortung des Risikokapitalgebers?, in: GmbHR 2009, S. 397–405.

Krüger, Stefan/Kaufmann, Christian, Exklusivität und Deal Protection beim Unternehmenskauf vom Insolvenzverwalter, in: ZIP 2009, S. 1095–1102.

Kübler, Bruno, Handbuch Restrukturierung in der Insolvenz, 3. Aufl., Köln 2018 (zitiert: *Bearbeiter*, in: Kübler [Hrsg.], Handburch Restrukturierung in der Insolvenz).

Kübler, Bruno/Prütting, Hans/Bork, Reinhard, Kommentar zur Insolvenzordnung, Loseblatt, Köln (zitiert: Kübler/Prütting/Bork-*Bearbeiter*).

Kübler, Bruno M., Ausgewählte Probleme zu Gläubigerversammlung und Gläubigerausschuss, in: Haarmeyer, Hans/Hirte, Heribert/Kirchhof, Hans-Peter u. a. (Hrsg.), Verschuldung, Haftung, Vollstreckung, Insolvenz. Festschrift für Gerhart Kreft zum 65. Geburtstag, Münster 2004, S. 369–392.

Kübler, Bruno/Rendels, Dietmar, Aspekte des M&A-Prozesses in der (vorläufigen) Eigenverwaltung, in: ZIP 2018, S. 1369–1379.

Kühl, Stefan, Unternehmerisches Ermessen in der Insolvenz, Baden-Baden 2020.

Kumpan, Christoph, Der Insolvenzverwalter als Interessenwahrer, in: KTS 2010, S. 169–194.

Ders., The Independent Director in Delaware and German Corporate Law, in: Laby, Arthur B./Russel, Jacob Hale (Hrsg.), Fiduciary Obligations in Business, Cambridge 2021, S. 221–.

Ders., Der Interessenkonflikt im deutschen Privatrecht. Eine Untersuchung zur Fremdinteressenwahrung und Unabhängigkeit, Tübingen 2014.

Kuney, George W., Misinterpreting Bankruptcy Code Section 363(f) and Undermining the Chapter 11 Process, in: 76 American Bankruptcy Law Journal (2002), S. 235–288.

Ders., Hijacking Chapter 11, in: 21 Emory Bankruptcy Developments Journal (2004), S. 19–112.

Kuntz, Thilo, Geltung und Reichweite der Business Judgment Rule in der GmbH, in: GmbHR 2008, S. 121–128.

Ders., Informationsweitergabe durch die Geschäftsleiter beim Buyout unter Managementbeteiligung. Zugleich ein Beitrag zur Treubindung der Geschäftsleiter in Aktiengesellschaft und GmbH, Berlin 2009.

Ders., Gestaltung von Kapitalgesellschaften zwischen Freiheit und Zwang. Venture Capital in Deutschland und den USA, Tübingen 2016.

Ders., Grundlagen und Grenzen der aktienrechtlichen Leitungsautonomie, in: AG 2016, S. 101–116.

Ders., Leitungsautonomie des Board of Directors in den USA, in: RIW 2016, S. 97–104.

Ders., Sorgfaltspflicht und Business Judgment Rule – Zugleich Anm. zum BGH-Urteil vom 12.10.2016 – 5 StR 134/15 („HSH Nordbank“) aus gesellschaftsrechtlicher Perspektive –, in: DB Sonderausgabe Nr. 02/2017, S. 37–42.

Ders., German corporate law in the 20th century, in: Wells, Harwell (Hrsg.), Research Handbook on the History of Corporate and Company Law, Cheltenham 2018.

Ders., Geschäftsleiterhaftung bei drohender Zahlungsunfähigkeit nach StaRUG, in: ZIP 2021, S. 597–611.

Kramer, Ernst A., Hauptprobleme der Rechtsrezeption, in: JZ 2017, S. 1–11.

Lackey, Paul B., An Empirical Survey and Proposed Bankruptcy Code Section concerning the Propriety of Bidding Incentives in a Bankruptcy Sale of Assets, in: 93 Columbia Law Review (1993), S. 720–743.

Landfermann, Hans-Georg, Das neue Unternehmenssanierungsgesetz (ESUG) – Überblick und Schwerpunkte – Teil II, in: WM 2012, S. 869–878.

Ders., Die Befriedigung der Gläubiger im Insolvenzverfahren – bestmöglich und gleichmäßig!, in: Paulus, Christoph G./Wimmer-Amend, Angelika (Hrsg.) Festschrift für Dr. Klaus Wimmer, Baden-Baden, 2017, S. 408–445.

Larenz, Karl/Canaris, Claus-Wilhelm, Methodenlehre der Rechtswissenschaft, 3. Aufl., Berlin 1995.

Laroche, Peter/Pruskowski, Wolfgang/Schöttler, Alexandra/Siebert, Volker/Vallender, Heinz, 30 Monate ESUG – eine Zwischenbilanz aus insolvenzrichterlicher Sicht, in: ZIP 2014, S. 2153–2166.

Larsen, Stuart, Gifting With Other People's Money? Second Circuit Scrutinizes Lender's Generosity to Unsecured Creditors, in: 26 American Bankruptcy Institute Journal (2007), S. 34–83.

Laspeyres, Anne, Hybridkapital in Insolvenz und Liquidation der Kapitalgesellschaft: Ein Plädoyer für ein am Schädigungspotential hybrider Kapitalgeber ausgerichtetes insolvenz- und liquidationsrechtliches Rechtsfolgenregime, Baden-Baden 2013.

Laux, Helmut/Gillenkirch, Robert M./Schenk-Mathes, Heike Y., Entscheidungstheorie, 9. Aufl., Berlin 2014.

Legrand, Pierre, The Impossibility of Legal Transplants, in: 4 Maastricht Journal of European and Comparative Law (1997), S. 111–124.

Leichtle, Holger/Theusinger, Ingo, Der Insolvenzverwalter als „Unternehmenslenker“ – Anforderungen und Enthaftungsmöglichkeiten, in: NZG 2018, S. 251–255.

Leipziger Kommentar zum Strafgesetzbuch, hrsg. v. Laufhütte, Heinrich Wilhelm/Saan, Ruth Rissing-van/Tiedemann, Klaus, Band 9/2, §§ 267–283d, 12. Aufl., Berlin 2009 (zitiert: *Bearbeiter*, in: Leipziger Kommentar zum StGB).

Lengersdorf, Lucas, Der Nachrang von Gesellschafterdarlehen in der Insolvenz bei der Konsortialfinanzierung und der Mehrheit von Gläubigern, Baden-Baden 2019.

Lent, Friedrich, Die Grenzen der Vertretungsmacht des Konkusverwalters, in: KTS 1956, S. 161–164.

Leuering, Dieter/Dornhegge, Stefanie, Geschäftsverteilung zwischen GmbH-Geschäftsführern, in: NZG 2010, S. 13–17.

Leyens, Patrick C., Information des Aufsichtsrats. Ökonomisch-funktionale Analyse und Rechtsvergleich zum englischen Board, Tübingen 2006.

Ders., Corporate Governance: Grundsatzfragen und Forschungsperspektiven, in: Allmendinger, Christoph/Dorn, Friederike/Lang, Thomas u. a. (Hrsg.), Corporate Governance nach der Finanz- und Wirtschaftskrise, Tübingen 2011.

Li, Kai/Wang, Wei, Debtor-in-possession financing, loan-to-loan, and loan-to-own, in: 39 Journal of Corporate Finance (2016), S. 121–138.

Licht, Amir N., Farewell to Fairness: Towards Retiring Delaware's Entire Fairness Review, in: 44 Delaware Journal of Corporate Law (2020), S. 1–56.

Lieder, Jan, Der Aufsichtsrat im Wandel der Zeit. Leitlinien der geschichtlichen Entwicklung sowie der Fortentwicklung des deutschen Aufsichtsratssystems, Jena 2006.

Ders., The German Supervisory Board on its Way to Professionalism, in: 11 German Law Journal (2010), S. 115–158.

Ders., Schornsteinhypothek und Lästigkeitsprämie, in: NZI 2016, S. 105–109.

Lin, Laura, Shift of Fiduciary Duty Upon Corporate Insolvency: Proper Scope of Directors' Duty to Creditors, in: 46 Vanderbilt Law Review (1993), S. 1485–1524.

Linnertz, Anja, Die Delegation durch den Vorstand einer Aktiengesellschaft, Berlin 2020.

Lipson, Jonathan C., Directors' Duties to Creditors: Power Imbalance and the Financially Distressed Corporation, in: UCLA Law Review 2002, S. 1189–1258.

Ders., The Expressive Function of Directors' Duties to Creditors, in: 12 Stanford Journal of Law, Business & Finance (2007), S. 224–288.

Ders., The Shadow Bankruptcy System, in: 89 Boston University Law Review (2009), S. 1612–1686.

Ders., Understanding Failure: Examiners and the Bankruptcy Reorganization of Large Public Companies, in: 84 American Bankruptcy Law Journal (2010), S. 1–77.

Ders., Governance in the Breach: Controlling Creditor Opportunism, in: 84 Southern California Law Review (2011), S. 1035–1096.

Ders., The Secret Life of Priority: Corporate Reorganization after JEVIC, in: 93 Washington Law Review (2018), S. 631–714.

Lipson, Jonathan C./Marotta, Christopher Fiore, Examining Success, in: 90 American Bankruptcy Law Journal (2016), S. 1–58.

Lissner, Stefan, Die Aufsichtspflicht des Insolvenzgerichts, in: ZInsO 2012, S. 957–964.

Ders., Haftung und Verantwortlichkeit des Insolvenzverwalters, in: BB 2014, S. 1419–1424.

Litovitz, Erica, Debt Recharacterization and its Place in the Bankruptcy Code, in: 10 Seton Hall Circuit Review (2014), S. 307–329.

Littkemann, Jörn/Madrian, Jens-Peter, Die Rolle des Insolvenzverwalters aus der Perspektive des Prinzipal-Agenten-Ansatzes, in: Beck, Matthias/Möhlmann, Thomas (Hrsg.), Sanierung und Abwicklung in der Insolvenz. Erfahrungen, Chancen, Risiken, Herne/Berlin 2000.

Lohse, Andrea, Unternehmerisches Ermessen. Zu den Aufgaben und Pflichten von Vorstand und Aufsichtsrat, Tübingen 2005.

LoPucki, Lynn M., The Debtor in Full Control – Systems Failure under Chapter 11 of the Bankruptcy Code? Second Installment, in: 57 American Bankruptcy Law Journal (1983), S. 247–274.

Ders., Courting Failure. How Competition for Big Cases Is Corrupting the Bankruptcy Courts, Ann Arbor 2006.

LoPucki, Lynn M./Doherty, Joseph W., Bankruptcy Fire Sales, in: 106 Michigan Law Review (2007), S. 1–59.

Dies., Professional Overcharging in Large Bankruptcy Reorganization Cases, in: 5 Journal of Empirical Legal Studies (2008), S. 983–1017.

Dies., Rise of the Financial Advisors: An Empirical Study of the Division of Professional Fees in Large Bankruptcies, in: 82 American Bankruptcy Law Journal (2008), S. 141–174.

LoPucki, Lynn M./Whitford, William C., Corporate Governance in the Bankruptcy Reorganization of Large, Publicly Held Companies, in: 141 University of Pennsylvania Law Review (1993), S. 669–800.

Lowenthal, Daniel A./Wacholder, Jonah, Bankruptcy Sales Under Section 363: The Business Judgment Test That Judges Often Cite Isn't Always the One They Use, in: 29 Norton Journal of Bankruptcy Law and Practice (2020), S. 74–87.

Lubben, Stephen J., Corporate Reorganization & Professional Fees, in: 82 American Bankruptcy Law Journal (2008), S. 77–140.

Ders., No Big Deal: The GM and Chrysler Cases in Context, in: 83 American Bankruptcy Law Journal (2009), S. 531–548.

Ders., American Business Bankruptcy, Northampton (MA) 2019.

Ders., Fairness and Flexibility: Understanding Corporate Bankruptcy's Arc, in: 23 University of Pennsylvania Journal of Business Law (2020), S. 132–178.

Lüke, Wolfgang/Weber, Robert, Anm. zu BGH, Urt. v. 12.03.2020 – IX ZR 125/17, in: EWiR 2020, S. 465–466.

Lutter, Marcus, Theorie der Mitgliedschaft – Prolegomena zu einem Allgemeinen Teil des Korporationsrechts –, in: AcP 180 (1980), S. 84–159.

Ders., Haftungsrisiken des Geschäftsführers einer GmbH, in: GmbHR 1997, S. 329–335.

Ders., Verhaltenspflichten von Organmitgliedern bei Interessenkonflikten, in: Hommelhoff, Peter/Rawert, Peter/Schmidt, Karsten (Hrsg.), Festschrift für Hans-Joachim Priester zum 70. Geburtstag, Köln 2007, S. 417–246.

Lutter/Hommelhoff, GmbHG-Kommentar, hrsg. v. Bayer, Walter/Hommelhoff, Peter/Kleindiek, Detlef, 20. Aufl., Köln 2020 (zitiert: Lutter/Hommelhoff-*Bearbeiter*).

Lwowski, Hans-Jürgen/Heyn, Benedict, Die Rechtsstellung des absonderungsberechtigten Gläubigers nach der Insolvenzordnung, in: WM 1998, S. 473–483.

Lwowski, Hans-Jürgen/Tetzlaff, Christian, Verwertungsrecht des Insolvenzverwalters oder Eigenverwertungsrecht des Sicherungsgläubigers – Die „Schicksalsfrage" im Rahmen der Verwertung von Unternehmensbeteiligungen und Immaterialgüterrechten?, in: Berger, Christian/Kayser, Godehard/Pannen, Klaus (Hrsg.), Sanierung, Insolvenz, Berufsrecht der Rechtsanwälte und Notare. Festschrift für Hans Gerhard Ganter, München 2010, S. 281–293.

Mace, Myles L., Directors: Myth and Reality – Ten Years Later, in: 32 Rutgers Law Review (1979), S. 293–311.

Macey, Joshua/Salovaara, Jackson, Bankruptcy as Bailout: Coal Company Insolvency and the Erosion of Federal Law, in: 71 Stanford Law Review (2019), S. 879–962.

MacLachlan, James Angel, Handbook of the Law of Bankruptcy, St. Paul (MN) 1956.

Madaus, Stephan, Zustand und Perspektiven der Eigenverwaltung in Deutschland, in: KTS 2015, S. 115–142.

Ders., Roma locuta, causa finita? – Folgefragen aus dem Urteil des Bundesgerichtshofes zur Haftung der Geschäftsleiter in der Eigenverwaltung –, in: Bork, Reinhard/Grupp, Dietmar/Kübler, Bruno (Hrsg.), Festschrift zu Ehren von Godehard Kayser, Köln 2019, S. 533–551.

Madrian, Jens-Peter, Interessengruppenorientierte Unternehmensführung. Eine organisationstheoretische Analyse am Beispiel großer Aktiengesellschaften, Hamburg 1998.

Maesch, Scott, Corporate Governance in der insolventen Aktiengesellschaft. Die Rechtsstellung, Befugnisse und Pflichten der Organe einer Aktiengesellschaft im Insolvenzverfahren, Baden-Baden 2005.

Majic, Maximilian, Covenants und Insolvenz. Risiken covenant-gesicherter Kreditgeber im Falle der Insolvenz des Kreditnehmers, Berlin 2013.

Mankowski, Peter, Rechtskultur, Tübingen 2016.

Markell, Bruce A., The Case against Breakup Fees in Bankruptcy, in: 66 American Bankruptcy Law Journal (1992), S. 349–386.

Marotzke, Wolfgang, Unabhängiger Insolvenzverwalter, Gläubigerautonomie, Großgläubigerhypertrophie, in: ZIP 2001, S. 173–174.

Ders., Gläubigerautonomie – ein modernes Missverständnis, in: Gehrhardt, Walter/Haarmeyer, Hans/Kreft, Gerhart (Hrsg.), Insolvenzrecht im Wandel der Zeit. Festschrift für Hans-Peter Kirchhof zum 65. Geburtstag, Recklinghausen 2003, S. 321–354.

Ders., Das deutsche Insolvenzverfahren: ein Hort institutionalisierter Unverantwortlichkeiten? Disharmonien zwischen Risikobeteiligung, Herrschaft und Haftung der maßgeblichen Akteure, in: KTS 2014, S. 113–154.

Martin, Albro, Railroads and the Equity Receivership: An Essay on Institutional Change, in: 34 The Journal of Economic History (1974), S. 685–709.

Martin, Nathalie, The Role of History and Culture in Developing Bankruptcy and Insolvency Systems: The Perils of Legal Transplantation, in: 28 Boston College International and Comparative Law Review (2005), S. 1–77.

Mathur, Aparna, Beyond Bankruptcy: Does the US Bankruptcy Code Provide a Fresh Start to Entrepreneurs?, in: 37 Journal of Banking & Finance (2013), S. 4198–4216.

Matri, Daniela, Covenants and Third-Party Creditors. Empirical and Law & Economics Insights Into a Common Pool Problem, Cham 2017.

Mattei, Ugo/di Robilant, Anna, The Art and Science of Critical Scholarship: Postmodernism and International Style in the Legal Architecture of Europe Centennial World Congress on Comparative Law, in: 75 Tulane Law Review (2000), S. 1053–1092.

McCormack, Gerard, Corporate Rescue Law. An Anglo-American Perspective, Cheltenham 2008.

McDivitt, Lauren E., What Do You Mean There Won't Be Gifts This Year?: Why Practitioners Cannot Rely Upon Gifting Provisions in Chapter 11 Reorganization Plans in the Fifth Circuit, in: 44 Texas Tech Law Review (2012), S. 1019–1051.

McMahon, Rebecca, Codification and Clarity: Debt Recharacterization, in: 34 Emory Bankruptcy Developments Journal (2018), S. 603–641.

Medicus, Dieter, Deliktische Außenhaftung der Vorstandsmitglieder und Geschäftsführer, in: ZGR 1998, S. 570–585.

Meller-Hannich, Caroline, Ausgewählte Probleme der Eigenverwaltung – Vortrag bei der KTS-Tagung der Insolvenzrechtslehrer am 30.09.2016, in: KTS 2017, S. 309–332.

Merkt, Hanno, Angloamerikanisierung und Privatisierung der Vertragspraxis versus Europäisches Vertragsrecht, in: ZHR 171 (2007), S. 490–518.

Ders., US-amerikanisches Gesellschaftsrecht, 3. Aufl., Frankfurt am Main 2013.

Ders., Rechtliche Grundlagen der Business Judgment Rule im internationalen Vergleich zwischen Divergenz und Konvergenz, in: ZGR 2017, S. 129–148.

Mertens, Hans-Joachim/Mertens, Georg, Anm. zu BGH, Urteil v. 05.12.1989 – VI ZR 335/88, in: JZ 1990, S. 486–490.

Michaels, Ralf, The Functional Method of Comparative Law, in: Reimann, Mathias/Zimmermann, Reinhard (Hrsg.), The Oxford Handbook of Comparative Law, 2. Aufl., Oxford 2019.

Michalski, Kommentar zum Gesetz betreffend die Gesellschaften mit beschränkter Haftung (GmbH-Gesetz), hrsg. v. Heidinger, Andreas/Leible, Stefan/Schmidt, Jessica, Band 1, 3. Aufl., München 2017 (zitiert: MHLS-*Bearbeiter*).

Mielke, Werner/Nguyen-Viet, Thanh-Mai, Änderung der Kontrollverhältnisse bei dem Vertragspartner: Zulässigkeit von Change of Control-Klauseln im deutschen Recht Auswirkungen eines Gesellschafter- oder Geschäftsführerwechsels insbesondere auf Anstellungs-, Finanzierungs- und Vertriebsverträge, in: DB 2004, S. 2515–2520.

Miller, Harvey R., Corporate Governance in Chapter 11: The Fiduciary Relationship between Directors and Stockholders of Solvent and Insolvent Corporations, in: 23 Seton Hall Law Review (1993), S. 1467–1515.

Ders., Chapter 11 in Transition – From Boom to Bust and into the Future, in: 81 American Bankruptcy Law Journal (2007), S. 375–404.

Miller, Harvey R./Waisman, Shai Y., Does Chapter 11 Reorganization Remain a Viable Option for Distressed Business for the Twenty-First Century?, in: 78 American Bankruptcy Law Journal (2004), S. 153–200.

Miller, Robert, Equitable Mootness: Ignorance Is Bliss and Unconstitutional, in: 107 Kentucky Law Journal (2018), S. 269–314.

Mitlehner, Stephan, Verwertungsvereinbarungen im Insolvenzverfahren, in: ZIP 2012, S. 649–657.

Ders., Wirkung der Eröffnung des Insolvenzverfahrens auf Kreditsicherungsrechte an Immobilien, Sachen, Rechten und Forderungen, in: ZIP 2015, S. 60–64.

Moerland, Pieter W., Alternative Disciplinary Mechanisms in Different Corporate Systems, in: 26 Journal of Economic Behavior & Organization (1995), S. 17–34.

Mohaupt, Jessica, Geschäftsleiterpflichten in der Unternehmenskrise: Entwicklung eines Drei-Phasen-Modells zur Berücksichtigung von Gesellschafter- und Gläubigerinteressen, Baden-Baden 2017.

Mohr, Randolf, Bankrottdelikte und übertragende Sanierung. Zur Konkursstrafbarkeit des GmbH-Geschäftsführers bei Vermögensverschiebungen im Zusammenhang mit der Krise der Gesellschaft, Köln 1993.

Mohrbutter, Harro/Ringstmeier, Andreas (Hrsg.), Handbuch Insolvenzverwaltung, 9. Aufl., Köln 2015 (zitiert: *Bearbeiter*, in: Mohrbutter/Ringstmeier, Handbuch Insolvenzverwaltung).

Mönning, Rolf-Dieter, Verwertung und Nutzung von Gegenständen mit Absonderungsrechten, in: *Prütting, Hans/Vallender, Heinz* (Hrsg.), Insolvenzrecht in Wissenschaft und Praxis. Festschrift für Wilhelm Uhlenbruck zum 70. Geburtstag, Köln 2000, S. 239–268.

Ders., Der Zwang zur Kooperation: Kompetenzen in der Eigenverwaltung, in: Flitsch, Michael/Hagebusch, Alfred/Oberle, Thomas u. a. (Hrsg.), Festschrift für Jobst Wellensiek zum 80. Geburtstag, München 2011, S. 641–664.

Ders., Der Schutzschirm: Strategische Insolvenz und Haftung, in: Bork, Reinhard/Kayser, Godehard/Kebekus, Frank (Hrsg.), Festschrift für Bruno M. Kübler zum 70. Geburtstag, München 2015, S. 431–447.

Mooney, Charles W., Jr., A Normative Theory of Bankruptcy Law: Bankruptcy as (Is) Civil Procedure, in: 61 Washington and Lee Law Review (2004), S. 931–1062.

Morshäuser, Ralf/Falkner, Tobias, Unternehmenskauf aus der Insolvenz, in: NZG 2010, S. 881–888.

Müller-Erzbach, Rudolf, Die Verbandsmacht – eine unbekannte Welt. Einblicke in die höchstrichterliche Einstellung zum Leben, in: JZ 1956, S. 705–709.

Müller-Michaels, Olaf/Wingerter, Eugen, Die Wiederbelebung der Sonderprüfung durch die Finanzkrise: IKB und die Folgen, in: AG 2010, S. 903–910.

Müller, Hans-Friedrich, Der Verband in der Insolvenz, Köln 2002.

Ders., Sanierung nach der geplanten EU-Restrukturierungs-Richtlinie – Eine Analyse aus gesellschaftsrechtlicher Perspektive –, in: ZGR 2018, S. 56–87.

Münchener Kommentar zum Aktiengesetz, hrsg. v. Goette, Wulf/Habersack, Mathias/Kalss, Susanne (zitiert: MünchKomm.-*Bearbeiter*).
- Band 1 (§§ 1–75 AktG), 5. Aufl., München 2019.
- Band 2 (§§ 76–117 AktG), 5. Aufl., München 2019.
- Band 4 (§§ 179–277 AktG, 5. Aufl., München 2021.

Münchener Kommentar zum Bürgerlichen Gesetzbuch, hrsg. v. Säcker, Franz Jürgen/Rixecker,

Roland/Oetker, Hartmut u. a. (zitiert: MünchKomm.-*Bearbeiter*).
- Band 1 (§§ 1–240 BGB), 8. Aufl., München 2018.
- Band 3 (§§ 311–432 BGB), 8. Aufl., München 2019.
- Band 7 (§§ 705–853 BGB), 8. Aufl., München 2020.

Münchener Kommentar zum Gesetz betreffend die Gesellschaften mit beschränkter Haftung (GmbHG), hrsg. v. Fleischer, Holger/Goette, Wulf (zitiert: MünchKomm.-*Bearbeiter*).
- Band 2 (§§ 53–52 GmbHG), 3. Aufl., München 2019.
- Band 3 (§§ 53–88 GmbHG), 3. Aufl., München 2018.

Münchener Kommentar zum Handelsgesetzbuch, hrsg. v. Schmidt, Karsten/Ebke, Werner F. (zitiert: MünchKomm.-*Bearbeiter*).
- Band 3, (§§ 161–237 HGB), 4. Aufl., München 2019.

Münchener Kommentar zur Insolvenzordnung, hrsg. v. Stürner, Rolf/Eidenmüller, Horst/Schoppmeyer, Heinrich (zitiert: MünchKomm.-*Bearbeiter*).
- Band 1 (§§ 1–79 InsO), 4. Aufl., München 2019.
- Band 2 (§§ 80–216 InsO), 4. Aufl., München 2019.
- Band 3 (§§ 217–359 InsO), 4. Aufl., München 2020.

Murray, Peter L., The American Legal System in the Global Legal Order: The Influence of American Law and Legal Institutions in the Modern World, in: ZZPInt 9 (2004), S. 245–265.

Muscheler, Karlheinz/Bloch, Wolfgang E., Abwahl des vom Gericht bestellten Insolvenzverwalters, in: ZIP 2000, S. 1474–1480.

Neuner, Jörg, Der Schutz und die Haftung Dritter nach vertraglichen Grundsätzen, in: JZ 1999, S. 126–136.

Nerlich, Jörg/Römermann, Volker (Hrsg.), Insolvenzordnung. Kommentar, Loseblatt, München (zitiert: Nerlich/Römermann-*Bearbeiter*).

Nickert, Cornelius, Erfordernis einer Unternehmensbewertung in der Insolvenz?, in: ZInsO 2013, S. 1722–1729.

Nietsch, Michael, Geschäftsführerhaftung bei der GmbH & Co. KG, in: GmbHR 2014, S. 348–357.

Nimmer, Raymond T./Feinberg, Richard B., Chapter 11 Business Governance: Fiduciary Duties, Business Judgment, Trustees and Exclusivity, in: 6 Bankruptcy Developments Journals (1989), S. 1–72.

Nimwegen, Sebastian/Rajan, Bob, Warum Unternehmen gerade jetzt einen Chief Restructuring Officer (CRO) brauchen, in: ZInsO 2020, S. 1178–1179.

Noack, Ulrich, „Holzmüller“ in der Eigenverwaltung – Zur Stellung von Vorstand und Hauptversammlung im Insolvenzverfahren, in: ZIP 2002, S. 1873–1879.

Ders., Der Regierungsentwurf des MoMiG – Die Reform des GmbH-Rechts geht in die Endrunde, in: DB 2007, S. 1395–1400.

Nocilla, Alfonso, Asset Sales and Secured Creditor Control in Restructuring: A Comparison of the UK, US and Canadian Models, in: 26 International Insolvency Review (2017), S. 60–81.

Nozemack, Matthew, Making Sense out of Bankruptcy Courts' Recharacterization of Claims: Why Not Use § 510(c) Equitable Subordination?, in: 56 Washington and Lee Law Review (1999), S. 689–720.

Obermüller, Manfred, Das ESUG und seine Auswirkungen auf das Bankgeschäft, in: ZInsO 2011, S. 1809–1821.

Ders., Der Gläubigerausschuss nach dem „ESUG“, in: ZInsO 2012, S. 18–25.

Oelrichs, Carsten P., Gläubigermitwirkung und Stimmverbote im neuen Insolvenzverfahren, Köln 1999.

Oldiges, Thilo, Die Haftung des Insolvenzverwalters unter der Business Judgment Rule, Baden-Baden 2011.

Orr, Dan/Guthrie, Chris, Anchoring, Information, Expertise, and Negotiation: New Insights from Meta-Analysis, in: 21 Ohio State Journal on Dispute Resolution (2006), S. 597–628.

Oster, Oliver/Steinwachs, Torsten, Besteht ein unentgeltlicher Anspruch der Insolvenzmasse gegen den nachrangigen Grundpfandgläubiger auf Herausgabe des Grundpfandbriefes und Abgabe der Löschungsbewilligung bei wertausschöpfender Belastung durch das vorrangige Grundpfandrecht?, in: ZInsO 2011, S. 1638–1644.

Otte, Daniel, Vorstandsverantwortlichkeit in der AG & Co. KG, in: NZG 2011, S. 1013–1016.

Paefgen, Walter G., Dogmatische Grundlagen, Anwendungsbereich und Formulierung einer Business Judgment Rule im künftigen UMAG, in: AG 2004, S. 245–261.

Ders., Organhaftung: Bestandsaufnahme und Zukunftsperspektiven. Ein kritischer Werkstattbericht vor dem Hintergrund der Beratungen des 70. Deutschen Juristentages 2014, in: AG 2014, S. 554–584.

Palenker, Nicholas R., Loan-to-own. Schuldenbasierte Übernahmen in Zeiten moderner Restrukturierungen und mangelnder Gläubigertransparenz, Baden-Baden 2019.

Ders., Ist das Akteneinsichtsgesuch eines Distressed-Debt-Investors illegitim, rechtsmissbräuchlich, verfahrensfremd oder schlicht erfolgreich? Eine Besprechung und Verortung von LG München I v. 9. 9. 2019 – 14 T 10502/19, ZIP 2020, 230, in: ZIP 2020, S. 1109–1114.

Pan, Eric J., A Board's Duty to Monitor, in: 54 New York Law School Law Review (2010), S. 717–742.

Papadimitropoulos, Antonios V., Schuldverhältnisse mit Schutzwirkung zu Gunsten Dritter. Ein Erklärungsmodell für die Entstehung von Schutzpflichten gegenüber Dritten, Berlin 2007.

Pape, Gerhard, Rechtliche Stellung, Aufgaben und Befugnisse des Gläubigerausschusses im Insolvenzverfahren, in: ZInsO 1999, S. 675–683.
Ders., Bevorstehende Änderungen der InsO nach dem InsOÄndG 2001, in: ZInsO 2001, S. 587–595.
Ders., Der verhinderte Insolvenzverwalter als Mitglied des Gläubigerausschusses, in: ZInsO 2002, S. 1017–1020.
Ders., Die Gläubigerbeteiligung im Insolvenzverfahren unter besonderer Berücksichtigung der Interessen der Kreditwirtschaft. Teil I, in: WM 2003, S. 313–321.
Ders., Die Gläubigerbeteiligung im Insolvenzverfahren unter besonderer Berücksichtigung der Interessen der Kreditwirtschaft. Teil II, in: WM 2003, S. 361–368.
Ders., Eigenverwaltungsverfahren im Spiegel der Rechtsprechung nach Inkrafttreten des ESUG, in: ZInsO 2013, S. 2129–2138.
Ders., Entwicklungstendenzen bei der Eigenverwaltung, in: ZIP 2013, S. 2285–2294.
Ders., Die Insolvenzzweckwidrigkeit von Rechtshandlungen des vorläufigen und des endgültigen Insolvenzverwalters/Sachwalters, in: ZInsO 2016, S. 2149–2157.
Pape, Gerhard/Schultz, Volker, Die Pflichten der Mitglieder des Gläubigerausschusses im eröffneten Verfahren, in: ZIP 2015, S. 1662–1670.
Dies., Der Gläubigerausschuss im Eröffnungsverfahren und im eröffneten Insolvenzverfahren mit Eigenverwaltung des Schuldners, in: ZIP 2016, S. 506–514.
Parzinger, Josef, Der Vorrang für neues Geld nach der Restrukturierungsrichtlinie, in: ZIP 2019, S. 1748–1759.
Paulus, Christoph G., Entwicklungslinien des Insolvenzrechts, in: KTS 2000, S. 239–249.
Ders., Die Insolvenz als Sanierungschance – ein Plädoyer, in: ZGR 2005, S. 309–326.
Ders., Ein Kaleidoskop aus der Geschichte des Insolvenzrechts, in: JZ 2009, S. 1148–1155.
Ders., Internationales Restrukturierungsrecht, in: RIW 2013, S. 577–583.
Ders., § 1 InsO und sein Insolvenzmodell, in: NZI 2015, S. 1001–1006.
Paulus, Christoph G./Knecht, Thomas C. (Hrsg.), Gerichtliche Sanierung, München 2018 (zitiert: *Bearbeiter*, in: Paulus/Knecht [Hrsg.], Gerichtliche Sanierung).
Paulus, Christoph G./Palenker, Nicholas R., Mit Krediten bieten – Credit Bidding – Überlegungen zum Selbsteintritt der Gläubiger gem. § 168 Abs. 3 lnsO –, in: WM 2020, S. 1181–1188.
Paterson, Sarah, Rethinking Corporate Bankruptcy Theory in the Twenty-First Century, in: 36 Oxford Journal of Legal Studies (2016), S. 697–723.
Dies., Corporate Reorganization Law and Forces of Change, Oxford 2020.
Pearson, Thomas C., When Hedge Funds Betray a Creditor Committee's Fiduciary Role: New Twists on Insider Trading in the International Financial Marks, in: 28 Review of Banking and Financial Law (2009), S. 165–220.
Pentz, Andreas, Zur Rechtsstellung des Aufsichtsrats in der Eigenverwaltung, in: Grunewald, Barbara/Koch, Jens/Tielmann, Jörgen (Hrsg.), Festschrift für Eberhard Vetter zum 70. Geburtstag, Köln 2019, S. 541–562.
Perzborn, Philipp, Der „363 Sale": Unternehmenskauf unter dem U. S. Bankruptcy Code. Eine rechtsvergleichende Untersuchung zum deutschen und amerikanischen Insolvenzrecht, Hamburg 2013.
Phinney, Chip/Walsh, Kevin J., Business Judgment Rule Protects Board's Decision to Maximize the Value of an Insolvent Delaware Corporation, in: 11 Pratt's Journal of Bankruptcy Law (2015), S. 154–158.

Picot, Gerhard (Hrsg.), Unternehmenskauf und Restrukturierung, 4. Aufl., München 2013 (zitiert: *Bearbeiter*, in: Picot [Hrsg.], Unternehmenskauf und Restrukturierung).

Plank, Leo/Prusko, Wolfram, Die Intercreditor Vereinbarung als Instrument der internationalen Restrukturierung, in: Knecht, Thomas C./Hommel, Ulrich/Wohlenberg, Holger (Hrsg.), Handbuch Unternehmensrestrukturierung. Grundlagen, Konzepte, Maßnahmen, 2. Aufl., Wiesbaden 2018.

Porcelli, Kelly E., Finality of Section 363 Sales in the Face of an Upset Bid, in: 24 American Bankruptcy Institute Law Review (2016), S. 497–517.

Porcelli, Matt, Bankrupting the Inside Job: Alternatives to the Washington Mutual Approach to Policing Creditor Committee Insider Trading, in: 9 New York University Journal of Law and Business (2012), S. 295–330.

Pottow, John A. E., Bankruptcy Fiduciary Duties in The World of Claims Trading, in: 13 Brooklyn Journal of Corporate, Financial & Commercial Law (2018), S. 87–98.

Praß, Jan-Philipp, Interessenskonflikte der Amtswalter im Gesellschaftsinsolvenzverfahren, Köln 2018.

Proske, Stefan, Zur Überarbeitung der Eigenverwaltung durch das SanInsFoG, in: ZRI 2020, S. 641–648.

Prütting, Hans/Huhn, Christoph, Kollision von Gesellschaftsrecht und Insolvenzrecht bei der Eigenverwaltung?, in: ZIP 2002, S. 777–782.

Rachlinski, Jeffrey J., A Positive Psychological Theory of Judging in Hindsight, in: Sunstein, Cass R. (Hrsg.), Behavioral Law and Economics, Cambridge 2000.

Raiser, Thomas/Veil, Rüdiger, Recht der Kapitalgesellschaften, 6. Aufl., München 2015.

Rasmussen, Robert K., Taking Control Rights Seriously, in: 166 University of Pennsylvania Law Review (2018), S. 1749–1776.

Rattunde, Rolf, Der Sachwalter in der Eigenverwaltung, 2015.

Rauh, Joshua D., Risk Shifting versus Risk Management: Investment Policy in Corporate Pension Plans, in: The Review of Financial Studies 2009, S. 2687–2733.

Raykin, Alla, Section 363 Sales: Mooting Due Process?, in: 29 Emory Bankruptcy Developments Journal (2012), S. 91–144.

Rehm, Gebhard M., Rechtstransplantate als Instrument der Rechtsreform und -transformation, in: RabelsZ 72 (2008), S. 1–42.

Renner, Moritz/Schmidt, Daniela, Kollektiver Gläubigerschutz bei Covenants, in: ZHR 180 (2016), S. 522–551.

Repetti, James R., Management Buyouts, Efficient Markets, Fair Value, and Soft Information, in: 67 North Carolina Law Review (1988), S. 121–170.

Resch, Sarah-Maria, Business Judgment Rule und Insolvenzverwalterhaftung, Baden-Baden 2019.

Resnick, Alan N., Denying Secured Creditors the Right to Credit Bid in Chapter 11 Cases and the Risk of Undervaluation, in: 63 Hastings Law Journal (2012), S. 323–360.

Reul, Adolf/Heckschen, Heribert/Wienberg, Rüdiger (Hrsg.), Insolvenzrecht in der Gestaltungspraxis. Immobilien-, Gesellschafts-, Erb- und Familienrecht, 2. Aufl., München 2018 (zitiert: *Bearbeiter*, in: Reul u. a. [Hrsg.], Insolvenzrecht in der Gestaltungspraxis).

Reul, Florian, Die Behandlung von Intercreditor Agreements in der Insolvenz. Eine Untersuchung am Beispiel von Projektfinanzierungen, Baden-Baden 2015.

Reus, Alexander/Höfer, Silvio/Harig, Florian, Voraussetzungen und Ablauf eines Eigenverwaltungsverfahrens, in: NZI 2019, S. 57–60.

Rhein, Tilman, Der Interessenkonflikt der Manager beim Management Buy-out. Zugleich ein Beitrag zu den organschaftlichen Treuebindungen in GmbH und Aktiengesellschaft, München 1996.

Richman, Michael P./Aberman, Jonathan E., Creditors' Committees Under the Microscope. Recent Developments Highlight Hazards of Self-Dealing, in: American Bankruptcy Institute Journal (2007), S. 22.

Richter, Rudolf/Furubotn, Eirik Grundtvig, Neue Institutionenökonomik. Eine Einführung und kritische Würdigung, 4. Aufl., Tübingen 2010.

Riedemann, Susanne, Zur Entwicklung des Konkursrechts seit Inkrafttreten der Konkursordnung unter dem Aspekt der Gläubigerautonomie, Norderstedt 2004.

Ringstmeier, Andreas/Homann, Stefan, Nebeneinander von Gesellschaftsrecht und Insolvenzrecht bei der Eigenverwaltung!, in: NZI 2002, S. 406–409.

Roberts, Michael R./Sufi, Amir, Control Rights and Capital Structure: An Empirical Investigation, in: 64 The Journal of Finance (2009), S. 1657–1695.

Roe, Mark J., Three Ages of Bankruptcy, in: 7 Harvard Business Law Review (2017), S. 187–219.

Roe, Mark J./Chung, Joo-Hee, How the Chrysler Reorganization Differed from Prior Practice, in: 5 Journal of Legal Analysis (2013), S. 399–436.

Roe, Mark J./Skeel, David A., Assessing the Chrysler Bankruptcy, in: 108 Michigan Law Review (2010), S. 728–772.

Roe, Mark J./Tung, Frederick, Breaking Bankruptcy Priority: How Rent-Seeking Upends the Creditors' Bargain, in: 99 Virginia Law Review (2013), S. 1235–1290.

Dies., Bankruptcy and Corporate Reorganization. Legal and Financial Materials, 4. Aufl., St. Paul (MN) 2016.

Rohrbacher, Blake/Zeberkiewicz, John Mark/Uebler, Thomas A., Finding Safe Harbor: Clarifying the Limited Application of Section 144 The Delaware General Corporation Law for the 21st Century: Stockholder Litigation under the Delaware General Corporation Law, in: 33 Delaware Journal of Corporate Law (2008), S. 719–748.

Römermann, Volker, Die „Unabhängigkeit" des Insolvenzverwalters: Endlich Schluss mit der uferlosen Auslegung!, in: ZInsO 2013, S. 218–225.

Roosevelt, Kermit III, Understanding Lockups: Effects in Bankruptcy and the Market for Corporate Control, in: 17 Yale Journal on Regulation (2000), S. 93–136.

Rose, Elizabeth B., Chocolate, Flowers, and § 363(B): The Opportunity for Sweetheart Deals without Chapter 11 Protections, in: 23 Emory Bankruptcy Developments Journal (2006), S. 249–284.

Rosen, Evan F., A New Approach to Section 363(f)(3), in: 109 Michigan Law Review (2011), S. 1529–1550.

Rosenberg, Hilary, The Vulture Investors. The Winners and Losers of the Great American Bankruptcy Feeding Frenzy, New York 1992.

Roth, Markus, Unternehmerisches Ermessen und Haftung des Vorstands. Handlungsspielräume und Haftungsrisiken insbesondere in der wirtschaftlichen Krise, München 2001.

Sämisch, Henning, Die Zugangsvoraussetzungen zum Eigenverwaltungsverfahren en detail – ein Leitfaden für Rechtsanwender, in: ZInsO 2022, S. 438–447.

Sämisch, Henning/Deichgräber, Sebastian, Der (neue) Sondersachwalter nach dem SanInsFoG, in: ZInsO 2020, S. 2364–2367.

Sax, Stefan, Anm. zu OLG München, Beschluss vom 14.5.2018 – 31 Wx 122/18, in: NZI 2018, S. 541–544.

Schaal, Friederike, Die Haftung der Geschäftsführungsorgane einer insolvenzrechtlich eigenverwaltenden GmbH oder AG, Tübingen 2017.

Schädlich, Jörg, Haftung im Insolvenzverfahren unter Eigenverwaltung. Gläubigerschutz und Qualitätssicherung durch strenge Geschäftsleiterhaftung, in: NWB 2020, S. 3111–3123.

Schäfer, Carsten, Kompetenzabgrenzung und Organhaftung bei der Eigenverwaltung (unter Berücksichtigung der GmbH & Co. KG), in: ZRI 2020, S. 20–28.

Schatz, Maximilian, Entwicklung und Zukunftsperspektive der Unternehmensrestrukturierung. Ein historischer Vergleich zwischen den Vereinigten Staaaten von Amerika und Deutschland, Berlin 2020.

Schiessl, Maximilian, Leitungs- und Kontrollstrukturen im internationalen Wettbewerb – Dualistisches System und Mitbestimmung auf dem Prüfstand –, in: ZHR 167 (2003), S. 235–257.

Schillig, Michael, The Transition from Corporate Governance to Bankruptcy Governance – Convergence of German and US law?, in: 7 ECFR (2010), S. 116–157.

Schimansky, Herbert/Bunte, Hermann-Josef/Lwowski, Hans-Jürgen (Hrsg.), Bankrechts-Handbuch, 5. Aufl., 2017 (zitiert: *Bearbeiter*, in: Schimansky u. a. [Hrsg.], Bankrechts-Handbuch).

Schindler, Hendrik, Vorstands- und Geschäftsführerpflichten bei M&A-Transaktionen, in: KSzW 2017, S. 14–24.

Schirrmacher, Paul, Die Haftung des faktischen GmbH-Geschäftsführers. Eine dogmatische (Neu-)Ordnung, Tübingen 2019.

Schmerbach, Ulrich/Staufenbiel, Peter, Die übertragende Sanierung im Insolvenzverfahren, in: ZInsO 2009, S. 458–466.

Schmidberger, Beate, Möglichkeiten und Grenzen der insolvenzgerichtlichen Aufsicht, in: NZI 2011, S. 928–931.

Schmidt, Andreas (Hrsg.), Sanierungsrecht. Außergerichtliche Sanierung – Präventive Restrukturierung – Insolvenzordnung. Kommentar, 2. Aufl., Köln 2019 (zitiert: *Bearbeiter*, in: Schmidt [Hrsg.], Sanierungsrecht).

Schmidt, Andreas/Hölzle, Gerrit, Der Verzicht auf die Unabhängigkeit des Insolvenzverwalters. Kein Schutz der Gläubiger vor sich selbst – ein Leitbild zur Anwendung der §§ 56, 56a InsO, in: ZIP 2012, S. 2238–2244.

Schmidt, Andreas/Poertzgen, Christoph, Geschäftsführerhaftung (§ 64 S. 1 GmbHG) in Zeiten des ESUG, in: NZI 2013, S. 369–377.

Schmidt, Karsten, Organverantwortlichkeit und Sanierung im Insolvenzrecht der Unternehmen, in: ZIP 1980, S. 328–337.

Ders., Die übertragende Sanierung – Bestandsaufnahmen und Ausblicke an der Schwelle der Insolvenzrechtsreform, in: Leipold, Dieter (Hrsg.), Insolvenzrecht im Umbruch. Analysen und Alternativen, Köln 1991.

Ders., Gesellschaftsrecht, 4. Aufl., Köln 2002.

Ders., Aktienrecht und Insolvenzrecht – Organisationsprobleme bei insolventen Aktiengesellschaften –, in: AG 2006, S. 597–605.

Ders. (Hrsg.), Insolvenzordnung. Kommentar, 19. Aufl., München 2016 (zitiert: K. Schmidt-*Bearbeiter*).

Ders., Konsistenzprobleme im gesellschafts- und insolvenzrechtlichen Pflichtenkreis, in: ZIP 2018, S. 853–858.

Schmidt/Lutter, Aktiengesetz. Kommentar, hrsg. v. *Schmidt, Karsten/Lutter, Marcus* (zitiert: Schmidt/Lutter-*Bearbeiter*).

– Band I (§§ 1–132 AktG), 4. Aufl., Köln 2020.

Schmidt, Reinhard H., Ökonomische Analyse des Insolvenzrechts, Wiesbaden 1980.

Schmitt, Florian, Mängelgewährleistung bei Anteils- und Unternehmenskauf, in: WM 2019, S. 1871–1878.

Scholz, Franz (Begr.), Scholz. Kommentar zum GmbH-Gesetz (zitiert: Scholz-*Bearbeiter*).

– Band I, 12. Aufl., Köln 2018.

– Band II, 11. Aufl., Köln 2014.

Schovanec, Philip A., The Sale of Property under Section 363: The Validity of Sales Conducted without Proper Notice, in: 46 Oklahoma Law Review (1993), S. 489–529.

Schrell, Thomas K./Kirchner, Andreas, Mezzanine Finanzierungsstrategien, in: BKR 2003, S. 13–20.

Schröder, Oliver/Hiort, Malte J., Die übertragende Sanierung – Rettung für notleidende Unternehmen, in: Corporate Finance Law 2010, S. 109–118.

Schulte-Kaubrügger, Christoph, Die Haftung der Beteiligten in der Eigenverwaltung, in: ZIP 2019, S. 345–353.

Schulte, Stefan, Anmerkung zu AG Itzehoe, Beschluss vom 22.7.2014 – 28 IE 1/14, in: NZI 2014, S. 1008–1010.

Schulz, Benedikt, Sanierungsgeschäftsführung in Krise und Eigenverwaltung, Baden-Baden 2017.

Schulz, Dirk, Treuepflichten unter Insolvenzgläubigern, Köln 2003.

Schürnbrand, Jan, Sonderprüfung und Sondervertretung in der GmbH, in: ZIP 2013, S. 1301–1309.

Schuster, Michael/Friedrich, Andreas, Die Akteneinsicht im Insolvenzverfahren, in: ZIP 2009, S. 2418–2424.

Schwartz, Alan, A Contract Theory Approach to Business Bankruptcy, in: 107 The Yale Law Journal (1998), S. 1807–1851.

Schwartz, Joseph L./Schellhorn, Tara J./Trentin, Michael, A Look Inside „Insider" Status: An Argument for a Multi-Factor Test to Identify „Non-Statutory Insiders", in: 27 Norton Journal of Bankruptcy Law and Practice (2018), S. 733–750.

Schwenkedel, Stefan, Management Buyout. Ein neues Geschäftsfeld für Banken, Wiesbaden 1991.

Seckelmann, Margrit, Ist Rechtstransfer möglich – Lernen vom fremden Beispiel, in: 43 Rechtstheorie (2012), S. 419–440.

Seibel, Vanessa, Der Geschäftsführer in der Insolvenz der Gesellschaft. Eine rechtsvergleichende und rechtsökonomische Betrachtung von GmbH und LLC, Frankfurt am Main 2012.

Seibt, Christoph H., Pflichten der Geschäftsleitung bei Eingehung von Finanzierungsgeschäften – in Normal- und Krisenzeiten des Unternehmens, in: ZIP 2013, S. 1597–1607.

Semler, Johannes, Zur aktienrechtlichen Haftung der Organmitglieder einer Aktiengesellschaft, in: AG 2005, S. 321–336.

Servatius, Wolfgang, Gläubigereinfluss durch Covenants. Hybride Finanzierungsinstrumente im Spannungsfeld von Fremd- und Eigenfinanzierung, Tübingen 2008.

Shaffer, Andrew M., Corporate Fiduciary – Insolvent: The Fiduciary Relationship Your Corporate Law Professor (Should Have) Warned You About, in: 8 American Bankruptcy Institute Law Review (2000), S. 479–557.

Shaner, Megan Wischmeier, The Corporate Chameleon, in: 54 University of Richmond Law Review (2019), S. 527–568.

Sharfman, Keith, Derivative Suits in Bankruptcy, in: 10 Stanford Journal of Law, Business & Finance (2004), S. 1–27.

Sheinfeld, Myron M./Pippitt, Judy Harris, Fiduciary Duties of Directors of a Corporation in the Vicinity of Insolvency and after Initiation of a Bankruptcy Case, in: 60 Business Lawyer (2004), S. 79–108.

Shich, Seth, Debtors Qua Salvees: Superimposing Salvage Law onto DIP Financing Agreements, in: 90 American Bankruptcy Law Journal (2016), S. 129–156.

Siemon, Klaus/Klein, Christian, Haftung des (Sanierungs-)Geschäftsführers gem. § 64 GmbHG im Schutzschirmverfahren nach§ 270b lnsO, in: ZInsO 2012, S. 2009–2019.

Silberglied, Russell C., Litigating Fiduciary Duty Claims in Bankruptcy Court and beyond: Theory and Practical Considerations in an Evolving Environment, in: 10 Journal of Business & Technology Law (2015), S. 181–216.

Ders., Can a Lower Bid for a Debtor's Assets be Approved as „Better" because it Saves More Jobs than the Higher Bid?, in: 76 Business Lawyer (2021), S. 817–839.

Skauradszun, Dominik/Spahlinger, Andreas, Die Haftung des Geschäftsführers in der Eigenverwaltung – Meinungsstand, Praxisbeispiele und Handlungsempfehlungen –, in: DB 2015, S. 2559–2564.

Skeel, David A., The Nature and Effect of Corporate Voting in Chapter 11 Reorganization Cases, in: 78 Virginia Law Review (1992), S. 461–534.

Ders., Creditors' Ball: The New New Corporate Governance in Chapter 11, in: 152 University of Pennsylvania Law Review (2003), S. 917–952.

Ders., Debt's Dominion. A History of Bankruptcy Law in America, 2. Aufl., Princeton (NJ) 2004.

Ders., The Past, Present and Future of Debtor-In-Possession Financing, in: 25 Cardozo Law Review (2004), S. 1905–1934.

Ders., From Chrysler and General Motors to Detroit, in: 24 Widener Law Journal (2015), S. 121–148.

Ders., Rediscovering Corporate Governance in Bankruptcy, in: 87 Temple Law Review (2015), S. 1015–1029.

Ders., Pandemic Hope for Chapter 11 Financing, in: 131 Yale Law Journal Forum (2021), S. 315–336.

Skeel, David A./Triantis, George, Bankruptcy's Uneasy Shift to a Contract Paradigm, in: 166 University of Pennsylvania Law Review (2018), S. 1777–1818.

Sloane, Craig A., The Sub Rosa Plan of Reorganization: Side-Stepping Creditor Protections in Chapter 11, in: 16 Bankruptcy Developments Journal (1999), S. 37–64.

Smid, Stefan, Handbuch Insolvenzrecht, 7. Aufl., Berlin 2018.

Smith, Clifford W./Warner, Jerold B., On Financial Contracting. An Analysis of Bond Covenants, in: 7 Journal of Financial Economics (1979), S. 117–161.

Sousa, Michael D., The Persistence of Bankruptcy Stigma, in: 26 American Bankruptcy Institute Law Review (2018), S. 217–242.

Spickhoff, Andreas, Insolvenzzweckwidrige Rechtshandlungen des Insolvenzverwalters – Zugleich ein Beitrag zur Reichweite und Dogmatik der Grundsätze des Missbrauchs der Vertretungsmacht –, in: KTS 2000, S. 15–36.

Spiekermann, Olaf, Die Unabhängigkeit des Insolvenzverwalters und Sachwalters, in: NZI 2020, S. 977–985.

Spindler, Gerald, Der Gläubigerschutz zwischen Gesellschafts- und Insolvenzrecht, in: JZ 2006, S. 839–850.

Ders., Organhaftung in der AG – Reformbedarf aus wissenschaftlicher Perspektive, in: AG 2013, S. 889–904.

Spliedt, Jürgen, Herrschaft und Haftung in der eigenverwaltenden GmbH, in: Graf-Schlicker, Marie Luise/Prütting, Hans/Uhlenbruck, Wilhelm (Hrsg.), Festschrift für Heinz Vallender zum 65. Geburtstag, Köln 2015, S. 613–637.

Staudinger, Julius von (Begr.), Kommentar zum Bürgerlichen Gesetzbuch mit Einführungsgesetz und Nebengesetzen, Buch 2, §§ 328–345, Neubearbeitung 2020 (zitiert: Staudinger-*Bearbeiter*).

Staudinger, Julius von (Begr.), Kommentar zum Bürgerlichen Gesetzbuch mit Einführungsgesetz und Nebengesetzen, Buch 2, §§ 433–480, Neubearbeitung 2013 (zitiert: Staudinger-*Bearbeiter*).

Stern, Jeffrey, Failed Markets and Failed Solutions: The Unwitting Formulation of the Corporate Reorganization Technique, in: 90 Columbia Law Review (1990), S. 783–802.

Ströhmann, Martin G./Längsfeld, Alexander M. H., Die Geschäftsführungsbefugnis in der GmbH im Rahmen der Eigenverwaltung. Welche Neuerungen brachte § 276a InsO?, in: NZI 2013, S. 271–278.

Strohn, Lutz, Faktische Organe – Rechte, Pflichten, Haftung, in: DB 2011, S. 158–167.

Strub, Michael H., Jr./Reisner, Jeffrey M., A Re-Examination of the Rules of Property Rights and Post-Petition Gifting in Bankruptcy, in: 28 American Bankruptcy Institute Law Review (2020), S. 93–134.

Stürner, Rolf, Privatautonomie und Wettbewerb unter der Hegemonie der angloamerikanischen Rechtskultur?, in: AcP 210 (2010), S. 105–155.

Subramanian, Guhan, Deal Process Design in Management Buyouts, in: 130 Harvard Law Review (2016), S. 590–658.

Sutter, Oliver/Fiedler, Bernhard, Rechtliche Einordnung der Rangrücktrittsvereinbarung als Teil der Gläubigervereinbarung (Intercreditor Agreement), in: ZInsO 2011, S. 552–558.

Sweet, Elizabeth/Nandi, Arijit/Adam, Emma K./McDade, Thomas W., The High Price of Debt: Household Financial Debt and its Impact on Mental and Physical Health, in: 91 Social Science & Medicine (2013), S. 94–100.

Tabb, Charles Jordan, Scope of the Fresh Start in Bankruptcy: Collateral Conversions and the Dischargeability Debate, in: 59 George Washington Law Review (1990), S. 56–113.

Ders., The Historical Evolution of the Bankruptcy Discharge, in: 65 American Bankruptcy Law Journal (1991), S. 325–372.

Ders., The History of the Bankruptcy Laws in the United States, in: 3 American Bankruptcy Institute Law Review (1995), S. 5–52.

Ders., Law of Bankruptcy, 5. Aufl., St. Paul (MN) 2020.

Taube, Carl-Tessen, Die Anwendbarkeit der Business Judgment Rule auf den GmbH-Geschäftsführer, Berlin 2018.

Tetzlaff, Christian, Lästigkeitsprämien für nachrangige Grundpfandgläubiger, in: ZInsO 2012, S. 726–727.

Theiselmann, Rüdiger (Hrsg.), Praxishandbuch des Restrukturierungsrechts, 4. Aufl., 2020 (zitiert: *Bearbeiter*, in: Theiselmann [Hrsg.], Praxishandbuch des Restrukturierungsrechts).

Thieme, Jürgen, Zur Entstehung der Konkursordnung, in: Uhlenbruck, Wilhelm/Klasmeyer, Bernd/Kübler, Bruno M. (Hrsg.), Einhundert Jahre Konkursordnung. 1877–1977. Festschrift des Arbeitskreises für Insolvenz- und Schiedsgerichtswesen e. V. Köln zum einhundertjährigen Bestehen der Konkursordnung vom 10. Februar 1877, Köln 1977, S. 35–69.

Thierhoff, Michael/Müller, Renate (Hrsg.), Unternehmenssanierung, 3. Aufl. Heidelberg 2022 (zitiert: *Bearbeiter*, in: Thierhoff/Müller [Hrsg.], Unternehmenssanierung).

Thießen, Friedrich, Covenants in Kreditverträgen: Alternative oder Ergänzung zum Insolvenzrecht?, in: ZBB 1996, S. 19–37.

Thole, Christoph, Managerhaftung für Gesetzesverstöße. Die Legalitätspflicht des Vorstands gegenüber seiner Aktiengesellschaft, in: ZHR 173 (2009), S. 504–535.

Ders., Gläubigerschutz durch Insolvenzrecht. Anfechtung und verwandte Regelungsinstrumente in der Unternehmensinsolvenz, Tübingen 2010.

Ders., Vom Totengräber zum Heilsbringer? Insolvenzkultur und Insolvenzrecht im Wandel, in: JZ 2011, S. 765–774.

Ders., Stimmverbote wegen Interessenkonflikten in der Gläubigerversammlung, in: Graf-Schlicker, Marie Luise/Prütting, Hans/Uhlenbruck, Wilhelm (Hrsg.), Festschrift für Heinz Vallender zum 65. Geburtstag, Köln 2015, S. 879–700.

Ders., Die Einberufung einer Hauptversammlung nach Insolvenzeröffnung und die Kostenfrage, in: ZIP 2018, S. 1565–1571.

Ders., Interessenkonflikte im Insolvenzverfahren, in: Czerwenka, Beate/Korte, Matthias/Kübler, Bruno M. (Hrsg.), Festschrift zu Ehren von Marie Luise Graf-Schlicker, Köln 2018, S. 395–405.

Ders., Gesellschaftsrechtliche Maßnahmen in der Insolvenz, 3. Aufl., Köln 2020.

Thole, Christoph/Brünkmans, Christian, Die Haftung des Eigenverwalters und seiner Organe, in: ZIP 2013, S. 1097–1107.

Thoma, Carl-Friedrich, Insolvenzrechtliche Gläubigerautonomie im Gläubigerausschuss, Berlin 2019.

Towfigh, Emanuel V./Petersen, Niels (Hrsg.), Ökonomische Methoden im Recht. Eine Einführung für Juristen, 2. Aufl., Tübingen 2017.

Trams, Kai, Gläubigerversammlung: Rechtsstellung, Teilnahme und Kompetenzen, in: NJW-Spezial 2010, S. 405–406.

Tschöpe, Ulrich/Wortmann, Florian, Der wichtige Grund bei Abberufungen und außerordentlichen Kündigungen von geschäftsführenden Organvertretern, in: NZG 2009, S. 161–168.

Tufano, Peter, Business Failure, Judicial Intervention, and Financial Innovation: Restructuring U. S. Railroads in the Nineteenth Century, in: 71 The Business History Review (1997), S. 1–40.

Tung, Frederick, Financing Failure: Bankruptcy Lending, Credit Market Conditions, and the Financial Crisis, in: 37 Yale Journal on Regulation (2020), S. 651–707.

Tversky, Amos/Kahneman, Daniel, Judgment under Uncertainty: Heuristics and Biases, in: 185 Science (1974), S. 1124–1131.

Uebele, Sebastian, Corporate Governance in der (vorläufigen) Eigenverwaltung und im Schutzschirmverfahren, in: NZI 2018, S. 881–891.

Uetz, Ann Marie/Simon, John A., „Gift" Arrangements in Chapter 11. A Viable Tool?, in: 87 Michigan Bar Journal (2008), S. 35–39.

Uhlenbruck, Wilhelm, Grenzen der Mitwirkung von Gläubigerausschuß und Gläubigerbeirat im Insolvenzverfahren, in: BB 1976, S. 1198–1202.

Ders., Einhundert Jahre Konkursordnung, in: Uhlenbruck, Wilhelm/Klasmeyer, Bernd/Kübler, Bruno M. (Hrsg.), Einhundert Jahre Konkursordnung. 1877–1977. Festschrift des Arbeitskreises für Insolvenz- und Schiedsgerichtswesen e. V. Köln zum einhundertjährigen Bestehen der Konkursordnung vom 10. Februar 1877, Köln 1977, S. 3–34.

Ders., Kompetenzverteilung und Entscheidungsbefugnisse im neuen Insolvenzverfahren, in: WM 1999, S. 1197–1204.

Ders., Ausgewählte Pflichten und Befugnisse des Gläubigerausschusses in der Insolvenz, in: ZIP 2002, S. 1373–1381.

Ders., Chancen und Risiken eines plangesteuerten Insolvenzverfahrens als Eigenverwaltung, in: Betteray, Wolfgang von/Delhaes, Wolfgang (Hrsg.), Festschrift für Friedrich Wilhelm Metzeler zum 70. Geburtstag, Köln 2003, S. 85–104.

Ders., Zur Geschichte des Konkurses, in: DZWiR 2007, S. 1–5.

Ders., Corporate Governance, Compliance and Insolvency Judgement Rule als Problem der Insolvenzverwalterhaftung, in: *Bitter, Georg/Lutter, Marcus/Priester, Hans-Joachim u. a.* (Hrsg.), Festschrift für Karsten Schmidt zum 70. Geburtstag, Köln 2009, S. 1603–1623.

Ulmer, Peter, Die Aktionärsklage als Instrument zur Kontrolle des Vorstands- und Aufsichtsratshandelns Vor dem Hintergrund der US-Erfahrungen mit der shareholders' derivative action, in: ZHR 163 (1999), S. 290–342.

Undritz, Sven-Holger, Restrukturierung in der Insolvenz, in: ZGR 2010, S. 201–217.

Urlaub, Jasmin, Notwendige Änderungen im Gesetz zur weiteren Erleichterung der Sanierung von Unternehmen (ESUG) zur Verhinderung von Missbräuchen, in: ZIP 2011, S. 1040–1045.

Uziel, Jessica, Section 363(B) Restructuring Meets the Sound Business Purpose Test with Bite: An Opportunity to Rebalance the Competing Interests of Bankruptcy Law, in: 159 University of Pennsylvania Law Review (2011), S. 1189–1232.

Vallender, Heinz, Eigenverwaltung im Spannungsfeld zwischen Schuldner- und Gläubigerautonomie, in: WM 1998, S. 2129–2139.

Ders., Rechtsstellung und Aufgaben des Gläubigerausschusses, in: WM 2002, S. 2040–2049.

Ders., Die Entlassung eines Gläubigermitglieds aus wichtigem Grund, in: Gehrhardt, Walter/Haarmeyer, Hans/Kreft, Gerhart (Hrsg.), Insolvenzrecht im Wandel der Zeit. Festschrift für Hans-Peter Kirchhof zum 65. Geburtstag, Recklinghausen 2003, S. 507–520.

Ders., Unternehmenskauf in der Insolvenz (I), in: GmbHR 2004, S. 543–548.

Ders., Unternehmenskauf in der Insolvenz (II), in: GmbHR 2004, S. 642–649.

Ders., Insolvenzkultur gestern, heute und morgen, in: NZI 2010, S. 838–844.

Ders., Interessenkollisionen und ihre Auflösung bei Ausübung des Amtes als Gläubigerausschussmitglied, in: Berger, Christian/Kayser, Godehard/Pannen, Klaus (Hrsg.), Sanierung, Insolvenz, Berufsrecht der Rechtsanwälte und Notare. Festschrift für Hans Gerhard Ganter, München 2010, S. 391–405.

Ders., Die Eigenverwaltung in neuem Gewand nach dem ESUG, in: GmbHR 2012, S. 445–450.

Ders., Gerichtliche Erfahrungen mit Eigenverwaltung und Schutzschirmverfahren, in: DB 2015, S. 231–239.

Vallender, Heinz/Zipperer, Helmut, Der vorbefasste Insolvenzverwalter – ein Zukunftsmodell?, in: ZIP 2013, S. 149–153.

Veil, Rüdiger, Krisenbewältigung durch Gesellschaftsrecht – Verlust des halben Kapitals, Pflicht zu ordnungsgemäßer Liquidation und Unterkapitalisierung, in: ZGR 2006, S. 374–397.

Velasco, Julian, A Defense of the Corporate Law Duty of Care, in: 40 Journal of Corporation Law (2014), S. 647–704.

Vetter, Jochen, Kautelarpraxis und M&A-Verträge, RabelsZ 82 (2018), 267–298.

Vill, Gerhard, Kann ein Rechtsanwalt, der zum vorläufigen Sachwalter bestellt wurde, mit dem Schuldner des Insolvenzverfahrens rechtswirksam Verträge zur rechtlichen Beratung im Insolvenzeröffnungsverfahren schließen?, in: ZInsO 2015, S. 2245–2248.

von Falkenhausen, Joachim Freiherr, Die Haftung außerhalb der Business Judgment Rule. Ist die Business Judgment Rule ein Haftungsprivileg für Vorstände?, in: NZG 2012, S. 644–651.

von Hein, Jan, Vom Vorstandsvorsitzenden zum CEO?, in: ZHR 166 (2002), S. 464–502.

Ders., Die Rezeption US-amerikanischen Gesellschaftsrechts in Deutschland, Tübingen 2008.

Wabnitz, Heinz-Bernd/Janovsky, Thomas/Schmitt, Lothar (Hrsg.), Handbuch Wirtschafts- und Steuerstrafrecht, 5. Aufl., München 2020 (zitiert: *Bearbeiter*, in: *Wabnitz u. a.* [Hrsg.], Handbuch Wirtschafts- und Steuerstrafrecht).

Wackerbarth, Ulrich, Investorvertrauen und Corporate Governance, in: ZGR 2005, S. 686–725.

Wang, Donatus, Loan-to-Own, Tübingen 2022.

Warburton, A. Joseph, Understanding the Bankruptcies of Chrysler and General Motors: A Primer, in: 60 Syracuse Law Review (2010), S. 531–582.

Warren, Elizabeth, Bankruptcy Policy, in: 54 University of Chicago Law Review (1987), S. 775–814.

Dies., Bankruptcy Policymaking in an Imperfect World, in: 92 Michigan Law Review (1993), S. 336–387.

Warren, Elizabeth/Westbrook, Jay Lawrence, Examining the Examiner, in: 24 American Bankruptcy Institute Journal (2005), S. 34–75.

Watson, Alan, Legal Transplants and Law Reform, in: 92 The Law Quarterly Review (1974), S. 79–84.

Webb, Kaylynn, Utilizing the Fourth Option: Examining the Permissibility of Structured Dismissals That Do Not Deviate from the Bankruptcy Code's Priority Scheme, in: 33 Emory Bankruptcy Developments Journal (2016), S. 355–389.

Weber, Christoph Andreas, Ressortverteilung unter GmbH-Geschäftsführern – das Weltruf-Urteil des BGH, in: ZGR 2020, S. 688–705.

Weber, Dolf, GmbH-rechtliche Probleme des Management Buy-Out, in: ZHR 155 (1991), S. 120–131.

Weber, Friedrich, Die Funktionsteilung zwischen Konkursverwalter und Gesellschaftsorganen im Konkurs der Kapitalgesellschaft, in: KTS 1970, S. 73–89.

Weber, Jens/Knapp, Sebastian, Praxis „meets" Meinungsstreit: Umgang mit Rechtsprechung und Literatur in der Praxis des Eigenverwaltungs- und Schutzschirmverfahrens, in: ZInsO 2014, S. 2245–2259.

Weber, Ludwig J., Analoge Anwendung der Haftungsnormen aus §§ 60, 61 InsO auf die Geschäftsleiter von eigenverwalteten Schuldnern. Anmerkung zu BGH, NZI 2018, 519, in: NZI 2018, S. 553–556.

Weitnauer, Wolfgang, Covenants und AGB-Kontrolle, in: ZIP 2005, S. 1443–1448.

Wellensiek, Jobst, Übertragende Sanierung, in: NZI 2002, S. 233–239.
Weller, Marc-Philippe, Wettbewerbsverbote und ihre Drittwirkung in der Kapitalgesellschaft & Co. KG, in: ZHR 175 (2011), S. 110–144.
Werner, Rüdiger, Möglichkeiten einer privatautonomen Beschränkung der Geschäftsführerhaftung, in: GmbHR 2014, S. 792–798.
Ders., Die analoge Anwendung von § 179a AktG auf die GmbH und ihre Konsequenzen, in: GmbHR 2018, S. 888–894.
White, Clifford J., III/Theus, Walter W., Jr., Chapter 11 Trustees and Examiners after BAPCPA, in: 80 American Bankruptcy Law Journal (2006), S. 289–326.
White, James J., Death and Resurrection of Secured Credit, in: 12 American Bankruptcy Institute Law Review (2004), S. 139–192.
Ders., Bankruptcy Noir, in: 106 Michigan Law Review (2007), S. 691–720.
Wiedemann, Herbert, Gesellschaftsrecht, Bd. 1, München 1980.
Wilkerson, Jared A., Defending the Current State of Section 363 Sales, in: 86 American Bankruptcy Law Journal (2012), S. 591–626.
Wilson, W. Marion, Trust Me, I'm a Lawyer: Restoring Faith in Fiduciaries by Dumping Due Diligence and Tolling the Statute of Limitations for Postpetition Breach of Fiduciary Duty in Chapter 11, in: 22 Emory Bankruptcy Developments Journal (2006), S. 637–678.
Wimmer-Amend, Angelika, Die Haftung nach §§ 60, 61 InsO in der Eigenverwaltung, in: Exner, Joachim/Paulus, Christoph G. (Hrsg.), Festschrift für Siegfried Beck zum 70. Geburtstag, München 2016, S. 571–585.
Dies., Die Unabhängigkeit des Insolvenzverwalters im Wandel der Zeiten, in: Paulus, Christoph G./Wimmer-Amend, Angelika, Festschrift für Dr. Klaus Wimmer, Baden-Baden 2017, S. 593–635.
Windbichler, Christine, Zur Trennung von Geschäftsführung und Kontrolle bei amerikanischen Großgesellschaften. Eine „neue" Entwicklung und europäische Regelungen im Vergleich, in: ZGR 1985, S. 50–73.
Witt, Tim, Die nachrangige Behandlung von Krediten gesellschaftsfremder Dritter in der Insolvenz der GmbH. Zur Auslegung des § 39 Abs. 1 Nr. 5 InsO aufgrund eines Vergleichs mit dem US-Recht sowie ökonomischer Abwägungen, Baden-Baden 2018.
Wohlleben, Hermann Peter, Gläubigerausschussarbeit aus Praktikersicht, in: Paulus, Christoph G./Wimmer-Amend, Angelika (Hrsg.), Festschrift für Dr. Klaus Wimmer, Baden-Baden 2017, S. 636–651.
Wu, Alexander, Motivating Disclosure by a Debtor in Bankruptcy: The Bankruptcy Code, Intellectual Property, and Fiduciary Duties, in: 26 Yale Journal on Regulation (2009), S. 481–510.
Wunder, Patrick, Die Kompetenzen innerhalb der GmbH bei der Sanierung im Schutzschirmverfahren, Baden-Baden 2019.
Zaretsky, Barry L., Trustees and Examiners in Chapter 11, in: 44 South Carolina Law Review (1993), S. 907–962.
Zenner, Andreas, Der Vertrag mit Schutzwirkung zu Gunsten Dritter – Ein Institut im Lichte seiner Rechtsgrundlage, in: NJW 2009, S. 1030–1034.
Ziemons, Hildegard, Geschäftsleiterhaftung in der Eigenverwaltung, in: Dreher, Meinrad/Drescher, Ingo/Mülbert, Peter O. u. a. (Hrsg.), Festschrift für Alfred Bergmann zum 65. Geburtstag am 13. Juli 2018, Berlin 2018, S. 923–935.
Zimmermann, Franc, Beschlussfassung des Gläubigerausschusses/der Gläubigerversammlung bzgl. besonders bedeutsamer Rechtshandlungen (§ 160 InsO). Zu den An-

forderungen an die Beschlussfassung gem. § 160 InsO und zur Frage der Zulässigkeit von sog. Vorrats-/Generalbeschlüssen, in: ZInsO 2012, S. 245–249.

Zipes, Greg M./Lambert, Lisa L., Creditors' Committee Formation Dynamics: Issues in the Real World, in: 77 American Bankruptcy Law Journal (2003), S. 229–256.

Zipperer, Helmut, „Übertragende Sanierung“ – Sanierung ohne Grenzen oder erlaubtes Risiko?, in: NZI 2008, S. 206–210.

Ders., Die Einflussnahme der Aufsichtsorgane auf die Geschäftsleitung in der Eigenverwaltung – eine Chimäre vom Gesetzgeber, Trugbild oder Mischwesen?, in: ZIP 2012, S. 1492–1496.

Ders., Ist der Grundsatz der par conditio creditorum gerecht?, in: Graf-Schlicker, Marie Luise/Prütting, Hans/Uhlenbruck, Wilhelm (Hrsg.), Festschrift für Heinz Vallender zum 65. Geburtstag, Köln 2015, S. 843–859.

Ders., Die Insolvenz – historische, literarische und philosophische Aspekte des wirtschaftlichen Scheiterns, in: NJW 2016, S. 750–755.

Zöllner, Wolfgang, Die Schranken mitgliedschaftlicher Stimmrechtsmacht bei den privatrechtlichen Personenverbänden, München 1963.

Zweigert, Konrad/Kötz, Hein, Einführung in die Rechtsvergleichung auf dem Gebiete des Privatrechts, 3. Aufl., Tübingen 1996.

Stichwortregister

Rechtsvergleichung und Rechtsvereinheitlichung

Herausgegeben von der
Gesellschaft für Rechtsvergleichung e.V.,

vertreten durch
Generalsekretär Martin Schmidt-Kessel

Die Schriftenreihe *Rechtsvergleichung und Rechtsvereinheitlichung* (RuR) wird von der *Gesellschaft für Rechtsvergleichung e.V.* herausgegeben und trägt Veränderungen im Bereich der Rechtsvergleichung Rechnung. Mehr als früher ist Rechtsvergleichung zur Voraussetzung der Rechtsvereinheitlichung geworden, insbesondere im europäischen Rahmen. Rechtsvergleichung hat seit längerem neben dem Privatrecht auch die anderen großen Teilgebiete des Rechts erfasst, das Strafrecht wie auch das öffentliche Recht. Auch hier sind Wege zur Rechtsvereinheitlichung zu begehen. Rechtsvergleichung und Rechtsvereinheitlichung spricht als Reihentitel deshalb das gesamte Veröffentlichungsgebiet der *Gesellschaft für Rechtsvergleichung* an.

ISSN: 1861-5449
Zitiervorschlag: RuR

Alle lieferbaren Bände finden Sie unter *www.mohrsiebeck.com/rur*

Mohr Siebeck
www.mohrsiebeck.com